Abba Eban, 1915 geboren, hat als Diplomat und Außenminister des Staates Israel weltweite Berühmtheit erlangt. Er war von 1950 bis 1959 Botschafter in den Vereinigten Staaten, von 1948 bis 1959 ständiger Vertreter Israels bei den Vereinten Nationen, von 1959 bis 1963 Erziehungs- und Kultusminister in David Ben Gurions Kabinett und von 1963 bis 1966 stellvertretender Premierminister unter Levi Eschkol. Von 1969 bis 1974 war Abba Eban Außenminister im Kabinett Golda Meirs. Bei Droemer Knaur erschienen seine überaus erfolgreichen Werke »Dies ist mein Volk«, die Geschichte des jüdischen Volkes, und »Mein Land«, die Geschichte des Staates Israel.

Vollständige Textausgabe
Droemersche Verlagsanstalt Th. Knaur Nachf.
München/Zürich

Titel der Originalausgabe
»My People, the Story of the Jews«

Ins Deutsche übersetzt von Gerda Kurz
und Siglinde Summerer
Umschlaggestaltung Atelier Blaumeiser
Umschlagfoto Barbara Guse
Gesamtherstellung Ebner Ulm
Printed in Germany · 6 · 4 · 1182
ISBN 3-426-03367-4

6. Auflage

Abba Eban: Dies ist mein Volk

Die Geschichte der Juden

Mit 33 Abbildungen

Knaur

Inhaltsverzeichnis

Vorwort

Sieben Jahre lang habe ich, wann immer es meine Zeit zuließ, an dem vorliegenden Buch gearbeitet. Wie viele meiner Leser wissen, hatte ich in dieser Zeit noch manch anderes zu tun. So schulde ich mir selbst und anderen eine Erklärung, warum ich mich auf ein so ausgiebig durchackertes Feld begab, um ihm noch eine weitere Furche anzufügen.

Schon früh in meinem öffentlichen Wirken fiel mir eine Rolle zu, die mir seitdem geblieben ist: bei einer verwirrten und oft unwissenden Welt Verständnis für das jüdische Volk zu wecken. Das wichtigste und für das Denken des modernen Juden bestimmende Ereignis war die Wiedergeburt des Staates Israel. Die jüdische Geschichte aber, das erkannte ich bei meinen Untersuchungen immer wieder, nahm sich in all ihren Phasen höchst einzigartig aus und stand im Widerspruch zu allen historischen Gesetzen – kurz, sie ließ sich nie und nirgends durch eine der bekannten vergleichenden Untersuchungsmethoden erfassen. Andererseits jedoch zeigte sich, daß es unmöglich war, die gegenwärtige jüdische Wirklichkeit zu begreifen, unmöglich, sie zu erklären, ohne ständig auf die Vergangenheit zurückzukommen. Bei keinem anderen modernen Volk muß man, wenn man die Hintergründe seiner Existenz und seines Tuns aufdecken will, so häufig auf seine Frühzeit Bezug nehmen wie bei diesem, ob es sich nun um das Israel in der Diaspora oder um das Israel in der Völkergemeinschaft handelt. Aber selbst wenn alles über den Weg der Juden gesagt und geschrieben ist, steht man nach wie vor einem undurchdringlichen Geheimnis gegenüber, und überall stößt man auf Fragezeichen. Man kann die Probleme ins Licht rücken, aber nicht lösen. Ich möchte hier an Kierkegaards Wort erinnern: »Das Leben ist stets auf die Zukunft hin gerichtet, das Verständnis immer auf die Vergangenheit.«

Ein Autor ist es seinen Lesern schuldig, sich um Objektivität zu bemühen. Der Titel des vorliegenden Buches jedoch enthüllt freimütig die innere Anteilnahme desjenigen, der sich mit all seiner Leidenschaft dem seltsamen Schicksal verbunden weiß, das er zu erhellen versucht. Hier wird nicht nur über die ungewöhnlichen Ereignisse berichtet, die die Geschichte meines Volkes ausmachen, sondern ich gebe vielfach meine Gedanken über jene Vorgänge, meine Reaktion auf die auslösenden Faktoren und das Echo wieder. Daß jedes einzelne Wort in Jerusalem erwogen und niedergeschrieben wurde, mag diesem Buch einen besonderen Wert geben. Die jüdische Geschichte flößt uns Ehrfurcht und Erstaunen ein nicht zuletzt darum, weil sie beweist, daß ein neuer Aufbruch vom alten Ausgangspunkt aus möglich ist.

Jerusalem
im September 1968

Abba Eban

1. DIE ZEIT DER PATRIARCHEN

Der Anfang der israelitischen Geschichte ist in Zwielicht gehüllt, in dem Fakten und Sage undurchdringbar ineinanderfließen. Die Sage ist so tiefgreifender Teil unserer Erfahrung geworden, daß sie eine eigene Wirklichkeit erlangt hat. Das, was nach dem Glauben der Menschen im Mittleren Osten geschehen sein soll, hat sich nicht weniger bestimmend auf den Gang der Weltgeschichte ausgewirkt als das, was sich nach unserem Wissen wirklich ereignet hat.

Als Israel an der Schwelle der Geschichte auftauchte, wurde der Mittlere Osten von den Reichen am Nil und am Euphrat beherrscht. An diesen gewaltigen Wasserläufen hatten sich von den Launen des Himmels unabhängige, seßhafte Gesellschaften bilden können. Die Bewohner der grünen Täler brauchten nicht wie die Menschen der anderen Landstriche des Mittleren Ostens ein Nomadenleben zu führen und sich voller Sorge Jahr für Jahr erneut auf die Suche nach Weideplätzen zu machen.

Bei Israels Geburt bestand Ägypten schon seit Jahrhunderten als festgefügte Nation. Die Pharaonen waren nicht nur Häupter einer Dynastie, sondern auch Schutzherren einer majestätischen Kultur. Noch heute zeugen die Pyramiden von ihrem Streben nach Größe. Hieroglyphen-Inschriften auf Mauern und Gräbern künden von ihrem Ehrgeiz, den Schatz der Erfahrung zu bewahren und weiterzugeben. Gewaltige Statuen und streng stilisierte Wandmalereien verraten eine hohe künstlerische Phantasie, die hinter dem Schleier einer stereotypen Technik aufleuchtet. Die politische Macht des Pharaonenreiches erstreckte sich von den Quellen des Nils in Nubien (Sudan) über die Wüste Sinai bis nach Kanaan und Syrien. Und gelegentlich unternahmen die Pharaonen im Westen bis weit nach Libyen hinein Feldzüge. Nur im Norden und Osten des Nildeltas waren ihrer Macht Grenzen gezogen durch die Reiche, die in Mesopotamien, dem Land zwischen dem Tigris und dem Euphrat, nacheinander entstanden.

Hier beginnt mit den Sumerern die uns überlieferte Geschichte eines Gebietes, in dem unter wechselnden Herren viele Reiche und Kulturen entstehen und ineinander übergehen. Im 3. Jahrtausend v. Z. wurde das Reich der Sumerer von den Akkadern überrannt. Die Akkader, ein kriegerisches Volk aus dem Osten, trugen ihre Eroberung über Mesopotamien hinaus vor und gründeten das mächtigste damals bekannte Imperium. Die nächste Invasionswelle kam aus dem Westen. Die Amoriter stürzten die Akkader und errichteten eine Reihe von Dynastien, die im Aufstieg von Babylon gipfelten.

Als die Hebräer auf dem Plan der Geschichte erscheinen, gehören Sumer, Akkad und Babylon längst nicht mehr zu den primitiven Kulturen. Ackerbautreibende Dörfer haben sich zu Stadtstaaten mit blühendem Handel und hochstehendem Handwerk entwickelt. Durch die Erfindung eines Zahlensystems ist die babylonische Lebens- und Denkweise exakter geworden. Die Keilschrift, recht vielfältig in ihrer Verwendung, übertrifft noch die ägyptischen Hieroglyphen. Erhabene, reichverzierte Tempel ehren die Götter der Luft, der Sonne und des Himmels. Durch geschickt angelegte Bewässerungskanäle ist die Anbauzone über die unmittelbare Uferregion hinaus ausgedehnt. Besonders deutlich aber zeigt sich der hohe Stand der babylonischen Kultur am Leben und Werk Hammurabis, der sich im 18. Jahrhundert v. Z. stolz »König von Babylon, Sumer und Akkad und der vier Weltteile« nennt. Trotz seiner Eroberungen und der von ihm geförderten Handelsexpansion ist er in die spätere Geschichte vor allem aufgrund seines detaillierten Gesetzbuchs eingegangen, das uns dank eines guterhaltenen, 1901 entdeckten und heute in Paris im Louvre aufbewahrten Denkmals zum Teil überliefert ist. Hammurabi beschreibt seine Regierung mit dem den meisten Staatsmännern eigenen Stolz – nur viel kürzer: »Mit nie versiegendem Wasser versorgte ich das Land Sumer und Akkad. Seine getrennten Völker vereinte ich. Mit Segnungen und Reichtum überhäufte ich sie. Eine sichere Wohnstatt habe ich ihnen geschaffen.«

Die hebräischen Stämme kamen, wie die Bibel und alle anderen vorhandenen Berichte bezeugen, aus Mesopotamien. Zu der Zeit, als sie in Kanaan einfielen, waren sie keine primitiven Wüstennomaden mehr. Von ihrem Geburtsland Babylon geprägt, von der langen Tradition der mesopotamischen Kulturen der Sumerer, Akkader und Babylonier durchtränkt, waren sie später auch mit dem Gedankengut Ägyptens vertraut geworden, wo sie sich vorübergehend aufgehalten hatten. Dennoch wählten sie sich jenes Land zur Heimat, das zwischen den beiden Großreichen des alten Orients lag. In jenem Landstreifen zwischen dem Nil und dem Euphrat, der bald als Brücke, bald als Keil zwischen den beiden Reichen diente, kämpften die Hebräer um eine stets bedrohte, aber denkwürdige nationale Einheit; hier in Kanaan, das durch sie für alle Zeiten berühmt wurde, lebten sie im Schatten des einen oder des anderen Reiches – überdauerten und überstrahlten aber letzten Endes beide.

Dieses Land wird von den Historikern der Fruchtbare Halbmond genannt – eine etwas irreführende Bezeichnung, denn auf jeden Schimmer Grün kommen weite Flächen von Sand und Fels. In diesen Ländern nun herrschte im Altertum ein ständiges Kommen und Gehen. Ganze Völker, Heere, nomadische Stämme, Händler und Karawanen zogen durch. Schon damals war der Fruchtbare Halbmond, wie auch später noch, ein Ort, an dem nicht nur Waren ausgetauscht wurden, sondern auch Ideen, die verändert, in neuer Form, Weiterverbreitung fanden.

Nur selten herrschten in dem von den Hebräern besiedelten Gebiet des Halbmonds stabile Verhältnisse, vergleichbar denen in Ägypten oder Mesopotamien. Die Bewohner waren ständig auf dem Weg in ein anderes Land oder vom Untergang bedroht. Von den meisten wissen wir nicht viel außer den Namen, die wir von den langen, langweiligen ethnischen Listen aus der Bibel und anderen Quellen her kennen. Doch plötzlich taucht eine Gruppe von Stämmen aus Mesopotamien auf, schlägt in der Südwestecke des Fruchtbaren Halbmonds Wurzeln und entwickelt ein eigenes Staatswesen, das der Nachwelt ein zweifaches Geschenk hinterläßt: ein in eine einzigartig dastehende Sicht der Geschichte eingebettetes Sittengesetz und eine Reihe großartig und leidenschaftlich geschriebener Bücher, die im Lauf der Jahrhunderte von mehr Menschen verehrt wurden als je ein Buch vor oder nach ihnen.

Die Stammväter eines Volkes

Die Vorstellung, von einem einzigen Ahnherrn abzustammen, trug wesentlich zur Erhaltung der Einheit des hebräischen Volkes bei. Zwar hört sich der Bericht der Genesis über Abraham, Isaak und Jakob wie ein nationaler Mythos an. Er weckt die Erinnerung an eine Zeit, da die Götter noch vertraulich mit den Menschen verkehrten und in ihren Alltag eingriffen. Aber mag der Stil auch der Sage, die Sprache der Fabel verhaftet sein, Kontext und Hintergrund stimmen mit der Geschichte überein. So ist nachgewiesen, daß zur Zeit, als Hammurabi in Babylon herrschte, und auch noch später, zahllose Familien und Stämme an den Rändern des Fruchtbaren Halbmonds entlangwanderten. Abraham selbst zog, wie die Bibel berichtet, von Ur in Chaldäa im Südwesten Mesopotamiens nach Haran, einem Zentrum der Amoritersiedlung im nordwestlichen Mesopotamien. Dort gebot ihm Gott, sein Land und seine Sippe zu verlassen und in einem anderen Land ein eigenes Volk zu gründen. »Und ich will dich zum großen Volk machen und will dich segnen und dir einen großen Namen machen, und du sollst ein Segen sein.« (Gen. 12,2.)

Der göttlichen Stimme gehorchend, macht sich Abraham auf den Weg nach Westpalästina ins Land der Kanaaniter. Das Gebiet »von Dan bis Beerscheba« ist ihm als Erbe verheißen. In dieser Gegend überwog, wie wir wissen, das semitische Element. Aber im Grunde war das Land mit seiner zerrissenen Gestalt, den unterschiedlichen Bodenverhältnissen und Klimazonen und seiner ethnisch gemischten Bevölkerung für eine zersplitterte Gesellschaft wie geschaffen. Es zerfiel in eine ganze Anzahl selbständiger kleiner Teile, die nie lange Bestand hatten. Die »Könige«, mit denen Abraham seine Quellenkäufe und Landver-

käufe tätigte, waren gewiß ihrerseits nicht viel mehr als Stammespatriarchen. Überdies eigneten sich sowieso nur die vereinzelten grünen Gebiete für eine dauerhafte Niederlassung. Im großen und ganzen bot Kanaan nur den nomadisierenden Familien, die sich mit einem Hirtenleben zufriedengaben, ein kärgliches Auskommen. Abraham, Isaak und Jakob führen weder ein seßhaftes noch ein nomadisches Leben. Sie ziehen zwischen den Städten – Jerusalem, Hebron, Beerscheba und Gerar – und den Tränken in der Wüste hin und her, wie die Erde Palästinas überhaupt nur teilweise zur Niederlassung und Ackerbestellung einlädt. Ein starker Familiensinn verbindet die Sippe, die immer wieder auf Wanderschaft geht, nicht um sich ein Land zu suchen, in dem sie einen Staat errichten könnte, sondern allein aus Gründen der Selbsterhaltung. Später, zur Zeit Josephs, gliedern sich die hebräischen Stämme in den internationalen Handel ein, das heißt, sie beteiligen sich an den Karawanenzügen, die mit Gewürzen, Balsam und Myrrhe von Gilead aufbrechen. Doch Abraham selbst zieht nur, wenn in einer Trockenzeit Hunger droht, nach Süden ins Nildelta; sobald die Weiden wieder grünen, kehrt er stets nach Kanaan zurück.
In Hebron kauft die Familie die Höhle Machpela als Erbbegräbnis. Nach Abrahams Tod übernimmt Isaak die Verantwortung für den Zusammenhalt des Stammes; er fordert seinen jüngeren Sohn Jakob auf, Frauen aus der Verwandtschaft zu heiraten, damit die Familienbande nicht reißen. Gleichwohl liegen die Zwillingsbrüder Esau und Jakob miteinander aus persönlichen und wirtschaftlichen Gründen in Streit. Esau wird »ein Jäger, der auf dem Felde umherstreifte« genannt, und Jakob (Israel) »ein gesitteter Mann, der bei den Zelten blieb« (Gen. 25,27). Jakob hat von seinen Frauen Lea und Rahel und deren Mägden zwölf Söhne: Ruben, Simeon, Levi, Juda, Isaschar, Sebulon, Dan, Naphthali, Gad, Asser, Joseph und Benjamin. Ihre Nachkommen, die »Stämme Israel« oder die »Kinder Israel« beziehungsweise die »Israeliten«, wie sie auch heißen, bilden eine scharfumrissene soziale Gruppe. Sie scheuen sich, kriegerische Bündnisse außerhalb der Gruppe einzugehen und betrachten Kanaan als ihr Land und Erbe. Wenn der Hunger sie nach Ägypten treibt, fühlen sie sich dort als »Fremde« oder als »Gäste« vorübergehend im Exil. Ihre Andersartigkeit wird allgemein ihrer monistischen Gottesvorstellung zugeschrieben, denn im Gegensatz zu dem von einem chaotischen Polytheismus beherrschten Denken der Mesopotamier und Ägypter glauben sie, daß ein einziger Gott das Naturgeschehen und das menschliche Schicksal bestimmt.

Das hebräische Ideal

Es waren also Gründe geistiger Natur, die Abraham bewogen, sich auf den Weg zu machen, und seine Nachkommen in einer festen Solidarität verbanden. Tatsächlich läßt sich für beides keine andere überzeugende Erklärung finden. Denn immerhin war Mesopotamien, Abrahams Geburtsland, Zentrum und Hochburg der damaligen Kultur; es besaß eine weit höher entwickelte und verfeinerte Kunst als Kanaan, und dank seiner Gesetze und seines Handels war seine Gesellschaftsordnung gesichert wie in keinem zweiten Land. Abraham kann also wahrhaftig nur, wie die Genesis nahelegt, aus Protest und Überzeugung ausgewandert sein: aus Protest gegen die dem mesopotamischen Leben und Denken innewohnende Unlogik – und aus der Überzeugung, eine andere, befriedigendere Antwort auf das Rätsel des menschlichen Schicksals zu finden.
Die Geschichte der Patriarchen schließt sich in der Genesis unmittelbar an den Schöpfungsbericht und die Sintflut an. Sie enthält noch viele aus der babylonischen Tradition bekannte Details, und die Josephsgeschichte ist durchsetzt mit Namen und Sagen ägyptischen Ursprungs. Dennoch fällt das, was sich trennend zwischen die Patriarchen und ihre Umwelt schiebt, mehr ins Gewicht als das, was sie mit dem Leben und den Sitten ihrer Zeit verbindet. An dem nebelhaft sich abzeichnenden Beginn der israelitischen Geschichte steht die Revolte, nicht die Fortführung irgendeiner Tradition; eine neue Vorstellung vom Menschen zeichnet sich ab, eine neue Weltauffassung und damit eine heftige Ablehnung der zeitgenössischen Mythologien mit ihrem pluralistischen Pantheon voll kriegerischer Gottheiten. Die Idee eines einzigen, transzendenten Gottes verändert die alten Vorstellungen völlig und schafft neue Denkkategorien. So ist Abrahams Auswanderung aus seinem Geburtsland als radikaler Bruch mit den heidnischen Ideen zu verstehen. An ihrer Stelle postuliert die israelitische Religion die universale Herrschaft eines einzigen zielbewußten Intellekts, eines Gottes, der ein sittliches Ziel verfolgt und dessen grundlegende Eigenschaft Güte ist.
Nach dieser Idealvorstellung schreibt das Volk seine Geschichte. Und diese Geschichte, die von Abrahams Zug nach Kanaan bis zu Jakobs und seiner Söhne Aufenthalt in Ägypten reicht, hat die jüdische Vorstellungswelt entscheidend mitgeprägt. Es handelt sich nicht um eine Chronik übermenschlicher Krieger aus grauer Vorzeit, ebensowenig um die Vision einer großartigen heroischen Welt, in die die Griechen und die anderen Völker des Altertums so gern ihre Anfänge kleideten. Zwar sind die Erzählungen von Abraham, Isaak, Jakob und Joseph von dem Gefühl durchdrungen, von Gott auserwählt zu sein. Daneben aber ist schlicht und einfach von irdischen Dingen die Rede, zeichnet sich eine Lebensführung ab, in der Kampf und List durch freundlichere, sanftere Regungen gemildert werden. In der späteren Literatur wie in der Erinnerung

des hebräischen Volks überhaupt gilt Abraham, der Urahn, vor allem als Prototyp zweier Tugenden: der Güte und Wärme im menschlichen Umgang und der äußersten, über reine Demut weit hinausgehenden Ergebung in den göttlichen Willen. Abraham wird auch von der christlichen und muslimischen Tradition als authentische geschichtliche Persönlichkeit anerkannt und als geistiger Vorfahr geehrt. Für die Juden aber ist er der erste Patriarch, dem keiner je gleichgekommen ist, das Vorbild hebräischer Vortrefflichkeit schlechthin. Von dem Bund, den er mit Gott geschlossen hat, beseelt, und durch die Erinnerung an die drei folgenden Generationen zusammengeschweißt, treten die Kinder Israels, die in einer ungesicherten Lage in Ägypten leben, dann um die Mitte des 2. Jahrtausends v. Z. auf die Schwelle der nachweisbaren Geschichte.

2. EIN VOLK WIRD GEBOREN

Farbig und lebendig berichtet die Bibel über die Zeit, in der sich die israelitische Familie auf fremdem Boden zum Volk entfaltet. Sie beschreibt den Zwist, der die von Abraham und seinen Nachfahren gegründete Stammesgemeinschaft entzweit, den Neid, der die älteren Brüder veranlaßt, Joseph nach Ägypten zu verkaufen. Doch dann treibt eine Hungersnot in Kanaan sie ihrerseits nach Süden, wo Joseph mittlerweile, ohne daß sie etwas davon wußten, im Dienste des ägyptischen Königs hoch aufgestiegen ist. Er hat den Überfluß der sieben fetten Jahre für die sieben folgenden mageren Jahre aufgespeichert. Nachdem er sich seinen Brüdern in einer ergreifenden Szene zu erkennen gegeben hat, entläßt er sie nach Kanaan und fordert sie auf, mit ihrem alten Vater Jakob zurückzukehren. Die Brüder lassen sich im Osten des Nildeltas, in Gosen, nieder. Jahrhunderte verstreichen, ehe ihre Nachfahren das Land ihrer Väter, das ihnen verheißene Erbe, wiedersehen. Zunächst leben sie als freie Menschen in Ägypten, sicher im Frieden einer ackerbautreibenden Gesellschaft in einer bewässerten Zone, die nicht wie Kanaan ständig von Dürren bedroht ist. Schließlich aber werden sie versklavt und entziehen sich der Tyrannei und Verfolgung durch Flucht.

Dieser Bericht wird in den Hauptzügen, wenn auch nicht in den anschaulich geschilderten Einzelheiten, von anderen Quellen als wahrscheinlich bestätigt. Immerhin wissen wir, daß im 17. Jahrhundert v. Z. die sogenannten Hyksos, semitische Stämme aus dem Norden und Osten, in Ägypten einfielen und das Land unterwarfen. Da sie der ägyptischen Kultur selbst fernstanden, mögen sie sich dem autonomen gesellschaftlichen und religiösen Leben der israelitischen Siedler gegenüber durchaus tolerant gezeigt haben. In einer Zeit, da der ägyptische Nationalismus darniederlag, scheint der Aufstieg eines Ausländers wie Joseph zu vizeköniglicher Macht nicht unglaubwürdig.

Vermutlich trieben die ungesicherten Ernten Kanaans noch weitere Wellen von Israeliten nach Ägypten, wo sie sich naturgemäß den verwandten semitischen Gruppen angeschlossen haben dürften. Unter der Herrschaft der Hyksos kam es zu einem besonders regen Austausch zwischen den beiden Ländern, ja Kanaan stand praktisch unter ägyptischer Oberherrschaft. Vielfach wurden Mischehen geschlossen, und den in Ägypten lebenden Israeliten fiel es nicht schwer, sich in die gegebenen Verhältnisse einzufügen. Dennoch scheinen sich die Israeliten in Gosen gesellschaftlich und kulturell abgesondert und abgekapselt zu haben. Der starre Ritualismus der Ägypter bildete eine nicht leicht zu überwindende Barriere; aber die Trennung zwischen Ägyptern und Israeliten stand unter dem Zeichen gegenseitigen Verständnisses. Selbst unter Josephs Herrschaft durften der Bibel zufolge »die Ägypter nicht mit den Hebräern zusammen speisen; das ist für die Ägypter ein Greuel«. Allein schon dieser Schranken wegen behielten die israelitischen Stämme Kanaan in steter Erinnerung und pflegten die Bande zu ihren hebräischen Verwandten im Norden.

Es waren aber in erster Linie die religiösen Vorstellungen der Israeliten, die eine Verschmelzung mit der ägyptischen Gesellschaft verhinderten. Schließlich jedoch erfuhr, wie wir aus dem Bericht des Exodus wissen, dieses friedliche Nebeneinander unter der tyrannischen Herrschaft eines Pharao, bei dem es sich mit Sicherheit um Ramses II. (ca. 1250 v. Z.) handelt, ein jähes Ende. Anfang des 16. Jahrhunderts v. Z. war die Monarchie der Hyksos gestürzt worden, und der ägyptische Nationalismus mit seiner Intoleranz und seinem Ausschließlichkeitsanspruch hatte wieder an Boden gewonnen. Die in Gosen ansässigen Israeliten verloren ihre Freiheit, wurden zu Sklaven erniedrigt und beim Bau neuer Städte zu Frondiensten gezwungen. Sie waren nicht gern gesehen, und doch ließ man sie auch nicht ziehen. In der Tiefe ihrer Erniedrigung und ihres Leidens aber erstand ihnen aus ihrer Mitte ein Führer, der Israels nationale und religiöse Eigenständigkeit begründete.

Moses war am Nil geboren worden und ins ägyptische Leben, in die ägyptische Tradition hineingewachsen; aber er war gebürtiger Hebräer, und die Verfolgung seines Volkes versetzte ihn in glühenden, schöpferischen Zorn. Er gab dem hebräischen Gott Jahwe im Bewußtsein seines Volkes einen festumrissenen, majestätischen Charakter, organisierte die kämpfenden, halb nomadischen Stämme zu einem gemeinsamen Aufstand, appellierte an die dunkle, doch immer wache Erinnerung an die Freiheit und Unabhängigkeit der Hirten im »Gelobten Land«. Schließlich stellte er sich als politisches und geistiges Haupt an die Spitze der Israeliten, eines unruhigen, streitsüchtigen und skeptischen Haufens, und führte sie aus Ägypten, dem Land ihrer Geburt, durch das Schilfmeer und die Wüste an die Schwelle von Kanaan, wo sie einen Staat gründen und ihrem Glauben ein unsterbliches Zeugnis setzen sollten.

Die hebräische Revolution

Das Aufkommen dieses Glaubens ist als »Revolution in der Weltanschauung des Menschen« bezeichnet worden – zu Recht, denn nach Auffassung der früheren sowie der zeitgenössischen Religionen war das menschliche Schicksal untrennbar mit den Naturgesetzen verquickt. Das heißt, analog dem in der Natur sich stets wiederholenden, im Kreise laufenden Rhythmus stellte man sich das menschliche Leben als eine endlose, einer vorgezeichneten Bahn folgende Prozession durch Geburt und Leben zu einem im Dunkel und Chaos liegenden Ausgangspunkt vor. Selbst die Götter waren nicht frei von menschlichen Leidenschaften, Trieben und Begierden. Sie wurden mit den Naturkräften wie Sonne, Licht, Luft, Fruchtbarkeit, Regen in Zusammenhang gebracht. Und da es eine ganze Anzahl verschiedener Naturgewalten gibt, war der heidnische Gottesbegriff von einem nahezu chaotischen Pluralismus.

Mit dieser Art heidnischen Götzendienstes hatte Abraham gebrochen. Er verehrte keine hölzernen Kultpfähle und Steine. Aber sein Gott war noch nicht der einzige, allmächtige, völlig transzendente Gott. Er war der Gott der Familie Abrahams, nicht der anderer Familien, geschweige denn der ganzen Menschheit. Schlug etwas fehl, so machte Er Seine Macht geltend, die Dinge wieder ins Lot zu bringen. Verglichen damit ist die mosaische Gottesvorstellung schon weniger vertraulich und naiv; sie ist strenger, dafür aber auch in einem ganz anderen Maß vergeistigt. Moses vollzieht den Schritt zur Abstraktion, eine Leistung, zu der keiner vor ihm fähig war. Sein Gott steht über der Natur, ist unabhängig von menschlichen Leidenschaften, vom Wechsel der Natur. Das heidnische Denken des Altertums, verfangen in der Vorstellung, die Geschichte sei unerbittlich an das Rad der Wiederholung gefesselt, war vielfach von einer tiefen Melancholie durchzogen, die noch Jahrhunderte später in dem verzweifelten Aufschrei des römischen Philosophen Marcus Aurelius wieder anklingt: »Auf und ab, hin und her, rundherum, das ist der eintönige, sinnlose Rhythmus des Universums.« Dieser Fatalismus war für die heidnischen Kulturen kennzeichnend. Das hebräische Denken dagegen löst sich von Moses an aus diesen Banden. Für Moses ist Gott der Schöpfer der Naturgewalten, der seinerseits ihrem zyklischen Rhythmus nicht unterworfen ist. Der göttliche Plan erfüllt sich nicht in der Natur, sondern in der Menschheitsgeschichte. Fortschritt, nicht Wiederholung, ist das Gesetz des Lebens. In der mosaischen Tradition legt sich Gott einen neuen Beinamen zu: »ICH BIN DER ICH BIN«, derjenige, der durch keine Definition erschöpfend erfaßt werden kann, der Allgegenwärtige, der seinem Volk hilft, »der betrübt ist über all ihre Drangsal und sie in Seiner Liebe und in Seinem Erbarmen errettet«.

Ist aber das menschliche Schicksal erst einmal aus dem Zyklus der Natur herausgenommen, so bricht es auch aus den fatalistischen Fesseln der Wiederkehr aus. Der Mensch hat die Fähigkeit, »das Böse zu verwerfen und das Gute zu wählen«. Er ist also mit einer einzigartigen Würde beziehungsweise Fähigkeit ausgestattet, die der übrigen Natur fehlt.

Um in vollem Umfang ermessen zu können, wie revolutionär diese Vorstellungen für die damaligen Begriffe waren, müssen wir sie vor dem ägyptischen und

mesopotamischen Hintergrund sehen, auf dem sie entstanden sind, und uns vor Augen halten, daß sich unter den Überresten und Denkmälern der heidnischen Kulturen unter anderem auch hybride »Götter«darstellungen finden: Götter mit einem menschlichen Kopf und einem Tierkörper, geflügelte Stiere und Vögel mit dem Leib eines Vierfüßlers. Die Götter aber mit der unvernünftigen Kreatur gleichsetzen bedeutet, sie noch auf eine Stufe unter den Menschen stellen. Und eine solche Götzendienerei beweist, daß die ägyptische Kultur bei all ihrer äußeren Verfeinerung letztlich doch in einer tiefen Geistesverwirrung befangen war. Daß aus einer so unharmonischen Naturauffassung magische und zügellose Rituale erwuchsen, ist verständlich.
Moses nahm auf die einfacheren und reineren Gesetze seiner Vorfahren Bezug, die zweifellos jenen der midianitischen Nomaden glichen, unter denen er seine ersten Mannesjahre verbracht hatte. Gewiß läßt sich seine Religion noch nicht mit dem prophetischen Judentum vergleichen, das erst ein paar Jahrhunderte später seine vollste Entfaltung erreichte. Die mosaische Gottheit ist noch immer ausschließlich Israels Schutzgott, das Grundkonzept, wenn auch eindeutig gegen den Götzendienst gerichtet und ethisch bestimmt, keineswegs schon völlig universal. »*Du* sollst keinen anderen Gott neben Mir haben.« Die Ermahnung ist im Singular gehalten, richtet sich also – wie zu dieser Zeit alle Religionen – offensichtlich nur an das eine Volk. Darüber hinaus lassen sich noch andere Gemeinsamkeiten feststellen; so stammen zum Beispiel die Geschichten von den Schlangen, die in Stäbe verwandelt wurden, von dem »Busch, der brennt und nicht verzehrt wird« und von den durch Beschwörung hervorgerufenen Plagen aus der ägyptischen und babylonischen Magie. Und der Umstand, daß die »Bundeslade« in den Kampf mitgeführt wird, verrät eine primitive Auffassung: Der räumlich begrenzte Gott muß mitgetragen werden, denn ginge die Lade verloren, so wäre auch kein göttlicher Schutz mehr zu erwarten. Aber all diese Symbole und Bilder, so primitiv sie ursprünglich zum Teil auch sein mögen, werden durch die mosaische Religion in den Dienst einer hochstehenden transzendenten Vision gestellt und einem Volk anvertraut, das auserwählt worden ist, ein besonderes Maß an geistiger Verantwortung zu tragen.

Aus der Knechtschaft in die Freiheit

Moses, der Schöpfer dieser neuen Religion, ist zugleich der Führer des Volkes auf dem Weg in die Freiheit. Tief erschüttert von den Leiden seiner Landsleute in der ägyptischen Sklaverei, macht er sich daran, sie aufzurütteln, überzeugt sie, daß sie durch einen Aufstand die Freiheit erringen können – durch Auf-

lehnung gegen die weltliche Gewalt und die Vielgötterei der Ägypter. Er vereint die Israeliten in der Anbetung des einen Gottes und führt sie, allein auf die ihm daraus erwachsende Autorität gestützt, vierzig Jahre lang durch die Wüste Sinai bis nach Kanaan. In dieser Zeit wächst das Volk immer mehr zu einer geistigen und nationalen Einheit zusammen. Der Exodus aus Ägypten bedeutet also nicht nur Befreiung aus der Knechtschaft, er ist darüber hinaus das entscheidende Ereignis für Israels Selbstverständnis, der Augenblick, in dem sich das Volk konstituiert. Nicht umsonst beschwören in späteren Generationen die Propheten immer wieder, wenn sie Israel vor dem Verlust seiner Eigenständigkeit oder der Aushöhlung seiner Werte warnen, die Erinnerung an den Auszug aus Ägypten herauf – gleichsam als Trost, aber auch als Mahnung, die Einheit zu bewahren.
So nimmt der Exodus in Israels Geschichte begreiflicherweise eine Sonderstellung ein; doch selbst eine ganze Reihe anderer Kulturen und Sprachen hat ihn zum Symbol der nationalen und sozialen Befreiung gemacht. Henry George zum Beispiel schreibt: »Zwischen den Pranken der schweren steinernen Sphinx erhebt sich der Genius der menschlichen Freiheit; und trutzig verkünden die Trompeten des Exodus die Rechte des Menschen.« Oder als über das Emblem der zukünftigen amerikanischen Union beraten wurde, schlugen Benjamin Franklin und Thomas Jefferson als Siegel der Vereinigten Staaten den Zug der Kinder Israels durchs Schilfmeer in die Freiheit vor. Darüber sollte stehen: »Widerstand gegen die Tyrannen ist Gehorsam gegen Gott.« Und zur Zeit der Französischen Revolution bezeichneten sich die Volkstribunen im Nationalkonvent als Erben des neuen »Kanaan«. Kurz, ob es nun darum ging, ein fremdes Joch abzuschütteln, oder darum, sich aus der Erniedrigung der Armut zu befreien, immer wieder wurde das Bild des Exodus herangezogen, um die Möglichkeit eines Wechsels von der »Knechtschaft zur Freiheit, von der Dunkelheit ins Licht« zu symbolisieren. So entwickelte sich der Exodus, schon in der israelitischen Geschichte ein entscheidender Abschnitt, nach und nach zu einem dynamischen sozialen Mythos, der die revolutionären Impulse in allen möglichen Ländern und Zeiten zum Ausdruck beziehungsweise sogar zum Ausbruch bringen kann.

In der Wüste

Für dreihundert Jahre israelitischer Geschichte, für den Zeitraum zwischen dem 16. und dem 13. Jahrhundert v. Z., ist die Bibel unsere einzige Quelle. Die ägyptische Geschichtsschreibung schweigt sich über diese Zeitspanne aus;

vielleicht um die schmachvolle Periode der Hyksosherrschaft in Vergessenheit geraten zu lassen. Doch trotz dieser wenigen Anhaltspunkte wissen wir heute mit ziemlicher Sicherheit, daß die Hebräer im 18. Jahrhundert v. Z. oder auch etwas später nach Ägypten zogen, während der Exodus nach dem 14. Jahrhundert v. Z., möglicherweise in der Regierungszeit Ramses II. (1290–1225 v. Z.) anzusetzen ist. Beide Wanderungen vollzogen sich vermutlich in mehreren Wellen. Die Zahl der Hebräer, die Ägypten verließen, ist allerdings unbekannt. Der Bibel zufolge sollen es sechshunderttausend Mann mit ihren Frauen und Kindern gewesen sein. Doch das scheint reichlich hochgegriffen. Wovon hätten sich all diese Menschen in der Wüste Sinai ernähren sollen? Wahrscheinlich waren es lediglich ein paar tausend.

Nachdem sie vom nordöstlichen Ende des Nildeltas aufgebrochen waren, kamen sie nach dem Bericht der Bibel geradewegs zum Berg Sinai (oder Horeb), der bis zum heutigen Tag nicht mit Sicherheit lokalisiert werden konnte, auch wenn ihn einige moderne Gelehrte unter den Granitbergen im südlichen Teil der Sinaihalbinsel identifiziert zu haben glauben. Von da zogen sie zur Oase von Kadesch (rund fünfzig Kilometer südwestlich von Beerscheba), vermutlich in der Absicht, von hier aus direkt nach Kanaan vorzudringen. Aber der kürzere Weg durch das Land der Philister war ihnen durch den ägyptischen Befestigungsgürtel an der Küste verschlossen. Und der Versuch, von Süden her in Kanaan einzufallen, schlug ebenfalls fehl. Hier versperrten die kanaanäischen Verteidigungsanlagen den Zugang zum Negev, und der Durchbruchsversuch der Israeliten wurde vom König von Arad zurückgeschlagen. Nach dieser Niederlage gezwungen, in die Wüste zurückzukehren, zogen die Hebräer von Oase zu Oase; ihr Hauptsammelpunkt blieb jedoch Kadesch-Barnea, wo sie das gewohnte nomadische und ungesicherte Wüstenleben führten.

Über die folgenden Ereignisse, die schließlich mit der Eroberung Kanaans endeten, enthält die Bibel zwei Berichte. Während die Israeliten dem Buch der Richter zufolge nur langsam vordrangen, nahmen sie, wie das Buch Josua versichert, weite Gebiete des Landes durch einen brillant geführten Feldzug im Handumdrehen ein. Doch so widersprüchlich sich die beiden Versionen auch anhören mögen, nach Meinung der meisten Autoritäten schließen sie einander nicht aus. Josuas militärischer Angriff gilt als eine entscheidende Phase in einem langen Kampf, an dem jeder Stamm auf seine Weise beteiligt war. Doch genau läßt sich die Eroberung Kanaans nicht nachzeichnen. Aus dieser Zeit existieren keine Inschriften, und die biblischen Angaben widersprechen einander oft. Erst die Ausgrabungen aus neuerer Zeit haben auf die Eroberung einiger kanaanäischer Städte wie Hazor etwas Licht geworfen. Demnach dürfte es sich bei der Einnahme von Jericho und Ai östlich von Jerusalem um eine Sage handeln, denn beide Städte waren schon lange vor dem 14. Jahrhundert v. Z. zerstört worden.

Rückkehr nach Kanaan

Josua befolgte eine unkonventionelle Strategie. Er rollte Kanaan von der östlichen Flanke her auf und machte Transjordanien zu einer hebräischen Siedlung. Da aber die Israeliten in Ägypten keine Stammesorganisation gekannt hatten, läßt sich nicht ohne weiteres sagen, welche Stämme sich am Exodus oder an der Eroberung beteiligten, geschweige denn, wie die Einnahme der Länder westlich des Jordans im einzelnen vor sich ging. Wir wissen lediglich, daß nicht das ganze Land auf einmal besetzt werden konnte, sondern nur die Territorien in Transjordanien und daneben vor allem noch das Bergland von Ephraim (Samaria), sowie Ober- und Unter-Galiläa. Hier stellte sich den Israeliten der gefürchtetste Mann Kanaans, der König von Hazor, entgegen, »der stark war, weil er Streitwagen aus Eisen besaß, während die Israeliten nur leicht bewaffnet waren...« Hazor aber, im Schnittpunkt der Straßen von Sidon nach Beth-Schean und von Megiddo nach Damaskus gelegen, war die führende kanaanäische Stadt im Norden, deren politischer Einfluß ihrer strategischen Bedeutung entsprach. Deshalb wurde Josuas Sieg über den König von Hazor beim Wasser von Merom begreiflicherweise als Krönung seiner militärischen Laufbahn gefeiert. Doch selbst nach diesem Erfolg konnten sich in den Ebenen Kanaans noch viele Städte hinter ihren Mauern halten, und die Städte im Küstengebiet verstanden es, sich dem israelitischen Ansturm stets mit Erfolg zu widersetzen.

In den eroberten Gebieten herrschten meist gespannte Beziehungen zwischen den Israeliten und ihren Nachbarn. Zum Teil mögen sich die besiegten Clans und Städte den Siegern allerdings auch angeschlossen und in die israelitische Gesellschaftsordnung eingegliedert haben. Aber wie dem auch sei, jedenfalls begann Israel, sobald der militärische Sieg gesichert war, eine nationale Gemeinschaft aufzubauen.

Die Bibel schildert den Einzug der Israeliten in Kanaan nicht als Eroberungszug eines fremden Volkes, sondern als Rückkehr der Stämme, die einst in einer längst vergangenen, aber nicht vergessenen Zeit im Lande gewohnt hatten. Das Volk, das jetzt zurückkehrte, hatte das »Gelobte Land« zwar nie gesehen, aber doch seit Generationen davon geträumt. Es hatte die Erinnerung an diese Heimat wachgehalten, sie stets als den einzigen Ort der Welt betrachtet, an dem es seinen göttlichen Auftrag erfüllen konnte.

Das Land

Das Land zwischen dem Mittelmeer und der arabischen Wüste, im Norden von Syrien und im Süden von der Sinaihalbinsel begrenzt, ist trotz seiner geringen Ausdehnung klimatisch und landschaftlich sehr verschiedenartig. Zwischen dem Jordan und der Küste liegen die fruchtbare Ebene von Esdrelon (Jesreel) und die einst dicht bewaldeten Hügel Galiläas und des Südlandes (Schephela), die den Fleiß des Bauern mit reichen Ernten belohnen. Durch die Küstenebene führte früher eine sehr belebte Straße, auf der von den Reichen am Euphrat und Tigris Heere und Karawanen ins Nildelta zogen.

Der Jordan, der auf dem Hermon, der südlichen Fortsetzung des Antilibanon, entspringt, fällt bis zum See Kinnereth – auch »Galiläisches Meer« und See Genezareth genannt – zweihundertacht Meter unter den Meeresspiegel und bis zum hundert Kilometer weiter südlich gelegenen Toten Meer dreihundertzweiundneunzig Meter unter den Meeresspiegel. Dann steigt das Tal bis zu einer Höhe von neunhundert Metern an, senkt sich jedoch wieder zum Golf von Akaba (Elath) hinunter an die Küste des Roten Meeres. Im Süden mit seiner vulkanischen Landschaft herrscht ein tropisches Klima, während im Norden und Westen im judäischen Bergland regelmäßig im Winter Regen fällt. Dieses zerrissene, so gegensätzliche Land, von Natur aus ungeeignet für eine zentralistische Regierung, fördert die Aufsplitterung in Stämme. Einzig das Licht ist all seinen Teilen gemein: ein grelles, stechendes Licht, das die Zacken der Berge scharf gegen den Himmel abhebt, in einem ständig wechselvollen Spiel über die Abgründe und Schluchten gleitet und das Meer bei Sonnenaufgang und -untergang in erregenden Farben aufleuchten läßt. So klein das Land ist, einen schärferen Kontrast zwischen Wüsteneien und fruchtbaren Gebieten kann man sich kaum vorstellen; noch verblüffender aber vielleicht ist der Eindruck von Weite und großen Räumen, den man von den zwischen der Wüste und dem Meer gelegenen Höhen Palästinas aus erhält.

Dieses Land hatte schon viele Namen. Für die Akkader war es Teil von Amurru (was auf akkadisch so viel wie »Westen« bedeutet) oder das Land der Amoriter; für die Ägypter Retenu, zur Zeit der 18. und 19. Dynastie auch Kanaan, wie die Hebräer es nannten.

Die Kanaaniter, von denen die Bibel spricht, waren nicht die einzigen Bewohner des Landes Kanaan; gelegentlich wird »Kanaaniter« allerdings auch als Sammelbezeichnung für alle seßhaften Einwohner Palästinas vor der hebräischen Eroberung gebraucht. Allem Anschein nach war Kanaan zu dieser Zeit trotz seiner politischen Zersplitterung ein kulturell höchst reges Land. Die kanaanäische Kultur umfaßte den ganzen Küstenstreifen von der ägyptischen Grenze südlich von Gaza bis zur nördlichen Grenze bei Ugarit (südwestlich von Antiochia), also Palästina und Syrien. In diesem kleinen Gebiet wurden mehrere Sprachen gesprochen und fünf verschiedene Schriftarten geschrieben. Neben der akkadischen Keilschrift und den ägyptischen Hieroglyphen, den damals international gebräuchlichen Schriftarten, gab es zwei andere von noch revolutionärerer Wirkung: die ältesten Alphabete der Welt. Das eine, mit zweiunddreißig Buchstaben, wurde vornehmlich im syrischen Hafen Ugarit geschrieben; das andere mit zweiundzwanzig Buchstaben, auf das die Alphabete der modernen Sprachen wie des Phönizischen, Hebräischen, Griechischen und Römischen zurückgehen, war wahrscheinlich in Südpalästina erfunden worden.

3. ISRAEL IM LANDE KANAAN

Zwischen der Eroberung Kanaans (1230 v. Z.) und der Einführung des Königtums unter Saul (1023 v. Z.) liegen zwei Jahrhunderte, die die Bibel als die »Zeit, als die Richter richteten« bezeichnet.

Beim Einzug in Kanaan war Israel noch keine Nation. Doch nach und nach vollzog es dann den Schritt von der halbnomadischen Stammesgesellschaft zur national geschlossenen Agrargesellschaft. Diese Entwicklung, die tiefgreifende Verschiebungen in der politischen Gliederung nach sich zog, wurde durch drei Faktoren erschwert: durch den Austausch mit den in Kanaan ansässigen Volksstämmen, durch die starken Unterschiede innerhalb der israelitischen Gemeinschaft und nicht zuletzt durch das Land selbst.

Seiner geographischen Eigenart nach begünstigte Palästina, wie gesagt, das Stammeswesen: ein zwar kleines, landschaftlich jedoch äußerst abwechslungsreiches Gebiet, wo sich auf engem Raum rund vierzig geographische und klimatische Zonen nebeneinander finden, darunter so verschiedenartige Landstriche wie das schneebedeckte Hermongebirge und das Tote Meer, die tiefstgelegene Region der Erde. Wie nicht anders zu erwarten, spiegelte sich der Gegensatz zwischen Hochlandbewohnern und der in der Ebene ansässigen Bevölkerung in den separatistischen Bestrebungen der verschiedenen Stammesgruppen.

Hemmend für den Zusammenschluß der Stämme wirkten sich auch die vornehmlich in der Ebene von Esdrelon und im Bergland südlich von Jerusalem fortbestehenden kanaanäischen Enklaven aus. Allem Anschein nach unterhielten die Israeliten zu den Kanaanitern über längere Zeiten hin friedliche Beziehungen – wie es mit Sicherheit auch zu einer gewissen kulturellen Verschmelzung zwischen den bereits höher zivilisierten Kanaanitern und den in ihrem Gesellschaftsaufbau noch recht heterogenen Einwandererstämmen kam.

Nach und nach gelang es den Israeliten, ihre Lebensverhältnisse zu verbessern. Sie entwickelten sich zu einem Volk von Kleinbauern, das Zisternen anlegen lernte und sich, da es dringend auf die Gewinnung von Neuland angewiesen war, mit Ausdauer und Geschick an die Urbarmachung von Wüsten- und Waldgebieten machte. Im Gegensatz zu den stark befestigten Städten der Kanaaniter und Philister zeigten die wenigen, nur mangelhaft abgesicherten israelitischen Städte ländlichen Charakter. Israels Schlagkraft stand und fiel mit der im Kriegsfall mobilisierbaren Zahl von Bewaffneten. Allerdings scheinen in dieser Epoche die Stammesbindungen meist die Oberhand über die weitgespannten gemein-

samen Interessen gewonnen zu haben. »Zu der Zeit«, berichtet die Bibel, »war kein König in Israel und jeder tat, was ihn recht dünkte.«
Der politische Aufbau des alten Israel fand in einem religiösen Bund seinen Niederschlag – im Zusammenschluß der zwölf Stämme um ein gemeinsames Heiligtum. Obgleich sich die Stämme der Überlieferung zufolge vor Kriegszügen oder zu Kulthandlungen in Gilgal und Sichem zu versammeln pflegten, wählten sie nun Silo als gemeinsamen religiösen Mittelpunkt. Hier wurde die Bundeslade aufbewahrt, hier verehrten sie den einen Gott und feierten, mit dem Sinnbild seiner Gegenwart in ihrer Mitte, ihre Feste.

Die Zeit der Richter

In Krisenzeiten überträgt das Volk die Führung einem Richter. Der Richter – Seher, Heerführer und Retter in einem, der die Belange des Gemeinwesens vertritt, gilt als von Gott auserwählt und mit göttlichem Geist begabt. Unsere Kenntnisse über diese Zeit stützen sich ausschließlich auf das Buch der Richter, einen recht lückenhaften Bericht, der nur spärliche Angaben über die Amtszeit der verschiedenen Richter enthält. Von manchen, wie Otniel und Ehud, wissen wir kaum mehr als den Namen, da sich unter ihrer Herrschaft keine kriegerischen Zwischenfälle ereigneten. Andere wiederum, wie die Prophetin Debora und Jephthah, Simson und Gideon, Eli und Samuel, sind in die Geschichte eingegangen. Übrigens stand keiner der Richter Gesamtisrael vor. Denn der Zusammenschluß zur nationalen Einheit war damals noch nicht verwirklicht; er vollzog sich weniger aufgrund eines inneren Umwandlungsprozesses, als vielmehr unter dem Druck von außen, genauer gesagt, infolge der Bedrohung durch die Philister, einer Gefahr, der die Stämme nur in gemeinsamer Anstrengung begegnen konnten.
Wer aber waren die Philister? Ein ägäisches Volk, das, von eindringenden nördlichen Stämmen aus seiner Heimat Kreta und den Küstengebieten Kleinasiens verdrängt, zunächst in Ägypten hatte Fuß fassen wollen und sich, als dieser Versuch scheiterte, an der Küste Palästinas angesiedelt hatte. Fünf Städte, in einem Bund zusammengeschlossen, sicherten ihr Gebiet ab: Gaza, Askalon, Asdod, Ekron und Gath. Die Philister bewohnten einige der fruchtbarsten Landstriche und verfügten neben beträchtlichem Reichtum auch über die besseren Waffen: Sie hatten von den Hethitern das Geheimnis der Eisengewinnung und Waffenherstellung übernommen. Hinzu kam noch ihr imposantes Äußeres – großgewachsene Leute waren durchaus keine Seltenheit.
Da die Philister auf verschiedene israelitische Stämme ständigen Druck aus-

übten und ihnen sogar Teile ihres Gebietes abnahmen, sahen sich die Stämme zu gemeinsamem Handeln gezwungen. In geschlossener Front traten sie zum Kampf an, wurden aber in der Schlacht von Aphek geschlagen – eine nationale Katastrophe, da die mitgeführte Bundeslade dem Feind in die Hände fiel (um 1050 v. Z.). Das Unglück zeigte eins mit aller Deutlichkeit: Um sich gegen die Philister zu behaupten, brauchte das Volk einen gemeinsamen Führer.

Das Königtum

Die Berichte über Sauls Thronbesteigung und die Rolle, die Samuel dabei spielte, sind recht widersprüchlich. Die Israeliten treten mit der Bitte an Samuel heran: »Siehe, du bist alt geworden, und deine Söhne wandeln nicht in deinen Wegen; so setze nun einen König über uns, der uns richte, wie alle Heiden haben.« Samuel aber warnt seine Landsleute vor den Gefahren der Königsherrschaft:

> Das wird des Königs Recht sein, der über euch herrschen wird: eure Söhne wird er nehmen zu seinem Wagen und zu Reitern und daß sie vor seinem Wagen herlaufen, und zu Hauptleuten über tausend und über fünfzig und zu Ackerleuten, die ihm seinen Acker bauen, und zu Schnittern in seiner Ernte und daß sie seine Kriegswaffen und was zu seinen Wagen gehört, machen. Eure Töchter aber wird er nehmen, daß sie Salbenbereiterinnen, Köchinnen und Bäckerinnen seien. Eure besten Äcker und Weinberge und Ölgärten wird er nehmen und seinen Knechten geben. Dazu von eurer Saat und euren Weinbergen wird er den Zehnten nehmen und seinen Kämmerern und Knechten geben. Und eure Knechte und Mägde und eure schönsten Jünglinge und eure Esel wird er nehmen und seine Geschäfte damit ausrichten. Von euren Herden wird er den Zehnten nehmen und ihr müßt seine Knechte sein... Aber das Volk weigerte sich, auf die Stimme Samuels zu hören, und sie sprachen: Mitnichten, sondern es soll ein König über uns sein, daß wir auch seien wie alle Heiden, daß uns unser König richte und vor uns her ausziehe und unsere Kriege führe.

Schließlich gibt Samuel dem Drängen des Volkes nach und macht sich, wenn auch voller Skepsis, auf die Suche nach einem geeigneten Mann.
Seine Wahl fällt auf Saul, den Sohn des Kis, eines Bauern von Benjamin, dem kleinsten israelitischen Stamm. Saul war, wie es heißt, »ein junger, schöner Mann, und es war kein schönerer unter den Kindern Israels, eines Hauptes länger denn alles Volk«.
Der neue König nun konzentriert seine Energie vor allem auf den Kampf

gegen die Philister. In den ersten Jahren seiner Herrschaft stellt er ein schlagkräftiges Heer auf, das sich zu einem guten Teil aus Soldaten seines eigenen Stammes Benjamin zusammensetzt.
Mit dem glänzenden Sieg bei Michmas kann Saul den Feind aus den Gebieten der Benjaminiten und Ephraimiten vertreiben. In der Folgezeit unternimmt er dann eine Reihe von Rache- und Vergeltungsfeldzügen gegen weitere Nachbarvölker, so gegen die im Osten und Südosten ansässigen Moabiter, Ammoniter und Aramäer und später auch gegen die Amalekiter im Süden. Doch trotz aller Erfolge, die das Nationalbewußtsein der Israeliten gewaltig heben, droht ihrem Staatswesen noch eine volle Generation lang die Gefahr feindlicher Angriffe.
Saul, der gewissermaßen das Bindeglied zwischen der alten Stammesgliederung der Richterzeit und der voll ausgebildeten Monarchie unter David darstellt, zählt wohl zu den tragischsten Gestalten der biblischen Geschichte. Von widersprüchlicher und schwieriger Wesensart, kommt er weder mit Samuel noch mit David aus. Doch trotz seines krankhaften Mißtrauens, das zuweilen bis zu Angstzuständen und Depressionen führt, verfügt er über eine ganz beträchtliche, ausgesprochen religiös eingefärbte Macht – zweifellos eine wesentliche Voraussetzung für die von ihm so tatkräftig vorangetriebene Einigung des Volkes.
Über die Verwaltung des Staatswesens unter Saul, der seine Vaterstadt Gibea im Land der Benjaminiten als Residenz wählte, wissen wir nur wenig, doch scheint es lediglich zu einem teilweisen Zusammenschluß der Stämme gekommen zu sein. Sauls absolute Herrschaft erstreckte sich zunächst nur über das Kerngebiet des Landes, während er sich in den Randbezirken erst ganz allmählich durchsetzen konnte.

Saul und David

Saul fand Anerkennung bei den Stämmen im Landesinneren und im Norden, doch erwuchs ihm im mächtigen, über die Bevorzugung von Benjamin erbitterten Stamm Juda ein Gegner aus den eigenen Reihen. Diesem Stamm gehört auch David an, der Sohn des judäischen Bauern Isai. David bekleidet eine einflußreiche Stellung in Sauls Heer; er hat bereits in jungen Jahren von sich reden gemacht, als er, fast noch ein Kind, den Philister Goliath »mit Schleuder und Stein« im Zweikampf besiegte. Seither ist er Saul »überallhin gefolgt«, hat ihn mit seinem Harfenspiel zerstreut, seine Tochter geehelicht und seinen Sohn Jonathan zum Freund gewonnen. Auch beim Volk genießt David großes Ansehen. Es besingt seine waghalsigen kriegerischen Unternehmungen in allerlei Balladen – sehr zum Unbehagen Sauls.

Denn einen Mann wie ihn, der allenthalben Verrat wittert, muß Davids Popularität zutiefst beunruhigen. »Saul hat tausend geschlagen«, singen die Leute, »aber David zehntausend.« Immer deutlicher sieht Saul in dem jungen Mann den politischen Nebenbuhler, ja er steigert sich gegen Ende seiner Regierungszeit geradezu in die fixe Idee hinein, alles werde gutgehen, falls er sich nur Davids entledigen könne.
In seiner persönlichen Sicherheit bedroht, flieht David in seine Heimat, das judäische Bergland, wo er einige Jahre als Geächteter lebt. Saul versucht wiederholt, seiner habhaft zu werden und macht mit seinen Anhängern kurzen Prozeß. Von welch heftigem innerem Zwiespalt dieser unglückliche Herrscher gepeinigt war, kommt im Bericht der Bibel anschaulich zum Ausdruck:

> ... Da nun Saul wiederkam von den Philistern, ward ihm gesagt: Siehe, David ist in der Wüste Engedi.
> Und Saul nahm dreitausend junger Mannschaft aus ganz Israel und zog hin, David samt seinen Männern zu suchen, auf den Felsen der Gemsen. Und da er kam zu den Schafhürden am Wege, war daselbst eine Höhle, und Saul ging hinein, seine Füße zu decken.
> David aber und seine Männer saßen hinten in der Höhle ... Und David stand auf und schnitt leise einen Zipfel vom Rock Sauls. Aber darnach schlug ihm sein Herz, daß er den Zipfel Sauls hatte abgeschnitten, und er sprach zu seinen Männern: Das lasse der HErr ferne von mir sein, daß ich das tun sollte und meine Hand legen an meinen Herrn, den Gesalbten des HErrn ... Und David wies seine Männer von sich mit harten Worten und ließ sie sich nicht wider Saul auflehnen.
> Da aber Saul sich aufmachte aus der Höhle und ging des Weges, machte sich darnach David auch auf und ging aus der Höhle und rief Saul hintennach und sprach: Mein Herr und König!
> Saul sah hinter sich. Und David neigte sein Antlitz zur Erde und fiel nieder und sprach zu Saul: Warum gehorchst du der Menschen Wort, die da sagen: David sucht dein Unglück? ... Mein Vater, siehe doch den Zipfel von deinem Rock in meiner Hand, daß ich dich nicht erwürgen wollte, da ich den Zipfel von deinem Rock schnitt. Erkenne und sieh, daß nichts Böses in meiner Hand ist noch keine Übertretung. Ich habe auch an dir nicht gesündigt, und du jagst meine Seele, daß du sie wegnehmest. Der HErr wird Richter sein zwischen mir und dir und mich an dir rächen; aber meine Hand soll nicht über dir sein. Wie man sagt nach dem alten Sprichwort: »Von Gottlosen kommt Untugend.« Aber meine Hand soll nicht über dir sein. Wem ziehst du nach, König von Israel? Wem jagst du nach? Einem toten Hund, einem einzigen Floh. Der HErr sei Richter und richte zwischen mir und dir und sehe darein und führe meine Sache aus und rette mich von deiner Hand.

Als nun David solche Worte zu Saul hatte ausgeredet, sprach Saul: Ist das nicht deine Stimme, mein Sohn David? Und Saul hob seine Stimme und weinte und sprach zu David: Du bist gerechter denn ich, du hast mir Gutes bewiesen; aber ich habe dir Böses bewiesen...
Da zog Saul heim. David aber mit seinen Männern machte sich hinauf auf die Berghöhe.

David muß bei den Philistern Zuflucht suchen, als deren Bezwinger er sich ehedem einen Namen machte. Er hält sich gerade unter dem Schutz des Königs von Gath in Ziklag auf, als Saul mit Jonathan und zwei weiteren Söhnen bei dem vergeblichen Versuch, den Einbruch der Philister aufzuhalten, in der Schlacht im Gebirge Gilboa fällt. Genauer gesagt, auf dem Schlachtfeld von feindlichen Bogenschützen verwundet, seinen Waffenträger um den Todesstoß angeht und sich auf dessen Weigerung hin selbst in sein Schwert stürzt. David hat auf den tragischen Tod des Königs und seiner drei Söhne ein ergreifendes Klagelied verfaßt:

...Wie sind die Helden gefallen! Sagt's nicht an zu Gath, verkündet's nicht auf den Gassen zu Askalon, daß sich nicht freuen die Töchter der Philister, daß nicht frohlocken die Töchter der Unbeschnittenen.
Ihr Berge zu Gilboa, es müsse weder tauen noch regnen auf euch, noch Äcker sein, davon Hebopfer kommen: denn daselbst ist den Helden ihr Schild abgeschlagen, der Schild Sauls, als wäre er nicht gesalbt mit Öl.
Der Bogen Jonathans hat nie gefehlt, und das Schwert Sauls ist nie leer wiedergekommen von dem Blut der Erschlagenen und vom Fett der Helden.
Saul und Jonathan, holdselig und lieblich in ihrem Leben, sind auch im Tode nicht geschieden; schneller waren sie denn die Adler und stärker denn die Löwen.
Ihr Töchter Israels, weinet über Saul, der euch kleidete mit Scharlach säuberlich und schmückte euch mit goldenen Kleinoden an euren Kleidern. Wie sind die Helden so gefallen im Streit!...
Es ist mir leid um dich, mein Bruder Jonathan: ich habe große Freude und Wonne an dir gehabt; deine Liebe ist mir sonderlicher gewesen, denn Frauenliebe ist.
Wie sind die Helden gefallen und die Streitbaren umgekommen!

Davids Thronbesteigung

Sauls Nachfolger, sein Sohn Eschbaal, verlegt die königliche Residenz nach Mahanajim in Ostjordanien. Für David ist nun der Zeitpunkt gekommen, eigene Thronansprüche anzumelden. Er kehrt mit seinen altgedienten Kriegern ins Land zurück und erobert Hebron, höchstwahrscheinlich mit Unterstützung der Philister, denen eine Schwächung des Gegners durch innere Machtkämpfe durchaus gelegen kommt. Im Süden hat David leichtes Spiel. Der Stamm Juda, der ihn als sein Oberhaupt betrachtet, ist ohne weiteres bereit, ihn zum König zu machen.

David aber verfolgt ehrgeizigere Pläne. Er will das von Saul begonnene Werk der Einigung fortführen und alle Stämme unter seiner Krone zusammenschließen. Israel im Norden befindet sich seit dem Sieg der Philister im Gebirge Gilboa in einer denkbar mißlichen Lage, will aber dennoch nicht auf seinen eigenen König verzichten. Der Bruch zwischen Israel und Juda ist also bereits damals vorgezeichnet, die spätere Teilung in zwei Reiche mit getrennter Verwaltung im Keim schon angelegt.

Um seine Macht über Gesamtisrael aufzurichten und zu verankern, muß David einerseits Juda fest in die Hand bekommen und andererseits Israel eingliedern, ein Ziel, das sich nur durch eine Reihe von Feldzügen erreichen läßt. Aus den meisten Zusammenstößen mit Eschbaals Streitkräften geht Davids Heer siegreich hervor. Eschbaals Position, durch seine Niederlagen erschüttert, wird durch den Verrat seines Heerführers Abner weiter untergraben, der David ganz unverhohlen seine Dienste anträgt. Dabei mögen persönliche Zwistigkeiten mit Eschbaal hereingespielt haben (Abner hatte eine Konkubine des verstorbenen Saul für sich gefordert, die nach damaligem Brauch nur dem König zustand); wesentlicher aber ist, daß Abner Davids militärische und staatsmännische Überlegenheit offenbar richtig einschätzte. Eschbaal gerät zusehends in Isolierung, nach und nach fallen selbst seine engsten Anhänger und Freunde von ihm ab.

Trotz ihres eingefleischten Ressentiments gegen den Süden gelangen die Stämme des Nordens allmählich zu der Einsicht, daß mit Davids Herrschaft über ein vereinigtes Israel dem Interesse aller wohl am besten gedient sei. Als schließlich Abner von Davids Heerführer Joab hinterrücks erschlagen und Eschbaal nach nur zweijähriger Herrschaft von zweien seiner Offiziere ermordet wird, gelangt David ans Ziel.

Die Stämme Israels entsenden eine Abordnung von Standespersonen nach Hebron, um ihm den Thron anzubieten. Und damit tritt er die Herrschaft über Gesamtisrael an.

Die Philister schätzen die Bedeutung von Davids Thronbesteigung völlig richtig ein. Und da es ihm zu einem Großangriff zunächst noch an Schlagkraft fehlt,

handeln sie unverzüglich, fallen in Juda ein und marschieren auf die Hauptstadt Hebron los. David zieht sich nach Adullam zurück, baut seine Streitmacht aus, unternimmt mehrere Feldzüge gegen die Philister und vertreibt sie schließlich nach dem entscheidenden Sieg bei Gath aus dem Land.
Sein nächstes Ziel ist die Eroberung von Jebus, dem späteren Jerusalem. Die Stadt, damals noch in der Hand der Kanaaniter, erschwerte die Verständigung zwischen dem Norden und dem Süden und damit die von David angestrebte Vereinigung Judas und Israels. Darüber hinaus aber sah er in Jerusalem die geeignete Hauptstadt für sein Reich.
Nachdem er in Jerusalem seine Residenz aufgeschlagen hat, in der »Davidstadt«, wie die Festung von da an heißt, fehlt der Stadt, die unter den Kanaanitern ihre eigenen Kultstätten besessen hatte, nur noch der entsprechende religiöse Nimbus. In dem Bestreben, seiner neuen Hauptstadt durch Verankerung der mosaischen Tradition auch die nötige religiöse Bedeutung zu verschaffen, überführt David die Bundeslade des Gottes Israels nach Jerusalem und gibt Pläne für einen prächtigen Tempel in Auftrag, dessen Bau er dann allerdings auf Anraten des Propheten Nathan seinem Nachfolger überläßt.
Seither bildet Jerusalem, die Stadt des Friedens, die Stadt Davids, für das jüdische Volk den geistigen Mittelpunkt und das Ziel der Sehnsucht. Und dieser einzigartigen Stellung innerhalb der jüdischen Geschichte verdankt die Stadt, die heute erneut Hauptstadt Israels ist, ihre nicht nachlassende Anziehungskraft.

Davids Kriege

Nach dem endgültigen Sieg über die Philister unternimmt David eine Reihe von Feldzügen in fremde Gebiete. Er nutzt die zeitweilige Schwäche seiner beiden großen Nachbarn im Süden und Norden, Ägyptens und Assyriens, um ein mächtiges Reich aufzubauen, dessen Grenzen er in der Folgezeit durch eine Reihe von Kriegen gegen die Nachbarstaaten befestigt.
Kein Jahr seiner vierzigjährigen Herrschaft verstreicht ohne Feldzug, doch er erkämpft seinem Volk Siege über Philister und Ammoniter, über Moabiter und später auch Amalekiter, annektiert das Land Edom, schließt Bündnisse mit den Phöniziern, darunter auch mit dem König von Tyrus, und verlegt eine Garnison nach Syrien. Nach und nach macht er die gesamte Mittelmeerküste mit Ausnahme Phöniziens und kleiner Teile des Philisterreichs tributpflichtig und setzt die Anerkennung seines Herrschaftsanspruchs auch in Transjordanien bis zur arabischen Wüste im Osten durch. David erweist sich nicht nur als glänzender

Heerführer, sondern auch als begabter Staatsmann, der seine Eroberungen durch ein Netz von Bündnissen absichert und so seine Stellung von den Grenzen Ägyptens und dem Golf von Akaba bis zu den Ufern des Euphrat festigt. Als Stützpfeiler seiner Macht dient ihm ein stehendes Heer mit der königlichen Leibgarde, den »Gibborim« (Helden) als Kerntruppe. Die Armee untersteht in höchster Instanz der Zentralgewalt in Jerusalem, das heißt dem König selbst, der seinen Neffen Abner zum Oberbefehlshaber ernennt.

Neben seinen zahlreichen militärischen Unternehmungen findet David auch Zeit zu einer Neugestaltung der Verwaltung. Obwohl er den Bedarf an Arbeitskräften und Geld, soweit er sich nicht aus Beutegütern und den Tributleistungen der Besiegten bestreiten läßt, durch Besteuerung und Fron der eigenen Landsleute deckt, ist die von ihm aufgerichtete Monarchie ihrem Wesen nach konstitutionell: Der Herrscher genießt keine unumschränkten Rechte, er muß die Meinung der breiten Öffentlichkeit berücksichtigen, als deren Wortführer die Propheten auftreten.

Kummer und Streit verdüstern Davids letzte Regierungsjahre. Im Königshaus greifen Grausamkeit, Eifersucht und Intrigen um sich. Während David selbst, von den fortgesetzten Strapazen verbraucht, vorzeitig altert, liegen seine Söhne aus den verschiedenen Ehen miteinander im Hader. Einer von ihnen, Absalom, zettelt mit Unterstützung eines Teils der Bevölkerung sogar eine offene Revolte gegen seinen Vater an. Schließlich gelingt es Davids Soldaten unter Joab, die Aufrührer zu überlisten und zu schlagen, Absalom, an dem der König besonders hängt, fällt von Joabs Hand.

David hat die Phantasie der nachfolgenden Generationen immer wieder angeregt. So begeistern sich etwa Esra und Nehemia an seinem Vorbild und seinen Leistungen, als sie fünfhundert Jahre nach seinem Tod aus der babylonischen Gefangenschaft heimkehren, um den Tempel und Jerusalem wiederaufzubauen. Und wiederum dreihundert Jahre später greifen die Makkabäer auf David, den weisen Herrscher und großen Psalmisten, zurück, der dem Volk jene Unabhängigkeit errungen hatte, von der man in späterer Zeit so gern träumte.

Wenn man der biblischen Überlieferung glauben darf, besaß dieser König viele Fähigkeiten, darunter als anziehendste eine ausgeprägte dichterische und musikalische Begabung. Aller Wahrscheinlichkeit nach hat er die ihm zugeschriebenen Psalmen zum Teil tatsächlich selber verfaßt. So wurde David nicht nur zum Helden der Geschichte, sondern auch der Dichtung. Und seine Liebe und sein Haß, seine Tugenden und menschlichen Schwächen haben die Vorstellung der Völker über viele Jahrhunderte hin nachhaltig beschäftigt.

König Salomo

»Und der Priester Zadok samt dem Propheten Nathan salbe ihn daselbst zum König über Israel. Und blaset mit den Posaunen und sprecht: Glück dem König Salomo!« Mit dieser Weisung bestimmt König David auf dem Totenbett seinen jüngsten, der Ehe mit seiner Lieblingsfrau Bathseba entsprossenen Sohn zu seinem Nachfolger.

Hofintrigen und Mord stehen am Beginn von Salomos Herrschaft. Aus Angst, sein Bruder Adonia könnte ihm den Thron streitig machen, läßt er ihn unter einem damals gängigen Vorwand umbringen: Adonia hatte sich eine Frau aus dem Harem des verstorbenen Königs auserbeten. »Und das Königreich ward bestätigt durch Salomos Hand.« Doch obwohl er das von seinem Vater begonnene Werk zur Vollendung führt, obwohl er große Erfolge erzielt und das Reich festigt und stärkt, legt er andererseits doch auch den Grund für den späteren Zerfall.

Kein Krieg erschüttert unter seiner Herrschaft das Land. Wenn Salomo Israel auch keine neuen Gebiete dazugewinnt, so sichert er ihm doch mit ungewöhnlichem diplomatischem Geschick eine gleichberechtigte Stellung neben den damaligen Großmächten. Hierbei spielen Freundschaftsbündnisse, vielfach durch kluge Heiratspolitik untermauert, eine wichtige Rolle. Sie bringen dem Land gelegentlich auch materielle Vorteile. So gewinnt Salomo etwa durch seine Verehelichung mit der Pharaonentochter die für den Zugang zum Mittelmeer wichtige Stadt Geser.

Um Israels Aufstieg richtig einzuschätzen, muß man ihn unbedingt im Zusammenhang mit den Verhältnissen im Nahen Osten um das Jahr 1000 v. Z. sehen: Ägypten war an einem Tiefpunkt angelangt, Mesopotamien in mehrere Reiche aufgespalten, die zu schwach waren, um sich über die eigenen Grenzen hinauszuwagen. Davids Expansionsstreben wurde also letztlich durch das Fehlen einer Großmacht in Vorderasien ermöglicht. Mit anderen Worten, kein Einzelstaat wäre imstande gewesen, Israels Ausdehnung einen Riegel vorzuschieben.

Nicht zuletzt ist Salomo für seine Bauleidenschaft bekannt. Er befestigte strategisch wichtige und wirtschaftlich bedeutende Städte wie Hazor und Meggido an der Straße Ägypten–Damaskus, Thamar, den Zugang zur Karawanenstraße zum Roten Meer, und das für die Absicherung Jerusalems nach Süden unentbehrliche Haran. Obgleich Israel als Agrarstaat dem Welthandel im Grunde eher abgeneigt war, erkannte Salomo die in der Aktivierung des Handels liegenden Möglichkeiten völlig richtig. Er ließ eine stattliche Flotte erstellen und baute Ezjon-Geber am Golf von Akaba zum Heimathafen aus. Von hier gingen seine Schiffe auf große Fahrt und segelten u. a. in das sagenumwobene Land

Ophir (wahrscheinlich Südarabien, möglicherweise auch Indien), von wo sie »Gold und Elfenbein, Sandelholz und Edelsteine, Affen und Pfauen« mitbrachten. Überdies beteiligten sich hebräische Matrosen an Entdeckungsfahrten, bei denen sie bis nach Tarsis (Spanien) vorstießen. Durch all diese Maßnahmen machte Salomo sein Land zu einem der Hauptumschlagplätze des Ost-West- und des Nord-Süd-Handels.

Wie Nelson Glueck darlegt, dürfte der Besuch der Königin von Saba einer diplomatischen Mission gedient haben: Durch Salomos Schiffahrtslinien in ihrem einträglichen Karawanenhandel geschädigt, versuchte sie offensichtlich, den Ausbau von Israels Handel etwas einzudämmen. Sie eilte nach Jerusalem, um Salomo mit kostbaren Geschenken und unter Aufbietung ihres persönlichen Charmes zu einem Handelsabkommen zu bewegen. Und die Bibel versichert: »... der König Salomo gab der Königin von Reicharabien alles, was sie begehrte und bat, außer was er ihr von selbst gab.«

Zu Salomos bedeutendsten Leistungen auf wirtschaftlichem Gebiet gehört die Erschließung von Kupferbergwerken und der Bau von Schmelzöfen in der Nähe des Timna im Negev. Diese Minen, vom modernen israelischen Heer dreitausend Jahre später wieder entdeckt, werden heute erneut für Israel ausgebeutet.

Im übrigen unternahm Salomo alles, seinem Reich auch äußerlich den Glanz einer Großmacht zu geben. Er baute zahlreiche Luxuspaläste, für die er Facharbeiter und Baustoffe aus dem Ausland kommen ließ, und krönte seine Bautätigkeit mit dem prunkvollen Tempel auf dem Moria, den er mit Plastiken und Kunstwerken aller Art ausschmückte. Mit der Berufung Zadoks zum Hohenpriester wurde der Grund für ein erbliches Priestertum gelegt, das sich tausend Jahre lang halten sollte. Um das Jahr 953 v. Z. weihte Salomo den Tempel am Laubhüttenfest mit großem Prunk und Pomp ein und erklärte: »So habe ich nun ein Haus gebaut dir zur Wohnung, einen Sitz, daß du ewiglich da wohnest.«

Gründe für die Aufsplitterung des Reiches

Unter Salomo kam es also zu großen Fortschritten. Neue Städte und Dörfer entstanden, die Bevölkerungszahl verdoppelte sich auf 800 000. Doch der allgemeine Aufschwung erfaßte nicht alle Kreise. Besonders das einfache Volk hatte unter der Verschwendungssucht seines Monarchen zu leiden, der zu ausgesprochen unpopulären Maßnahmen greifen mußte, um seine ständig wachsenden Ausgaben zu decken. Einmal scheint er in solchen Geldnöten gewesen zu sein, daß er seinem Bundesgenossen, dem König von Tyrus, gegen ein Entgelt von hundertzwanzig Talenten zwanzig galiläische Städte abtrat. Um das Land straffer verwalten zu können, teilte er es in zwölf neue Provinzen ein, wobei er sich über die althergebrachte Stammesgliederung hinwegsetzte, und ernannte Neziwim (Aufseher), denen die Heranziehung der Städter zu Fronarbeiten und die Eintreibung der Steuern oblag. Begreiflicherweise verstimmten diese Zwangsmaßnahmen große Teile der Bevölkerung, die sich nun plötzlich unter der eisernen Knute eines absoluten Monarchen befanden.

Die immer regeren Beziehungen zu fremden Nationen führten zu einer Völkervermischung; mit den ausländischen Prinzessinnen strömte auch fremdes religiöses Gedankengut ins Land. Der Baalkult breitete sich in ganz Israel aus, überall wurden Baal und anderen phönizischen Gottheiten Heiligtümer und Altäre errichtet. Mit anderen Worten, Salomos Weltaufgeschlossenheit und Toleranz ebnete den Weg zum Glaubensabfall.

So wurde seine glanzvolle Regierungszeit von der Unzufriedenheit des Volkes verdüstert. Man warf ihm vor, seine eigenen Stämme im Süden zu begünstigen. Die Nordstämme, durch diese Hintansetzung verbittert, lehnten sich schließlich gegen die Fron auf, ihr Führer Jerobeam mußte aus Sicherheitsgründen nach Ägypten fliehen. Nach Salomos Tod war der Zerfall der nationalen Einheit nicht mehr aufzuhalten.

Doch ungeachtet mancher Fehlgriffe gilt Salomo noch heute als eine der überragenden Persönlichkeiten der Geschichte, ein Herrscher, der die Weisheit des Richters und die Fähigkeiten des Praktikers und Denkers in sich vereinte. Die biblischen Chronisten preisen begeistert seine Unternehmungen und schreiben ihm voller Bewunderung all jene Eigenschaften zu, die wir aus einer Fülle von Sagen, Sprichwörtern, Psalmen, Liebesliedern und Zaubersprüchen kennen.

Zweifellos ist es Salomo gelungen, die Monarchie zu festigen, um so mehr, als kein verlustreicher Krieg sein Wirken beeinträchtigte. Doch die Überbetonung der politischen Stärke und der wirtschaftlichen Macht zog eine Vernachlässigung anderer Bereiche nach sich; die glanzvolle Demonstration der Staatshoheit drängte lebenswichtige Bedürfnisse der Nation in den Hintergrund. Zwar führten die Ehen mit Ausländerinnen zu vorteilhaften Bündnissen, zwar konnten durch Abtretung von Städten dringend benötigte Gelder flüssiggemacht werden. Auf die Dauer aber schwächte eine derartige Politik die Nation in ihrem Lebensnerv. Gegen Ende von Salomos Regierungszeit prangerte der Prophet Ahia des Königs übergroße Duldung gegenüber fremden Kulten an und bestärkte die zehn Stämme in ihren alten separatistischen Neigungen. Und von außen wurde der Verfall des Reiches durch das Wiedererstarken Ägyptens und Assyriens beschleunigt. Zeitweilige Schwäche der Nachbarmächte hatte Israels steilen Aufstieg begünstigt, doch diese Phase neigte sich nun ihrem Ende zu. Nach der Regierungszeit von nur drei Monarchen – Saul, David und Salomo – brach das vereinigte israelitische Königreich wieder auseinander.

4. DER FALL ISRAELS UND JUDAS

Durch seine innenpolitischen Zwangsmaßnahmen hatte sich Salomo die Nordstämme zu Gegnern gemacht. Der Umsturz, der sich gegen Ende seiner Regierungszeit bereits angekündigt hatte, vollzieht sich nach seinem Tod unaufhaltsam. Das Land zerfällt in zwei Bruderstaaten, die von nun an getrennt Politik machen, wobei sie miteinander bald rivalisieren, bald paktieren oder auch im Krieg liegen. Israel, das größere und wohlhabendere der beiden Reiche, bestimmt den Gang der Außenpolitik und drückt Juda auf die Stufe eines Vasallen herunter. Aber es fehlt dem Nordreich an innerem Zusammenhalt. Der Gegensatz zwischen den zahlreichen Stämmen führt immer wieder zum Ausbruch von Bürgerkriegen. Zweihundert Jahr lang kann sich Israel behaupten, dann verschwindet es nahezu spurlos von der geschichtlichen Bildfläche.

Juda macht eine völlig andere Entwicklung durch. An Ausdehnung und Mitteln dem Nordreich eindeutig unterlegen, ist es dank seiner einheitlicheren Gesellschaft Einflüssen von außen weniger ausgesetzt. Dazu kommt, daß es sich auf eine gesicherte dynastische Tradition und einen festverankerten gemeinsamen Glauben stützen kann, dessen erhabenstes Symbol der Tempel in Jerusalem darstellt. Und es ist durch seine geographische Lage gegen Angriffe geschützt.

Nach Salomos Tod wird sein Sohn Rehabeam in Jerusalem zum König ausgerufen. Wie vor ihm schon sein Vater zieht er nach Sichem, um sich auch die Anerkennung der Nordstämme zu sichern – ein ausgesprochen verhängnisvoller Schritt. Denn die Ältesten wollen seiner Machtergreifung nur unter zwei Bedingungen zustimmen: Steuersenkung und Abschaffung der Fron. »Wirst du heute diesem Volk einen Dienst tun und ihnen zu Willen sein und sie erhören und ihnen gute Worte geben«, erklären Rehabeams alterfahrene Ratgeber ihrem Herrn, »so werden sie dir untertänig sein dein Leben lang.« Doch Rehabeam, anmaßend und borniert, schlägt ihre Mahnung in den Wind und hält sich an den Vorschlag seiner jüngeren Ratgeber:

> Du sollst zu dem Volk, das zu dir sagt: »Dein Vater hat unser Joch zu schwer gemacht, mache du es uns leichter«, also sagen: Mein kleinster Finger soll dicker sein denn meines Vaters Lenden. Nun, mein Vater hat auf euch ein schweres Joch geladen; ich aber will des noch mehr über euch machen: mein Vater hat euch mit Peitschen gezüchtigt; ich will euch mit Skorpionen züchtigen.

Welches Ergebnis diese Taktik zeitigte, schildert uns die Bibel in knappen Worten:

> Also kam Jerobeam samt dem ganzen Volk zu Rehabeam am dritten Tage, wie der König gesagt hatte und gesprochen: Kommt wieder zu mir am dritten Tage. Und der König gab dem Volk eine harte Antwort und ließ außer acht den Rat, den ihm die Ältesten gegeben hatten, und redete mit ihnen nach dem Rat der Jungen ... Da aber ganz Israel sah, daß der König sie nicht hören wollte, gab das Volk dem König eine Antwort und sprach: Was haben wir für Teil an David oder Erbe am Sohn Isais? Israel, hebe dich zu deinen Hütten! So siehe nun du zu deinem Hause, David! Also ging Israel in seine Hütten, daß Rehabeam regierte nur über die Kinder Israels, die in den Städten Judas wohnten. Und da der König Rehabeam hinsandte Adoram, den Rentmeister, warf ihn ganz Israel mit Steinen zu Tode. Aber der König Rehabeam stieg stracks auf seinen Wagen, daß er flöhe gen Jerusalem.
> Also fiel Israel ab vom Hause David bis auf diesen Tag.
> Da nun ganz Israel hörte, daß Jerobeam war wiedergekommen, sandten sie hin und ließen ihn rufen zu der ganzen Gemeinde und machten ihn zum König über das ganze Israel. Und folgte niemand dem Hause David als der Stamm Juda allein.

Das Nordreich

Als erster von neunzehn Königen, die Israel in den nun folgenden zweihundert Jahren regieren, gelangt der nach Salomos Tod aus dem Exil zurückgekehrte Jerobeam an die Macht. Wie bereits erwähnt, hatte er schon zu Salomos Lebzeiten einen Aufstand angezettelt, dann aber fliehen müssen und am Hofe des Pharaonen Sisak I. Asyl gefunden. Wie Jerobeam sein Reich verwaltete, ist nicht näher bekannt. Man weiß lediglich, daß er Tirza in der Nähe von Sichem zur Hauptstadt erhob und ein Gegengewicht zu dem vom Volk hochverehrten Tempel in Jerusalem zu schaffen suchte: In dem Bestreben, mit Jerusalem gleichzuziehen, ließ er in Dan an der nördlichen und in Bethel an der südlichen Grenze seines Landes, wo die alten Glaubenstraditionen im Bewußtsein des Volkes noch immer lebendig waren, eigene Heiligtümer errichten. Das Buch der Könige beschuldigt Jerobeam, der Wiedereinführung des Baalkults und anderer Götzenkulte in Israel Tür und Tor geöffnet zu haben – woran durchaus etwas Wahres sein mag. Schließlich ließ sich die Reinheit des Glaubens in Israel nie vollständig verwirklichen, allein schon wegen der im Lande ansässigen fremden

Völkergruppen. Aller Wahrscheinlichkeit nach hat Jerobeam als geschickter Politiker den herrschenden Verhältnissen Rechnung getragen.

Jerobeam regierte Israel einundzwanzig Jahre lang – eine beträchtliche Zeitspanne in einem Land, wo Eifersüchteleien zwischen den verschiedenen Stämmen, Thronraub und Bürgerkrieg zu häufigem Regierungswechsel führten. Nach ihm ist dem Nordreich nur noch zweimal eine Atempause vergönnt: ein erstes Mal nach der Machtergreifung des Hauses Omri, und dann wieder unter dem Geschlecht Jehu, das mit Jerobeam II. (793–753 v. Z.) an die Herrschaft gelangt und hundert Jahre lang an der Macht bleibt. Von diesen Zwischenzeiten abgesehen, erschüttern Thronwirren und soziale Unruhen das Nordreich, das überdies durch den Einfall fremder Eroberer verwüstet und durch drückende Tributzahlungen an ausländische Mächte ausblutet.

Mit der Dynastie der Omriden (876–842 v. Z.) bessern sich die Zustände spürbar; dank der entschlossenen Politik Omris und seiner Nachfolger kann sich das Nordreich noch eine ganze Zeit halten. Omri bemüht sich als erster Herrscher um ein gutes Einvernehmen mit Juda, wodurch er in der Außenpolitik mehr Bewegungsfreiheit gewinnt. Es gelingt ihm, die verlorenen Gebiete großenteils zurückzuerobern, die Verbindung zu Phönizien wieder enger zu knüpfen und durch Verheiratung seines Sohnes Ahab mit Isebel, der Tochter des Königs von Tyrus, zu festigen. Mit diesen Maßnahmen verfolgt er das Ziel, sein Land gegen das emporstrebende Aram, ein Nachbarreich mit der Hauptstadt Damaskus, abzusichern.

Die friedlichen Verhältnisse im Verein mit einem gewissen Wohlstand fördern die Verstädterung. Die neue Hauptstadt Samaria, die dem Reich seinen Namen geben sollte, übertrifft alle übrigen Städte an Größe und Wirtschaftskapazität. Doch innerhalb der städtischen Gesellschaft kommen die tiefen sozialen Gegensätze besonders scharf zum Ausdruck. Der Wohlstand bleibt auf die Oberschicht beschränkt, und zwischen dieser Gruppe und dem gewöhnlichen Volk, d. h. den Bauern und Handwerkern, entsteht eine immer tiefere Kluft. Wiederholte Mißernten infolge von Dürre und Seuchen vergrößern noch das Elend der Armen.

Außerdem machen sich immer deutlichere Anzeichen einer Glaubenskrise bemerkbar. Isebel hat den heidnischen Kult ihrer Heimat eingeführt, den sie den Israeliten mit großem Missionseifer nahezubringen versucht. Als ihrem Gott, Baal Melkart, in Samaria ein Tempel errichtet wird, kommt es, besonders bei der alteingesessenen Bevölkerung, zu einem Glaubensabfall großen Stils – wodurch sich Isebel den glühenden Haß der Propheten zuzieht.

Besonders der Prophet Elia und seine aufrührerische Anhängerschar wenden sich gegen den Rückfall ins Heidentum. Sie beschuldigen Ahab der Teilnahme an Isebels Götzenkult, wodurch er ihrer Ansicht nach mehr tat, »den HErrn, den Gott Israels, zu erzürnen, als alle Könige von Israel, die vor ihm gewesen waren«.

Dabei sind die Propheten nicht die einzige Gruppe, die gegen den König aufbegehrt. Auch im Heer greift Unzufriedenheit um sich, geschürt durch Ahabs Krieg gegen das immer einflußreichere und mächtigere Aram. Nachdem der König von Aram, Benhadad I., in Samaria eingefallen war und von den Israeliten in einem demütigenden Ultimatum die Übergabe gefordert hatte, leistete Ahab auf Anraten der Ältesten Widerstand. Benhadad konnte zurückgeschlagen werden, bereitete aber schon im darauffolgenden Jahr einen neuen Angriff vor. Diesmal wählte er die Ebene um Jesreel als Schlachtfeld. Da er den Gott Israels für einen Berggott hielt, fühlte er sich in der Ebene vor seinem Eingreifen sicherer. Sechs Tage lang standen sich sein gewaltiges Heer und die schon rein äußerlich unterlegenen israelitischen Truppen, die ihm wie »zwei kleine Herden Ziegen« erschienen, kampfbereit gegenüber. Als es dann am siebten Tag endlich zur Schlacht kam, schlugen die Israeliten den Gegner und verfolgten ihn bis nach Aphek, wo sie die Stadtmauern einrissen und viele aramäische Soldaten unter den Trümmern begruben. Benhadad selbst geriet in Gefangenschaft, wurde aber von Ahab geschont und wieder freigelassen. Später schloß Ahab dann mit Aram ein Bündnis, um die seinem Reich von Assyrien drohende Gefahr abzuwenden.

Nach Ahabs Tod spielten sich im israelitischen Heer erbitterte Machtkämpfe um die Nachfolge ab, aus denen schließlich Ahabs fähiger Feldherr Jehu als Sieger hervorging. Er bemächtigte sich des Thrones, ermordete die verhaßte Isebel sowie sämtliche Nachkommen Ahabs und gründete eine eigene Dynastie, die ein Jahrhundert lang (842–745 v. Z.) an der Herrschaft blieb. Jehus Regierungszeit zeichnet sich durch keine besonderen Glanzleistungen aus. Sein größter Erfolg bestand darin, dem von Aram so hart bedrängten Israel durch gewaltige Tributzahlungen an Assyrien, die neuaufsteigende und mit Aram rivalisierende Großmacht, zeitweilig Frieden zu erkaufen. Auf dem im Palast des Assyrerkönigs Salmanasser III. aufgefundenen berühmten schwarzen Obelisken sieht man israelitische Abordnungen vor dem assyrischen Herrscher knien.

Durch diese Tributleistungen gelang es dem verzweifelt um seinen Fortbestand ringenden Samaria, sich das angriffslustige Aram mit Hilfe Assyriens eine Zeitlang vom Halse zu halten. Jehu liquidierte nicht nur Omris ganze Familie und Anhängerschar, sondern auch sämtliche Priester und Propheten des Baalkults. Damit erhielt seine Revolution einen religiösen Anstrich; sie war von jenem Glaubenseifer getragen, der das Land unter dem Einfluß Elias, des donnergewaltigen Propheten aus Gilead, und unter seinem Nachfolger Elisa erfaßte.

Das Königreich Juda

Im Gegensatz zum Nordreich setzte sich das Südreich aus nur zwei Stämmen zusammen: aus dem Stamm Benjamin und dem Stamm Juda, der dem Reich seinen Namen gab.

Juda kam, wie bereits erwähnt, seine verhältnismäßige Isolierung und Kleinheit zugute. Sie bewirkten, daß es bei den Machtkämpfen im Nahen Osten weder als Gegner noch als Bundesgenosse besonders ins Gewicht fiel. Die Hauptbedrohung für Juda bildete die Expansionspolitik seines südlichen Nachbarn Ägypten, das mit der von Sisak gegründeten neuen Dynastie wieder zur Großmacht erstarkt war.

Im fünften Regierungsjahr Rehabeams ziehen Sisaks Streitkräfte bis vor Jerusalem; sie besetzen die Hauptstadt zwar nicht, überfluten aber das ganze Land und richten große Verheerungen an. Nur durch Entrichtung eines hohen Tributs kann Juda die vollkommene Niederlage umgehen.

Rehabeams Nachfolger Asa setzt den Krieg gegen Ägypten fort, muß sich gleichzeitig aber auch der Aggression des Nordreiches erwehren. Asa gelingt beides. Er leistet den Ägyptern erfolgreich Widerstand und vermindert durch einen geschickten politischen Schachzug den Druck, den Israel auf Juda ausübt: Er veranlaßt den König von Aram durch Bestechung, Israel anzugreifen.

Unter Asas Sohn Josaphat erlebt Juda dann sogar einen regelrechten Aufschwung. Josaphat dehnt seinen Einflußbereich bis Akaba und Süd-Edom aus und verbessert durch die Verheiratung seines Sohnes Joram mit Athalia, der Tochter Ahabs und Isebels, die Beziehungen zu Israel. Allerdings entfremdet er sich durch diesen Schritt breite Kreise der judäischen Bevölkerung; denn mit Athalia ziehen heidnische Götter ein. Auch wenn der Baalkult im Süden keineswegs dieselbe Verbreitung erfährt wie im Norden, macht doch die Bedrohung der Glaubenseinheit des Volkes in Juda viel böses Blut. Und als dann Athalia beim Tode ihres Gatten die Herrschaft an sich reißen will, findet sie als Ausländerin nur wenig Unterstützung und wird schließlich ermordet. Ein unmündiger Sohn Jorams gelangt auf den Thron, in Wirklichkeit aber regiert die Priesterkaste, die mit einer Reihe von Reformen versucht, den alten Glauben zu festigen und die nationale Einheit wiederherzustellen.

Durch all diese Vorgänge kühlen sich die Beziehungen zu Israel radikal ab. Wieder einmal stehen die beiden Bruderreiche im Süden und Norden auf Kriegsfuß.

Der Untergang des Nordreiches

Unter Jehus Nachfolgern hält sich Israel mehr schlecht als recht noch ein weiteres Jahrhundert, ein armseliger Vasall Arams, von Assyriens Gnaden abhängig.
Der einzig wirklich bedeutende König dieser Epoche ist Jerobeam II., ein äußerst fähiger Herrscher, der im Laufe seiner vierzigjährigen Regierungszeit die ehemalige Machtfülle und Wohlhabenheit des Landes wieder herstellt. Es gelingt ihm sogar, Damaskus, das damals mit Phönizien um die Vorherrschaft in ganz Syrien ringt, einige Gebiete wieder abzunehmen. Doch der wachsende Reichtum im Verein mit den immer schärferen Klassengegensätzen wirkt sich zersetzend auf die Volksmoral aus. Der Baalkult, von Jehu unterdrückt, macht sich in Israel erneut breit. Vor diesem Hintergrund werden die Zornausbrüche eines Amos und Hosea verständlich, die nur dann einen Hoffnungsschimmer sehen, wenn dem landauf, landab herrschenden Sittenverfall und gesellschaftlichen Niedergang Einhalt geboten wird.
Während sich die Oberschicht bereichert, werden die Verhältnisse, in denen die Armen leben, immer trostloser. Der Prophet Amos, ein mitreißender Redner, setzt sich leidenschaftlich für eine Gesellschaftsreform ein. Der König und seine Anhänger, so erklärt er, haben den Bund mit Gott gebrochen: »... darum, daß sie die Gerechten um Geld und die Armen um ein paar Schuhe verkaufen«. Als von Gott Beauftragter schildert er die moralische Gefährdung einer Gesellschaft, in der der Mächtige den Armen erbarmungslos unterdrückt.
Ganz ähnlich läßt sich auch sein Zeitgenosse Hosea vernehmen. Nur wenn Israel umkehrt, kann die Katastrophe abgewendet werden: »Bekehre dich, Israel, zu dem HErrn, deinem Gott; denn du bist gefallen um deiner Missetat willen.«
Der Gang der Ereignisse sollte die Kassandrarufe der beiden Propheten bestätigen. Die Herrschaft des Hauses Jehu endete, wie sie begonnen hatte: mit einem Blutbad.
Sechs Könige besteigen nach Jerobeam II. den Thron, darunter einer, der nur einen Monat lang regiert. Zu den innenpolitischen Wirren kommt eine neue Bedrohung von außen: Assyrien holt zum Schlag aus. Das überstürzt mit Phönizien, Damaskus und Ägypten geschlossene Bündnis vermag die Gefahr nicht zu bannen. Ein Krieg bricht aus, in dessen Verlauf Israel langsam entvölkert wird. Als erste Provinz fällt Gilead, seine Einwohner werden verschleppt. Und als 732 v. Z. Hosea als letzter israelitischer König den Thron besteigt, kommt es wieder einmal zum Bürgerkrieg. Hoseas Widersacher, der Assyrerkönig Salmanasser V., belagert Samaria drei Jahre lang, sein Nachfolger Sargon II. bricht den israelitischen Widerstand und besetzt im Jahre 721 v. Z. die Stadt. Damit hört das Nordreich auf, als unabhängiger Staat zu existieren. Auf den

Inschriften, die er der Nachwelt hinterläßt, brüstet sich Sargon damit, das »weite Land von Beth Omri« erobert und »27 290 Israeliten« in die Gefangenschaft geführt zu haben.

Diese Massenverschleppung gab zu einem zweifachen Mißverständnis Anlaß: zum einen nahm man an, Israel habe sich zur Zeit seiner Zerstörung noch aus zehn Stämmen zusammengesetzt; und zum anderen glaubte man, die zehn Stämme seien lediglich verschollen, um irgendwo auf der Welt wieder aufzutauchen. Wiederholt haben Gruppen behauptet, von den »verlorenen zehn Stämmen« abzustammen. In Wirklichkeit jedoch gab es zur Zeit des Assyrers Sargon in Israel längst keine zehn deutlich voneinander abgesetzten Stämme mehr, und überdies teilten die Verbannten fast alle das gleiche Los: Sie gingen in der Bevölkerung ihrer neuen Heimat auf. Nur ein kleiner Teil ihrer Nachfahren blieb dem Gott Israels treu, und nahezu hundertfünfzig Jahre später gelang es ihnen, sich mit den Verbannten aus Juda zu vereinigen. In Israel selbst vermischten sich fremde Siedler mit der einheimischen Bevölkerung und übernahmen teilweise deren Traditionen. So entstand eine neue Volksgruppe, die man nach der Hauptstadt Samaria als Samariter bezeichnete. Sie erlangten nie politische Unabhängigkeit und hatten mit ihren Vorgängern, den Hebräern, weder in ihrer geistigen Haltung noch in ihrem Aussehen viel gemeinsam. Später, unter der Perserherrschaft, bildete sich in Samaria sogar eine ausgesprochen judenfeindliche Gruppe heraus, die sich gegen die Rückkehr der Juden nach Jerusalem und den Wiederaufbau des Tempels sperrte.

Israel als politisch unabhängiges und geistig geschlossenes Reich gehörte also der Vergangenheit an. Von nun an war der nationale Gedanke allein noch in Juda lebendig. Samaria wurde zur assyrischen Provinz, von assyrischen Beamten verwaltet und von fremden Siedlern bewohnt. Die von den zehn Stämmen aufgebaute staatliche und geistige Gemeinschaft war ein für allemal zerschlagen.

Juda unter assyrischer Oberhoheit

Nachdem die Assyrer das Nordreich annektiert hatten, geriet auch Juda zusehends mehr in den Sog der Machtkämpfe innerhalb der Alten Welt. Seit der Regierungszeit des Ahas war seine Unabhängigkeit eine reine Formsache, durch Tributzahlungen an Assyrien erkauft. Nun hilft dem Land auch seine abgeriegelte Lage nichts mehr, die ihm bis dahin immer einen gewissen Schutz geboten hatte. Es steht da »wie ein Baum mit verdorrten Ästen, an den schon die assyrische Axt gelegt ist...« Denn zwischen der assyrischen Garnison in Samaria und Jerusalem liegen nur knapp fünfundvierzig Kilometer. Das Ringen

zwischen Assyrien und Ägypten um die Vorherrschaft in Palästina und Syrien stellt Juda dann vor eine folgenschwere Entscheidung: entweder Knechtschaft auf unabsehbare Zeit oder aber, unter Ausnutzung der Rivalität zwischen den beiden Mächten, Befreiung vom Joch der Fremdherrschaft.
Im Jahre 705 v. Z. bietet sich den von den Assyrern unterworfenen Völkern eine günstige Gelegenheit zur Befreiung. Nach der Ermordung Sargons II. und der Thronbesteigung seines Sohnes Sanherib brechen in Ninive schwere Unruhen aus. Merodach-Baladan, der König von Babylon, schließt mit den Königen von Sidon und Asdod ein Bündnis gegen die Assyrer, dem später auch Hiskia von Jerusalem beitritt.
Die Propheten raten eindringlich von jeder Beteiligung am Aufstand ab. »Hüte dich und sei still«, mahnt Jesaja, »und dein Herz sei unverzagt vor diesen zwei rauchenden Löschbränden« – womit Pekach, der König von Israel, und Rezin, der König von Aram, gemeint sind, denen die Erhebung gegen Assyrien teuer zu stehen kommt. Doch die warnende Stimme der Propheten verhallt ungehört.
In den folgenden hundertzwanzig Jahren führt Juda einen zähen Kampf um seinen nationalen Fortbestand – erst gegen Assyrien, dann, nach dessen Sturz, gegen die um Assyriens Erbe kämpfenden Mächte: das Neue Babylon und Ägypten.
Mit Hiskia ersteht Juda ein tatkräftiger König. In der Hoffnung, im Verein mit Babylon Assyrien eine Schlappe beibringen zu können, schließt er mit dem neu an die Macht gekommenen chaldäischen Herrscherhaus ein Bündnis – um so aussichtsreicher, als auch Ägypten gegen den assyrischen Vormarsch ankämpft, dann aber allerdings in der Schlacht bei Ekron geschlagen wird.
Die Assyrer bleiben die Antwort nicht lange schuldig: Im Jahre 701 v. Z. überziehen sie Juda mit Krieg, zerstören alle Festungen und belagern die Hauptstadt Jerusalem. Hiskia muß vor der überlegenen Streitmacht Sanheribs kapitulieren. Doch der Assyrer nimmt Jerusalem nicht ein, weil – nach biblischer Darstellung – in seinem Heer eine Seuche ausbricht: »Und in derselben Nacht fuhr aus der Engel des HErrn und schlug im Lager von Assyrien hundertfünfundachtzigtausend Mann ... Also brach Sanherib, der König von Assyrien, auf und zog weg und kehrte um und blieb zu Ninive.« Anderen Darstellungen zufolge mußte Sanherib seine Truppen so überstürzt abziehen, um einen Aufstand Babylons niederzuwerfen.
Damit war die Liga gegen Assyrien zerschlagen und Judas Überleben hing wieder einmal von Assyriens Gnaden ab. Für einige Zeit kehrten im Lande friedliche Verhältnisse ein, und es kam unter der Führung Jesajas sogar zu einer geistigen und religiösen Erneuerung.
Mit Manasse, der Juda fünfundfünfzig Jahre lang regierte, erfolgte dann ein Rückschlag. Unter diesem König, der von Anfang an eine Kreatur der Assyrer war, bekam das Land die Auswirkungen der assyrischen Oberhoheit empfind-

lich zu spüren: Ständig zogen assyrische Truppen durch Palästina, wie alle Vasallenstaaten mußte Juda bei jedem neuen Feldzug der Assyrer Soldaten stellen und einen finanziellen Beitrag leisten. Und mit der zunehmenden politischen Abhängigkeit wurde auch der Einfluß auf kulturellem Gebiet immer nachdrücklicher. Die assyrischen Gottheiten mußten verehrt werden, Manasse verfolgte die judäischen Reformer und ließ es zu, daß der Tempel durch den Astartekult entweiht wurde. Der biblische Chronist vermerkt, Manasse habe alles getan, »das dem HErrn übel gefiel, ihn zu erzürnen«.

Unter Josia (640–609 v. Z.) setzt ein tiefgreifender Umschwung ein, begünstigt durch eine Verschiebung in den außenpolitischen Verhältnissen. Assyrien, durch Einfälle aus dem Norden geschwächt, geht vor dem Neuen Babylon und vor Ägypten in die Knie. Josia nun nutzt die Lockerung der Verhältnisse, um wichtige Glaubensreformen durchzuführen. Durch die Entdeckung des sogenannten »Mosaischen Gesetzbuchs« (möglicherweise des Deuteronomiums) im Tempel wird die religiöse Begeisterung gewaltig angefacht. Viele Anzeichen deuten darauf hin, daß dieses Gesetzbuch, eine Zusammenstellung der mosaischen Moralvorschriften und Weisungen für die Gemeinschaft, erst nach dem Fall Samarias entstand. Damals aber wurde es zum gültigen Gesetz erklärt – führte es doch den Hebräern nachdrücklich ihre einzigartige Berufung als »Auserwähltes Volk Gottes« vor Augen.

Der Prophet Jeremia unterstützt Josia anfangs bei seinen Reformen, distanziert sich jedoch nach einiger Zeit, als er feststellt, daß die Nachwirkungen bei der Bevölkerung gering sind.

Nach Assyriens Sturz wachsen sich die Ägypter für Juda zum gefährlichen Gegner aus. Josia fällt in der Schlacht bei dem Versuch, ihren Angriff aufzuhalten. Nur wenige Monate später wird sein Sohn und Nachfolger gefangengenommen und in Ketten ins Niltal gebracht. Als Trabanten und Statthalter setzen die Ägypter seinen Bruder Jojakim auf den Thron.

Nach der vernichtenden Niederlage Ägyptens durch babylonische Streitkräfte im Jahre 605 v. Z. bei Karchemis brechen für Juda schlimme Zeiten an. Es steht völlig isoliert da, kann sich weder auf Bundesgenossen noch auf eine Schutzmacht stützen. Babylon nutzt seine Verwundbarkeit unverzüglich aus, läßt ein Heer aufmarschieren und unterwirft das Land im Handumdrehen. Kaum aber lassen die Babylonier in ihrer Wachsamkeit nach, organisiert Jojakim auch schon einen Aufstand. Die Babylonier schlagen hart zurück, belagern Jerusalem und nehmen die Hauptstadt trotz tapferen Widerstandes nach drei Monaten ein. Jojakim kommt bei der Belagerung ums Leben, sein Sohn und Nachfolger Jojachin wird kurz darauf in die Gefangenschaft geführt. Danach sitzt wiederum zehn Jahre lang ein Marionettenkönig, Zedekia, auf dem Thron von Juda. Immerhin bringt er den Mut auf, seinerseits einen Aufstand anzufachen, der von den Babyloniern mit noch größerer Brutalität niedergeschlagen wird.

Sie lassen sämtliche Festungen Judas schleifen und ziehen erneut vor Jerusalem. Diesmal dauert die Belagerung fast zwei Jahre, dann muß die Stadt angesichts der erdrückenden babylonischen Übermacht kapitulieren. Im Jahre 586 v. Z. wird der Tempel in Schutt und Asche gelegt. »Sie aber griffen den König und führten ihn hinauf zum König von Babel gen Ribla; und sie sprachen ein Urteil über ihn. Und sie schlachteten die Kinder Zedekias vor seinen Augen ... und banden ihn mit Ketten und führten ihn gen Babel.« Auch die judäische Führungsschicht wird massenweise ins Land der Eroberer deportiert.

Damit schien sich der Lauf der Geschichte vollendet zu haben. In grauer Vorzeit waren Abrahams Nachfahren von den Ufern des Euphrat ausgewandert. Nun kehrten sie als Gefangene und Verschleppte dorthin zurück. Judas Kampf war ausgekämpft.

5. DIE PROPHETEN

In der Ära der Propheten kommt das hebräische Denken am reinsten und kraftvollsten zum Ausdruck. Ihre Botschaft, im wesentlichen religiös, läßt doch die konventionelle Moral mit all ihren Ritualen so weit hinter sich, daß sie für den einzelnen wie für die ganze Gesellschaft zu einer konkreten Philosophie wurde, die sich als dauerhaft erwies.

Die Abfassung der prophetischen Schriften erstreckt sich über einen Zeitraum von zweihundertfünfzig Jahren und reicht über den Untergang des Königreichs Israel und Juda hinaus, obwohl die großen Propheten bald nach dem Fall Jerusalems und der Zerstörung des Tempels verstummen. Dieser letzte Schlag war mehr als eine politische Niederlage: Er trug alle Anzeichen eines unwiderruflichen historischen Gerichts.

Die Propheten hatten den Zusammenbruch des hebräischen Staates seit Generationen vorhergesagt, und so blieb dem Volk, als das Unglück schließlich hereinbrach, wenigstens die bittere Empörung erspart, die unbegreifliche Katastrophen sonst auslösen. Die Propheten hatten die Antwort gewissermaßen schon vorweggenommen: Gott hatte seine eigene Schöpfung zerstört. Aber wenn die schrecklichen Drohungen der Propheten in Erfüllung gegangen waren, durfte man auch Hoffnung schöpfen; denn mußte sich dann nicht auch eines Tages die Verheißung der Tröstung, der Errettung bewahrheiten? Solange das Volk die Züchtigung in Demut hinnahm und echte Reue empfand, konnte es auf die Zukunft hoffen. Und von dieser Verheißung der Propheten getragen, hielt Israel an seinem Glauben fest. Es hatte große Verluste erlitten, war allem Anschein nach vernichtet, aber nun bildete sich das Judentum als eine über Palästina hinausreichende Religion heraus.

Die prophetischen Bücher der Bibel, die einzelnen Propheten zugeschrieben werden, sind zunächst mündlich von zeitgenössischen Jüngern überliefert und erst später schriftlich niedergelegt worden. Nun erhebt sich die Frage, ob diese späteren Herausgeber beziehungsweise Jünger in den Text selber eingegriffen haben, oder ob sie nur für den erzählerischen Rahmen und die Zusammenstellung der Bücher verantwortlich zeichnen. Das heißt, wurden die Aussagen der Propheten bei der Niederschrift den herrschenden Zuständen und den neuen Ideen angepaßt? Nach Ansicht von Jescheskel Kaufmann »fällt nirgends ein größerer Eingriff auf, der auf die Absicht schließen ließe, die alten Traditionen planmäßig und konsequent zu ändern. Es ist offensichtlich, daß diejenigen, die

die Prophezeiungen schriftlich fixierten, es für ihre Pflicht hielten, den Text so zu bewahren, wie er ihnen überliefert worden war«.
»Ich bin kein Prophet, auch keines Propheten Sohn«, sagt Amos, der erste der Schriftpropheten; »sondern ich bin ein Hirt, der Maulbeeren abliest« (Amos 7,14). Er zählt sich also nicht zu einer geistigen Elite. Das aber heißt, daß ihm das, was er schrieb, durch Offenbarung zuteil wurde, und nicht als Ergebnis seiner Erziehung beziehungsweise als Kunstübung betrachtet werden darf. Tatsächlich waren alle klassischen Propheten Visionäre. Zwar werden sie gelegentlich als Wundertäter beschrieben, aber ihre eigentliche Kraft lag nicht auf dem Gebiet der Magie. Sie folgten einem an sie ergangenen Ruf und sprachen oft nur widerstrebend zu einem Volk, das nichts von ihnen wissen wollte, zumal ihre Botschaft ein großes Maß an Kritik und Tadel enthielt. Sie betrachteten sich als Glied einer Kette göttlicher Boten, die mit Moses begann; es ging ihnen nicht um irgendwelche Neuerungen. Sie gründeten ihre Legitimität auf ihre Treue zu den alten Werten und beriefen sich immer wieder auf den einst zwischen Gott und Seinem Volk geschlossenen Bund. Wie die meisten Reformer vermeinten sie sich für eine Wiedererweckung der Vergangenheit einzusetzen, strebten aber in Wirklichkeit eine radikale Umwandlung des früheren Glaubens an. Um mit Kaufmann zu sprechen: »Es ging ihnen nicht so sehr darum, sich gegen die volkstümliche Religion zu wenden, als vielmehr darum, über sie hinauszuwachsen.«
Die Schriften der klassischen Propheten bilden in der Gedankenwelt der Hebräer eine Einheit. Doch darüber darf man nicht vergessen, daß sie im Verlauf von nahezu drei Jahrhunderten entstanden sind, die äußerst turbulent verliefen, daß die Propheten also unter völlig unterschiedlichen politischen und sozialen Bedingungen lebten. Der Schriftprophet versucht nie, seine Grenzen zu überschreiten. Das heißt, er glaubt wohl, von Gott auserwählt und als Bote zu Seinem Volk gesandt zu sein, fühlt sich aber trotzdem den anderen Menschen nicht überlegen. Er läßt sich von seinem Zorn, von seinen Leidenschaften hinreißen, gibt seinen Vorurteilen oder Vorlieben nach, kennt Augenblicke der Schwäche, der Unsicherheit, ist sogar manchmal verzweifelt. Seine Ideen spiegeln seine eigene Philosophie, sein Temperament wider. Die prophetischen Bücher zeigen deutlich die Handschrift jedes einzelnen Propheten. Deshalb hieße es die Dinge künstlich zurechtbiegen, wollte man eine ununterbrochene geistige Linie von einem Propheten zu seinem »Nachfolger« herauskonstruieren. Doch all diesen die einzelnen Phasen kennzeichnenden Unterschieden zum Trotz bildet das prophetische Denken im Kern eine Einheit, wie seine Bedeutung auch weit über die historischen Umstände hinausreicht, die zu seiner Entstehung beitrugen.
Alle Vertreter des hebräischen Denkens gehen von derselben grundlegenden Vorstellung aus, von dem »Einen Gott, dem einzigen Schöpfer und Richter der Welt, einer nichtmythologischen, nichtmagischen Gottheit – einem höchsten

Willen, der keinem Schicksal unterworfen und frei von allem Zwang ist«. Mit der Frage, was diese Vorstellungen für Gesellschaft und Politik bedeuteten, hatten sich schon so frühe Propheten wie Samuel, Nathan und Elia beschäftigt. So läßt sich kaum ein eindrucksvolleres Symbol für die Beraubung denken als Nathans Parabel vom armen Mann und dem Schaflamm (2. Samuel 12, 1–12); und Elias »Du hast totgeschlagen, dazu auch in Besitz genommen« (1. Könige 21, 19) ist in seiner knappen Formulierung ein Meisterwerk der Gesellschaftskritik. In Nathan könnte man nahezu den »ideologischen Vorläufer« all jener sehen, die die Einrichtung der Monarchie mit dem Hinweis auf ihre Willkür in Frage stellten. Nur Nathan war, wie auch Elia, kein Theoretiker. Ihre Empörung richtete sich gegen ganz bestimmte Tatsachen und Vorfälle. Und Samuel ließ sich entgegen seiner eigenen Überzeugung überreden, das Königtum, vor dem er warnte, schließlich doch einzuführen. Die frühen Propheten konnten ihre Erfahrungen noch nicht verallgemeinern beziehungsweise sie zu Prinzipien erheben.

Dieser Schritt wird erst in der klassischen Prophetie vollzogen. Sie betrachtet die menschlichen Beziehungen unter einem neuen Gesichtspunkt. Ihr geht es nicht mehr um die zufälligen Ereignisse, sondern um den Aufbau der menschlichen und gesellschaftlichen Ordnung. Da sie von den geschichtlichen Ereignissen unabhängig ist, besitzt sie eine unvergängliche Macht.

Das sittliche Gebot

Die Propheten waren nicht die ersten, die ein sittliches Verhalten forderten. Schon ehe sie auftraten, hatte es die Begriffe Gut und Böse gegeben; aber sie waren sicher die ersten, die den Inhalt dieser Begriffe erklärten, unabhängig von irgendwelchen Ritualen oder Verhaltensvorschriften. In ihren Augen ist die Forderung, die Gott an den Menschen stellt, nicht kultisch, sondern moralisch: Nur wenn der Mensch gut ist, verwirklicht er Gottes Willen auf Erden. Dem Kult selbst kommt keine eigentliche oder transzendente Bedeutung zu.

Wie seltsam muß die Zuhörer des Propheten Gottes Ermahnung an Sein Volk berührt haben: »Ich bin euren Feiertagen gram und verachte sie...« (Amos 5,21). Eigentlich hätte Gott doch für die ihm dargebrachten Opfer dankbar sein müssen. Mit diesen Worten und der sich daran anschließenden Forderung rückt Amos den ganzen Kult in ein neues Licht: Gott bedarf der Opfer in keiner Weise; er duldet sie lediglich, um den Menschen seine Gnade zu erweisen. Nur symbolisch aufgefaßt hat der Kult einen Sinn: Er nützt einzig und allein, wenn er zur Erkenntnis Gottes verhilft. Wo aber »keine Treue... keine Erkenntnis Gottes im Lande...« (Hosea 4,1), verkehrt sich der seinem Zweck entfremdete Kult zur Entheiligung von Gottes Namen.

Denn ich habe Lust an der Liebe (h e s e d) und nicht am Opfer,
und an der Erkenntnis Gottes, und nicht am Brandopfer. Hosea 6,6

Das hebräische Wort *hesed* hat mehrere Bedeutungen: Frömmigkeit, Güte, Liebe, Barmherzigkeit. Es nimmt auf jene natürliche Veranlagung Bezug, die den Menschen veranlaßt, gut zu sein, ohne daß er dazu gezwungen wird. Und diese Haltung zieht Gott den Brandopfern nicht nur vor; er verlangt gar nicht mehr vom Menschen.

Es ist dir gesagt, Mensch, was gut ist
und was der HErr von dir fordert,
nämlich Gottes Wort halten und Liebe üben
und demütig sein vor deinem Gott. Micha 6,8

Daher die heftigen Angriffe gegen den Götzendienst in seinen verschiedenen Formen. »Sich von Gott abwenden« bedeutet nicht unbedingt, daß fremde Gottheiten angebetet werden. Die Wendung wird häufig gebraucht, um eine bestimmte Art der Anbetung als unrein zu kennzeichnen. Und da das Volk den Verlockungen der kultischen Riten der Heiden nicht widerstanden und sich dem »Geist der Hurerei« (Hosea 5,4) ergeben hat, ist Gott nicht bereit, seine Anbetung anzunehmen.
»Hurerei, Wein und Most machen toll...« (Hosea 4,11). Der Mensch, der sich von seinen Begierden beherrschen läßt, kann Gott nicht mehr erkennen. Hurerei und Trunk sind unvereinbar mit Güte und Demut.
Schon früher war der Götzendienst als Sünde betrachtet worden, vor der sich vor allem Israel hüten sollte, da Gott ihm den Sinn wahrer Hingabe geoffenbart hatte. Jesaja aber sieht als erster im Götzendienst einen menschlichen Irrweg, der nicht nur Israel verboten ist. Damit beansprucht das Prophetentum zum ersten Mal Allgemeingültigkeit. Zwar ist noch immer eine Verquickung von Götzendienst und Nationalstolz vorhanden, aber die Rollen von Ursache und Wirkung sind jetzt vertauscht. Von nun an wird Götzendienst für eine Folge menschlichen Stolzes gehalten. »Die Weisheit, dank der der Mensch schöpferisch tätig sein und die Natur unter seine Herrschaft bringen kann, ist zu einem Stein des Anstoßes für ihn geworden. Auf seine Macht vertrauend, schafft er sich Götter. Und indem er sie anbetet, vergöttert er sich selbst.«

Auch ist ihr Land voll Götzen;
sie beten an ihrer Hände Werk,
das ihre Finger gemacht haben. Jesaja 2,8

Aber nicht nur Gott wird durch den Götzendienst ausgelöscht, sondern darüber hinaus auch noch der Ehrgeiz des Menschen angefacht, seinen Mitmenschen zu beherrschen. Deshalb ist der Götzendienst die Quelle aller sozialen Mißstände und allen sittlichen Verfalls in der Welt. Jesaja ist fasziniert von der menschlichen Sehnsucht, immer größere Höhen zu erreichen, symbolisiert durch den Turm von Babel, durch mächtige Mauern und Befestigungen. In diesem Ehrgeiz offenbart sich das eitle Streben nach Herrschaft. Deshalb wird das Ende des Götzendienstes durch den »Fall der Türme« verkündet werden, wenn alles, was stolz und hoch ist, erniedrigt worden ist:

> Denn der Tag des HErrn Zebaoth wird gehen
> über alles Hoffärtige und Hohe
> und über alles Erhabene,
> daß es erniedrigt werde;
> auch über alle hohen und erhabenen Zedern auf dem Libanon
> und über alle Eichen in Basan;
> über alle hohen Berge
> und über alle erhabenen Hügel;
> über alle hohen Türme
> und über alle festen Mauern. Jesaja 2,12–15

Soziale und politische Gerechtigkeit

Je dringlicher man diese moralische Haltung als Notwendigkeit empfand, desto weniger konnte es dem einzelnen überlassen bleiben, sich dafür oder dagegen zu entscheiden. Zum ersten Mal in der Geschichte wird Sittlichkeit zum entscheidenden Faktor im Leben einer Nation. Nichts greifen die Propheten so heftig an wie die verderbten Sitten der Gesellschaft. Sie begnügen sich nicht mehr damit, einzelne anzuklagen, wie zu Nathans und Elias Zeiten. Die früheren Propheten hatten David und Ahab allein für die von ihnen begangenen Verbrechen verantwortlich gemacht. Und deshalb sollten auch nur sie bestraft werden. Von nun an aber wird das Volk als Ganzes zur Verantwortung gezogen und mit dem Untergang bedroht.
Israel und Juda sollen gerichtet werden, weil »sie die Gerechten um Geld verkaufen« (Amos 2,6).

> Höret des HErrn Wort, ihr Fürsten von Sodom! Nimm zu Ohren
> unseres Gottes Gesetze, du Volk von Gomorra!
> Was soll mir die Menge eurer Opfer? spricht der HErr. Ich bin

satt der Brandopfer von Widdern und des Fettes von den Gemästeten und habe keine Lust zum Blut der Farren, der Lämmer und Böcke.

Jesaja 1,10–11

Und wenn ihr schon eure Hände ausbreitet, verberge ich doch meine Augen vor euch; und ob ihr schon viel betet, höre ich euch doch nicht; denn eure Hände sind voll Blut. Waschet, reinigt euch, tut euer böses Wesen von meinen Augen, laßt ab vom Bösen; lernet Gutes tun, trachtet nach Recht, helfet den Unterdrückten, schaffet den Waisen Recht, führet der Witwe Sache.

Jesaja 1,15–17

Besonders nachdrücklich wird die Schuld der herrschenden Klassen hervorgehoben.

Und ich sprach: Höret doch, ihr Häupter im Hause Jakob
und ihr Fürsten im Hause Israel!
Ihr solltet's billig sein, die das Recht wüßten,
aber ihr hasset das Gute und liebet das Arge;
ihr schindet ihnen die Haut ab
und das Fleisch von ihren Gebeinen
und fresset das Fleisch meines Volks;
und wenn ihr ihnen die Haut abgezogen habt,
zerbrecht ihr ihnen auch die Gebeine
und zerlegt's wie in einem Topf
und wie Fleisch in einem Kessel. Micha 3,1–3

Darum wird Zion um euretwillen wie ein Acker gepflügt werden,
und Jerusalem wird zu Steinhaufen werden,
und der Berg des Tempels zu einer wilden Höhe. Micha 3,12

Die Unterdrücker werden oft mit der neuen, nichtpatriarchalischen Klasse der königlichen Beamten gleichgesetzt, die der Monarch eingesetzt hat. Hosea geht sogar so weit, die Monarchie selbst als Aufstand gegen Gott zu geißeln:

Israel, du bringst dich in Unglück;
denn dein Heil steht allein bei mir.
Wo ist dein König hin,
der dir helfen möge in allen deinen Städten?
und deine Richter, von denen du sagtest:
Gib mir Könige und Fürsten?
Wohlan, ich gab dir einen König in meinem Zorn,
und will ihn dir in meinem Grimm wegnehmen. Hosea 13,9–11

Samuel, der von Anfang an wußte, was kommen würde, hätte eine so leidenschaftliche Sprache sicher gutgeheißen.
Die politische Einstellung der Propheten ist engstens mit ihren ethischen Vorstellungen verknüpft. Sie verdammen den Militarismus aufs schärfste, weil sie darin den schlimmsten Ausdruck heidnischen Stolzes sehen. Assyrien, die Verkörperung der Militärmacht schlechthin, wird bestraft werden – allerdings nicht für seine Taten:

> Wenn aber der Herr all sein Werk ausgerichtet hat auf dem
> Berge Zion und zu Jerusalem, will ich
> heimsuchen die Frucht des Hochmuts des Königs von Assyrien
> und die Pracht seiner hoffärtigen Augen,
> darum daß er spricht:
> Ich habe es durch meiner Hände Kraft ausgerichtet und durch
> meine Weisheit, denn ich bin klug; ich habe die
> Länder anders geteilt und ihr Einkommen geraubt und wie ein
> Mächtiger die Einwohner zu Boden geworfen.
> Jesaja 10,12–13

Wenn Israels Vertrauen auf seine militärische Macht sittlich gesehen eine Sünde ist, dann ist es von der Religion her betrachtet geradezu ein Verbrechen, da es Mißtrauen gegenüber Gott verrät:

> Weh den abtrünnigen Kindern, spricht der HErr,
> die ohne mich ratschlagen
> und ohne meinen Geist Schutz suchen,
> zu häufen eine Sünde über die andere;
> die hinabziehen nach Ägypten
> und fragen meinen Mund nicht,
> daß sie sich stärken mit der Macht Pharaos
> und sich beschirmen unter dem Schatten Ägyptens! Jesaja 30,1–2

Israel hätte besser daran getan, sich mit heiterer Zuversicht in Gottes Hand zu geben:

> Denn so spricht der HErr, der Heilige in Israel:
> Wenn ihr umkehret und stille bliebet, so würde euch geholfen;
> durch Stillesein und Hoffen würdet ihr stark sein.
> Aber ihr wollt nicht
> und sprecht: »Nein, sondern auf Rossen wollen wir fliehen«
> – darum werdet ihr flüchtig sein –,
> »und auf Rennern wollen wir reiten«
> – darum werden euch eure Verfolger übereilen. Jesaja 30,15–16

Die Propheten scheuen sich nicht, an der israelitischen Politik Kritik zu üben. Als sich Israel mit Ägypten gegen Assyrien verbünden will, begeht es dieselbe Sünde, für die Assyrien bestraft werden soll. So gesehen wird der Kampf um Unabhängigkeit als Zeichen der Auflehnung gegen Gott betrachtet, Unterwerfung dagegen als Zeichen von Zerknirschung und Reue. Daraus ergibt sich eine paradoxe Situation: einzig die Selbstaufgabe führt zum Heil:

> So spricht der HErr, der Gott Zebaoth, der Gott Israels:
> Wirst du hinausgehen zu den Fürsten des Königs von Babel,
> so sollst du leben bleiben, und die Stadt soll nicht
> verbrannt werden, sondern du und dein Haus sollen am Leben bleiben.
> Jeremia 38,17

Eine solche Auffassung zur Zeit der mächtigen assyrischen und babylonischen Reiche stellt zweifellos einen der Höhepunkte des religiösen und moralischen Idealismus dar. Erstaunlich aber doch, daß den Boten Gottes das übliche Nationalgefühl gefehlt zu haben scheint. War ihre Philosophie so transzendent, daß ihnen jedes Gefühl für die Ehre des eigenen Volkes verlorengegangen war? Letzten Endes offenbar doch nicht ganz. Denn als die feindlichen Truppen auf dem Höhepunkt der Krise in Juda einfallen, und der Rabschake befiehlt, die Stadttore zu öffnen, fordert Jesaja – und zwar Jesaja als einziger, in völligem Gegensatz zu der Politik der Resignation, für die er sich früher eingesetzt hatte – den König zum Widerstand auf. Das heilige Jerusalem durfte sich dem heidnischen Assyrien nicht einfach ergeben.

> Die Jungfrau Tochter Zion verachtet dich und spottet dein,
> und die Tochter Jerusalem schüttelt das Haupt dir nach.
> Wen hast du geschmäht und gelästert?
> Über wen hast du die Stimme erhoben?
> Du hebst deine Augen empor
> wider den Heiligen in Israel. Jesaja 37,22–23

Jeremia allerdings nimmt seine Aufforderung zur Übergabe nicht zurück; sowohl die Umstände wie sein Temperament erlauben ihm keinen so leidenschaftlichen Optimismus. Und doch liebt auch er Israel. Seine Klage gibt hinlänglich Zeugnis davon. Er hat versucht, Fürsprache für sein Volk einzulegen, aber Gott beschied ihn: »Verwende dich nicht für dieses Volk«; und dem Wort Gottes durfte man sich nicht widersetzen. So kann er nur den Tag verfluchen, an dem er geboren wurde.

Selbst Hosea und Micha, die sich bis zum äußersten für eine Ergebung in das Schicksal eingesetzt hatten, konnten sich nicht mit der vollständigen Zerstörung ihres Volkes abfinden:

Was soll ich aus dir machen, Ephraim?
Soll ich dich schützen, Israel?
Soll ich nicht billig ein Adama aus dir machen
und dich wie Zeboim ausrichten?
Aber mein Herz ist andern Sinnes,
meine Barmherzigkeit ist zu brünstig. Hosea 11,8

Denn mag Israel auch unwürdig sein, dem »Rest seines Erbes« wird Gott doch vergeben; um der Patriarchen willen wird das Volk gerettet werden:

Du wirst dem Jakob die Treue und Abraham die Gnade halten,
wie du unsern Vätern vorlängst geschworen hast. Micha 7,20

Das Ende der Zeiten

Die Idee, daß Israel letzten Endes gerettet wird, steht im Mittelpunkt der prophetischen Verkündung. Psychologisch gesehen scheint das darauf hinzudeuten, daß die Propheten nicht bereit waren, die Vorstellung von Israels endgültigem Untergang hinzunehmen. Bei aller kritischen Einstellung waren sie doch von Nationalgefühl beseelt, sie konnten sich nicht mit dem Gedanken zufriedengeben, daß Israel lediglich überleben sollte. Ihrer Eschatologie lag vielmehr die Idee von Israels Überlegenheit zugrunde. Dabei dachten sie nicht an eine auf Macht gegründete Überlegenheit; Israel soll die Welt nicht durch Waffengewalt unterwerfen, es soll sie allein durch seinen Geist beherrschen. Denn das »auserwählte Volk« hat einen Auftrag erhalten: Durch Israel soll die Menschheit »Gott kennen- und seine Gebote befolgen lernen«.
Die Propheten hatten, mögen sie auch noch so idealistisch gewesen sein, keineswegs unkritische utopische Vorstellungen. Je mehr sie die Vollendung anstrebten, desto klarer waren sie sich bewußt, daß sie unerreichbar bleiben mußte. Aber selbst wenn ein Ziel unerreichbar bleibt, kann es zukunftsweisend sein. Und sollte eine Erfüllung jemals kommen, dann erst am »Ende aller Tage«.
Nachdem der Prophet auf diese Weise versucht hat, der Wirklichkeit gerecht zu werden, überläßt er sich seiner Vision. In ferner Zukunft wird Israel von einem gerechten König regiert werden:

Auf welchem wird ruhen der Geist des HErrn, der Geist der Weisheit
und des Verstandes, der Geist des Rates und der Stärke,
der Geist der Erkenntnis und der Furcht des HErrn.

Und Wohlgeruch wird ihm sein die Furcht des HErrn. Er
wird nicht richten, nach dem seine Augen sehen, noch
Urteil sprechen, nach dem seine Ohren hören,
sondern wird mit Gerechtigkeit richten die Armen und
rechtes Urteil sprechen den Elenden im Lande und wird
mit dem Stabe seines Mundes die Erde schlagen und
mit dem Odem seiner Lippen den Gottlosen töten. Gerechtigkeit
wird der Gurt seiner Lenden sein und der Glaube der
Gurt seiner Hüften. Jesaja 11,2–5

Doch nicht nur der Menschheit wird schließlich Gottes Gnade zuteil werden. Auch das Leben der Tiere soll sich ändern und die jahrhundertealte Feindschaft zwischen Mensch und Tier ein Ende finden:

Die Wölfe werden bei den Lämmern wohnen
und die Parder bei den Böcken liegen.
Ein kleiner Knabe wird ... (sie) treiben.
... Und ein Säugling wird seine Lust haben am Loch der Otter,
... Man wird nirgends Schaden tun noch verderben
auf meinem ganzen heiligen Berge;
denn das Land ist voll Erkenntnis des HErrn,
wie Wasser das Meer bedeckt. Jesaja 11,6–9

Das ist der vorherbestimmte Höhepunkt am »Ende aller Tage«, wenn

... der Berg, da des HErrn Haus ist, wird fest stehen,
höher denn alle Berge
und über alle Hügel erhaben werden,
und werden alle Heiden dazu laufen ... Jesaja 2,2

Dieser Berg ist nicht nur eine Stätte des Gebetes; sondern von hier aus wird Gerechtigkeit für die ganze Menschheit ausgehen:

Denn von Zion wird das Gesetz ausgehen,
und des HErrn Wort von Jerusalem. Jesaja 2,3

Damit sind wir beim ideologischen Kern der Eschatologie der Propheten angelangt. Auf dem Höhepunkt der Geschichte ist die Menschheit wieder vereint, alle Menschen und Völker werden der göttlichen Gnade teilhaftig, die früher Israel allein verheißen war. Gleich vor Gottes Gerechtigkeit, werden am »Ende aller Tage« alle Völker der Welt auch gleich vor Seiner Gnade sein. Dann wird Gott sagen:

Gesegnet bist du, Ägypten, mein Volk, und du, Assur,
meiner Hände Werk, und du, Israel, mein Erbe. Jesaja 19,25

Eine solche Aussicht dürfte in dem von Assyrien unterdrückten und von Ägypten verratenen Israel wohl kaum auf Begeisterung gestoßen sein. Aber die Botschaft der Propheten bemüht sich nicht um die Gunst des Volkes. In seiner Vision vom »Ende aller Tage« lüftet Jesaja, ohne Rücksicht auf die bestehenden politischen Verhältnisse, den Schleier von einer Zukunft, in der alle Menschen Brüder sein werden, in der es keinen Krieg mehr geben wird, in der

> sie ihre Schwerter zu Pflugscharen
> und ihre Spieße zu Sicheln machen.
> Denn es wird kein Volk wider das andere ein Schwert aufheben,
> und werden hinfort nicht mehr kriegen lernen.
>
> Jesaja 2,4

Damit ist auch die Rolle Israels, als dem Bewahrer der einzig gültigen Religion, klar umrissen: Es soll die Menschheit vom Götzendienst befreien, der ihre Rettung verhindert. Denn wie Jesaja verkündet, kann der Mensch erst Erlösung finden, wenn er aufhört, sich selbst zu vergöttern. Er muß darauf verzichten, seine eigenen Schöpfungen anzubeten, und sich freimachen von seinem Machtstreben, seinem Geiz, seiner Herrschsucht und dem Kult des Staates. Solange der Mensch seine sittlichen Pflichten nicht als transzendentes, von Gott auferlegtes Gebot erkennt, kann er nicht erlöst werden. Keine Regierungsform, kein noch so hoher Lebensstandard vermögen dem Menschen zu helfen. Er wird erst erlöst werden, wenn »die Türme fallen und Jerusalem über Babylon triumphiert«.

Letzten Endes geht es den Propheten also nicht nur um eine bestimmte Denkweise, sondern auch um eine ganz bestimmte Gesinnung. Das menschliche Herz muß sich wandeln. Ohne Reue gibt es kein Heil. Der Mensch muß den ersten Schritt tun, ehe Gott sich ihm zuneigen wird.

6. EXIL UND RÜCKKEHR

Seit der babylonischen Gefangenschaft nimmt Israels Geschichte eine Sonderstellung ein. Viele Völker haben sich auf ihrem Boden trotz vorübergehender Fremdherrschaft ihre nationale Eigenständigkeit bewahrt; aber im Exil hat kein anderes Volk mit solcher Zähigkeit an seiner nationalen und religiösen Eigenart über Tausende von Jahren hinweg festgehalten, daß es daraus die Kraft schöpfen konnte, noch einmal von vorne zu beginnen. Diese außergewöhnliche Kraft, sich in der Diaspora selber treu zu bleiben, ist allein dem Judentum eigen, eben darin liegt seine Einzigartigkeit. Natürlich kam es in Babylon da und dort zur Anpassung. Die das Kollektiv verbindende Idee war gelegentlich von einer gewissen Aushöhlung bedroht. Es gab viele, die, um mit Hesekiel zu sprechen, »Göttern aus Holz und Stein« dienten. Aber der größte Teil des Volkes ließ sich nicht beeinflussen, kapselte sich ab. Und so konnte eine Lage, die allen früheren und späteren Erfahrungen zufolge zum Untergang des Volkes hätte führen müssen, zur Stunde seiner Bewährung werden, aus der es neu gestärkt mit neuen Werten hervorging. Israel oder vielmehr jetzt das jüdische Volk entwickelte in der babylonischen Diaspora das »Judentum« als Weltanschauung und Lebensform.

Wie viele ins Exil mußten, läßt sich nicht mehr feststellen. Wir wissen lediglich, daß die Deportationen von der Gefangennahme Jojachins bis zur Ermordung Gedaljas, des von den Babyloniern 586 nach der Zerstörung des Tempels eingesetzten jüdischen Statthalters, in mehreren Schüben erfolgten und daß vornehmlich die judäische Oberschicht verschleppt wurde: die politischen und militärischen Führer, die Priester, die wohlhabenden Handwerker und Facharbeiter. Sie siedelten sich in Zentralmesopotamien und in der Stadt Babylon selbst in Gruppen an, die sich eng aneinanderschlossen. König Jojachin, der »für den Rest seiner Tage« Nebukadnezars Gefangener bleiben sollte, aber doch mit der einem König gebührenden Ehrerbietung behandelt und nach dem Tode seines Beschützers 562 v. Z. sogar freigelassen wurde, verkörperte für die Juden zeit seines Lebens das legitime Königtum und hielt die Hoffnung auf eine Rückkehr wach.

In Babylonien sahen sich die Gefangenen aus Juda – übrigens keineswegs die einzige Gruppe von Ausländern – mit der glänzendsten Kultur des alten Orients konfrontiert. Babylon, die Hauptstadt des kosmopolitischen chaldäischen Rei-

ches, eine Weltstadt, größer als Theben, Memphis und Ur, ja sogar noch eindrucksvoller als Ninive, übertraf alle anderen Städte des Nahen Ostens.
In einer solchen Umgebung mit all ihren Verlockungen und Versuchungen war es für die Juden nicht einfach, sich in ihrer Eigenart zu behaupten. Inmitten fremder Völker, prunkvoller Tempel und Heiligtümer fremder Götter hätten sie wohl zu der Überzeugung gelangen können, ihr eigener Gott habe sie im Stich gelassen. Aber im Gegensatz zu ihren nichtjüdischen Mitgefangenen, die sich den lokalen Kulten leicht anpaßten, widerstanden sie der heidnischen Religion, so gut sie sich auch sonst in das wirtschaftliche und politische Gefüge der heidnischen Gesellschaft eingliederten. Sie waren sich bewußt, daß ihr einzigartiger monotheistischer Glaube mit ihnen stand oder fiel.
Ständig vom Untergang bedroht, klammerten sie sich an die Überzeugung, ihren Glauben bewahren und weitertragen zu müssen. Ihr Glaube wurde für sie zu einem gemeinsamen Besitz oder, anders ausgedrückt, zum Band ihrer ethnischen Gemeinschaft.
Dennoch lebten sie natürlich unter einem ständigen Druck. Wie weit konnten sie an ihren alten Gepflogenheiten festhalten, wie weit mußten sie sich den fremden Verhältnissen anpassen? Diese Spannung sollte die Geschichte des israelitischen Volkes noch viele Jahrhunderte lang beherrschen. Im Grunde ein unentwirrbares Problem. Assimilation oder Restauration? Ein Dilemma, das die Juden der späteren Generationen in vielen anderen Ländern ebensowenig endgültig lösen konnten wie die nach Babylon verschleppten in der ersten Diaspora. In Babylonien sprach vieles für die Assimilation. Die neue Umgebung übte eine starke Anziehungskraft aus. Außerdem wurde die ganze bekannte Welt von gewaltigen Umwälzungen erschüttert. Das 6. Jahrhundert v. Z. gehörte zu den großen Epochen der Geschichte. Das neubabylonische Reich, auf den Ruinen des assyrischen Reiches errichtet, fiel Cyrus, wie auch Medien und Lydien (Kleinasien), als leichte Beute in die Hand. Und schon bald danach dehnte Persien seine Grenzen von Indien und Zentralasien bis nach Ägypten und zur Balkanhalbinsel aus. In einem einzigen Reich vereint, standen sich jetzt die indo-iranischen Kulturen, die alten Kulturen des Fruchtbaren Halbmonds, Ägyptens und Phöniziens und die griechische Kultur Kleinasiens gegenüber. Im religiösen Bereich kann sich kein anderes Jahrhundert einer Reihe so glänzender Namen wie Konfuzius, Lao-tse, Buddha, Pythagoras, Deuterojesaja, Jeremia, Hesekiel und auch Zoroaster rühmen, wenn man an die Zeit seines größten Einflusses denkt.
Was für einen überwältigenden Eindruck müssen diese plötzlichen Verschiebungen, diese heftigen Strömungen und Bewegungen auf die Männer in Vorderasien gemacht haben, die fähig waren, die Ereignisse zu überblicken. Gewiß empfanden sie die fast gleichzeitige Ausbreitung des Parsismus und des Judentums von Ägypten bis zum Iran als nicht weniger revolutionär als die mili-

tärischen Siege des persischen Reiches. »Ein Volk, das die Vielgötterei ablehnte«, schreibt Sidney Smith, »die Menschen von Israel und Juda, war von den Assyrern und Nebukadnezar über viele Provinzen zerstreut worden. Und nun stießen auf die zivilisierten Völker Vorderasiens noch Völker aus dem Osten, die Meder und Perser, die Götterstatuen in menschlicher Gestalt nicht verehren wollten ... Eine Reform und Klärung des polytheistischen Chaos ließ sich nicht länger hinausschieben.«

Zu diesen verwirrenden Einflüssen kam noch die Verzweiflung der Judäer über die Zerstörung ihres Landes. Viele glaubten, daß die Götter Babylons den Gott Israels besiegt hätten. Der Prophet Jeremia ermahnte sie, sich mit Geduld in ihr neues Schicksal zu fügen. »Bauet Häuser, darin ihr wohnen mögt; pflanzet Gärten, daraus ihr die Früchte essen mögt; ... mehret euch daselbst, daß eurer nicht wenig sei. Suchet der Stadt Bestes, dahin ich euch habe lassen wegführen, und betet für sie zum HErrn.« (Jeremia 29,5–7).

Aber daneben kam noch eine andere Idee zum Tragen, zu deren Sprachrohr sich der nach Babylon verschleppte Hesekiel machte: Er stellte das Ende des Exils in Aussicht und stärkte mit großartiger Beredsamkeit die Hoffnung der Juden auf eine Rückkehr. Allerdings mußte das babylonische Judentum bis dahin eine neue Lebensordnung aufbauen und zusehen, wie es die Eigenständigkeit und Einheit des Volkes bewahrte. Um eine Assimilation zu verhindern, bemühten sich die Juden, die alten Traditionen zu bewahren und pflegten die literarischen und religiösen Überlieferungen. Dadurch nahm die Literatur einen neuen Aufschwung. Der Hauptteil der Tora (der Pentateuch), in seinen wesentlichen Zügen schon seit langem vorhanden, wurde nun gesammelt und zu einem einheitlichen Gesetzbuch zusammengefaßt. Nach Ansicht der meisten modernen Gelehrten wurde der historische Teil der Bibel von der Genesis bis zu den Königen in dieser Zeit niedergeschrieben. Auch die Klagelieder und die Psalmen stammen aus jener Epoche. Und diese ganze Arbeit wurde von den Schriftgelehrten und Priestern geleistet, den geistigen Führern der Verbannten und ihrer Gemeinden.

Im Exil konnte das Volk nicht mehr im Tempel beten und Opfer darbringen. Die jüdische Religion hatte also nicht länger die Möglichkeit, sich durch sichtbare Institutionen oder Rituale zu manifestieren. Vielleicht machte sich deshalb eine starke Neigung zur Vergeistigung und Abstraktion bemerkbar. Jerusalem und der Tempel wurden idealisiert; die Rückkehr nach Zion und der Wiederaufbau des Tempels zum sehnsüchtig angestrebten Ziel derer, denen Gott seine Gnade entzogen hatte. Der Schmerz, den das Volk durch die Zerstörung des Tempels erlitten hatte, mußte gelindert und beseitigt werden, um Gottes Ehre wiederherzustellen. Diese Sehnsucht nach Zion erwuchs nicht etwa aus materieller Not. Im Gegenteil, die Juden erwiesen sich in Babylon als ein sparsames und erfinderisches Volk und hatten in der Verbannung bald einen höheren

Lebensstandard erreicht als in Judäa. Als sie schließlich nach Jerusalem zurückkehrten, opferten sie, wie einst schon Abraham, als er sich nach Kanaan aufmachte, den materiellen Wohlstand einer alles beherrschenden Idee.

Juda nach dem Fall

Das Land, aus dem die Gefangenen verschleppt worden waren, wird von den Chronisten in den nächsten fünfzig Jahren mit Stillschweigen übergangen. Tatsächlich hätte es außer von Zerstörung und Angst auch wenig zu berichten gegeben. Das verwüstete Land besaß keine Lebenskraft mehr, geschweige denn die nötigen Kraftreserven, um sich zu erneuern. Der Tempel lag in Schutt und Asche, Jerusalem war verlassen. Der babylonische Statthalter residierte in Mizpa, wohin Nebukadnezar den fügsamen Gedalja aus Gründen der Sicherheit geschickt hatte. Aber Jochanan ben Koreach aus dem Hause Davids ermordete ihn. Nach seinem Tod wurde Juda von Samaria aus verwaltet.
Die Babylonier hatten in Juda nicht, wie einst die Assyrer in Nordisrael, fremde Stämme angesiedelt. Zwar drangen nach der Zerstörung ihrer Königreiche durch Nebukadnezar Moabiter und Edomiter in das judäische Bergland vor und setzten sich in den südlichen Teilen fest. Aber in Gilead und Galiläa, wo sich die Besatzungsmacht nicht einmischte, konnte sich ein beträchtlicher Teil der jüdischen Bevölkerung halten; ebenfalls in Gebieten des nördlichen Negev. Und von Ägypten war seit 586 v. Z. – allerdings nur bis zur Machtergreifung der Ptolemäer – nichts mehr zu befürchten. Dennoch war Juda viel zu schwach, um sich aus eigener Kraft zu erholen, ohne die Hilfe der Verbannten in Babylonien, wo nun der Schwerpunkt des jüdischen Lebens lag. Aber der Untergang Babyloniens, das sich nur in dem Zeitraum zwischen dem Assyrischen und dem Persischen Reich entfalten konnte, zeichnete sich bereits ab. Mit der Thronbesteigung Cyrus des Großen im Jahre 559 begann Persiens Aufstieg zur Großmacht. Cyrus schüttelte die Oberherrschaft der Meder ab und unternahm Schlag auf Schlag eine Reihe von Eroberungszügen. Diese Politik wurde von seinen Nachfolgern Kambyses und Darius fortgesetzt, die bis nach Karthago und zur peloponnesischen Halbinsel vorstießen, wo Griechenland der persischen Expansion nach Westen schließlich Einhalt gebot. 529 hatte Cyrus Babylonien den Todesstoß versetzt, 549 war Lydien gefallen und damit die Herrschaft der Perser über die asiatischen Gebiete auf lange Zeit hinaus gesichert. In den nächsten zweihundert Jahren blieb Persien unter der von Cyrus gegründeten Dynastie unangefochten der Mittelpunkt der alten Welt – bis Alexander der Große den Schauplatz betrat.

Von allen despotischen Herrschern des Altertums waren die Perser die liberalsten. Geschickt in Verwaltungsdingen, verhielten sie sich tolerant gegenüber den verschiedenen ethnischen Gruppen, die in ihrem Reich lebten. Sie ließen den in ihrem Herrschaftsbereich ansässigen Kulturvölkern in nationalen und geistigen Fragen ihre Eigenständigkeit und machten, obwohl die Religion ein zentrales Element in ihrer Kultur bildete, keinen Versuch, ihren neuen Untertanen den persischen Kult aufzuzwingen.

Die Rückkehr nach Zion

Nach dem Niedergang Babyloniens gehörten Palästina und Syrien zum Persischen Reich, das 332 von Alexander dem Großen erobert wurde. Wir besitzen keinerlei archäologische Funde, die einen Eindruck von der zweihundertjährigen Perserherrschaft über Palästina vermitteln.
Aus den Aufzeichnungen des griechischen Historikers Herodot wissen wir allerdings, daß Juda einer der zwanzig Verwaltungssatrapien zugeteilt wurde, in die Persien das Land aufgliederte. Die fünfte Statthalterschaft bildeten Phönizien, Syrien, Palästina und Zypern. In Herodots Schriften taucht das Wort »Palästina« zum ersten Mal als Sammelname auf, während es früher lediglich das von den Philistern besetzte Gebiet bezeichnete. (Die vom Meer her einfallenden griechischen Eroberer übertrugen die Namen der Küstengebiete auf das ganze Land.)
Cyrus, der 559 den persischen Thron bestieg, sollte in der jüdischen Geschichte eine bedeutende Rolle spielen; unter seinem Schutz sollte sich die Vision der Propheten von der Rückkehr nach Zion erfüllen. Gleich nachdem er Jerusalem annektiert hatte, ließ er verkünden:

> So spricht Kores, der König in Persien: Der HErr, der Gott
> des Himmels, hat mir alle Königreiche der Erde gegeben, und
> er hat mir befohlen, ihm ein Haus zu bauen zu Jerusalem in
> Juda. Wer nun unter euch seines Volks ist, mit dem sei sein
> Gott, und er ziehe hinauf gen Jerusalem in Juda und baue
> das Haus des HErrn, des Gottes Israels. Er ist der Gott,
> der zu Jerusalem ist. Und wer noch übrig ist an allen Orten,
> da er Fremdling ist, dem sollen helfen die Leute seines
> Orts mit Silber und Gold, Gut und Vieh, außer dem, was sie
> aus freiem Willen geben zum Hause Gottes zu Jerusalem.
>
> Esra 1,2–4

Auf diese Aufforderung hin brach nicht sofort das gesamte babylonische Judentum auf. Zunächst machten sich nicht mehr als fünfzigtausend auf den Weg. Aber diese Minderheit, »deren Geist Gott erweckt hatte, um hinaufzuziehen und das Haus des HErrn zu Jerusalem zu bauen«, bestand aus zielbewußten Männern, die von ihrer Überzeugung durchdrungen waren. »Und alle, die um sie her waren, stärkten ihre Hände mit silbernem und goldenem Geräte, mit Gut und Vieh und Kleinoden.« An der Spitze dieser ersten Restauration stand Serubabel, der sich an die Weisungen der Propheten Haggai und Sacharja hielt und den Wiederaufbau des Tempels in Angriff nahm.
Das Land, in das die Israeliten zurückkehrten, floß nicht länger von Milch und Honig über. Im Gegenteil, es war nun »ein Land, das seine Bewohner verschlingt«. Dementsprechend brachten die ersten Jahre der Restauration den zurückkehrenden Verbannten zahlreiche Enttäuschungen und Entbehrungen. Der Wiederaufbau des Tempels, an sich schon ein schwieriges Unterfangen, wurde von den Nichtjuden, die sich im Lande niedergelassen hatten, noch mehr erschwert; sie versuchten ihn durch allerlei Mittel zu hintertreiben. Der Grundstein konnte im zweiten Jahr der Rückkehr gelegt werden; vollendet wurde der Bau aber erst zwanzig Jahre später, im Jahr 516. Er fiel bei weitem nicht so prächtig aus wie der von Salomo errichtete Tempel, stieg jedoch im Laufe der Zeit so sehr im Ansehen, daß man schließlich zu Recht sagen konnte, »die Herrlichkeit des neuen Hauses war größer als die des ersten«.

Die von Esra und Nehemia durchgeführten Reformen

Die Ereignisse in Juda nach der Einweihung des Tempels sind in Dunkel gehüllt. Weit mehr wissen wir über die zunehmende Erstarkung der Gemeinde in Babylon, deren geistige Erweckung das Mutterland vor dem Untergang erretten und einem winzigen Teil des Persischen Imperiums zu einem wachsenden Einfluß auf das Leben des jüdischen Volkes und auf die gesamte Menschheitsgeschichte verhelfen sollte.
Während der ganzen Zeit der Verbannung blieb eine enge Verbindung zwischen Jerusalem und der Diaspora bestehen. Als nun die babylonischen Juden hörten, in welch verzweifelter Lage sich Juda befand, erfaßte sie eine Woge brüderlicher Solidarität. Zwei Männer setzten sich an die Spitze der Bewegung, die Jerusalem vor der Auflösung bewahren wollte, und so kamen 444 Nehemia und 397 Esra nach Jerusalem, um den Staat neu aufzubauen und dem Volk einen Rückhalt zu geben. Nehemia regelte den politischen Status der Rückkehrer und ordnete die Verwaltung, Esra reformierte das geistige Leben. Und schließ-

lich war die Provinz tatsächlich in der Lage, innere Stürme zu überstehen und äußeren Feindseligkeiten zu trotzen.*

Nehemia hatte, ehe er die Erlaubnis erhielt, Jerusalem zu besuchen, am Hof des Artaxerxes bereits hohe Ämter bekleidet. Er fand Jerusalem im Zustand tiefster Not vor. Das Volk von Juda lebte in ständiger Angst vor seinen Nachbarn in Samaria. Außerdem herrschten zwischen den zurückgekehrten Verbannten und den im Lande Verbliebenen, die allen Besitz geerbt hatten, gespannte Beziehungen. Und zu allem Überfluß lasteten schwere Steuern auf dem verarmten Volk.

Als erstes machte sich Nehemia daran, die Stadtmauern von Jerusalem wiederaufbauen zu lassen. Aber da zu befürchten war, Samaria könnte darin einen Akt der Feindseligkeit sehen, mußten die Erbauer vorsichtig zu Werke gehen und »während sie mit der einen Hand arbeiteten, in der anderen die Waffe halten«. Als nächstes mußten in der Stadt, deren Bevölkerung zahlenmäßig zu gering war, um die Verteidigung sicherzustellen, Menschen angesiedelt werden. Nehemia blieb, unermüdlich bemüht, die Not durch soziale Reformen zu lindern, zwölf Jahre lang in Juda. Dann kehrte er nach Babylonien zurück. Als er später erneut nach Juda kam und sah, daß sich die allgemeine Lage wieder stetig verschlechterte, gelangte er zu der festen Überzeugung, daß vor allem religiöse Reformen nötig seien.

Esra, der die notwendigen Reformen einleitete, brachte aus Babylon die von den Schriftgelehrten dort niedergeschriebene Tora mit. Das Wesentliche seiner Reform war die Einführung eines strengen Gesetzes, das das Leben der Gemeinschaft neu ordnen, die ethnische Reinheit des Volkes bewahren und Israel auf dem heiligen Weg seiner Berufung bestärken sollte.

Die Bestimmungen dieses Gesetzes aber förderten den Separatismus. Sowohl Nehemia als auch Esra bekämpften die Mischehen, der erste aus Eifer für die ethnische Reinheit, der zweite seiner Vision von einem einzigen Volk, »einem Königreich von Priestern« zuliebe. Damit war ein Präzedenzfall geschaffen, der zu einer Gewohnheit freiwilliger Absonderung in Fragen der Lebensführung und in geistig-religiösen Dingen führte, die das Volk in den kommenden Jahrhunderten vor dem Verlust seiner Eigenständigkeit bewahren sollte.

So pflegte und entwickelte die jüdische Gemeinschaft in der kleinen Provinz des Perserreichs ihre religiösen Überzeugungen und sittlichen Werte weit abseits vom Hauptstrom der Kultur. Erst als Alexander der Große den asiatischen Boden betrat, sollte sie wieder in den Mittelpunkt der Geschichte rücken.

* Dem Chronisten zufolge kam zunächst Esra (457) und dann erst Nehemia (444) nach Jerusalem, wo sie gemeinsam die Führung übernahmen. Die beiden dürften jedoch kaum Zeitgenossen gewesen sein. Denn nach den Angaben der Schrift fand Nehemia bei seiner Ankunft das Land noch dünn, Esra dagegen bereits dicht besiedelt vor. Außerdem waren, wie der Chronist berichtet, die Stadtmauern bei Esras Ankunft schon wieder aufgebaut.

7. DAS JUDENTUM IN HELLENISTISCHER ZEIT

»Häfen und Werften, Mauern und Tributgelder gehen den Bürgern der Polis vor Rechtschaffenheit und Mäßigkeit.« Darin sieht Plato den eigentlichen Grund für Griechenlands Abstieg. In Wirklichkeit läßt sich der Niedergang nur zum Teil damit erklären, daß der materielle Fortschritt im Mittelpunkt des Interesses stand. Denn zu keinem Zeitpunkt ihrer Geschichte, nicht einmal auf dem Gipfel ihrer schöpferischen Entfaltung, hat sich die griechische Gesellschaft völlig von den erhabenen Werten der Harmonie und Ausgewogenheit, der Symmetrie und Ordnung leiten lassen, die des Landes größte Geister definierten und deren Verwirklichung sie anstrebten. So widersprach beispielsweise die allgemein übliche Sklavenhaltung dem Grundgedanken einer demokratischen Lebensordnung, und oft genug führte der immer wieder durchbrechende Hang zu Aufsplitterung, Zwietracht und Uneinigkeit kritische Situationen herbei. Hellas' Größe liegt nicht in den Staatseinrichtungen, die es geschaffen, sondern in den Ideen, die es entwickelt hat. Als Griechenland und Israel einander begegnen, haben beide Völker ihre Glanzzeit bereits hinter sich, haben der Menschheit ihr Bestes schon gegeben.

Für das griechische Mutterland bedeutet das hellenistische Zeitalter eine Periode des Verfalls; den Völkern des Orients hingegen, die durch Alexanders Ostzüge mit griechischem Wesen und Denken vertraut werden, bringt diese Epoche einen neuen Aufstieg. Alte Kulturen gehen in der neuen auf, übernehmen bereitwillig die neuen Lebens- und Denkgewohnheiten. Nur eine einzige Gruppe hält an ihrer alten Tradition fest und stellt sich entschlossen gegen den Strom. Sie läßt sich weder durch den Nachglanz griechischer Größe noch durch den Aufstieg Roms in ihrer zähen Selbstbehauptung beirren. Die Weigerung des Judentums, sich der griechischen und römischen Kultur anzugleichen, beweist wieder einmal die ihm eigene geheimnisvolle Fähigkeit, seine Eigenständigkeit zu bewahren.

Als Alexander der Große im Jahre 334 v. Z. zu seiner Blitzeroberung Asiens ansetzt, lebt Juda in Sicherheit und Frieden unter persischer Oberhoheit, eine kleine Provinz abseits der belebten Küstenhandelsstraßen, auf denen sich der Verkehr zwischen Asien und Afrika abwickelt. Durch Syrer, Phönizier und Samariter ist es von der Außenwelt abgeschnitten, in eine politisch unbedeutende Rolle gedrängt, am Ausbau seines Handels behindert. Eine neue Ära bricht für Juda an, als Alexander im Jahre 332 v. Z. das Gebiet erobert. Von nun

an gerät die jüdische Geschichte in den Sog größerer und stärkerer Strömungen.
Alexanders Leistung erschöpfte sich nicht in seinen Feldzügen. Er hielt sich für berufen, das kulturelle Erbe Griechenlands zu neuem Leben zu erwecken und zu verbreiten. Die herkömmliche Auffassung, der Hellenismus sei eine Epoche des Niedergangs gewesen, bildete sich erst in späterer Zeit heraus, als man die Werke der hellenistischen Kunst und Literatur an der anmutigen Kultur Athens zu messen begann und ihnen Einfallslosigkeit und Überbetonung der Form nachsagte. Alexanders Zeitgenossen sahen die Dinge völlig anders. Eine Woge des Selbstvertrauens trug die griechische Welt empor, die sich voll Ehrfurcht auf das literarische Vermächtnis der Vergangenheit besann. Im ganzen Mittelmeerraum und Nahen Osten bewunderte man die Werke griechischer Kultur. Während Griechenland vom wirtschaftlichen und kulturellen Niedergang bedroht war, machten Hellas' Tochterstädte, im Gegensatz zum träg dahindämmernden Mutterland, eine ausgesprochen schöpferische Phase durch. Denn Alexander betrachtete das Griechentum als eine weit über das Mutterland hinausreichende Idee und Lebensform. Er heiratete Perserinnen, förderte Ehen zwischen Angehörigen verschiedener Völker und bestimmte durch sein Vorbild seine Umgebung zu einer toleranten und brüderlichen Haltung gegenüber den Kolonien. Grieche war man aufgrund seiner Geisteshaltung, nicht aufgrund seiner Herkunft.
Alexander wurde der Schutzherr der Wissenschaftler, von denen die meisten, wie er selbst, Schüler von Aristoteles waren. Von ihren Schriften sind wenige erhalten, aber ihr technisches Können zeigt sich in den Bauwerken, die sie hinterlassen haben: den Kanälen, Straßen, Amphitheatern und den neuen Städten, die zur Zeit Alexanders gegründet wurden. Im Zuge von Alexanders Eroberungen entstanden im ganzen östlichen Mittelmeerraum griechische Städte, und diese Expansion hielt auch nach seinem Tode im Jahre 323 v. Z. an. Allein in Palästina wurden dreißig Städte mit Tempeln und Altären, Gymnasien und Theatern gebaut. Und durch die mazedonischen und griechischen Siedler, die sich in diesen neuen Städten niederließen, wurde der Mittlere Osten zum bewegten Schauplatz griechischer Kultur und Lebensart.

Die Ptolemäer in Judäa

Nach Alexanders Tod wurde Palästina von der Dynastie der Ptolemäer, dann von der der Seleukiden regiert. Die Ptolemäer, deren Reich sich um das Kernland Ägypten nach Süden erstreckte, beherrschten Palästina über ein Jahrhundert lang, von 301–198 v. Z. Nachdem die Seleukiden, die von Babylonien aus ein fast ganz Vorderasien umfassendes Reich aufbauten, die Ägypter im Jahre 198 v. Z. gezwungen hatten, Palästina aufzugeben, setzten sie sich mit mehr Nachdruck und missionarischem Eifer als ihre Vorgänger für die griechische Kultur ein.

Von Anbeginn an kam es zu einer tiefgreifenden Wechselwirkung zwischen der jüdischen und der nichtjüdischen Welt. Das Judentum verbreitete nicht nur, sondern übernahm auch neue Erkenntnisse und Wissensgebiete. Die Griechen betrachteten die Juden zwar als ein etwas sonderbares Volk, das hartnäckig an seinen ererbten Eigenarten festhielt, empfanden andererseits aber auch seine sittliche Überlegenheit. Sie entdeckten ein »Volk von Philosophen«, das die Geheimnisse der Natur und des Menschen zu ergründen suchte, ein Volk, das von einer Priesterkaste regiert und durch die Treue zu einem von Gott offenbarten Gesetz zusammengehalten wurde.

Der Gott der Juden – dieser unsichtbare, transzendente und entrückte Gott – übte auf alle philosophisch orientierten und religiös interessierten Nichtjuden eine besondere Anziehungskraft aus, und so kam es zu einer größeren Bekehrungswelle. Nur wenige der neuen Konvertiten befolgten sämtliche mosaischen Vorschriften, nur wenige ließen sich beschneiden. Aber sie bejahten den Monotheismus, hielten den Sabbath und die übrigen Feste und distanzierten sich von den gröberen und allzu sinnlichen Praktiken und abergläubischen Vorstellungen des Heidentums.

Es überrascht nicht, daß die Spartaner eine Art Wahlverwandtschaft zu den Juden empfanden. Denn mehr als alle anderen griechischen Stadtstaaten verdankte Sparta seine Macht dem Festhalten an alteingewurzelten Rechtsgewohnheiten und einem von jeher gepflegten Bürgersinn. Die strengen und starren Vorschriften des Judentums entsprachen der spartanischen Denkungsart. Bezeichnenderweise suchte der jüdische Hohepriester Jason nach seiner Vertreibung aus Jerusalem in Sparta Zuflucht, einer Stadt, in der die Autorität geachtet wurde.

Juda reagierte völlig anders auf den Vormarsch des Griechentums als die Juden von Alexandria. Juda stemmte sich gegen die Flut und versuchte sie schließlich durch den Makkabäeraufstand einzudämmen. Während der hundertjährigen Ptolemäerherrschaft erfaßte der griechische Einfluß das judäische Leben nur am Rande. Den Juden bot sich in den umliegenden griechischen Städten reichlich Gelegenheit, Bekanntschaft mit den griechischen Sitten und der griechischen Sprache zu schließen. Doch die breite Masse des Volkes blieb davon unberührt. Nur die Oberschicht wurde in die mächtige Kulturströmung hineingezogen. Zwei Parteien – eine griechenfreundliche und eine griechenfeindliche – bildeten sich innerhalb der jüdischen Gesellschaft heraus, von denen jede das Volk auf ihre Seite zu ziehen versuchte.

Die Juden von Alexandria

In Ägypten wirkte sich die Begegnung zwischen jüdischem und griechischem Denken außerordentlich befruchtend auf das kulturelle Leben aus. Die Juden von Alexandria schufen eine eigene, von jüdischen und hellenistischen Zügen geprägte Kultur, die die Philosophie der alten Welt und teilweise das frühe Christentum beeinflußte.

Schon bald nach der Gründung der Hafenstadt im Jahre 331 v. Z. waren Juden nach Alexandria gekommen. Die erste jüdische Kolonie setzte sich aus judäischen Gefangenen zusammen, die hier unter Ptolemäus I. (323–263 v. Z.) zwangsweise angesiedelt worden waren. Die wehrtüchtigen Männer hatte man zum Dienst in den Verteidigungsanlagen herangezogen, die Alten und die Kinder wurden Sklaven. Die neuesten Forschungen zeigen, daß die meisten dieser Sklaven unter Ptolemäus II. Philadelphus (263–246 v. Z.) wieder freigelassen wurden – ein deutliches Zeichen für das gute Einvernehmen, das sich zwischen der jüdischen Gemeinschaft und dem Hof der Ptolemäer entwickelte.

Unter den Ptolemäern genossen die Juden in Ägypten unumschränkte Freiheit in Glaubensdingen und Selbständigkeit in sämtlichen kulturellen Belangen. Man erließ ihnen alle Pflichten, die ihrer religiösen Überzeugung zuwiderliefen – sie brauchten beispielsweise dem König keine göttlichen Ehren zu erweisen. Die hellenistischen Herrscher betrachteten die Juden als verläßliches Element im Volk und sorgten mit Nachdruck dafür, daß sie in Alexandria und den übrigen griechischen Städten in ihren religiösen und sonstigen Gebräuchen nicht behindert wurden – eine Politik, an die sich später auch die meisten römischen Kaiser hielten.

In den Augen des strenggläubigen Jerusalem war griechische Kultur gleichbedeutend mit Götzendienst, Gottlosigkeit, Unmoral und Heidentum. In diese Hochburg des Judentums vermochten die griechische Literatur und Weltanschauung nur schwer vorzudringen. Juden mit Griechischkenntnissen bildeten die Ausnahme. Die Juden Jerusalems mieden Theater und Gymnasium, diese typisch griechischen Sammelpunkte des gesellschaftlichen Lebens und geistigen Austausches, die höheren Werte griechischer Kultur lagen außerhalb ihres Erfahrungsbereiches. Sie wehrten sich gegen den mächtigen Ansturm dieser fremden Kultur in der festen Überzeugung, damit geheiligte Werte gegen den Einbruch der Unmoral zu verteidigen.

Ganz anders lagen die Dinge in der Diaspora, wo sich die Juden dem griechischen Einfluß nicht entziehen konnten. Griechisch wurde die Muttersprache der Juden, die nun die Schriften der griechischen Philosophen kennenlernten und darin den hebräischen Idealen verwandte Vorstellungen entdeckten. Begreiflicherweise gerieten diese Juden aufgrund ihrer engen Berührung mit dem Hellenismus in viel heftigere innere Konflikte als die Juden in Jerusalem, die der neuen Kultur mit unverhohlenem Mißtrauen gegenüberstanden. Aus der Begegnung von Juden und Griechen in der Diaspora erwuchs eine vielfältige und lebendige, von griechischem Geist geprägte Literatur. Obgleich die jüdischen Schriftsteller eine strikte Trennungslinie zwischen ihrem Glaubenserbe und dem griechischen Götterolymp samt allen daraus abgeleiteten abergläubischen Vorstellungen zogen, fühlten sie sich doch als echte Vertreter griechischer Bildung, zu der sie sich voll Stolz bekannten. Sie waren Hellenen jüdischen Glaubens.

Mutterland und Diaspora hielten eng zusammen und stärkten dadurch ihre Position. Wie sich Judäa durch seine »Kolonien« politisch standfester fühlte, so schaute die Diaspora ihrerseits zu Jerusalem auf, von dem sie politische und moralische Unterstützung erwartete. In römischer Zeit belief sich die Einwohnerzahl Alexandrias auf schätzungsweise eine halbe Million. Aber obwohl die Juden nur eine kleine Minderheit darstellten, bewohnten sie zwei von insgesamt fünf Stadtvierteln. »Überall befanden sich Synagogen«, berichtet Philo. Die jüdische Gemeinde besaß ihre eigene Kommunalverwaltung und Rechtspflege, hielt sich aber in Geschäftsdingen gewöhnlich an das geltende hellenistische Recht.

Aber mochten die Juden auch eigene Stadtviertel bewohnen, der Atmosphäre dieser griechischen Weltstadt auf ägyptischem Boden konnten sie sich auf die Dauer nicht entziehen – kein Wunder bei dem ungewöhnlich regen kulturellen Leben in dieser Stadt. Alexandria besaß nicht nur ein Museum und eine Universität, an der Literatur und Naturwissenschaften gelehrt wurden, sondern auch eine berühmte Bibliothek. Ägypten, das als erstes Land den Papyrus als Schreibmaterial hergestellt hatte, versorgte damals die gesamte Mittelmeerwelt mit Büchern. Die jungen griechischsprachigen Juden hatten durch die Schriftrollen die Möglichkeit, die philosophischen Schriften von Plato und Aristoteles und die Lehren der Stoiker zu lesen.

Eins blieb den Juden von Alexandria trotz dieser nahezu unumschränkten Bewegungsfreiheit versagt: Sie rückten nicht zu Vollbürgern auf. Denn Vollbürger konnte nur werden, wer seinem alten Glauben abschwor und die Götter der Polis anbetete. Nur wenige Juden scheinen sich zum Heidentum bekehrt zu haben. Sie glichen sich dem Hellenismus nur in nicht-religiösen Lebensbereichen an, verschlossen sich aber gegenüber allem fremden und nichtjüdischen Glaubensgut.

Die Hellenisierungspolitik der Seleukiden

Mit der Machtergreifung der Seleukiden im Jahre 198 v. Z. greift der Hellenismus auch auf jüdisches Gebiet über. Die neuen Herren, bestrebt, die geistige Abkapselung der Juden zu durchbrechen, können ihre Politik um so eher verfolgen, als die herrschende Partei in Jerusalem in rückhaltloser Schwärmerei für alles Griechische mittlerweile mit den meisten jüdischen Vorstellungen und Gepflogenheiten gebrochen hat. Welchen Unwillen dieses Verhalten bei den strenggläubigen Juden hervorrief, wissen wir aus dem Buch der Makkabäer: »Zu dieser Zeit waren in Israel böse Leute; die überredeten das Volk und sprachen: ›Laßt uns einen Bund machen mit den Heiden umher und ihre Gottesdienste annehmen; denn wir haben viel leiden müssen seit der Zeit, da wir uns von den Heiden abgesondert haben.‹ Die jüdischen Hellenisten, die davon träumen, Jerusalem zur griechischen Polis umzugestalten, finden gegen die Einführung heidnischer Riten in Judäa verständlicherweise nichts einzuwenden. So stößt Antiochus IV. Epiphanes, als er nach dem Tod seines Bruders den Thron besteigt, mit seiner Hellenisierungspolitik in jüdischen Kreisen kaum auf Widerstand. Es ist schon ein gutes Stück Vorarbeit geleistet. Die jüdische Gesellschaft zerfällt – wie später noch so oft – in zwei Lager: die Oberschicht, die die fremde Kultur bereitwillig übernimmt, und die ungebildete breite Masse, die zäh am Althergebrachten festhält.
Unter Mißachtung der in Juda bis dahin immer üblichen Glaubensfreiheit führt Antiochus in Jerusalem und den judäischen Dörfern heidnische Bräuche ein und plündert sogar den Tempel, um seine Feldzüge gegen Ägypten zu finanzieren. Er ist entschlossen, Juda wie alle anderen seleukidischen Provinzen zu behandeln und die Juden zu zwingen, ihre Eigenständigkeit aufzugeben.
Daß Antiochus von den jüdischen Hellenisten tatkräftig unterstützt wurde, geht aus den jüdischen Quellen unmißverständlich hervor. Der Hohepriester Jason beispielsweise, der sein Amt von Antiochus erkauft hatte, gab sich wohl nach außen als Hüter des Gesetzes, arbeitete aber in Wirklichkeit dem neuen Machthaber in die Hände, beschaffte ihm Gelder und sorgte für die Einbürgerung griechischer Sitten, gemäß dem politischen Ziel des Königs, die hellenistische Kultur im ganzen Seleukidenreich zu verbreiten.
Jason erbaute sogar ein Gymnasium, in dem die jungen Priester nackt athletische Wettkämpfe veranstalteten. Bald schon trugen sie griechische Priestergewänder – wie die Juden in ihrem Hellenisierungseifer gelegentlich überhaupt über das Ziel hinausgeschossen zu sein scheinen, das sich der Seleukidenkönig gesetzt hatte. Aber selbst Jasons Bemühungen um die Verbreitung des Hellenismus fand man unzureichend, und das Amt des Hohenpriesters wurde, gleichfalls gegen Bestechungsgelder, an Menelaus übertragen. Es ist nicht weiter erstaunlich, daß

das Volk sich voller Zorn gegen seine Anführer wandte. Für einen Moment schöpfte man Hoffnung, als das Gerücht, Antiochus sei tot, Jerusalem erreichte. Aber Antiochus hatte lediglich eine Niederlage erlitten und seine Truppen aus Ägypten abziehen müssen. Voller Groll und Zorn wandte er sich gegen die Juden, marschierte an der Spitze eines großen Heeres nach Judäa, machte die Bevölkerung zu Tausenden nieder, schändete den Tempel und setzte die geheiligten Vorschriften des jüdischen Gesetzes außer Kraft.

Der Makkabäeraufstand

Die Juden hatten im Laufe ihrer Geschichte schwere Schicksalsschläge hinnehmen müssen; aber niemals zuvor war ihnen die Ausübung ihres Glaubens untersagt worden. Nun entschlossen sie sich zum bewaffneten Aufstand. Der Aufruhr entzündete sich in Modin, einem kleinen Dorf südlich von Jerusalem am Fuße des judäischen Berglandes. Als hier die Beauftragten des Königs erschienen, um die heidnischen Gesetze durchzusetzen, wurden sie mit einer offenen Revolte empfangen. Mattathias, ein Priester, floh mit seinen fünf Söhnen in die Berge und sammelte die am Glauben festhaltenden Volksmassen um sich. Durch ihre mutige Erhebung durchkreuzten die Makkabäer (wie das Geschlecht später genannt wurde) nicht nur des Antiochus gewaltsame Hellenisierungspolitik, sondern erreichten weit mehr, als sie sich in ihren kühnsten Träumen erhofft haben mochten. Judäa erhielt wieder unumschränkte Glaubensfreiheit und stieg unter der Herrschaft der Makkabäer (oder Hasmonäer) zum unabhängigen, durch beträchtlichen Gebietszuwachs gestärkten Staatswesen auf.
Als Mattathias im Jahre 167 v. Z. starb, setzte sich sein Sohn Juda, genannt Makkabi (der Hammerschwinger), an die Spitze der Volkserhebung. Er gilt noch heute als eine der großen kämpferischen Gestalten der Geschichte, als einer der kraftvollsten Widerstandsführer. Mit dem einfachen Landvolk führte er einen Partisanenkrieg gegen den übermächtigen Gegner. Der Makkabäeraufstand war, wie Religionskriege so häufig, die Erhebung einer Minderheit. Nach drei Jahre währenden erbitterten Kämpfen wurde Jerusalem befreit und der Tempel neu geweiht. Zur Erinnerung daran feiern die Juden ein achttägiges Weihefest, das Lichtfest Chanukka. Denn über seine unmittelbaren Folgen hinaus ist dieser Sieg zum Symbol aufgerückt, zum Sinnbild für den Kampf einer Nation, die ihre ureigensten Werte gegen eine feindliche Übermacht verteidigt.
Mit der Überwindung des Gegners war jedoch dem inneren Zwist keineswegs ein Ende gesetzt. Die Befürworter der Hellenisierung konnten die Hohepriester-

schaft erneut auf ihre Seite ziehen. Sie ließen Juda und seine Anhänger fallen und baten sogar Syrien um militärische Hilfe. Juda Makkabi, der der fremden Tyrannei so erfolgreich Widerstand geleistet hatte, fiel in einer mörderischen Schlacht. Mit seinen beiden nicht minder beherzten Brüdern Jonathan und Simon gelangte die Rebellenfamilie dann schließlich auf den Thron.

Nach Simons Tod im Jahre 135 v. Z. kommt sein Sohn Hyrkanos an die Herrschaft. Die Hasmonäer bleiben noch ein Jahrhundert lang an der Macht, aber der einstige Glanz der Dynastie ist erloschen, die Verbindung zum Volk abgerissen. Die späten Hasmonäerherrscher richten ihr Sinnen und Trachten nur noch auf äußere Prunkentfaltung. Das Herrscherhaus ist zu einer erbärmlichen Dynastie aufgeblähter Imperialisten und Gewaltherrscher abgesunken, der Name der einstigen Befreier, die für die nationale Unabhängigkeit gekämpft und gelitten haben, kaum mehr als eine Sage. Mit der Thronbesteigung des Johannes Hyrkanos (135–104 v. Z.), der durch seine Angriffspolitik die Grenzen des Landes erweitert, indem er Transjordanien, Samaria und Idumäa angliedert, bricht die Ära der Expansion an. Hyrkanos vollbringt eine in der jüdischen Geschichte einzigartig dastehende Tat: Er zwingt die Idumäer, sich zum Judentum zu bekehren – das einzige Beispiel, in dem die Juden die Vollstrecker und nicht die Opfer einer Zwangsbekehrung sind. (Als später der Idumäer Herodes auf den Thron gelangt, rächt er sich für dieses Vorgehen mit beispielloser Grausamkeit.) Hyrkanos nimmt neben der Königswürde auch noch das Amt des Hohenpriesters an; Herrscherhaus und Oberschicht stehen nun in geschlossener Front gegen das Volk.

Der Niedergang der Hasmonäer

Der Nachfolger von Johannes Hyrkanos als König und Hoherpriester ist Aristobulos, der den Thron besteigt, nachdem er seine Mutter und seinen älteren Bruder ermordet hat. Obwohl er nur ein einziges Jahr an der Macht bleibt, ist er aufgrund seiner Grausamkeit und seiner Greueltaten in die Geschichte eingegangen. Nach ihm gelangt sein Bruder Alexander Jannai, den er vorsichtshalber hatte einkerkern lassen, an die Herrschaft. Alexander Jannai, kaum weniger grausam und machtlüstern, regiert siebenundzwanzig Jahre lang. Durch seine fortgesetzten Kriege vergrößert er sein Land, gönnt aber seinen Bewohnern weder Rast noch Ruh. Kriegführen bedeutet für ihn keinen lästigen Zwang, sondern eine verzehrende Leidenschaft, für die das Volk Geld und Menschen aufzubringen hat. Durch Begünstigung der Sadduzäerpartei macht er sich das Volk zum Feind und fordert die Pharisäer zur offenen Revolte heraus, die in

ihrer Verzweiflung den Syrerkönig um Hilfe bitten. Es kommt zum Bürgerkrieg, in dessen Verlauf Alexander Jannai aus Judäa vertrieben wird, wohin er nur mit Unterstützung der Pharisäer sechs Jahre später wieder zurückkehrt. Kaum fühlt er sich in seinem Palast in Sicherheit, läßt er Hunderte von Pharisäerführern hinrichten. Auf diese Weise haben die Nachfolger der großen Hasmonäer schon nach drei Generationen das Werk ihrer Vorfahren und die Ideale, die zu seiner Entstehung führten, zerstört.
Nach dem Tod Alexander Jannais wird seine Witwe Salome Alexandra zur Königin erhoben. Während ihrer neunjährigen Regierungszeit hat das Land das erste und einzige Mal im Laufe von achtzig zankerfüllten Jahren Hasmonäerherrschaft Ruhe. Unter dem Einfluß ihres auf Ausgleich und Mäßigung bedachten Bruders Simon ben Schetach rehabilitiert sie die Pharisäer und beauftragt Juda ben Tabbaj sowie andere Flüchtlinge aus Alexandria mit der Neugestaltung des Bildungswesens. Salome Alexandra ist die letzte unabhängige Herrscherin Judas. Unter ihrem mäßigenden Einfluß werden die Spannungen zwischen den verschiedenen Parteien wohl noch einmal eingedämmt, aber nicht ausgeräumt. Nach ihrem Tod im Jahre 67 v. Z. kommt der Haß zwischen Pharisäern und Sadduzäern offen zum Ausbruch. Ihre beiden Söhne, Hyrkanos und Aristobulos, kämpfen um den Thron. Mit Unterstützung des Idumäers Antipater greift Hyrkanos seinen Bruder in Jerusalem an, der ebenfalls Hilfe von außen sucht.
Als die Römer in der jüdischen Geschichte auftauchen, ist das Volk an einem Tiefpunkt angelangt. Es hat den inneren Zusammenhalt verloren, seine erhabenen Ideale zugunsten einer materialistischen Sicht aufgegeben und sein ganzes Trachten auf eine Macht- und Eroberungspolitik gerichtet, zu deren Durchführung und Verwirklichung es ihm an der nötigen Stärke fehlt.

Pharisäer und Sadduzäer

In hellenistischer und römischer Zeit kommt es in der Geschichte Judas wiederholt zu religiösen Auseinandersetzungen. Zu Beginn der babylonischen Gefangenschaft lag die geistige Entwicklung in den Händen der Priester und Schriftgelehrten, deren Wege sich während des Makkabäeraufstandes trennten. Nach dem Sieg der Makkabäer entstanden dann die beiden gegnerischen Sekten der Sadduzäer (Priester) und der Pharisäer (Schriftgelehrten).
Der Unterschied zwischen Pharisäern und Sadduzäern läßt sich am deutlichsten an ihrer gesellschaftlichen Stellung und ihrer Gesetzesauffassung zeigen. Den bei der breiten Öffentlichkeit ungleich beliebteren Pharisäern ging es in erster Linie um die Erhaltung der Nation. Aus diesem Grunde erhoben sie die gewissen-

hafte Anwendung des Gesetzes auf alle Lebensbereiche zum obersten Grundsatz. Sie waren bereit, politische Macht geistiger Größe unterzuordnen – wie bereits in ihrem Namen (»die Abgesonderten«) die Vorstellung von Entsagung anklingt. Als diejenigen, die das Gesetz auslegten, wurden sie zu Hütern des kulturellen Erbes der Nation. Und wenn sie ihren Anhängern eher Pflichten auferlegten als Rechte zugestanden, handelten sie ganz im Einklang mit dem Volksempfinden und genossen dementsprechend große Achtung.

Die Sadduzäer repräsentierten das Priestertum und die Oberschicht. Sie setzten sich unter Antiochus Epiphanes, wenn auch nicht als einzige Gruppe, für die Hellenisierung Judas ein und vertraten in Glaubensfragen eine radikal andere Auffassung als die Pharisäer. Sie maßen der Entwicklung der mündlichen Lehre so gut wie keine Bedeutung bei und bestanden auf der buchstabengetreuen Anwendung der schriftlichen Lehre, d. h. des kanonisierten Gesetzes. Obwohl sie immer nur eine Minderheit darstellten, verfügten sie zeitweise doch über beträchtlichen politischen Einfluß. Als Priestern oblag ihnen die Verwaltung des Tempelschatzes, eine einträgliche Funktion, die sie zu manchem gesellschaftlichen Vorteil verleitete.

Nachdem sich die Gegensätze zwischen den beiden Parteien unter den Hasmonäern ständig verschärft und die Herrscher bald die eine, bald die andere Gruppe begünstigt hatten, entlud sich der Konflikt unter Alexander Jannai in einem Bürgerkrieg.

Die Sadduzäer konzentrierten ihren Glaubenseifer ganz auf den Tempel und die Opferriten. Die Pharisäer hingen zwar gleichfalls am Tempel und hielten die Vorrechte der Priesterkaste hoch – während des Exils und des Makkabäeraufstandes legten sie sogar besonderen Nachdruck auf die Durchführung der Riten – aber im Gegensatz zu den Sadduzäern versuchten sie die Kulthandlungen volkstümlicher zu gestalten, um sie so vor der Erstarrung zu bewahren. Sie führten ein neues Fest ein (simchat bet hascho ewa – das Wasserschöpffest) und machten das Passahopfer und die Wallfahrt nach Jerusalem ausgesprochen populär. Denn in ihren Augen brauchte das Judentum in Palästina wie in der Diaspora lebendige Inhalte weit dringender als starre Riten und rituelle Einrichtungen wie Priestertum, Tempel und Opfer. Mit anderen Worten, die Pharisäer erwiesen sich als erstaunlich aufgeschlossene, wendige und fortschrittsfreundliche Gruppe. Dementsprechend spielten sie auch beim hellenistischen und babylonischen Judentum die beherrschende Rolle, während die Bewegung der Sadduzäer auf Palästina beschränkt blieb. Mit ihrer Ablehnung der mündlichen Lehre müssen die Sadduzäer gerade die ägyptischen, syrischen und babylonischen Gemeinden vor den Kopf gestoßen haben, die in den überlieferten Bräuchen einen wesentlichen Bestandteil jüdischen Glaubens sahen. Bezeichnenderweise konnten sich die Sadduzäer nach der Zerstörung des Tempels auch nicht mehr halten.

Zu den Pharisäern zählen noch zwei kleinere Gruppen, die Zeloten und die Essäer. Die Zeloten, die einen Guerillakrieg gegen Rom führten, betrachteten die Vertreibung der Römer als ihren göttlichen Auftrag – eine politische Idee, von der sich die Pharisäerführer ausdrücklich distanzierten. Denn ihrer Auffassung nach ließ sich der Kampf gegen das mächtige Römische Reich einzig mit den Waffen des Geistes führen. Was die Beurteilung der politischen Möglichkeiten anbetraf, bestanden zwischen Zeloten und Pharisäern scharfe Meinungsverschiedenheiten – auf theologischem Gebiet dagegen herrschte zwischen den beiden Gruppen durchaus Einigkeit.
Die Essäer wiederum, eine andere Untergruppe des pharisäischen Judentums, erhoben die politische Ohnmacht und die Armut zu Werten an sich. Diese Sekte schloß sich meist zu Gemeinschaften zusammen, die ein abgesondertes Leben führten und sich mit Viehzucht und einfachem Handwerk ihren kärglichen Lebensunterhalt verdienten. Sie befaßten sich vornehmlich mit Fragen der Ethik und der sozialen Gerechtigkeit und wandten sich von der Welt ab, um sich ganz dem Dienst Gottes zu widmen. Mit den jüngst in den Höhlen bei Qumran aufgefundenen »Rollen vom Toten Meer« wurden zahlreiche fragmentarische Schriften dieser Sekte zutage gefördert. Offenbar lebte ein Teil der Essäer in strenger Zucht und Ordnung in Gemeinschaften, die wahrscheinlich den frühchristlichen Mönchsorden als Vorbild gedient haben.

Die Septuaginta und Philo

Eindrucksvolle Schriftdenkmäler zeugen von der schöpferischen Kraft des Judentums in hellenistischer Zeit. Den Juden Palästinas blieb allerdings dieses Schrifttum größtenteils unbekannt. Die Bücher der hellenistischen Juden wurden von der christlichen Kirche bewahrt und überliefert, in den jüdischen Kanon dagegen nicht aufgenommen. Sie tragen, wie in der gängigen Bezeichnung Apokryphen (d. h. »verborgene Schriften«) bereits angedeutet, inoffiziellen Charakter.
Von überragender Bedeutung in der Geistesgeschichte des hellenistischen Judentums war die Übertragung des Alten Testaments ins Griechische. Diese unter dem Namen Septuaginta bekanntgewordene Übersetzung wurde von einer Gruppe in Alexandria, gemeinsam mit Gelehrten aus Palästina, im dritten Jahrhundert v. Z. begonnen. Einer Sage zufolge sollen siebzig Übersetzer eine gleichlautende Version angefertigt haben, obwohl man jeden in eine eigene Zelle eingeschlossen hatte. Aber so reizvoll diese Vorstellung auch ist, die wissenschaftlichen Erkenntnisse überzeugen uns davon, daß die Arbeit an der Übersetzung sich nicht nur als schwierig und langwierig erwies (sie zog sich, be-

ginnend beim Pentateuch und den prophetischen Büchern, über ein Jahrhundert hin), sondern auch viele Streitfragen aufwarf. Die Übertragung zeichnet sich keineswegs durch hohes literarisches Niveau aus. Sie klebt pedantisch am Original, liest sich alles andere als flüssig und nimmt übertrieben große Rücksicht auf nichtjüdische Denkgepflogenheiten. Um dem griechischen Leser den Text möglichst nahezubringen, haben die Übersetzer allgemeine Begriffe und Gedankengänge vielfach durch nur lokal gebräuchliche oder national eingefärbte Wendungen ersetzt. Und doch hat das Werk größeren Einfluß ausgeübt als irgendeine andere Übersetzung. Ohne die griechische Fassung des Alten Testaments hätten die Missionare des Urchristentums die griechisch sprechenden Heiden nicht bekehren und das Christentum nie Weltreligion werden können.
Philo von Alexandria ist der hervorragendste Vertreter der Synthese von jüdischer Tradition und griechischem philosophischen Denken. Er lebte um die Zeitwende, während der Regierung des Herodes und des Agrippa in Israel, und war ein jüngerer Zeitgenosse von Hillel. Gesichert ist, daß er als Gast Agrippas nach Jerusalem kam. Er gehörte einer der angesehensten Familien Alexandrias an und war Staatsmann und Philosoph zugleich. In seiner ganzen Größe zeigte sich sein unaufhörlich forschender Geist bei der Bewältigung der Aufgabe, eine Brücke zwischen hebräischem Monotheismus und griechischem Heidentum zu schlagen. Er war überzeugt, daß alles philosophische Denken auf das mosaische Gesetz zurückgehe, in dem Gott seinen Willen offenbarte. Tora ist aus seiner Sicht nur ein anderes Wort für »Weisheit« und »Weisheit« *(Chochma)* gleichbedeutend mit der griechischen Wissenschaft, *sophia.* Viele Jahrhunderte vor und nach Philo hat man sich bemüht, das hebräische Denken durch den Beweis zu rechtfertigen, daß es Übereinstimmungen mit nichtjüdischen Vorstellungen zeige. Philo vertrat den Standpunkt, der wahre Philosoph müsse sich zuerst das Gedankengut fremder Kulturen aneignen, um den tieferen philosophischen Sinn des göttlichen Gesetzes zu erforschen.
So verkörpert Philo die extremste Form hellenistischen Judentums. Für ihn gibt es keinen Widerspruch zwischen Glauben und Philosophie. Aber es gelang ihm nicht, seine jüdischen Zeitgenossen zu überzeugen, und nur wenige Nichtjuden scheinen sich seiner Forderung angeschlossen zu haben, das mosaische Gesetz als das wahre Naturgesetz und das Judentum als die universale Religion anzuerkennen. Ein moderner Historiker beschreibt ihn als »einen Mann mit umfassendem Wissen und weitgesteckten Zielen, eine große Persönlichkeit, der die Verwirklichung ihrer Vorstellungen versagt blieb... Die Brücke, die er gebaut hatte, wurde nicht von denen benutzt, für die sie gedacht war, sondern von den Christen beim Aufstellen ihrer Dogmen.« Philos Denken gab den Anstoß zur christlichen Philosophie des Mittelalters. Späteren jüdischen Generationen war er nahezu unbekannt, während ihn die christlichen Gelehrten als einen der ihren ansahen.

8. DAS JUDENTUM UNTER RÖMISCHER OBERHERRSCHAFT

Die Geschichte des Römischen Reiches im Osten beginnt mit der Niederlage Karthagos im Zweiten Punischen Krieg (218–201 v. Z.). Im Verlauf von hundertfünfzig Jahren, in denen Karthago im Westen und Korinth im Osten zerstört werden, baut Rom sein Imperium aus, das mit den Eroberungen des Pompeius und der Herrschaft über Kleinasien und Syrien seine größte Machtfülle erlangt. Als einziges hellenistisches Reich bewahrt sich Ägypten bis 30 v. Z. ein gewisses Maß an Unabhängigkeit.

Kein Mittelmeerland kann es mit der überlegenen Großmacht Rom aufnehmen, die sich vom Stadtstaat zum Weltreich entfaltet hat. Das römische Imperium übertrifft das Reich Alexanders des Großen nicht nur an Ausdehnung, es stellt auch politisch jene Einheit dar, von der Alexander lediglich träumte. Wie der griechische Historiker Polybius in seiner den Zeitraum von 220 bis 145 v. Z. umfassenden Weltgeschichte schreibt:

> Ich kann niemand für so gleichgültig halten, daß ihn die
> Frage nicht beschäftigte, wie die Römer in weniger als dreiundfünfzig
> Jahren nahezu den gesamten bewohnten Erdkreis
> unter ihre Herrschaft zwingen konnten – eine Leistung, die
> in der Geschichte beispiellos dasteht.

Während Rom das hellenistische Reich erobert, erobert die griechische Kultur Rom. Diese überlegene Kultur beherrscht nun das sittliche, kulturelle und geistige Leben. Griechisch wird die Sprache der gebildeten Schicht. Römische Schriftsteller verfassen für ein römisches Publikum Komödien und Tragödien auf griechisch, römische Historiker schreiben die Geschichte ihres eigenen Volkes auf griechisch nieder. Auch in der Architektur und in der bildenden Kunst hält man sich an das griechische Vorbild, gleich, ob es sich nun um öffentliche Gebäude oder um Privathäuser handelt. Man importiert und kopiert griechische Plastiken und Gemälde und bevorzugt Griechen als Ärzte, Chirurgen und Lehrer. Der Einfluß der griechischen Vorstellungen auf Religion und Weltanschauung ist nicht weniger tiefgreifend. Die Römer übernehmen den ihrer eigenen Denkungs- und Wesensart gemäßen Stoizismus und erweisen auch den Göttern Griechenlands ihre Ehrerbietung.

Roms Aufstieg zur Weltmacht zieht erhebliche Veränderungen auf wirtschaftlichem Gebiet nach sich. In Italien, einem Land mit fast reiner Agrarstruktur,

hatten die Bauern durch die ständigen Kriege ihren Grundbesitz verloren oder waren heimatlos geworden. Das Land wurde von Sklavenarbeitern überschwemmt. Die Provinzstatthalter, die sich durch Ausbeutung der besetzten Gebiete bereicherten, legten den auf diese Weise erworbenen Reichtum in der Heimat in Grund und Boden an. Der so entstandene Großgrundbesitz verdrängte die Kleinbauern von der Scholle und machte sie überdies arbeitslos, da Sklavenarbeit jederzeit leicht und billig zu haben war. Auf diese Weise entstand in der Hauptstadt ein aufsässiges Proletariat, das nur durch »Brot und Zirkusspiele« in Schach gehalten werden konnte.
Der römische Gemeindestaat zeigte sich außerstande, die durch die Eroberung weiter Gebiete entstandenen Probleme zu bewältigen. In der Provinz regierten die Statthalter, die große Heere befehligten, in völliger Unabhängigkeit. Dadurch wurde der Diktatur Tür und Tor geöffnet. Keiner der neuen Autokraten aber erlangte solchen Einfluß wie Caesar, der zum Diktator auf Lebenszeit ernannt und wie ein Gott verehrt wurde. Für Rom bedeuteten all die Siege nur Klassenkampf, Korruption und Bürgerkrieg, die die Republik schließlich zerstörten. Caesar wurde als Feind der republikanischen Freiheit ermordet, und der Kampf um sein politisches Erbe begann. Zunächst regierten Antonius und Octavian das Reich gemeinsam, aber es war nur eine Frage der Zeit, bis es auch zwischen ihnen zum Machtkampf kam. 29 v. Z. machte sich Octavian zum Alleinherrscher über das ganze Reich. Zwar führte er noch nicht den Kaisertitel, besaß aber als *Princeps* und Erster Senator unumschränkte Macht. Octavian, dem der Senat den Beinamen Augustus verlieh, errichtete eine Art Monarchie, die nur der Form nach noch eine Republik war und zweihundert Jahre lang, bis zum Tode des Marcus Aurelius im Jahre 180 n. Z., Bestand hatte. Während dieser Zeit der »Pax Romana« herrschten im ganzen Mittelmeerraum Ordnung und Sicherheit.
Alexander der Große hatte das östliche Mittelmeergebiet mit West-Asien vereinigt, Rom fügte den westlichen Mittelmeerraum hinzu. Römische Staatseinrichtungen und hellenistisches Gedankengut bestimmten das Gefüge und das kulturelle Leben des aus zwei Hälften – dem hellenistischen Osten und dem römischen Westen – zusammengewachsenen Weltreichs. Der hellenistische Osten, mit seinem bunten Gemisch aus orientalischen Völkerschaften und Religionen, wurde durch die allgemeine Verbreitung der griechischen Sprache und der griechischen Kultur zusammengehalten. Der römische Westen setzte sich aus Kelten, Berberstämmen und der Bevölkerung Italiens zusammen, die lateinisch sprachen und von der lateinischen Tradition geprägt waren.
Diese Aufgliederung führte zunächst zur Zersplitterung des Imperiums in eine westliche und eine östliche Hälfte und später zur Aufspaltung der christlichen Kirche in West- und Ostkirche.

Die Zeit des Herodes

In Palästina griff Rom in den Machtkampf der beiden Söhne Salome Alexandras ein und entschied ihn zugunsten des Hyrkanos, der zum Hohenpriester aufstieg. Sein Bruder Aristobulos dagegen wurde samt seinen beiden Söhnen nach Rom verbannt und von Pompeius beim Triumphzug über das Forum mitgeführt. Doch schon bald gelang Aristobulos die Flucht nach Judäa, wo er ein Heer aufstellte und Jerusalem einnahm. Drei Jahre lang hielt er die Stadt gegen die Römer, dann wurde er erneut gefangengenommen und wiederum nach Rom geschickt, wo man ihn durch Gift beseitigte. Als sich dann auch noch sein Sohn Antigonus gegen den Willen Roms des Thrones zu bemächtigen suchte, setzte Rom einen Mann seines Vertrauens als König über Judäa ein: Herodes, den Sohn des Idumäers Antipater – eine fatale Entscheidung.

Herodes, der geborene Machthaber, der bereits als Fünfzehnjähriger gegen jüdische Aufständische in Galiläa kämpfte, war rücksichtslos im Krieg, ein selbstherrlicher Herrscher, der schon vor seiner Thronbesteigung kaltblütig Tausende von Morden auf sein Gewissen geladen hatte. Im Laufe seiner Regierungszeit legte er sich dann mit allen Parteien an – mit den Hasmonäern, der Oberschicht und vor allem mit dem Volk, das nicht bereit war, einen Idumäer und Römerfreund auf dem Thron zu dulden. Trotz seiner Ehe mit einer Makkabäerprinzessin betrachtete Herodes die Angehörigen des Hasmonäergeschlechts als seine Feinde, entledigte sich erst des Hohenpriesters Hyrkanos, dann seiner Schwiegermutter und anderer Mitglieder des alten Herrscherhauses und schließlich, in ständiger Furcht vor Opposition und Verrat, auch noch seiner Frau Mariamne und seiner beiden dieser Verbindung entstammenden Söhne. Wie Kaiser Augustus treffend bemerkte: »Lieber des Herodes Schwein sein als sein Sohn.«

Eine tiefe Kluft trennte Herodes von seinem Volk. Es verübelte ihm, daß er in Jerusalem heidnische Sitten eingeführt hatte, fühlte sich von den Zirkusspielen und Gladiatorenkämpfen abgestoßen und verabscheute ihn wegen seiner Grausamkeit gegen Mensch und Tier. Außerdem gab sich Herodes, ein völlig ungebildeter Mann, als Schrittmacher der hellenistischen Bildung aus, womit er sich gleichfalls verhaßt machte.

Im Laufe seiner Regierungszeit nahm seine Unmenschlichkeit stetig zu. In seinem Mißtrauen gegen das Volk warb er ausländische Söldner für sein Heer an und überzog das Land mit Festungen – nicht etwa zum Schutz gegen irgendeinen äußeren Feind, sondern gegen seine eigenen Untertanen. Sein Erfolg lag in seinen außenpolitischen Beziehungen. Er genoß das Vertrauen des Kaisers Augustus, der ihn in seinen Eroberungsplänen unterstützte. Er gründete neue Städte, wie das an der Stelle der alten Königsstadt Nordisraels gelegene Sebaste und das nach seinem Gönner Caesar Augustus benannte Caesarea. Im ganzen Imperium war Herodes für seine Verschwendungssucht und seine Bauleidenschaft bekannt. Er errichtete in den nichtjüdischen Städten gewaltige Bauten und ließ die Straßen von Antiochia fast vier Kilometer lang mit Marmor pflastern und mit Säulengängen säumen. Um die zur Verwirklichung all dieser Vorhaben erforderlichen Geldmittel zu beschaffen, besteuerte er seine palästinensischen Untergebenen aufs rücksichtsloseste. Auch der prächtige Tempel, dessen Bau er 19 v. Z. in Angriff nahm, konnte das verarmte Volk nicht versöhnen. (Als die Zeloten auf ein Gerücht vom Tod des Königs hin den auf sein Geheiß über dem Hauptportal angebrachten römischen Adler entfernten, ließ Herodes zweiundvierzig Männer lebendig verbrennen.) In Anlehnung an hellenistische Städte baute er auch Theater und Gymnasien und in den nichtjüdischen Städten Tempel für die heidnischen Gottheiten – sehr zum Zorn seiner jüdischen Untergebenen, die an ihren Sitten und ihrem Glauben festhielten, ohne sich von der überfeinerten Kultur Griechenlands beeindrucken zu lassen.

Nach dem Tod des Herodes im Jahre 4 v. Z. wurde, obgleich seine Söhne als Tetrarchen oder Provinzfürsten noch eine gewisse Macht ausübten, das Land von römischen Prokuratoren verwaltet. Nur einmal, für kurze Zeit, regierte ein jüdischer König – Agrippa I. (41–44 n. Z.) – Palästina.

Herodes galt als einer der reichsten Vasallen Roms. Doch seine glanzvolle Herrschaft führte die Bevölkerung Palästinas an den Rand des Ruins. Er hatte den Armen drückende Steuern auferlegt und die Reichen so bedenkenlos enteignet, daß sie eine Protestdelegation zu Kaiser Augustus schickten. Die Römer hielten sich in ihrer Kolonialpolitik immer an den Grundsatz, die ortsansässige Oberschicht zu unterstützen. So mag die Spannung zwischen Herodes und der jüdischen Oberschicht den Entschluß beschleunigt haben, die Vasallenkönige durch Prokuratoren abzulösen. Dazu kam noch die Regierung von Herodes' Sohn Archelaos, der den Spitznamen »der Narr« trug und den Juden wie den Römern derart zum Ärgernis wurde, daß ihn Augustus schließlich nach Gallien verbannte.

Das unglückliche Volk, das mit den herrschenden Machthabern nichts verband, suchte nach Führung durch die religiösen Schulen. Die Vorsteher zweier zur Zeit des Herodes bekannter Lehrhäuser, Schammai und Hillel, übten auf die Entwicklung des Judentums einen besonders nachhaltigen Einfluß aus. Zahlreiche Legenden ranken sich um diese beiden berühmten Weisen. Schammai, ein hervorragender Gelehrter, vertrat die konservativere Richtung. Sein Gegenspieler Hillel, ein armer, aber allgemein beliebter Mann, war in seinem Bildungsstreben aus seiner Heimat Babylonien nach Palästina gekommen, das damals noch über die besten Schulen verfügte. Hillel vertritt die Anschauung des Pharisäertums, derzufolge die geschriebene Lehre nicht das ganze jüdische Glaubensgut enthält. Nach seiner Auffassung sind die Gelehrten aller Zeiten dazu berechtigt, die Tora zu erforschen und sie nach den Grundsätzen der Vernunft und Logik auszulegen. Berühmt wurde er vor allem durch seine Definition der Quintessenz jüdischen Denkens, die er in dem Satz zusammenfaßte: »Was du nicht willst, daß man dir tu', das füg auch keinem andern zu.« Im Gegensatz zu den engen Auslegungen eines Schammai versucht Hillel, die im Gesetz enthaltenen Härten abzuschwächen, d. h. seine Vorschriften im Namen des Gemeinwohls und der Menschlichkeit zu mildern. Hillel öffnete sein Lehrhaus allen Lernbegierigen, gleich, ob reich oder arm, hoch oder niedrig. Welch bedeutenden Einfluß Schammai und Hillel hatten, zeigt die Bezeichnung für die auf ihre Lehrhäuser zurückgehenden philosophischen Schulen, die von da an *Bet Hillel* und *Bet Schammai* hießen.

Rom und Jerusalem

Nach der Verbannung des Archelaos und der Abschaffung der Monarchie wurde Juda zur römischen Provinz. Die Regierungsgeschäfte führte ein kaiserlicher Prokurator mit eigener Gerichtsbarkeit, der einen kleinen Truppenverband befehligte und in Caesarea, nicht in Jerusalem, residierte. Mit dieser Regelung bewies Augustus seine gewohnte Toleranz gegenüber den Juden, denen er in Jerusalem wie in der Diaspora weiterhin die von Julius Caesar gewährten Vorrechte zusicherte: Glaubensfreiheit, Befreiung vom Militärdienst, das Recht, jährlich die Tempelsteuer nach Jerusalem zu entrichten und Münzen ohne den Kopf des Kaisers oder ein anderes römisches Emblem zu prägen.
Aber die Prokuratoren zeigten weniger Rücksichtnahme als ihr Kaiser, und die Beziehungen zwischen dem Vertreter Roms und den Juden wurden gespannt. Der Kaiser beließ die Statthalter zwar nie lange im Amt, um sie nicht zu mächtig werden zu lassen und ihrer Habgier Grenzen zu setzen; der einheimischen Bevölkerung aber brachte dieser rasche Wechsel keinen Vorteil, denn nun legten es die Statthalter darauf an, ihren Schnitt in noch kürzerer Zeit zu machen. Wie es in einem bekannten Wortspiel von Varus, dem Statthalter Syriens, heißt: »Arm kam er ins reiche Syrien; reich verließ er das arme Syrien.«
Das Volk begehrte immer wieder gegen die grausamen Prokuratoren auf – so auch gegen den von 26–36 n. Z. amtierenden Pontius Pilatus. Pilatus kann geradezu als Musterbeispiel eines Provinzverwalters gelten. Noch unmenschlicher als seine Vorgänger, hatte er für die Gewissenhaftigkeit und Empfindlichkeit der Juden in Glaubensdingen nichts als Verachtung übrig, was er durch einen provozierenden Schritt auch deutlich zu verstehen gab. Er ließ Banner mit dem Abbild des Kaisers in den Tempel bringen. Und Caligula, der wahn-

sinnige Nachfolger des Augustus, verlangte die Aufstellung seines Standbildes im Tempel. Vierzig Tage lang belagerten die über diese Gotteslästerung aufgebrachten Juden den Amtssitz des Statthalters, bis gerade noch rechtzeitig aus Rom die Nachricht von der Ermordung des Irren eintraf.
Das Verhältnis zwischen Römern und Juden verschlechterte sich derart, daß jeder exekutiert wurde, der sich des Aufruhrs verdächtig machte. Die unnachgiebige Verfolgung trieb die Widerstandsgruppen, die Zeloten, in einen verhängnisvollen Extremismus. Banden von Sikariern (*Sicarii*, Dolchträgern) terrorisierten die Römer und setzten die kampfunwilligen und gemäßigten Vertreter der jüdischen Bevölkerung unter Druck. Im Jahre 66 n. Z. führte die Gewaltherrschaft des Prokurators Florus in Caesarea zu einem Aufstand und zum Ausbruch des Jüdischen Krieges.
Der Geschichtsschreiber Josephus schildert uns Florus als so verrucht, daß verglichen mit ihm alle seine Vorgänger wie Wohltäter des Volkes wirken. Seine Habgier war grenzenlos. Ohne Zweifel genügte der geringfügigste Anlaß, um den Haß gegen ihn offen zum Ausbruch zu bringen. In Caesarea opferten nichtjüdische Bürger am Sabbat vor dem Synagogeneingang einen Vogel – was die über die Bevorrechtung der Nichtjuden ohnehin schon erbosten Juden als offene Provokation und Störung ihres Sabbatgottesdienstes betrachteten. Florus dachte nicht daran, den Zwischenfall beizulegen, obgleich er für seinen Schiedsspruch im voraus Bestechungsgelder angenommen hatte. Dieser Verrat versetzte die Juden so in Zorn, daß sie Körbe herumgehen ließen, um Geld für den »armen« Florus zu sammeln. Der Prokurator schwor Rache, hielt Kriegsgericht und ließ mehrere Juden wegen Hochverrats kreuzigen.
Als er dann auch noch den Tempelschatz zu rauben versuchte und seine Soldaten alle niedermachten, die sich ihnen in den Weg stellten, kochte auf jüdischer Seite die Empörung über. Das kleine Volk erhob sich gegen die Weltmacht Rom. Die jüdischen Führer, gemäßigte Männer, hatten nichts unversucht gelassen, um den Aufstand zu verhindern. Doch da sie weder von Agrippa noch von Florus die mindeste Unterstüzung erfuhren, gewannen die Zeloten die Oberhand. Mit der Weigerung, für Kaiser Nero das übliche Opfer darzubringen, gab der Zelotenführer Eleasar das Zeichen zur offenen Revolte gegen Rom.

Der Jüdische Krieg

Rom, das seinen neuen Gegner keineswegs unterschätzte, übertrug den Oberbefehl einem seiner fähigsten Feldherrn, Vespasian. Die Römer gebrauchten in den Feldzügen gegen die Juden ihre besten Waffen und ihre ausgeklügeltsten taktischen Methoden. Sie schütteten Erdwälle auf, um die Festungen zu stürmen, und zogen Sperrgürtel um ganze Städte, um die Bewohner auszuhungern und so zur Übergabe zu zwingen. Doch obwohl die Juden über zu wenig Kriegsgerät verfügten und außerdem gegen den Hunger und den Haß in den eigenen Reihen anzukämpfen hatten, leisteten sie sieben Jahre lang Widerstand.

Die erste Etappe des Kampfes fand in Galiläa statt. Joseph ben Mattathias (Josephus Flavius) wurde zum Befehlshaber der Verteidigungstruppen ernannt; eine Fehlbesetzung – wie sich bald herausstellen sollte. Eine Stadt nach der anderen fiel ohne großen Widerstand an die Römer, und im Jahre 67 ergab sich Josephus freiwillig dem Feind. Jochanan aus Giskala, der Held der Provinz, konnte sich mit seinem Zelotenhaufen nach Jerusalem durchschlagen. Ihre Ankunft stürzte die Stadt in einen Bürgerkrieg. Mit Hilfe von Freiwilligen aus Idumäa brachte Jochanan Jerusalem in seine Hand. Viele Kriegsgegner aus den Reihen der Oberschicht und der Führungsschicht der Pharisäer wurden umgebracht.

Vespasian beschloß abzuwarten, bis sich die Juden durch den Bürgerkrieg in Jerusalem selber aufgerieben hätten. Erst im Frühjahr 68 nahm er die Kampfhandlungen wieder auf und eroberte im Handumdrehen Peräa (Transjordanien). Zu diesem Zeitpunkt erreichte ihn die Nachricht von Neros Selbstmord, und er kehrte überstürzt nach Rom zurück. Ein Jahr lang ruhte der Krieg, bis sich in Rom der Machtkampf der verschiedenen Parteien entschieden hatte.

Vespasian wurde zum Kaiser ausgerufen, und sein Sohn Titus setzte den Feldzug im Jahre 69 fort. Nach kurzer Zeit war der ganze Landstrich unterworfen, und die Belagerung von Jerusalem, das von drei jüdischen Führern – Jochanan, Simon Bar Giora und Eleasar ben Simon – verteidigt wurde, begann. Doch die drei Befehlshaber stimmten ihre Unternehmungen nicht richtig aufeinander ab und verfügten außerdem über zu wenig Waffen, um mit den unvergleichlich besser gerüsteten römischen Legionen fertig zu werden. Die Geschichte dieser Belagerung hat Josephus ausführlich beschrieben. In den Reihen der Verteidiger, die in der von drei Wällen umgebenen Hauptstadt von der Außenwelt abgeschnitten waren, machten sich Hunger und Erschöpfung bemerkbar. Im Mai 70 fiel der erste Wall. Die Belagerten hielten noch drei weitere Monate stand, bis am neunten Aw (Juli/August) die Römer die Stadttore einnahmen. Eine letzte Schlacht fand in den Tempelhöfen statt, das Heiligtum ging in Flammen auf. Jochanan und Simon entkamen in den Palast des Herodes, wo sie weitere fünf Monate der Belagerung trotzten. Als diese letzte Bastion fiel, wurden sie gefangengenommen.

Eleasar flüchtete nach Massada, der letzten Festung in jüdischer Hand. Über zwei Jahre tobte ein erbitterter Kampf um das in der Wüste Juda auf einem Granitfelsen oberhalb des Toten Meeres gelegene Fort. Als die Römer die Bergfestung schließlich einnahmen, lebten von der Besatzung nur noch zwei Frauen und fünf Kinder, die von der letzten Heldentat der 960 Verteidiger berichten konnten. Eingedenk der Sklaverei ihres Volkes in Ägypten hatten sie am ersten Tag des Passahfestes Selbstmord begangen, da sie den Tod der neuerlichen Gefangenschaft vorzogen. Ausgrabungen, in jüngster Zeit in Massada durchgeführt, haben uns näheren Aufschluß über dieses heroische Zeitalter gebracht. Vom Gipfel des Berges kann man noch heute Spuren der einstigen römischen Feldlager ausmachen, von wo aus die Festung belagert wurde.

Mit Massadas Fall endete der Jüdische Krieg. »Judea capta«, wie auf den zur Feier von Titus' Sieg geprägten Münzen zu lesen stand. Tausende von Juden waren getötet worden, weitere Tausende in Gefangenschaft geraten und als Sklaven verkauft. Rom empfing Titus mit allen einem Helden gebührenden Ehren, als er mit den geraubten Tempelschätzen und den Gefangenen aus Jerusalem als Triumphator in die Hauptstadt einzog. Ein steinerner Triumphbogen mit dem Abbild der erbeuteten Trophäen wurde auf dem Forum errichtet. Doch obwohl der Titusbogen die verheerenden Folgen der Niederlage für die Besiegten schildert, legt er beredteres Zeugnis für den Widerstand der Juden als für den Sieg der Römer ab.

Judäa hatte bei seinem Kampf gegen Rom auf die Unterstützung der Juden in der Diaspora, zumindest in der nichtrömischen Welt, gehofft. In Palästina war man sich über die Macht und den Einfluß der Juden in der gesamten Mittelmeerwelt durchaus im klaren. In den meisten Ländern bildeten sie eine begünstigte Minderheit. Einzig und allein in Palästina gaben die Römer der griechischen Bevölkerung den Vorzug.

Die palästinensischen Juden zerfielen in mehrere Lager. Die Sadduzäer waren entweder römerfreundlich eingestellt oder doch so stark an der Aufrechterhaltung der herrschenden Zustände interessiert, daß ein Aufstand für sie nicht in Betracht kam. Und auch die führenden Pharisäer kümmerten sich mehr um religiöse als um politische Belange – möglicherweise sahen sie durch einen Krieg mit Rom auch die Interessen des Weltjudentums ernstlich gefährdet. Doch ungeachtet des völlig ungleichen Kräfteverhältnisses zog sich der Krieg dank der Hingabe und Begeisterung der jüdischen Führer und dem Opfermut ihrer Anhänger mit Unterbrechungen über sieben Jahre hin.

Über die Zerstörung des Tempels gibt es zwei widersprüchliche Versionen. Josephus, alles andere als ein vorurteilsloser Geschichtsschreiber, behauptet, Titus habe den Tempel erhalten wollen, doch seine Soldaten hätten dem Befehl zuwidergehandelt. Dagegen berichtet ein anderer Augenzeuge, Julianus, ein Mitglied des römischen Kriegsrats, Titus habe die Absicht geäußert, den Tempel zu zerstören. Wie immer die Wahrheit aussehen mag, jedenfalls ist der Name Titus untrennbar mit dieser furchtbaren Katastrophe der jüdischen Geschichte verbunden.

Josephus Flavius

Der aus priesterlichem Geschlecht stammende Joseph ben Mattathias wurde im Jahre 37 n. Z. in Jerusalem geboren, von Sadduzäern und Pharisäern erzogen und stand schon bald wegen seiner Gelehrsamkeit in so hohem Ansehen, daß sich die geistige Elite Jerusalems in Fragen der Gesetzesauslegung und sonstigen Angelegenheiten an ihn um Rat wandte. Im Jahre 64 wurde er als Gesandter nach Rom geschickt, um die Freilassung jüdischer Gefangener zu erwirken, was ihm dank der verständnisvollen Hilfe von Neros Frau Poppaea Sabina auch gelang.

Bei seiner Rückkehr nach Judäa fand Josephus das Land bereits in einen brodelnden Unruheherd verwandelt. Man übertrug ihm die Verteidigung Galiläas – gegen den Widerstand der um Jochanan von Giskala gescharten fanatischen Zeloten, die ihn erbittert anfeindeten. Josephus war auch tatsächlich alles andere als ein Held. Als die Römer Jotapata belagerten, setzte er sich für die Übergabe der Festung ein, wurde aber überstimmt und mußte mit seinen unterlegenen Streitkräften weiterkämpfen. Als das Bollwerk fiel, begingen viele seiner Kameraden Selbstmord, um nicht in römische Gefangenschaft zu geraten. Nicht so Josephus; er verließ ohne viel Aufhebens die Bergfeste und ergab sich Vespasian. In die Annalen der jüdischen Geschichte, die nur von wenigen Abtrünnigen zu berichten weiß, ist Josephus als Verräter eingegangen. Doch sein vielgeschmähter Wankelmut wird durch seine literarische Leistung wettgemacht. Er hinterließ zwei historisch äußerst wichtige Werke: *Jüdische Frühzeit*, eine Geschichte der Juden von der Erschaffung der Welt bis zum Römischen Krieg; und *Der Jüdische Krieg*, ein Bericht über den Kampf der Juden gegen die Römer. Auch wenn das Anliegen des Verfassers, sich selbst zu rechtfertigen, deutlich spürbar ist, bildet das letztgenannte Werk doch eine unvergleichliche Quelle für diesen Abschnitt jüdischer Geschichte. Außerdem verfaßte Josephus noch die Schrift *Gegen Apion*, eine Streitschrift, in der die jüdische Religion erstmals ausführlich dargestellt und verteidigt wird.

Der Aufstand des Bar Kochba

Nach dem Jüdischen Krieg ließen sich die Juden noch zweimal auf einen Kampf gegen Rom ein, in beiden Fällen mit verheerendem Ausgang. Unter Trajan (98–117) brachen in Alexandria, Zypern und Kyrene Aufstände aus, die die Juden mit schweren Opfern und großen Verlusten bezahlten. Aber noch weit mehr Staub wirbelte die in Kaiser Hadrians Regierungszeit (117–138) fallende denkwürdige Erhebung in Palästina unter Bar Kochba auf.

Nach der Darstellung des Josephus hatte der Krieg in weiten Gebieten Palästinas keine tieferen Narben hinterlassen. Selbst der Fall Jerusalems erscheint bei ihm eher als Episode denn als Abschluß eines Kapitels jüdischer Geschichte. Viele Städte hatten sich den römischen Truppen ergeben und waren so der Zerstörung entgangen. Innerhalb kurzer Zeit waren im Land wieder normale Verhältnisse eingekehrt. Jerusalem allerdings hatte unter dem Krieg schwer gelitten. War es vor der Zerstörung des Tempels das geistige und religiöse Zentrum des Landes und zugleich auch der Mittelpunkt des gesamten Wirtschafts- und Geschäftslebens gewesen, so mußte es jetzt auf seine Stellung als Polis mit selbständiger Verwaltung verzichten.

Ganz Judäa wurde als römische Provinz dem Befehlshaber der zehnten römischen Legion unterstellt. Das Land ging in den Besitz des römischen Staats über, der es nach Gutdünken an römische Veteranen verteilte – nach der politischen Regel, möglichst viele Ausländer in Judäa anzusiedeln. Das Sanhedrin und die örtlichen Gerichtshöfe wurden für einige Zeit aufgehoben, Rechtssachen in Caesarea geregelt. Jawne rückte zum neuen geistigen Zentrum auf, wiewohl die Juden diesen Zustand nur als Übergangslösung betrachteten und weiterhin auf die Wiederherstellung des Heiligtums in Jerusalem hofften. Sie weigerten sich, die Zerstörung des Tempels als endgültige und unwiderrufliche Tatsache hinzunehmen.

Im Jahre 118 bestieg Hadrian den römischen Thron. Er suchte die verbitterten jüdischen Massen durch das unbestimmte Versprechen zu besänftigen, ihre heilige Stadt und vielleicht sogar den Tempel wiederaufzubauen. Doch schon bald zeigte sich, daß sich ein solches Vorhaben mit seinem Ziel, größere kulturelle Einheitlichkeit im Reich herzustellen, schlecht vereinbaren ließ. Er beschloß deshalb, Jerusalem nicht als jüdische Hauptstadt, sondern als Stadt mit griechischem Charakter wiederaufzubauen und ihm den Namen Aelia Capitolina zu geben.

In jüdischen Kreisen rief sein Entschluß wütenden Haß hervor. Rabbi Akiba, der geistige Führer des Landes und Vertreter der gemäßigten Richtung, versuchte das aufgebrachte Volk zu beruhigen und mit dem Kaiser zu verhandeln. Die Gespräche zogen sich hin, aber Hadrian ließ sich nicht umstimmen. Die Vorbereitungen für den Wiederaufbau der Stadt nach griechischem Vorbild gingen weiter, und schließlich kam der Tag der Einpflügung der Baulinie, der nach römischer Sitte den Beginn der Errichtung einer Stadt kennzeichnete.

Die Juden werteten diesen Schritt als Zeichen für Hadrians Unbeugsamkeit und revoltierten. Angeführt wurde dieser neue Aufstand von Simon bar Koseba, einem Abkömmling des Hauses David, den viele aufgrund seiner Abstammung für den Messias hielten. Auch Rabbi Akiba schloß sich ihm gemeinsam mit vielen anderen späteren Märtyrern bei seinem heiligen Krieg an. Er war es auch, der seinen Namen in Bar Kochba, »Sternensohn«, umänderte.

Viele Sagen verherrlichen Bar Kochbas Körperkraft, seine geniale Kriegskunst und sein Charisma – wichtige Eigenschaften, die ihn befähigten, die Scharen von Freiwilligen im Partisanenkrieg zu führen. In neuester Zeit hat die Geschichtsforschung viele dieser Sagen bestätigt, vor allem dank des Materials, das bei den 1960–61 in der Wüste Juda durchgeführten Ausgrabungen in den Höhlen entdeckt wurde. Neben Ton- und Glasgegenständen fanden sich auch ein Bündel Papyrusrollen, Briefe auf hebräisch, aramäisch und griechisch, mit »Bar Koseba ha-Nassi von Israel« unterzeichnet. Außerdem Münzen aus der gleichen Zeit, die Aufschriften wie »Erlösung für Zion«, »Freiheit für Israel« oder »Simon, Fürst (Nassi) von Israel« tragen.
Zu Beginn des Aufstandes gelang es den Juden, Jerusalem zurückzuerobern. Die Tempelopfer wurden wieder eingeführt, obgleich der Tempel nicht mehr bestand. Tausende pilgerten in jenem Jahr nach Jerusalem, und es wurden Münzen mit der Inschrift »Simon ha-Nassi« und »Eleasar, Hoherpriester«, geprägt. Für kurze Zeit nahm das Sanhedrin unter Rabbi Tarfon und Rabbi Akiba seine Tätigkeit wieder auf. Das jüdische Unabhängigkeitsstreben flackerte noch einmal auf.
Der Vergeltungsschlag erfolgte im Sommer des Jahres 134. Der von Britannien abberufene Sextus Severus übernahm den Oberbefehl über die Zehnte Legion und führte, da Hadrian Komplikationen befürchtete, den Feldzug von Gerasa in Transjordanien aus. Als Jerusalem fiel, verlegte Bar Kochba seine Widerstandstruppe in das etwa zwölf Kilometer weiter südlich gelegene Bethar, vermochte aber, trotz der überstürzt improvisierten Befestigungsanlagen, den Angriff der Römer nicht abzuwehren. Wie seinerzeit in Massada bauten sie Rampen bis zur Bergkuppe und erzwangen sich so den Zugang zur Festung. Nach jüdischer Überlieferung fiel Bethar nach dreieinhalbjährigem Kampf am neunten Aw, dem Jahrestag der Tempelzerstörung. Bar Kochba befand sich unter den Gefallenen, Akiba und viele seiner Mitrabbiner wurden von Hadrians Hauptleuten zu Tode gemartert.
Damit war es mit der jüdischen Unabhängigkeit ein für allemal vorbei. Aber Bar Kochbas Widerstand blieb als bedeutende geschichtliche Sage lebendig und weckte in den Herzen der Juden immer wieder kühne Hoffnungen und stolze Erinnerungen.

9. DER AUFSTIEG DES CHRISTENTUMS

In der Geburtsstunde des Christentums war die jüdische Geschichte längst nicht mehr auf Palästina beschränkt. In fast allen Ländern der zivilisierten Welt hatten sich Juden niedergelassen. Ihre Gemeinschaften erstreckten sich von Italien und Karthago im Westen bis nach Mesopotamien im Osten, vom Schwarzen Meer im Norden bis nach Äthiopien im Süden. Rund vier Millionen Juden lebten im Römischen Reich, außerhalb von Palästina, mindestens eine weitere Million in Babylonien; und Palästina selbst hatte eine Bevölkerung von etwa drei Millionen, darunter eine halbe Million Samariter, Griechen und Nabatäer. Selbst vor der Zerstörung des Zweiten Tempels gab es also in der Diaspora etwa doppelt so viele Juden wie in Palästina selbst. Der Name Palästina, in der Bibel nur für das Land der Philister, also für den an das Saron-Tal anschließenden Küstenstreifen gebraucht, setzte sich in der griechisch-römischen Zeit allgemein durch. Erst die Römer benannten das 63 v. Z. von ihnen eroberte Land nach der Provinz Juda. Und der Talmud spricht, wenn er sich auf Palästina bezieht, schlicht und einfach von »Dem Land« – ein Begriff, der sich in der jüdischen Terminologie bis zum heutigen Tag gehalten hat.

Aufgrund der Eroberungen unter den Hasmonäern umfaßte Palästina zu diesem Zeitpunkt außer Juda noch die Provinzen Galiläa, Transjordanien und Idumäa; nur die Samariter bildeten eine religiös und ethnisch geschlossene, für sich lebende Gruppe.

Zwischen den Bevölkerungen der verschiedenen Provinzen herrschten starke Gegensätze. Juda entfaltete eine besonders rege Aktivität. Die Provinz sonnte sich in dem Ansehen, das Jerusalem und der Tempel genossen. Fast ein Jahrtausend lang war Jerusalem nun schon der religiöse Mittelpunkt, das Heiligtum der Juden, die Diaspora betrachtete es sogar als »Mittelpunkt der Welt«. Zwar konnte sich Jerusalem an Größe und Ansehnlichkeit nicht mit den anderen Hauptstädten des Römischen Imperiums messen; dafür aber konnte es voller Stolz auf seine Bedeutung in der Geschichte verweisen.

Der Tempel übertraf an Glanz alle Bauwerke und Paläste, die unter der Herrschaft der Römer in Jerusalem errichtet wurden. Von Salomon gebaut und von Nebukadnezar zerstört, von Esra und Nehemia bescheidener wiederaufgebaut, erstand er unter der Herrschaft des Herodes in neuer Pracht, auch wenn er erst kurz vor seiner Zerstörung durch Titus vollendet wurde.

Zu dieser Zeit zählte Jerusalem schätzungsweise hundertzwanzigtausend Einwohner, zu denen zeitweilig eine noch größere Zahl von Pilgern kam. Durch den Tempel und den Königshof fehlte es nicht an Arbeitsplätzen. Außerdem zog Jerusalem, der Sitz des Hohenpriesters und des Sanhedrin, reiche Grundbesitzer und wohlhabende Kaufleute und Handwerker an. Der Handel blühte; der Umschlag von Luxusgütern, Edelsteinen und teuren Stoffen brachte gute Gewinne.

Das Volk von Galiläa dagegen hatte sich dem Staatenbund erst unter den Hasmonäern angeschlossen. Diese Provinz bildete das Sammelbecken des gemeinen Volks (Am ha-Arez), das es mit dem Gesetz nicht allzu genau nahm, schon weil es damit nicht besonders vertraut war. In Galiläa hielt sich noch der alte Aberglaube; hier gab es noch keine großen Zentren der Gelehrsamkeit, keine großen Städte, keine berühmten Lehrer. Die Einwohner waren wesentlich ungebildeter als jener Teil der Bevölkerung, der im Umkreis des prächtigen Tempels lebte. Viele besaßen weder Grund noch Boden und zogen von Dorf zu Dorf. Und aus den Reihen dieser mit Füßen getretenen Juden stammte Jesus von Nazareth.

Die Landessprache war das Aramäische, allerdings nicht in seiner babylonischen Form. Das Volk von Juda verachtete die Galiläer wegen ihrer Aussprache. Hebräisch blieb noch als Schrift- und Gelehrtensprache in Gebrauch.

Die Grundlage der Wirtschaft bildete die Landwirtschaft. Weizen und Gerste wurden, vor allem in Galiläa, in großen Mengen angebaut. Noch größeres Gewicht aber legte man auf den Anbau von Wein und Früchten, da Öl, Feigen und Datteln aus Palästina in allen Mittelmeerländern sehr beliebt waren.

Der Handel lag überwiegend in der Hand der Griechen, von denen ihn die Hebräer erst nach und nach lernten. Wie Josephus Flavius über die Juden seiner Zeit sagte: »... wir sind kein handeltreibendes Volk; wir leben in einem Land ohne Küste und zeigen auch keine Neigung zum Handel.«

Unter den Hasmonäern wurden vorübergehend einige Hafenstädte wie Askalon erobert, und die Israeliten begaben sich erneut aufs Meer hinaus. Kaiser Titus ließ, als er Palästina besetzte, eine Münze mit der Aufschrift »Judea Navalis« prägen.

Die Hasmonäer hatten in Palästina eine starke Wirtschaft aufgebaut, Herodes jedoch untergrub sie langsam, aber sicher durch seine ehrgeizigen Vorhaben. Er ließ viel auf nichtjüdischem Territorium bauen, wodurch den benachbarten Provinzen beträchtliche Gelder zuflossen. So geriet das Land um die Zeitwende in eine schwere Wirtschaftskrise, die durch Erdbeben und Flutkatastrophen noch verschärft wurde. Die Vernichtung der Ernten rief eine Hungersnot hervor; die Last der Steuern wurde unerträglich.

Die innerpalästinensische Regierung

Die innere Verwaltung oblag dem Rat der Ältesten oder dem Sanhedrin, das sich aus siebzig Männern zusammensetzte. Diese Einrichtung geht, obwohl sie in den ersten tausend Jahren der jüdischen Geschichte nicht erwähnt wird, letztlich auf Moses zurück, dem Gott aufgetragen hatte, »siebzig Männer unter den Ältesten Israels« auszuwählen. Von der hellenistischen Zeit an ist das Sanhedrin unter dem Vorsitz des Hohenpriesters die höchste Staatsbehörde in Staats- und Rechtssachen.

Der Hohepriester der Makkabäer- und Nachmakkabäerzeit war nicht nur das Oberhaupt in religiösen Dingen, sondern auch ein regierender Fürst, dessen Stellung auf Lebensdauer gesichert war. Unter den römischen Statthaltern jedoch trat eine einschneidende Änderung ein: Die Hohenpriester wurden nach Lust und Laune ernannt und abgesetzt. In der herodisch-römischen Epoche lösten einander nicht weniger als achtzehn Hohepriester ab.

Solange der Tempel stand, spielte die Priesterkaste eine wichtige Rolle, da nur ihre Mitglieder berechtigt waren, Opfer darzubringen. Zwar mußten sich die Priester ihrer persönlichen Reinheit wegen im Alltag peinlich genauen Vorschriften unterwerfen, dafür aber genossen sie beim Volk hohes Ansehen, da sie am Reichtum des Tempels und an den eingehenden Spenden beteiligt waren. Außerdem empfingen sie für die über ihre vorgeschriebenen Pflichten hinaus geleisteten Dienste eine Sondervergütung.

Die jüdische Bevölkerung

Über die jüdische Bevölkerung in der Römerzeit liegen wohl viele Schätzungen, aber keine wirklich verläßlichen Zahlenangaben vor. In der hellenistischen Ära wurden die Juden über die ganze griechische Welt verstreut. Schon 140 v. Z. schrieb der Autor der Sibyllinischen Sprüche, »im ganzen Land und auf den Meeren wimmelt es von Juden«. »Es dürfte schwierig sein«, sagte Strabo, ein Zeitgenosse des Herodes, »auch nur einen Ort in der Welt zu finden, wo es keine Juden gibt.« Und Josephus fügte hinzu: »Es gibt kein Volk auf der Welt, unter dem sich nicht Brüder von uns fänden.« Philo spricht von der »weiten Verbreitung der Juden in der ganzen Welt« und von Jerusalem als dem »Mittelpunkt der verstreuten Nation«.

Die Gesamtbevölkerung der griechisch-römischen Welt im 1. Jahrhundert v. Z. wird auf sechzig bis siebzig Millionen geschätzt; rund siebeneinhalb Millionen davon lebten in Ägypten, ungefähr fünfhunderttausend, davon zwei Fünftel

Juden, in Alexandria. Eine andere Quelle gibt die alexandrinische Bevölkerung im Jahr 38 v. Z. mit einer Million oder mehr an, den Anteil der Juden ebenfalls mit zwei Fünfteln.
In Palästina lebten vor der Zerstörung des Tempels im Jahr 70 n. Z. ungefähr drei Millionen Juden; in Ägypten, Syrien, Kleinasien und Babylonien jeweils eine Million. Das Judentum in der Diaspora übertraf also das in Palästina zahlenmäßig bei weitem.
Insgesamt dürfte eine jüdische Bevölkerung von acht Millionen wohl nicht zu hochgegriffen sein.
Im östlichen Teil des Römischen Reiches machten die Juden rund zwanzig Prozent der Bevölkerung aus, das heißt, jeder fünfte »hellenistische« Einwohner der östlichen Mittelmeerregion war ein Jude; im Westen stand das Verhältnis eins zu zehn. Zu keiner Zeit der Geschichte, weder vorher noch nachher, stellten die Juden einen so erstaunlich hohen Anteil der Bevölkerung der zivilisierten abendländischen Welt.

Der Aufstieg des Christentums

In dem Jahrhundert, das zwischen der Eroberung Jerusalems durch Pompeius und dem Ende der Statthalterschaft des Pontius Pilatus (39 n. Z.) liegt, hatte das Land nach außen Frieden, im Innern aber wurde es durch Kämpfe zerrissen. Juda wurde von Marionetten-Herrschern regiert, die sich gegenseitig durch Mord und Krieg aus dem Weg räumten; die Zahl der Opfer des Bürgerkriegs wird auf zweihunderttausend geschätzt.
Verzweifelt über das politische Chaos, suchten viele Juden Zuflucht in religiösen Theorien. Die Zahl der Sekten nahm zu, die religiöse Diskussion wurde von dem Glauben an »das bevorstehende Ende der Zeiten«, und das Kommen des Messias beherrscht. Auf die zeitweilige Herrschaft der »Kinder der Dunkelheit« mußte die Herrschaft der »Söhne des Lichts« folgen. Der Glaube an das baldige Kommen des Erlösers, durch Verzweiflung ausgelöst, wurde durch eine ekstatische Hoffnung wachgehalten.
Als Jesus von Nazareth auftrat, war die Luft mit Erwartungen und Ahnungen erfüllt, die Atmosphäre mit Spannung geladen. Jesus, ein pharisäischer Jude, lebte unter dem Landvolk Galiläas und wurde zum Sprachrohr seiner Vorstellungen. Galiläa aber war zu dieser Zeit die Hochburg eines tiefverwurzelten jüdischen Patriotismus, der in den Lehren Jesu insofern Niederschlag fand, als sie mit jenen der alten Propheten übereinstimmten. Jesus sah in sich nie mehr als einen Propheten des Judentums. Nicht einmal die äußeren Formen der Religion ließ er außer acht; er hielt sich peinlich genau an die jüdischen Gesetze,

machte an Passah eine Pilgerfahrt nach Jerusalem, aß ungesäuertes Brot und sprach ein Gebet, wenn er Wein trank. Er war ein Jude in Wort und Tat.
Jesus sprach die Vorstellungen und Empfindungen der Massen aus. Er wandte sich, hierin übrigens keineswegs der erste, gegen die scheinheiligen Führer und erklärte in der Bergpredigt selbst, er sei »nicht gekommen, um das Gesetz zu zerstören, sondern um es zu erfüllen«. Von den Ideen des pharisäischen Judentums durchdrungen, betonte er die messianische Hoffnung und sagte die Erfüllung dieser Erwartung in seiner Zeit voraus. Die Worte »Messias« und »König der Juden« gebrauchte er in ihrem übertragenen Sinn. Aber in der überhitzten Atmosphäre der Zeit klangen sie wie eine Aufforderung zur Revolution, und die römischen Behörden sahen in Jesus einen Aufwiegler. Seine Verhaftung, sein Prozeß und seine Hinrichtung zeigen die Unduldsamkeit einer unsicheren Regierung, die schon manchen von religiösem Eifer getragenen Aufstand der Juden erlebt hatte.
Nach seinem Tod begann eine kleine Schar von Anhängern, seine Lehren unter den Juden Palästinas zu verbreiten. Zu den Nichtjuden gelangte diese Lehre erst durch Paulus, der sie auf seinem Erweckungskreuzzug als neue Religion verkündete.
Saulus von Tarsus, der Paulus des Neuen Testaments, im Gegensatz zu Jesus ein von der griechisch-römischen Kultur geprägter Intellektueller, machte aus einem verachteten und verfolgten Glaubensbekenntnis dank seiner mitreißenden Rednergabe eine Weltreligion. Überall auf seinen Reisen prangerte der Apostel die Mißstände der heidnischen Gesellschaft an, und mit leidenschaftlichem sittlichem Eifer entwickelte und formte er die christlichen Glaubenssätze, die ihn zum geistigen Gründer des Christentums machten.
Für die Juden hatte Gott Seinen Willen in der Tora geoffenbart. Für Paulus war Christus die Verkörperung des Gesetzes, ja mehr noch, Jesus war an die Stelle des Gesetzes selbst getreten. Er hatte sich geopfert, um den Menschen von der Last des Gesetzes zu befreien. Christus war ein Mittler zwischen Gott und dem Menschen. Und diese Idee wurde zum Pfeiler des neuen Glaubens, da Paulus das alte jüdische Gesetz den Juden wie den Heiden gegenüber als drückend brandmarkte.
Nach und nach schlossen sich immer mehr Judenchristen seinen Ansichten an. Da der neue Glaube von den alten Satzungen und dem alten Verbot der Vergöttlichung immer deutlicher und schärfer abrückte, ließ sich der Bruch mit dem Judentum auf die Dauer nicht vermeiden. Mit der Zeit löste sich das in ständigem Austausch mit der römischen Welt stehende Christentum immer mehr vom jüdischen Glauben ab.
Wäre die Bibel nicht ins Griechische übersetzt worden, so hätte es wohl nur wenige Bekehrte unter den griechisch sprechenden Nichtjuden gegeben, und das Christentum hätte sich kaum im Verlauf von drei Jahrhunderten zur Welt-

religion entwickelt. Die Septuaginta entfesselte unter der griechisch sprechenden Bevölkerung des Imperiums geradezu einen Sturm religiösen Verlangens. Die jüdische Diaspora war seit dem 1. Jahrhundert im ganzen hellenisierten Mittleren Osten tief verwurzelt, und von diesen zerstreuten Zentren aus erhielt die christliche Lehre einen starken Auftrieb. Die ältesten, noch von Jesu unmittelbaren Nachfolgern gegründeten Christengemeinden bestanden aus aramäisch sprechenden Juden in Palästina und griechisch sprechenden Juden in Kyrene, Alexandria, Syrien und Kilikien. Erst als der Apostel Stephanus in Jerusalem gesteinigt wurde, gingen seine Mitstreiter nach Phönizien und Antiochien, um das Wort toleranteren und weniger orthodoxen Juden zu predigen.

Die jüdische Prägung des christlichen Denkens

Das Urchristentum steht dem Judentum näher, als die Vertreter der beiden Religionen im allgemeinen zugeben wollen. Die christlichen Theologen wie die orthodoxen Juden unterschätzen die ursprüngliche jüdisch-christliche Verwandtschaft. Erst nach und nach verwandelte sich das Christentum in eine von der Judengemeinde abgelöste, nichtjüdische Religion.

Die Geschichte Israels ist für alle Christen von großer historischer Bedeutung. Das Christentum verdankt dem Judentum, abgesehen von Jesus, den Einen, den lebendigen Gott, eine Heilige Schrift – das Alte Testament –, das dem Neuen Testament den Weg bahnte, und eine Geschichtssicht, die dem Leben ein Ziel und der Geschichte einen Sinn gibt. Die Evangelien sind ein Bericht über das Leben der Juden in Judäa und Galiläa zu Beginn des 1. Jahrhunderts, die Handelnden in dem Drama Juden, die in ihrem eigenen Land leben. Der objektive Historiker muß das Christentum zu den entscheidenden Leistungen des jüdischen Geistes rechnen, sind doch der Glaube und die sich darauf gründende Kultur, die durch eine geheimnisvolle Kraft zwei Jahrtausende der Menschheitsgeschichte beherrschten, durchsetzt mit hebräischen Vorstellungen und mit hebräischer Ethik.

Bei ihren Bekehrungsversuchen verwandten die Urchristen das Alte Testament. Es gab ihnen einen geradezu unschätzbaren Vorteil vor ihren Rivalen, denn keine andere Religion innerhalb des Imperiums besaß ein Buch von solcher Beredsamkeit und Überzeugungskraft. Israel schenkte dem Christentum die Propheten, die Verkünder der Wahrheit und der Rechtschaffenheit und den Glauben an den Messias. Kein anderes Volk hat einen Mythos von solcher Durchschlagskraft hervorgebracht. Einzig der messianische Glaube, gewissermaßen die logische Fortführung des Gedankens, daß die Menschheitsgeschichte auf ein Ziel zu

fortschreitet, konnte dem chronischen Pessimismus der hellenistisch-römischen Kultur entgegenwirken.
Dieses Geschichtsbild war der wichtigste Teil des jüdischen Erbes. Auch andere Völker des Altertums glaubten an ein Goldenes Zeitalter, aber sie versetzten es stets in die Vergangenheit, an den Beginn der Geschichte. Allein Israel sah es in der Zukunft und interpretierte die Geschichte als eine sinnvolle, fortschreitende Bewegung, die mit der Ankunft des Messias ihre Vollendung erfahren sollte – eine wahrhaft revolutionäre Idee gegenüber den früheren Religionen. Nie zuvor hatte sich ein Volk das menschliche Schicksal so völlig verschieden vom Kreislauf der Natur vorgestellt, als etwas, das aus der unerbittlichen Abfolge von Geburt, Leben und Verfall ausgenommen sein könnte. Der Mensch war aus der Knechtschaft der Zwangsläufigkeit, des vorherbestimmten Schicksals ausgebrochen. Er war ein vernünftiges Wesen, dem das Wagnis der Wahl offenstand.

10. NEUE ZENTREN DER DIASPORA

Zwischen den beiden Begriffen Exil und Diaspora muß man deutlich unterscheiden; unter Exil versteht man eine Zwangsverbannung, unter Diaspora dagegen die freiwillige Ausbreitung. Beides haben die Juden vom Anfang ihrer Geschichte an erfahren. Überdies lag es in ihrer Macht, das Exil durch Anpassung an ihre neue Umgebung in eine Diaspora zu verwandeln. So ermahnte Jeremia die nach Babylonien Verbannten, bei denen die erste Gefangenschaft, *Galut Jojachin*, große Bitterkeit auslöste – unaufhörlich forderten sie die Zurückgebliebenen auf, sie zu befreien –, ihr Schicksal mit Gelassenheit zu tragen: »... Bauet Häuser, darin ihr wohnen mögt; pflanzet Gärten, daraus ihr die Früchte essen mögt; nehmet Weiber und zeuget Söhne und Töchter; nehmet euren Söhnen Weiber und gebet eure Töchter Männern, daß sie Söhne und Töchter zeugen; mehret euch daselbst, daß eurer nicht weniger sei. Suchet der Stadt Bestes, dahin ich euch habe lassen wegführen ...« (Jeremia 29,5–7).
Die Diaspora ist fast so alt wie das jüdische Volk selbst. Schon zur Zeit der Könige gab es außerhalb Palästinas jüdische Siedlungen. Jüdische Händler reisten nach Ägypten, um Pferde zu kaufen, und nach Damaskus, um Basare einzurichten. Als die zehn Stämme 722 v. Z. in die Gefangenschaft geführt und die Bewohner von Juda nach Ägypten und 586 nach Babylonien verbannt wurden, entstanden weitere Niederlassungen. Einige jüdische Gefangene, die Nebukadnezar entkommen konnten, siedelten sich in Ägypten in der Stadt Taphnis an; darunter auch der Prophet Jeremia. Jüdische Sklaven wurden um die Mitte des 9. Jahrhunderts v. Z. unter Josafats Herrschaft auf die ionischen Inseln verkauft, und die jüdische Militärkolonie in Elephantine in Oberägypten stammt aus dem 7. oder 6. Jahrhundert v. Z. Die nach Babylonien verbannten Juden breiteten sich, besonders in der hellenistischen Epoche, im ganzen Lande aus. Zur Zeit des Römischen Imperiums lebten rund viereinhalb Millionen Juden außerhalb Palästinas.
Die ersten Auswanderungen aus Palästina wurden hauptsächlich durch Katastrophen ausgelöst. Ausländische Eroberer führten ihre Opfer, in ihren Augen ein Teil des Beuteguts, in die Verbannung. Daneben gab es allerdings auch Juden, die sich in der Hoffnung auf geschäftlichen Erfolg in der Fremde niederließen. Im Laufe der Zeit kam als wichtiger Grund die Übervölkerung hinzu. Um mit Philo zu sprechen: »Ein einzelnes Land kann die Juden nicht ernähren, da sie so zahlreich sind.« Schon vor der Gebietserweiterung durch die Hasmonäer war

Judäa zu klein gewesen, um die ganze jüdische Nation zu fassen. Zu Philos Zeiten lebten die Juden in ganz Palästina und drängten sogar über die Grenzen hinaus.

Nach dem Bar-Kochba-Aufstand

Durch den letzten bewaffneten Widerstand, den die Juden unter Bar Kochba 132–135 n. Z. gegen das römische Joch leisteten, wurde das Land völlig verwüstet, die meisten Städte und Dörfer in Juda entweder zerstört oder entvölkert. Ein paar zähe Bauern blieben auf ihrer Scholle, aber die meisten Überlebenden flüchteten nach Galiläa, wo die vom Krieg geschlagenen Wunden schnell verheilten.

In keinem der fünfundsiebzig bekannten Dörfer in Juda war nach dem Fall der Bergfeste Bethar ein Zeichen von jüdischem Leben zu entdecken; in Galiläa dagegen waren nur acht Niederlassungen zerstört worden, während in den sechsundfünfzig anderen nach dem Aufstand immer noch vierhunderttausend Juden lebten. Die jüdische Gemeinde war auf achthunderttausend zusammengeschmolzen, von denen die Hälfte jetzt auf Galiläa entfiel. Tiberias und Zippora waren die größten Städte; kleinere Städte existierten noch in Schafr'am und Bet Schearim.

Der Name Juda wurde von den Römern offiziell untersagt und durch die Bezeichnung Palästina ersetzt; Jerusalem, für die Juden gesperrt, in Aelia Capitolina umbenannt. Römische Soldaten bewachten es scharf, damit sich kein Jude in die Stadt wagte, um über den Ruinen des Tempels zu weinen. Der Tempelberg wurde mit Salz bestreut; erhalten blieb lediglich der Westwall, die alte Stützmauer am Fuße des Moriaberges. In diesem letzten Akt der römischen Tyrannei kamen fünfhunderttausend Juden um oder wurden von den Römern als Sklaven verkauft.

Der Vernichtung eines Großteils der Bevölkerung folgte die erbarmungslose Unterdrückung ihres geistigen Lebens. Eine Reihe von Gesetzen nahm den Juden jede Möglichkeit, ihre Religion auszuüben. Die Beschneidung, die Feier des Sabbat sowie die Befolgung aller anderen jüdischen Gesetze wurden durch Verordnung verboten. Auf Erteilung der Rabbinerweihe wie auf deren Empfang (Semicha) stand die Todesstrafe; die Behörden waren sich wohl bewußt, daß die Übertragung der geistlichen Autorität den Gemeinschaftsgeist neu beleben würde. Das Studium der jüdischen Überlieferung wurde mit Folter und Hinrichtung bestraft. Die Seiten der jüdischen Geschichte aus jener dunklen Epoche sind mit den Namen von Märtyrern gefüllt, die wegen Übertretung von

Hadrians Dekreten den Tod erlitten. (Rabbi Juda ben Baba wurde hingerichtet, weil er sechs Schüler in Uscha zu Priestern weihte, die jedoch mit dem Leben davonkamen und später ihrerseits eine neue Schule leiteten.) Aber so leicht war der Funke des jüdischen Geistes, der jüdischen Einheit nicht auszutreten.

Die Schulen

Unter Antoninus Pius (138–161), Hadrians Nachfolger, kehrten wieder liberalere Zustände ein. Die antijüdischen Gesetze wurden zum größten Teil aufgehoben, woraufhin viele, die ins Exil gegangen waren, zurückkehrten, darunter eine Gruppe von Schülern, die Rabbi Akiba geweiht hatte.
Mit dem Fall von Bethar hatte das jüdische Volk seine politische Unabhängigkeit verloren, nicht aber seine geistige Energie eingebüßt; das Geistesleben erhielt nun einen neuen Aufschwung. Der Grundstein dazu war schon vor langer Zeit, schon bei der Belagerung Jerusalems, von Jochanan Sakkai gelegt worden, der bis zum Ende in der bedrängten Stadt ausgeharrt hatte. Ihr Schicksal vorhersehend, beschloß er, Israels Fortbestand durch die Bewahrung seiner geistigen Werte zu sichern. Die Kette der Überlieferung durfte nicht zerbrochen werden. Deshalb ließ er sich, wie zur Beerdigung, in einem Sarg aus der Stadt tragen und bat, als er entdeckt und vor den römischen Feldherrn gebracht wurde, nur um eins: »Verschont Jawne und seine Weisen.« Und Vespasian, nicht ahnend, daß er damit einer späteren Erneuerung des Judentums Vorschub leistete, gewährte die Bitte des alten Mannes und ließ die baufälligen Mauern seines Lehrhauses stehen. Natürlich war es Jochanan nicht in erster Linie um das Leben von ein paar Dutzend alten Weisen gegangen, sondern um die Fortführung der von ihnen verkörperten geistigen Tradition. Durch sein Verhalten waren die Weichen für die spätere Entwicklung gestellt. Das Volk, dem die normalen Voraussetzungen für die staatliche Eigenständigkeit fehlten, klammerte sich an seinen geistigen Besitz; in der Treue zu seiner Überlieferung sah es die einzige Möglichkeit, als Volk weiter zu bestehen: Aus der Macht des Geistes würde ihm zu gegebener Zeit die Kraft zum aktiven Aufstand erwachsen – eine Überzeugung, die sich auch bewahrheiten sollte. Die geistigen Träger des Bar-Kochba-Aufstandes waren Rabbi Akiba und seine Schüler. Mittlerweile hatten die römischen Behörden jedoch erkannt, welch entscheidende Rolle die Schulen bei der Lebendigerhaltung der politischen Energie spielten, und sie begannen die Akademien zu unterdrücken.
Als Jawne schließlich aufgelöst wurde, verlagerte sich der schulische Schwerpunkt nach Galiläa, wo in Uscha Rabbi Akibas Schüler eine neue Schule grün-

deten. Ein neues Sanhedrin wurde gewählt und Rabbi Simon ben Gamliel zum Oberhaupt bestellt, zum *Nassi*, wie der Titel neuerdings hieß. Er vertrat einen durch soziale Erfahrungen gemilderten Dogmatismus, dessen Kernsatz lautete: »Es ist nicht angebracht, dem Volk Gesetze aufzuerlegen, ehe nicht Gewißheit besteht, daß die Mehrheit sie befolgen kann.«

In ihrem Bestreben, das Land zu befrieden, arbeitete die römische Verwaltung mit diesem neuen Patriarchen zusammen. Damit war der Grundstein für die Entwicklung des palästinensischen Patriarchats gelegt, das das Schicksal des Landes mehrere Generationen lang bestimmen sollte.

Die Politik der Rabbiner zielte auf eine Anpassung des jüdischen Lebens an die neuen Umstände ab. Vor allem mußten der durch Kriege, Auswanderung und Konversionen dezimierten Bevölkerung ein neuer Halt gegeben und die alten Institutionen durch neue nationale Symbole ersetzt werden, auf die sich das Volk in Treue und Anhänglichkeit konzentrierte. Auf irgendeine Weise mußte das Andenken an den Tempel und an Israels Ruhm neu erweckt und lebendig erhalten werden.

Schon bald zeichnete sich in den griechischen Städten Galiläas ein deutlicher Wandel ab. Studienzentren entstanden, die Gelehrte und Studenten aus allen Teilen des Landes anzogen. Eine öffentliche Aufforderung erging »an jedermann, der studiert hat, zu kommen und zu lehren, und an jedermann, der nicht studiert hat, zu kommen und zu lernen«.

Rabbi Simon ben Jochai eröffnete eine Akademie in Tekoa bei Safed, Rabbi Jose ben Chalafta eine in Zippora, Rabbi Nathan und Rabbi Jochanan bar Nappacha gründeten ebenfalls Schulen. Durch diese Gruppen erhielt das jüdische Leben neuen Auftrieb. Die Lehrer, die alle sehr arm waren, mußten sich ihren Lebensunterhalt als Handwerker oder Tora-Schreiber verdienen. Die stärkste Persönlichkeit dieser Gruppe war der wegen seiner genauen Kenntnisse des Hebräischen berühmte Rabbi Meïr, ein Lieblingsschüler Rabbi Akibas, der einmal das ganze Buch Esther ohne jeden Fehler aus dem Gedächtnis niederschrieb. Er soll in Kleinasien geboren worden sein und angeblich von einem zum Judentum bekehrten Zweig der Familie des Kaisers Nero abstammen.

Besonders aber war Meïr für seine Fabeln berühmt, von denen uns Hunderte überliefert sind, Fabeln von einer ähnlich köstlichen Klarheit wie die von La Fontaine. »Wer Meïrs Stab berührt, wird weise«, sagten die Leute von Zippora. Doch obwohl er Rabbi Simon, den Nassi, an Gelehrsamkeit bei weitem übertraf, genoß er als der wesentlich Jüngere weniger Ansehen, was ihn zu dem Ausspruch veranlaßte: »Schau weniger auf das Gefäß als auf den Inhalt. Denn manches neue Gefäß enthält alten Wein, während manch altes Faß leer ist.«

Die Aufgaben der Rabbiner

Der Verlust des Tempels bedeutete für das jüdische Volk eine traumatische Erfahrung, und es scheute keine Mühe, die Erinnerung an ihn wachzuhalten. Die Rabbiner führten die Sitte ein, alle Ereignisse nach seiner Zerstörung zu datieren, und die Juden in Palästina und in aller Welt zahlten weiterhin den Zehnten. Noch lange nach dem Verlust des Tempels wurden Wallfahrten nach Jerusalem unternommen, und zwar nicht nur am Tischa be Aw (dem Tag der Trauer um das zerstörte Jerusalem am 9. Aw, dem 11. Kalendermonat), sondern auch an den drei anderen Wallfahrtsfesten (Pessach, Passah; Schawuot, Wallfahrtsfest; und Sukkot, Laubhüttenfest). An die Stelle des Opfers trat das Gebet, und die symbolische Verbindung zwischen dem Tempel und der Synagoge wurde durch Rituale betont und verankert, so durch die Lulaw-Zeremonie (den Palmzweig im Feststrauß), das Blasen des Schofar am Rosch ha-Schana und die Einhaltung des Brachjahrs (Schemitta). Außerdem wurde die Haggada (volkstümliche Pessach-Erzählung) überarbeitet und ein Hinweis auf das Passahopfer im Tempel sowie Gebete für die Wiedererrichtung Jerusalems eingeführt.
Als nächster Schritt folgte die Wiederherstellung der geistlichen Oberherrschaft Palästinas über das Judentum in der Diaspora. Die Auswanderung aus Palästina hatte beängstigende Ausmaße angenommen, und die Rabbiner ließen nichts unversucht, sie einzudämmen. An einer charakteristischen Stelle der *Tossefta* (einem tannaitischen Sammelwerk dieser Epoche) steht:

> Ein Mann sollte lieber in Palästina leben, und wäre es auch in einer Stadt mit einer überwiegend nichtjüdischen Bevölkerung, als in einer gänzlich jüdischen Stadt in der Fremde. In Israel leben heißt soviel wie alle Gebote der Tora befolgen, und wer in Palästina begraben liegt, gleicht dem, dessen Gebeine unter dem Altar ruhen ...

Sollte aber die jüdische Welt zu einer Einheit zusammengeschweißt werden, so mußte auch ein für alle Juden verbindlicher Kalender geschaffen werden, der das Neumondfest sowie alle sich daran anschließenden Feste auf bestimmte Tage festlegte. Ein nicht minder wichtiges Band besaß man in der Wiedereinführung des Hebräischen als Nationalsprache. Als Jerusalem fiel, hatte die überwiegende Mehrheit der Juden entweder aramäisch oder griechisch gesprochen. Nun wurde das Aramäische aus den höheren Schulen und Synagogen verbannt. Rabbi Meïr stellte den, der hebräisch sprach, auf eine Stufe mit dem, der im Heiligen Lande lebte, und erklärte es zur Voraussetzung der jüdischen Frömmigkeit. In der Synagoge wurde weiterhin überwiegend hebräisch gebetet.

Rabbi Juda und die Mischna

Der Rat zu Uscha genoß als nationale Institution großes Gewicht und wurde sogar von seinen geistigen Gegnern als Autorität anerkannt. So gelang es Rabbi Simon ben Gamliel, die Grundlage für das Patriarchat seines Sohnes Juda zu legen, unter dem das Amt zu höchstem Ansehen gelangte. Juda, in der jüdischen Geschichte einfach als der »Rabbi« bekannt, verstand die Stellung so auszubauen, wie kein anderer Nassi vor oder nach ihm. Er lebte zunächst in Uscha, später in Bet-Schearim, das durch ihn bleibenden Ruhm erlangte, mußte aber gegen Ende seines Lebens aus Gesundheitsgründen nach Zippora übersiedeln. Seine Haushaltung stand der eines Königs kaum nach, selbst die Mägde sprachen hebräisch. Fast ein halbes Jahrhundert lang (von 171 bis 217) lenkte er tatkräftig das Geschick seines Landes; als Krönung seines Wirkens gilt die endgültige Zusammenstellung der Halacha (des normativen Teils der »Mündlichen Lehre«), also der Mischna, der großen literarischen und gesetzlichen Schöpfung dieser Epoche.

Neben dem geschriebenen Gesetz (der Tora) war schon seit Jahrhunderten die »Mündliche Lehre« von Generation zu Generation überliefert worden. Diese »Mündliche Lehre« untersuchte in engem Anschluß an die biblischen Gebote das menschliche Verhalten anhand einzelner Fälle, die alle um die Frage kreisten, was der Mensch, der dem Geist und den Vorschriften der Tora in jeder Hinsicht gerecht werden will, tun muß beziehungsweise nicht tun darf. So hatte sich im Laufe der Zeit, gewissermaßen als Kommentar zum geschriebenen Gesetz, eine riesige Sammlung von Einzelfällen angehäuft, die in den Schulen gelehrt, also durch mündliche Überlieferung weitergegeben wurden. Rabbi Akiba hatte sich als erster bemüht, in diese chaotische Masse etwas Ordnung zu bringen. Für jeden Fall, der über die biblische Erfahrungswelt hinausreichte, suchte er in der Bibel eine Rechtfertigung. Sein Schüler, Rabbi Meïr, überarbeitete das Werk seines Meisters, ohne dem Geschriebenen etwas hinzuzufügen. Und unter Juda ha-Nassi, mit dessen Namen die Kodifizierung der Mischna hauptsächlich verknüpft ist, wurde letzte Hand angelegt. Juda stützte sich bei seiner Arbeit auf rund dreizehn frühere Sammlungen, die Überlieferungen von hundertfünfzig Gelehrten enthielten. Diese Überlieferungen wurden gesammelt und gesichtet, ergänzt und, wo nötig, neu geordnet. Dann wurde das Ganze nach Materien zusammengestellt und in sechs »Ordnungen« eingeteilt (Saaten, Feste, Frauen, Schäden, Heilige Dinge, Reinheit). Jede dieser sechs Ordnungen wurde ihrerseits wieder in Traktate, Kapitel und Lehrsätze unterteilt, die alle in einem vom Patriarchen bevorzugten reinen, kraftvollen Hebräisch geschrieben waren. Diejenigen Rabbiner, die zur Niederschrift der Mischna beitrugen, von Hillel und seinen Nachfolgern bis zu Juda, hießen auf aramäisch Tannaim (Lehrer).

Der Talmud und seine Entwicklung

Solange Roms Stern im Zenit stand, blieb Palästinas führende Rolle in der jüdischen Welt unangetastet. Aber der wirtschaftliche und soziale Niedergang des Römischen Imperiums wirkte sich auch auf Palästina aus. Die durch den Krieg stark zusammengeschmolzene Bevölkerung betrachtete sich erst in zweiter Linie als Bürger des Römischen Reiches und führte, obwohl sich die Römer nach der Aufhebung der Hadrianischen Dekrete durch Antoninus Pius nicht mehr in die religiösen Belange der Juden einmischten, ein abgekapseltes Leben. Durch die Missionstätigkeit der Christen kam es zu immer stärkeren Reibereien mit der nichtjüdischen Umgebung, und die Steuerlast war fast unerträglich geworden. Als das Christentum Staatsreligion wurde und die Kirchenväter im gesamten Imperium ihre Herrschaft errichteten, verschlechterte sich die Lage der Juden zusehends weiter. Für zwei geistliche Oberhäupter, den jüdischen Patriarchen zu Tiberias und den Bischof zu Jerusalem, war kein Platz.

Diese Spannung veranlaßte viele Juden, auszuwandern. Nach 70 n. Z. machten sich Massenzüge nach Syrien und Babylonien auf. In Persien förderten die Sassaniden-Könige, die seit 226 herrschten, die Einwanderung, da die Juden ihre Handwerkstechniken und Handelsmethoden mitbrachten. Unter Schapur II., der um die Mitte des 3. Jahrhunderts regierte, wanderten sechsundachtzigtausend jüdische Familien von Armenien in die iranischen Provinzen aus, während sich der Strom der Emigranten aus Palästina hauptsächlich ostwärts nach Babylonien wandte.

Ihren Anfang hatte die jüdische Geschichte in Babylonien mit der ersten Gefangenschaft unter Nebukadnezar genommen. Die Gemeinde, die sich dort im Laufe der Zeit gebildet hatte, bewahrte ihre nationale Eigenständigkeit und blieb dem Mutterland eng verbunden. Die babylonischen Juden entrichteten Tempelabgaben, unternahmen Wallfahrten nach Jerusalem und schickten ihre Söhne auf palästinensische Schulen. Große Gelehrte aus Babylonien, darunter als berühmtester Hillel, hielten Jerusalem für den geeignetsten Studienort.

Gegen Ende des 3. Jahrhunderts jedoch hatte Babylonien das Mutterland, was die Organisation des Gemeinde- und Glaubenslebens anbelangt, bei weitem überflügelt, da die babylonischen Juden in diesen Dingen völlig frei schalten und walten konnten; ja manche Städte, wie Nehardaa – das sogenannte »Jerusalem Babylons« – waren sogar gänzlich jüdisch.

An der Spitze der jüdischen Gemeinde in Babylonien stand der *Resch Galuta* (der Exilarch), der über eine größere Autorität verfügte als der Patriarch in Palästina. Er sprach nicht nur das letzte Wort in Glaubensdingen, er übte auch das Amt des obersten Strafrichters aus und lenkte die Wirtschaft des Landes. Unter der Sassanidendynastie vertrat er die Juden vor dem König und nahm in dieser Eigenschaft einen hohen Rang unter den königlichen Ratgebern ein. Das Exilarch-Regime hat sich allem Anschein nach seit Jojachin, also seit der babylonischen Gefangenschaft, in ununterbrochener Linie bis kurz nach dem Jahre Tausend fortgesetzt.

Wie in Palästina waren die Juden auch in Babylonien vorwiegend in der Landwirtschaft tätig, die dank Euphrat und Tigris einen hohen Entwicklungsstand erreicht hatte. Die Regierung kümmerte sich um die Anlegung und Wartung von Bewässerungskanälen. Die Landbestellung und die damit verbundenen Arbeiten galten als so vorrangig, daß selbst die Gerichte während der Saat- und Erntezeit nicht tagten. Die Juden hatten viel zum Gedeihen der babylonischen Wirtschaft beigetragen, vor allem durch die Einführung des Ölbaums aus Palästina.

Nun hing aber das Exilarchat nicht nur von den Vollmachten ab, die ihm die Zentralregierung übertrug. Sein Schicksal war eng verbunden mit dem Einfluß der Gelehrtenklasse, die zu dieser Zeit an die Spitze der jüdischen Gemeinde aufrückte. Denn wie in Palästina nahm auch in Babylonien die Macht des Rabbinats mit dem Aufschwung der Lehrhäuser zu. Aber während die palästinensischen Schulen bereits verfielen, gewannen die babylonischen stetig an Bedeutung. Gegen Ende des 3. Jahrhunderts war Babylonien, das bereits einen höheren Lebensstandard als Palästina erreicht hatte, auch in schulischen Dingen unabhängig.

Im Mittelpunkt der Studien stand die Mischna des Nassi Juda. Nun hatten aber die babylonischen Gelehrten entdeckt, daß sich viele Erklärungen in der Mischna ausschließlich auf die palästinensischen Traditionen bezogen, das heißt, daß den in Babylonien herrschenden Zuständen allzuwenig Rechnung getragen wurde. Aus diesem Grunde glaubten sie sich berechtigt, einen eigenen Weg einzuschlagen und das Werk ihrer palästinensischen Kollegen in ihrem Sinn zu überarbeiten. So entstanden im 3. Jahrhundert unter Raw und Samuel die berühmten Schulen von Sura und Pumbedita, die sich einzig durch ihre Beziehungen zu Palästina in den ersten Jahren unterschieden. Pumbedita führte, wie ehedem das 259 zerstörte Nehardaa, die alte Tradition der babylonisch-jüdischen Gelehrsamkeit fort. Mar Samuel, das Haupt dieser Schule, ein Schüler von Juda ha-Nassi, strebte die Unabhängigkeit von der palästinensischen Methode an. Raw dagegen, der seine Akademie in Sura gründete, »wo es vorher noch keine Tora gegeben hatte«, übernahm einen Großteil der palästinensischen Gelehrsamkeit und darüber hinaus sogar manch palästinensischen Brauch, den er an Judas Schule studiert und den neuen Umständen angepaßt hatte.

Eine Zeitlang rivalisierten die Schulen von Palästina und Babylonien auf dem Gebiet der Mischna-Studien. Nach dem Sieg der christlichen Kirche im Römischen Imperium jedoch verfiel das palästinensische Judentum wie auch seine Gelehrsamkeit immer mehr. Die ausführlichsten Studien der Mischna unternahmen die sogenannten *Amoräer*, ganze Generationen von Lehrern, die herausgefunden hatten, daß die Mischna nicht das gesamte zur Verfügung stehende Gesetzesmaterial umfaßte, ganz abgesehen von den zusätzlichen *Halachot* (Religionsgesetzen), die sich mittlerweile angesammelt hatten. Deshalb machten sie es sich zur Aufgabe, all die ergänzenden Texte zu sammeln, zu kodifizieren und in eine endgültige Form zu bringen. So entstand die *Gemara*, eine Sammlung von Gesetzesauslegungen, die zusammen mit der Mischna den Talmud bildet, jenen gewaltigen Kommentar zum jüdischen Leben.

Die palästinensischen und babylonischen Akademien führten ihre Untersuchungen unabhängig voneinander durch, wenn auch durch die gegenseitigen Besuche der Rabbiner ein gewisser Ideenaustausch stattfand. Dem palästinensischen Talmud – auch als jerusalemischer Talmud bekannt –, der von Jochanan bar Nappacha (199–279), dem Haupt der Akademie von Tiberias, begonnen und um die Mitte des 4. Jahrhunderts unter ungünstigen politischen Umständen abgeschlossen wurde, haften im Vergleich zum babylonischen Talmud allerlei Mängel an. Er ist unvollständig, außerdem fehlt es ihm an Kontinuität. Dennoch kommt ihm als wichtige Quelle über das palästinensische Judentum große Bedeutung für die Geschichtsforschung zu.

Der babylonische Talmud, weniger ein Buch als ein literarisches Denkmal oder vielmehr ein Bericht über die geistige und religiöse Schöpferkraft der Juden, spiegelt rund ein Jahrtausend jüdischen Lebens in Palästina und Babylonien wider. Vom Wort der Bibel ausgehend, bezieht er die Welt der Sagen, Erzählungen, Gedichte und Allegorien mit ein, aber auch ethische Reflexionen und geschichtliche Reminiszenzen. Ein Drittel der zweieinhalb Millionen Wörter entfällt auf die *Midraschim*, die Lehr- oder Moralpredigten. Diese gehören zur *Haggada*, dem erzählenden beziehungsweise nicht religionsgesetzlichen Teil der rabbinischen Literatur, der die persönlichen Auffassungen der Lehrer und Gelehrten zusammenfaßt. Die *Haggada* mit ihren endlosen und höchst reizvollen Abschweifungen in die Geschichte und Folklore, in die Astronomie und die Medizin, bildet eine angenehme Abwechslung in der halachischen Debatte.

Die Gesetzesfragen des Talmud werden dialektisch nach der sogenannten *Pilpul*-Methode abgehandelt, die die Wahrheit, aber auch ihr Gegenteil aufführt, also alle Argumente für und wider untersucht, um schließlich die Anwendung eines gegebenen Gesetzes logisch zu begründen. Diese Form der Dialektik hat die Tradition des rationalen Denkens im Leben der Juden verankert.

Gegen Ende des 5. Jahrhunderts wurde die Sammlung des Talmud abgeschlossen. Die Hauptleistung wird Raw Aschi (352–427) zugeschrieben, der fünfzig Jahre lang der Akademie zu Sura vorstand. Im 6. und 7. Jahrhundert wurde der Talmud dann von der Schule der *Saboräer* (Erklärer), den Nachfolgern der Amoräer, ergänzt, wie auch später von den Gelehrten noch manch klärende Auslegung von unschätzbarem Wert hinzukam.

Auf der ganzen Welt gibt es nur ein einziges vollständiges Talmudmanuskript,

das um die Mitte des 14. Jahrhunderts niedergeschrieben wurde und heute in München aufbewahrt wird. Einer der Hauptgründe, daß kein anderes Manuskript überdauert hat, ist, daß der Talmud, da er die wichtigsten Lehren der jüdischen Religion enthält, als Kern des jüdischen Widerstandes gegen die Bekehrung zum Christentum betrachtet und von den christlichen Autoritäten des Mittelalters oft den Flammen übergeben wurde.
Galt die Bibel als das Ewige Buch, so war der Talmud der tägliche Begleiter. Prosaisch, einfach, praktisch und voller guter Ratschläge für Notfälle, bot er den Menschen im Ghetto einen getreuen Spiegel der Kultur ihrer Ahnen in Babylonien und Judäa. Und da die Juden im Mittelalter angesichts der Feindseligkeit der Umwelt und der aufgezwungenen Absonderung auf sich selbst, auf ihre eigenen Erfahrungen und Erinnerungen angewiesen waren, blieb ihnen kaum eine andere Wahl, als sich an die Tradition ihrer Vorväter zu halten. Die in der Talmud-Literatur gesammelten Vorschriften, die ihr Leben bestimmten, halfen ihnen, die jüdische Eigenart und Eigenständigkeit zu pflegen. Der Talmud war für sie ein Tor zur Welt, zu einer jüdischen, aber keineswegs engherzigen, sondern menschlich lebendigen, rührigen Welt.

Der Siegeszug der Kirche

313 bekehrte sich Kaiser Konstantin zum Christentum, 330 gründete er Konstantinopel als zweite Hauptstadt des Reiches im Osten – und legte damit, obwohl er Rom bewahren wollte, den Grundstein zum Byzantinischen Reich. Rom verlor seine beherrschende Stellung immer mehr. Anstelle des niedergehenden Imperiums trat nun als staatstragende Einrichtung das Papsttum. (Unter Theodosius wurde das Christentum zur Staatsreligion erhoben.) Die Verlagerung des Schwergewichts von Rom nach Byzanz hatte aber auch noch andere bedeutungsschwere politische Folgen. Sie führte zur Auflösung des Römischen Imperiums und zur Aufsplitterung der Kirche in eine Ost- und Westkirche.
Der »Konstantinische Frieden«, wie Herbert J. Muller das Mailänder Toleranzedikt von 313 genannt hat, leitete eine lange Periode der Intoleranz ein. Von nun an setzte sich das Christentum mit Gewalt durch. Toynbee bezeichnet unverständlicherweise den Siegeszug der Kirche als »Weg der Sanftmut« im Gegensatz zu dem »moralisch nicht tragbaren Versuch« des Islam, »den Glauben durch politische Gewaltanwendung durchzusetzen«. Wie Muller nachweist, hat nicht der Islam, sondern das Christentum Toynbees »moralisch nicht tragbaren Versuch« als bewußt und nachdrücklich betriebene Politik in die Geschichte eingeführt.

Die Juden im Byzantinischen Reich

Die hundertfünfzig Jahre, die der Ausbreitung des Islam vorausgingen, standen im Zeichen des politischen und wirtschaftlichen Niedergangs. Eine Welle des Pessimismus breitete sich gleichermaßen unter Christen und Nichtchristen aus. Die Juden, als eine »ruchlose« Sekte, als ein »gotteslästerlicher Haufen« gebrandmarkt, mußten Schimpf und Schande über sich ergehen lassen. Erst in dem mächtigen Islamischen Reich spielten sie wieder eine wichtige Rolle. In der Zwischenzeit aber, in der aus den schwelenden Ruinen Westroms nach und nach neue Kulturen auftauchten, erlebten sie unter Persien und Byzanz eine ihrer schlimmsten Leidenszeiten. Vom 6. Jahrhundert an wurden sie allerorts systematisch verfolgt, entweder zur Taufe gezwungen oder vertrieben. Denn obwohl sie keine politische Heimat, keinen Staat mehr besaßen, bildeten sie doch nach wie vor eine Einheit und wurden auch als solche behandelt.
Der westliche Teil des Römischen Imperiums brach unter dem Ansturm der germanischen Stämme vollständig zusammen. 410 hatten die Westgoten Rom geplündert; 476 wurde der letzte weströmische Kaiser verjagt.
Palästina selbst war gegen Ende des 4. Jahrhunderts ein überwiegend christliches Land, über das wir nach der Vollendung des palästinensischen Talmud fast nur aus christlichen Quellen Bescheid wissen.* Zwar hatten sich im Norden relativ viele Juden gehalten, aber selbst hier stellten sie nur etwa zehn bis fünfzehn Prozent der Gesamtbevölkerung. In ihrer Enttäuschung wanderten viele aus, was jedoch den heiligen Hieronymus nicht hinderte zu schreiben, die Juden »wachsen wie Würmer«.
Die Tatsache, daß Palästina christlich geworden war, zog viele christliche Pilger ins Land, denen die Juden – welch sonderbare Ironie – als Führer dienten, vor allem zu den im Alten Testament erwähnten heiligen Stätten. Auf der anderen Seite schafften die Christen nun die Reliquien der frühchristlichen Heiligen sowie der Propheten und biblischen Gestalten aus Palästina fort.** Außerdem errichteten sie über den Propheten- und Heiligengräbern Kirchen. In dieser Zeit lebten die Juden wie Fremde in ihrem eigenen Land. Sie durften ihre heilige Stadt nur am neunten Aw betreten. Wenn sie Glück hatten, ließ sie ein römischer Soldat gegen Bestechung etwas länger über den Ruinen des Tempels weinen. Hieronymus beschreibt den Anblick der trauernden Menschen so: » ... Frauen, denen vor Alter jede Kraft fehlt; sie sind ungekämmt, ihre Kleider sind zerrissen, sie schauen bleich aus und weinen. Während die Männer den Schofar über den Trümmern des Tempels blasen, fordern die römischen Soldaten mehr Geld, ehe sie dem Wunsch

* Einen gewissen Aufschluß hat in den letzten Jahren die Ausgrabung alter Synagogen in Israel aus dem 2. bis 6. Jahrhundert gebracht: Kapernaum, Bar-Am, Nirim, Bet Alfa, Gadera u. a.
** 395 wurden Josephs Gebeine von Sichem nach Konstantinopel überführt, 406 die sterblichen Überreste des Propheten Samuel ausgegraben.

der Juden, noch etwas länger weinen zu dürfen, stattgeben. All dies geschieht unter den Kreuzen der Grabeskirche und unter den Kreuzen des Ölbergs.«

Den Juden war also untersagt, Jerusalem zu betreten; wieder einmal konnten sie die alte Klage anstimmen: »Wie verlassen liegt die Stadt, die einst voll von Menschen war.«

Die ständigen Kriege zwischen Byzanz und Persien verschärften sich noch unter Kaiser Heraclius. Zunächst eroberten die Perser weite Gebiete, darunter auch Palästina. Jerusalem fiel ihnen 614 in die Hand. Viele Juden hatten auf ihrer Seite gegen Byzanz gekämpft, und aus Dankbarkeit überließen sie ihnen die Verwaltung der Stadt. Die Juden machten sich unverzüglich daran, den Kult wieder einzuführen und den Tempel wiederaufzubauen. Aber schon drei Jahre später wurden die Perser geschlagen, und Jerusalem kam erneut an die Christen. Damit brach jede Hoffnung auf eine Wiederherstellung der jüdischen Selbstverwaltung in sich zusammen. Wieder wurde die Stadt für die Juden gesperrt; in einem Umkreis von rund fünf Kilometern durfte sich kein jüdischer Bürger niederlassen.

Zu dieser Zeit jedoch war Byzanz durch die endlosen Kriege bereits so geschwächt, daß es den Vormarsch der wilden Araberheere aus den Wüsten im Süden nicht aufhalten konnte. Das Zeitalter des Islam brach an.

11. DAS ZEITALTER DES ISLAM

Anfang des 7. Jahrhunderts lebten fast überall im Abendland Juden, obwohl sie in den meisten europäischen Ländern höchstfalls ein paar Jahrzehnte lang unbehelligt blieben. Mit der Ausbreitung des katholischen Glaubens und dem zunehmenden Einfluß der Kirche auf die Regierungen brach über eine jüdische Gemeinde nach der anderen das Schicksal der Austreibung oder der Zwangstaufe herein. Ausschluß und Enteignung – diese regelmäßig wiederkehrenden Gewaltmaßnahmen kennzeichnen auf Jahrhunderte hin die Geschichte der Juden im christlichen Abendland.

Die Juden waren zuerst im Gefolge der siegreichen römischen Legionen nach Europa gekommen. So nach Norditalien, Frankreich, Deutschland und Spanien, Länder, wo sich schon vor ihnen Angehörige fremder Völker, darunter phönizische und syrische Händler, angesiedelt hatten. Um den Kult in der Synagoge abhalten und ein Gemeinschaftsleben nach eigenen Vorstellungen führen zu können, ließen sich die Juden – wie übrigens fast alle Gruppen von Ausländern in den Großstädten des Römischen Imperiums – nach Möglichkeit in eigenen Stadtvierteln nieder. Zwar übten sie alle Berufe und Gewerbe aus, aber die meisten arbeiteten doch, da sie in der Diaspora ursprünglich als Sklaven gedient hatten, in weniger gehobenen Erwerbszweigen einschließlich der Landwirtschaft (in Italien galt die Bodenbestellung als ausgesprochene Sklavenbeschäftigung).

Mit seinem 212 erlassenen Edikt hatte Caracalla allen freien Reichsangehörigen und damit auch allen im Römischen Imperium ansässigen Juden das römische Bürgerrecht verliehen. Und diese Rechtslage wurde zunächst auch von den in Italien und Westeuropa einfallenden Barbarenstämmen beibehalten. Die meisten Barbarenkönige richteten sich in ihrer Judenpolitik nach dem Theodosianischen Kodex. Dieses 438 in Kraft getretene Gesetzbuch grenzt die bürgerlichen Rechte der Juden im Imperium genau ab. Es enthält eine Reihe von einschränkenden Klauseln – so u. a. das Verbot, einen christlichen Partner zu heiraten, christliche Sklaven zu halten und neue Synagogen zu bauen. Aber obwohl der Kodex auf der anderen Seite auch die Rechte der jüdischen Bevölkerung schützen sollte, lieferte er der Kirche im wesentlichen die Rechtsgrundlagen für ihre späteren Beschränkungs- und Zwangsmaßnahmen. In der nachfolgenden Gesetzgebung wurden die Juden dann als Fremdkörper im Volk und als Ungläubige eingestuft. Man entzieht ihnen die bürgerlichen Rechte, engt sie durch Verbote aller Art ein und verbannt sie schließlich ins Ghetto, diese typisch mittelalterliche Ein-

richtung, die zu allen Zeiten als Mittel und Sinnbild der gesellschaftlichen Erniedrigung galt.
Als in Italien die Ostgoten, in Spanien die Westgoten und in Frankreich die Franken und Burgunder zum katholischen Glauben übertreten, bekommen die Juden den christlichen Glaubenseifer empfindlich zu spüren. Obwohl sie einer nach wie vor offiziell zulässigen Religion, einer *religio licita* angehören, können sie sich im gärenden Europa mit seinen neubekehrten und dadurch besonders unduldsamen Völkern doch zunehmend schwerer behaupten. Der Theodosianische Kodex gilt zwar in allen von der Kirche beeinflußten Ländern, aber seine Auslegung hängt weitgehend von den Launen des jeweiligen Herrschers ab. Am schlechtesten geht es den Juden in Spanien, wo die Teilnehmer der Toledaner Konzilien in ihrem Judenhaß auf peinlich genaue Einhaltung aller judenfeindlichen Vorschriften drängen. Als sich die Beziehungen zu den Christen immer mehr verschlechtern, unternehmen die spanischen Juden einen letzten Rechtfertigungsversuch. Sie geben zu bedenken, ihre Vorfahren hätten Palästina lange vor Christi Geburt verlassen und könnten also nicht mitschuldig an seiner Kreuzigung sein. Wie zu erwarten, fruchten Argumente dieser Art, ganz gleich, ob logisch begründet oder nicht, nur wenig. 613 nimmt die Unterdrückung ihre vorläufig schärfste Form an. In diesem Jahr verfügt der Westgotenkönig Sisebuth die Zwangstaufe sämtlicher spanischer Juden. Erstmals wird ein antijüdischer Erlaß auf ein ganzes Land ausgedehnt; das Unglück, das die spanischen Juden 800 Jahre später treffen sollte, wirft bereits seine Schatten voraus. Hunderte treten damals unter dem auf sie ausgeübten Druck zum Christentum über. Doch ungeachtet dieser Massenbekehrungen und der strengen Bestrafung all derer, die später wieder ins Judentum »zurückfallen«, gelingt es ganzen jüdischen Gemeinden, sich zu halten. Sie lassen sich weder durch die Druckmittel der Könige noch durch die Bischöfe zur Konversion bewegen.
Nicht anders gestalten sich die Verhältnisse in Frankreich, wo die Merowinger im Anschluß an Sisebuths Vorbild die Juden im Jahre 629 vor die Wahl stellen, sich taufen zu lassen oder in die Verbannung zu gehen. Die daraufhin einsetzenden Massenbekehrungen führen zur Entstehung einer leicht identifizierbaren Gruppe von »bekehrten Juden«, die sich selbst nicht mehr als richtige Juden empfinden, auch von ihren Nachbarn nicht als solche betrachtet werden und die erstbeste Gelegenheit wahrnehmen, wieder vom Christentum abzufallen. Viele dieser Zwangsgetauften warten lediglich ab, bis sich die drohendste Gefahr verzogen oder ein neuer König den Thron bestiegen hat. Hält man sich die nicht nachlassende Heftigkeit der Verfolgung vor Augen, so kann man nur staunen, wie viele Juden damals ihren alten Werten treu blieben. Einzig der unerschütterliche Glaube an ihre überlegene Moral und Religion gab ihnen die Kraft zum Widerstand gegen Terror und Zwangsbekehrungen, die im 7. Jahrhundert zur nahezu völligen Auslöschung des spanischen Judentums führten.

Durch die fortgesetzten Verfolgungen nahm die Zahl der Juden in den christlichen Ländern stetig ab – auch wenn zu dieser Zeit mehr Länder als je zuvor einen jüdischen Bevölkerungsanteil aufwiesen. Sicher hat die damals allgemein herrschende Wirtschaftskrise das Ihre zur Dezimierung der jüdischen Bevölkerung beigetragen; aber ein gut Teil der Schuld trifft doch die katholische Kirche. (In Palästina konnte sich nur ein kleiner jüdischer Bevölkerungsrest halten, in Ägypten nahm der Rückgang erschreckende Ausmaße an.) Zur Zeit des Zweiten Tempels hatte sich die Zahl der Juden auf rund drei Millionen belaufen, Anfang des 7. Jahrhunderts lebte in dem Raum, der vom Römischen Reich übriggeblieben war, noch eine halbe Million.

Zwangstaufe und Austreibung bildeten die letzte Stufe eines Prozesses, der auf die Entrechtung der als Fremdkörper gebrandmarkten jüdischen Bevölkerung hinauslief. Die nicht nachlassenden Verfolgungen untergruben das gesellschaftliche und wirtschaftliche Gefüge der jüdischen Gemeinschaft. Da die Juden aus dem Erzeugungsprozeß weitgehend ausgeschaltet und auch aus der Landwirtschaft verdrängt wurden (die sie an den europäischen Boden gebunden hätte), verlegten sie sich notgedrungen auf den Handel. Auf diesem Sektor, für den sie schon aufgrund der Zerstreuung ihres Volks denkbar günstige Voraussetzungen mitbrachten, erlangten sie in den folgenden Jahrhunderten eine unbestrittene, wenn auch keineswegs beneidenswerte Führungsrolle, da sie ständig ausgebeutet und mißbraucht wurden.

Zum Abschluß dieses kurzen Überblicks über die jüdische Welt zu Beginn des 7. Jahrhunderts noch ein Wort über die große Judengemeinde Babyloniens. Da die Sassanidenherrscher trotz gelegentlicher Ausschreitungen (zwei Exilarchen wurden hingerichtet) im großen und ganzen Toleranz walten ließen, lebten die babylonischen Juden in günstigeren Verhältnissen als ihre Glaubensbrüder in den meisten christlichen Ländern. Die babylonische Gemeinde bildete damals zahlenmäßig wie geistig den wichtigsten Rückhalt des Judentums. Dennoch übte sie auf die jüdischen Gemeinden im fernen Abendland nur geringen Einfluß aus. Doch auch dies sollte sich bald ändern: Mit dem Auftreten des Islam und der Herrschaft der Araber kam es zu umfassenden Verschiebungen auf der geographischen und politischen Karte des Byzantinischen Reiches wie des gesamten Mittelmeerraumes.

Entstehung und Ausbreitung des Islam

Seit unvordenklichen Zeiten ist Arabien, die Wiege der semitischen Völker, ein Nomadenland gewesen. Bis zum 7. Jahrhundert blieben sich die Lebensverhältnisse auf der wenig fruchtbaren Halbinsel in etwa gleich. Von Zeit zu Zeit zogen Nomadentrupps nach Norden, Osten und Westen in die zivilisierten Landstriche Ägyptens, der Mittelmeerküste und Mesopotamiens. Im Laufe der Jahrhunderte übten verschiedene Reiche eine nicht sonderlich straffe Oberherrschaft über das Gebiet aus, aber insgesamt blieben Land und Leute vom Wandel der Zeiten so gut wie unberührt. Die wenigen fruchtbaren Küstenstreifen wurden von einer zahlenmäßig schwachen Bauernschicht bewirtschaftet, in der Wüste zogen die Nomaden mit ihren Schafen, Rindern und Kamelen umher. Als Träger des Handels dienten Karawanen, die eine lockere Verbindung zwischen den weitverstreuten arabischen Völkern herstellten.

Das alte Arabien besaß zwei bedeutende Städte – Mekka und Medina (Jathrib). Anfang des 7. Jahrhunderts belief sich die Einwohnerzahl des hauptsächlich von Beduinen bevölkerten Mekka auf schätzungsweise 20 000–25 000. Schon damals war die Stadt mehr als nur eine Handelsniederlassung. Durch die *Kaaba* – ein kleines Heiligtum mit dem sogenannten Schwarzen Stein, einem in der südöstlichen Ecke eingemauerten Meteoriten – war sie zum vielbesuchten Wallfahrtsort geworden. Das zu dieser Zeit kleinere Medina soll von Juden aus dem Jemen gegründet worden sein. Jedenfalls gehörten die Fürsten von Medina jahrhundertelang, bis zum Jahre 525, dem jüdischen Glauben an.

Noch lange nach 525 hielt sich in Nordwestarabien eine zahlenmäßig starke und mächtige jüdische Gemeinde. Die arabischen Juden, in deren Hand sich mehrere Oasen und Städte befanden, sollen die Dattelpalme in diese Gegend eingeführt und damit den Anstoß zu dem einträglichen Dattelhandel gegeben haben. Zu ihren für den jüdischen Lebensstil und Glauben vielfach recht aufgeschlossenen Nachbarn unterhielten sie im großen und ganzen freundschaftliche Beziehungen, jüdische Sitten und Gebräuche hatten sich im weiten Umkreis eingebürgert.

Vor diesem Hintergrund nun müssen wir die steile Karriere des Propheten Mohammed sehen. Der Sage nach stieg der 570 n. Z. als Kind einer verarmten Familie in Mekka geborene Mohammed vom einfachen Kameltreiber zunächst zum Karawanenführer und später zum Führer des gesamten arabischen Volkes auf. Bei seinen Reisen auf den Karawanenstraßen traf er ständig mit Juden und Christen zusammen, für deren religiöse Überzeugungen er großes Interesse an den Tag legte. Schließlich nahm er an sich selbst prophetische Gaben wahr, deren übernatürliche Herkunft ihm himmlische Gesichte und Stimmen bestä-

tigten. Mohammed, von der Überzeugung durchdrungen, zur religiösen Doppelrolle des Nabi oder Propheten und des Rasul oder Apostels berufen zu sein, ging bei der Aufstellung seiner Lehre von einem einfachen Grundgedanken aus: Da es nur einen Gott gab (in diesem Punkt hielt er sich an die jüdische Gottesvorstellung im Gegensatz zur christlichen Trinitätsdoktrin), durfte es auch nur eine Gemeinde der Gläubigen geben. Mit der Zeit äußerte er diese Überzeugungen auch anderen gegenüber und versuchte insgeheim, seine Gesprächspartner zu bekehren. Seine ersten Anhänger gewann er unter den Sklaven und sozial Niedriggestellten, während die Reichen und Wohlhabenden die Lauterkeit seiner Motive bezweifelten und nichts von ihm wissen wollten. Darüber hinaus sahen sie in ihm eine Bedrohung für ihren Einfluß und ihre Macht und setzten ihm so heftigen Widerstand entgegen, daß er sich in Mekka schließlich seines Lebens nicht mehr sicher fühlen konnte.
622 flieht Mohammed, um der wachsenden Gefahr zu entgehen, mit wenigen treuergebenen Anhängern nach Medina. Mit dieser Flucht – arabisch Hidschra – beginnt die muslimische Zeitrechnung. Während er seine arabischen Landsleute in Medina auf seine Seite ziehen kann, stößt er bei den Juden auf unerwarteten Widerstand. Dabei hatte er, auf die Ähnlichkeit zwischen der von ihm gestifteten Religion und der jüdischen Lehre bauend, nicht nur mit der Sympathie der arabischen Juden, sondern mit ihrem bereitwilligen Übertritt zum Islam gerechnet. Zwei Punkte allerdings hatte er außer acht gelassen: erstens das kulturelle Niveau und das Geschichtsbewußtsein der arabischen Juden, die für den selbsternannten »Propheten« und seine ungeschliffenen und ungebildeten Jünger nur Verachtung übrig hatten; und zweitens ihre führende gesellschaftliche und politische Stellung, die eine Bekehrung als Mittel des sozialen Aufstiegs für sie von vornherein uninteressant machte. Verärgert über ihre ablehnende Haltung, aber auch neidisch auf ihre finanziellen Erfolge, faßte Mohammed eine gründliche Abneigung gegen die Juden, die später für viele jüdische Gemeinden ernste Folgen haben sollte.
In der Folge wählte Mohammed dann neue Wege, den Islam zu verbreiten. Die meisten Anhänger gewann er auf dem Schlachtfeld, wo die Besiegten – überwiegend Angehörige der Handelskarawanen aus Mekka – vor die Wahl Bekehrung oder Tod gestellt wurden. Tatsächlich erzielte er so eindrucksvolle militärische Erfolge, daß sich in vielen Arabern die Überzeugung festigte, er müsse von Gott gesandt sein. Ein anderes wirksames Bekehrungsmittel waren Sondersteuern. Mohammed erlegte sie all jenen Besiegten auf, die ihn nicht gleich als Propheten anerkennen wollten. Mit der Zeit erlangte er dann genügend Macht, um die Wallfahrt nach Mekka wagen zu können. Seither bildet die Stadt einen Sammelpunkt des muslimischen Lebens, die Kaaba eines der bedeutendsten muslimischen Heiligtümer.
Als der Prophet 632 im Alter von einundsechzig Jahren stirbt, hat sich der Islam

bereits über ganz Arabien und Teile Vorderasiens und Nordafrikas ausgebreitet. Zur Unterwerfung dieser riesigen Gebiete hatten verhältnismäßig kleine Heere genügt, weil die Krieger Allahs fast überall mit der Sympathie der einheimischen Bevölkerung rechnen konnten, die sie mit offenen Armen empfing und nach Kräften unterstützte. Die bodenständige Kultur in diesen Ländern erwies sich als nicht mehr lebensfähig. Widerstand gegen die neue Religion übte nur eine Minderheit von Christen und Juden, denen es freigestellt wurde, sich durch Entrichtung einer Steuer loszukaufen und als Schutzbürger, *Dhimmi*, in der muslimischen Gemeinschaft zu leben. Der größte Teil der Bevölkerung dagegen begrüßte nach einem Jahrtausend Griechen- und Römerherrschaft den Umschwung – um so mehr, als sie sich den Arabern geistig enger verbunden fühlte als ihren Vorgängern, den Christen. Das gilt auch für die Bewohner des niedergehenden Sassanidenreiches. So führte der Islam in erstaunlich kurzer Zeit zur Entstehung eines Arabischen Imperiums, das durch die Übernahme persischer und byzantinischer Elemente schon bald eine eigene Kultur entfaltete. 637 kapitulieren die Sassaniden, wenig später fallen Syrien und Mesopotamien. 639 belagert Mohammeds Nachfolger Omar Alexandria, das er im darauffolgenden Jahr erobert. Von ihrer neuen Hauptstadt Damaskus aus, wo die erste Moschee entsteht, überrennen die Araber ganz Nordafrika und setzen 711 nach Spanien über. Der Vormarsch der mohammedanischen Heere wird im Osten einzig vom Byzantinischen Reich, im Westen nur von Frankreich aufgehalten.

Die Omaijaden, Mohammeds Nachfolger und Gründer der ersten Muslimdynastie, vereinigen die gewaltigen Gebiete des Arabischen Reiches. Nahezu ein Jahrhundert lang regiert das Omaijadengeschlecht von der Hauptstadt Damaskus aus – bis nach einem Aufstand im Jahre 747 die Abbasiden an die Macht gelangen und ihre Herrschaft über den gesamten östlichen Teil des Arabischen Reiches aufrichten. Fünfhundert Jahre lang, bis zum Mongoleneinfall im Jahre 1250, beherrscht die Abbasidendynastie von ihrem neuen Regierungssitz Bagdad aus die islamischen Ostgebiete. Spanien und Nordafrika dagegen verbleiben unter omaijadischer Oberherrschaft: Während der innenpolitischen Machtkämpfe war ein Mitglied des Omaijadengeschlechts, Abd ar-Rahman, nach Spanien geflüchtet und dort zum Sultan aufgestiegen. Er kämpfte gegen den mit den Abbasiden verbündeten Karl den Großen und vertrieb ihn aus Spanien (einer der Helden bei dieser kriegerischen Auseinandersetzung war Karls Neffe Roland). Spanien sagte sich unter Abd ar-Rahman als erste Provinz von den anerkannten Zentren des Islam los. Der neue Regierungssitz Córdoba rückte zur Hauptstadt des abendländischen Islam auf und entfaltete sich zu einer außerordentlich regen Kulturstätte. Unter Abd ar-Rahman III. (912–961), der sich den Titel Kalif zulegte und in Cordoba eine Universität gründete, erlebte das Land einen politischen, wirtschaftlichen und geistigen Aufschwung, der die spanische Kultur auf Jahrhunderte hinaus prägen sollte. Dieser gewaltige Aufschwung kam vor allem den spanischen Juden zugute, die eine vermittelnde Rolle spielten und einen bedeutenden Beitrag zum Goldenen Zeitalter des Islam leisteten.

Jüdisches Gedankengut im Islam

Der in der Vorstellungswelt des Islam deutlich erkennbare jüdische Einfluß legt die Vermutung nahe, daß die ersten Muslims, einschließlich Mohammeds selbst, mit dem Judentum gründlich vertraut gewesen sein müssen – was bei der Aktivität der arabischen Judengemeinde und dem regen Betrieb an ihren Synagogen und Schulen auch nicht weiter erstaunt. Diese Gemeinde, die einen lebhaften Gedankenaustausch mit den Juden Palästinas und Babyloniens unterhielt, konnte auf eine lange Tradition zurückblicken. Schon unter den Hasmonäern hatten in Arabien Juden gelebt, deren Zahl nach dem Scheitern des Bar-Kochba-Aufstandes im Jahre 135 n. Z. beträchtlich zunahm. Somit bildeten die Juden zu Mohammeds Zeit in Arabien und vor allem im Jemen eine alteingesessene Gesellschaftsgruppe. Wie stark die Araber vom Judentum beeindruckt waren, beweist allein schon die Zahl der in der Theologie des Islam wieder anklingenden jüdischen Grundideen.
Der jüdische Einfluß ließe sich anhand zahlloser Beispiele aufzeigen. Wie der Jude bekennt sich auch der Muslim zu dem einzigen Gott, dem sich der Mensch ohne Mittler zu nähern vermag. Wie der Jude glaubt er an die Unsterblichkeit der Seele, an die Verantwortung des Menschen für seine Taten auf Erden und an die Gerechtigkeit als obersten sittlichen Wert. Almosengeben bedeutet für den Muslim wie für den Juden (was in dem hebräischen *Zedaka* bereits anklingt) eher einen Ausdruck der Gerechtigkeit als einen Akt bewußt angestrebter Nächstenliebe. Ferner hat der Islam, wenn auch mit gewissen Abänderungen, den jüdischen Kalender, den Sabbat und die jüdischen Speisegesetze übernommen. Und auch in vielen rein äußerlichen Gepflogenheiten gleichen sich die beiden Religionen. So wenden sich – um nur zwei schlagende Beispiele zu nennen – Muslims wie Juden zum Gebet in eine bestimmte Richtung und waschen sich vor den Kulthandlungen die Hände. Beim sorgfältigen Studium des Koran stellt man soundso oft fest, daß die Muslims die Schöpfungen des hebräischen Geistes in ihr eigenes religiöses Denken übernommen haben. Dieses Gedankengut verschmolzen die Araber in ein Ganzes – wie sie auch die verschiedensten Völker über alle geographischen und sozialen Trennungslinien hinweg in einem einzigen Reich zusammenzuschließen verstanden.

Die Juden unter muslimischer Oberherrschaft

Unter der Herrschaft der Muslims erlebte das Judentum in aller Welt materiell wie geistig einen neuen Aufschwung. Im Gegensatz zu den Persern, deren Religion unter dem Ansturm des Islam weitgehend verfiel, und zu den morgenländischen Christen, die zum größten Teil zum neuen Glauben übertraten, hielten die Juden nicht nur am Bekenntnis ihrer Väter fest, sondern entfalteten in den von den Muslims eroberten Gebieten eine neue Aktivität; mit geradezu überschäumender Energie brachten die abendländischen wie die morgenländischen Judengemeinden alle Kräfte zum Einsatz.

Bezeichnend ist die Entwicklung der großen jüdischen Enklave in Babylonien. Bagdad, die neue Hauptstadt und der Sitz des jüdischen Exilarchen, zog viele jüdische Siedler an. Wie der Historiker Salo Baron nachweist, wirkte bei der Planung der neuen Metropole, die »bei einem Umfang von nahezu 30 km im westlichen Teil 6000 und im östlichen Teil 4000 Straßen aufwies«, auch ein jüdischer Mathematiker und Sterndeuter, ein gewisser Masha'allah, mit. Selbst im 12. Jahrhundert, als die jüdische Bevölkerung Bagdads durch Bürgerkrieg und Hungersnöte bereits stark zurückgegangen und verarmt war, fand der bekannte Weltreisende Benjamin aus Tudela hier 40 000 Juden vor, die noch immer achtundzwanzig Synagogen und zehn wissenschaftliche Akademien unterhielten.

Auch die Judengemeinde in Palästina erholte sich rasch unter den Muslims. Diese von den byzantinischen Herrschern unterdrückte und dezimierte Gemeinde nahm nun einen solchen Aufschwung, daß sie beim gesamten Judentum, das sich jahrelang an die Weisungen der babylonischen *Geonim* gehalten hatte, nahezu ihr altes Ansehen erlangte. Obwohl das von Hadrian erlassene und von den Christen übernommene Gesetz, das den Juden die Niederlassung in Jerusalem verbot, theoretisch auch unter den Muslims in Kraft blieb, nahm die Zahl der in Jerusalem ansässigen Juden sprunghaft zu. In Verhandlungen mit dem Kalifen erwirkten siebzig Familien die Genehmigung, in die Heilige Stadt zurückzukehren, und zu ihnen kamen im Laufe der Zeit noch viele »Trauernde um Zion«, die sich bei der alten Westmauer, dem letzten erhaltenen Tempelüberrest, niederließen. Jerusalems Juden konnten auf die tatkräftige Unterstützung ihrer Glaubensgenossen in aller Welt zählen, die die Wiedergeburt dieser Gemeinde und die Wiedereröffnung der Rabbinerakademie als sichtbaren Beweis für die unauflösliche Verbundenheit ihres Volkes mit der alten Heimat betrachteten. Erst im Jahre 1099 wurde die jüdische Gemeinde Jerusalems von den einfallenden Kreuzfahrern mit brutaler Gewalt zerstört.

Neben Jerusalem erlebte noch eine Reihe weiterer Städte eine Renaissance. Tiberias, das während der byzantinischen Epoche für Galiläa und für ganz

Palästina richtungweisend war, gab zwar seine Akademie zugunsten Jerusalems auf, blieb aber auf dem Gebiet der hebräischen Dichtung, der Schriftauslegung und der Philologie weiterhin führend und leistete so einen bedeutenden Beitrag zur Reinerhaltung des Hebräischen in Aussprache und Syntax. Andere angesehene Bildungsstätten waren Gaza, Askalon und Haifa. Ramle wurde zeitweilig zur Kalifenresidenz und damit zum Sitz der gesamtpalästinensischen Verwaltung.

Auch die Judengemeinden Syriens wurden von der Woge der Erneuerung erfaßt. Nach der Aussiedlung eines Großteils der christlichen Bevölkerung strömten Scharen jüdischer Siedler nach Tripolis, Tyrus und Aleppo, Städte, die man als Teil des Heiligen Landes ansah. Von den syrischen Städten muß Damaskus hervorgehoben werden, das sich zum bedeutenden Sammelpunkt jüdischen Lebens und jüdischer Gelehrsamkeit entwickelte, vor allem nach der Besetzung Jerusalems durch die Seldschuken im Jahre 1071.

Ägypten, das seine Wirtschaft ausbaute, erlangte wieder seinen alten Glanz. Kairo, Bagdad an Bildung und feiner Lebensart durchaus ebenbürtig, entwickelte sich nach der Machtergreifung der Fatimiden im Jahre 969 zum weltberühmten Zentrum der Wissenschaft und jüdischen Gelehrsamkeit. In ihrer betonten Opposition gegen Bagdad garantierten die Fatimidenherrscher den Leitern sämtlicher Religionsgemeinschaften in Kairo wie in den Provinzen völlige Unabhängigkeit. Und diese Freiheit ermöglichte den jüdischen Gemeinden in Syrien und Palästina die ungestörte Abwicklung aller inneren Angelegenheiten sowie den Meinungsaustausch über dringende Probleme des Gemeinschaftslebens. Kairo (Fostat), damals weit über Ägypten hinaus tonangebend, bildete während der ganzen Epoche ein wichtiges Bindeglied zwischen dem östlichen und dem westlichen Judentum. In der Anfang unseres Jahrhunderts von Salomon Schechter entdeckten Kairoer *Genisa*, dem Aufbewahrungsort der unbrauchbar gewordenen hebräischen Schriften, fanden sich neben aufschlußreichen Berichten über lokale Ereignisse auch zahlreiche Abschriften wichtiger Mitteilungen, deren Originale einst von Syrien und Palästina nach Fostat geschickt und von da an ihren endgültigen Bestimmungsort weitergeleitet worden waren.

Alexandria, die bedeutendste Stadt nach Kairo, spielte im internationalen Handel eine wichtige Rolle. Die Lage der Stadt brachte es mit sich, daß die dortige Judengemeinde wiederholt mit der Bitte angegangen wurde, von muslimischen Piraten auf hoher See gefangengenommene Juden loszukaufen. Eines der wenigen erhaltenen Schriftstücke von Maimonides' Hand ist ein Gesuch um Geldmittel zur Befreiung solch jüdischer Gefangener.

Auch in den westlichen Nachbarländern Ägyptens gab es zahlreiche bedeutende Judengemeinden – so etwa in dem in der Nähe des alten Karthago gelegenen Kairuan. Als im Jahre 909 die Fatimiden an die Macht gelangen, verfügt die hochentwickelte Kairuaner Gemeinde bereits über die nötige Selbständigkeit, sich vom Gängelband der östlichen Akademien zu lösen. Zwar läßt sie den babylonischen Gelehrtenschulen nach wie vor eine freiwillige finanzielle Unterstützung zukommen, besitzt im übrigen aber ihre eigenen Oberhäupter, Gelehrte von Rang, die mit den *Geonim* von Sura und Pumbedita als gleichgestellte Partner korrespondieren. Große Judensiedlungen bestanden ferner in Tripolitanien sowie in Marokko, wo sich Fez zum wichtigen jüdischen Kulturzentrum entwickelte und die Juden Marrakesch mitbegründeten (1062).

Die Muslims regelten die gesellschaftliche Stellung der Juden in ihren Gebieten durch eine je nach Ort und Umständen unterschiedlich gehandhabte Sondergesetzgebung, die grundsätzlich auf die Betonung des sozialen Rangunterschiedes zwischen den wahren Gläubigen und den *Dhimmi* (Ungläubigen) abzielte. Diese für Juden wie für Christen gleichermaßen gültigen, unter Omar I. in einem Gesetzbuch zusammengefaßten Ausnahmegesetze kamen in der Praxis nur selten in vollem Umfang zur Anwendung. Der Kodex belegte unter anderem alle nichtmuslimischen Religionsgemeinschaften mit einer Sondersteuer, untersagte den Bau neuer Kirchen und Synagogen und verfügte, daß keine bereits bestehende Kirche oder Synagoge eine benachbarte Moschee überragen dürfe. Als Reittiere billigte er den Ungläubigen nur Maultiere und Esel, aber keine Pferde zu, verbot ihnen, Waffen zu tragen und Ehen mit Angehörigen eines anderen Volkes einzugehen und gestattete ihnen als einzige Form des Glaubenswechsels den Übertritt zum Islam.

Im allgemeinen hielt man sich jedoch nicht allzu streng an diese Vorschriften. Die Juden mußten beispielsweise nicht im Ghetto leben und konnten ihre eigenen Kommunaleinrichtungen beibehalten. Die jüdischen Gerichtshöfe übten die Rechtsgewalt über die Gemeinde völlig autonom aus, während die Sondersteuer als Kopfsteuer von Juden und Christen erhoben wurde. Mit anderen Worten, die jüdischen Gemeinden konnten sich verhältnismäßig selbständig verwalten.

In ähnlicher Weise ließen die Muslims vielfach auch die Verfügungen unbeachtet, nach denen die »Ungläubigen« im Unterschied zu den Gläubigen Kleider von bestimmter Farbe zu tragen hatten. In manchen Fällen allerdings pochte man nicht nur auf strikte Befolgung der Anordnung, sondern stellte übertriebene und widersinnige Forderungen, wie jener Fatimidenkalif, der die Juden zwang, zur Erinnerung an das von ihren Vorfahren angebetete Goldene Kalb Fünfpfundgewichte um den Hals zu tragen. Und ein anderer Erlaß schrieb vor, jeder Jude habe einen gelben Fleck an seine Kopfbedeckung zu heften und sich eine Silbermünze mit der Aufschrift *Dhimmi* umzuhängen. Auch für die Jüdinnen ersann man besondere Kennzeichen, wie z. B. zwei verschiedenfarbige Schuhe, einen roten und einen schwarzen, mit einem Glöckchen daran, damit man sie schon von weitem hören konnte. All diese Maßnahmen sollten das gesellschaftliche Ansehen der Ungläubigen schmälern. Wie bewußt man die Verachtung gegen sie schürte, geht aus der Bemerkung eines Autors aus dem 11. Jahrhundert hervor:

> Grausame Leute wurden gedungen, um den Juden, Männern wie
> Frauen, zuzusetzen und ihnen auf alle erdenkliche Weise Schimpf
> und Schande anzutun und Elend über sie zu bringen.
> Die Heiden verspotteten die Juden, und oft beleidigten sie
> der Pöbel und die Kinder auf den Straßen von Bagdad.

Gerechterweise muß gesagt werden, daß die jüdische Führungsschicht gegen die Härten der muslimischen Ausnahmegesetzgebung im Grunde nichts einzuwenden hatte. Da sie eine Annäherung zwischen den Glaubensgruppen so wenig wünschte wie die Gegenpartei, bemühte sie sich nach Kräften, soweit es die Sicherheit der Gemeinschaft erlaubte, um die Aufrechterhaltung der bestehenden Schranken. So wurde etwa, um den Zustrom fremder Elemente ins Judenviertel zu verhindern, der Verkauf eines Hauses an Nichtjuden gesetzlich verboten und jeder gesellschaftliche Austausch zwischen den beiden religiösen Gruppen nach Möglichkeit erschwert.
Alle gesetzlichen Maßnahmen konnten jedoch eine gewisse Verbrüderung auf die Dauer nicht verhindern. Besonders die Mitglieder der höheren Gesellschaftsschichten knüpften untereinander Beziehungen an – teils aufgrund gemeinsamer Geschäftsinteressen, teils einfach aus Neugier. Juden, die einflußreiche Stellungen im Finanzwesen, in der Medizin und Wissenschaft bekleideten, verkehrten beruflich wie auch gesellschaftlich gern mit ihren nichtjüdischen Kollegen. Und umgekehrt setzten sich viele Araber, von den Fachkenntnissen der Juden beeindruckt, über die gesetzlichen und gesellschaftlichen Barrieren hinweg. Ein muslimischer Arzt verfaßte z. B. folgendes Lob auf Maimonides:

> Galens Kunst heilt nur den Körper,
> Aber die Abu-Irmans (Moses') heilt Leib und Seele.
> Sein Wissen erhob ihn zum Arzt des Jahrhunderts.
> Dank seiner Weisheit kurierte er das Übel der Unwissenheit.
> Und wollte ihn Luna nur konsultieren,
> Er würde sie bei Vollmond von ihren Flecken heilen,
> Sie von ihren Monatsbeschwerden befreien
> Und sie auf Neumond zu vor dem Abnehmen bewahren.

Ein Beispiel für die gegenseitige Beeinflussung sind die vielen in die jüdische Namengebung aufgenommenen arabischen Komponenten: Trotz des von Omar für die Ungläubigen erlassenen Verbots, sich arabischer *Kunyas* zu bedienen, waren Namenszusammensetzungen aus »Ibn«, »Abu«, »el« und hebräischen oder auch arabischen Bestandteilen sehr beliebt. Wohl das deutlichste Zeichen für die Diskrepanz zwischen Gesetz und Wirklichkeit war die Gewohnheit der

Muslims, wichtige Ämter mit Juden zu besetzen. Im Gegensatz zu den Byzantinern und Persern, die die Juden von der Verwaltungstätigkeit gänzlich ausschlossen, zogen die arabischen Kalifen und Statthalter sie ohne Bedenken zu Verwaltungsgeschäften heran und verließen sich in Fragen der Finanzen und der Diplomatie ganz auf ihren sachkundigen Rat. Welches Vertrauen diese Beamten genossen, kommt in der Bemerkung eines Bagdader Wesirs aus dem 9. Jahrhundert zum Ausdruck:

> Nicht weil ich irgendwelche Sympathien für das Judentum oder das Christentum hegte, habe ich Ungläubige als Beamte in Dienst genommen, sondern weil ich sie dem Herrscherhaus treuer ergeben fand als die Muslims.

Mit dem Aufstieg des Fatimidenreichs und des maurischen Spanien wirkten dann immer mehr Juden als politische und sogar militärische Ratgeber an den arabischen Höfen. Dank ihres diplomatischen Geschicks und ihrer Sprachenbegabung stiegen diese Hofbeamten rasch in die höchsten Verwaltungsposten auf und leisteten schon bald einen unentbehrlichen Beitrag zur reibungslosen Abwicklung der Staatsgeschäfte. Nur die Juden waren in den beiden gegeneinander abgekapselten Lagern der damaligen Mittelmeerwelt – dem christlichen Raum mit seinen romanischen Sprachen und seinem griechischen Idiom und den arabisch sprechenden islamischen Gebieten – gleichermaßen zu Hause, nur sie konnten sich verhältnismäßig mühelos von einem Land ins andere bewegen; mit ihrer Sprache kamen sie überall durch und verfügten dank ihrer an allen wichtigen Handelsplätzen ansässigen Glaubensgenossen über gute Beziehungen und zuverlässige Mittelsmänner. Überdies kamen in dieser Zeit muslimischer Machtentfaltung die großen Judengemeinden Mesopotamiens erstmals unter dieselbe Herrschaft und damit in das gleiche geistige Klima wie der äußerste Westen Europas. Die jüdischen Hofbeamten, deren Laufbahn nicht selten infolge einer Verschiebung der Machtverhältnisse oder eines Gesinnungswandels ihres Dienstherrn so kurzlebig wie glänzend war, stellten mit viel Geschick auch noch zwischen den entferntesten Gebieten der islamischen und der christlichen Welt eine Verbindung her.

Die Juden in Mesopotamien

Zu Beginn der muslimischen Ära lebte die Mehrzahl der Juden noch immer in Babylonien, obwohl sich ihre Lebensbedingungen unter den späten Sassanidenherrschern spürbar verschlechtert hatten. Aber wenn auch viele von Grund und

Boden vertrieben worden waren, wenn auch manche Akademie hatte schließen müssen und die Drohung erneuter Verfolgung ständig in der Luft hing, herrschten in Babylonien doch unvergleichlich bessere Verhältnisse als in den christlichen Ländern. Und als dann ein Großteil der jüdischen Weltbevölkerung im Muslimischen Reich zusammengeschlossen war, konnten die babylonischen Juden erneut ihren Führungsanspruch geltend machen und ihren Einfluß auf die Judengemeinden von Indien bis Spanien ausdehnen.

Zum Wiedererstarken der babylonischen Gemeinde trug auch die Politik der Kalifen bei, die die bestehenden jüdischen Einrichtungen beibehielten und sogar stützten, um so in ihrem Reich möglichst stabile Verhältnisse zu schaffen und eine straffe Aufsicht durchzuführen. Der Exilarch hatte wie früher die geistliche Führung über sämtliche Juden im Reich inne und erhielt außerdem gelegentlich noch weltliche Machtbefugnisse. Als Bewerber für dieses Amt kamen nur Mitglieder von Familien in Frage, die ihren Stammbaum in gerader Linie auf König David zurückführen konnten. Der Exilarch hatte ein Mitspracherecht in den wichtigsten Beratungsgremien des Muslimreiches. Und als sich der Schwerpunkt der arabischen Regierung nach Bagdad verlagerte, wurde das Exilarchat gleichfalls in diese Stadt verlegt.

Die neuen Muslimherrscher des Ostens gewährten den Juden Glaubensfreiheit, freie Wahl des Wohnsitzes und des Berufes sowie unumschränkte Bewegungsfreiheit. Damit stiegen Juden in hohe Administrationsstellungen auf und gelangten vor allem auf wirtschaftlichem Gebiet zu großem Ansehen. Als »Ungläubige« blieben sie zwar vom Heeresdienst und von Staatsämtern ausgeschlossen, konnten sich aber um eine ganze Reihe einflußreicher Verwaltungsposten bewerben.

In dem Maße, in dem Juden in wichtige Wirtschaftspositionen gelangten und über eine, wenn auch begrenzte, politische Macht verfügten, verfiel das Ansehen des Exilarchen. Nun gewannen die Gelehrten zusehends an Einfluß und übernahmen im 8. Jahrhundert die Führung der jüdischen Gemeinschaft. Wie schon in talmudischer Zeit übten die hochgeachteten Lehrer der Akademien weitgehende Machtfunktionen in der jüdischen Gemeinschaft aus und genossen um so größeres Ansehen, als der babylonische Talmud vom gesamten Judentum als verbindliches Gesetz anerkannt wurde.

Die beiden berühmtesten Schulen der Zeit waren Sura und Pumbedita, deren Leiter den Ehrentitel *Gaon* (Majestät) führten. Jahrhundertelang genossen diese Akademien, für deren Unterhalt jüdische Gemeinden in allen Ländern aufkamen, weltweites Ansehen und übten weit über die Grenzen des Muslimreiches hinaus beträchtlichen Einfluß aus. Die gutbesuchten Gelehrtenakademien, die Studenten aus der gesamten arabisch sprechenden Welt anzogen, hatten außerdem die Funktionen des alten Sanhedrin inne, sie dienten selbst für so ferne Gemeinden wie Kairuan als Berufungsgericht und bestallten die örtlichen Richter. Ihr wirksamstes Machtmittel bildete der *Cherem* (die Exkommunikation).

Anstelle der Todesstrafe eingeführt, kam diese Bestrafungsart einem gesellschaftlichen Todesurteil gleich, denn keine mit dem *Cherem* belegte Person durfte innerhalb der geordneten Gemeinschaft leben. (Ein Dichter aus dem 10. Jahrhundert vergleicht das Schicksal eines solchen Ausgestoßenen mit dem eines Aussätzigen.) Allerdings wurde diese Strafe – der völlige Ausschluß aus der Gemeinschaft – nur selten verhängt. Es genügte bereits, daß alle die schreckliche Endgültigkeit eines solchen Urteils anerkannten. Durch diese allgemeine Übereinkunft trug der *Cherem* in islamischer Zeit entscheidend zur Erhaltung und Entfaltung der jüdischen Institutionen bei.

Solange sich das *Gaonat* als Einrichtung behauptete, riß die Rivalität zwischen den beiden Akademien nicht ab. Erst im 10. Jahrhundert, als sich die Verhältnisse in Babylonien allgemein verschlechterten, begann ihr Einfluß zu schwinden. Doch um diese Zeit waren das ägyptische und das spanische Judentum bereits stark genug, die Führung zu übernehmen, war die entscheidende Aufgabe der Überlieferung bereits bewältigt. In der Responsenliteratur, einer gewaltigen Materialsammlung, fanden sich die an die Gelehrten der Akademien gerichteten Fragen über rechtliche, theologische und historische Belange sowie über Probleme des Gemeinschaftslebens samt den zugehörigen Antworten und Ratschlägen. Dreihundert Jahre lang hatten die Gemeinden des Westens brieflich Gutachten von den Weisen des Ostens eingeholt. Nun verfügte der Westen über eigene Akademien und Gelehrte: Die Kette der Überlieferung, um neue starke Glieder erweitert, konnte sich ohne Unterbrechung fortsetzen.

Im 8. Jahrhundert kommt es zu einer religiösen Bewegung, die sich gegen das talmudische Gesetz richtet, die religiöse Einheit der Juden gefährdet und ein Schisma innerhalb des Judentums auslöst. Diese Bewegung, als Karäertum bekannt, dauerte vier Jahrhunderte lang. Der von den Karäern angefachte erbitterte Glaubensstreit führte zur Entstehung verschiedener Sekten und damit zur Aufsplitterung des Judentums in mehrere Lager. Den Anstoß zu den Auseinandersetzungen, die zur Zeit der *Geonim* in Mesopotamien begannen, gab der als der Begründer der Bewegung geltende Anan ben David.

Im Jahre 761 hatten die *Geonim* verhindert, daß der für seine talmudfeindliche Einstellung bekannte Anan ben David, ein Neffe des babylonischen Exilarchen, seinem Onkel im Amt nachfolgte und ihn des Landes verwiesen. Anan ging nach Palästina, baute in Jerusalem seine eigene Synagoge auf und sagte dem rabbinischen Judentum den Kampf an. Er warf den Talmudanhängern vor, die jüdische Lehre verzerrt, die ursprüngliche Reinheit der Tora durch eine Unzahl verwickelter Auslegungen getrübt und viele ihrer Gebote mißachtet zu haben. »Studiere die Tora gewissenhaft und verlaß dich nicht auf meine Meinung«, lautete das Schlagwort der neuen Sekte. Da die Schriften, in denen Anan seine fundamentalistisch anmutenden Vorstellungen ausbreitete, bis auf wenige Bruchstücke untergingen, besitzen wir nur mangelhafte Informationen über die Anfänge des Karäertums. Fest steht jedoch, daß die talmudfeindliche Einstellung der Karäer nicht etwa zu einer Lockerung, sondern im Gegenteil zu einer Verschärfung der Glaubenspflichten des einzelnen führte. Viele längst abgeschaffte Gebote wurden wieder in Kraft gesetzt, häufig ohne die geringste Rücksicht auf die zeitbedingten Veränderungen. Die wichtigsten Neuerungen erstreckten sich auf den Sabbat, die Festtage, die Eheschließungs- und Speisegesetze. Anan schaffte den seit der Mitte des 4. Jahrhunderts gültigen jüdischen Kalender ab und führte den Brauch ein, bei Sabbatbeginn Feuer und Licht zu löschen und den Sabbatabend in Kälte und Dunkelheit zu verbringen. Wie seine Gegner treffend bemerkten, führte sein Aufruf, zur Schrift zurückzukehren, nur zu einem neuen Talmud, weit strenger und starrer als der »alte«. Verhängnisvoll war, daß seine Lehren die lebendige Verflechtung von biblischer Vergangenheit und Gegenwart zerstörten. Denn im Gegensatz zum talmudischen Judentum stellt die Bewegung der Karäer keine natürliche Phase in der geistigen Entwicklung eines Volkes dar, sie ist eine rein künstliche Schöpfung.

Die von Anan ins Leben gerufene Bewegung festigte sich unter Benjamin Nahawendi, der ihre Anhänger Bene Mikra – Söhne der Schrift – taufte. Diese Phase ging mit Daniel el-Kumsi zu Ende, zu dessen Zeit die Karäer ins Kreuzfeuer der Kritik Saadia Gaons gerieten, des für sein ungewöhnliches Wissen und seinen Scharfsinn bekannten Leiters der Akademie zu Sura. Von Saadias heftigen Angriffen hat sich die karäische Bewegung nie mehr erholt. Wenn sie auch in späteren Jahrhunderten hier und dort wiederauflebte, hatte sie ihre ursprüngliche Stoßkraft doch ein für allemal eingebüßt.

Ein »positives« Ergebnis zeitigte dieses Schisma innerhalb des Judentums: Es gab den Anstoß zum neuerlichen sorgfältigen Bibelstudium. Beide Seiten bemühten sich nun gemeinsam um einen einzigen authentischen Tora-Text. Die Rabbiner hatten auf diesem Gebiet bereits ein gewaltiges Stück Arbeit geleistet: Sie hatten für jedes Wort der Heiligen Schrift die korrekte Schreibung und Vokalisation festgelegt und überdies angemerkt, wie die Verse zu singen sind. Diese hauptsächlich von palästinensischen Gelehrten erarbeitete, als Massora (Überlieferung) bekannte Textfassung hat allen späteren hebräischen Bibelausgaben als Vorlage gedient.

Seit der Abschaffung des palästinensischen Exilarchats hatte Babylonien die Führungsrolle innerhalb der jüdischen Welt übernommen, ohne jedoch die Unabhängigkeit Palästinas zu beeinträchtigen, das nach wie vor der Mittelpunkt jüdischen Lebens blieb. Die ruhmreiche Vergangenheit, aber auch die nicht erlahmende Hoffnung auf die Rückgewinnung Israels banden das ganze jüdische Volk schicksalhaft an das Land der Verheißung. Diese durch den Gang der Ereignisse gelegentlich wohl gelockerte, doch nie ernsthaft aufgegebene Verbundenheit mit der alten Heimat erwies sich als so stark, daß sich nicht einmal die *Geonim*, die Oberhäupter der babylonischen Talmud-Akademien, in ihrem Denken davon lösen konnten. Wie zäh das jüdische Volk den Rechtsanspruch auf das Land seiner Vorfahren aufrechterhielt, zeigt eine Definition babylonischen Ursprungs, die die reichlich komplizierte, da rein fiktive Rechtslage folgendermaßen begründet:

> Mag das Land auch seit vielen Generationen (von Heiden)
> bewohnt sein, wir halten an dem alten Rechtsgrundsatz fest,
> daß (das Eigentumsrecht auf ein) Land durch dessen unrechtmäßige
> Beschlagnahme nicht erlischt und daß Israel
> folglich nach wie vor Anspruch auf das Gebiet hat.

Und auch die folgende Anmerkung der Rabbiner zum Bittgebet um Regen zeugt von der unverbrüchlichen Verbundenheit der Juden mit Palästina:

> Mögen die Bewohner der östlichen Gebiete und die (auf die
> Inseln des Meeres) Verbannten zur Zeit des Tammus
> noch so nötig Regen brauchen, sie sollen doch nur dann
> darum beten, wenn das Land Israel seiner gleichfalls bedarf.
> Denn wollte man ihnen das Gebet um Niederschläge je nach
> Bedarf, ja selbst noch im Sommer, gestatten, so könnten sie
> sich leicht in der Einbildung wiegen, in dem betreffenden
> Lande wirklich beheimatet zu sein. Während sie sich doch in
> Wirklichkeit als Gäste in einer Herberge fühlen und ihr
> Herz dem Lande Israel zuwenden sollen. Aus diesem Grund
> müssen die Gebete um Regen zur festgesetzten Zeit erfolgen.

Es wäre irrig, Auffassungen dieser Art einfach als Ausdruck des Heimwehs oder als Hirngespinste der Rabbiner ohne geschichtlichen Hintergrund abzutun. Sie bringen vielmehr die Entschlossenheit der Juden in aller Welt zum Ausdruck, sich mit Hilfe von Gesetz und Ritual als souveränes Volk zu behaupten, als ein Volk, das kraft göttlichen Gebots und menschlichen Rechts untrennbar mit seiner Heimat verbunden ist.

Die Juden im muslimischen Spanien

Von 711, dem Jahr, in dem der Muslimfeldherr Tarik ins westgotische Spanien einfällt, bis 756, dem Zeitpunkt der Machtergreifung der Omaijaden, befindet sich Spanien im Bürgerkrieg. Als die Muslims als erste größere Stadt das befestigte Córdoba einnehmen, werden sie nur von der jüdischen Bevölkerung als Befreier von der drückenden Christenherrschaft begrüßt. Zum Dank übertragen die Eroberer den Juden die Bewachung der Stadt – eine Funktion, die der jüdischen Bevölkerung dann auch in den übrigen eingenommenen Städten anvertraut wird, sofern sie zahlenmäßig die nötige Stärke dazu besitzt. So genießt die jüdische Minderheit im muslimischen Spanien von Anbeginn an das Vertrauen der neuen Machthaber.

Diese bevorzugte Stellung ihrer Glaubensgenossen veranlaßt jüdische Flüchtlinge, von denen viele vor langer Zeit von Spanien nach Nordafrika ausgewandert sind, zur Rückkehr in das von den Arabern besiegte Andalusien. Nachdem die Herrschaft der Westgoten zerschlagen ist, beginnen sich die Lebensverhältnisse der Juden allmählich zu verbessern. Die Machtergreifung des Omaijadenkalifen Abd ar-Rahman I. (756) leitet dann ein Zeitalter der Toleranz und des Wohlstandes ein. Córdoba sagt sich von Bagdad los, und binnen kurzem wird Spanien zum reichsten und kultiviertesten Land Europas. Córdoba entwickelt sich zum Kulturzentrum, zu einer Universitätsstadt, die über eine Bibliothek mit rund 400 000 handgeschriebenen Manuskripten verfügt und mit ihrem regen Geistesleben, ihrem wissenschaftlichen Niveau und ihrer Gelehrsamkeit die berühmtesten Bildungsstätten des christlichen Abendlandes in den Schatten stellt.

Dieser Aufschwung des kulturellen Lebens vollzieht sich in einer Atmosphäre politischer Toleranz. Unter Abd ar-Rahman III. steigen zahlreiche Juden in hohe Verwaltungsämter auf, darunter als berühmtester Chasdai ibn Schaprut (915–970). Chasdai, ursprünglich Hofarzt und später erster Ratgeber des Kalifen in finanziellen und diplomatischen Fragen, dient, wie viele jüdische Hofbeamte nach ihm, seinem muslimischen Herrn mit größter Rechtschaffenheit und Treue, ohne die tiefe Bindung an sein eigenes Volk aufzugeben. Da er sich bei seinen vielen Unterhandlungen mit ausländischen Gesandten auch nach der Lage der Juden im Ausland erkundigt, dürfte er wohl als erster von der Existenz des jüdischen Chasarenreiches an Wolga und Schwarzem Meer erfahren haben. Begierig, zu diesen Juden Verbindung aufzunehmen, entsendet er einen Beauftragten über Konstantinopel ins Chasarenreich. Da dieser jedoch die beschwerliche Reise nicht zu Ende führen kann, gibt Chasdai einige Zeit darauf zwei jüdischen Gesandten des »Königs der Gebalim« (Bulgaren) ein Sendschreiben mit, das sie dem König der Chasaren »über Bulgarien und das Russenland« zustellen sollen. In diesem höchst bemerkenswerten, auf hebräisch abgefaßten und mit den Worten, »wir, die Überreste Israels im Exil« beginnenden Dokument schildert Chasdai dem Chasaren-Chagan die Lage der Juden unter dem Córdobaer Kalifat, erläutert ihm seine eigene Tätigkeit bei Hofe, wo er als Diplomat die Gesandtschaften der verschiedenen ausländischen Mächte empfängt und den Außenhandel lenkt. Doch trotz alledem, so versichert er, würde er sein hohes Amt am Hofe von Córdoba mit Freuden niederlegen, um dem König eines unabhängigen jüdischen Staates zu dienen.

Bedauerlicherweise blieb Chasdai die Erfüllung seines Wunsches versagt: 969, ein Jahr vor seinem Tod, wurde das Chasarenreich von den Russen zerstört.
Zu Chasdais Zeit begannen die abendländischen Judengemeinden die des Morgenlandes allmählich zu überrunden. Denn wer damals Unternehmungsgeist besaß, ging ins aufstrebende Córdoba, das dem mehr und mehr stagnierenden Bagdad in der gesamten arabischen Welt den Rang ablief. Córdobas Rabbiner, die an den Akademien wirkten und die sozialen und religiösen Belange der Gemeinschaft regelten, brachten der Stadt in verhältnismäßig kurzer Zeit großes Ansehen ein. Jüdische Studenten aus Spanien und Nordafrika begaben sich zum Talmud-Studium nun nicht mehr in den Osten, sondern an die Akademie von Córdoba, die zunehmend auch Studenten aus dem Orient anzog. Die Lehrer der Córdobaer Akademie besaßen in der gesamten gebildeten jüdischen Welt einen Namen als beschlagene Grammatiker und Lexikographen – Disziplinen, die entscheidend zur Wiedergeburt der hebräischen Wissenschaft und Literatur in Spanien beitrugen.
Diese erstaunliche kulturelle und wirtschaftliche Blütezeit dauert fast genau ein Jahrhundert – bis Córdoba von eindringenden Berberstämmen angegriffen und nach langen Kämpfen zerstört wird. Viele Juden müssen die Hauptstadt verlassen und in anderen Teilen des Landes Zuflucht suchen.
Nach dem Untergang des Kalifats splittert sich das muslimische Spanien in eine Reihe kleiner Fürstentümer wie Granada, Sevilla, Saragossa und anderen auf, wo die spanischen Juden von jetzt an unter der Herrschaft eines Emirs leben. Córdobas glänzende Tradition wird von Granada weitergeführt, dessen Name mit der Geschichte der Juden im muslimischen Spanien verknüpft bleibt.
Arabische Chronisten berichten, in der Stadt habe es »von Juden gewimmelt«; »wer nicht mit eigenen Augen gesehen hat, wie glanzvoll, glücklich und angesehen sie in Granada leben, weiß nicht, was Pracht und Herrlichkeit ist – denn sie waren groß an Weisheit und Frömmigkeit«. Als berühmtester Jude ist Samuel ibn Nagrela mit dem Beinamen »der Fürst« (ha-Nagid) in Granadas Geschichte eingegangen, ein Mann, der als Hofbeamter, Dichter und Feldherr die Stadt auf den Gipfel des Ruhms und der Macht führte.
Der 993 in Córdoba geborene Samuel, ein geschulter Talmud-Gelehrter, Grammatiker, Mathematiker und Philosoph, der sieben Sprachen beherrschte, war nach der Plünderung seiner Vaterstadt nach Malaga geflohen, von da auf einen hohen Posten am Kalifenhof in Granada berufen worden und schließlich zum Staatsminister aufgestiegen. Als Wesir und wiederholt auch als Feldherr baute er die äußere Macht des Granadischen Reiches aus und verhalf ihm zu außerordentlichem Wohlstand. Über dieser glanzvollen Laufbahn vernachlässigte er jedoch keineswegs die jüdische Gemeinde, die ihn zu ihrem Oberhaupt bestellt hatte. Er ließ nicht nur den spanischen Juden großzügige Spenden für Ausbildung und wohltätige Zwecke zukommen, sondern setzte sich auch tatkräftig für die

Juden in Palästina ein. Wie vor ihm schon Chasdai und nach ihm Juda Halevi, stand Samuel ha-Nagid dem Staat seiner Wahl mit einer gewissen inneren Zwiespältigkeit gegenüber. Von Spaniens Schönheit zutiefst angetan, träumte er doch beständig von einem unabhängigen jüdischen Staat auf jüdischem Boden. Dennoch widmete er all seine Kräfte der Erhaltung und Förderung jener Kultur, in der er nun einmal lebte, und diente nach bestem Vermögen dem Staat, der ihm eine so einflußreiche und verantwortungsvolle Stellung übertragen hatte.
Schließlich aber ereilte Granada das gleiche Schicksal wie einst Córdoba. Thronwirren, die unter dem Wesirat von Samuels Sohn Josef ausbrachen und zur Ermordung des jungen Mannes führten, nötigten wiederum viele Juden, die Stadt zu verlassen. Erneut verlagert sich der Schwerpunkt jüdischen Lebens, diesmal nach Sevilla, wo wir Juden als Hofbeamte, Ärzte, Astronomen und Wesire im Dienste der Maurenkalifen finden, bis sie in der Mitte des 12. Jahrhunderts von den Invasionstruppen der fanatischen Almohaden vor die Wahl gestellt werden, sich zum Islam zu bekehren oder die Stadt zu verlassen.
Toledo erlebt seine eigene Glanzzeit. In dieser Stadt, die einer jüdischen Sage zufolge schon lange vor dem Goteneinfall von Juden besiedelt gewesen, ja sogar von Juden gegründet worden sein soll, steht die Kultur auch nach dem Zusammenbruch der Maurenherrschaft noch in Blüte. Der hebräische Dichter al-Charisi spricht von wenigstens einem Dutzend Synagogen, »so prächtig wie nirgendwo sonst«. Ihre Prunkentfaltung, ihre Gelehrsamkeit und Frömmigkeit tragen der Stadt den Beinamen »Das Neue Jerusalem« ein. Und wie die beiden aus jener Epoche erhaltenen Synagogen beweisen, hat al-Charisi nicht übertrieben. Obwohl seit Jahrhunderten ihrem Zweck entfremdet, sind sie nach wie vor »prächtig wie die Synagogen nirgendwo sonst«. Die eine, die große Synagoge El Transito, läßt noch heute den Reichtum ihres Erbauers, des genialen Toledaner Finanzmannes Samuel Halevi Abulafia, ahnen. Ihn selbst ereilte ein für die damalige Zeit bezeichnendes Schicksal: Er wurde von seinem Herrn, König Pedro dem Grausamen, zu Tode gefoltert, der durch die Beseitigung seines schuldlosen Ratgebers unter anderem 70 000 Golddublonen, 4000 Mark Silber, 20 Truhen mit Juwelen und kostbaren Gewändern und 80 maurische Sklaven an sich brachte. Heute nun – Ironie der Geschichte – werden Samuels Wohnsitz und die von ihm gestiftete Synagoge den Touristen als historisches jüdisches Denkmal gezeigt.
Auch auf literarischem Gebiet taten sich Toledos Juden hervor, darunter die Dichterphilosophen Juda Halevi und Abraham ibn Esra sowie der Chronist Abraham ibn Daud, alle drei aus Toledo gebürtig und dort ein Leben lang schöpferisch tätig.
Als König Alfons VI. von Kastilien die Stadt im Jahre 1085 einnimmt, fordern die Muslims Verstärkung aus Nordafrika an. Woraufhin die Almoraviden ins Land kommen, fanatische Berberstämme, die sich keineswegs mit dem Sieg über

die Christen begnügen, sondern auch den Juden einen heiligen Krieg ansagen. Damit bricht für die jüdische Bevölkerung eine jahrzehntelange schwere Leidenszeit an; viele Gemeinden erdulden das Schicksal der Zwangsbekehrung, allen voran die reiche Judengemeinde von Lucena. Und 1146 trifft die spanischen Juden nach einer kurzen Phase der Entspannung noch einmal das gleiche Unglück: Diesmal landen die Almohaden in Gibraltar und betreiben gegenüber den Angehörigen aller nichtmuslimischen Religionen eine Politik der Unterdrückung. Nicht ein einziger gläubiger Jude kann sich in Südandalusien halten.

In dieser Epoche, in der Invasion und Unterdrückung mit Jahren der Toleranz und des gegenseitigen Verständnisses abwechseln, entfalten die Juden ein erstaunlich reges Geistesleben. Nie und nirgends sind sie dermaßen rasch in die höchsten Verwaltungsämter aufgestiegen wie damals die jüdischen Staatsmänner und Finanzleute Andalusiens. Noch nie zuvor und vielleicht auch niemals danach hat eine einzelne Gruppe einen so bedeutenden Beitrag zur abendländischen Wissenschaft, Literatur und Philosophie geleistet. Wir werden diesen Beitrag weiter unten noch eingehender würdigen. Hier zusammenfassend nur dies: Die Erfahrung, das Schicksal der Juden im mittelalterlich-muslimischen Spanien, wo Zeiten der Aufgeklärtheit und Freizügigkeit mit solchen der Unterdrückung und Vergewaltigung abwechseln, veranschaulicht wie kein zweites Beispiel Glanz und Tragik der jüdischen Diaspora.

Die Chasaren

Die Geschichte der Chasaren stellt eine, vielleicht unterschätzte, Dimension jener Erfahrung dar. Ihr Reich hat die abendländischen Gelehrten beschäftigt, seit sie 1660 dank der Übersetzung von Juda Halevis *Kusari* ins Lateinische erstmals von seiner Existenz erfuhren. Das Buch *Kusari*, ein erdachtes philosophisches Zwiegespräch zwischen einem Chasarenkönig und einem Rabbiner, enthält im Anhang den Briefwechsel zwischen Chasdai ibn Schaprut und dem Chasaren-Chagan Josef. Aus dieser und anderen Quellen, namentlich den Berichten von Arabern und Juden, die im 10. Jahrhundert in Konstantinopel lebten, läßt sich folgendes Bild rekonstruieren: Im 5. Jahrhundert siedelt sich der türkische Chasarenstamm im Zuge einer Völkerwanderung am Kaspischen Meer an und breitet sich in der Folge nach Westen bis zum Schwarzen Meer aus. Die Chasaren gründen ein »Steppenreich«, eine wichtige Landbrücke für die Handelsreisenden und im 8. Jahrhundert zugleich ein Pufferstaat in den Kriegen zwischen Byzanz und den auf Gebietserweiterung ausgehenden islamischen

Mächten. In das Tauziehen zwischen Islam und Christenheit verwickelt, scheinen sich die Chasarenherrscher Ende des 9. Jahrhunderts zum Judentum bekehrt zu haben, während die Mehrzahl der Bevölkerung offenbar teils christlich, teils muslimisch blieb.

Natürlich hatte es in dieser Gegend schon früher jüdische Siedler gegeben. Durch die Auswandererströme, die Byzanz und das Sassanidenreich wegen der gegen die Juden geübten Intoleranz verließen, hatte ihre Zahl noch zugenommen. Wie in den anderen von ihnen besiedelten Gebieten hatten die Juden Pionierarbeit geleistet, ihren auf einer noch ziemlich niedrigen Kulturstufe stehenden Nachbarn fortschrittlichere Ackerbaumethoden beigebracht und sie mit den Regeln des Binnen- und Außenhandels bekannt gemacht. Vermutlich führten sie auch die Schrift ein (jedenfalls berichtet ein arabischer Autor des 10. Jahrhunderts: »Die Chasaren schreiben hebräisch«). Man darf deshalb sicher auch eine gewisse Beeinflussung in Glaubensdingen annehmen. So klingt der Bericht, der Chasaren-Chagan Bulan habe sich um 740 von den Vertretern der verschiedenen Religionen ihren Glauben darlegen lassen und sich daraufhin für den mosaischen entschieden, nicht allzu unwahrscheinlich.

Allem Anschein nach hielten die Herrscher des Chasarenreiches bis zum Ende am jüdischen Glauben fest. Offensichtlich aber fehlten ihnen, da sie von den großen jüdischen Bildungszentren abgeschnitten waren, umfassendere Talmud-Kenntnisse. Dennoch ergriffen sie im Glaubensstreit zwischen Karäern und Rabbiniten für die letztgenannten Partei. Die eigentliche Tragödie der Chasaren setzte im 10. Jahrhundert mit dem Niedergang des Abbasidenimperiums und dem Aufstieg von Byzanz ein. Da ihr Reich als Pufferstaat entbehrlich geworden war, gab Konstantinopel es den Russen preis, die die Gelegenheit nutzten und ins Land einfielen. Doch trotz Niederlage und Besetzung blieben die Chasaren bis zum Mongoleneinbruch in der Mitte des 13. Jahrhunderts nominell ein jüdischer Staat. Mittlerweile waren anscheinend Chasarenabkömmlinge in Westeuropa aufgetaucht, wo nun allerlei romantische Geschichten über die »verlorenen zehn Stämme« in Umlauf kamen; wahrscheinlich stießen Chasaren auch in die slawischen Länder vor und wirkten am Aufbau der großen Zentren des osteuropäischen Judentums mit.

Soweit die Fakten. Was diese einfache Bestandsaufnahme jedoch nicht erkennen läßt, ist der tiefe Eindruck, den diese scheinbar so phantastische Geschichte von einem unabhängigen jüdischen Königreich auf die Juden der übrigen Länder machte. Wir haben bereits gesehen, welche Faszination diese Vorstellung auf Männer wie Chasdai ibn Schaprut und Juda Halevi ausübte, jüdische Hofbeamte, die zumindest als Gesellschaftsklasse über beträchtliche Macht verfügten. Und doch zeitigte diese Machtfülle, die sie zum Wohle ihrer jüdischen Mitbürger hätten einsetzen können, für die Juden so gut wie keine Ergebnisse. Was sich diese jüdischen Hofleute in Wirklichkeit erträumten, können wir an der Begeisterung ablesen, mit der sie die Kunde vom jüdischen Chasarenreich aufnahmen. Dieses Reich rückte für sie zum Symbol auf, in ihm sahen sie den Sinn der Geschichte und die metaphysische Sehnsucht des gesamten jüdischen Volkes erfüllt. Spanien, obgleich über die Maßen fesselnd, blieb letztlich eben doch Spanien – das Eigentum und Erbe eines nichtjüdischen Volkes. So betrachtet, erscheint es nur folgerichtig, daß Juda Halevi nach Vollendung seines großen philosophischen Werkes, in dessen Mittelpunkt ein über ein unabhängiges jüdisches Volk gebietender König steht, dem muslimischen Spanien den Rücken kehrt und allein ins Heilige Land aufbricht.

Die jüdische Kultur im Zeitalter des Islam

Vierhundert Jahre vor Anbruch der europäischen Renaissance vollzieht sich in den Ländern des Arabischen Reiches eine bemerkenswerte kulturelle Erneuerung. Sie erfaßt weite Bereiche des kulturellen Lebens mit solcher Intensität und bringt so viele beachtliche Leistungen hervor, daß man die Epoche jedem vergleichbaren Abschnitt der Menschheitsgeschichte zumindest als gleichwertig an die Seite stellen kann. In Philosophie und Naturwissenschaft, in Theologie, Literatur und Sprachwissenschaft schlägt diese Zeit neue Wege ein, setzt ihren erstaunlichen Begabungsreichtum daran, dem Wissensdurst des Menschen, aber auch seinem Verlangen nach Freude Ausdruck zu geben. Die Juden der muslimischen Welt, die auf naturwissenschaftlichem und philosophischem Gebiet eng mit den Arabern zusammenarbeiten, leisten einen bedeutenden Beitrag zu diesem kulturellen Aufschwung. Und die in Ost und West verstreuten Juden, Träger des internationalen Kulturaustausches, vermitteln die arabische Kultur auch dem christlichen Abendland: Sie übersetzen wichtige arabische Werke ins Hebräische, die dann von den Juden der christlichen Länder ins Lateinische übertragen werden.

Wie ehedem die jüdischen Philosophen Alexandrias ihre Werke auf griechisch verfaßten, so schreiben die Wissenschaftler und Philosophen der spanischen Periode arabisch. Hebräisch – nun mit neuem Eifer betrieben – bleibt der geistlichen und weltlichen Literatur und Dichtung vorbehalten. Zwei Sprachen hatten die Juden der Diaspora zwar seit jeher beherrscht; aber erst unter den Arabern bedient sich die geistige Elite des Judentums auch schriftlich mit gleicher Gewandtheit zweier sprachlicher Medien. So verfassen beispielsweise große Meister der Poesie wie Salomo ibn Gabirol und Juda Halevi ihre Gedichte auf hebräisch, ihre philosophischen Werke dagegen in flüssigem Arabisch.

Jüdische Gelehrte dieser Epoche wenden sich mit neuem Interesse dem vergleichenden Sprachstudium zu und erzielen große Fortschritte auf dem Gebiet der Lexikographie. Zemach bar Paltoi (Mesopotamien) bringt das erste reguläre Wörterbuch zum Talmud heraus. Die spanisch-jüdischen Philologen gehen dann noch ein bedeutendes Stück über diesen bescheidenen Anfang hinaus: Menachem ben Saruk, von Chasdai ibn Schaprut in Córdoba gefördert, veröffentlicht ein rein hebräisches Wörterbuch zur Bibel und mehrere Untersuchungen zum Aufbau des Hebräischen. Ähnliche Werke folgen zum Talmud, darunter das Talmud-Wörterbuch *(Aruch)* des Nathan ben Jechiel aus Rom (ca. 1030 bis 1106), das bis zur Erneuerung der Sprachwissenschaft im 19. Jahrhundert unübertroffen bleibt.

Auch auf literarischem Gebiet tut sich das »Volk des Buches«, wie die Araber die Juden damals bezeichnen, mit bahnbrechenden Leistungen hervor. Es kommt zu einer regelrechten literarischen Revolution, besonders in Spanien, wo eine neue Klasse – Dichter und Hofbeamte in einem – auftritt. Diese Gruppe bringt ein hebräisches Schrifttum von solchem Empfindungsreichtum und solcher Formkühnheit hervor, daß man zu Recht vom »Goldenen Zeitalter« der hebräischen Literatur sprechen kann.

All diese Dichter – es sind ihrer nicht wenige – schöpfen ihre Inspiration aus zwei Quellen: aus der Landschaft und Umgebung ihrer Wahlheimat Spanien und aus der Bibel, die der hebräischen Dichtung immer neue Anregungen liefert. Nach der Vertreibung der Juden aus ihrem Land verherrlicht so erstmals wieder eine größere Zahl jüdischer Schriftsteller in einer unverkennbar an die großen literarischen Schöpfungen der Bibel wie das Hohelied anklingenden Sprache die Schönheit der Natur und die Freuden der Liebe. Das von dieser höfischen Aristokratie geschaffene poetische Werk, überschwenglich und verfeinert in der Diktion und geschliffen in der metrischen Form, bringt die Anliegen und Empfindungen eines ganzen Volkes in einer besonders regen Phase seiner Geschichte für immer gültig zum Ausdruck.

Nun darf man aber nicht meinen, die hebräische Dichtung des mittelalterlichen Spanien erschöpfe sich in Lob- und Preisgedichten, in phantasievollen und spielerischen Einfällen. Nicht selten sprechen diese Gedichte auch von den persönlichen Ängsten und Schmerzen ihres Verfassers und, soweit sie religiöse Themen behandeln, von der Bedrängnis des Volkes und von seiner Sehnsucht nach Erlösung. Das gilt gerade für das Werk der größten und produktivsten spanisch-jüdischen Dichter, unter denen vier besonders hervorragen: Samuel ibn Nagrela (993–1056), der Wesir des arabischen Königs in Granada, ein Förderer der Dichtkunst und Musterbild des kultivierten Hofmannes; der Neuplatoniker Salomo ibn Gabirol aus Malaga und Saragossa (ca. 1021–ca. 1058), vielleicht der begabteste, jedenfalls aber einer der gewandtesten spanisch-hebräischen Dichter; Moses ibn Esra aus Granada (ca. 1055–ca. 1138), ein Meister der Poesie und Verfasser kunsttheoretischer Schriften; und der von ihm geförderte Juda

Halevi aus Toledo (1075–1141), ein Philosoph und Dichter von außerordentlicher Sensibilität, ein ungewöhnlich begabter und rechtschaffener Mann. Zusammen mit ihren Schülern, Kollegen und Freunden haben diese vier der Nachwelt ein abwechslungsreiches und vielschichtiges poetisches Vermächtnis hinterlassen, Werke von bedeutendem künstlerischem Rang und oft atemberaubender lyrischer Schönheit. Sie erbringen den lebendigen Beweis, welch reiche schöpferische Möglichkeiten sich dem einzelnen unter günstigen kulturellen Bedingungen in einer vom Grundsatz der Toleranz geleiteten Gesellschaft bieten.

Juda Halevi, ein Dichter und Philosoph

Schon in jugendlichem Alter beginnt der in den literarischen Zirkeln Andalusiens vielbewunderte Juda Halevi Verse zu schreiben, in denen er mit unnachahmlichem Geschick hebräische Inhalte in die Kunstformen der arabischen Liebes-Preislieder kleidet. Diese erotischen Gedichte, für den Vortrag im Kreise der Hofgesellschaft bestimmt, wechseln einfallsreich von der Lyrik zur Lobrede über und enden mit einer kunstvollen Huldigung an den Gastgeber oder Gönner. Halevi kommt bei dieser Art Poesie seine angeborene Heiterkeit, sein Witz und seine geradezu unglaubliche Wendigkeit zustatten. Doch in späteren Jahren zeichnet sich in seiner Dichtung allmählich ein Wandel ab; nach und nach tritt an die Stelle der Erotik die Liebe zu Gott. Von nun an ganz dem nationalreligiösen Denken verschrieben, verfaßt er einige der überwältigendsten Gedichte der jüdischen Literatur, darunter die *Klagelieder aus dem Exil* und die mitreißende *Zionide*, Werke, die die tiefste Sehnsucht der Juden zum Ausdruck bringen. Diese von stolzen Gefühlen und allumfassender Liebe getragenen Gedichte, die das innerste Wesen hebräischer Denkungsart treffen, sind bis zum heutigen Tag immer wieder auswendig gelernt und vorgetragen worden. Viele sind für immer in die Liturgie der Synagoge eingegangen; die *Zionide* beispielsweise wird in der bewegenden Kultfeier am 9. Aw gesungen.
Halevis philosophisches Denken baut auf den gleichen Grundlagen auf wie seine Dichtung. Er ordnet die metaphysischen Vorstellungen der rationalistischen aristotelischen Tradition den im jüdischen Bewußtsein verankerten Gewißheiten unter, vor allem der Grundgewißheit, daß Gott Sich in absoluter Freiheit Seinem auserwählten Volk spontan geoffenbart hat.
In seinem großen, auf arabisch verfaßten philosophischen Werk, dem *Kusari* (dem »Buch des Argumentes und Beweises zur Verteidigung des verachteten Glaubens«, wie der Untertitel lautet), sucht Halevi die Überlegenheit des Juden-

tums gegenüber Christentum und Islam nachzuweisen. Als Form der Darstellung wählt er, wie bereits erwähnt, den platonischen Dialog, hier zwischen einem jüdischen Gelehrten und einem neu zum jüdischen Glauben übergetretenen Chasarenkönig.

Die Philosophie oder die Vernunft allein, räumt Juda Halevi im *Kusari* ein, kann zwar durchaus Beweise für die Existenz eines Gottes, des Beherrschers und Lenkers dieser Welt beibringen. Doch von sich aus vermag die Philosophie seiner Auffassung nach den Menschen nicht zu den ungetrübten Glaubenswahrheiten zu führen, d. h., sie kann ihm die zwischen Gott und dem Menschen bestehende enge Bindung nicht erschließen. Diese ihrem Wesen nach personale Bindung kann nur aus der lebendigen Erfahrung, der inneren Erleuchtung und einer das ganze Wesen erfassenden Offenbarung erwachsen.

Genau diese Art Offenbarung aber, diesmal auf ein ganzes Volk ausgedehnt, wurde Israel am Sinai zuteil. Halevi betrachtet die Offenbarung am Sinai als unantastbare Grundlage aller Glaubensgewißheiten; sie bestätigt ihm, daß sich Israel im Besitz der Wahrheit und des rechten Glaubens befindet. Am Sinai hat sich Gott Israel zum Volk der Offenbarung und des Prophetentums erwählt – genau wie er im Laufe der Geschichte bestimmten einzelnen die göttliche Sehergabe verlieh. Diese Gabe (Inyan Elohi) übertrug Gott als erstem Adam, dem Werk Seiner Hände, der sie über eine ununterbrochene Kette auserwählter Nachkommen weitervererbte, bis sie mit Jakobs Söhnen auf die gesamte Gemeinschaft überging. Demnach besitzt jeder Jude potentiell diese Fähigkeit und kann sich zu den höchsten Höhen des Glaubenslebens erheben. Doch um sich wirklich entfalten zu können, bedarf die Prophetengabe zum einen der sorgfältigen Pflege (so stärken vor allem die rein rituellen Gebote der Tora die religiösen Kräfte und leiten sie in die rechten Bahnen); zum anderen aber bedarf sie auch einer bestimmten Umwelt (zum Propheten wird man nur im Heiligen Land, »dessen Luft weise macht«). Das geeignetste Medium zur Mitteilung des prophetischen Geistes ist das Hebräische, und zwar aufgrund seines besonderen Aufbaus wie seiner sprachlichen Schönheit.

Trotz seines glühenden Nationalismus läßt sich der *Kusari* keineswegs die für die Allgemeinheit gültigen Werte außer acht. Nach Halevi sollen im messianischen Zeitalter alle Völker denselben Grad religiöser Vollkommenheit erlangen, wie ihn Israel von allem Anfang an empfing. Er vergleicht Israels Funktion mit der des menschlichen Herzens: Es versorgt den Körper, d. h. die Welt, mit dem Herzblut seiner Moral, ist gleichzeitig aber auch schädlichen Einwirkungen von außen am stärksten ausgesetzt. Im messianischen Zeitalter jedoch wird Israels wahre Botschaft der moralischen Lauterkeit und der bedingungslosen sozialen Gerechtigkeit in die Adern aller Völker strömen und damit die Epoche des Weltfriedens anbrechen.

Begreiflich, daß ein Denker, der sich so eingehend mit den Vorstellungen des

Auserwähltseins und der nationalen Bestimmung befaßte, auch der Frage der *Galut* oder Diaspora besondere Aufmerksamkeit zuwandte. Als sich Halevi gegen Ende seines Lebens nach Palästina aufmacht und durch diesen persönlichen Schritt sein philosophisches Programm – die Rückgewinnung der Heimat – in die Tat umsetzt, handelt er nicht als romantischer Träumer, sondern als einer, der nach gründlicher Untersuchung und sorgfältiger Beurteilung der herrschenden politischen Verhältnisse die *Alija* als Ziel verficht. »Der Sohn der Magd verfolgt uns mit Haß; wir wenden uns flehentlich bittend an Esau, aber er zerfleischt uns wie wilde Tiere«, schreibt er. Und den praktisch denkenden Politikern, die sich um eine Bleibe für die von den christlichen Eroberern aus dem Norden vertriebenen Juden bemühen, hält er entgegen: »Gibt es für uns im Osten oder im Westen eine Stätte, auf die wir unsere Hoffnung gründen können?« Er selbst setzte seine Zuversicht auf das Land Israel. Seit der babylonischen Gefangenschaft hatte kein Jude, von einer ähnlich umfassenden Geschichtsbetrachtung ausgehend, eine solch glühende Sehnsucht nach der »Heimat und dem Vaterland« des jüdischen Volkes geäußert.
Die leidenschaftliche Liebe zu Zion veranlaßte Juda Halevi schließlich, Heimat, Angehörige und Freunde zu verlassen und über Ägypten nach Jerusalem aufzubrechen. Einzelheiten über seine Seereise und die herzliche Aufnahme, die ihm die jüdischen Gemeinden Ägyptens bereiteten, kennen wir aus seinen Reisegedichten und aus dem Briefwechsel mit seinen ägyptischen Gastgebern. Ungewiß jedoch ist, ob er Jerusalem überhaupt erreichte. Einer alten ergreifenden Sage zufolge trampelte ihn das Pferd eines arabischen Reiters zu Tode, als er wie versteinert an der Westmauer stand und weinte.

Maimonides

Mit Rabbi Moses ben Maimon erreicht die muslimische Epoche ihren Höhepunkt. Maimonides, der tiefschürfendste Geist seiner Zeit, ist nicht nur als einzigartiger und eigenständiger Denker, sondern auch wegen seines Einflusses auf die spätere europäische Philosophie zu Recht berühmt. Seine Werke vermittelten der nichtjüdischen Welt bis ins 18. Jahrhundert das nachbiblische hebräische Gedankengut.
Der 1135 in Córdoba geborene Maimonides war noch ein Kind, als seine Angehörigen nach der Machtergreifung der fanatischen Almohaden zusammen mit vielen anderen Nichtmuslims aus Spanien flohen. Die Familie ließ sich eine Zeitlang in Fez nieder, wanderte dann nach Palästina aus und faßte schließlich in Fostat (Alt-Kairo) Fuß, wo der große Philosoph im Jahre 1204 starb.

Wie so viele Juden seiner Zeit machte sich der als Leibarzt Saladins und der königlichen Familie tätige Maimonides als Mediziner einen Namen. Er schrieb eine Reihe bekannter medizinischer Abhandlungen, die von einer gründlichen Kenntnis der Naturwissenschaften (Astronomie, Mathematik und Physik) zeugen und ihn vielen Generationen von Medizinstudenten zum Begriff machten. Trotz seiner zarten Gesundheit kümmerte er sich tatkräftig um die Belange der Juden in aller Welt und wurde häufig von jüdischen Gemeinden aus dem ganzen Mittelmeerraum in rechtlichen, ethischen und religiösen Fragen zu Rate gezogen. Welche Berühmtheit er überall genoß, wie sehr man sein Andenken verehrte, zeigt der Lobspruch nach seinem Tode: »Von Moses bis Moses trat keiner auf wie er.«

In seinem umfassendsten philosophischen Werk, dem *Führer der Schwankenden*, sucht Maimonides die Vereinbarkeit von Judentum und Aristotelismus nachzuweisen. Darüber hinaus ist das Werk aufgrund der vielen peinlich genauen Zitate von früheren Philosophen eine hervorragende Informationsquelle über die arabische Theologie und Philosophie des Mittelalters. Der auf arabisch verfaßte *Führer* wurde in viele europäische Sprachen übersetzt und legte so den Grund für die spätere jüdische Philosophie, regte aber auch die lateinisch sprechende mittelalterliche Christenheit in ihrem philosophischen Denken an. Auf christlicher Seite macht sich der maimonidische Einfluß besonders beim heiligen Thomas von Aquin bemerkbar; auf jüdischer bei Baruch Spinoza, wohl dem hervorragendsten Maimonidesschüler neuerer Zeit.

Maimonides, ein großer Aristotelesbewunderer, läßt sich in allen Dingen von der Vernunft leiten, sofern dadurch die wesentlichsten und unumstößlichsten Lehren der Bibel nicht angetastet werden. Nachdem er dies im *Führer* versichert und erklärt hat, macht er sich an die umfassendste und systematischste Untersuchung der theologischen Lehrsätze des Judentums, die je von einem Denker unternommen wurde. Noch heute stellt sein in jahrelanger mühevoller Arbeit zusammengetragenes Werk ein eindrucksvolles Zeugnis menschlicher Gelehrsamkeit und Einsicht dar.

Ist Maimonides den Nichtjuden vor allem als Verfasser des *Führers der Schwankenden* bekannt, so schätzten ihn seine eigenen Glaubensgenossen lange Zeit in erster Linie als Autor des großen talmudischen Gesetzeskodex, der *Mischne Tora*. In diesem Buch reiht Maimonides den gesamten religionsgesetzlichen Stoff des Judentums Punkt für Punkt systematisch aneinander, um auf diese Weise dem Laien ein umfassendes und zugleich verständliches Werk an die Hand zu geben: »Wer es im Anschluß an die schriftliche Lehre liest«, erklärt er, »kann daraus die gesamte mündliche Lehre entnehmen, ohne ein weiteres Hilfswerk zu Rate ziehen zu müssen.« Der Kodex zeigt überzeugend, was der disziplinierte rationalistische Geist vermag. Frei von persönlichen Urteilen und Meinungen, bietet er dem Leser einen klaren, geordneten Abriß des jüdischen

Gesetzes nach den anerkannten Grundsätzen der *Halacha*. Bei der Formulierung und Anwendung des Gesetzes erweist sich Maimonides im wesentlichen als Humanist: »Das rituelle Gesetz ist für den Menschen da, nicht der Mensch für das rituelle Gesetz.« Demgemäß hält er es auch für vertretbar, das eine oder andere Gebot den Umständen anzupassen, »um die Massen zum Glauben zurückzuführen und sie vor religiöser Lauheit zu bewahren«. Sicher darf man von dieser humanistischen Einstellung nicht auf eine uneingeschränkte Bejahung des Fortschritts schließen; aber man darf annehmen, daß Maimonides manche Maßnahmen bedingt gebilligt hätte, die fortschrittliche Bewegungen innerhalb des Judentums in den vergangenen hundertfünfzig Jahren unternahmen, um die aktive Beteiligung der größtmöglichen Zahl am Gemeinschaftsleben zu erreichen. Trotz der strengen Zucht, die er sich selbst bei der Abfassung seiner Werke auferlegte, war er in den die Gemeinde betreffenden Fragen keineswegs starr und doktrinär. Und auch diese Aufgeschlossenheit trägt zur besonderen Menschlichkeit dieses kraftvollen und eigenständigen Geistes bei. Nur selten vereint ein Mann so viele Vorzüge in sich, nur selten ist ein Arzt gleichzeitig Philosoph und Kodifikator – besorgt um die Gesundheit seiner Mitbürger, voller Verständnis für ihre Bedürfnisse, jederzeit bestrebt, ihre Leiden zu lindern.

Das Ende des »Goldenen Experiments«

Die arabische Welt sollte die von politischem Idealismus und religiösem Eifer getragene Einheit, die einst die großen Zentren Spaniens und Nordafrikas gekennzeichnet hatte, nie wieder erlangen. Die zunehmende Aufsplitterung in der Zielsetzung und der fortschreitende Zerfall der gesellschaftlichen Normen, die schließlich mit der Reconquista durch die Christen endeten, wurden in den zwei Jahrhunderten nach Maimonides' Tod von einer willkürlichen, unsinnigen Diskriminierungspolitik gegen die Juden und andere Nichtmuslims begleitet. Die arabischen Führer schlugen einen dem Kenner der jüdischen Geschichte wohlbekannten Weg ein und begannen hysterisch, für die unaufhaltsame und zunehmende Erschütterung ihrer Selbstsicherheit einen Schuldigen zu suchen. Während des »Goldenen Zeitalters« der arabisch-jüdischen Beziehungen hatte eine erstaunliche Symbiose geherrscht, Begabung und Intention sich gedeckt. Die aufgestauten schöpferischen Kräfte der Juden, endlich freigesetzt, ergossen sich geradezu in Strömen und bereicherten nicht nur die jüdische Literatur, Religion und Philosophie, sondern tränkten am Ende des Frühmittelalters auch den unfruchtbaren Boden der europäischen Kultur. Es läßt sich nicht abschätzen, wie sich der Mittelmeerraum entwickelt hätte ohne die jüdischen Staatsmänner und

Finanzleute, die Wissenschaftler, Übersetzer und die Kaufleute, die den internationalen Handel ausbauten. Durch ihre Vermittlung wurden im spätmittelalterlichen Europa die Voraussetzungen für das Wachstum echter Kultur geschaffen. Zu dieser Zeit jedoch war das äußerst förderliche jüdische Element, auf der einen Seite vom Schirokko des arabischen Fanatismus, auf der anderen von der Flutwelle der christlichen Expansion bedroht, wieder einmal gezwungen, für Jahrhunderte unterzutauchen.

Und doch bleibt die Tatsache bestehen: Die jüdischen Gemeinden Spaniens und Nordafrikas entfalteten mindestens zwei Jahrhunderte lang unter arabischer Vormundschaft und mit widerwilliger Duldung der Araber eine schöpferische Energie wie die Juden nie zuvor in der Diaspora und später erst wieder im 19. Jahrhundert in Deutschland und Österreich und im Amerika des 20. Jahrhunderts. Diese Blütezeit, diese Symbiose, dauerte nur so lange, als die arabischen Völker, bemüht, soziale Gerechtigkeit zu verwirklichen, ihren jahrhundertealten Hang zum Fanatismus zügelten. Sobald sie jedoch, durch das Streben nach absoluter Macht für die Möglichkeiten einer fruchtbaren Koexistenz blind geworden, in sinnloser Raserei auf die unfruchtbare Taktik der Unterdrückung und Verfolgung zurückgriffen, stürzten sie die in ihren Ländern lebenden Juden, aber auch sich selbst ins Verderben. Mit dem »Goldenen Experiment« der arabisch-jüdischen Symbiose endete auch die Macht der Araber in Europa. Die Lektion, die sich daraus ableiten läßt, ist traurig, vielleicht ungewöhnlich traurig für ein Volk, das daran gewöhnt ist, daß Zeiten der Toleranz mit Zeiten der Verfolgung und Intoleranz abwechseln. Denn unter der christlichen Herrschaft hat der jüdische Geist nie einen solchen kulturellen Aufschwung erlebt wie damals unter den Arabern.

12. DIE JUDEN IN EUROPA BIS 1492

Um das 10. Jahrhundert war Europa zum Hauptschauplatz der jüdischen Geschichte geworden und sollte es für die nächsten tausend Jahre auch bleiben. Gegen die Jahrtausendwende belief sich die Zahl der in alle Welt verstreuten Juden nur noch auf eineinhalb Millionen; davon lebte ein großer Prozentsatz nach wie vor in Mesopotamien, in Syrien, ja sogar im fernen Indien; und Palästina zog, obwohl es nicht mehr dieselbe Bedeutung besaß wie früher, noch immer Ströme frommer jüdischer Einwanderer an. (Im 12. Jahrhundert zum Beispiel machten sich aus einer einzigen französischen Stadt dreihundert Rabbiner und Gelehrte nach Akkon auf.)

Gegen Ende des 15. Jahrhunderts, als die Juden aus ganz Westeuropa vertrieben wurden (mit Ausnahme einiger Teile Deutschlands und Italiens, wo aufgrund politischer Uneinigkeit keine einheitliche Diskriminierungspolitik zustande kam), sammelten sie sich unter anderem in den beiden großen östlichen Reichen der damaligen Zeit: Die Aschkenasim (die aus dem Norden stammenden Juden) fanden in Polen, die Sefardim (die spanischen Juden) in der Türkei eine neue Heimat.

Aus den erhaltenen Aufzeichnungen mit ihren zahllosen Berichten über die Entstehung und Gründung der neuen Gemeinden im mittelalterlichen Europa wissen wir, daß sich die Juden häufig auf die Aufforderung eines weltlichen Herrn oder eines Bischofs hin in einer Stadt niederließen. Diese hofften vermutlich, durch die Ansiedlung von Juden den Handel in ihrem Machtbereich zu fördern. So berief beispielsweise Karl der Große Juden aus Lucca nach Mainz, wo sich um die Familie Kalonymes eine jüdische Gemeinde bildete.

In Nordeuropa traten die Juden in erster Linie als Kaufleute und Handwerker auf. In Babylonien und Palästina hatten sie sich seit einiger Zeit mehr und mehr von der Landwirtschaft zurückgezogen, teils wohl wegen des ungerechten Steuersystems, teils jedoch auch, weil die Muslims aus ihrer Verachtung für die Feldarbeit kein Hehl machten und das Ansehen des Bauernstandes immer mehr sank. In Europa nun sprachen noch andere Gründe gegen eine Betätigung der Juden in der Landwirtschaft. Zum einen hatten sämtliche Juden durch die westgotische Gesetzgebung ihren Grundbesitz verloren. Zum anderen verbot die Kirche ihnen und ihren Hilfskräften, am Sonntag auf dem Feld zu arbeiten. Nun fiel für sie aber schon der Sabbat aus, und diese erzwungene zweitägige Ruhepause in der Woche führte oft zu großen Ernteschäden. Überdies lebten die Juden ständig in der Angst, wieder aus dem Land vertrieben zu werden und ihren Grundbesitz zu verlieren, und außerdem machten die Forderungen der jüdischen Religion ein Zusammenleben in geschlossenen Siedlungen höchst erstrebenswert. Begreiflicherweise also kehrten viele Juden der Beschäftigung ihrer Vorfahren den Rücken, um sich statt dessen dem Handwerk und dem Handel zuzuwenden. Dennoch fühlten sich die von Pioniergeist beseelten Juden, vor allem in neubesiedelten Gebieten, nach wie vor zur Landwirtschaft hingezogen. Sie bestellten im christlichen Spanien die nahe dem schützenden Hoheitsbereich der mittelalterlichen Städte gelegenen Obstplantagen und Weinberge und leisteten in manchen mit der Landwirtschaft verbundenen Industriezweigen Pionierarbeit, in der Erzeugung von Mehl, in der Herstellung von Weinkeltern und im Ausbau von Spinnereien und Webereien.

Als Handwerker waren die Juden, ehe sie durch die Zunftsatzungen ausgeschlossen wurden, praktisch auf allen Gebieten tätig. Ja manche von ihnen im Westen erst eingeführten Handwerkszweige befanden sich fast ausschließlich in ihrer Hand, wie zum Beispiel die Färberei, die Seidenweberei, die Stickerei (jüdische Kunsthandwerker stellten die kostbaren Krönungsroben der Habsburger Kaiser her), die Silber- und Goldschmiedekunst und die Glasbläserei (schon im 7. Jahrhundert gab es in Frankreich ein sogenanntes »jüdisches Glas«).

Als Händler überflügelten die Juden, die sich auf dem Gebiet des Außenhandels schnell zu Experten ausbildeten, die einheimischen Nichtjuden schon bald. Bereits damals herrschte in der westlichen Welt eine starke Nachfrage nach den Luxusgütern des Orients. Nun waren die Muslims zwar große Reisende, aber sie wagten sich nur selten in die feindlichen christlichen Länder, und so lag der Handelsverkehr zwischen Europa, Asien und Afrika bereits seit langen Jahren lahm. Es fehlte eine Gruppe, die zwischen der muslimischen und der christlichen Welt vermittelte und die im 5. und 6. Jahrhundert von den Syrern ausgeübte Funktion übernahm. Diese Rolle nun fiel den Juden zu, die sich dafür um so besser eigneten, als sie dank ihrer gemeinsamen Sprache, dem Hebräischen, mit ihren Glaubensgenossen in aller Welt Verbindung aufnehmen konnten. Unter dem Druck der Notwendigkeit paßte sich ihre religiöse Sprache praktischen Zwecken an und entwickelte sich zu einer echten Volkssprache; bereits im 9. Jahrhundert wurde der größte Teil der Handelsgeschäfte zwischen Paris und Bagdad oder Kairo auf hebräisch abgewickelt. Erleichtert wurde die Beziehung der Juden aus den westlichen Ländern zu den Juden in den fernen östlichen Ländern außerdem noch durch den gemeinsamen Glauben und die gemeinsamen Sitten und Gebräuche.

Ein weiterer wichtiger Faktor, der den Juden auf dem Handelssektor einen Vorsprung vor ihren nichtjüdischen Rivalen verschaffte, war die Einheitlichkeit des jüdischen Rechts in allen grundsätzlichen Fragen. So konnten die jüdischen Richter in Kairo sicher sein, daß ihre Entscheidungen von den jüdischen Behörden in Aden oder Marseille anerkannt wurden. Da auch die Handelsverträge in einer einheitlichen Rechtssprache abgefaßt waren, fanden die Vertragspartner in jeder größeren Stadt mit einer jüdischen Gemeinde ihr Recht. Und schließlich dürfen wir nicht vergessen, daß die Juden der verschiedenen Länder einander brüderlich verbunden waren. Reisende jüdische Kaufleute fühlten sich sicher unter dem Schutz der jüdischen Gemeindevorsteher. Mit Empfehlungsschreiben ausgerüstet, gingen sie auf Reisen und konnten damit rechnen, noch in den fernsten Gemeinden herzlich empfangen und aufgenommen zu werden. Erlitten sie Schiffbruch oder fielen sie Piraten in die Hände, so standen ihnen ihre Glaubensbrüder in den nächstgelegenen Gemeinden in der Not bei oder kauften sie los.

Mit dem Aufstieg der italienischen Stadtstaaten zur Seemacht jedoch wurde die Vorherrschaft der Juden im Fernhandel in Frage gestellt. Die Italiener, geborene Händler, verfügten über stärker bewaffnete Schiffe, konnten sich besser gegen Räuber und Piraten verteidigen und Einheimische notfalls mit Gewalt zum Güteraustausch zwingen. Durch Zusammenschluß im Hanseatischen Städtebund gewannen auch die schwergerüsteten Kaufleute im Norden eine große Machtfülle. Mit den Kauffahrteiflotten der Italiener und der Hanse aber konnten die Juden nicht länger Schritt halten; zur Zeit der Renaissance waren sie aus ihrer führenden Stellung im internationalen Handel weitgehend verdrängt.

Die Juden waren im Mittelalter hauptsächlich als Geldleiher bekannt und verrufen – wenn auch zu Unrecht. Denn da der Islam wie auch das kanonische Recht der mittelalterlichen Kirche ihren Anhängern verboten, Zins zu nehmen, mußten die »Ungläubigen« in die Bresche springen. Früher, unter dem Römischen und dem Byzantinischen Reich, als Darlehen gegen einen niedrigen Zinssatz gesetzlich gestattet waren, hatten die Juden im Kreditwesen keine besondere Rolle gespielt. Erst als es mit der Ausbreitung des Islam den *Dhimmi* überlassen blieb, Geld auszuleihen, ergriff eine nennenswerte Zahl von Juden diesen Beruf, und selbst von diesen gingen die meisten daneben noch dem Bankgewerbe oder einem Handwerk nach und betrieben den Geldverleih lediglich nebenher.

Im christlichen Europa entstand, als die abendländischen Kirchen den Christen die Beteiligung am Geldleihgeschäft immer strenger untersagten, ein Vakuum, das man die Juden nur zu gern ausfüllen ließ. Binnen kurzem nahmen sie auf diesem Gebiet eine Monopolstellung ein, obwohl viele Christen und christliche Institutionen, darunter Kirchen und Klöster, auch weiterhin noch Geld ausliehen (bis zum 12. Jahrhundert stellte der Klerus einen bedeutenden Prozentsatz der Geldleiher). Die Juden aber, die aus fortgeschritteneren Ländern kamen und vielfach über Bargeld verfügten – sei es vom Verkauf ihres Grundbesitzes, sei es aus dem Erlös ihrer Handelsgeschäfte –, konnten in aller Öffentlichkeit zu Werke gehen, während die Kirche ihre Geschäfte unter einem Deckmantel tätigen mußte. Überdies genossen sie den Schutz der örtlichen Herren und wurden im Laufe der Zeit auch für Könige und Kaiser unentbehrlich.

Erst um das 13. Jahrhundert jedoch wurde das Geldverleihen zur Hauptbeschäftigung der französischen und noch später auch der deutschen Juden. Aber selbst zu dieser Zeit waren die Juden keineswegs die einzigen Kreditgeber. Nach wie vor traten christliche Kaufleute, besonders die Flamen und Lombarden, im Ausland als Geldleiher auf. Allerdings fanden die Juden bei den weltlichen Autoritäten mehr Unterstützung, einmal, weil die Lombarden und kirchlichen Bankiers von den Laien als zu unsicheren Kantonisten nicht viel wissen wollten, und zum anderen, weil die Steuer- und anderen Einnahmen des Staates mit dem Reichtum der Juden wuchsen. (Die Städte Augsburg und Regensburg zum Beispiel rechtfertigten den Schutz, den sie den Juden gewährten, mit der Begründung, daß »sie nützliche und für den gemeinen Mann unentbehrliche Bürger« seien.) Und so kam es, daß die Juden oft das Geldleihmonopol erhielten, daß ihnen gelegentlich, wie in Schlesien unter Heinrich IV., sogar jede andere Betätigung verboten wurde.

Die neugegründeten Judengemeinden in Westeuropa regelten die innerjüdischen Angelegenheiten nach dem Zivilrecht des Talmud, das sie mit großem Eifer auf die Verhältnisse ihrer neuen Umwelt anzuwenden suchten. Die Gemeinden in Spanien und Italien, die in ihren Anschauungen den babylonischen Juden besonders nahestanden, unterhielten im 10. und 11. Jahrhundert, also solange die babylonischen Akademien aktiv wirkten, einen regen Austausch mit den *Geonim*. Für die französischen und deutschen Gemeinden lagen die Dinge nicht ganz so einfach. Offensichtlich aber richteten auch sie, wie der zum großen Teil erhaltene Briefwechsel zeigt, viele Fragen an die Häupter der babylonischen Schulen. Außerdem kamen häufig Abgesandte aus dem Osten, um in den neuen Gemeinden einen Beitrag für die Akademien in Babylonien zu sammeln. Diese Boten, nicht selten Gelehrte von Rang, ließen sich gelegentlich überreden, in den jungen europäischen Gemeinden zu bleiben. Damit aber war der Grundstein für einen neuen Aufschwung der jüdischen Gelehrsamkeit in Italien, Spanien, Frankreich und Deutschland gelegt.

Schon bald – die jüdischen Gemeinden in Frankreich und Deutschland waren zahlenmäßig noch klein – trat ein bedeutender Gelehrter und Lehrer auf: Rabbi Gerschom von Mainz, dessen Werk für den Aufbau der deutschen und französischen Judengemeinden auf Jahrhunderte hinaus richtungweisend war. Rabbi Gerschom, *Meor ha-Gola*, »Leuchte des Exils« genannt, stand der ersten Talmud-Schule von Mainz vor und war hochgeehrt: Als er unter Androhung der Ausstoßung die Polygamie, die Ehescheidung ohne Zustimmung der Gattin und die Verletzung des Briefgeheimnisses verbot, wurden seine Verordnungen sofort vom gesamten europäischen Judentum angenommen.

Die Selbstverwaltung der jüdischen Gemeinden in Europa wurde durch den für die mittelalterliche Gesellschaft insgesamt kennzeichnenden Hang zur Abkapselung erleichtert. Daß die Juden von der andersgläubigen Bevölkerung abgesondert leben wollten, galt nahezu als selbstverständlich, obwohl die Rabbiner mit diesem Gesetz auch noch einen anderen Zweck verfolgten. Sie wollten verhindern, daß sich nichtjüdische Lebensgewohnheiten in ihrer Gemeinde breitmachten. Die Juden begrüßten die Zuweisung abgeschlossener Viertel oft selbst als Gunstbeweis, vor allem wenn diese sogenannten *Juderias*, wie sie in Spanien hießen, in befestigten Orten lagen. So ließ Bischof Rüdiger von Speyer 1084 ein solch abgetrenntes, von einer Mauer umgebenes Judenviertel anlegen, um Juden in seine Stadt zu ziehen und ihr dadurch zu höherem Ansehen und besseren Handelsverbindungen zu verhelfen. Die Judenviertel waren damals also keineswegs Ghettos im engeren Sinn des Wortes. Eine ganze Anzahl von Juden lebten außerhalb, während sich andererseits mancher Nichtjude darin niederließ. Die durch das Gesetz erzwungene Absonderung der Juden sollte erst später kommen. Sie war, wo immer sie auch eingeführt wurde, stets ein Zeichen dafür, daß sich die natürlichen Schranken zwischen den beiden Gruppen stark abgebaut hatten und die Mehrheit eine Verwässerung ihrer Eigenart durch fremde Elemente befürchtete. Vor 1200 jedoch lebten die Juden in fast allen Städten aus freiem Willen in geschlossenen Bezirken, weil sie so die erzieherischen und religiösen Möglichkeiten und die Annehmlichkeiten, die das Leben in einer geistig und gesellschaftlich homogenen Gruppe bot, besser wahrnehmen konnten.
Unumschränkter Herrscher im Judenviertel war das Gesetz. Die Gemeindevorsteher und die Justizgewalt genossen das volle Vertrauen der Gemeindemitglieder. Die Verwaltung war nach alten, durch Gesetzesverfügungen neu bestätigten Bräuchen geregelt, deren göttlichen Ursprung alle anerkannten. Hinter dem Wall aus Gesetz und Brauchtum, der einen besseren Schutz bot als der Mauerring, spielte sich das Drama des jüdischen Lebens ab. In ihrer geistigen Festung eingeschlossen, fühlten sich die Juden ihren Glaubensbrüdern in den fernsten Ländern enger verbunden als ihren nichtjüdischen Mitbürgern, deren Probleme und Verhalten sie vielfach nicht begreifen konnten und für deren Kultur, Familien- und Gesellschaftsleben sie wenig Sympathie empfanden.

Die Juden in Frankreich, Deutschland, England und Italien

Im 10. und 11. Jahrhundert gab es in Frankreich und Deutschland nachweislich in jeder größeren Stadt eine alteingesessene Judengemeinde, deren Geschichte im weiteren Verlauf lückenlos belegt ist. Die Anfänge dieser jüdischen Siedlungen lassen sich anhand von Urkunden in beiden Ländern bis in die Zeit des Karolingerreichs zurückverfolgen, das sich vom Ärmelkanal und dem Atlantischen Ozean bis zur Adria und von der Oder bis zum Ebro erstreckte. Ein Jude namens Isaak war Mitglied einer Gesandtschaft Karls des Großen zum Kalifen Harun al Raschid nach Bagdad, von wo er als einziger zurückkehrte und den ersten Elefanten mitbrachte, den Europa zu sehen bekam. Unter Karl dem Großen zogen die ersten Juden nach Mainz, während in Köln, Aachen und anderen Städten des Rheinlands zu dieser Zeit bereits Judengemeinden bestanden. In Metz werden die Juden 888 zum ersten Mal erwähnt, in Magdeburg 965, in Worms 960 und in Speyer 1084.

Gewöhnlich erfolgte die Ansiedlung nach folgendem Schema: Die Juden erhielten, da man sich von ihrem Zuzug eine Besserung der wirtschaftlichen Lage versprach, eine Aufforderung beziehungsweise die Erlaubnis, sich in einer Stadt niederzulassen. Danach wurde ihre rechtliche Stellung anhand der Kapitulargesetzgebung geregelt, die ihnen bestimmte Rechte einräumte, aber auch bestimmte Beschränkungen auferlegte. In den frühen, in ihren Vorstellungen und Begriffen ganz der Feudalzeit verhafteten Schutzbriefen leisteten sie dem Hof für den gewährten Schutz einen Treueeid und verpflichteten sich zu regelmäßigen Zahlungen an den Oberlehnsherrn. Fast durchweg taucht in diesen Schutzbriefen die Formel auf: »... um friedlich unter Unserem Schutz und Schirm zu leben und Unserem Hof in Treue zu dienen«. Zunächst unterstanden die Juden unmittelbar dem König, beziehungsweise dem Kaiser. Solange ihre rechtliche Stellung durch dieses Lehnsverhältnis festgelegt war, konnten sich die jüdischen Gemeinden im großen und ganzen sicher fühlen. Als aber die Lehnshoheit an die Barone beziehungsweise die Bischöfe überging, war ihre Stellung bedroht. 973 zum Beispiel, als der Kaiser Merseburg abtrat, wurde »alles, was von den Stadtmauern umschlossen ist, mitsamt den Juden und Kaufleuten« mit übergeben.

Die Ausbreitung des französischen und deutschen Judentums hielt mit der allgemeinen Entwicklung der beiden Länder Schritt. In jeder neugegründeten Stadt von Bedeutung lebten Juden. Besonders gern aber ließen sie sich, wie aus dem Reisetagebuch des Petachja von Regensburg hervorgeht, an den Flußläufen, das heißt, an den Haupthandelsstraßen nieder. So zum Beispiel in Mainz, von wo häufig große Kaufmannszüge nach Osteuropa und Asien aufbrachen. Und überall waren die Juden, auch wenn sie gelegentlich eine Verletzung ihrer Rechte oder eine Verfolgung durch den Pöbel hinnehmen mußten, im allgemeinen als geschickte Händler und Handwerker wohlgelitten, da sie für die an den Boden gebundene Wirtschaft der Feudalzeit eine lebenswichtige Rolle spielten.

Bis zum 11. Jahrhundert herrschten in diesen Ländern relativ friedliche und freundschaftliche Beziehungen zwischen Juden und Nichtjuden. Eine ganze Reihe von Gemeinden entfalteten ein reges Geistesleben und unterhielten Talmud-Akademien; die größten Gelehrten der Zeit waren: Gerschom von Mainz, der produktive, schöpferische Bibel- und Talmudexeget Raschi von Troyes und Raschis Enkelsöhne, Samuel ben Meïr und Rabbenu Tam. Doch im 12. und 13. Jahrhundert, als sich Deutschland (unter Friedrich II.) und Frankreich (unter Philipp August) allmählich zu Nationalstaaten entwickelten, bekamen die Juden die Intoleranz der mittelalterlichen Welt wieder in vollem Umfang zu spüren. Zu dieser Zeit besannen sich beide Länder auf den Ausbau des einheimischen Handels und Handwerks; der Aufstieg der Städte begann; gewaltige Kathedralen wuchsen in den Himmel. Die Juden aber, die diesen Aufschwung in gewisser Hinsicht erst ermöglicht hatten, waren plötzlich überflüssig und unerwünscht. Von nun an wurde ihre Stellung von der Römischen Kirche und deren Vertretern bestimmt, die eine doppelzüngige Politik betrieben, einerseits Toleranz und Mäßigung predigten, andererseits aber die Juden von ihrer moralischen und geistigen Minderwertigkeit zu überzeugen und zur Bekehrung zu bewegen versuchten.

Auf den britischen Inseln umfaßte die jüdische Siedlungsgeschichte lediglich die zwei Jahrhunderte zwischen der normannischen Eroberung (1066) und dem Austreibungsedikt von 1290. Danach verschwand das englische Judentum ebenso schnell von der Bildfläche, wie es zuvor einem Meteor gleich aufgetaucht war. Ins Land gerufen, um eine empfindliche Lücke in der Wirtschaft zu schließen, den Geldmarkt auszubauen, wurden die Juden zu Wucherern des Königs abgestempelt und hatten in erster Linie Geld für politische und wirtschaftliche Abenteuer zu beschaffen. Sie machten immer nur einen geringen Prozentsatz der englischen Bevölkerung aus. Um 1200 bestand ihre Gemeinde aus rund zweitausendfünfhundert Familien. Aber obwohl die Juden nur ein Zehntel Prozent der Gesamtbevölkerung stellten, zahlten sie schätzungsweise etwa dreitausend Pfund Steuern an den König, oder anders ausgedrückt: sie brachten rund ein Siebtel des gesamten Steuereinkommens auf. Untereinander sprachen die englischen Juden, die zum großen Teil aus Frankreich kamen, zum Teil aber auch aus Spanien, Italien und Marokko, normannisch. Sie waren, wie auf dem Kontinent, sogenannte »Kammerknechte« und durften sich weitgehend selbst verwalten. Überhaupt verlief ihr Leben im großen und ganzen wie das der größeren jüdischen Gemeinden auf dem Kontinent, nur daß sie zahlenmäßig und kulturell wohl weniger ins Gewicht fielen als die anderen westeuropäischen Juden. Zur Zeit seiner Austreibung zählte das über das ganze Land verstreute englische Judentum etwa sechzehntausend Seelen. Seine kurze Geschichte spiegelt das Schicksal der Juden im mittelalterlichen Europa bis in alle Einzelheiten getreulich wider: Zunächst gefördert, werden die Juden später erniedrigt, verfolgt und schließlich vertrieben. Zwar erlaubt ihnen Eduard I., alle bewegliche Habe mitzunehmen, aber der größte Teil ihres Besitzes fällt doch – unnötig, es hervorzuheben – an die Krone.

In Italien finden sich die bedeutendsten jüdischen Gemeinden bis zum 13. Jahrhundert südlich von Rom. Aufgrund ihrer geographischen Lage und ihrer geistigen Orientierung vermitteln sie – wichtiges Bindeglied zwischen morgenländi-

schem und abendländischem Judentum – dem Westen die jüdische Gelehrsamkeit des Ostens. Sie erleben unter den Muslims eine ähnliche, wenn auch nicht ganz so glänzende kulturelle Renaissance wie die spanischen Juden im »Goldenen Zeitalter«. Palermo, die damalige Hauptstadt Italiens, ist eine fast gänzlich arabische Stadt, und wie in Spanien dürfen sich die Juden am Wirtschafts- und Geistesleben beteiligen. So gelangen sie zu Ansehen und Wohlstand und können sich selbst unter den Normannen noch eine Zeitlang behaupten. Nach 1187, nachdem Italien an die Hohenstaufen gekommen ist, müssen sich die süditalienischen Juden allmählich den im übrigen Europa herrschenden Zuständen beugen: Auch sie werden nun zu »Dienern der kaiserlichen Kammer«. Die hebräische Literatur und Wissenschaft blühen unter der weniger strengen Herrschaft in Italien allerdings auch weiterhin. Zumindest auf kulturellem Gebiet also durften die süditalienischen Juden die zwei Jahrhunderte Normannen- und Hohenstaufenherrschaft als eine, wenn auch recht eingeschränkte, Fortsetzung des »Goldenen Zeitalters« unter den Muslims betrachten.
Nördlich der Papststaaten hatten sich meist nur kleine Gemeinden gebildet. Als bedeutendste galt das für seine Gelehrtenakademie berühmte Lucca, während Venedig zu dieser Zeit noch keine Juden in seinem Hoheitsbereich duldete.

Das Verhältnis zu Kirche und Staat

Da die Juden im christlich-mittelalterlichen Europa rassisch und religiös als eigene Gruppe empfunden wurden, mußten nach der damaligen Auffassung auch andere Gesetze für sie geschaffen werden. Sie erhielten Privilegien, in denen ihnen Schutz von »Leib und Leben« zugesichert und das Recht auf Selbstverwaltung in kommunalen Angelegenheiten und Glaubensdingen zugebilligt wurde. Durch solche Verträge sollte ursprünglich wohlhabenden Juden ein Anreiz geboten werden, sich in bestimmten, wirtschaftlich unterentwickelten armen Gebieten niederzulassen; sie enthielten meist ausführliche Bestimmungen, die darauf abzielten, die Juden zum Geldleihgeschäft zu ermutigen. Die Praxis, Schutzbriefe auszustellen, zunächst in Deutschland eingeführt, breitete sich bald darauf in allen europäischen Ländern aus. Doch trotz dieser Privilegien konnten sich die Juden nicht immer sicher fühlen. Denn gelegentlich zog der Lehnsherr, sei es aus einer Notlage heraus, sei es aus purer Geldgier, ihr Vermögen und ihren Besitz ein, um hinterher vielfach auch noch die betroffene jüdische Gemeinde auszuweisen.
Die Kirche sah sich gegen Ende des 12. Jahrhunderts durch die Ausbreitung der christlichen Häresien dazu gezwungen, ihre Macht zu festigen und ihre Hierarchie zu stärken. Mit der Zeit dehnte sie die Strafmaßnahmen gegen die Häretiker

1 Israel, das Land der Gegensätze, vereint auf engem Raum unterschiedlichste Landschafts- und Klimazonen, die vom Hochgebirge bis zu den tiefstgelegenen Regionen der Erde reichen.

2 Alt und knorrig, fruchtbar und immergrün erhebt sich in der wüstenartigen Landschaft des Negev der Ölbaum, mit seinen gelbweißen Blüten eine Verheißung von Schönheit, mit seinen ölspendenden Früchten eine Verheißung von Überfluß, mit seinen Zweigen Verheißung und Symbol des Friedens.

3 (rechts) Tontäfelchen mit dem harfenspielenden David.

4 *Jehu bringt Salmanassar kniend seine Huldigung dar. Ausschnitt aus der Relieffolge des großen schwarzen Obelisken, auf dem sich die Eroberungen des Assyrerkönigs Salmanassar III. verzeichnet finden.*

5 *Jüdische Verbannte verlassen Lakisch. Die Belagerung und Einnahme der Festungsstadt durch babylonische Streitkräfte unter König Sanherib stellt die größte Katastrophe des Babyloniereinfalls in Judäa dar.*

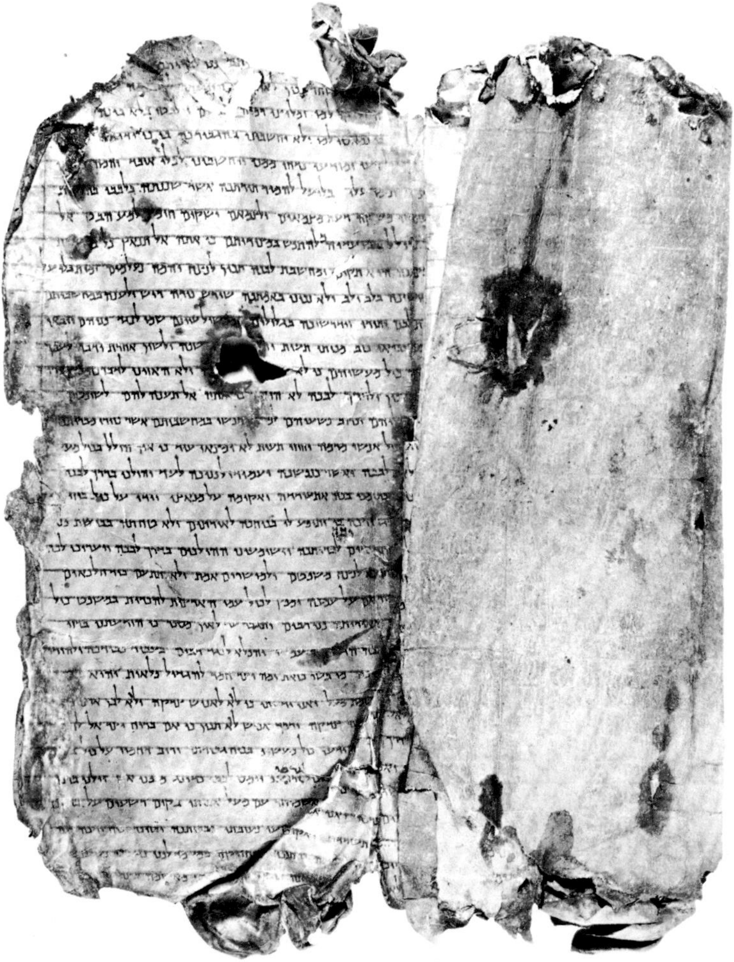

6 Diese Sammlung von Dankgebeten wurde zusammen mit anderen »Rollen vom Toten Meer« von Beduinen in den Höhlen von Wadi Qumran entdeckt.

7 (rechts) Luftaufnahme der am Westufer des Toten Meeres gelegenen Bergfestung Massada, wo die Zeloten den Römern heldenmütig bis zum Tod Widerstand leisteten.

8 Diese Münze mit der Legende Judea Capta *und dem Bild eines stämmigen römischen Legionärs und einer trauernden Judäerin wurde unter Vespasian zur Feier des römischen Sieges über die Juden geprägt.*

9 (rechts) Katakomben in Bet Schearim mit der in Stein gehauenen Darstellung des im jüdischen Kult so wichtigen siebenarmigen Leuchters.

11 Die reizvollen maurischen Bogengänge dieses Museums in Toledo verraten nicht, daß es sich um die alte Schuschan-Synagoge handelt, die eine Zeitlang als Kirche diente.

10 (links) Reichverzierte Säulenkapitelle und Giebel von der Synagoge zu Kapernaum (2. Jahrhundert); vorn rechts Darstellung der Bundeslade.

12 So schildert ein französischer Miniaturenmaler aus der Mitte des 13. Jahrhunderts in einer Bible Moralisée *ein jüdisch-christliches »Streitgespräch«. (Rechts, bescheiden und gelassen, die Mönche; links, mit abweisender Miene und umgeschnallten Gebetsriemen, die Juden. Der Gekrönte in der Bildmitte dürfte der französische König Ludwig der Heilige sein, der einmal bei einer solchen Disputation den Vorsitz führte.)*

13 (rechts) Dieser Holzschnitt aus einer Mantuaner Haggada (16. Jahrhundert) zeigt Elias Einzug nach Jerusalem. Der Text stammt aus Psalm 79: »Schütte Deinen Grimm auf die Heiden, die dich nicht kennen, und auf die Königreiche, die deinen Namen nicht anrufen.«

שפך
חמתך על הגוים
אשר לא ידעוך ועל
הממלכות אשר
בשמך לא
קראו
שפך עליהם זעמך וחרון
אפך ישיגם תרדוף באף
ותשמידם מתחת שמי יי

15 Innenansicht der um 1620 gegründeten Prager Altneuschul.

14 (links) Die Prager Altneuschul-Synagoge, seit 1568 das geistliche Zentrum des böhmischen Judentums. Die Zeiger der Giebeluhr mit den hebräischen Ziffern laufen gegen den, die der Turmuhr mit den römischen Ziffern im Uhrzeigersinn.

16 Der Prager Judenfriedhof mit seinem dichtgedrängten Gewirr verfallender Grabsteine. Hier ruht neben seinen Landsleuten aus der tschechischen Judengemeinde der große Rabbi Juda Löw ben Bezalel, der mutmaßliche Schöpfer des Golem.

auch auf die Juden aus. 1215 erließ das von Papst Innozenz III. einberufene 4. Laterankonzil eine Anzahl unmittelbar die europäischen Juden betreffender Dekrete. Die ehedem vom christianisierten Römischen Reich und der Kirche eingeführten judenfeindlichen Gesetze sollten nun peinlich genau befolgt, die Judenunterdrückungen den schwankenden Christen als erbauliches Beispiel vorgehalten werden. Alles in allem zielte die Gesetzgebung des Laterankonzils darauf ab, die Juden gesellschaftlich noch mehr als in der Vergangenheit zu isolieren. (Mit dem Erfolg, daß es in den nächsten drei Jahrhunderten überall in Westeuropa zu Judenaustreibungen kam.) Alte Verordnungen, die den Juden jede Autorität über Christen absprachen, sollten wieder in Kraft treten; kein Fürst bei Strafe der Exkommunikation einen Juden zu einem Amt ernennen dürfen. Die Juden ihrerseits sollten an Ostern bei geschlossenen Läden im Hause bleiben und an diesem Tage jährlich eine Sondersteuer entrichten. Das Zusammenleben von Juden und Christen wurde ausdrücklich untersagt, und von nun an mußten alle Ungläubigen ein besonderes Abzeichen tragen. Damit war der Weg zum Ghetto bereits vorgezeichnet.

Zwar wurden nicht sofort sämtliche Erlasse befolgt, aber schon ihre Verkündigung bedeutet einen Wendepunkt in der jüdischen Geschichte. Von nun an lebten die europäischen Juden ständig unter der Drohung dieses Gesetzes, dessen Anwendung allein von der Zweckmäßigkeit und dem Temperament der Machthaber abhing. Immer wenn die Kräfte der Reaktion in einem Staat triumphierten, wenn sich die Kirche von innen oder von außen bedroht fühlte, konnte dieses Gesetz herangezogen werden. Fanatiker und Frömmler pochten ohnehin ständig – und nicht gänzlich erfolglos – auf seine rigorose Durchsetzung. Die einst von den Päpsten herausgegebenen Schutzbullen boten weitgehend nur noch theoretisch Schutz, blieben aber im Bereich der praktischen Politik wirkungslos.

Besonders häufig kam es zwischen Juden und Christen bei der Auslegung der Bibel zu Reibereien, des beiden gemeinsamen Heiligen Buches, über dessen Sinn und Bedeutung die Meinungen radikal auseinandergingen. Die Kirche erhob einerseits den Anspruch, die Erfüllung aller biblischen Verheißungen darzustellen, hielt aber andererseits all die biblischen Drohungen und Anklagen gegen die Juden in ihrer ganzen ursprünglichen Kraft aufrecht. Und was die Juden auch gegen den Vorwurf ihrer Minderwertigkeit vorbringen mochten, sie wurden unbeirrbar ein verfluchtes Volk, ein Feind der Menschheit genannt. Ziel dieser nicht abreißenden Hetzkampagne war, den Mob aufzuwiegeln (was oft genug zu verheerenden Folgen führte) und den Widerstandsgeist der Juden zu brechen.

Einen weiteren Angriffspunkt lieferten die sogenannten »Blasphemien« des Talmud. Gelegentlich zwang man die Juden, in öffentlichen Disputationen unter dem Vorsitz des Königs und des Bischofs ihr überliefertes Schrifttum zu verteidigen. Dabei »verloren« sie fast durchweg, und nicht selten wurde danach der Talmud verdammt und feierlich verbrannt. Bei der aufsehenerregendsten dieser

Buchverbrennungen in Paris 1240 wurden nicht weniger als vierundzwanzig Wagenladungen Talmudmanuskripte den Flammen übergeben. Diese fortgesetzten offiziellen Talmudverdammungen aber führten schließlich zum Verbot des Talmudstudiums und zur Auflösung der Schulen überhaupt, so zum Beispiel in Nordfrankreich, wo die Talmud-Akademien seit Raschi von Troyes einen hohen Stand erreicht hatten. Zu solchen Extremen ließ sich die Christenheit aus Haß und Angst hinreißen, obwohl die Juden nicht danach gestrebt hatten, etwas Besonderes zu sein, sondern nur danach, ein Leben auf ihre Weise zu führen.

Die Kreuzzüge

Im 11. Jahrhundert geriet die ganze westliche Welt unter den Einfluß der Römischen Kirche. Hatte Papst Gregor VII. (1073–1085) die Kirche nach dem endgültigen Bruch mit den byzantinischen Christen von Lastern und Korruption gesäubert, so sorgte sein Nachfolger Urban II. dafür, daß sich Westeuropa nicht durch innere Kriege selbst zerfleischte. Er fand ein geeignetes Ventil für die überschäumende Kraft der Normannen, konnte mit demselben Schachzug den römischen Machtbereich auf die Türkei, Syrien und Palästina ausdehnen und damit gleichzeitig auch noch der Byzantinischen Kirche einen letzten Schlag versetzen. All diese Ziele ließen sich durch ein einziges Mittel erreichen, durch die Kreuzzüge.

Immer wieder hatten sich im 11. Jahrhundert die christlichen Palästinapilger in Rom beschwert, daß sie auf ihrer Wallfahrt von Muslims belästigt worden seien. Der Kalif al-Hakim hatte sogar Christen umbringen und ihre heiligsten Stätten entweihen und zerstören lassen. Außerdem wurden ständig christliche Kaufleute von arabischen Piraten überfallen und christliche Handelsniederlassungen in muslimischen Ländern von marodierenden Araberbanden geplündert. So erklärte sich die Kirche auf den Hilferuf des byzantinischen Kaisers hin sofort zu einem gemeinsamen Krieg gegen die Muslims bereit. Alle Zwistigkeiten unter Christen sollten zurückgestellt werden, bis die Ungläubigen verjagt wären und die Christen das Heilige Grab zurückerobert hätten.

An Fürsten und Ritter erging der Aufruf zum Kreuzzug, aber auch an den gemeinen Mann. Barfuß, in eine grobe Kutte gehüllt, ein riesiges Kreuz mit sich führend, ritt Petrus der Eremit auf einem Esel durch Frankreich und Deutschland und hetzte die Volksmengen in Kirchen und auf Marktplätzen mit Geschichten über die mutwillige Zerstörung der heiligen Stätten durch die türkischen Seldschuken auf.

Hinter dem Kreuzzugsgedanken standen mehrere Motive: Einmal echter Glaubenseifer, verbunden mit dem Wunsch, das Volk in seinem Glauben zu bestärken; zum anderen sah die Lateinische Kirche in den Kreuzzügen eine Möglichkeit, die Byzantinische Kirche zu unterjochen. Und zum dritten sprachen zwingende wirtschaftliche Gründe dafür. Sollte Konstantinopel nicht die absolute Führungsrolle im Osthandel zufallen und Genua und Venedig gänzlich verdrängt werden, so mußten die alten, nun von den Seldschuken und Fatimiden blockierten Handelswege über Bagdad und Aleppo beziehungsweise über Ägypten mit Gewalt wieder erschlossen werden.

All diese Faktoren veranlaßten Papst Urban zu einer Kreuzzugspredigt, die überwältigende Resonanz fand. In allen Teilen Europas scharten sich Männer um die Fahnen zum Heiligen Krieg gegen die Ungläubigen; die einen aus Abenteuerlust, die anderen in der Hoffnung auf reiche Beute, wieder andere, um sich einer drückenden Schuldenlast daheim zu entledigen oder um, wie vom Papst verheißen, die Vergebung ihrer Sünden zu erlangen. Dieser erste mangelhaft organisierte und geführte Kreuzzug glich mit all seinen für einen gesetzlosen Mob so bezeichnenden Grausamkeiten und Ausschreitungen eher einem Volksaufstand. Als die beiden ersten Kreuzzüglerbanden nach Ungarn kamen, begingen sie auf ihrem Zug nach Osten solche Greueltaten, daß die einheimische Bevölkerung sie in ihrer Wut niedermachte und aufrieb. Eine dritte Horde, die die Kreuzfahrt schon am Rhein mit einem Massenpogrom gegen die Juden eingeleitet hatte, wurde ebenfalls in Ungarn vernichtet. Die beiden nächsten Kreuzzüge, von Petrus dem Eremiten angeführt, gelangten – zum Erstaunen und Entsetzen des byzantinischen Kaisers Alexius – bis nach Konstantinopel. Aber nachdem sie die Stadt geplündert und den Bosporus überquert hatten, wurden sie von den Seldschuken massakriert (1096). In dieser Form kam zum erstenmal in der neueren europäischen Geschichte der »Wille des Volkes« zum Ausdruck.

Wie nicht anders zu erwarten, zählten die Juden zu den am schlimmsten betroffenen Opfern des »Volkskreuzzuges«. Von ihrem Reichtum geblendet, fanden es die Kreuzfahrer plötzlich unnötig, bis ins Heilige Land zu ziehen, um Gottes Feinde zu töten – waren die ungläubigen Juden doch gewissermaßen bei der Hand. »Bring einen Juden um und rette deine Seele«, lautete die Devise manch eifrigen Kreuzfahrers, der sich den Umweg über den Orient ersparen wollte. In Rouen machte sich der Judenhaß zuerst Luft: Die Gemeinde wurde geplündert, die Einwohner wurden massakriert, die Häuser niedergebrannt. Selbst die getauften Juden kamen oft nur mit Mühe und Not mit dem Leben davon. Danach griff das Fieber auf Nordfrankreich über und von da auf das Rheinland, wo die Bischöfe und Bürger angesichts der drohend vorrückenden Mobmassen ihre Schutzversprechen bald brachen. Die Judengemeinden von Metz, Speyer, Mainz, Troyes und anderen Städten wurden zerstört. Eine kleine Anzahl Juden ließ sich taufen, um am Leben zu bleiben, der Großteil aber zog den Tod vor.

Im darauffolgenden Jahr 1097 wurde ein zweiter Vorstoß unternommen. Die

Kreuzfahrer kamen, diesmal straff organisiert, auf verschiedenen Wegen aus Frankreich, der Normandie, Flandern, England, Italien und Sizilien gezogen, setzten über den Bosporus und folgten von da an mehr oder weniger der Marschroute, die einst Alexander der Große gewählt hatte. Sie nahmen Nizäa ein, belagerten Antiochia und schlugen bei Mosul ein großes Seldschukenheer. Ein kleinerer Teil der Streitkräfte drang unter Gottfried von Bouillon nach Jerusalem vor, das nach einmonatiger Belagerung am 15. Juli 1099 fiel. Nachdem die Kreuzfahrer noch am selben Tag ein schreckliches Blutbad angerichtet hatten, trafen sie bei Einbruch der Nacht am Heiligen Grab zusammen und riefen das Lateinische Königreich von Jerusalem aus. Die jüdische Bevölkerung der Heiligen Stadt wurde in den Synagogen zusammengetrieben und bei lebendigem Leib verbrannt.

Den ersten Schlag gegen die Herrschaft der Christen über das Heilige Land führte ein mächtiger Seldschuken-Atabeg (Herrscher), der einen Teil des Gebietes zurückeroberte, darunter auch den Vorposten der Christenheit im Orient, die Festung Edessa bei Mosul. Daraufhin riefen Kaiser Konrad III. von Deutschland und König Ludwig VII. von Frankreich zum 2. Kreuzzug auf (1447). Dieser ging jedoch bei weitem nicht so ruhmreich aus wie der erste, da er von allem Anfang an von den italienischen Republiken sabotiert wurde, die nicht daran dachten, ihre Handelsinteressen im Osten einer Kreuzfahrt der Franken zuliebe zurückzustellen. So konnte Saladin, damals noch Heerführer, der den Befehl ausgab, Fostat lieber niederzubrennen, als den Christen in die Hände fallen zu lassen, das Heer der Kreuzfahrer in Ägypten schlagen.

Nach diesem Sieg fühlte sich Saladin stark genug, nun seinerseits einen Djihad gegen die Christenheit zu führen. 1187 nahm er Jerusalem ein und gab damit den Auftakt zum 3. Kreuzzug, der nun zum offenen Glaubenskrieg zwischen Kreuz und Halbmond entbrannte. 1189 brach unter Führung von Richard Löwenherz die Blüte der europäischen Ritterschaft auf, gleichermaßen getrieben von romantisch-ritterlichen Idealen wie von Haß gegen die Ungläubigen. Doch auch dieser Kreuzzug endete mit einem Mißerfolg. Die Christen konnten lediglich den palästinensischen Küstenstreifen zurückerobern, Jerusalem selbst blieb in den Händen der Muslims.

Wie schon beim 2. Kreuzzug wurden den Kreuzfahrern auch beim dritten bestimmte Privilegien gewährt, unter anderem alle Schulden bei den Juden erlassen. Trotzdem gingen die Ausschreitungen gegen die Juden in Frankreich und Deutschland etwas zurück. In England allerdings wurden viele Gewalttaten gegen sie verübt. Als kurz vor dem 3. Kreuzzug ein unbegründetes Gerücht umlief, Richard habe einen Angriff auf die Juden befohlen, kam es zu Tumulten, die erst durch eine von Richard persönlich unterzeichnete Proklamation, die die Belästigung der Juden verbot, unterbunden werden konnten. Aber diese Proklamation erwies sich nur als wirksam, solange sich Richard im Lande aufhielt.

Kaum war er nach Palästina aufgebrochen, kam es zu neuen Exzessen. Am schlimmsten in York, wo sich die Juden einige Tage in der Königsburg verschanzten. Als sie sich schließlich nicht länger halten konnten, zogen sie es zum größten Teil vor, Selbstmord zu begehen, statt sich dem Mob zu ergeben; die wenigen, die davor zurückgescheut hatten, wurden von der Masse umgebracht.
In Palästina haben sich manche Spuren der Kreuzfahrerherrschaft bis zum heutigen Tag erhalten. So der zur Verteidigung der Küstenfestungen von Akkon bis Askalon errichtete Sperrgürtel aus gewaltigen Wällen oder die Kreuzfahrerburgen von Ramle und Caesarea. Insgesamt konnten die Kreuzritter ihre Herrschaft zweihundert Jahre lang behaupten. In dieser Zeit rückte Akkon zum Mittelpunkt des palästinensischen Judentums auf: Wieder einmal war es den Juden verboten, in Jerusalem zu wohnen. Nur wenige Familien erhielten vom christlichen Bürgermeister (oder vom König von Jerusalem, wie er sich selbst nannte) eine Sondergenehmigung. Einmal kamen gleich dreihundert Gelehrte aus Frankreich, um sich in Palästina anzusiedeln. Als die Heilige Stadt von den Muslims zurückerobert worden war, durfte sich in ihr wieder eine größere Zahl Juden niederlassen. 1291 wurden die Kreuzfahrer von den ägyptischen Mamelucken schließlich völlig aus dem Heiligen Land vertrieben.
Alles in allem gehen die Ermordung von Zehntausenden von europäischen Juden und die Zerstörung vieler jüdischer Gemeinden auf das Konto der Kreuzzüge. Außerdem wurden die Juden durch den Kapitalschwund immer tiefer ins Zinsgeschäft verstrickt, nur daß sie diesmal weniger von den Verbrauchern als von den Produzenten in Anspruch genommen wurden. Die unteren Klassen aber, die sich keine Darlehen leisten konnten, fühlten sich dadurch in ihrem von der Kirche eingepflanzten Judenhaß noch bestärkt. Den Juden jedoch blieb keine andere Wahl. Durch die Erschließung von Handelswegen im Osten bot sich den christlichen Kaufleuten ein riesiges neues Betätigungsfeld, während sie selbst weitgehend aus dem Außenhandel verdrängt wurden.
So leiten die Kreuzzüge in Europa eine bis zum Ende des Mittelalters anhaltende Zeit äußersten Mißtrauens und Miteinanderrivalisierens ein. Nach Beendigung der Kreuzzüge hat sich die zunächst relativ offene Gesellschaft Europas zu einer geschlossenen gewandelt – zu einer Gesellschaft, die nur darauf brennt, jene, die sie bereits ins schlimmste Elend gestoßen hat, zu allem Überfluß auch noch zu vertreiben.

Verfolgung und Austreibung

Der Diskriminierungspolitik der Kirche wohnte eine eigene Überzeugungskraft inne insofern, als die von den kirchlichen Lehren und Bestimmungen definierte und vorgeschriebene Lebensführung der Juden die Behauptung der Kirche, sie seien ein von Gott verworfenes Volk, geradezu beweisen mußte. Um die Seele der Christen vor Ansteckung zu bewahren, war ein *cordon sanitaire* um sie gezogen, der gesellschaftliche Austausch auf ein Mindestmaß heruntergeschraubt und dem Volk verboten worden, sich mit Juden in einen Disput über Glaubenssachen einzulassen. Die von den Laterankonzilien geforderte Unterscheidung der Juden durch Abzeichen und Kleidung sperrte den einzelnen Juden in eine Art persönliches Ghetto, lange ehe das gemeinschaftliche Ghetto die Demütigung vollständig machte.

Die von den verschiedenen Konzilien und Synoden erlassenen Dekrete wurden in den Händen des niederen Klerus und der Laien, die aufgrund abergläubischer Vorstellungen und aus Habgier ohnehin gegen die Juden eingenommen waren, zu neuen Waffen. Allein die Tatsache, daß besondere Judengesetze erlassen worden waren – auf den Inhalt kam es nicht weiter an –, rechtfertigte in ihren Augen die grausamsten Ausschreitungen. Letztlich waren die Laterankonzilien schuld an jenen Haßausbrüchen, die im 13. und 14. Jahrhundert ganz Europa erschütterten – an jenem krankhaften Antisemitismus, ausgelöst durch Behauptungen, die, wie der höhere Klerus genau wußte, falsch waren, für die er aber selbst den Weg bereitet hatte. Als die Lawine einmal ins Rollen gekommen war, lag es nicht mehr in der Macht des Papstes oder der Bischöfe, sie in ihrem schrecklichen Lauf aufzuhalten. Überdies sahen viele Kirchenfürsten schweigend zu und bestärkten dadurch den Mob in seiner unbeherrschten Wut. Die päpstlichen Bullen, die den Judenmord verurteilten, blieben wirkungslos. Denn unter der Folter gestanden Juden in allen Einzelheiten Verbrechen, die sie nie begangen hatten, wodurch das Vorgehen ihrer Verfolger gerechtfertigt erschien. Außerdem erloschen beim Tode des »Verbrechers« automatisch alle Schuldforderungen und Pfandrechte, und die christlichen Kläger konnten die Beute unter sich aufteilen.

Bald wurden die Juden überall zum Gradmesser der religiösen Spannung und registrierten, oft mit ihrem Leben, die Gefühlsschwankungen in der gesamten Welt. Ihre standhafte Weigerung, sich taufen zu lassen, erbitterte ihre Ankläger maßlos. Immer wieder wurden Juden – nicht selten auf die Anzeige abtrünniger Glaubensbrüder hin, den Vorboten des Hasses seit alters – irgendwelcher Verbrechen beschuldigt, die sie nicht begangen hatten. So des Ritualmords – ein völlig aus der Luft gegriffener Vorwurf, der außerordentlich böses Blut machte. Das Schema blieb immer das gleiche. Es brauchte nur irgendwo ein Christ vermißt zu werden, und schon klagte man die Juden an, ihn zur Verspottung von Jesu Martyrium gekreuzigt und sein Blut für rituelle Zwecke verwendet zu haben. Angeblich wurde es unter die Gemeinde verteilt beziehungsweise als notwendige Zutat zur Herstellung der Passahmazza gebraucht, wie die ausführlichere Version lautete. Die »für schuldig befundenen« Juden wurden umgebracht, ihr Eigentum eingezogen und der Erlös der örtlichen Kirche zugewiesen. Auf diese Weise kamen nicht wenige Gemeinden über Nacht zu Reichtum.

»Aufgeklärt«, wie wir heute sind, fühlen wir uns vielleicht versucht, den psychologischen Mechanismus dieser Blutbeschuldigungen mit dem Hinweis zu erklären, Magie und Hexerei seien für die Gesellschaft der mittelalterlichen Welt etwas ganz Alltägliches gewesen. Tatsächlich hat die besondere Bedeutung, die man dem Blut zuschrieb, im Verein mit der aus Unkenntnis erwachsenden Angst vor dem »anderen« dazu beigetragen, daß immer wieder solche Anklagen erhoben wurden. Aber die Blutlüge hat das Mittelalter überdauert und ist seither selbst in den fortschrittlichsten Kulturen immer wieder aufgetaucht. So im 19. Jahrhundert in der christlich-orthodoxen Welt und 1913 in dem berühmten Prozeß gegen Mendel Beilis. In der Folge griffen die Nazis darauf zurück, und noch 1960 spielten die kommunistischen Zeitungen in den Muslimrepubliken der Sowjetunion darauf an. Kurz, die Ritualmordlüge ist inzwischen – wie alle Lügen, die oft genug wiederholt werden – von der Judenlegende mancher Nichtjuden nicht mehr wegzudenken und wird, wenn eine Gesellschaft ernstlich unter Druck gerät, wohl auch in Zukunft wieder hervorgeholt werden.

Im Mittelalter hatten sich Kaiser Friedrich II. und Papst Innozenz IV. bereits öffentlich gegen diese Blutklagen gewandt. Aber ihre Erklärungen blieben ohne Wirkung. Durch die liebenswerte Priorin aus Geoffry Chaucers *Canterbury Tales* wurde die verleumderische Fabel unsterblich. Den Stoff lieferte Chaucer der Fall eines William aus Norwich – eine der frühesten Blutbeschuldigungen in Europa. 1144 war ein Junge namens William in Norwich, England, tot aufgefunden worden. Die Juden wurden bezichtigt, ihn ermordet zu haben, und so lange gefoltert, bis sie sich zu dem Ritualmord bekannten. Damit liegt das Schema im wesentlichen fest. Es taucht in England im Fall des Hugh von Lincoln ebenso wieder auf wie später auf dem Kontinent.

Häufig wurde noch eine andere Anklage erhoben: Die Juden hätten die Hostie geschändet, die Oblate aus ungesäuertem Brot, die sich der katholischen Transsubstantiationslehre zufolge bei der Messe in den Leib Christi verwandelt. Um Jesus in dieser Gestalt zu quälen und zu vernichten, sollen sie angeblich geweihte Oblaten gestohlen, mit Nadeln durchbohrt, in kochendes Wasser geworfen und im Mörser zerstampft haben. Dabei sollen Blutstropfen aus der Hostie ausgetreten und noch andere Wunder geschehen sein. Eine solche Schändung aber mußte man mit dem Tod bestrafen. Als 1298 die Juden von Rottingen der Hostienschändung angeklagt wurden, kam es in ganz Bayern und Österreich zu Judenverfolgungen; insgesamt wurden hundertvierzig Gemeinden geplündert. Und 1336 riefen ähnliche Anschuldigungen eine Woge von Gewalttaten vom Rhein bis nach Böhmen und Mähren hervor.

1321 kam ein neues Gerücht auf: Die Aussätzigen, damals in Europa schlechter behandelt als die Tiere, sollten, von den Juden angestiftet, ja sogar mit Geld unterstützt, die Brunnen vergiftet und damit ihre Krankheit auf andere übertragen haben. Daraufhin wurden mehrere jüdische Gemeinden geplündert, viele Juden gefoltert und umgebracht, ihre Besitztümer von den lokalen Behörden eingezogen. 1348, als der Schwarze Tod in allen Ländern Europas wütete, wurde dieselbe Beschuldigung noch nachdrücklicher erhoben. Tatsächlich forderte die Pest unter den Juden relativ wenig Todesopfer, vielleicht wegen des höheren Standes ihrer medizinischen Kenntnisse, vielleicht auch wegen ihrer Abkapselung oder ihrer hygienischeren Lebensweise überhaupt. In den Augen der mittelalterlichen Christen aber gab es dafür nur eine Erklärung: Die Juden mußten mit dem Teufel im Bunde und an der Pest mitschuldig sein. Ganze jüdische Gemeinden wurden niedergebrannt, Tausende von Juden in Vergeltung für die Seuche, die ein Viertel der europäischen Bevölkerung dahinraffte, ermordet.

Doch damit war die Anklageliste keineswegs erschöpft. In Wien zum Beispiel schob man den Juden die Schuld an einer Dürre zu und bezichtigte sie überdies, den Hussitenaufstand gegen die Katholiken in Böhmen tatkräftig unterstützt zu haben. Und als 1241 die Mongolen in Deutschland einfielen, mutmaßte man, sie seien Abkömmlinge der »Zehn verlorenen Stämme Israels« und machte so die Juden auch für die Verheerungen der Mongolenhorden verantwortlich. All diese Beschuldigungen aber zeitigten das gleiche Ergebnis: Judenmassaker.

Zu dieser Zeit waren Judenaustreibungen allenthalben an der Tagesordnung. Wollte ein Bischof oder weltlicher Herr seinen leeren Säckel auffüllen, brauchte er nur die Juden auszuweisen und ihr Eigentum einzuziehen. Nicht selten rief er sie später, wenn man ihrer Geschicklichkeit und Fähigkeiten wieder bedurfte, ins Land zurück, nur um sie erneut zu vertreiben, sobald sie ihren Zweck erfüllt und die Wirtschaft wieder angekurbelt hatten.

So erging es beispielsweise den deutschen und französischen Juden in dieser Zeit immer wieder. Frankreich wies zwischen 1182 und 1321 seine Juden viermal aus, holte sie jedoch jedesmal wieder zurück. Nach der fünften Vertreibung im Jahre 1322 ließ man vierzig Jahre lang keinen Juden mehr ins Land. Erst 1361, als König Johann der Gute in englische Gefangenschaft geriet und ein hohes Lösegeld für den König aufgebracht werden mußte, durften die Juden nach Frankreich zurückkehren, um 1394 wieder einmal ausgewiesen zu werden.

Ähnlich tragisch gestaltete sich das Schicksal der Juden in der Provence, deren Gemeinden zu den glücklichsten und kulturell schöpferischsten im christlichen Europa zählten. In der Provence gestattete man den Juden noch im 13. Jahrhundert Grundbesitz und die Betätigung in Handwerksberufen. Die jüdischen Ärzte aus dieser Gegend genossen in ganz Europa hohes Ansehen, und Toulouse ließ sich in Fragen der Stadtverwaltung gern von jüdischen Finanzfachleuten beraten. Gerade diese liberale Geisteshaltung und kulturelle Aufgeschlossenheit aber sollte der Provence zum Verderben gereichen. Fortschrittlich genug, um die Mißstände und die Korruption in der Kirche zu durchschauen, fiel ein Teil der provenzalischen Christen von der katholischen Kirche ab und gründete eine eigene. Papst Innozenz III., über diese innerkirchlichen Häretiker, die sogenannten Albigenser, aufs äußerste erzürnt, aber auch über die provenzalischen Juden erbittert, führte von 1208 bis 1215 einen unbarmherzigen Kreuzzug gegen sie. Und als das Land schließlich besiegt war und Rom den Ton angab, verloren die Juden des christlichen Europa auch noch diese letzte Bastion freier kultureller Entfaltung.

Am härtesten aber traf das Schicksal die Juden in Spanien, wo es zu einer Tragödie ohnegleichen kam. Nirgends sonst in Europa waren sie zu solchen Höhen aufgestiegen oder so sehr Teil der Bevölkerung geworden, und doch nahm die Austreibung in keinem anderen Land solch dramatische Ausmaße an wie 1492 in Spanien.

In der zweiten Hälfte des 11. Jahrhunderts verlagerte sich der Schwerpunkt des spanischen Judentums allmählich nach Nordspanien und Portugal. Durch die Rückeroberung der südlich der Pyrenäen gelegenen Provinzen durch christliche Fürsten änderte sich nicht viel an der Lage der Juden in diesen Gebieten. Wie einst in den Muslimprovinzen im Süden bestimmten auch an den christlichen Höfen im Norden innere Kämpfe und Kriege nach außen das Klima, weshalb die Krone die Juden nicht selten als ihre verläßlichsten Verbündeten betrachtete. Außerdem zeigten sie sich geschickt im Aufbau der eroberten rückständigen und entvölkerten Gebiete, und die Flüchtlinge aus dem Süden, die vor den vorrückenden Almoraviden und Almohaden flohen, brachten landwirtschaftliche und handwerkliche Erfahrungen in den Norden mit.

Zunächst dienten die Juden den Christen wie vordem den Muslims als Staatsmänner, Ratgeber, Ärzte und wurden ihrer Arabischkenntnisse wegen gern als offizielle Gesandte des Hofes in muslimische Länder geschickt. Auch im Geistesleben spielten sie eine bedeutende Rolle; vor allem als Astronomen und Erfinder nautischer Instrumente machten sich jüdische Gelehrte einen Namen. Mit der Zeit jedoch rief ihre Sonderstellung bei der Kirche Groll hervor. Nach dem Tod Alfonsos VI. im Jahre 1109 kam es in Toledo zu ernsten antijüdischen Ausschreitungen, die dann auch auf andere Gemeinden übergriffen. Aus Angst, die Christen könnten sich in ihren Lebensgewohnheiten zu sehr von den Juden beeinflussen lassen, drang die Kirche auf eine strikte Beachtung der von den Laterangesetzen geforderten Trennung zwischen Christen und Juden. Zunächst jedoch blieb die Durchführung dieser Gesetze noch mehr oder minder Sache der herrschenden weltlichen Gewalt. Wie so häufig im Mittelalter erwies sich die

Kirche in ihren Erlassen als unnachgiebig doktrinär, während die weltlichen Herren unbeirrt die für sie selbst günstigste Möglichkeit wählten.
Wie im übrigen Europa galten die Juden in Spanien als Leibeigene der christlichen Herrscher; ihre Rechte waren von der Krone verbrieft, in ihren Vierteln *(Juderias)* genossen sie volle Autonomie. Allerdings hing das Schicksal der jüdischen Gemeinden jeweils von den einzelnen aragonischen und kastilischen Herrschern ab. Ende des 13. Jahrhunderts, als die Reconquista praktisch zu Ende war, schlugen die spanischen Könige einen anderen Ton an. Sie schlossen die Juden mit einem Mal aus den Staatsämtern aus und behandelten sie wie die anderen europäischen Herrscher. Zwar war die Stellung der Juden im 13. Jahrhundert in Spanien noch weit besser als in den anderen Teilen Europas, aber sicher fühlen konnten sie sich auch hier nicht mehr. Ihre Lage konnte sich jederzeit ändern. Kriege, innere Spannungen, alles konnte den Anstoß zu ihrer Verfolgung geben, zumal die Kirche die weltlichen Mächte auf eine subtile, indirekte Weise zu überzeugen versuchte, daß es am klügsten sei, die Juden zu vertreiben oder auszurotten – eine Politik, die sie nie ausdrücklich vertrat, ja offiziell angeblich sogar verabscheute.
1391 hetzte Ferrand Martinez, der Archidiakon von Ecija, das Volk zu Gewalttaten gegen die Juden auf. Der Judenhaß sprang auf die anderen kastilischen und aragonischen Städte über, manche jüdischen Gemeinden wurden fast völlig dem Boden gleichgemacht, andere geplündert oder niedergebrannt. Im Gegensatz zu den Judenverfolgungen in den anderen Teilen Europas aber wurden die Juden nun in Scharen gezwungen, zwischen Taufe oder Tod zu wählen. Außerdem wandte man noch ein anderes Druckmittel an: man erklärte sie aller bürgerlichen und wirtschaftlichen Rechte für verlustig. Angesichts dieser Drohung fügten sich viele in das allem Anschein nach unvermeidliche Schicksal und bekehrten sich. Die wohlhabenden und einflußreichen Mitglieder der Gemeinde, die seit langem an ein Leben im Überfluß gewöhnt und dadurch moralisch vielleicht etwas angekränkelt waren, ließen sich vielfach als erste taufen. Aber welche Gründe letztlich auch den Ausschlag gegeben haben mögen, jedenfalls bekehrte sich damals eine ungewöhnlich große Zahl. (In Toledo traten, als ein Priester mit dem Ruf: »Tod oder Taufe« in die Synagogen eindrang, an einem einzigen Tag mehr als viertausend über.) Manche der Neubekehrten nahmen später, als die Gefahr vorüber war, das Judentum wieder an, die Mehrzahl aber blieb christlich. Einige machten mit dem neuen Glauben Ernst und stiegen gelegentlich in hohe kirchliche Ämter auf. So zum Beispiel Pablo de Santa Maria, einst Rabbi Salomon Halevi, nun Bischof von Burgos, unter dessen Führung neue Judenverfolgungen ausbrachen. Sein Fall ist typisch für das Verhalten abtrünniger Juden. Ein anderer ehemaliger Jude, Josua aus Lorca, beteiligte sich 1414 in Tortosa an einer öffentlichen Disputation, die mit der Verdammung des Talmud endete.

1479, als Kastilien und Aragonien unter den Katholischen Königen vereint wurden, erreichten die antijüdischen Umtriebe ihren Höhepunkt. Ferdinand und Isabella betrachteten die sofortige Austreibung der Nichtgläubigen als eine ihrer vornehmsten Pflichten. Entschlossen, ihr Land von Häresie und Unglauben zu säubern und ein wahrhaft »katholisches« Reich zu schaffen, befahlen sie 1492 die Ausweisung aller Juden aus Spanien. Der letzte Zug verließ das Land am 2. August, dem 9. Aw, einem jüdischen Trauertag; am selben Tag brach Kolumbus von Cadix zu seiner Entdeckungsfahrt in die Neue Welt auf.

Ende des 15. Jahrhunderts sind die Juden aus ganz Westeuropa vertrieben. Lediglich in manchen Teilen Deutschlands und Italiens, wo die politische Aufsplitterung eine einheitliche Judenpolitik vereitelt, bestehen noch einige Gemeinden. In den anderen Ländern aber, die sich in dieser Periode zu Nationalstaaten entwickelt haben und unter den einseitigen Einfluß der katholischen Kirche geraten, zeigt sich überall das gleiche Bild: Die Juden werden auf die schamloseste Weise gedemütigt, gefoltert, massakriert und vertrieben. Von nun an sammeln sie sich vor allem in den zwei großen östlichen Reichen: die Aschkenasim (die nordeuropäischen Juden) in Polen, und die Sefardim (die spanischen oder lateinischen Juden) im Osmanischen Reich. Die Sage vom unstet umherirrenden »ewigen Juden« ist also durch die feindliche Haltung der westeuropäischen Länder Wirklichkeit geworden.

Die Marranen

Das Kryptojudentum – das heißt die Haltung jener Juden, die ihren jüdischen Glauben vor der Welt verbergen – ist ebenso alt wie die Verfolgung der Juden selbst. Zu einem weitverbreiteten Phänomen aber wurde es erst, als die christliche Kirche ihre Ziele mit Gewalt durchzusetzen begann. Zwar waren in der Christenheit Zwangsbekehrungen theoretisch verboten, in der Praxis jedoch hätte man angesichts der Alternative »Tod oder Taufe« wohl nur schwerlich zwischen einer erzwungenen und einer freiwilligen Bekehrung unterscheiden können. Die Kirche allerdings betrachtete die vielen geschichtlich belegten Massentaufen, zu denen es unter diesen Umständen kam, als einen freien Willensakt. Nur daß die meisten, da sie sich nicht aus Überzeugung bekehrt hatten, wenn immer es möglich war, die Praktiken ihres alten Glaubens wieder aufnahmen. Diese zur jüdischen Gemeinde zurückgekehrten Zwangsgetauften durften auf das ausdrückliche Verbot von Gerschom von Mainz hin nicht unfreundlich behandelt werden, ja in den Synagogen wurde in einem eigens eingeführten Gebet Gottes Schutz für das Haus Israel einschließlich der »Gezwun-

genen« erfleht, wie die mittelalterliche Ausdrucksweise lautete. Das Gesetz der jüdischen Gemeinde unterschied also genau zwischen dem erzwungenen und dem freiwilligen Abfall.
Die Zwangsgetauften hatten das Christentum nur zum Schein angenommen und hielten insgeheim zäh am Glauben ihrer Väter fest. Das beweist allein schon die Tatsache, daß die Kenntnis und Ausübung der jüdischen Religion in ihren Reihen im allgemeinen von Generation zu Generation fortlebte; so vor allem in Spanien und Portugal, aber auch in Neapel, wo die sogenannten »Neofiti«, die Ende des 13. Jahrhunderts von Herrschern aus dem Haus Anjou mit Gewalt bekehrt worden waren, über dreihundertdreißig Jahre insgeheim dem jüdischen Glauben treu blieben. Nicht zuletzt ihretwegen wurde im 16. Jahrhundert in Neapel die Inquisition eingeführt. Ähnliche Fälle gab es in der muslimischen Welt, zum Beispiel die Daggatunen in der Sahara, die Jedidim in Persien und die Tschola in Buchara. In Spanien selbst sind Kryptojuden schon aus römischer Zeit bekannt.
Nach außen gaben sich diese Marranen, wie sie in Spanien hießen, als Christen. Innerlich jedoch waren sie Juden geblieben, und jedermann wußte, daß sie nicht an die Dogmen der Kirche glaubten. Sie beachteten die traditionellen jüdischen Zeremonien, einige aßen nur koscheres Fleisch, sie heirateten im allgemeinen untereinander, kamen mit anderen jüdischen Neuchristen zusammen, besuchten manchmal heimlich die Synagoge und erzogen – was in den Augen der Kirche am schwersten wog – ihre Kinder im Unglauben.
Da mit der Bekehrung die religiös begründete Rechtsunfähigkeit wegfiel, das heißt, den Marranen offiziell alle Möglichkeiten offenstanden, waren sie in Spanien schon bald in allen Berufen zu finden: im Gerichtswesen, in der Verwaltung, im Heer, an den Universitäten, sogar in der Kirche. Mit der Zeit gaben sie fast den Ton im spanischen Leben an. Innerhalb weniger Generationen floß in den Adern nahezu jeder aristokratischen Familie jüdisches Blut. Auch das Wiederaufblühen der einheimischen Literatur am Hofe Juans II. von Aragonien geht zu einem großen Teil auf das Genie von Autoren jüdischer Abstammung zurück. Fernando de Rojas zum Beispiel gilt noch heute als einer der großen klassischen Schriftsteller spanischer Sprache. Diese Leute nun wurden im Unterschied zu den gebürtigen Christen »Neuchristen« genannt oder volkstümlicherweise als »Marranen« bezeichnet – ein alter spanischer Begriff aus dem frühen Mittelalter mit der Bedeutung »Schwein«, der die Verachtung des Durchschnittsspaniers für die allenthalben auftauchenden unaufrichtigen Neubekehrten deutlich zum Ausdruck bringt.
Im Laufe des 15. Jahrhunderts aber machte sich die Schattenseite der Massenbekehrungen bemerkbar; es zeigte sich, daß sich die Christenheit mit ihnen selbst ein scheinheiliges Element eingepflanzt hatte. Überdies zählten die bei der Geburt getauften Kinder der Zwangsbekehrten bereits als volle Christen. Die

Kirche befand sich also in einer schwierigen Lage. Durch die »freiwillige« Taufe war ein beträchtlicher Teil der Juden von außerhalb der Kirche stehenden Ungläubigen zu innerkirchlichen Häretikern geworden. Und diese zweifelhaften Christen wurden zu Recht als eine wesentlich größere Bedrohung empfunden als die Juden.

Außerdem zogen sich diese Scheinchristen den Zorn des Volkes zu, weil sie in die wichtigsten Posten im Finanzwesen aufstiegen. Als Steuerpächter der Krone waren sie Exponenten der königlichen Unterdrückung. Aber auch der spanische Adel machte aus seiner Verachtung für die *Conversos*, die in hohen Verwaltungsämtern saßen, kein Hehl. Als 1449 Marranen-Steuereintreiber die Zwangsabgaben für die Verteidigung Toledos erheben wollten, fiel der Mob über sie her. Und später erklärte ein Dekret die *Conversos* für ungeeignet, ein Amt zu bekleiden oder als Zeugen gegen Christen aufzutreten. Papst Nikolaus v. verurteilte zwar jene, die für dieses Statut verantwortlich zeichneten; dennoch wurde es 1467 erneut in Kraft gesetzt. In vielen Städten Spaniens brachen Unruhen aus, nur daß sich die Juden diesmal nicht durch Bekehrung retten konnten.

1464 wurde im Konkordat von Medina del Campo der Beschluß gefaßt, das Tun und Treiben der Neuchristen einer Untersuchung zu unterziehen. 1478 übertrug die Kirche, nachdem man einige *Conversos* bei der Passahfeier überrascht hatte, drei Personen sämtliche Rechtsvollmachten über die Häretiker. Damit war die Inquisition in aller Form eingesetzt, und bereits 1480 liefen die Prozesse an.

In Sevilla, einem Hauptzentrum der *Conversos*, beschlossen die Neuchristen unter Führung des reichen Kaufmanns Diego de Susan, der Inquisition Trotz zu bieten. Doch Diegos hübsches Töchterlein konnte das Geheimnis nicht für sich behalten, und ihr christlicher Geliebter gab es seinerseits an die Inquisitoren weiter. Damit hatten diese eine Handhabe, um gegen die *Conversos* von Sevilla vorgehen zu können. Wohlhabende, angesehene Bürger wurden verhaftet, vor das Tribunal gestellt und zum Tode verurteilt.

Anfang 1481 fand das erste Autodafé in Sevilla statt: Sechs Männer und Frauen wurden bei lebendigem Leib verbrannt. Das nächste Mal war Diego selbst unter den Verurteilten. Und schon bald darauf gab es unmittelbar vor der Stadtmauer eine feste Hinrichtungsstätte für die Verbrennungen. Viele Marranen flüchteten in benachbarte Gebiete, wurden aber auf Drängen der Behörden vom Adel ausgeliefert. Ihr Eigentum fiel zum größten Teil an die Krone. Die Judenverbrennungen, als regelrechte Volksschauspiele aufgezogen, fanden regelmäßig in aller Öffentlichkeit statt. Auf die öffentliche Urteilsverkündung folgte die öffentliche Bestrafung, die von Geißelung, Kerker, Verbannung bis zum Feuertod reichte. Eine Liste mit siebenunddreißig, die geheimen Juden kennzeichnenden Merkmalen kam in Umlauf. Außerdem versprach man allen, die ein umfassendes Geständnis ablegten, Straffreiheit und löste dadurch eine regelrechte Denunziationswelle aus. Und schließlich zwang man Juden, darunter vornehmlich ehemalige Amtspersonen der Synagoge, unter Androhung der Exkommunikation, alles aufzudecken, was sie wußten. So konnten auf der Halbinsel und in ihren Kolonien mindestens zweitausend »Schauspiele« aufgeführt werden. Insgesamt wurden während der dreieinhalb Jahrhunderte ihres Bestehens in Spanien und Portugal rund vierhunderttausend Personen von der Inquisition vernommen und dreißigtausend davon hingerichtet. Erst im 18. Jahrhundert begann die Inquisition allmählich nachzulassen; bis dahin aber hatte sie so gründliche Arbeit geleistet, daß sich kaum noch Opfer finden ließen. 1834 wurde die Einrichtung schließlich abgeschafft.

Nach der Austreibung aus Spanien im Jahre 1492 hatten sich viele Juden nach Portugal geflüchtet, wo die reichen unter ihnen mit offenen Armen aufgenommen wurden und die anderen sich gegen Entrichtung einer Gebühr vorübergehend für acht Monate aufhalten durften. 1496 jedoch, als König Manoel II. von Portugal die Tochter Ferdinands und Isabellas heiraten wollte, erhielt er die Einwilligung nur unter der Bedingung, sein Land von allen Juden zu säubern. Ein Jahr später lebten tatsächlich, soweit sich feststellen läßt, keine Juden mehr auf portugiesischem Boden. In dem Bestreben, die Juden zurückzuhalten, hatte Manoel zunächst versucht, sie zur Taufe zu bewegen, und, da er die außerordentliche Liebe der Juden zu ihren Kindern kannte, befohlen, alle jüdischen Kinder zwischen vier und vierzehn zu taufen. Aber sein Plan schlug fehl. Die Kinder wurden zwar getauft, doch so schrecklich und herzzerreißend es für die Eltern auch war, sehen zu müssen, wie ihre Kinder zum Taufbecken geschleppt wurden, sie ließen sich deshalb doch nicht bewegen, aus freien Stücken mit einem Grundsatz des Judentums zu brechen. Daraufhin ordnete der König an, alle Juden müßten, ehe sie das Land verließen, in die Hauptstadt kommen, wo sie im Palast zusammengetrieben und erneut gedrängt wurden, sich zu bekehren. Diesmal gaben viele nach; manche allerdings weigerten sich auch weiterhin. Ihr Wortführer, Simon von Miami, der Oberrabbiner von Portugal, wurde hingerichtet, ein Großteil seiner Anhänger nach Afrika gebracht, wo der klägliche Rest der einst bedeutenden portugiesischen Gemeinde von da an lebte.

So kam es in Portugal also nicht zu einer Austreibung, sondern nur zu einer Massenbekehrung. Die portugiesischen *Conversos* erwiesen sich als noch zäher als die spanischen; da sie durch Gewalt bekehrt worden waren, betrachteten sie sich nach wie vor als Juden. Und da die Inquisitionsprozesse in Portugal erst fünfzig Jahre nach der Austreibung anliefen, blieb ihnen mehr Zeit als ihren spanischen Brüdern, sich an eine kryptojüdische Existenz zu gewöhnen.

Nach dem Ausweisungsedikt von 1496 wurde den portugiesischen Neuchristen zwanzig Jahre lang Straffreiheit für Verstöße gegen die Religion gewährt. Sie sollten nicht durch eine Sondergesetzgebung ausgeschlossen und als besondere Gruppe behandelt werden. Nun verließen viele Marranen das Land, um anderswo ihren jüdischen Glauben praktizieren zu können. 1499 aber untersagte Manoel allen Neuchristen die Auswanderung ohne königliche Erlaubnis. Als es 1506 zu schrecklichen Ausschreitungen gegen die Neuchristen kam, da einer von ihnen über ein »Wunder« gelacht haben sollte, das ein ungewöhnlich strahlendes Kruzifix bewirkt hatte, ließ der König, der die Juden ihrer Fähigkeiten wegen brauchte, nur die Anstifter bestrafen.

1536 aber wurde auch in Portugal die Inquisition eingeführt, die entgegen Manoels früher erlassenem Dekret die *Conversos* als geschlossene Gruppe, als Außenstehende behandelte. Die angesehenen Familien wurden eine nach der anderen entlarvt und nicht selten in den Märtyrertod getrieben. Auch ein junger Franziskanerbruder, Frei Diogo da Assumpiao, der sich in aller Öffentlichkeit zum Judentum bekannte, wurde verbrannt. Zu den größten Märtyrern gehörte Don Lope de Vera, in dessen Adern gar kein jüdisches Blut floß. Er hatte lediglich Hebräisch studiert und fühlte sich zum Judentum hingezogen. Von seinem eigenen Bruder angezeigt, erklärte er den Inquisitoren, er gedenke zum Judentum überzutreten, beschnitt sich in seiner Zelle selbst und änderte seinen Namen in Juda der Gläubige um. Auf dem Weg zum Richtplatz, wo er bei lebendigem Leib verbrannt wurde, soll er hebräische Gebete gesprochen haben.

Bis zum 16. Jahrhundert besaßen die Marranen noch gewisse Hebräischkenntnisse. Mit der Zeit wurde dann das jüdische Erbe von Generation zu Generation fast nur noch mündlich überliefert. Schließlich ließ sich der Glaube der Marranen in einem Satz zusammenfassen: »Erlösung ist nur durch das Gesetz Moses und nicht durch das Gesetz Christi möglich.« Ein jüdisches Glaubensbekenntnis in einer von den Vorstellungen der katholischen Theologie geprägten Sprache – könnte es ein beredteres Zeugnis für die bedauernswerte Lage der Marranen geben: für ihr brennendes Verlangen, trotz der unvermeidlichen Anpassung an die Umwelt jüdisch zu bleiben? Die Wiedergewinnung des »Gelobten Landes« nahm einen großen Raum in ihren Hoffnungen und Gebeten ein. Die Kinder der Neuchristen wurden gewöhnlich im Bar-Mizwa-Alter in den jüdischen Glauben eingeführt, die Kleinkinder jedoch nicht beschnitten, da eine Beschneidung im Falle der Entdeckung einem Todesurteil gleichgekommen wäre. Oft waren Frauen die geistlichen Führer der Marranengemeinden. Nur wenige Kryptojuden waren noch des Hebräischen mächtig; die Gebete wurden in der Landessprache gesprochen; beim Gottesdienst im großen und ganzen kaum Bücher verwendet und nicht selten jüdische und christliche Praktiken miteinander vermischt; zum Beispiel beteten die Marranen vielfach nicht im Stehen, sondern im Knien, und rezitierten die Gebete mehr, als sie zu singen. Die meisten aßen kein Schweinefleisch, hielten den Sabbat, das Passahfest und den Versöhnungstag. Insgesamt legten sie mehr Gewicht auf das Fasten als auf die Feiern, da sie das eine in aller Stille tun und vor der Außenwelt verbergen konnten, während das andere Aufsehen und somit Verdacht hätte erregen können. Dennoch erfreute sich das Purimfest großer Beliebtheit, vermutlich, weil Esthers Los die Marranen an ihr eigenes Schicksal erinnerte, hatte doch Esther, die »weder ihre Herkunft noch Geburt« verriet, in der Fremde treu am Glauben ihrer Väter festgehalten. Die Marranen, die sich untereinander gern bei biblischen Namen nannten, beachteten die jüdischen Trauerzeremonien meist peinlich genau und hielten nach der obligatorischen katholischen Trauerzeremonie privat noch eine jüdische. So bemühten sie sich, den sich einschleichenden synkretistischen Elementen zum Trotz, dem Glauben ihrer Väter oder doch jenen Bruchstücken davon, die sie noch zusammenfügen konnten, die Treue zu halten. Ohne Bücher oder Schulen, ohne geistliche Führung und vor allem ständig der Gefahr einer Entdeckung ausgesetzt, harrten sie aus – es läßt sich nicht sagen, um welchen Preis, aber den Sinn in Frage zu stellen, wäre Blasphemie.

Nur allzu begreiflich, daß unter solchen Umständen viele *Conversos* trotz des Auswanderungsverbots ihr Heimatland zu verlassen suchten. Unter dem Vorwand, eine Wallfahrt anzutreten, flüchteten sich spanische und portugiesische Neuchristen in alle Himmelsrichtungen – in die Levante, nach Italien, Holland, England, und fast überall wurden sie bevorzugt behandelt. João Migues, ein Marranen-Flüchtling, stieg im Türkischen Reich, wo auch Alvaro Mendes, ein anderer Marrane, bei Hof eine wichtige, einflußreiche Stelle bekleidete, für eine Zeitlang zum Herrscher auf.

In Italien wurde Ferrara zu einem Sammelpunkt der Marranen-Emigranten; hier wurden die ersten spanischen Bibelübersetzungen für sie vorgenommen; in Venedig, wo sich viele im Ghetto niederließen, konnten sie frei als Juden leben; und Pisa, das sogar eine Einladung an Marranen-Juden ergehen ließ, machten sie innerhalb weniger Jahre zu einer der führenden Hafenstädte Italiens.

Ähnlich lagen die Dinge in Frankreich, wo die Loyalität der hochwillkommenen »portugiesischen Kaufleute« 1624 offiziell lobend hervorgehoben und die Marranen 1730 in aller Form als Juden anerkannt wurden. Überhaupt spielten sie überall, wo sie hinkamen, in Wirtschaft und Handel eine bedeutende Rolle. »Sie sind«, wie der englische Autor Joseph Addison schrieb, »in der Tat über alle handeltreibenden Teile der Welt verstreut, so daß durch sie noch die entferntesten Völker miteinander in Verbindung stehen und die ganze Menschheit durch ein gemeinsames Band zusammengehalten ist.« In ihren neuen Heimatländern wurden die Marranen als Angehörige eines anderen Glaubens betrachtet und nicht so sehr als Angehörige eines anderen Volkes. Sie besaßen dieselben Rechte wie die einheimische Bevölkerung, und die Regierung sorgte dafür, daß sie ihr als Staatsbürger gleichgestellt waren.

Nur die Niederlande wiesen eine Zeitlang die judaisierten Neuchristen ab. 1565 jedoch setzte die Einwanderung wieder ein, und zu Beginn des 17. Jahrhunderts

wurde in Amsterdam in aller Form eine jüdische Gemeinde mit über vierhundert eingetragenen Familien gegründet. Die ehemaligen Marranen brachten bald einen großen Teil des holländischen Seehandels unter ihre Kontrolle und hielten fünfundzwanzig Prozent des Kapitals der Ostindischen Handelskompanie. Als Verkehrssprache bedienten sie sich des Spanischen oder Portugiesischen und unterhielten eine Gemeindeschule mit einem sehr hohen Bildungsniveau. 1627 richtete Manasse ben Israel die erste jüdische Buchdruckerei ein und machte damit Amsterdam für die nächsten zweihundert Jahre zum Zentrum des jüdischen Buchhandels. Rembrandt van Rijn, der in der Jodenbreestraat mitten unter ihnen lebte, hat diese Flüchtlinge mit besonderer Vorliebe gemalt. Trotz des Zustroms polnischer (aschkenasischer) Juden im Jahre 1648 blieb Amsterdam, das »holländische Jerusalem«, wie es genannt wurde, eine Zeitlang der geistige Mittelpunkt der sefardischen Marranen.
Die Marranen-Gemeinde in England war ziemlich klein, hatte aber einige berühmte Mitglieder. In der Hoffnung, London mit Hilfe der Juden zu einem Schnittpunkt des europäischen Handels machen zu können, förderte Oliver Cromwell ihre Niederlassung. Dazu mag auch der berühmte Besuch des Manasse ben Israel beigetragen haben, der sich beim Protektor für die Sache seiner Brüder verwandte. Jedenfalls wurde 1664 der jüdischen Gemeinde in aller Form ein Schutzbrief ausgestellt, und schon bald rückte London neben Venedig, Amsterdam, Hamburg und Livorno zu einem bedeutenden Sefardi-Zentrum auf. 1673 wurde der anglo-jüdischen Gemeinde freie Religionsausübung gewährt. Überhaupt waren die Juden der englischen Bevölkerung fast gleichgestellt, nur daß sie des erforderlichen christlichen Eides wegen keine Ämter bekleiden durften. England konnte sich großzügig zeigen, denn da die jüdische Siedlung auf der Insel seit der Austreibung im Jahre 1290 nie offiziell gutgeheißen worden war, konnte sie auch nicht offiziell unterdrückt werden. Zwar erfreuten sich die englischen Juden keineswegs allgemeiner Beliebtheit, aber sie wurden doch aus Gründen der Zweckmäßigkeit geduldet; der protestantische Engländer schaute schlicht und einfach über sie hinweg; damit war für ihn das Problem gelöst. 1701 wurde erstmals seit 1290 wieder eine Synagoge gebaut. Wie in den anderen Ländern erwiesen sich die Marranen auch in England als gute Ärzte, Finanz- und Kaufleute. Sie sprachen spanisch oder portugiesisch. 1755 hatte die Gemeinde durch Flüchtlinge aus anderen Ländern ihren reinen »Sefardi«-Charakter verloren; dennoch bleibt den Marranen-Siedlern das Verdienst, das englische Judentum wiederbegründet zu haben.
Wenden wir uns abschließend noch der Neuen Welt zu. »Im gleichen Monat, in dem Ihre Majestäten das Edikt erließen, daß alle Juden aus den Gebieten des Königreichs ausgetrieben werden sollten – in eben diesem Moment erteilten sie mir den Befehl, mit genügend Leuten meine Entdeckungsreise nach Indien anzutreten«, schreibt Kolumbus in einem Bericht an seine Gönner. Doch es handelt

sich nicht nur um ein zufälliges zeitliches Zusammentreffen. Die Juden waren wesentlich an der Unternehmung selbst beteiligt. Sie hatten den Anstoß dazu gegeben, sie zum großen Teil finanziert, und möglicherweise stammte Kolumbus selbst von einer neuchristlichen Familie ab. Luis de Santangel, ein Bankmann marranischer Herkunft, hatte durch ein Darlehen die Expedition ermöglicht und der Oberschatzmeister von Aragonien, Gabriel Sanchez, ein Mann von rein jüdischer Abstammung, das Unternehmen entscheidend gefördert. An diese beiden ist Kolumbus' berühmter Brief, in dem er seine Entdeckung bekanntmacht, gerichtet. Außerdem hatten viele an Bord jüdisches Blut in den Adern, darunter Luis de Torres, der berühmteste, der sich kurz vor der Abfahrt hatte taufen lassen und als erster Europäer das neue Land betrat. Die Marranen erkannten bald, welche Möglichkeiten ihnen die Neue Welt bot. Um das 16. Jahrhundert beherrschten sie den Handel mit den Kolonien, der Import wie der Export lag zum größten Teil in ihrer Hand. In Brasilien, wo sie 1640 zahlreicher vertreten waren als die Christen, sollen sie das Zuckerrohr eingeführt haben. Auch in dem von den Holländern verwalteten Surinam hatte die blühende jüdische Siedlung in den örtlichen Angelegenheiten ein gewichtiges Wort mitzureden. Überhaupt bestimmten die Marranen das Leben in der Neuen Welt binnen kurzem in einem Ausmaß, daß bereits im 16. Jahrhundert die Inquisition eingeführt wurde, um das Land von Juden und Häretikern zu befreien. Viele Kryptojuden hatten, vor allem in Mexiko, unter dem Tribunal zu leiden, wo bei einem Autodafé 1596 neun von ihnen verbrannt wurden.

Heute gibt es kaum noch Marranen auf der Welt. Lange Zeit glaubte man, die Inquisition hätte in Spanien und Portugal alle Spuren des Judentums ausgetilgt. 1917 jedoch brachte ein in Lissabon lebender polnischer Jude namens Schwarz Material bei, das diese Behauptung widerlegte. Er entdeckte Marranenkolonien, die selbst nach der Abschaffung der Inquisition ihren jüdischen Glauben heimlich ausübten. Sie hielten, obwohl sie des Hebräischen nicht mehr mächtig waren und nur noch das Wort *Adonai* (der Herr) kannten, immer noch an den grundlegenden jüdischen Glaubenssätzen fest und heirateten nur untereinander. So lebten diese Marranen, ohne daß die Juden anderer Länder etwas von ihnen gewußt hätten, hauptsächlich in portugiesischen Dörfern, wo sie ihre heimliche Religion ohne allzu große Angst vor Entdeckung praktizieren konnten. Heute gehören die spanischen und portugiesischen Marranen zum großen Teil der unteren Mittelschicht an und sind vielfach ungebildet. In den letzten fünfzig Jahren ist vieles unternommen worden, um ihr jüdisches Bewußtsein allmählich wieder zu wecken. Gelehrte sind gekommen, Barros Basto, selbst ein Nachfahre einer neuchristlichen Familie, nahm sich gleich nach Schwarz' Entdeckung tatkräftig der Marranen an, schuf eine Gemeinde und errichtete eine Synagoge. Überdies wurde in London unter dem Schutz der *Alliance Israélite Universelle*, der *Anglo-Jewish Association* und der spanischen und portugiesischen Gemeinde ein Komitee für die portugiesischen Marranen gegründet. Dennoch sind diese Marranen-Gemeinden von einer langsamen Auflösung bedroht; die jungen Männer wandern in die Städte ab oder heiraten Andersgläubige. Einige sind sogar nach Israel gegangen, um wieder mit ihren Brüdern zusammenzuleben. Wahrscheinlich werden die Marranen Spaniens und Portugals das technische Zeitalter nicht überdauern. Aber allein, daß sie bis heute überlebt haben, zeugt von den erstaunlichen Leistungen eines unbezwinglichen Kollektivwillens. Nur durch ihn, möchte man sagen, hat sich ein Volk in der Geschichte behauptet.

13. NEUE JÜDISCHE SIEDLUNGSZENTREN

Fünfzehnhundert Jahre lang hatte es die Juden aus aller Welt nach Westen gezogen. Doch Anfang des 16. Jahrhunderts setzte, ausgelöst durch die unmenschliche Austreibung aus Spanien und Portugal, die die Juden tief verstörte, plötzlich eine Gegenströmung ein. Über 300 000 im Westen unerwünschte Juden suchten nun Obdach und neue Heimat. Viele wanderten nach Osten, schlugen wieder einmal die Richtung ein, in der das Land ihrer Väter lag. Und damit erlangte die Levante für den weiteren Ablauf der jüdischen Geschichte zentrale Bedeutung.

Durch die Ankunft großer Scharen jüdischer Flüchtlinge wurden die träg dahindämmernden Länder der Levante aus dem Schlaf aufgerüttelt. In den voraufgegangenen Jahrhunderten war es in Ägypten, Nordafrika, Syrien und Palästina allgemein zu einem Bevölkerungsrückgang gekommen. Im 13. Jahrhundert hatten die Mamelucken die Herrschaft über das alte Fatimidenreich angetreten; doch ihre auf militärische Stärke und wirtschaftliche Macht gegründete Politik schwächte die Einwohner und entzog dem Land seine natürlichen Reichtümer. Das Ergebnis war, daß die Bevölkerungszahl im Vergleich zur Fatimidenzeit um mehr als die Hälfte sank. So schrumpfte, um nur ein Beispiel zu nennen, die Bevölkerung Ägyptens damals von vier auf zwei Millionen. Wie nicht anders zu erwarten, wies auch die Zahl der jüdischen Bewohner in diesen Ländern den für die Mameluckenherrschaft allgemein kennzeichnenden rückläufigen Trend auf; viele Juden wanderten nach Europa aus, kehrten jedoch, als das Abendland von der Woge der Austreibungen erfaßt wurde, mit ihren westlichen Glaubensbrüdern zurück.

Bereits nach dem Toledaner Pogrom vom Jahre 1391 waren Juden in den Orient geflohen. 1430 trafen Flüchtlinge aus Spanien in Adrianopel und den nordafrikanischen Staaten ein und erweckten diese Länder zu neuem Leben. 1453, als das Osmanensultanat Konstantinopel einnahm und seine Tore den Einwanderern öffnete, nahm der Flüchtlingsstrom noch erheblich zu. Und nach 1492 schnellte die Zahl der Einwanderer erneut sprunghaft hoch. Wie in Nordafrika traten die Juden auch in der Levante binnen kurzem im öffentlichen Leben hervor und verhalfen überdies den Judengemeinden dieser Länder zu großer Bedeutung.

Die Türken, in der Hauptsache ein kriegerisches und ackerbautreibendes Volk, überließen den Handel in ihrem Reich nahezu gänzlich den Juden, Armeniern und Griechen. Bereits wenige Jahrzehnte nach Ankunft der Juden lag der Fernhandel im östlichen Mittelmeerraum weitgehend in ihren Händen. Konstantinopel – dieselbe Stadt, die im Jahre 330 als Hauptstadt des Byzantinischen Reiches die das nächste Jahrtausend währende Leidenszeit der Juden eingeleitet hatte – wurde nun zur Zufluchtsstätte. Zu einem denkbar tragischen Zeitpunkt der jüdischen Geschichte bot das Osmanenreich den durch die Austreibung innerlich schwer erschütterten spanischen Juden Zuflucht und Hoffnung: Rund 100000 Juden und Marranen fanden in der Türkei Obdach, wo in Konstantinopel und Saloniki die ersten Gemeinden entstanden. Unter den Neuankömmlingen befanden sich hervorragende Persönlichkeiten, die im Osmanenreich unverzüglich in wichtige Stellungen aufstiegen, wie jener Joseph Hamon aus Granada, der spätere Leibarzt des Sultans Selim I. Wie bereits im muslimischen Nordafrika und in Spanien herrschte Feindschaft zwischen dem Reich der Sultane und dem christlichen Abendland; von allen im Osmanenreich ansässigen ausländischen Bürgern waren die Juden die einzigen Andersgläubigen, auf deren Rechtschaffenheit und Vertrauenswürdigkeit einigermaßen Verlaß war.

Außer den Flüchtlingen von der Iberischen Halbinsel entschieden sich auch viele Juden, die wegen der Religionskriege und des Glaubenseifers der Reformation ihre Heimat verließen, für das verhältnismäßig freie Leben unter türkischer Herrschaft. Um die Mitte des 16. Jahrhunderts stellten die Juden in der Türkei bereits eine bedeutende Wirtschaftsmacht dar. Sie waren (nachdem ihnen wie gewöhnlich die Selbstverwaltung ihrer Gemeinde bewilligt worden war) in ein eigenes »Goldenes Zeitalter« eingetreten, das bis zum Tode Selims II. im Jahre 1574 währte. Viele stiegen als Ärzte, Finanzleute und Staatsmänner in bedeutende und angesehene Stellungen auf. Dank ihrer weltweiten Beziehungen konnten sie ihren Einfluß am Hofe der Sultane zugunsten ihrer in schlechteren Verhältnissen lebenden Glaubensbrüder in anderen Ländern geltend machen. Am berühmtesten ist der Fall des Salomo ben Nathan Aschkenasi, der durch sein Eingreifen die Vertreibung der Juden aus Venedig verhütete. Da die in der Türkei ansässigen spanischen und portugiesischen Juden über besondere Fachkenntnisse in der Kanonenherstellung verfügten, konnte Aschkenasi Venedig mit der Drohung unter Druck setzen, die Türkei werde seine ehrgeizigen Pläne als Seemacht nicht länger unterstützen, falls seinen Glaubensgenossen in der italienischen Stadt ein Leid geschähe. Aschkenasis Wort hatte solches Gewicht, daß er die Aufhebung des Austreibungsediktes erreichte.

Im Zuge der Erweiterung ihres Reiches eroberten die Türken im Jahre 1517 auch Palästina, wo sie ganze 1176 Haushaltungen und eine dem Zusammenbruch nahe Wirtschaft vorfanden. Doch der große Zustrom von Flüchtlingen führte innerhalb kurzer Zeit einen drastischen Umschwung herbei. Am dichtesten ballte sich die jüdische Bevölkerung in der galiläischen Stadt Safed, wo Flüchtlinge aus Judengemeinden aus allen Teilen der Diaspora in eigenen Vierteln lebten, die Namen wie Kastilien, Aragon, Ungarn, Italien, Deutschland usw. trugen. Zweitgrößte Stadt war Jerusalem; aber auch Gaza, Hebron, Akkon und Tiberias erlebten einen neuen Aufschwung. Unter der Osmanenherrschaft setzte eine Zeit des Wohlstandes ein. Safed, die Heimat eines blühenden Tuchwirker- und Färbereigewerbes, entwickelte sich zum Umschlagplatz für die landwirtschaftlichen Erzeugnisse der galiläischen Kolonien (deren Waren von hier aus nach Damaskus weiterverschifft wurden). Nach der Eroberung Zyperns durch die Türken im Jahre 1571 nahm Safeds Bedeutung dann allerdings etwas ab: Damals wurden Neusiedler, darunter auch Juden aus Safed, gezwungen, von Palästina nach Zypern zu ziehen, um die Wirtschaft der neuen Besitzung anzukurbeln. Hauptleidtragende dieser Zwangsaussiedlung waren die reichen Färber aus Safed.

Vor allem aber machte sich Safed als Zentrum der Gelehrsamkeit einen Namen. Hier ließen sich zahlreiche Gelehrte und Rabbiner nieder, die ehedem zu den größten Denkern Spaniens, Portugals und Siziliens gezählt hatten. Die nicht abreißenden Verfolgungen der voraufgegangenen Jahrhunderte hatten im religiösen Denken der Juden unmerklich einen Umschwung herbeigeführt, hatten eine Verlagerung des Interesses von einer diesseitigen zu einer jenseitigen Betrachtungsweise bewirkt; durch die Weltereignisse verstört, hatten sich viele Rabbiner der mystischen Kontemplation zugewandt. Bei ihrer Suche nach dem letzten Sinn stützten sie sich vornehmlich auf den Sohar, das Buch des Glanzes, einen im wesentlichen mystischen Kommentar zum Pentateuch. Man schrieb das Werk Rabbi Simeon ben Jochai zu, einem *Tanna*, der im 2. Jahrhundert in Safed gelebt hatte und dort gestorben war, während es in Wirklichkeit höchstwahrscheinlich von einem mittelalterlichen spanischen Rabbi, dem Mystiker und Kabbalisten Moses de León, stammt.

Im 16. Jahrhundert bildete Safed einen Mittelpunkt der Mystik und beherbergte so berühmte Mystiker wie *Ari den Heiligen* (Rabbi Isaak Luria) und seinen Schüler Chajim Vital. Damals trieb es viele Juden aus einer geheimen messianischen Sehnsucht und aus dem mystischen Glauben heraus nach Palästina, die Wiedererweckung der Heimat als Mittelpunkt des geistlichen Lebens und der Frömmigkeit stellte eine unabdingbare Voraussetzung für die allumfassende Erlösung dar. Die Mystiker von Safed mühten sich nicht nur, das geheimnisvolle Wirken des Unendlichen zu begreifen und in ein System zu bringen, sie waren auch bestrebt, ihr Wissen für die Erlösung dieser Welt einzusetzen, um so das Zeitalter weltweiten Friedens herbeizuführen. So suchten diese Rabbiner und Gelehrten aus dem traumatischen Erlebnis der Verbannung heraus nach einem einleuchtenden Schema, nach einem Schlüssel zum Verständnis der Wege des göttlichen Willens. Doch nicht nur die Mystiker befaßten sich mit derartigen Fragen. Ein anderer großer Gelehrter aus Safed, Rabbi Joseph Karo (1488–1575), unternahm den Versuch, den Restbestand an jüdischem Glaubensgut in seinem gewaltigen Kodex jüdischer Glaubenspraktiken, dem *Schulchan Aruch* (»Gedeckter Tisch«) zusammenzutragen und systematisch zu verarbeiten. Bis zum heutigen Tag ist der vierbändige *Schulchan Aruch* mit seinen detaillierten, die gesamte Lebensführung umfassenden Bestimmungen und den im Laufe der Zeit hinzugekommenen Kommentaren das Standardnachschlagewerk für den rechtgläubigen Juden.

Das türkische Judentum

In der Türkei bildeten die Juden eine buntgewürfelte und prosperierende Gruppe innerhalb der Gesamtgesellschaft, die ihr fieberhaft geschäftiges Treiben teils bewundernd, teils erstaunt und spöttisch zur Kenntnis nahm. Erfreulicherweise besitzen wir über das türkische Judentum einen Bericht aus erster Hand: das auf deutsch verfaßte Tagebuch eines böhmischen Beamten des 16. Jahrhunderts, dem folgende Auszüge entnommen sind:

> ... In der Türkei findet man in jedweder Stadt zahllose Juden aus allen Ländern, die sich der verschiedensten Sprachen bedienen. Eine jede Judengruppe hält aufgrund ihrer gemeinsamen Sprache zusammen. Wann immer Juden aus irgendeinem Lande vertrieben werden, strömen sie sämtlich in der Türkei zusammen, so dicht wie Ungeziefer; sprechen deutsch, italienisch, spanisch, portugiesisch, französisch, tschechisch, polnisch, griechisch, türkisch, syrisch, chaldäisch und noch andere Sprachen mehr ...
>
> In der Türkei, Ägypten, Missr (das ist Kairo), Alexandria, Armenien, Aleppo, der Tatarei, Babylonien bis nach Persien, Rußland, Polen und Ungarn dürfen die Juden reisen, wohin immer es ihnen beliebt, und ihren Geschäften nachgehen. Es gibt keinen Ort auf der Welt, von dessen jüdischen Bewohnern sich nicht etwelche in Konstantinopel aufhalten; wie es auch keine Güter gibt, die die Juden nicht veräußern und einhandeln. Sowie nur ein ausländisches Schiff aus Alexandria, Kaffa [dem heutigen Feodosia auf der Krim], Venedig und anderen Orten einläuft, klettern die Juden als erste an Bord ...
>
> Unter den Juden befinden sich Handwerker aller Art, die vom öffentlichen Verkauf ihrer Erzeugnisse leben; denn es steht in der Türkei jedermann frei, zu Hause, in einem Laden oder auf der Straße seinem Gewerbe nachzugehen. Niemand kümmert sich darum, ob er geschickt ist oder nicht, wenig oder viel versteht, sofern er nur dem Sultan seine Steuer entrichtet und die

Miete für seinen Laden bezahlt. [Im Gegensatz zu den christlichen Ländern wurden den Juden in der Türkei in der Ausübung der verschiedenen Handwerksberufe und im Handel keine Beschränkungen auferlegt.] ...

Es gibt zwei jüdische Tuchscherer und auch einige griechische. Die Juden von Konstantinopel besitzen auch eine Druckerpresse und drucken gar viele seltene Bücher. Unter ihnen sind Goldschmiede, Steinschneider, Maler, Schneider, Metzger, Apotheker, Ärzte, Chirurgen, Tuchweber, Wundärzte, Bader, Spiegelmacher, Färber ... Seidenarbeiter, Goldwäscher, Erzfrischer, Münzwardeine, Kupferstecher ...

Nie hat der Sultan einen anderen als einen bestimmten jüdischen Arzt zu Rate gezogen [Mose Hamon, gest. um 1554], der ihm und seinem Hofe wohl gute Dienste geleistet haben muß. Selbiger erhielt die Erlaubnis, im Judenviertel ein großes, drei- oder vierstöckiges Haus zu erbauen. Er starb, während wir in Konstantinopel weilten. Sein Sohn [Joseph] soll gleichfalls Arzt sein und versieht nun seines Vaters Stelle; kennt, soviel man hört, ein Rezept gegen Bauchgrimmen ...

Die Juden lassen keinen der Ihren als Bettler umherziehen. Sie haben Sammler, die von Haus zu Haus gehen und in eine gemeinsame Armenkasse sammeln. Diese Kasse dient zur Unterstützung der Armen und zum Unterhalt des Spitals.

(Aus J. R. Marcus: *The Jew in the Medieval World*)

Unter den jüdischen Einwanderern der Türkei ragen zwei Persönlichkeiten bebesonders hervor: Gracia Mendes und ihr Neffe Joseph Nassi, dem sie ihre Tochter Reyna zur Frau gibt. Die Mendes, den Berichten nach zu schließen eine ungeheuer reiche Familie, waren von Portugal nach Antwerpen, Venedig und Ferrara geflohen und hatten sich schließlich in Konstantinopel niedergelassen, wo Gracia Mendes ausgedehnte Geschäfte betrieb und sich als Wohltäterin der bedürftigen Juden dieser Gegend annahm. Ihr Neffe Joseph stieg rasch zum geschätzten Ratgeber Suleimans des Prächtigen auf, dem er dank seiner weltweiten diplomatischen und geschäftlichen Beziehungen hervorragende Dienste leisten konnte. Zum Dank schenkte ihm der Sultan die palästinensische Stadt Tiberias samt Umgebung, die Joseph in eine ausschließlich jüdischen Flüchtlingen vorbehaltene Zufluchtsstätte umzuwandeln gedachte.
Als der Thronfolger Selim II. an die Regierung gelangte, erhob er Joseph zum Herzog von Naxos und einer Anzahl weiterer Zykladeninseln. In seinem prunkvollen Palast bei Konstantinopel empfing Joseph Gesandte aus der gesamten Mittelmeerwelt, um mit ihnen Friedensverhandlungen zu führen oder Bündnisse zu schließen. Seinem Volk treu ergeben, um das Wohl der Juden in Europa aufrichtig besorgt, machte er sich mit Eifer und Zähigkeit an die Ver-

wirklichung seines Plans, Flüchtlinge in Tiberias anzusiedeln. Er ließ die Stadt wiederaufbauen, um hier ein palästinensisches Gewerbezentrum zu schaffen, das den Juden konkrete Arbeitsmöglichkeiten bieten und die Wirtschaft des Landes hochbringen sollte. Maulbeerbäume für die Seidenraupenzucht wurden angepflanzt, Tuch aus Venedig eingeführt. Der Herzog ließ einen Aufruf an alle Juden ergehen, sich in dieser neuen Kolonie niederzulassen; viele folgten seiner Aufforderung, besonders die von den Beschränkungs- und Unterdrükkungsmaßnahmen Pauls IV. und Pius' V. am härtesten betroffenen Juden des Kirchenstaates. Doch die ersten Schiffe mit Emigranten an Bord wurden unterwegs von maltesischen Piraten gekapert, die Juden in die Sklaverei verkauft. Joseph, in der Türkei von seinen politischen Plänen über Gebühr in Anspruch genommen, konnte sich um die Kolonie in Tiberias nicht genügend kümmern, und so schlug das Experiment fehl. Immerhin stellt es einen der ersten praktischen Versuche dar, aufs neue Juden in der alten Heimat anzusiedeln, und muß als Vorläufer der später von den Zionisten des 19. Jahrhunderts ausgearbeiteten und durchgeführten Pläne angesehen werden. Joseph weist auch wirklich so manche Ähnlichkeit mit dem bedeutendsten Zionisten, Theodor Herzl, auf: Wie dieser war er in den europäischen Hauptstädten zu Hause und genoß aufgrund seiner politischen Fähigkeiten und seiner verbindlichen Art die Achtung vieler Nichtjuden; und wie Herzl verfolgte auch ihn der Traum von einem unabhängigen jüdischen Staat, zu dessen Verwirklichung er mit einzigartigem Geschick die Unterstützung und bewundernde Zustimmung der Nationen zu gewinnen wußte.

Die Anfänge des osteuropäischen Judentums

Der vom osteuropäischen Judentum besiedelte Raum umfaßte, jedenfalls bis zum Ende des 18. Jahrhunderts, in der Hauptsache die Gebiete der Krim, der Ukraine, Weißrußlands, Polens und Litauens. Seit den letzten Tagen des Zweiten Tempels waren jüdische Siedler in dieses Gebiet gezogen. Der Siedlungsprozeß begann in Südrußland, am Ufer des Schwarzen und des Asowschen Meeres, wo eine der ältesten Gemeinden Europas entstand. Man hat in dieser Gegend zahlreiche Inschriften rein oder teilweise jüdischen Inhalts gefunden, deren älteste aus dem 1. Jahrhundert n. Z. stammt. Jene Juden, die sich bereits in alter Zeit nördlich des Schwarzen Meeres niederließen, machten Osteuropa mit dem Monotheismus bekannt. (Der Monotheismus christlicher Prägung breitete sich erst nach dem Niedergang des Römischen Reiches aus.)
Sechshundert Jahre lang beschränkte sich das Siedlungsgebiet der Juden, trotz

eines gewissen Austauschs zwischen den Küstenstädten und den Steppenprovinzen, auf den Nordrand des Schwarzen Meeres. Als dann im 7. Jahrhundert die Chasaren das Steppengebiet zwischen dem Kaspischen und dem Schwarzen Meer an sich brachten, dehnten die Juden ihre Siedlungen nach Osten, dem Kerngebiet des Chasarenreiches, aus. Und als gegen Ende des 10. Jahrhunderts das Chasarenreich, wie bereits erwähnt, nach der Niederlage, die ihm der russische Fürst Swatoslaw zugefügt hatte, zusammenbrach, löste sich auch die jüdische Siedlung am Kaspischen Meer infolge Anpassung und Abwanderung auf. Der Schwerpunkt der jüdischen Ostsiedlung verlagerte sich nun nach Kiew, der aufblühenden großfürstlichen Hauptstadt. Im 10. Jahrhundert bildete Kiew das politische und kulturelle Zentrum der südostrussischen Fürstentümer, im 11. Jahrhundert außerdem auch ein städtisches Handelszentrum. In der Stadt hatte sich eine ansehnliche Judengemeinde niedergelassen, die unumschränkte Handels- und Gewerbefreiheit genoß. Wenn diese Gemeinde unter den politischen Umwälzungen des frühen 12. Jahrhunderts auch schwer zu leiden hatte, aus Kiew vertrieben wurde sie jedenfalls nicht; nach den Kreuzzügen nahm sie durch den Zuzug deutscher Einwanderer zahlenmäßig sogar noch zu.

Die Juden spielten eine bedeutende Rolle im Kiewer Fernhandel, der eine Zeitlang die Verbindung zwischen Rußland und Byzanz herstellte. Als dann aber Ende des 11. Jahrhunderts der Aufstieg der italienischen Stadtstaaten und die durch die Kreuzzüge ausgelöste Ostexpansion der Christenheit einsetzte, mußte sich Kiew nach neuen Handelspartnern umtun. Nun belebten sich die Handelsbeziehungen zu den deutschen Staaten, und wiederum fiel den Juden ein erheblicher Anteil an der Erschließung der neuen Handelsstraßen von Regensburg oder Prag über Polen oder Ungarn nach Kiew zu. Diese jüdischen Kaufleute, die sogenannten *Holchei Russia* (russische Wanderhändler) oder *Holchei derachim al Russia*, wie sie auf hebräisch hießen, reisten sicherheitshalber in bewaffneten Kaufmannszügen. Einer Quelle zufolge beteiligten sich an diesen Zügen außer Juden auch nichtjüdische Söldner. Die *Holchei Russia* importierten Waren aus Deutschland (d. h., sie dienten den deutschen Herstellern als Vermittler) und exportieren aus Rußland (wo sie sich selbst als unabhängige Produzenten betätigen konnten).

Die Wirtschaftsverbindungen führten ganz von selbst auch einen kulturellen Austausch herbei. Hin und wieder begleitete ein Gelehrter die Handelszüge aus Deutschland, reisten russische Juden in den Westen, um an den deutschen *Jeschiwot* zu studieren. Bis zum 12. Jahrhundert riß auch die Verbindung zu Babylonien nicht ab; so korrespondierte bekanntlich Rabbi Moses von Kiew mit dem Vorsteher der babylonischen *Jeschiwa* über halachische Themen. Im großen und ganzen aber stand das russische Judentum zu dieser Zeit auf einer ziemlich niedrigen Bildungsstufe – beispielsweise gab es einzig und allein in der Kiewer Gemeinde einen Rabbiner.

Mitte des 13. Jahrhunderts wurde die Krim von den einbrechenden Mongolen eingenommen, die sich hier bis zur türkischen Eroberung Ende des 15. Jahrhunderts behaupteten. Mit der Türkenherrschaft kam es dann zu engeren Handelsbeziehungen zwischen den jüdischen Zentren auf der Krim und denen der Levante.

Während die jüdischen Kolonien am Ufer des Schwarzen Meeres und in Südrußland hauptsächlich von Einwanderern aus dem Orient aufgebaut worden waren, gingen die Judensiedlungen in Polen auf Neusiedler aus Westeuropa – aus den Ländern deutscher Kultur und »lateinischen Glaubens« – zurück. Jüdische Kaufmannszüge, die von Regensburg nach Kiew zogen, hinterließen in Krakau, der bedeutendsten polnischen Stadt an dieser Handelsstraße, erste Siedlungsspuren. Andere dauerhafte Siedlungen entstanden in Westpolen und Schlesien. Mit der nach 966 einsetzenden Ausbreitung der lateinischen Christenheit auf polnischem Boden geriet das Land in Abhängigkeit von den deutschen Kaisern und Bischöfen; der Zustrom deutscher Siedler nahm zu, und in seinem Gefolge auch der jüdischer Kaufleute und Siedler. Das dünnbesiedelte Polen war durch wiederholte Feindeinfälle weitgehend verheert, und so suchte man Siedler zu gewinnen, die zum Wiederaufbau der Wirtschaft beitrugen; dieser Aufforderung leisteten unter anderem auch die Juden Westeuropas Folge, die auf den Spuren der deutschen Siedler nach Osten zogen. Diese Juden brachten aus dem Westen ihre überkommene Gemeindeorganisation und ihre Glaubenspraktiken mit; der deutsche Nichtjude hingegen seine herkömmliche Unduldsamkeit in Glaubensdingen und die Neigung, den Juden politische Rechte zu versagen.

Ende des 14. Jahrhunderts kam es zur Vereinigung von Polen und Litauen. Zu diesem Zeitpunkt stellte das polnische Judentum in der Wirtschaft bereits einen so wichtigen Faktor dar, daß ihm der Staat offiziell Rechnung tragen mußte. Rechtsbriefe wurden ausgestellt; in Anlehnung an die Privilegien, die den Juden in Mitteleuropa gewährt worden waren, räumte man ihnen Selbstbestimmung in allen Rechtsbelangen ein (mit Ausnahme jener wenigen Karäergemeinden, deren Autonomie sich auf das Magdeburger Stadtrecht stützte). Grundsätzlich wurden die Juden als »Kammerknechte« eingestuft. Der Fürst gewährte ihnen Schutz von Leben und Eigentum und konnte dafür nach freiem Belieben mit ihnen verfahren.

Schon bald bekamen die Juden die wirtschaftlichen Eifersüchteleien, die Klassenkämpfe und religiösen Feindseligkeiten zu spüren, die die Einwanderer aus Deutschland nach Polen mitgebracht hatten. Da es die polnischen Herrscher im Hinblick auf das Wohl des Landes für notwendig erachteten, die Juden in ihrer aktiven Rolle im Wirtschaftsleben zu bestärken, mußten sie auch Gesetze erlassen, um sie vor den Angriffen ihrer christlichen Nachbarn zu schützen. Das wichtigste Statut, das eine genaue Festlegung der Rechte der Juden enthielt, wurde 1264 unter Boleslaw dem Frommen erlassen. Das Dokument beginnt mit einer bemerkenswerten Präambel:

> Sofern die Taten der Menschen nicht durch Zeugenmund oder Schrifturkunden bekräftigt werden, entschwinden sie nur zu rasch und entfallen dem Gedächtnis. Deshalb geben wir unseren Zeitgenossen wie auch unseren Nachfahren zur Kenntnis, daß die Juden, die sich in unserem Lande in seiner ganzen Länge und Breite niedergelassen haben, von uns die folgenden Satzungen und Privilegien empfingen...

Unter den wichtigeren Klauseln dieses Erlasses findet sich die Garantie für die Unverletzbarkeit jüdischen Lebens und Eigentums, das Verbot, jüdische Kaufleute unterwegs zu behelligen, von den Juden höhere Abgaben zu erpressen, als die Christen zu leisten haben, jüdische Friedhöfe und Synagogen zu schänden. Während sich die Staatsgewalt mit Rücksicht auf die wirtschaftlichen Bedürfnisse des Landes bemühte, das Leben der polnischen Juden auf eine vernünftige bürgerliche Grundlage zu stellen, unternahmen die kirchlichen Autoritäten, ganz wie in Westeuropa, alle nur erdenklichen Anstrengungen, um die Juden aus dem tätigen Leben auszuschalten. Sie wurden von der christlichen Bevölkerung getrennt und zur verachteten Kaste herabgedrückt. Wie schon so manches Mal war das Leben der Juden im mittelalterlichen Polen zwei Mächten ausgeliefert, die nicht selten einen völlig gegensätzlichen Standpunkt vertraten: Die weltliche Verwaltung gewährte ihnen aus wirtschaftlichen Erwägungen heraus die bürgerlichen Grundrechte, während die Kirche sie in ihrer religiösen Unduldsamkeit aus dem bürgerlichen Leben auszuschließen suchte. So nahm das Breslauer Kirchenkonzil (1266) ein in vielem den Bestimmungen des 4. Laterankonzils ähnliches Statut folgenden Wortlauts an:

> In Anbetracht dessen, daß Polen auf dem Boden des Christentums eine neue Anpflanzung darstellt, steht zu befürchten, daß sich die christliche Bevölkerung hier, wo die christliche Religion in den Herzen der Gläubigen noch keine festen Wurzeln zu fassen vermochte, um so leichter von dem Aberglauben und den üblen Sitten der in ihrer Mitte lebenden Juden beeinflussen lassen wird. Aus diesem Grunde müssen wir aufs strengste darauf dringen, daß die Juden nicht Seite an Seite mit den Christen, sondern für sich allein in einem Viertel der Stadt oder des Dorfes leben.

In Litauen bestand zur Zeit der Vereinigung mit Polen bereits eine Anzahl bedeutender Judengemeinden, so in Brest, Grodno, Troki, Luzk und Wladimir. Zwischen 1388 und 1430 wurden den Juden dieser Gemeinden Rechtsbriefe ausgestellt, die inhaltlich mit den Statuten Boleslaws und Kasimirs des Großen, der Boleslaws Erlaß im Jahre 1334 bestätigt hatte, weitgehend übereinstimmten. Diese Gesetzesverfügungen zeigen, mit welch aufgeklärten Methoden sich der litauische Herrscher für die Herstellung friedlicher Beziehungen zwischen Christen und Juden sowie für das Wohlergehen der jüdischen Gemeinde einsetzte. Die Juden genossen in allen inneren Angelegenheiten, soweit sie das Glaubensleben oder Eigentumsfragen betrafen, freie Verfügungsgewalt. Außerdem wurde ihnen die Unverletzlichkeit von Person und Eigentum zugesichert und die freie Ausübung von Gewerbe und Handel zu den gleichen Bedingungen wie den Christen bewilligt. Sie brauchten keine übertrieben hohen Steuern zu zahlen und lebten im ganzen gesehen in günstigeren Verhältnissen als die polnischen Juden.

Doch trotz dieser in Polen wie in Litauen erlassenen Rechtsbriefe kam es in der frühen Geschichte der dortigen Gemeinden wiederholt zu gehässigen Ausbrüchen gegen die Juden. Sie wurden im allgemeinen von Städtern angezettelt, denen die Juden als Rivalen ein Dorn im Auge waren, und durch die alte, von der Kirche und den Volksmassen immer wieder aufgewärmte Feindseligkeit genährt. Bereits im 15. Jahrhundert drohte den Juden die Ausweisung aus Polen, und 1496 wurden sie, vermutlich in Anlehnung an das spanische Vorbild, aus dem Großfürstentum Litauen verbannt. Umfassende Vertreibungen aus Warschau (1483) und später auch aus Krakau (1491) gaben den Auftakt zu nachfolgenden Verbannungen aus verschiedenen Städten der Union.

Doch trotz wachsenden Widerstandes des Bürgertums und der feindseligen Haltung der Kirche nahm die jüdische Bevölkerung Polens und Litauens im 15. und 16. Jahrhundert stetig zu. Die Juden waren in allen Zweigen des Groß- und Einzelhandels anzutreffen, im Export und Import, im Geldleihgeschäft, in der Medizin und im Gewerbe. Doch ihr wirtschaftlicher Aufschwung wurde nicht ohne weiteres hingenommen. Sooft ihre Aktivität den nichtjüdischen Bürgern als Bedrohung erschien, legte man ihnen Beschränkungen auf. So wurde beispielsweise Anfang des 16. Jahrhunderts der Zinssatz für polnische Geldleiher gesetzlich auf acht Prozent, der für jüdische dagegen auf dreieinhalb Prozent festgesetzt. Und ganz ähnlich verdrängte man 1538 die Juden auch als Steuerpächter. Doch all diesen Druckmaßnahmen zum Trotz konnten sie ihre unbestreitbare wirtschaftliche Überlegenheit behaupten, bis sie Anfang des 17. Jahrhunderts im Zuge der von den Jesuiten gesteuerten religiösen Ausschreitungen und der wirtschaftlichen Beschränkungen von den Städten aufs Land abgedrängt wurden. Hier betätigten sie sich als Zwischenhändler am Verkauf landwirtschaftlicher Erzeugnisse, bis ihnen auch diese Beschäftigung verboten und damit 60000 jüdischen Familien die Existenzgrundlage entzogen wurde.

Schätzungen zufolge belief sich die Zahl der um die Mitte des 17. Jahrhunderts über Hunderte von polnischen Gemeinden verstreuten Juden auf eine halbe Million. Daß sich die Juden in Polen durchschlagen konnten, liegt teilweise daran, daß sie die Kluft zwischen den zwei widersprüchlichen Interessengruppen innerhalb der polnischen Wirtschaft nutzten: der der Bürger und der des

Adels. Während die Adligen das freie Unternehmertum forderten, um so aus ihrem neugeordneten landwirtschaftlichen Grundbesitz den größtmöglichen Profit herauszuholen, hielten die Bürger an einer Wirtschaft der Monopole und Privilegien fest. Der Jude nun vermochte sich dank seines Fingerspitzengefühls und seiner Wendigkeit zwischen den beiden Gruppen zu halten; es gelang ihm sogar, die wirtschaftlichen Schranken zu überwinden, die man vor ihm aufgerichtet hatte.

Die Vierländersynode

Die Juden hatten nach Polen ihr eigenes Gefüge von Gesetzesvorschriften mitgebracht, nach dem sie sich selbst verwalteten. Die Gemeinschaftsordnung stützte sich auf die *Kehilla*, die die in einer bestimmten Stadt zusammenlebenden Juden zu einem festen Verband zusammenschloß, einer Gruppe mit eigenen Satzungen, eigener Synagoge, eigenem Friedhof, mit eigenen Rabbinern, Richtern für religiöse Belange und allen anderen in einem geordneten Gemeinwesen erforderlichen Einrichtungen. Die Machtfunktionen in der *Kehilla* übte der sogenannte *Kahal* aus, ein von den prominenteren Gemeindemitgliedern gewählter Ausschuß. Die Hauptausgaben des Gemeindebudgets waren für Wohlfahrt, Gesundheits- und Erziehungswesen vorgesehen. Die ehrenamtlich wirkenden Beamten des *Kahal* trugen dafür Sorge, daß keiner über seine Verhältnisse lebte und jedermann seiner Zahlkraft entsprechend besteuert wurde. Bei der Aufbringung der an die Krone zu entrichtenden Steuern übernahmen die Reichen und der Mittelstand den Anteil der Armen.
Der *Waad Ha'Arazot* (Rat der *Kehillot*) befaßte sich mit inneren und äußeren Angelegenheiten, die die *Kehilla* allein nicht zu entscheiden vermochte, sowie mit Fragen, die alle Juden einer bestimmten Provinz angingen. Im 16. Jahrhundert bildeten sich im ganzen Land derartige Landsmannschaften heraus, die einer obersten Aufsichtsbehörde, der sog. Vierländersynode *(Waad Arba Arazot)*, unterstanden. (Mit den vier Ländern waren Groß- und Kleinpolen, das russische Polen – oder Wolhynien – und Litauen gemeint.) Die Synode entwickelte sich aus den während der großen Messen von Lublin und Jaroslaw abgehaltenen Zusammenkünften, bei denen Gemeindevorsteher und Richter Fragen der Organisation und Verwaltung sowie das Gemeinwohl betreffende rechtliche und religiöse Probleme erörterten. Als sich die Juden der verschiedenen Provinzen in zunehmendem Maß ihrer gemeinsamen Interessen bewußt wurden, trat an die Stelle dieser »Messeversammlungen« dann ein dauerhafter Zusammenschluß der verschiedenen Provinzverbände. Die Vierländersynode stellte die

oberste gesetzgebende und exekutive Instanz des polnischen Judentums dar; die von ihr erlassenen Gesetzesverordnungen und Satzungen besaßen für alle in ihr vertretenen Gemeinden bindende Gültigkeit. Die Beamten der Synode wirkten gleichzeitig als *Schtadlanim* – d. h. Männer, die die Angelegenheiten mit den nichtjüdischen Machthabern regelten – oder als Sachwalter, die als Steuerpächter die vom König von der jüdischen Bevölkerung erhobenen Abgaben eintrieben. Die Synode wurde weit über Polen und die aschkenasische Kultursphäre hinaus in Fragen der Moral als Autorität anerkannt.

Von 1648 an brach über Polen eine Reihe von Katastrophen herein, die sich für die Judengemeinden verhängnisvoll auswirkten. In den Jahren 1648/49 fielen die Tataren unter ihrem Kosaken-Hetman Bogdan Chmielnicki ins Land ein, verheerten weite Gebiete Süd- und Ostpolens und richteten unter der jüdischen Bevölkerung ein unbeschreibliches Blutbad an. 1654 überfielen die Moskowiter den Nordosten, und 1655 zerstörten die Schweden den Westen. Tataren wie Moskowiter kämpften gegen »Adel, Klerus und Juden«. Die Juden wurden vertrieben, nach Zentralrußland verbannt (vielfach auch zwangsbekehrt oder als Sklaven verkauft) oder einfach ermordet. Die Zahl der Opfer belief sich auf mindestens 100 000, große Flüchtlingsscharen verließen das Land, um nach Ungarn, in die Türkei, nach Holland oder Deutschland zu ziehen.

Die Entwicklung des Ghettos

Im mittelalterlichen Europa standen die Juden außerhalb der Hauptströmungen des politischen, gesellschaftlichen und kulturellen Lebens. Sie bildeten eine Klasse für sich, der alle bürgerlichen Rechte versagt blieben. Mit diesen Maßnahmen verfolgte die mittelalterliche Gesellschaft das Ziel, den Juden vollständig von seiner Umgebung zu trennen. Er sollte politisch, sozial und geistig von jeglichem Austausch mit seiner nichtjüdischen Umwelt abgeschnitten werden. Diese Aussperrung fand im Ghetto sinnbildlich Ausdruck. Die Bezeichnung stammt aus dem Jahre 1516, in dem die Republik Venedig die Juden in ein gesondertes, unter dem Namen »Ghetto Nuovo«, d. h. neue Gießerei, bekanntes Stadtviertel einwies.

Mochte der einzelne Jude in dieser Abkapselung auch dahinkümmern, dem Leben der Gruppe erwies sie sich als förderlich. In den Ghettos aller europäischen Städte bildete sich eine weitgehend einheitliche Gemeindeorganisation heraus. Lange ehe die Kirche die Zwangsabsonderung verfügte, neigten die Juden aus Gründen des Selbstschutzes dazu, sich in eigenen Vierteln niederzulassen. Die zur Reinerhaltung des jüdischen Glaubens und zur freien Entfaltung einer einheitlich jüdischen Gesellschaft erforderliche innere Ordnung, aber auch das Bedürfnis, Lebensverhältnisse zu schaffen, in denen man sich gegenseitig vor der feindlichen Umwelt schützen konnte, machten das Ghetto, noch ehe es zum Zwang wurde, zur erwünschten, ja sogar notwendigen Einrichtung.

In frühmittelalterlichen Berichten werden die in jeder größeren Stadt vorhandenen Judensiedlungen als *Vici Judaeorum* – »Judenviertel« – bezeichnet, ein Name, der in allen modernen Sprachen fortlebt, in *Juderia* und *Juiverie* ebenso wie in der deutschen und österreichischen *Judengasse*, wie das Viertel schlicht und einfach genannt wurde, in der holländischen *Jodenstraat* und in der italienischen *Giudecca*. In Rom bewohnten die Juden seit alters ein Viertel am Tiber. In den frühmittelalterlichen Städten suchten jüdische Siedler und Kaufleute gewöhnlich in den befestigten Stadtteilen, in der Nähe der Residenz des Vertreters von Krone oder Kirche, Schutz. (So heißt eine Straße in nächster Nähe der berühmten Kathedrale von Rouen noch heute *Rue des Juifs*.) Dieses Viertel konnte mittels schwerer Tore von innen verriegelt werden. Denn das Ghetto sollte ursprünglich ebenso Feinde aussperren wie die Juden einschließen – eine Vorsichtsmaßregel, die sich besonders in der Osterzeit bewährte, in der sich kein Jude aus Angst vor Blutbeschuldigungen außerhalb der Ghettomauern zu zeigen wagte.

Da die ursprüngliche Grundfläche des Ghettos nur selten erweitert wurde, lebten die Juden schließlich in erschreckend beengten Wohnverhältnissen. Mehr Raum konnten sie nur dadurch gewinnen, daß sie in die Höhe bauten, weshalb ihre Häuser nicht selten die der übrigen Stadt überragten. Die Überbelegung löste noch eine andere wichtige Entwicklung aus. Da den Juden Grundbesitz untersagt war, mußten Mittel und Wege gefunden werden, um der Verdrängung der Mieter durch die Geldgier der Vermieter vorzubeugen. Durch Heranziehung des alten Besitzrechts *(Chasaka)* schützte man den Mieter vor der Gefahr, durch einen Mehrbietenden sein Obdach zu verlieren: Man verbot, einen Mieter zu verdrängen oder dem Hauseigentümer eine höhere Miete zu bieten, als der jeweilige Bewohner bezahlte.

Die Ghettogesetze wurden zwar nicht überall mit gleicher Strenge durchgedrückt, aber im großen und ganzen ähnelten sich die Lebensverhältnisse der Judengemeinden in ganz Europa, ob das Judenviertel nun durch ein Tor abgeriegelt war oder nicht. Das Schema blieb immer dasselbe, gleich, ob es sich um Venedig, Prag oder Frankfurt handelte. Mögen die Ghettos in Italien, Deutschland, Österreich und Böhmen in ihrem äußeren Erscheinungsbild auch noch so große Unterschiede aufgewiesen haben, das Leben nahm in ihnen doch weitgehend den gleichen Gang.

»Baut einen Zaun um die Tora«, hatten die alten Rabbiner den Juden eingeschärft, und die Ghettobewohner befolgten die Weisung. In dieser Periode fand das Gesetz des Talmud, das das Leben im Ghetto regelte, seine umfassendste

Anwendung. Dieselbe Zucht und Lauterkeit in Fragen des Gesetzes und der Moral, die sich zur Zeit Jochanan ben Sakkais beim Widerstand gegen Rom bewährt hatte, wurde nun Roms Erben, dem Heiligen Römischen Reich und der katholischen Kirche, entgegengesetzt.

Im großen und ganzen konnten die Juden hinter ihrem »Zaun« ein Leben nach eigenen Vorstellungen und Gesetzen führen. Und das zu einer Zeit, in der die Kirche Christen schon beim geringsten Anzeichen solchen Unglaubens, wie ihn die Juden unbehelligt in aller Öffentlichkeit in ihren Synagogen predigten, auf den Scheiterhaufen schickte. Und der nämliche Staat, der gegen Ungläubige im In- und Ausland mit Waffengewalt zu Felde zog, nahm seine Kammerknechte, obwohl sie Christus leugneten, in Schutz. Solange die Juden diese paradoxe Lage zu ihren Gunsten auszunutzen verstanden, indem sie im wahrsten Sinn des Wortes unsichtbar blieben, ließ man sie am Leben. Sowie aber ihre Aktivität der einen oder anderen der beiden Mächte, die ihr Dasein duldeten, als Bedrohung erschien, kam es zur Katastrophe. Das war der Preis, den die Juden jahrhundertelang zahlen mußten, um existieren zu können.

Den Mittelpunkt und Kern des Gemeinschaftslebens im Ghetto stellte die Synagoge samt den ihr angegliederten Schulen dar. Eine gründliche Ausbildung auf allen Ebenen kennzeichnete als beherrschender Zug das jüdische Leben. Doch Schüler wie Gelehrte hatten bei ihren Studien nicht etwa eine abstrakte, akademische Wahrheit im Auge; sie richteten ihr Leben nach den Lehren aus, in die sie sich in der Akademie vertieften. Der Talmudismus, wie ihn der Jude verstand, bedeutete das Eingehen auf die Realitäten des Daseins, nicht deren Verneinung. So stellen die vielen tausend von den großen mittelalterlichen Rabbinern für die Gemeinschaft erlassenen Satzungen das Ergebnis einer fortgesetzten Angleichung der Gesetzesnormen und -vorschriften an die Umweltbedingungen dar, denen sich die Juden gegenübersahen.

Außer über Synagogen und Schulen verfügten die Juden auch über eigene Gerichtshöfe und Verwaltungsämter, und gelegentlich brachten sie es auch zu einem Rathaus. Die Gemeinde unterhielt Bäder, Bäckereien, Schlachthäuser, Gaststätten, Friedhöfe und sogar Gefängnisse, deren Verwaltung eigenen, von den Gemeindemitgliedern gewählten Behörden oblag. An der Spitze der Gemeinde stand in größeren Judensiedlungen gewöhnlich ein zwölfköpfiges Gremium von *Parnasim* (Führern), von denen einer, in der Regel der Rabbiner – der Judenbischof, wie er in Deutschland vielfach hieß –, bei den nichtjüdischen Behörden als verantwortliches Oberhaupt des Judenviertels galt. Im Grunde genommen bildete die *Judengasse* eine in sich geschlossene Republik, sozusagen den Exerzierplatz der Selbstverwaltung, auf dem sich Generationen von Juden in das verwickelte Geschäft der Zivilverwaltung und in die Spielregeln demokratischer Ordnung einübten.

Die Juden hatten ihre eigene Sprache ins Ghetto mitgebracht, einen süddeutschen Dialekt des 13. Jahrhunderts, den sie mit hebräischen Ausdrücken würzten und in den sie, hauptsächlich für das Weibervolk, die Heilige Schrift, Gebete und Erbauungsbücher, aber auch Volksmärchen und Anekdoten übersetzten. Ein der letztgenannten Literaturgattung zugehöriges Werk, das sogenannte *Maasse-Buch*, hat sich im polnischen *Schtetl* bis in unsere Zeit gehalten. Das Jiddische begleitete die Juden ins polnische und ungarische, ins russische und böhmische Exil; einzig der von den spanischen Juden der Mittelmeerländer gesprochene Ladino-Dialekt, der sich ebenso hartnäckig hielt, zog seiner Ausbreitung Grenzen.

Das Prager Ghetto

Heute ist das Prager Ghetto ein Museumsstück, eine kleine Welt für sich: der Restbestand dessen, was vom vierzig Generationen zurückreichenden Erbe seiner Einwohner, aber auch anderer böhmischer und mährischer Judengemeinden übriggeblieben ist, in denen bis zum Zweiten Weltkrieg blühendes Leben herrschte. Eine Sammlung von Sakralgegenständen und anderen Erinnerungsstücken jüdischer Herkunft – eine Sammlung, zu der die Nazis mit dem in all den vielen tschechischen Judengemeinden zusammengeraubten Gut den Grund legten – zeugt nun in Prag stumm und beredt zugleich vom regen Leben zahlloser, nicht mehr bestehender Gemeinden, aber auch von der barbarischen Bewegung, die sie zerstörte.
Das alte Prager Ghetto, unter dem Namen »Stadt und Mutter in Israel« bekannt, stellte eine der berühmtesten Siedlungen in der Diaspora dar. Zu seinem Ruf und Ansehen trugen seine berühmten Gelehrten und seine Baudenkmäler bei, aber auch der Umstand, daß es von den Herrschern und der Prager Stadtbevölkerung nicht sonderlich behelligt wurde.
Das bekannteste Monument im Ghetto ist die in der zweiten Hälfte des 13. Jahrhunderts erbaute Altneuschul, die zusammen mit dem in nächster Nähe gelegenen jüdischen Rathaus zum Sinnbild dieser berühmten Judengemeinde aufrückte. Die Synagoge wie auch der alte Judenfriedhof bestehen noch; besonders der Friedhof mit seinen reichverzierten Grabsteinen liefert eine Fülle von Informationen über das Leben der Prager Juden. Neben vielen anderen berühmten Männern ist hier der Astronom und Mathematiker David Gans (1541 bis 1613) beerdigt, einer der ersten jüdischen Geschichtsschreiber der Neuzeit. Und auch die Grabstätte des Prager Wundertäters Rabbi Juda Löw findet sich hier, zu der die Juden, wenn irgendwelche Kümmernisse sie plagten, bis zum Zweiten Weltkrieg zu pilgern pflegten, um des Rabbis Fürbitte zu erflehen.

Die Geschichte des Prager Ghettos beginnt ungefähr um das Jahr 900; zu dieser Zeit hatte die Zahl der in der Stadt ansässigen Juden dermaßen zugenommen, daß ihnen ein weites Gelände am rechten Ufer der Moldau in der sogenannten Prager Altstadt eingeräumt wurde. (Geschichtliche Anhaltspunkte deuten darauf hin, daß in Prag schon vor diesem Zeitpunkt eine Judensiedlung bestand.) Den böhmischen Königen brachten die jüdischen Siedler, die in Prag eine über die Grenzen Böhmens hinaus berühmte Handels- und Gewerbetradition aufbauten, erheblichen Vorteil. Bis zum 12. Jahrhundert konnten sich die Juden in Prag frei bewegen. Als dann 1150 die Judenstadt von einer kurz zuvor aus Böhmen verbannten Sekte angegriffen wurde, leisteten die Juden Widerstand: »Die jüdischen Schlächter stürmten mit ihren Hackmessern hinaus und vertrieben die Angreifer aus der Stadt.« Zum Lohn für die Verteidigung königlichen Eigentums erhielten die Juden ein besonderes Vorrecht: Sie durften den doppelschwänzigen böhmischen Löwen im Wappen führen. Außerdem wurde ihnen gestattet, ihre Stadt zum Schutze gegen weitere Angriffe dieser Art mit einer Mauer zu umziehen. Damit verwandelte sich die Judenstadt in ein befestigtes Ghetto.

Als im Jahre 1349 in Böhmen die Pest ausbrach und sich über ganz Mittel- und Osteuropa ausbreitete, stellte der spätere Kaiser des Heiligen Römischen Reiches, Karl IV., die Prager Juden als seine persönlichen Diener unter seinen besonderen Schutz und bewahrte sie so vor den Gewalttaten, die ihre Glaubensgenossen andernorts erlitten. Im Hause des jüdischen Schatzmeister Karls IV., Lazar, wurde die unter dem Namen Karlsuniversität bekannte Prager Universität gegründet, die als eine der ersten europäischen Hochschulen jüdische Studenten aufnahm und Doktortitel an Juden verlieh. Selbst unter der Herrschaft der judenfeindlichen Habsburger Kaiserin Maria Theresia (1717–1780) gingen hier Christen und Juden gemeinsam ihren Studien nach. Als erster Jude promovierte 1788 Beer Joss zum Doktor der Medizin – ein Ereignis, das im ganzen Prager Ghetto als Festtag gefeiert wurde. An dieser Universität, die als eine der ersten jüdischen Studenten Zugang zur Wissenschaft gewährt hatte, sollten in der Folgezeit viele Juden als Dozenten und Professoren wirken.

Im April 1389, am letzten Tage des Passahfestes, ereilte die Judenstadt der erste Pogrom. Ein Priester war auf der Straße mit Sand beworfen worden, und während der Vorfall so von Mund zu Mund weitergegeben und immer ein bißchen mehr verdreht wurde, nahm er schließlich geradezu erschreckende Formen an. Um die aufgestauten Emotionen abzureagieren, gab es keinen besseren Sündenbock als die Juden. Der Mob stürmte in die Judenstadt, erschlug unschuldige Männer, Frauen und Kinder und plünderte die Heimstätten. Über viertausend fielen dem Blutbad zum Opfer; die Überlebenden, eine verschreckte, gebrochene Gruppe, vegetierten auf Jahre hinaus in Armut und Elend dahin.

Im Jahre 1594 übernahm Rabbi Juda Löw, der ursprünglich in Mähren gewirkt hatte, im Alter von achtzig Jahren das Amt des Oberrabbiners von Prag. Er ist der berühmte Schöpfer des Prager *Golem* – eines Automaten, der zum Leben erwachte, sowie man ihm ein Stück Papier mit dem Namen Gottes in den Mund steckte. Solange der *Golem* den Zettel im Mund trug, diente er seinem Erfinder; doch sobald der »Unaussprechliche Name« entfernt wurde, verwandelte sich der *Golem* in einen zerstörungswütigen Unhold oder sackte leblos in sich zusammen. Bezeichnenderweise arbeitete Rabbi Judas *Golem* nur an Wochentagen, während er am Sabbat ruhte. Sooft den Prager Juden ein Unrecht geschah, trat der *Golem* für sie auf den Plan und geriet so in den Ruf eines wackeren Verteidigers des Prager Ghettos. Dieses Zauberwesen soll den Juden auch zur Zeit der Gegenreformation, als die Jesuiten sie zum katholischen Glauben zu bekehren suchten, in ihrer Bedrängnis beigestanden sein.
Eine andere berühmte Gestalt in der Geschichte Prags ist Mordechai Meysl (1528–1601), einer der Bürgermeister der Judenstadt. Meysl, ein steinreicher Finanzmann, dabei mildtätig und freigebig, machte sich voll Liebe und mit ungeheurer Tatkraft an die Renovierung der Judenstadt. Er ließ das ganze Viertel auf eigene Kosten pflastern, baute auf seinem Grund und Boden ein Spital und eine Talmudhochschule und errichtete eine Synagoge. Und als das Rathaus bei einem Brand zerstört wurde, ließ er auch dieses wiederaufbauen.
1648 wurden die Juden erneut aufgerufen, Patriotismus zu bezeigen und Prag zu verteidigen, diesmal gegen die anrückenden Invasionstruppen des Schwedengenerals Königsmarck. Als Gegenleistung für ihre Mitwirkung erlangten sie das Recht, sich in allen reichsunmittelbaren böhmischen Städten niederzulassen und sämtliche Gewerbe mit Ausnahme der Waffenherstellung auszuüben. Als sichtbares Zeichen der Anerkennung erhielt die Judenstadt eine große rote Fahne mit Davidstern und Schwedenhelm in der Mitte, die zum offiziellen Banner erhoben wurde.
Doch diese Zustände waren nicht von Dauer. Im Jahre 1689 brach im Ghetto ein verheerender Brand aus, der Hunderte das Leben kostete. Erst im Jahre 1704 ging man an den Wiederaufbau. Und im Jahre 1744 war der Ausweisungsbefehl der Kaiserin Maria Theresia für die Prager Juden ein schwerer Schlag. Damals kam es zu einer der ersten humanitären Interventionen der jüdischen Geschichte: Die aschkenasische Gemeinde Londons erwirkte eine Unterredung mit König Georg II., um sich für ihre Glaubensbrüder einzusetzen. Der König, den ihre Bitte rührte, wies seinen Gesandten in Wien an, die Angelegenheit mit der Kaiserin zu erörtern. Als dann auch noch von anderer Seite Einspruch erhoben wurde, zog Maria Theresia im Jahre 1749 ihren Erlaß zurück, allerdings nur auf die Zusicherung neuer und noch höherer Steuerzahlungen hin. Trotzdem kehrte 1749 nicht einmal die Hälfte der ehemaligen jüdischen Bevölkerung zurück. Nun ordnete Maria Theresia an, »alle Juden ohne

Bart« einschließlich der Frauen hätten das gelbe Judenabzeichen zu tragen – eine demütigende Verfügung, die Kaiser Joseph 1781 wieder aufhob.
Im Jahre 1848 fiel dann die gesamte Diskriminierungsgesetzgebung gegen die Prager Juden, und im darauffolgenden Jahr gewährte ihnen Franz Joseph die Gleichberechtigung – ein bedeutsames Ereignis in der Geschichte des Prager Ghettos. 1852 wurde das Ghetto selbst offiziell aufgelöst. Damit waren die gesellschaftlichen und gesetzlichen Schranken zwischen den Juden und den anderen Einwohnern Prags endlich gefallen.

Die Juden in Holland

Unmittelbar nachdem die Utrechter Union, mit der der Aufstand der protestantischen Niederlande gegen die spanische Krone sein Ende fand, im Jahre 1579 in allen holländischen Provinzen die Gewissensfreiheit proklamiert hatte, setzte ein gewaltiger jüdischer Einwandererstrom nach Holland ein. Zunächst zog die Toleranzerklärung vornehmlich Marranen an, die sich vor der spanischen und portugiesischen Inquisition in Sicherheit zu bringen suchten. Der Überlieferung zufolge sollen als erste die Familie Rodriguez und einige andere Flüchtlinge in Holland eingetroffen sein. Die Schar segelte im eigenen Schiff von Portugal ab, wurde auf See von einem englischen Kapitän gekapert, der jedoch den Flüchtlingen nach einigem Hin und Her die Weiterfahrt gestattete, und langte schließlich in Emden an, wo ihr der Rabbiner der dortigen deutsch-jüdischen Gemeinde, Mose Uri, riet, nach Amsterdam weiterzuziehen.
Der Emdener Rabbi folgte der Gruppe in diese Stadt, unterwies sie im Judentum und führte sie binnen kurzem zum Glauben ihrer Väter zurück. Wie es die Ironie des Schicksals wollte, hielten die protestantischen Niederländer die Marranen zunächst für verkappte Papisten: Am Versöhnungstag des Jahres 1596 tauchten unvermittelt städtische Offiziere in der kleinen Gemeinde auf und nahmen Mose Uri und seinen Sohn als Verräter fest. Das Mißverständnis klärte sich jedoch bald auf; den Juden wurde das Recht auf freie Religionsausübung zugestanden und 1598 der Bau einer Synagoge genehmigt. Auf die Kunde von der freundlichen Aufnahme hin ließen sich immer mehr Juden in Holland nieder, und schon bald war die Gemeinde von Amsterdam auf die stattliche Zahl von vierhundert Familien angewachsen. Die Amsterdamer Juden unterhielten eine Anzahl hebräischer Buchdruckereien und leiteten damit eine Tradition ein, die die Stadt für mehrere Jahrhunderte zu einem der führenden Zentren des jüdischen Buchhandels machte.
Während des ganzen 17. Jahrhunderts erwiesen sich die holländischen Juden

auf wirtschaftlichem Gebiet als äußerst rührig und produktiv und beteiligten sich in einem Ausmaß, das in keinem Verhältnis zu ihrer Zahl stand, an den Finanzaktionen des Landes. So gehörten beispielsweise einem von der Amsterdamer Börse eingesetzten einundvierzigköpfigen Ausschuß siebenunddreißig jüdische Mitglieder an; und von den Aktionären der Ostindischen Kompanie waren fünfundzwanzig Prozent gleichfalls Juden. Die jüdischen Kaufleute brachten den holländischen Seehandel so in die Höhe, daß verschiedene europäische Monarchen jüdische Siedler aufforderten, sich in ihren Ländern in ähnlicher Weise zu betätigen – sehr zum Ärger und unter lebhaftem Protest der nichtjüdischen Kaufleute.

In ihrem geistigen Leben hielt die holländische Judengemeinde zäh an den alten Traditionen fest. Im Ghetto wurde streng auf religiöse Zucht und soziale Solidarität geachtet; den Menschenschlag, der in dieser Welt zu Hause war, hat Rembrandt in seinen verschiedenen Bildnissen von Ghettoangehörigen unsterblich gemacht. Aber dem Ghetto entstammte auch eine ganze Anzahl weltlich ausgerichteter Geister, darunter der glänzende Philosoph und Neuerer Baruch Spinoza, der für die Einheit der Amsterdamer Gemeinde offenbar eine so ungeheure Bedrohung darstellte, daß er 1656 vom Rabbinat exkommuniziert und aus der Gemeinde ausgestoßen wurde. Der an der Amsterdamer *Jeschiwa* ausgebildete Spinoza stand mit verschiedenen bedeutenden christlichen Gelehrten in einem regen philosophischen Gedankenaustausch. Seine Lehre trug ausgesprochen häretische Züge, obgleich er sich selbst nach wie vor als Jude empfand. Er widersetzte sich der Autorität der Rabbiner, bestritt den Absolutheitsanspruch der Offenbarung und vertrat die Ansicht, der Staat müsse die Gedankenfreiheit garantieren. Der Amsterdamer Gemeinde aber fehlte es an der nötigen Selbstsicherheit, um einen so kraftvollen Andersdenkenden wie Spinoza in ihren Reihen dulden zu können. Die von ihm entwickelten Gedankengänge gingen, von den jüdischen Philosophen kaum beachtet, in den Hauptstrom der europäischen Philosophie ein, auf die sie einen ungeheuren und nachhhaltigen Einfluß ausübten. Denn mit Spinoza beginnt gewissermaßen die neuzeitliche Philosophie, wie umgekehrt mit ihm die mittelalterliche Philosophie ihren Abschluß findet.

Auch in den folgenden 150 Jahren blieb das Leben der holländischen Juden einigermaßen gesichert. Als Holland im Jahre 1795 zur Batavischen Republik umgebildet wurde, erhielten alle Bürger einschließlich der Juden – deren Zahl sich nun auf rund 500 000 belief – gleiche Rechte. An die Juden erging die Aufforderung, sich an den Wahlen für die erste Batavische Nationalversammlung zu beteiligen; und wenn damals auch keiner der Ihren gewählt wurde, war damit doch der Präzedenzfall für die auch von den nachfolgenden holländischen Monarchen beibehaltene Gleichberechtigung gegeben.

Die Juden in England

In England wurden die Juden erstmals wieder, wenn auch nicht offiziell, unter Oliver Cromwell geduldet. In jener Epoche trugen die millenaristischen Erwartungen der Christen und das neuerwachte Interesse der Puritaner am Alten Testament zu einer toleranteren Einstellung den Juden gegenüber bei. Nach damaliger Auffassung mußte ihnen allein schon deshalb die Ansiedlung auf den britischen Inseln gestattet werden, damit sich die für die Welterlösung unabdingbare Voraussetzung – die Zerstreuung des Volkes Israel in alle Welt – erfüllte. Binnen kurzem gelang es jüdischen Siedlern, sich ins wirtschaftliche Leben Londons und anderer Städte einzugliedern. Gegen Ende des 17. Jahrhunderts bekleideten die Juden wichtige Stellungen in der Ostindischen Kompanie und verfügten über zwölf Sitze an der Londoner Börse. Erfolgreiche jüdische Kauf- und Finanzleute fanden Aufnahme in der englischen Gesellschaft.

Ein nicht geringes Verdienst an der Wiederzulassung der Juden in England kommt dem rührigen und begabten *diplomate extraordinaire*, Manasse ben Israel aus Amsterdam, zu. Manasse entstammte einer Marranenfamilie, die sich in Amsterdam niedergelassen hatte. Obgleich kein hochgelehrter Mann, besaß er doch Phantasie und Einfühlungsvermögen für die brennenden Fragen seiner Zeit und galt als Gemeindeoberhaupt, Lehrer, Buchdrucker und Verleger bei der nichtjüdischen Welt schon bald als wahres Musterbild jüdischer Vortrefflichkeit. Zu den Bewunderern des Rabbiners zählte auch Rembrandt, der diese farbige Persönlichkeit auf einem seiner berühmtesten Bildnisse festgehalten hat.

Neben ausgezeichneten Latein-, Spanisch- und Englischkenntnissen und vielen anderen Gaben besaß Manasse besonderes Geschick im Briefeschreiben, das ihm bei seiner internationalen Kampagne für die Wiederzulassung der Juden in England außerordentlich zustatten kam. Im folgenden bringen wir das Meisterstück aus Manasse ben Israels politischer Laufbahn, sein Schreiben an Oliver Cromwell vom September 1655, das maßgeblich zum Beschluß des Lordprotektors beitrug, die Juden in England wieder zuzulassen.

> Dies sind die Wohltaten und Vergünstigungen, die ich, Manasse ben Israel, im Namen meines jüdischen Volkes von Ew. Durchlauchtigsten Gnaden erflehe, und möge Gott Euch erhalten und Euch in all Euren Unternehmungen großen Erfolg gewähren. Dieses ist der Wunsch und das Verlangen Eures untertänigen Dieners.
>
> 1. Das erste, worum ich Eure Hoheit bitte, ist, unser jüdisches Volk in diese mächtige, dem Schutze und der Fürsorge Eurer Hoheit anheimgege-

bene Republik gleich Bürgern dieses Landes aufzunehmen und zuzulassen; und um künftiger größerer Sicherheit willen bitte ich Eure Hoheit, so es Euch gefällig, all Euren Befehlshabern und Generälen Weisung zu erteilen, uns bei allen Anlässen zu verteidigen.

II. Möge uns Eure Hoheit öffentliche Synagogen bewilligen, nicht nur in England, sondern auch an allen anderen eroberten Orten unter Eurer Hoheit Gewalt, und uns gestatten, unseren Glauben in allen Einzelheiten so auszuüben, wie es sich für uns gebührt.

III. Man gestehe uns ein Stück Land oder einen Friedhof außerhalb der Stadt zu, wo wir unsere Toten bestatten können, ohne von irgend jemandem behelligt zu werden.

IV. Man gestatte uns, wie jedermann sonst auch frei mit allen möglichen Waren Handel zu treiben.

V. Mögen Ew. Durchlauchtigste Gnaden (auf daß jene, die ins Land kommen, den Bürgern Vorteil bringen und niemandem ein Leid zufügen oder Ungemach bereiten) eine hochgestellte Persönlichkeit damit beauftragen, sich über die ins Land Kommenden ins Bild zu setzen und ihre Pässe in Augenschein zu nehmen. Er soll über die Neuankömmlinge Bescheid wissen und ihnen einen Eid abnehmen, Eurer Hoheit in diesem Lande treu zu dienen.

VI. Und damit die Friedensrichter nicht mit Zank und Streit behelligt werden, die möglicherweise unter unseren Landsleuten ausbrechen, bitten wir Ew. Durchlauchtigste Gnaden, dem Rabbi die Freiheit zu gewähren, sich zwei jüdische Geistliche beizugesellen, um alle Rechtsstreitigkeiten dem mosaischen Gesetze gemäß beizulegen und zu richten, jedoch mit dem Sonderrecht, gegen ein Urteil bei den weltlichen Richtern Berufung einzulegen. Doch muß zuvor die Summe, zu der die betreffende Partei verurteilt worden, hinterlegt werden [ehe beim staatlichen Gericht gegen ein vom jüdischen Gericht gefälltes Urteil Berufung eingelegt werden kann].

VII. So etwaige Gesetze gegen unser jüdisches Volk bestehen, so sollten dieselben zuvörderst abgeschafft werden, auf daß wir dergestalt unter dem Schutze und Schirm Ew. Durchlauchtigsten Gnaden in größerer Sicherheit leben mögen.

So uns Ew. Durchlauchtigste Gnaden diese Bitten gewähren, wollen wir Euch allezeit aufs engste verbunden sein und uns verpflichten, für Ew. Gnaden Wohlergehen und das Eures erlauchtigsten und weisesten Rates zu Gott zu beten. Möge es Sein Wille sein, Ew. Durchlauchtigsten Gnaden bei all Euren Unternehmungen großen Erfolg zu schenken. Amen.

(Aus J. R. Marcus: *The Jew in the Medieval World*)

Die Juden zur Zeit der Renaissance und der Reformation

In Rom, Florenz, Mailand, Genua und Venedig, also jenen Städten, in denen sich die Neubelebung der humanistischen Studien im 14. und 15. Jahrhundert am spürbarsten auswirkte, wurden auch die Judengemeinden vom geistigen Gärungsprozeß der Renaissance erfaßt. Kurz zuvor hatte sich ein gewaltiger Strom jüdischer Flüchtlinge, die der spanischen Inquisition oder den Verfolgungen in Nordeuropa zu entgehen suchten, in die italienischen Städte ergossen. Die Juden, nicht in der Lage, mit dem aufsteigenden Stand der italienischen Kaufleute und Fernhändler in Wettbewerb zu treten, wandten sich vielfach dem Geldleihgeschäft und dem Bankwesen zu, Berufe, in denen ihre Tüchtigkeit entsprechend anerkannt und honoriert wurde.

Die Geschichte der Juden zur Zeit der Renaissance ist die Geschichte einzelner. Im großen und ganzen blieb die jüdische Gemeinde in ihrer Gesamtheit von dem stürmischen Wandel unberührt, der die gebildete Welt zu jener Zeit erfaßte; doch bot sich vielen in der nun aufgeschlosseneren gesellschaftlichen Atmosphäre Gelegenheit, die den Juden so angemessene Rolle des Kulturvermittlers zu übernehmen und ihre neuerdings bildungsbeflissenen christlichen Mitbürger zu unterweisen. So brauchte man die Juden beispielsweise als Lehrer für das Hebräische und für die Kabbala – Disziplinen, zu denen sich die italienischen Humanisten besonders hingezogen fühlten. Einer dieser Juden, Elia Levita (1468–1549), erteilte Kardinal Egidio Hebräischunterricht und ließ sich seinerseits im Griechischen unterweisen. In Florenz, Siena, Mantua, Padua und Venedig wirkten Juden als Lehrer. Denn mit dem Aufschwung der Hebräischstudien in der italienischen Renaissance wurden in ganz Italien Hebräischlehrer benötigt. Da die Kenntnis des Hebräischen die Voraussetzung für eine korrekte Bibelauslegung, aber auch für philosophische Studien bildete, befaßten sich alle großen Reformatoren der Zeit, Erasmus, Calvin, Reuchlin und Luther, eingehend mit dieser Sprache. 1488 wurde an der Universität Bologna ein Lehrstuhl für Hebräisch errichtet, ein Beispiel, dem sich in Anbetracht des gewaltigen Zustroms christlicher Hebraisten, die bei jüdischen Gelehrten und Dozenten die Heilige Sprache erlernen wollten, bald weitere italienische Universitäten anschlossen.

Hand in Hand mit dem Studium des Hebräischen ging ein neues Interesse für alte hebräische Manuskripte. Papst Sixtus IV., der Erbauer der Sixtinischen Kapelle, erwarb für die Vatikanbibliothek eine prachtvolle Sammlung hebräischer Handschriften, die von Papst Nikolaus V. unter Beihilfe von Gianozzo Manetti, einem Florentiner Gelehrten und Staatsmann, der das Hebräische von einem Diener erlernt hatte, noch weiter ausgebaut wurde.

Die Humanisten der Renaissance fühlten sich nicht nur zu den literarischen

Glanzleistungen des alten Griechenland, sondern auch zu den arabischen Denkern hingezogen, die die philosophische Tradition der Griechen weitergeführt hatten, vor allem zu Averroës und Avicenna. Die Werke dieser großen Vertreter arabischen Denkens aber konnten die europäischen Intellektuellen nur auf Umwegen kennenlernen, da zwischen der muslimischen und der christlichen Welt neben religiösen auch kulturelle und sprachliche Schranken bestanden: Die lateinisch sprechende und denkende Gelehrtenwelt hatte keinerlei Verbindung mit der arabisch sprechenden und denkenden Welt gehabt. Und wieder einmal übernahm die geistig in jeder der beiden Welten beheimateten Juden die Vermittlerrolle. Sie hatten bereits viele wissenschaftliche Texte aus dem Arabischen ins Hebräische übersetzt und damit Zugang zu Quellen gewonnen, die den meisten christlichen Gelehrten trotz aller Belesenheit vollständig verschlossen geblieben waren. Durch Übersetzung dieser Werke ins Lateinische leisteten jüdische Sprachwissenschaftler und Gelehrte einen ungeheuren Beitrag zur Erweiterung des abendländischen Bildungshorizonts und zur Schulung vieler Denkerpersönlichkeiten.

Doch abgesehen von den wenigen, die als Hebräischlehrer an den italienischen Universitäten wirkten, fanden während der Renaissance kaum Juden Zugang zu den höheren Bildungsstätten. Die meisten, wenn auch nicht alle Hochschulen schlossen die Juden kurzerhand aus; zu den Ausnahmen zählt vor allem Padua, wo 1409 der erste Jude promovierte. Trotz allem besaßen die Juden wie seit eh und je einen hohen Bildungsstand, und manche von ihnen, die selber keine Universitätsbildung genossen hatten, wurden als Dozenten an italienische Hochschulen berufen. So etwa der unter dem Namen Leone Ebreo bekannte Don Juda Abravanel, Abkömmling einer berühmten spanisch-jüdischen Familie und Verfasser der bekannten philosophisch-neuplatonischen Abhandlung *Dialoghi di Amore*.

Ein weiterer umwälzender Fortschritt der Renaissance, die Erfindung der Buchdruckerkunst, zeitigte in der jüdischen Welt schon bald greifbare Ergebnisse. Als erster Teil des Alten Testaments wurde 1477 das Buch der Psalmen auf hebräisch gedruckt. 1488 brachte die Familie Sconcino, der wir einige der schönsten damals in Italien veröffentlichten Inkunabeln verdanken, die erste vollständige hebräische Bibel heraus. Die größte Berühmtheit im hebräischen Buchdruckerwesen aber erlangte der aus Antwerpen gebürtige Daniel Bomberg, der in Venedig eine Druckerei eröffnete. Bomberg, selber kein Jude, brachte drei verschiedene hebräische Bibelausgaben samt Kommentaren heraus, ferner die erste Druckausgabe des *Babylonischen Talmud* (1523–1525), *Midraschim* sowie philosophische und liturgische Schriften. In Venedig, das bald zum Mittelpunkt des hebräischen Verlagswesens aufrückte, überwachten einige der hervorragendsten jüdischen Renaissancegelehrten wie der vielseitige Rabbi Juda Leo Modena die Korrekturarbeiten für so manche hebräische Erstausgabe.

Mit der Ausbreitung der humanistischen Strömung in ganz Europa wurden nach italienischem Vorbild auch an den Hochschulen außerhalb Italiens Lehrstühle für Hebräisch errichtet. Elia Levita, der bereits erwähnte Lehrer Kardinal Egidios in Rom, erhielt eine Hebräischdozentur an der Universität Paris angeboten, die er jedoch mit dem Hinweis auf das innerhalb des Stadtbereichs geltende Siedlungsverbot für Juden ausschlug. In England kam es 1540 (unter Heinrich VIII.) in Cambridge und 1561 (auf Veranlassung der Schneider und Tuchhändler) in London zur Errichtung eines Lehrstuhls für Hebräisch.

In Deutschland sah es kurze Zeit ganz so aus, als wollte der frische Wind des Humanismus das Erbe von Blut und Tränen verwehen, das den Juden in diesem Lande zugefallen war, als sollte ihnen endlich doch noch ein gewisses Maß an Freiheit und eine menschlichere Behandlung zuteil werden. Das Land befand sich an der Schwelle der Reformation, die berühmte Kontroverse Pfefferkorn-Reuchlin war in vollem Gang. Johannes Reuchlin, der bedeutendste deutsche Humanist, hatte sich bei der Erforschung der Antike auch mit großem Eifer dem Studium der hebräischen Literatur zugewandt. 1494 veröffentlichte er seinen Dialog *De Mirifico Verbo*, in dem er die Schönheit des Hebräischen rühmt, »der Sprache, in welcher Gott mit den Menschen und die Menschen mit den Engeln unmittelbar und ohne Dolmetsch von Angesicht zu Angesicht verkehren«. Der Lobschrift folgte eine der ersten hebräischen Grammatiken samt Wörterbuch. Mit wachsender Besorgnis beobachtete die Kirche die Untersuchungen dieses Gelehrten, der mit seiner Begeisterung keineswegs zurückhielt. Schon seit einiger Zeit verdächtigten die wachsamen Dominikaner die Humanisten, sich auf ein möglicherweise ketzerisches Unterfangen einzulassen. Um die Einheit der Kirche zu schützen und das kritische Bibelstudium zu unterbinden, wandten sich die Dominikaner an den getauften Juden Johann Pfefferkorn und ermunterten ihn zu Hetzschriften, in denen der Talmud als Lästerung Christi, der Jungfrau Maria und der Apostel hingestellt wurde. Nachdem es Pfefferkorn gelungen war, sich bei Kaiser Maximilian Gehör zu verschaffen, ordnete der Herrscher an, sämtliche in Deutschland vorhandenen hebräischen Bücher zu beschlagnahmen, einer Prüfung zu unterziehen und alle Schriften zu vernichten, deren Inhalt sich gegen den wahren Glauben richtete. Als daraufhin Sprecher der Judengemeinden beim Kaiser vorstellig wurden, übergab man die ganze Angelegenheit einer Kommission, die zu entscheiden hatte, »ob es göttlich, löblich und dem christlichen Glauben nützlich sei, die jüdischen Schriften zu verbrennen«. Dieser Kommission gehörten sowohl Pfefferkorn als auch Reuchlin an. 1510 gab Reuchlin sein Gutachten ab. Er vertrat die Ansicht, die hebräischen Bibelkommentare könnten den Christen nur dienlich sein; die kabbalistischen Schriften untermauerten und erhellten die christliche Lehre, und die jüdischen Gebetbücher dürften allein schon deshalb nicht angetastet werden, da Kirche wie Staat den Juden das Recht auf freie Religionsausübung zugebilligt hätten. Was den Talmud anlangte, so gab er zu, ihn nie gelesen zu haben und daher im Grunde auch nicht Bescheid zu wissen. Doch ein Gleiches, so fügte er an, gelte auch für viele andere, die ihn nichtsdestoweniger verdammten. Zum Abschluß schlug er vor, an jeder deutschen Hochschule Hebräischkurse einzuführen: Auf diese Weise würden die Christen das Christentum besser verstehen lernen und könnten mithin die Juden leichter von seiner Wahrheit überzeugen.

Doch damit war die Auseinandersetzung noch nicht abgeschlossen. Die Kirche suchte bei Theologen in ganz Europa einen Rückhalt für ihre Unterdrückungspolitik. Im Jahre 1513 wandten sich beide Parteien an Papst Leo x., einen bekannten Humanisten, aber auch gewieften Politiker. Als die Dominikaner immer stärkeren Druck ausübten und Stimmen laut wurden, die Juden überhaupt zu vertreiben, ließ Kaiser Maximilian schließlich die ganze Angelegenheit abblasen. 1520 verurteilte der Papst Reuchlins Vorgehen in aller Form.

Mittlerweile drohte der Kirche eine Spaltung in den eigenen Reihen. Die von den Humanisten unterstützten, immer dringlicher erhobenen Forderungen nach einer Reform gipfelten 1517 in Martin Luthers berühmtem, herausforderndem Wittenberger Thesenanschlag. Auf dem Höhepunkt seines Kampfes mit dem Katholizismus befürwortete Luther eine tolerantere Behandlung der Juden. Er hielt der Christenheit vor Augen, Gott habe keinem anderen Volk solche Gunst bezeigt wie den Juden, denen er Sein Heiliges Wort anvertraute. Und als dann 1523 Luthers Flugschrift *Daß Jhesus Christus ein geborener Jude sey* herauskam, hatte es kurze Zeit den Anschein, als könnte die Reformation wirklich die Rückkehr zum Christentum als Religion der Liebe herbeiführen. Doch wie vor ihm schon Mohammed handelte Luther lediglich aus der Hoffnung heraus, die Juden zum neuen Glauben bekehren zu können. Sobald sich erwies, daß sie der Religion ihrer Väter nicht abschwören wollten und seine Missionsversuche wie schon die seines muslimischen Vorgängers in den Wind schlugen, griff Luther das halsstarrige Volk mit all der dem Dominikaner zur Verfügung stehenden fanatischen Heftigkeit an. In seinen späteren Schmähschriften gegen die Juden wiederholte er dann Wort für Wort in deftiger Sprache alle bereits von der katholischen Kirche erhobenen Beschuldigungen, vom Ritualmord bis zur Brunnenvergiftung. Der christlichen Welt brachte die Reformation schließlich ein gewisses Maß an Freiheit, den Juden nicht. Ihr Weg zur Freiheit erwies sich als langwieriger und mühsamer. Weitere Jahrhunderte sollten vergehen, bis endlich jenem Volke Freiheit zugestanden wurde, das die Welt gelehrt hatte, was Freiheit bedeutet – und dem sie am längsten verweigert blieb.

14. MYSTIZISMUS UND MESSIANISMUS

Normalerweise wird die Existenz eines Volkes durch seine geographischen Grenzen garantiert, bildet der ihm von der Natur als Heimat zugewiesene Boden das tragende Element in seiner Geschichte. Einzig die Juden stellen eine Ausnahme dar, und doch bestehen auch sie fort. Ohne eigene politische Heimat, über die Länder der Erde verstreut, waren sie nichtsdestoweniger dank ihrem unschätzbaren kulturellen und religiösen Erbe selbst in der Diaspora eine geistige Gemeinschaft, die dasselbe Ziel verfolgte und sich trotz des Verlustes ihrer Souveränität behauptete. Sie hielten nicht weltlichen Herrschern, sondern einer Idee, einer Lebensweise, einem Buch die Treue. Als Israel in die Diaspora ging, besaß es bereits eine festgefügte Kultur, geprägt von den erhabenen Themen und den sittlichen Gesetzen der Bibel. Aufgrund des göttlichen Ursprungs dieses Buches war seine letzte Wahrheit unwandelbar, auch wenn die einzelnen Vorschriften, wie die unermüdlich regen, forschenden Geister der talmudischen Zeit sie ausgelegt hatten, jeweils der neuen Umgebung und den veränderten politischen Bedingungen angepaßt werden durften. Außerdem entnahm der Jude der Bibel seine Geschichte, seine Wissenschaft, seine ethischen Grundsätze, sein Gesetz. Sie stellte das Fundament allen religiösen und ethischen Denkens dar, wurde auf ihre vielgestaltigen Bedeutungsschichten, auf ihre verschiedenen Sinngehalte hin untersucht und bildete zusammen mit all den dazugekommenen auslegenden Kommentarbänden ein einzigartiges literarisches Werk, ein Monument des Denkens und Erlebens, auf das das jüdische Volk während der langen Jahrhunderte der *Galut* all seine geistigen Bestrebungen aufbaute.

Die Geschichte dieser Bestrebungen hat viele Kapitel. Das jüdische Schrifttum umfaßt gesetzesauslegende und religionsphilosophische Schriften, Homiletik und Dichtung, Bibelkommentare und Prosawerke. Es reicht von nüchternen Zweckmäßigkeitserwägungen bis zu den Höhen zügelloser mystischer Spekulation. Viele Aspekte dieser kulturell schöpferischen Kraft der Juden haben wir bereits besprochen. Nun wollen wir uns dem letzten, dem Mystizismus und dem im jüdischen Denken untrennbar damit verbundenen Messianismus zuwenden.

Mit der zunehmenden Heftigkeit der Verfolgungen im Mittelalter machte sich bei manchen Juden eine immer stärkere Neigung bemerkbar, sich von der Wirklichkeit abzukehren und in der Betrachtung der großen Mysterien des Alls Trost

zu suchen. In der auf die Vollendung des Talmud folgenden gaonäischen Zeit, dem klassischen Zeitalter der jüdischen Mystik, erschien ein seltsames Werk, das *Buch der Schöpfung*, das der Form, dem Laut, der Stellung und dem Zahlenwert der Buchstaben des hebräischen Alphabets übernatürliche Macht zuschreibt. Dieses Buch, eine der wichtigsten literarischen Quellen der großen mystischen Bewegung der Juden, der Kabbala, stellte für alle diejenigen, die der überlieferte Glaube oder die vernunftgetragenen Antworten auf Glaubensfragen nicht befriedigten, einen Urquell geistiger Erneuerung dar.
Auf die Generation des Philosophen Maimonides, ein Bewunderer der Werke von Aristoteles, der bestrebt gewesen war, die verwirrende Vielfalt der Erscheinungen in eine auf die Vernunft gegründete harmonische Ordnung zu bringen, folgte eine Generation, die die Kabbala verherrlichte und Kommentare zum *Buch der Schöpfung* schrieb. Diese geistige Gegenströmung, von Gelehrten, die sich um das Banner der okkulten Wissenschaften scharten, mit Schwung vorgetragen, riß die spanischen Juden zu einem mystischen Höhenflug hin und fand ihren Niederschlag in dem *Sohar* (Buch des Glanzes), das Rabbi Simeon ben Jochai zugeschrieben wird. Vermutlich aber stammt das in Form eines Kommentars zu den fünf Büchern Moses, dem Hohenlied, Ruth und den Klageliedern Jeremiä abgefaßte Werk aus dem 13. Jahrhundert von einem gewissen Rabbi Moses de León. Ziel des *Sohar* ist, die verborgene Bedeutung der Tora zu enthüllen. Er gilt als das Meisterwerk und die Krönung der Kabbala und war für die Gelehrten und Anhänger der geheimen Künste jahrhundertelang eine wahre Goldmine versteckter Anspielungen und Zauberformeln, aber auch eine ausgefeilte Theosophie mystischer Spekulation.

Falsche Messiasse

Mit der Geschichte der Kabbala ist die Geschichte der messianistischen Erwartungen der Juden verknüpft. Das Judentum in der Diaspora war nicht nur davon überzeugt, daß sein Glaube der wahre Glaube sei, sondern auch davon, daß sein Glaube letztlich gerechtfertigt werden und die Leiden der Juden, der einzelnen wie des ganzen Volkes, mit der Rückkehr in die alte Heimat zu gegebener Zeit enden würden. Diese Vorstellung beruhte auf der Lehre, daß der Messias Gottes Volk nicht in einem späteren Leben, sondern schon in dieser Welt erlösen und ein wahrhaft »Goldenes Zeitalter« des Friedens heraufführen würde. Entstanden war dieser messianische Traum in der babylonischen Gefangenschaft, als das Volk ungeduldig einen Erlöser herbeisehnte, der den Kindern Israels Jerusalem wiederschenkte und den Tempel wiederaufbaute. In den folgenden Epochen verdichtete sich dieser Traum noch und erreichte schließlich nach der Austreibung der Juden aus Spanien und den Verfolgungswellen im 16. und 17. Jahrhundert, die den europäischen Boden mit jüdischem Blut getränkt hatten, seinen Höhepunkt.

Denn in Spanien hatte sich die jüdische Kultur in der Diaspora am glänzendsten entfaltet, und die Austreibung rief ein Trauma hervor, das das jüdische Selbstbewußtsein überall erschütterte. Von all den schrecklichen Leiden erschöpft, suchten die Vertriebenen vor der Welt der Finsternis Zuflucht in der Kabbala. Offenbar konnte nur die Erforschung der Mysterien das Rätsel ihres seltsamen Schicksals lösen. Nie zuvor hatte es unter den Juden so viele Träumer, Visionäre, Abenteurer und apokalyptische Propheten gegeben wie in den Jahren nach der Vertreibung aus Spanien. Einer der feurigsten, David Rëubeni, vermutlich deutscher Abstammung, tauchte aus dem Dunkel des Orients auf und gab sich als Prinz von Chabor aus, über das angeblich sein Bruder Joseph als König regierte. Sein Auftrag sei, Geld aufzubringen, ein Heer aufzustellen und das Heilige Land von den Türken zu befreien. Für dieses Ziel suchte er die Unterstützung der weltlichen und geistlichen Mächte des Abendlandes zu gewinnen. Papst Clemens VII. gewährte dem Visionär eine Audienz und gab ihm ein Empfehlungsschreiben an den König von Portugal mit. Dort allerdings wurde der unselige »Messias« übertriebenen Chauvinismus verdächtigt, unter der Anklage, mit vor kurzem bekehrten Neuchristen Geheimverhandlungen geführt zu haben, festgenommen und ins Gefängnis geworfen. Später wurde er nach Spanien gebracht, wo er wahrscheinlich als Ketzer zum Tode verurteilt und hingerichtet wurde.

Rëubenis Sache wurde von seinem Apostel, dem Marranen Salomo Molcho, fortgeführt. Dieser ließ sich in Safed, dem Mittelpunkt der praktischen Kabbala, nieder und verkündete, die Erlösung stehe im Jahre 5300 der Schöpfung (1540 n. Z.) bevor. Durch einen seltsamen Zufall erfüllte sich ein Teil seiner Prophezeiung. Der Kabbala zufolge sollte das katholische Babylon, das heißt Rom, vor der Ankunft des Messias untergehen, und 1527 wurde Rom tatsächlich von den Truppen Karls V. verwüstet. Der Messias jedoch erschien nicht, und sein selbsternannter Prophet wurde auf einer Reise durch Italien in Bologna festgenommen und später von der Inquisition in Mantua auf dem Scheiterhaufen verbrannt.

Auch später erschienen wiederholt falsche Messiasse, und jeder behauptete, Vorläufer des wahren Messias, des Sohnes Davids, zu sein und fügte durch seine Erlösungsverheißungen der bereits erschütterten Seele des Volkes verheerenden Schaden zu. Zu dieser Zeit glich das Leben des gesamten Judentums trotz gewisser Unterschiede in den einzelnen Ländern und trotz kurzer Zeiten der Erleichterung im großen und ganzen einer Verteidigungsoperation; es versuchte nach den vernichtenden Umwälzungen des Mittelalters wieder zu

Atem zu kommen und seine inneren Kräfte für die vor ihm liegenden Prüfungen zu sammeln. In Spanien und Portugal stellten die *Conversos* nach wie vor ein brennendes Problem dar. Zwar gelang es gelegentlich, sich mit ungeheueren Summen von den Schrecken der Inquisition freizukaufen oder sich mit ebenso gewaltigen Bestechungsgeldern das Recht auf Auswanderung zu sichern. Aber die meisten Marranen lebten täglich in der Angst, entlarvt und schutzlos ausgeliefert zu werden. In Deutschland waren die Juden ständig auf der Wanderschaft, um in den dichter von ihren Glaubensbrüdern besiedelten österreichischen, böhmischen und schlesischen Gebieten größere Sicherheit zu finden. Aus manchen Provinzen wurden sie samt und sonders vertrieben. Die Hoffnung auf eine Besserung ihrer Lage, ausgelöst durch die humanistische Bewegung, durch Reuchlin und die Reformation in ihren Anfangsstadien, zerschlug sich bald. In Italien, einst ein Paradies der Toleranz und Freiheit, führte die Gegenreformation zu einer neuen Ära der Verfolgung und Einschüchterung der jüdischen Bevölkerung, die in den unter Papst Paul IV. durchgeführten fanatischen Maßnahmen gipfelte. 1553 hatte er als Kardinal Caraffa am jüdischen Neujahrsfest in Rom einer Talmudverbrennung beigewohnt, bei der alle auffindbaren Exemplare öffentlich den Flammen übergeben wurden – ein Beispiel, das später in ganz Italien Schule machen sollte. Nach seiner Wahl zum Papst im Jahre 1555 griff Paul in der Bulle *Cum Nimis Absurdum* ohne Ausnahme all die Gesetze wieder auf, die im Mittelalter zur Unterdrückung der Juden gedient hatten. Er führte das römische Ghetto ein und setzte seine Verordnungen strikt durch. Außerdem erklärte er die Schutzbriefe für ungültig, die seine Vorgänger den Marranen-Flüchtlingen bewilligt hatten; die Folge war, daß vierundzwanzig Männer und eine Frau öffentlich auf dem Scheiterhaufen verbrannt wurden. Die von ihm neu bestätigte Politik blieb in Italien nahezu ohne Ausnahme bis zum 19. Jahrhundert in Kraft.

Im Osten brach das Unheil, wie wir gesehen haben, 1648 über die Juden herein, als sich der gegen die Polen gerichtete Kosakenaufstand auch gegen die jüdischen »Ungläubigen« wandte. Im Namen der Religion wurden die abscheulichsten Unmenschlichkeiten begangen, Hunderte von jüdischen Gemeinden dem Boden gleichgemacht, die Männer niedergemetzelt, die Frauen vergewaltigt und verschleppt, die jüdische Kultur ausgelöscht. Allein in Nemirow wurden an einem einzigen Tag sechstausend Juden massakriert. Als der Blutrausch ganz Osteuropa erfaßte, stieg die Zahl der Todesopfer und der Verstümmelten in einem schrecklichen Maße an. Aber kaum waren Chmielnickis Kosaken unterdrückt, drangen aus dem Osten die Russen in Litauen, aus dem Westen die Schweden unter Karl X. in Polen ein. Und nach der Vertreibung der Schweden fiel die polnische Miliz mit verdoppelter Wut über die Juden her; die Märtyrer von Groß- und Kleinpolen teilten das tragische Schicksal der in der Ukraine, Wolhynien und Podolien Verfolgten. In dem Jahrzehnt zwischen

1648 und 1658 kamen in Osteuropa schätzungsweise nicht weniger als hunderttausend Juden ums Leben – ein entsetzlicher Tribut an die menschliche Verderbtheit und ein grausiger Auftakt zu kommenden Tragödien.

So ist es nicht weiter erstaunlich, daß allenthalben in Europa viele fromme Juden diese Ära der Katastrophen als die »Geburtswehen des Messias« betrachteten, als eine Zeit, die mit der Erlösung enden mußte. Die Gegenwart war so höllisch, die Leiden des gläubigen Volkes so schrecklich, daß eine wohlwollende Gottheit nur noch mit einem übernatürlichen Wunder antworten zu können schien. Und tatsächlich brachte die kollektive Sehnsucht einen Erlöser hervor, in dessen Person sich die unerträgliche Spannung einer zwischen den Polen des Exils und der Erlösung zerrissenen Existenz eine Zeitlang löste: Sabbatai Zwi, der alle Juden mit einer wahrhaft wahnwitzigen Hoffnung erfüllte.

Sabbatai Zwi, ein Mann von einer außerordentlichen Anziehungskraft, war 1626 in Smyrna geboren worden. Im Talmud versiert, hatte er sich schon früh dem Studium der Kabbala zugewandt und aus deren Mysterien die Gewißheit erlangt, daß er selbst der ausersehene Messias sei. 1648 – in dem von der kabbalistischen Berechnung als Beginn der Erlösungsära angesetzten Jahr – betrat er eines Sabbatmorgens eine Synagoge, sprach den »Unaussprechlichen Namen Gottes« aus und deutete damit an, daß der Messias schon erschienen sei. Doch obwohl er zu dieser Zeit bereits das Vertrauen einer ganzen Anzahl einflußreicher Personen in Smyrna besaß, wurde er von den beunruhigten Rabbinern der Stadt für diese Blasphemie exkommuniziert. Daraufhin verließ er seine Heimatstadt und begab sich nach Konstantinopel, Saloniki, Kairo und Jerusalem, wo er überall Anhänger gewann und eine weitverzweigte Gemeinde von Gläubigen schuf. Auf seinen Reisen fand er außerdem ein Sprachrohr in Nathan aus Gaza, der sein Herold und Prophet, Kurier und Quartiermacher wurde.

1665 kehrte Sabbatai nach achtzehnjähriger Abwesenheit wieder nach Smyrna zurück. Diesmal jubelten ihm alle zu. Sein Ruhm war in der Zwischenzeit ungeheuer gewachsen – das europäische Judentum zitterte in der Erwartung des Jahres 1666, in dem nach der Verkündigung des selbsternannten Messias (und nach Ansicht vieler christlicher Millenaristen) die Ära der Erlösung anbrechen sollte. Erneut begab sich Sabbatai nach Konstantinopel, wo das erste Ereignis des messianischen Zeitalters, die Entthronung des Sultans, stattfinden sollte. Dort jedoch wurde Sabbatai auf der Stelle verhaftet und in einer Festung auf Gallipoli eingekerkert, die sich bald in eine regelrechte königliche Residenz verwandelte, da seine Anhänger von allen Ecken und Enden der Welt in Scharen herbeiströmten. Mittlerweile packten Hunderttausende ihre Habe zusammen, um gleich, wenn das Signal gegeben würde, ins Heilige Land aufbrechen zu können.

Während seine Anhänger in Erwartung des Kommenden den Atem anhielten, wurde Sabbatai von einem polnischen Kabbalisten beim Sultan als falscher Messias und Scharlatan angezeigt. Die türkische Regierung versuchte, ihren Gefangenen zum Übertritt zum muslimischen Glauben zu überreden; und am 16. September 1666 ließ sich Sabbatai Zwi in einer prunkvollen Zeremonie höchst bereitwillig zum Mohmet Effendi machen, um danach hinter den Mauern eines Serails zu verschwinden.

Als sein Abfall bekannt wurde, ging ein hörbarer Schauder der Verzweiflung durch das Weltjudentum. Über Nacht wurde aus der von Sabbatai eingeleiteten Volksbewegung eine sektiererische Strömung, deren Mitglieder nun häufig Geheimzusammenkünfte abhielten. Sie sahen in Sabbatais Bekehrung eine der »Geburtswehen des Messias« und waren überzeugt, daß Sabbatai später zurückkehren und die Gläubigen erlösen würde. Im Türkischen Reich, auf dem Balkan, in Italien und sogar in Litauen hielten sich Nester von Gläubigen. Auch Südpolen blieb lange unter dem Einfluß des Sabbatianismus. Aber der Rest des Weltjudentums, viel zu sehr enttäuscht, um sich weiteren Illusionen hinzugeben, wandte sich von dem vorher so frenetisch herbeigesehnten messianischen Traum ab und versank in eine erschöpfte, abwartende Stille. In einer Geste des Selbstschutzes zog das Ghetto nun den Wall des Gesetzes enger und baute ihn weiter aus, um zu überleben und sich vor künftigen Ausbrüchen des Massenwahns zu sichern. Es hatte begriffen, wohin die apokalyptische Sehnsucht führte. Das jüdische Herz, fast bis zum Zerbrechen aufgewühlt, suchte jetzt seine Zuflucht in den strengen Gewißheiten des rabbinischen Gesetzes. Die Absonderung wurde in einem Reflex der Selbstverteidigung zum Grundsatz erhoben und damit, als sich die Kluft zwischen der jüdischen und der nichtjüdischen Welt vertiefte, jede Verbindung, jeder Gedankenaustausch erschwert.

Dennoch erschien, als die Erinnerung an Sabbatai Zwi allmählich zu verblassen begann, ein anderer Abenteurer auf der Bildfläche, um sich die Krone des Propheten von Smyrna aufzusetzen: Jakob Frank. 1726 in Podolien als türkischer Untertan geboren, verkündete Frank, ein wenig gebildeter, durchschnittlich begabter Mann, eine neue kabbalistische Erlösungstheorie, in der sich christliche, muslimische und jüdische Elemente kunterbunt in einem ekstatischen Gnostizismus mischten. Frank trat in Polen als Verkörperung von Sabbatai Zwi auf und ließ sich von seinen Anhängern als *Santo Senior* anreden. Er verwarf sowohl die Bibel als auch den Talmud und errichtete an ihrer Stelle einen neuen, auf die Offenbarungen des Sohar gegründeten Bund. Schließlich wurde er aus Polen ausgewiesen und seine Anhänger, die sich weigerten, zu bereuen, von den Rabbinern mit dem Bann belegt. Außerdem wurde den Juden unter dreißig von nun an das Studium des Sohar untersagt.

Das unrühmliche Ende der frankistischen Bewegung fiel in die Anfänge der dunkelsten Zeit, die je über die polnischen Juden hereinbrach, leitete aber auch eine neue Ära geistiger Energieentfaltung ein, die in der als Chassidismus bekannten Bewegung glänzende Früchte trug.

Der Chassidismus

Während das Judentum in Westeuropa im 18. und 19. Jahrhundert immer mehr in den Bann der neuen Ideen des Rationalismus und der Aufklärung geriet, suchten die osteuropäischen Juden in der Religion Trost. In der ersten Hälfte des 18. Jahrhunderts war die politische und wirtschaftliche Lage der polnischen Juden unerträglich. Nicht nur, daß ihrer Sicherheit von außen immer größere Gefahr drohte, die unselige Sabbatai-Zwi-Affäre hatte sie auch in ernste geistliche Bedrängnis gestürzt. In dieser kritischen Phase, in der das rabbinische Judentum den »Zaun« um das Gesetz fester zog, um seine Herrschaft über sein zerrüttetes Reich zu behaupten, blühte eine neue Einstellung zur Religion auf: der Chassidismus. Es war also kein Zufall, daß die chassidische Bewegung zuerst in Podolien und Wolhynien auftrat, den Hochburgen des Sabbatianismus auf lange Zeit hinaus, und daß die Juden dieser Gebiete die neue Strömung mit ungeheurer Begeisterung aufnahmen. In den durch die schrecklichen Ereignisse der jüngsten Vergangenheit so verzagten Herzen fand die Lehre der Freude, der Zuversicht und der begeisterten Anbetung großen Widerhall.

Die chassidische Bewegung entstand aus einer Auflehnung der »Ungebildeten« gegen die strenge Herrschaft der Rabbiner. Ihr Begründer, Israel ben Elieser von Medschibosch, als der Baal Schem Tow (Herr des Guten Namens, abgekürzt BESCHT) bekannt, wurde im Jahr 1700 in Podolien geboren. In seiner Jugend soll es ihn weniger zum Talmudstudium hingezogen als in die Natur, in Wald und Feld seiner Heimatprovinz, hinausgetrieben haben. Mehrere Jahre lang bereitete er sich durch Kontemplation und Kabbalastudium auf eine Laufbahn als »Wunderwirker« vor. Selbsternannte Wundertäter gab es zu dieser Zeit in Osteuropa in Hülle und Fülle. Keiner aber kam diesem jungen Mann an persönlicher Anziehungskraft und Glaubensglut gleich. In langen Zeiten mystischer Versenkung, gipfelnd in Visionen von unirdischer Vollkommenheit, reifte in ihm der Entschluß, den Beruf des Glaubensheilers aufzugeben, um sich statt dessen aufzumachen und die ihm von den himmlischen Mächten mitgeteilte Botschaft zu verkünden. Seine Lehre breitete sich wie ein Lauffeuer in Polen aus. Zu Tausenden strömten die Menschen herbei, um ihn sprechen zu hören, sich an seinen Worten zu erbauen, sich von ihm segnen zu lassen und sich ihm im inbrünstigen Gebet anzuschließen. Dieser Mann flößte ihnen neue Hoffnung und Zuversicht ein. Der Bescht war kein Philosoph; er hinterließ kein theologisches System. Er bestätigte vielmehr die älteste religiöse Wahrheit und rührte dadurch die tiefsten Saiten des Glaubens im Herzen seiner Zuhörer an. Das Wesen der Religion lag für ihn nicht im Ritual und im Gesetz; zwar bestritt er die bindende Kraft des Rituals nicht, aber in seinen Augen machte es den Glauben nicht allein aus. Für ihn bedeutete Religion die Anknüpfung einer lebendigen Beziehung zu Gott. Das wirksamste Mittel dazu war das Gebet; für den wahren Chassiden aber hieß das, das Gebet, wann immer ihn das Verlangen, zu beten, überkam, das Gebet in den Worten oder zu den Melodien, die ihm im Augenblick des Betens einfielen. Dabei war es unnötig, ja womöglich schädlich, die Andachten lediglich zu bestimmten festgesetzten Tageszeiten zu verrichten. Das Gebet war eine Sache des Herzens, nicht der Uhr; nicht eine Verpflichtung, sondern eine innere Freude.

Durch die Betonung der Gefühle und die Zurückstellung des Intellekts übte der Chassidismus einen ausgleichenden Einfluß auf das osteuropäische Judentum aus, das bis dahin von einer Oberschicht, bestehend aus Reichen und Gelehrten, beherrscht worden war. Das Gefühl läßt sich nicht monopolisieren. An den Höfen der großen chassidischen Rabbiner trafen Reiche und Arme, Gebildete und Ungebildete in einer Atmosphäre wahrer Gleichheit ungezwungen zusammen. Denn alle kamen zu demselben Zweck: einer geistlichen Bereicherung in Gegenwart des Rabbi oder des *Zaddik* – des Mannes, der, um mit Martin Buber zu sprechen, der »gerechte oder vollkommene Mann (war), in dem Unsterbliches ... eine sterbliche Inkarnation fand«. Die Worte des *Zaddik* waren über alle Zweifel, seine Handlungen über jede Kritik erhaben. Er besaß absolute Autorität wie sonst kein anderer rabbinischer Gelehrter, eine Autorität, die sich auf die Überzeugung seiner Anhänger gründete, daß er in unmittelbarer Verbindung mit Gott stand und Wunder wirken konnte. Der *Zaddik* war für die Juden ein Vorbild religiöser Vollkommenheit. Seine Persönlichkeit, seine Gewohnheiten, seine Eigenheiten – alles wurde zum Gegenstand einer unerschütterlichen Bewunderung, so daß seine Anhänger dem Leben des *Zaddik* oft mehr Aufmerksamkeit schenkten als seinen Lehren. Wie ein Chassid sagte: »Ich bin nicht zum Maggid von Meschiritschi gegangen, um die Tora von ihm zu lernen, sondern um ihm zuzuschauen, wie er sich die Schuhe zubindet.« Natürlich konnte diese Form der Frömmigkeit leicht in einen reinen Personenkult umschlagen – was an einigen Chassidenhöfen auch tatsächlich der Fall war. Bei den großen *Zaddikim* aber gingen persönliches Charisma und eine untadelige Einheit von Glauben und Tun Hand in Hand.

Nach dem Tode des Bescht im Jahre 1760 verbreiteten seine Schüler den Chassidismus in ganz Polen. Schon bald gewann er trotz aller Angriffe des traditionellen Judentums gegen diese »Häresie« Hunderttausende von Anhängern, und mit der Zeit bekannte sich die Mehrzahl der osteuropäischen Juden dazu, da er ihnen die Möglichkeit bot, sich vor der sich drohend zuspitzenden politischen Entwicklung des 19. Jahrhunderts in das Gefühl zu flüchten. Die unmittelbaren Nachfolger des Bescht, die ihre Berufung ihrerseits auf ihre Söhne und Schwiegersöhne übertrugen, gründeten verschiedene Chassiden-Dynastien.

Opposition gegen den Chassidismus wurde nicht nur in Polen laut, wo die Vierländersynode die Bewegung 1772 mit dem Bann belegte, sondern auch in

Litauen, der damaligen Hochburg der talmudischen Gelehrsamkeit. Litauen waren die Verheerungen der Chmielnicki-Massaker sowie die darauffolgende Zersetzung der jüdischen Moral erspart geblieben; an den Akademien blühten die Talmudstudien. In Wilna, der Hauptstadt mit dem Titel »Jerusalem Litauens«, gab zu dieser Zeit ein Mann von überragenden geistigen Fähigkeiten und religiösem Eifer den Ton an, der später als »Gaon von Wilna« bekannte Elia (geb. 1720). Sein Ruhm beruhte nicht nur auf seiner Kenntnis des Judentums. Er war auch in den Naturwissenschaften beschlagen, mit der weltlichen Literatur vertraut, und der Tiefgründigkeit seiner philosophischen und religiösen Überzeugungen kam nur seine Sorge gleich, seine Ansichten mit dem Alltag zu vereinbaren. Dieser Elia nun stand an der Spitze der antichassidischen Bewegung, und eine Zeitlang war das osteuropäische Judentum in zwei ideologische Lager gespalten, in das der Chassidim und das der *Mitnagdim* oder Gegner. Zu dieser Zeit fielen die polnischen Provinzen Wolhynien und Podolien an Rußland. Die russische Regierung griff schließlich in den Religionsstreit ein und sprach den Chassidim das Recht auf eigene Synagogen und Rabbis zu. Im Laufe der Jahre ließen beide Seiten in ihrem Extremismus nach, die Chassidim erkannten die Bedeutung der traditionellen Ordnung der Dinge an, und die *Mitnagdim* zeigten sich toleranter gegenüber den einstigen »Häretikern«, da selbst sie sich der Wärme und vitalen Kraft dieser Glaubensrichtung auf die Dauer nicht entziehen konnten. Der Chassidismus sprach ein tiefempfundenes Bedürfnis der Juden an; er stärkte im religiösen Leben das poetische, das menschliche Element, das durch die übertriebene Betonung der Gesetzesvorschriften und rationalen Erwägungen in den Hintergrund getreten war, und brachte so die unterdrückten jüdischen Massen wieder in Berührung mit dem Kern der jüdischen Werte. Von seiner Wirkung zeugen heute noch die Enklaven chassidischer Observanz, die sich in New York wie in Jerusalem, in Kiew wie in Buenos Aires finden, aber auch der schöpferische Geist, der das Glaubensleben und den ethischen Idealismus aller nachfolgenden jüdischen Generationen beseelt.

Das Wesen des Messianismus

Im Chassidismus hat das Streben nach persönlichem Heil, die eine Form des jüdischen Mystizismus, ihren Höhepunkt erreicht. Der Ton liegt auf der Verinnerlichung und Psychologisierung der alten jüdischen Erlösungsvorstellung; der Jude bereitet sich durch ekstatisches Gebet, Innerlichkeit der Andacht und durch eine bestimmte Lebensweise auf die Gemeinschaft mit Gott vor. Daneben aber hat das mystische Denken der Juden noch einen anderen Weg eingeschlagen, der sich mehr an ihrer politischen Sehnsucht ausrichtet: Im Messianismus tritt das Heil des einzelnen hinter der Erlösung des Kollektivs, hinter dem Heil des ganzen Volkes und der Schaffung weltweiten Friedens zurück.

Bei dieser Strömung aber muß man noch einmal unterscheiden zwischen der messianischen Erwartung und dem mehr in Einzelheiten gehenden Glauben an einen persönlichen Messias. Die messianische Erwartung deckt sich im wesentlichen mit der Hoffnung der Propheten auf politische Freiheit und Rettung durch sittliches Verhalten, die eine Zeit der Glückseligkeit für alle Völker auf Erden einleitet. Der Glaube an einen persönlichen Messias dagegen, dem jüdischen Mystizismus und der jüdischen Theologie unmittelbar verhaftet, legt größtes Gewicht auf die das Auftreten des Messias begleitenden besonderen Erscheinungen, auf die Züge seines Charakters und die zeitliche Abfolge seiner Handlungen.

Diesen Glauben an ein messianisches Zeitalter hat die Welt von Israel übernommen; sie hat sich, wie manch anderes Geschenk, von den Juden zu eigen gemacht, was Joseph Klausner die »zuversichtliche Erwartung der Wiederherstellung der guten paradiesischen Zustände« nennt, »durch die sich die Geschichte vollenden könnte«. Nicht einmal die Griechen, das einfallsreichste und kultivierteste Volk der alten Welt, kannte eine messianische Hoffnung; allein die Juden hegten den Traum von einem weltweiten Frieden und einer weltumfassenden Gerechtigkeit. Von all den alten Völkern verlegten allein sie das »Goldene Zeitalter« in die Zukunft und nicht in die Vergangenheit. Deshalb konnten sie auch als einzige die Fesseln der zyklischen Geschichtsbetrachtung, der alle anderen Völker des Altertums anhingen, sprengen und einen Weg aus dem Fatalismus zu den freundlicheren Möglichkeiten menschlichen Fortschritts weisen. Gewiß, diese Auffassung wurde dem jüdischen Volk zum Teil durch seine eigene Geschichte aufgezwungen; die Zeiten der Unterdrückung und des Leidens ließen in der hebräischen Seele ein äußerst schmerzvolles Verlangen nach Erlösung von allem Leid erstehen. Der »erste Erlöser« war Moses (sein Name bedeutet, einer, der herausbringt oder loskauft), der vom jüdischen Messianismus in seinen späteren Phasen ein für allemal zum Erlöser, Gesetzesgeber, geistlichen Führer und Vorläufer des am »Ende der Zeiten« auftretenden Messias abgestempelt wurde. Aber die jüdische Geschichtssicht bezieht nicht nur die Kinder Israels, sondern die ganze Menschheit ein. Dies bringen nachdrücklich schon die Propheten zum Ausdruck, die das Volk Israel für seine Unzulänglichkeit züchtigen, dafür, daß es »nicht das Licht für die Völker« geworden ist, das die Welt durch die Botschaft der Gerechtigkeit, Sittlichkeit und des Friedens erleuchtet.

Nach der Vorstellung der Propheten und der Rabbiner wird sich die Zeit des Messias folgendermaßen offenbaren: Am Tage des Gerichts werden Israels Sünden in Form von Kriegen, Vernichtung, Verbannung, Demütigung und verheerenden Umwälzungen in der Ordnung der Natur, den »Geburtswehen des Messias«, Vergeltung finden. Auf den Tag des Gerichts folgt die Reue und auf sie die Erlösung. Zu diesem Zeitpunkt aber wird es nur noch einen »Rest von Israel« geben – eine kleine Schar von Rechtschaffenen, Schuldlosen und Demütigen. Doch nun wird Israel politisch ebenso stark werden wie die anderen Völker. An geistiger Kraft aber wird es sie noch übertreffen und so eine gehobene Stellung unter ihnen erlangen. Materieller Wohlstand (Besserung und Fortschritt) und geistiges Wohlergehen (menschliche Vollkommenheit) werden einkehren.

Diese rabbinische Vorstellung enthält die grundlegenden Elemente des messianischen Denkens der Juden: Die Hoffnung auf eine politische Befreiung des Volkes Israel aus Knechtschaft und Sklaverei, die sich mit dem Traum des weltumspannenden Friedens, der Vision einer Zeit verbindet, da Israel durch seine eigene Befreiung schließlich seinerseits der gesamten Menschheit geistige Befreiung bringen wird.

15. ANZEICHEN BEGINNENDER EMANZIPATION

Unmittelbar vor dem Ausbruch der Französischen Revolution lebten in Westeuropa rund 400000 Juden, davon allein in Deutschland 300000. Doch obgleich sich diese Juden als eine für die Wirtschaftsentwicklung der europäischen Staaten äußerst wertvolle Gruppe erwiesen hatten und noch immer erwiesen, blieb den meisten von ihnen der Zugang zur westlichen Zivilisation verwehrt. Zwar hatte sich die wirtschaftliche Lage der Juden im 18. Jahrhundert in manchem gebessert, aber die Mehrzahl lebte doch nach wie vor in dürftigen Verhältnissen, von drückenden und entwürdigenden Steuern und Abgaben beschwert, in der Isolierung des Ghettos. Und doch stieß eine kleine, aber stetig wachsende Zahl jüdischer Unternehmer in die Welt jenseits der Ghettomauern vor, wo sie sich eine gesicherte wirtschaftliche Position aufbauten und damit die finanzielle Grundlage für die nachfolgende politische, gesellschaftliche und kulturelle Emanzipation schufen. Die politische Befreiung des jüdischen Volkes im ausgehenden 18. Jahrhundert vollzog sich nicht schlagartig. Sie geht im wesentlichen auf drei Faktoren zurück: auf die geniale Geschicklichkeit der jüdischen Finanziers, auf den Niedergang der früheren Zunftordnungen (einschließlich der die Juden betreffenden) und auf die vom Rationalismus herbeigeführte humanitärere Einstellung.

Als in Europa die Zeit des Kapitalismus und Merkantilismus anbrach, erwiesen sich die Juden aufgrund verschiedener Umstände – Ausschluß vom Grundbesitz, erzwungene langjährige Erfahrung in Geldangelegenheiten, verzweigte Geschäftsverbindungen in allen bedeutenden Städten Europas – in Handel und Geschäftsleben als beweglichste Gruppe. Diejenigen unter ihnen, die sich auf die eine oder andere Weise nutzbringend eingliedern ließen, erlangten eine Sonderstellung: Sie rückten zu sogenannten Schutzjuden auf. In Deutschland, dem Land mit den meisten Schutzjuden, unterschied sich ihre rechtliche Stellung, je nachdem, in welchem der dreihundert nach dem Westfälischen Frieden geschaffenen Kleinstaaten sie ansässig waren. Das eine Mal erhielt der einzelne Schutzjude bestimmte Rechte, das andere Mal eine ganze Gruppe; manchmal gingen diese Rechte auf alle Nachkommen, dann wieder nur auf den ältesten Sohn über. Eins aber erwies sich schon bald klar und deutlich: So dringend jeder Herzog, jeder Fürst und jeder König Schutzjuden wünschte und brauchte, keiner wollte sie in zu großer Zahl.

In dieser Periode tritt auch erstmals der »Hofjude« als pittoreske Figur in der modernen Welt in Erscheinung. Der dem unmittelbaren Schutz eines Fürstenhofes unterstellte Hofjude war von all den mittelalterlichen Beschränkungen befreit, die die übrigen Angehörigen seines Volkes einengten, ihm stand es frei, Handel zu treiben, zu reisen und sich nach Belieben zu kleiden. Seine Hauptaufgabe bestand darin, seinem Souverän Anleihen zu beschaffen, sich als Heereslieferant zu betätigen und überhaupt Schatzkammer und Juwelenbesitz seines Beschützers auffüllen zu helfen.

Selbstverständlich gelangten viele Juden durch Ausübung derartiger Funktionen zu Reichtum. Manche wurden sogar in den Adelsstand erhoben – die Namen all der Adligen, die von den Ghettos in Regensburg, München und Prag, von der Jeschiwa in die höfischen Salons überwechselten, ergäbe eine lange und eindrucksvolle Liste. Ehemalige Hausierer stiegen in den Fernhandel ein und beschafften Luxusgüter wie vor ihnen schon ihre Vorfahren im Mittelalter. Sie handelten mit Seide und Spitzen, mit Waffen und Munition, belieferten die Münzstätten mit Silber- und Goldbarren und tätigten ausgedehnte Wechselgeschäfte. Und manchmal war es nur ein Schritt, um vom Finanzberater eines Herrschers auch zu dessen politischem Ratgeber aufzurücken. Der Lebensweg des Joseph Süß Oppenheimer, wie ihn Lion Feuchtwanger in seinem unvergeßlichen Roman nachgezeichnet hat, veranschaulicht einen solchen Aufstieg. Allerdings brachte die Tätigkeit des Schutzjuden manchmal auch Gefahren mit sich, war er doch Druckmaßnahmen von seiten christlicher Konkurrenten und den Intrigen der anderen Höflinge ausgesetzt. Gelegentlich konnte eine glänzende Karriere in Ungnade, im Kerker, oder, wie im Fall von Süß, am Galgen enden.

Im großen und ganzen jedoch trugen die Hofjuden durch ihren Einfluß und ihr Ansehen zur allgemeinen Verbesserung der Lage der Juden bei und erschlossen ihnen viele Möglichkeiten, die ihnen jahrhundertelang versagt geblieben waren. Nicht selten setzten sich die Hofjuden bei den regierenden Machthabern für ihre jüdischen Mitbürger ein, erkämpften ihnen wenigstens einen Bruchteil jener Freiheit, die sie selbst in reichem Maße genossen, und stärkten dadurch ihre Selbstachtung. So wuchsen, allen Beschränkungsgesetzen zum Trotz, die alten Judengemeinden Europas, ja, es kam sogar zu Neugründungen. Und wie eh und je suchte der Staat die Arbeitskraft seiner Juden auszubeuten. Unter Mißachtung des Widerstandes seiner Landesbürger entschied der Große Kurfürst Friedrich Wilhelm von Brandenburg, daß »die Juden mit ihren Handlungen Uns und dem Lande nicht schädlich, sondern vielmehr nutzbar erscheinen«, und stellte Elias Kleve, Levi Berend aus Bonn und Israel Aaron aus Berlin als Bankiers an. Gemäß dem zynischen Utilitarismus der Epoche hielt man sich allgemein an die politische Faustregel, die Juden zu dulden, um ihnen dafür drückende Zahlungen und Beschränkungen aufzuerlegen. Der Schriftsteller, Diplomat und Aristokrat Christian Wilhelm von Dohm, der in seinen

Schriften für die Emanzipation der Juden eintrat, schildert die rechtliche Stellung der Juden in Europa in der zweiten Hälfte des 18. Jahrhunderts folgendermaßen:

> Fast in allen Teilen von Europa zielen die Gesetze und die ganze Verfassung des Staates dahin ab, so weit wie möglich zu verhindern, daß die Zahl jener unglücklichen asiatischen Flüchtlinge, der Juden, vermehrt werde... Von der Ehre, dem Staat... zu dienen, ist (der Jude) allenthalben ganz ausgeschlossen; die erste der Beschäftigungen, der Ackerbau, ist ihm allenthalben untersagt, und fast nirgends kann er in seinem Namen liegende Gründe eigentümlich besitzen... Sie sind... meistens auf einen sehr kleinen Detailhandel eingeschränkt, bei dem nur die öftere Wiederholung kleiner Gewinne hinreichen kann, ein dürftiges Leben zu erhalten... Hat ein jüdischer Vater mehrere Söhne, so kann er gewöhnlich die Begünstigung des Daseins in dem Lande seiner Geburt nur auf einen derselben fortpflanzen, die übrigen muß er... in fremde Gegenden ausschicken... Bei seinen Töchtern kommt es darauf an, ob er glücklich genug ist, sie in eine der wenigen Familien des Ortes einzuführen. Selten kann also ein jüdischer Vater das Glück genießen, unter seinen Kindern und Enkeln zu leben, den Wohlstand seiner Familie auf eine dauernde Art zu gründen.

Das 1750 von Friedrich dem Großen erlassene »Reglement«, das Gesetz, das die Rechtsstellung der Juden in Preußen regelte, und das von Joseph II. von Österreich verkündete »Toleranzpatent« verfolgten das Ziel, die Zahl der Juden konstant zu halten und denjenigen, die sich im Lande niederlassen durften, eine beträchtliche Steuerlast aufzubürden. Eine besonders demütigende Einrichtung stellte der Leibzoll dar, eine Kopfsteuer, die die Juden beim Grenzübergang oder beim Betreten einer Stadt zu entrichten hatten. Im »Reglement« Friedrichs des Großen werden die Juden in verschiedene Kategorien eingeteilt, je nachdem, welchen Nutzen sie dem Staat bringen, der nun als höchste Verkörperung des politischen Willens an die Stelle des Herrschers getreten ist. Abgesehen von einer Handvoll von den Verfügungen nicht betroffener »generalprivilegierter« Juden, die über unumschränkte Wirtschafts- und Niederlassungsrechte verfügten, wurden die Juden nun in »ordentliche und außerordentliche Schutzjuden« eingeteilt; die erstgenannten besaßen beschränkte, lediglich auf das älteste Kind vererbbare Niederlassungs- und Berufsrechte, während die Rechte der letztgenannten überhaupt nicht übertragbar waren. Die übrigen Juden, z.B. die Gemeindebeamten, die jüngeren Kinder der »ordentlichen Schutzjuden«, sämtliche Nachkommen der »außerordentlichen Schutzjuden« sowie das Hauspersonal wurden lediglich »toleriert«.
Im deutschen Wirtschaftsleben jener Zeit spielten die Juden eine so bedeutende Rolle, sie waren im Lande überhaupt so zahlreich vertreten, daß der Widerstreit

zwischen den judenfreundlichen und den judenfeindlichen Strömungen innerhalb des Volkes mit einer im Westen bis dahin noch nie dagewesenen Heftigkeit an die Öffentlichkeit getragen wurde. Es kam zu einer Auseinandersetzung, die ungeahnte Kreise ziehen sollte. Der Wind der Aufklärung wehte vom Westen jenseits des Rheins herüber, wo die französischen Rationalisten die Idee der Toleranz und der Vernunft predigten und eine humanere Gesellschaftsordnung forderten. Und, merkwürdig genug, nicht die französischen Juden reagierten als erste auf diese Lehren, sondern ihre gebildeteren Glaubensgenossen in Preußen. Die preußischen Juden, die alle Möglichkeiten nutzten, die ihnen Friedrich der Große zugestand, der aufgeklärte Monarch, der nach französischem Vorbild Künste und Wissenschaften förderte und französische Philosophen und Dichter – darunter auch Voltaire – an seinen Potsdamer Hof holte, begriffen rascher, daß eine neue Ära angebrochen war.

So wurde also der Emanzipationsgedanke am frühesten und wärmsten von den deutschen Juden aufgegriffen, wie er auch in Berlin seine erste klare Formulierung erhielt. Die jüdische Aufklärung, von Moses Mendelssohn in Berlin, dem späteren Mittelpunkt der Bewegung, begründet, fand in Mendelssohns Freund, dem Christen Gotthold Ephraim Lessing, ihren entschiedensten Förderer. Als erster im christlichen Deutschland setzte sich Lessing mit allem Nachdruck für die Juden ein. Dieser Freigeist, eine der größten Persönlichkeiten, die Deutschland im 18. Jahrhundert hervorgebracht hat, wollte die Bühne zur Kanzel und die Kunst zur Religion erheben. Sein Lustspiel *Die Juden* stellt den ersten Versuch im künstlerischen Schaffen der Neuzeit dar, dem Juden sympathische Züge zu verleihen. In späteren Jahren, als Lessing Mendelssohn bereits kannte und von der Lauterkeit seines Charakters tief beeindruckt war, folgte das berühmte Drama *Nathan der Weise*, ein Tendenzstück zur Verteidigung und Rechtfertigung der Juden, gleichzeitig aber auch der Appell an die Christen, den Juden endlich Gerechtigkeit widerfahren zu lassen und damit dem eigenen Namen gerecht zu werden. Das Gleichnis von den drei Ringen sollte die jeder Religion innewohnende Gefahr des Irrens und die Widersinnigkeit des Anspruchs der Christen, die Seelengröße allein gepachtet zu haben, aufzeigen. Nichts spricht deutlicher für die Überzeugungskraft *Nathans des Weisen*, als daß er viele Jahre lang von der deutschen Bühne verbannt war.

Zwischen Lessing und Mendelssohn spann sich eine dauerhafte Freundschaft an, die gegenseitige Bewunderung führte zu gegenseitiger Beeinflussung: Lessing weckte in Mendelssohn das Interesse für Kunst und Literatur, Mendelssohn lenkte Lessings Aufmerksamkeit auf das abstrakte philosophische Denken. Unter Lessings Einfluß nahm Mendelssohn das systematische Studium der deutschen Sprache auf, ein in traditionsverbundenen jüdischen Kreisen ungewöhnliches Unterfangen, und wurde von ihm in die damals unter dem Namen »Kaffeehaus-Gesellschaft« bekannte Berliner Intellektuellenwelt eingeführt.

Bevor es zu dieser für beide Teile so förderlichen Verbindung kam, hatte Mendelssohn einen langen und beschwerlichen Weg zurückgelegt. 1729 im Dessauer Ghetto als Sohn eines armen Toraschreibers geboren, hatte er das seltene Glück gehabt, von seinem Lehrer David Fraenkel nicht nur in Bibel und Talmud, sondern auch in die Philosophie des Maimonides eingeführt zu werden. Als Fraenkel von Dessau nach Berlin ging, um dort die Stelle des Oberrabbiners zu übernehmen, folgte ihm der junge Mendelssohn und ließ sich nach Entrichtung des Leibzolls in der Stadt nieder. Hier fand er eine blühende Judengemeinde vor, die bereits mit der nichtjüdischen Literatur in Berührung gekommen war. Fraenkel förderte ihn auch weiterhin, und schon bald nahmen sich verschiedene »privilegierte« Juden des verwachsenen Studenten an, besorgten ihm Bücher und unterstützten ihn bei seinen Deutsch- und Latein-, seinen Philosophie- und Metaphysikstudien. Zur ersten Begegnung mit Lessing kam es bei einem Schachspiel; und nahezu auf den ersten Blick schlossen die beiden bedeutenden Männer Freundschaft. Von Lessing gefördert und angespornt, begann Mendelssohn philosophische Abhandlungen wie die *Philosophischen Gespräche* zu verfassen und sich der Schriftstellerei zuzuwenden. Er übersetzte verschiedene Werke Rousseaus und arbeitete an mehreren Literaturzeitschriften mit. Bei einem Wettbewerb der Berliner Akademie der Wissenschaften gewann er den ersten Preis und schlug damit sogar Immanuel Kant, der sich gleichfalls beteiligt hatte. In Anbetracht seiner Verdienste erhob ihn Friedrich der Große zum »privilegierten Juden«, ein Titel, aufgrund dessen er nicht mehr aus der preußischen Hauptstadt ausgewiesen werden konnte.
Bei all seiner Berühmtheit als Philosoph bleibt Mendelssohns größte Leistung doch die Übersetzung des Pentateuchs ins Deutsche. Mit diesem bahnbrechenden Beitrag zur jüdischen Aufklärung erlangten die Juden Zugang zur deutschen Sprache und zum Leben außerhalb des Ghettos. Obgleich von einigen Rabbinern mit dem Bann belegt, die ängstlich, wenn auch völlig richtig die Wirkung des Werkes auf den Leser vorhersahen, gelangte Mendelssohns *Biur* dennoch in so manche Ghettowohnung und wurde zum echten Werkzeug der inneren Emanzipation.
Ungeachtet des Freidenkertums seines Freundes Lessing blieb Mendelssohn ein gläubiger Jude und verteidigte das Judentum, in seinen Augen eine vernunftgemäße und humane Religion, gegen den Vorwurf des Obskurantismus. Gleichzeitig aber erkannte er die Notwendigkeit, dem beengenden Einfluß der Ghettoerziehung entgegenzuwirken und der jüdischen Welt die Sinne für die nichtjüdische Außenwelt zu schärfen. Den Schlüssel hierzu sah er im Studium der deutschen Sprache, die den Juden den Zugang zur europäischen Kultur im weiteren Sinne ermöglichen sollte. Die Aneignung dieser Kultur aber, dessen war sich Mendelssohn sicher, mußte den Juden volle Gleichberechtigung vor dem Gesetz bringen. So wurde im Geist der *Haskala*, d.h. der Aufklärung,

dem rabbinischen Judentum, dessen Beschränkungstendenzen als bildungsfeindlich empfunden wurden, auf allen Linien der Kampf angesagt. Mendelssohn selbst schrieb über seine Bibelübersetzung, sie stelle den ersten Schritt auf die Kultur zu dar, die sein Volk so peinlich gemieden habe. Bereits der für die Übersetzung gewählte Text – der Pentateuch und nicht ein Buch der rabbinischen Literatur – bringt den Wunsch zum Ausdruck, sich vom »Leichentuch« der Tradition ab- und den alten, über eine einzelne Kultur hinausgreifenden Anfängen des monotheistischen Glaubens zuzuwenden. Mit dem Erfolg, daß wirklich fromme Juden nicht nur Mendelssohns enthebraisierte Übersetzung ablehnten, sondern das Bibelstudium überhaupt einschränkten.
Und doch sollte Mendelssohn mit seiner Annahme recht behalten, daß seine Tora-Übersetzung im kulturellen Leben der Juden im stillen eine Umwälzung herbeiführen werde. Es dauerte nicht lange, da beherrschten die Juden Deutschlands die deutsche Sprache und hatten die deutsche Kultur angenommen – eine Leistung, die in späteren Jahren sowohl der deutschen Kultur im allgemeinen als auch der jüdischen im besonderen zugute kommen sollte.
Kurz vor Ausbruch der Französischen Revolution fühlten sich bereits viele Juden von der faszinierenden Welt jenseits des Ghettos angezogen und ersehnten für sich all die Möglichkeiten, die sie einem Juden zunächst nur im Ausnahmefall bot. Wenn auch die große Mehrheit der abendländischen Juden, auf das Ghetto beschränkt und in der talmudischen Dialektik befangen, die humanitären Strömungen, die die westliche Gesellschaft erfaßt hatten, nur bis zu einem gewissen Ausmaß wahrnahm, die Zahl der aufgeklärten Geister wuchs doch stetig. Und als die Stunde der Emanzipation dann wirklich schlug, gelang es den meisten Juden, sich geistig wie wirtschaftlich in die westliche Gesellschaft einzufügen – zumal sie diese Gesellschaft in vielerlei Hinsicht an Aufgeklärtheit übertrafen. Das Problem bestand nun darin, die beiden »Lager« miteinander zu versöhnen, denen die meisten Juden des Westens gleichzeitig angehörten: das der jüdischen Werte und das der abendländischen Kultur. In welch schwere innere Konflikte die scheinbar unausweichliche Entscheidung für das eine oder andere Lager viele Juden stürzte, läßt sich bereits Mitte des 18. Jahrhunderts am Lebensweg eines jüngeren Zeitgenossen von Mendelssohn, Salomon Maimon, ablesen.
Der 1754 in Litauen geborene Maimon, ein ausgesprochenes Wunderkind, beherrschte schon als Elfjähriger den Talmud und sollte bereits damals den Rabbinertitel erhalten, den er jedoch ablehnte. Mit vierzehn Ehemann, mit fünfzehn Vater, erlernt er in einer Gemeinde, in der weltliche Gelehrsamkeit als Gotteslästerung gilt, im Selbststudium die deutsche Sprache, verläßt mit fünfundzwanzig Weib und Kind, zieht ins preußische Königsberg und verdient sich hier eine Zeitlang als Hauslehrer sein Brot, macht sich aber mit seiner unverblümten Kritik am orthodoxen Judentum allgemein unbeliebt. Von

Königsberg wechselt er nach Berlin über, wird von den dortigen jüdischen Behörden wegen fortgesetzter Verbreitung häretischer Ansichten ausgewiesen und begibt sich nach Posen. Hier spielt er kurze Zeit mit dem Gedanken, zu konvertieren, unternimmt einen Selbstmordversuch, geht erneut nach Berlin und veröffentlicht sein erstes Buch, den *Versuch über die Transzendentalphilosophie*, woraufhin eine Besserung seiner Verhältnisse eintritt.

Obgleich Maimons Werk das Mendelssohns an philosophischer Bedeutung weit übertrifft, stand er doch zeitlebens im Schatten seines anziehenderen Zeitgenossen. Während Mendelssohn allein aufgrund seiner kraftvollen Persönlichkeit Juden wie Christen für seine Sache zu gewinnen wußte, brachte Maimon seine ungewöhnliche Begabung nichts als Haß ein. Er stellt das Musterbeispiel jenes Typs dar, dem man später in Europa so häufig begegnet: des äußerlich wie geistig »Entwurzelten«, den es nirgendwo hält, der, mit vielen Kulturen vertraut, doch in keiner zu Hause ist, der mit einem außerordentlich scharfen kritischen Intellekt begabt und dabei doch von einem tiefen geistigen Unbehagen erfüllt ist.

Leute seines Schlages, die, um es mit den Worten Moses Hadas zu sagen, »einen so bedeutenden Beitrag zur Bereicherung der europäischen Kultur und Tradition leisteten, lebten als Bohemiens außerhalb der jüdischen Gesellschaft und schlossen sich auch keiner anderen festumrissenen Gemeinschaft an. Maimon ist der erste, Heinrich Heine wohl der größte.« Persönlichkeit und Lebensweg dieser Männer zeigen jene extreme Zerrissenheit, die dem europäischen Juden im Zeitalter der Emanzipation so schwer zu schaffen machte.

Die Emanzipation der Juden in Frankreich

Von Deutschland griffen die Emanzipationsbestrebungen auf Frankreich über. Als die Revolutionäre von 1789 mit allem Nachdruck darangingen, ihren Schlachtruf »Freiheit, Gleichheit, Brüderlichkeit« in die Tat umzusetzen, schien auch für die französischen Juden die Freiheit in greifbare Nähe zu rücken; dennoch mußten sie noch einen zähen Kampf um ihre Befreiung führen. Zu den wichtigsten Vorkämpfern im Ringen um Gleichberechtigung zählt Cerfberr (1730–1793), der als einer der ersten französischen Juden unter den Einfluß der neuen, in Deutschland von Mendelssohn und seinem Kreis propagierten Ideen geriet. Als französischer Heereslieferant genoß er bestimmte Vorrechte und konnte darüber hinaus manch weitere Vergünstigung für sich beanspruchen. So erhielt er beispielsweise die Erlaubnis, sich mit seiner Familie in Straßburg niederzulassen, das den Juden kein Wohnrecht gewährte. Nach und nach gelang

es ihm, weitere Juden nach Straßburg zu holen und für sie von Ludwig XVI. alle Rechte und Freiheiten königlicher Untertanen zu erwirken. Cerfberr versuchte auf eigene Faust eine Ehrenrettung seiner Glaubensgenossen: Er gründete in Straßburg drei Manufakturen, in denen er fast ausschließlich Juden beschäftigte, um sie so vom Kleinhandel abzuziehen und damit die mutmaßliche Ursache des Judenhasses der breiten Bevölkerung zu beseitigen. Um die öffentliche Meinung umzustimmen, ließ der tatkräftige Mann in ganz Frankreich Exemplare von Christian Wilhelm von Dohms *Verteidigung des jüdischen Volkes* verteilen.
Cerfberr blieb mit seinen Bemühungen nicht allein. Auch von anderer Seite gingen bei der französischen Regierung Gesuche ein, die drückenden Maßnahmen zu lockern, unter denen besonders die Juden im Elsaß und in Lothringen zu leiden hatten. Eine eigens geschaffene Kommission erhielt den Auftrag, Pläne zur Verbesserung der Lage der Juden in diesen Gebieten auszuarbeiten. Und Graf Mirabeau (1749–1791), durch die Lektüre von Mendelssohns Schriften angeregt, ergriff 1787 in seiner Abhandlung *Über Mendelssohn und die politische Reform der Juden* für die Juden Partei. Wie Dohm war auch Mirabeau über den Leidensweg des jüdischen Volkes erschüttert, wie dieser schrieb er die »Schwächen« der Juden den erduldeten Mißhandlungen zu. »Ihr wollt, daß die Juden bessere Menschen und nützliche Bürger werden! So verbannt doch aus dem gesellschaftlichen Leben alle erniedrigenden Unterschiede, erschließt den Juden alle Quellen des Erwerbes ...« Das »Reglement« Friedrichs des Großen nannte er verächtlich »ein Gesetz, eines Kannibalen würdig«. »Bedauerlich ist nur«, schrieb er, »daß ein so hochbegabtes Volk so lange in einem Zustande gehalten wurde, in dem es seine Kräfte nicht entfalten konnte; und jeder Weitblickende kann es nur begrüßen, wenn uns aus jüdischen Kreisen nützliche Mitbürger erstehen.«
Mit einem Schlag war die jüdische Frage in Frankreich in den Vordergrund gerückt. Die »Königliche Gesellschaft für Wissenschaften und Künste« in Metz schrieb einen Wettbewerb mit dem Thema aus: »Gibt es ein Mittel, die Juden in Frankreich glücklicher und nützlicher zu machen?« Die konstruktivste Antwort sandte Abbé Henri Grégoire ein, wie Mirabeau Mitglied der Nationalversammlung, einer der glühendsten Verteidiger und Befürworter der Rechte der französischen Juden.
Beim Ausbruch der Revolution lebten in Frankreich weniger als 50000 Juden, davon 20000 im Elsaß. In Metz waren 420, in Lothringen 180 Familien ansässig (eine gesetzlich festgelegte Ziffer); in Paris belief sich die Zahl der Juden lediglich auf 500 Personen, die sich seit 1740 heimlich in der Stadt niedergelassen hatten, in Bordeaux gleichfalls auf rund 500, die meisten davon marranischer Abstammung. Bordeaux und Bayonne boten die günstigsten, das Elsaß die schlechtesten Lebensbedingungen. Da die Juden der verschiedenen Provinzen

untereinander kaum einen Austausch pflegten, reichten sie – im Gegensatz zu den Gleichberechtigungspetitionen anderer Gemeinschaften – in den ersten Revolutionsmonaten kein gemeinsames Emanzipationsgesuch ein. In der Nationalversammlung wurde die jüdische Frage wiederholt erörtert, ein endgültiger Beschluß jedoch immer wieder aufgeschoben. Eine 1790 angenommene Resolution verfügte, daß die sogenannten portugiesischen, spanischen und avignonesischen (d. h. die in Bordeaux und Bayonne ansässigen) Juden Frankreichs sämtliche Rechte als aktive Bürger genießen sollten. Wenn diese Gleichstellung auch nur einen Teil der Judenschaft betraf, so war damit doch ein bahnbrechender Präzedenzfall geschaffen. Kurz darauf folgte dann ein weiteres Teilzugeständnis: die Aufhebung der den elsässischen Juden auferlegten hohen Schutzgelder. Und am 27. September 1791 räumte die Nationalversammlung den Juden Frankreichs schließlich das Recht ein, den Eid als Staatsbürger abzulegen.

Doch trotz dieser offiziellen Gleichstellung vor dem Gesetz hatten die französischen Juden auch weiterhin unter den tiefeingewurzelten Vorurteilen der Bevölkerung zu leiden. Und an diesem Zustand änderte sich im Grunde nichts, bis Napoleon Bonaparte mit einer jener für ihn so kennzeichnenden großen Gesten an die Lösung des unlösbaren Problems ging.

Napoleon und das Sanhedrin

Abgesehen von einer flüchtigen Begegnung mit palästinensischen Juden während seines erfolglosen Feldzuges im Jahre 1799 hatte Napoleon dem »jüdischen Problem« kaum Beachtung geschenkt, bis er auf dem Rückmarsch nach dem Sieg bei Austerlitz (1806) in Straßburg Station machte und von den erbosten elsässischen Bürgern mit Eingaben gegen ihren liebsten Prügelknaben, die Juden, bestürmt wurde. Bei Revolutionsbeginn hatten die elsässischen Bauern einen Großteil der von Klerus und Adel eingezogenen Besitzungen erworben; fest entschlossen, die neuen Ländereien zu halten; und da ihnen die zu ihrer Bewirtschaftung erforderlichen Mittel fehlten, hatten sie bei den verachteten jüdischen Geldleihern Kredite aufgenommen. Da aber die gesetzlich festgesetzten Steuern ungewöhnlich hoch lagen und die Revolution überdies schlechte Zeiten und eine Geldentwertung mit sich gebracht hatte, sahen sich die Bauern außerstande, ihre Schulden zu begleichen und lasteten nun ihre Verarmung den Juden an. Irritiert über die Beschwerden der Elsässer, kehrte Napoleon mit dem festen Entschluß nach Paris zurück, den jüdischen Wucherern rigorose Beschränkungen aufzuerlegen. Und wie es der Zufall wollte, veröffentlichte just zu diesem Zeitpunkt eine der führenden französischen Zeitungen einen Artikel, der die Emanzipation der Juden als einen der bedauerlichsten Fehler der Revolution hinstellte. Nach Ansicht der französischen Öffentlichkeit, hieß es da, könnten die Juden einzig und allein unter der Voraussetzung echte Bürger werden, daß sie sich zum Christentum bekehrten. Napoleon, ernstlich beeindruckt, erwog zunächst die Stundung aller bei jüdischen Geldleihern anstehenden Schulden, verfiel dann aber auf eine weit großartigere Idee. Den Befürwortern einer überstürzten Judenaustreibung hielt er entgegen: »Es war Sache der schwachen Herrscher, die Juden zu verfolgen. Ich werde sie bessern.« Auf die großsprecherische Ankündigung folgte die Tat: Einjährige Stundung aller Schulden bei jüdischen Geldleihern und darüber hinaus die Einberufung einer jüdischen Notabelnversammlung, die »Mittel und Wege zur Besserung der Lage ausfindig machen« sollte.

Im Juli 1806 trat die Versammlung unter dem Vorsitz des Finanzmannes Abraham Furtado zusammen. Auf den freundlichen Empfang durch eine Ehrengarde folgte die Eröffnungsansprache des Grafen Molé, Napoleons Ratgeber in jüdischen Angelegenheiten, der mit Schmähungen nicht sparte und eine Tirade gegen die schändlichen Wucherpraktiken vom Stapel ließ. Dann wurden den verdutzten Delegierten die bekannten zwölf »kaiserlichen« Fragen vorgelegt; man examinierte sie genauestens über die jüdischen Eheschließungsgesetze und die Ernennung und Rechtsprechung der Rabbiner, wollte wissen, ob das jüdische Gesetz die Ausübung von Handwerksberufen verbiete, ob es zum Wucher auffordere und ob die Juden Frankreich als ihr Vaterland betrachteten und zu seiner Verteidigung bereit seien. Die letzte Frage beantworteten die Delegierten spontan mit einem »bis zum Tode«, wie sie sich auch zu den übrigen Punkten in der gewünschten Weise äußerten, alles in allem eifrig bestrebt, sich Napoleons Machtwort zu fügen: »Sa majesté veut que vous soyez Français.«

Napoleon, über die Loyalitätserklärung hochbefriedigt, faßte den Beschluß, die Ausführungen der Delegierten von einer Instanz mit religiöser Verfügungsgewalt für bindend erklären zu lassen. Dabei schwebte ihm nichts Geringeres vor als die Wiedereinführung des alten Sanhedrin. Die Gemeinden wurden aufgefordert, ihre religiösen und weltlichen Vertreter zu entsenden, damit das Sanhedrin die von der vorbereitenden Versammlung abgegebenen Erklärungen zum Grundsatz erheben konnte. Zu dieser Zeit schrieb Napoleon in einem Brief: »Ich gedenke alle Hebel in Bewegung zu setzen, daß die dem jüdischen Volke wiedergegebenen Rechte keine Täuschung bleiben ... daß es in Frankreich ein Jerusalem vorfinden möge.« Und Molé erklärte, die vom neuen Sanhedrin gefaßten Beschlüsse sollten dem Talmud an die Seite gestellt werden und für die Juden aller Länder denkbar größte Autorität erlangen. »Dieses Gremium, das mit dem Tempel fiel, ersteht aufs neue, um die ganze Welt über das Volk aufzuklären, das es einst regierte; es wird den wahren Geist seines Gesetzes wiedererwecken und es in einer würdigen Weise erklären, die alle unwahren Auslegungen zunichte macht.«

Im Februar 1807 trat das Sanhedrin dann mit großem Prunk und Pomp in Paris zusammen. Napoleons Wunsch entsprechend, es solle dem ehemaligen Ältestenrat so ähnlich wie möglich sein, umfaßte das neue Sanhedrin 71 Abgeordnete, einen *Nassi* (Vorsitzenden), einen *Aw Bet Din* (Stellvertreter) und einen *Chacham* (zweiten Stellvertreter). Zum Vorsitzenden wurde der Straßburger Rabbiner David Sinzheim ernannt. In seiner ersten Sitzung ratifizierte das Sanhedrin die Beschlüsse der Notabelnversammlung und verlieh ihnen religionsgesetzliche Gültigkeit. Außer in der Frage der Mischehen machte es alle gewünschten Zugeständnisse. Doch gerade auf diesen Punkt legte Napoleon größtes Gewicht. Schließlich einigte man sich auf einen Kompromiß; Mischehen zwischen Juden und Nichtjuden wurden für statthaft erklärt. Obgleich nach jüdischer Glaubensauffassung unzulässig, hafte ihnen, wie das Sanhedrin verlauten ließ, an und für sich kein Makel an.

Mit den Beschlüssen des Sanhedrin verzichteten die Juden Frankreichs auf die rabbinische Gerichtsbarkeit, auf Selbstverwaltung und auf die Hoffnung, ins Land Israel zurückzukehren. Von nun an war ihr Schicksal unlöslich mit dem Frankreichs verknüpft. Wie Abraham Furtado erklärte: »Wir sind nicht länger eine Nation in der Nation, Frankreich ist unser Vaterland, Juden. Eure Verpflichtungen sind klar umrissen; das Glück harrt euer.« Der Verzicht des Sanhedrin auf Eigenstaatlichkeit stellt einen wichtigen Wendepunkt in der jüdischen Geschichte dar; er sollte das Leben der Juden im Westen über ein Jahrhundert lang prägen.

Die Emanzipation der Juden in Westeuropa

Ein volles Jahrhundert sollte noch vergehen, ehe die zur Zeit Moses Mendelssohns entstandene Bewegung zum angestrebten Ziel führte und der Mehrheit der westeuropäischen Juden die volle rechtliche und politische Emanzipation brachte. (Das unter solchen Mühen zustandegekommene Werk brach nach nur sechzigjährigem Bestand mit der Machtergreifung der Nazis über Nacht zusammen.) Außer in Frankreich und Holland, wo die Juden die in den Verfassungen von 1791 verankerten Rechte in vollem Umfang genossen, begann für das westeuropäische Judentum ein aufreibender Kampf um die bürgerliche Gleichstellung, der sich bis weit ins 19. Jahrhundert hineinzog.

Nach der endgültigen Niederlage Napoleons bei Waterloo unterzeichnete Frankreich im Mai 1814 überstürzt einen Friedensvertrag mit den siegreichen

Alliierten; man kam überein, die aus der neuen Lage erwachsenen Probleme im großen und ganzen erst auf einem im selben Jahr in Wien geplanten Kongreß zu erörtern. Zu den wichtigsten Punkten der Tagesordnung zählte ein Verfassungsentwurf für den Zusammenschluß von 36 deutschen Staaten, die vorher fast alle dem von Napoleon geschaffenen Rheinbund angehört hatten. In dieser Verfassung sollte auch die »jüdische Frage« berücksichtigt werden. Damit wurde das Judenproblem erstmals in der Geschichte vor einem internationalen Forum unter dem verfassungsmäßigen Blickwinkel aufgerollt. Um ihre Interessen gegen die in all diesen Staaten herrschenden starken reaktionären Strömungen zu sichern, versuchten die Juden über ihre Frankfurter und Hamburger Vertreter, den Kongreß unter der Hand zu beeinflussen. Zu den Kongreßteilnehmern zählten einige der bedeutendsten Männer jener Zeit: Hardenberg und Friedrich von Humboldt aus Preußen sowie der einflußreichste und unermüdlichste Befürworter der jüdischen Emanzipation, Metternich aus Österreich. Doch einzig Preußen und Österreich waren bereit, den Juden in der Verfassung das volle Recht auf Emanzipation zu garantieren. Die kleineren Staaten versuchten bereits seit einiger Zeit, alle Rechte wieder aufzuheben, die den Juden unter napoleonischer Herrschaft eingeräumt worden waren oder die sie um bares Geld buchstäblich erkauft hatten, wie 1811 in Frankfurt. Die Stadt hatte den Juden freigestellt, statt Entrichtung des jährlichen Schutzgeldes ihre Rechte durch Erlegung einer auf das zwanzigfache der jährlichen »Gebühr« festgesetzten Pauschalsumme zu erkaufen. Da aber nicht einmal die reichen Frankfurter Juden über eine derart hohe Barsumme verfügten, vereinbarte man eine Zahlungsmöglichkeit von zwanzig Jahresraten (zuzüglich fünf Prozent Zinsen). Nachdem Frankfurts Judenschaft dann bereits drei oder vier Jahresraten geleistet hatte, widerriefen die Stadtväter nach Napoleons Sturz ihren Beschluß. Da es auch in vielen Hansestädten zu ähnlich rückschrittlichen Maßnahmen kam, setzten über tausend jüdische Gemeinden, die neue Gefahren heraufziehen sahen, ihre Hoffnungen auf den Wiener Kongreß.

Verschiedene jüdische Abordnungen entfalteten in Wien eine rege Tätigkeit. Aus Frankfurt trafen zwei jüdische Agenten, Gumpertz und Baruch, ein, die sich, um bei der offiziellen Frankfurter Delegation keinen Verdacht zu erregen, als Kaufleute ausgegeben hatten. Doch binnen weniger Tage hatte die österreichische Geheimpolizei von ihrer Anwesenheit Wind bekommen und stellte dem Wiener Polizeipräsidenten einen umfänglichen Akt über die beiden »Kaufleute« zu. Der Präsident bereicherte das Dossier um die Bemerkung, die Besucher verfolgten in Wahrheit vermutlich den Zweck, sich mit irgendeiner Geheimkabbalistik zu befassen. Doch als die Ausweisung der beiden Abgesandten bereits unabwendbar schien, verwendete sich das Kaiserhaus für sie, zum Dank für einen Dienst, den Baruchs Vater einst der Kaiserin Maria Theresia erwiesen hatte. Von da an durften sie ihrem »Geschäft« offen nachgehen und erhielten

mit Metternichs Unterstützung die Erlaubnis, sich während der Kongreßdauer in Wien aufzuhalten.
Die Juden Hamburgs und der übrigen Hansestädte hatten einen Christen, den Juristen von Buchholz, zu ihrem Sachwalter bestellt, der als Wortführer sämtlicher deutscher Juden für die Gleichberechtigung eintrat. Ihren einflußreichsten Fürsprecher aber fanden die Juden im preußischen Abgeordneten Wilhelm von Humboldt. Dieser Mann, seit seiner frühen Berliner Zeit (in der er häufig in Rachel Levin-Varnhagens Salon verkehrte) mit dem jüdischen Problem vertraut, empfand Mitgefühl für die Lage eines Volkes, das, wie er einmal äußerte, ein so eigentümliches religiöses und weltgeschichtliches Phänomen darstelle, daß die vortrefflichsten Geister zweifelten, ob sich seine Existenz rein menschlich erklären lasse. Kühn empfahl Humboldt die unumschränkte Gleichstellung als einzig gerechte, logische und politisch kluge Lösung des Judenproblems in Deutschland.
Doch die Kongreßverhandlungen rollten in einer Atmosphäre ständiger Zänkereien und fortgesetzten Marktens ab. Je länger sie sich hinzogen, desto lauter ließen sich die Stimmen der Reaktion vernehmen. Die Delegierten sahen sich von einer Flut von Eingaben aus ihren Heimatstaaten bestürmt, deren Verfasser, hauptsächlich Angehörige des Bürgerstandes, der die Juden wegen ihrer wirtschaftlichen Fähigkeiten fürchtete und haßte, die Beschneidung der jüdischen Rechte forderten. So wurde der Judenparagraph, der bei der Eröffnung des Kongresses noch ziemlich liberal formuliert worden war, schließlich in einer recht zweideutigen und unbestimmten Form verabschiedet.
Der angenommene Paragraph bestand aus zwei Sätzen. Der erste Satz stellte in Aussicht, die Bundesversammlung werde das Problem beraten und versuchen, zu einer einheitlichen Lösung für ganz Deutschland zu gelangen. Dieser Teil der Resolution sollte eine reine Formalität bleiben. Für lange Zeit waren die Verhältnisse einfach nicht dazu angetan, die Empfehlung aufzugreifen. Die Zeiten hatten sich geändert, auf die Revolution war die Reaktion gefolgt. Der Geist kosmopolitischer Aufklärung wich dem neuen Ideal einer pangermanischen Christenheit, und diese romantische Rückbesinnung auf das Mittelalter schloß die Juden wieder einmal als fremde Gruppe aus.
Und der zweite Satz des Paragraphen (in dem Humboldt die bereits bestehenden Rechte sicherzustellen suchte) wurde im letzten Augenblick verwässert. Der gemeinsamen Resolution zufolge sollten »den Bekennern dieses Glaubens... die denselben *in* den einzelnen Bundesstaaten bereits eingeräumten Rechte erhalten werden«. Auf Intervention des Bremer Abgeordneten hin jedoch ersetzte man das Wörtchen *in* durch ein *von*. Da aber von allen Bundesstaaten nur drei von sich aus den Juden das Bürgerrecht zugestanden hatten, machte die scheinbar so unbedeutende Textänderung die mühsam erkämpften Vorrechte vieler Judengemeinden zunichte.

Der Gang der Ereignisse brachte es schließlich mit sich, daß die Juden Deutschlands in Wirtschaft und Kultur ihre Rechte längst erlangt hatten, ehe die letzten Spuren der »jüdischen Rechtsunfähigkeit« aus den Verfassungen der seit dem Wiener Kongreß zusammengeschlossenen deutschen Staaten getilgt wurden. Dichter, Bankiers, Politiker und Rabbiner führten den Kampf um die volle Gleichberechtigung fort. Wie keiner zweiten westlichen Judengemeinde setzte dem deutschen Judentum eine neue, von der Romantik ausgelöste Form des Antisemitismus zu. Mochten sich die deutschen Juden die deutsche Kultur auch rasch angeeignet haben, die gesellschaftliche Anerkennung ließ auf sich warten, und so traten viele aus einem Gefühl der Unsicherheit heraus zum Christentum über. Zu den namhaftesten Juden, die dem äußeren Druck nachgaben, zählen Ludwig Börne und Heinrich Heine. Obgleich die von jüdischen Kunstmäzenen geführten Salons einen bedeutenden Beitrag zur deutschen Kultur geleistet hatten, mußten die Juden ihr »Entréebillett zur europäischen Kultur« noch immer am Taufbecken erwerben. So zieht sich durch die Geisteswelt des deutschen Judentums zu Beginn des 19. Jahrhunderts eine tragische Zerrissenheit. Zwischen 1800 und 1810 wählten volle zehn Prozent der in den deutschen Staaten ansässigen jüdischen Bevölkerung die Taufe als Ausweg, darunter auch vier Kinder Moses Mendelssohns.

Die romantische Rückwendung zum Mittelalter in den ersten Jahrzehnten des 19. Jahrhunderts löste an den deutschen Universitäten eine wahre Sturzflut antijüdischen Schrifttums aus. Fast ausnahmslos bejahten und verbreiteten die deutschen Philosophen und Schriftsteller die pangermanischen Doktrinen. Und wieder begann für die deutschen Juden eine Leidenszeit. Aus einigen Städten wurden sie gänzlich vertrieben, in Österreich meist ins Ghetto verwiesen. Judenfeindliche Aufstände, von der »Hep-Hep«-Bewegung ausgelöst (vermutlich die Abkürzung von *Hierosolyma est perdita* – Jerusalem ist verloren), verletzten die Juden tief in ihrem Stolz. Juden, außerhalb des Ghettos geboren, galten nun wieder als Angehörige eines fremden asiatischen Volkes; die Kluft zwischen ihnen und den Deutschen schien unüberbrückbar.

Um eine humanere Behandlung durchzusetzen, griffen die Juden nun zu wirtschaftlichen Druckmitteln. In einer Zeit beachtlichen wirtschaftlichen Fortschritts benutzten viele von ihnen ihre neugewonnene Wirtschaftsmacht dazu, das Los ihrer Glaubensgenossen zu erleichtern. So verweigerten die Rothschilds, die damals Bankhäuser in allen führenden Städten Europas unterhielten, Staaten, in denen die Juden unterdrückt wurden, konsequent jedes Darlehen – wie sie andererseits ihre hohe Stellung in der Gesellschaft und im kulturellen Leben gebrauchten, in aller Stille, aber mit Nachdruck auf die Umstimmung der öffentlichen Meinung hinzuarbeiten. Damit spornten sie gleichzeitig die jüdischen Führer an, sich gegen den Antisemitismus zur Wehr zu setzen und ihre Rechte zu verfechten. Der Kampf wurde an zwei Fronten geführt: Einerseits ging es den Juden um die Sicherstellung ihrer politischen Rechte; andererseits suchten sie die Gleichberechtigung durch das Verständnis ihrer eigenen Welt zu verwirklichen, d. h. durch das Studium der jüdischen Geschichte und Literatur; sie sollten dem Juden zu Selbstachtung verhelfen und ihn befähigen, ohne den Umweg über die Bekehrung den ihm zustehenden Platz in der politischen Ordnung einzunehmen. Die »Wissenschaft des Judentums« wurde ins Leben gerufen. Und diese Neubelebung der jüdischen Forschung stellt einen der beachtlichsten Beiträge der jüdischen Aufklärung dar. Vor allem zwei Namen sind mit dieser Bewegung verknüpft: Gabriel Riesser und Leopold Zunz.

Dem Juristen Riesser (1806–1860) blieb, wie so vielen seiner Glaubensgenossen, die Ausübung seines Berufes versagt – aus Glaubensgründen konnte er weder eine Anwaltspraxis eröffnen noch einen Lehrstuhl an der Universität erlangen. Dergestalt abgewiesen, widmete er sich dem Kampf um die Gleichberechtigung. In einer Zeitschrift, die er *Der Jude* betitelte, begann er seine Vorstellungen darzulegen und brachte so mit der Zeit das Problem der Öffentlichkeit zu Bewußtsein. Im Parteiprogramm der deutschen Liberalen rückte es schon bald zu einem Hauptpunkt auf.

Zunz erfand nicht nur den Begriff *Wissenschaft des Judentums*, sondern widmete sein Dasein ihrem Aufbau. Seiner Ansicht nach wandten sich die Juden in ihrem Streben nach Gleichberechtigung nur deshalb dem Christentum zu, weil es sonst nichts gab, dem sie sich zuwenden konnten. Als Zunz die Arbeit aufnahm, war die jüdische Geschichte noch ein Buch mit sieben Siegeln. Er befürwortete die wissenschaftliche Erforschung und ein gründliches Verständnis der jüdischen Vergangenheit, um durch Wissen zur Freiheit zu gelangen. Und wenn sein Werk auch Stückwerk blieb und möglicherweise aus einer zwiespältigen Einstellung zur jüdischen Nationalerfahrung erwuchs, so stellt es doch ein brauchbares Glied in der historischen Kette jüdischer Wissenschaft und Gelehrsamkeit dar.

Doch unterdessen hatten sich die Zeiten erneut gewandelt. Die französische Februarrevolution des Jahres 1848 führte auch in Preußen, Österreich, Italien und andernorts zu einer freiheitlichen Strömung. Nun wurde die jüdische Gleichberechtigung weitgehend verwirklicht. In ihrem Freiheitsstreben betraten die Juden unmittelbar die politische Bühne und übernahmen schon bald eine führende Rolle, namentlich in den liberalen Bewegungen. In Österreich, Italien, Frankreich (wo zwei Juden zu Kabinettsmitgliedern aufstiegen) und Preußen (wo Gabriel Riesser zum Vizepräsidenten der Frankfurter Nationalversammlung gewählt wurde) beteiligten sich viele Juden an der Befreiungsbewegung, teils auf höherer Ebene, teils bei den Volksaufständen und Straßenschlachten. Sie vergossen ihr Blut »im gemeinsamen Kampf für Freiheit und Vaterland«, von der Hoffnung erfüllt, daß nun endlich die Stunde der vollen politischen Gleichberechtigung schlagen würde.

Doch auch im konservativen Lager jener Zeit trifft man Juden an – so Disraeli in England und Friedrich Julius Stahl, den Gründer der Konservativen Partei, in Preußen.
Der Eifer, mit dem sich junge Juden in den Kampf für die liberalen Ideen stürzten, löste zügellose Angriffe von seiten der Gegner der Gleichberechtigung aus; nach dem Urteil des Londoner *Standard* machte man die Juden »für alle derzeit auf dem Kontinent lastenden Mißstände« verantwortlich. Man brachte die Revolution von 1848 mit der jüdischen Gleichberechtigung in Zusammenhang, und als sie nach kurzem Anlauf scheiterte, wurden auch die Rechte der Juden wieder aufgehoben.

Die Haskala in Osteuropa

Seit das Moskauer Zarentum im 16. Jahrhundert darangegangen war, die unabhängigen russischen Fürstentümer zu einem vereinigten Reich zusammenzuschließen, hatten sich die Russen stets an den politischen Grundsatz gehalten, keine Juden in ihr Staatsgebiet zu lassen, auch nicht zu vorübergehendem Aufenthalt. Im 16. Jahrhundert hatte der Russenherrscher Iwan der Schreckliche erklärt, die Juden »brächten giftige Arzneien ins Land und leiteten die Anhänger des Christenglaubens irre«; und diese feindselige und abergläubische Einstellung schlug sich in einer fortgesetzten Diskriminierungsgesetzgebung nieder, an der nicht einmal wirtschaftliche Erwägungen zu rütteln vermochten. Um mit der Zarin Elisabeth zu sprechen: »Ich will keinen Gewinn von den Feinden Christi.«
An dieser Lage änderte sich im Grunde nichts, bis infolge der Teilungen Polens in den Jahren 1772, 1793 und 1795 die Zahl der im Russischen Reich ansässigen Juden sprunghaft auf 900000 hochschnellte. Mit einemmal ließ sich die Judenfrage nicht mehr kurzerhand durch Vertreibung lösen. Sondergesetze definierten die Rechte der Juden in fest umgrenzten Territorien, d. h. jenen Gebieten, in denen sie bereits zur Zeit der Teilung gewohnt hatten, dem sogenannten jüdischen Ansiedlungsrayon. Doch selbst innerhalb des Ansiedlungsrayons trafen die Juden diskriminierende Gesetze – jüdische Kaufleute und Bürger mußten das Doppelte an Steuern zahlen. Aber der frische und freiheitliche Wind, der in Westeuropa wehte, drang auch nach Rußland herüber, und langsam zeichnete sich für die Juden im Ansiedlungsrayon eine gewisse Erleichterung ab. 1802 setzte der Zar ein Komitee zur »Besserung der Lage der Juden« ein. Die wenigen liberalen Mitglieder dieses Komitees brachten den Beschluß durch, Vertreter der jüdischen Gemeinden zuzuziehen, um von ihnen die Bedürfnisse der jüdi-

schen Bevölkerung zu erfahren. Zwar wurde der Ansiedlungsrayon beibehalten und die jüdische Selbstverwaltung beschnitten; aber die Juden konnten nun ihre Kinder auf die Schulen des Zarenreiches schicken und sich in der Landwirtschaft betätigen. Nach dem Wiener Kongreß (1815) allerdings triumphierte in Rußland wie in anderen europäischen Ländern bald die Reaktion, und so endeten die verfrüht geweckten Hoffnungen der Juden auf eine liberale Behandlung mit einer Enttäuschung.

Unter Nikolaus I. verschlechterten sich die Verhältnisse. Die Juden mußten nun den gefürchteten Militärdienst ableisten – eine der Haupthandhaben der antijüdischen Politik der Regierung. Die jüdischen Gemeinden hatten der russischen Armee sogenannte Kantonisten zu stellen, eine Auflage, die bis zum Krimkrieg in Kraft blieb. Der Kantonismus, d. h. die Einziehung von Kinderrekruten, bedeutete für die jüdische Jugend ein Martyrium und für die jüdische Bevölkerung einen ausgesprochenen Terror. Ein Ukas vom Jahre 1827 sah für jüdische Jugendliche von zwölf bis achtzehn Jahren einen Vorbereitungsdienst in den Kantonistenbataillonen und anschließend noch fünfundzwanzig Jahre Wehrdienst vor. Die Judengemeinden hatten das vorgeschriebene Kontingent an Kantonisten zu stellen; eigene Häscher, die sogenannten *Chapper*, wurden eingesetzt, um Kinder in genügender Zahl auszuheben. Diese *Chapper* versetzten die jüdische Bevölkerung ständig in Angst und Schrecken. Die eingezogenen Kinder hatten nicht nur körperliche Strapazen, sondern auch Seelenqualen auszustehen; auf Anordnung des Zaren fand in den Kantonisteneinheiten eine nachdrückliche Missionstätigkeit statt, und so konvertierte denn auch eine beträchtliche Anzahl Kinder. Eine umfangreiche, auf Tatsachen gestützte Literatur schildert Torturen und Schikanen, mit denen man jüdische Kinderrekruten zur Annahme des christlichen Glaubens nötigte.

Im Jahre 1835 wurde das Territorium des Ansiedlungsrayons durch neue antijüdische Gesetze weiter eingeschränkt; es bestand nun aus Litauen, Wolhynien und Podolien, Weißrußland (Witebsk und Mogilew, die Dörfer ausgenommen), Kleinrußland, Neurußland, der Provinz Kiew (ohne die Hauptstadt) und den (ausschließlich älteren Siedlern vorbehaltenen) baltischen Provinzen. Ein Fünfzig-Werst-Streifen entlang der Westgrenze wurde für Ansiedlungen auf dem flachen Land gesperrt.

Die Kultur des osteuropäischen Judentums empfing im 19. Jahrhundert von zwei starken Strömungen – der Haskala oder Aufklärung einerseits und dem Chassidismus andererseits – ihre Prägung. Besonders im Kerngebiet des Ansiedlungsrayons standen die beiden Lager in scharfem Gegensatz, während die Verfechter der Aufklärung im äußersten Norden (Litauen) und Süden (Odessa) leichteres Spiel hatten. Daß aber die Haskala, namentlich anfangs, bei den breiten Volksmassen nicht ankam, erklärt sich weniger aus einer angeborenen Abneigung der Juden als aus ihren äußerst harten Lebensbedingungen unter der Herrschaft Alexanders I. und Nikolaus' I. Beide Herrscher teilten die bei den russischen Volksmassen seit jeher bestehende, aus Angst erwachsende Voreingenommenheit gegen den Juden und seine Religion. Den Juden als Menschen zu betrachten, war in Rußland so gut wie nicht üblich – man sah ihn immer nur im Zerrspiegel antisemitischer Karikatur.

Die Ausbreitung der Haskala in Osteuropa läßt sich auf der Landkarte nachzeichnen. Die von Berlin ausgehenden Impulse pflanzten sich stufenweise nach Osten fort, erfaßten zuerst Österreich, dann Polen, Litauen und schließlich die übrigen Zentren des russischen Judentums. Da sich die Lebensverhältnisse in diesen Ländern von denen in Deutschland grundlegend unterschieden, nahm die Aufklärung in Osteuropa einen von der ursprünglichen Konzeption ziemlich weit abweichenden Verlauf. Vor allem wies Osteuropa eine viel dichtere jüdische Siedlungsballung auf, und zudem stand die nichtjüdische Umgebung auf einer niedrigeren Kulturstufe als der Westen. So war die Gefahr, die Juden könnten ihre Eigenständigkeit einbüßen, zwar auch in Osteuropa nicht völlig ausgeschlossen, aber im großen und ganzen doch zunächst gering. Die urtümlich-jüdischen Kräfte, die der Haskala in Osteuropa entgegenwirkten – die mystische Erweckungsbewegung des Chassidismus einerseits und die vom Gaon von Wilna eingeleitete Talmudreform andererseits – machten die Massen eine Zeitlang für die aufklärerischen Lehren unempfänglich. Hinzu kam, daß die Haskala zwar ein umfängliches Schrifttum, aber noch keine Persönlichkeit von der charismatischen Ausstrahlung eines Elia, des Gaons von Wilna oder eines Baal Schem Tow hervorgebracht hatte.

Die Zielsetzung der haskalischen Bewegung läßt sich auf einen einfachen Nenner bringen: Sie wollte einen neuen jüdischen Menschentyp schaffen, fähig, sich in die Gesamtgesellschaft einzugliedern. Die *Maskilim* (Verfechter der Haskala) gingen daran, die Grundlagen des jüdischen Lebens und Denkens wie der jüdischen Erziehung völlig umzugestalten. Das Schulwesen war zwar bereits allgemein eingeführt, lag aber noch in der Hand der einzelnen Gemeinden. Alle russischen Juden, und selbst viele Frauen, konnten die Gebete und die Bibel lesen. Wie das gesamte europäische Judentum, hielten auch die Bewohner der russischen Ghettos viel von Bildung. Als der deutsche Jude Max Lilienthal 1840 nach Riga berufen wurde, um das dortige jüdische Schulwesen zu reformieren, spielte sich folgende kleine, für die herrschenden Zustände bezeichnende Szene ab:

> Bald darnach kam ein ärmlich gekleidetes Paar herein; der Mann trug einen etwa sechsjährigen, in einen *Tallit* (Gebetsumhang) gewickelten Knaben auf dem Arm. Vater wie Mutter vergossen Freudentränen und dankten Gott, der sie erhalten, auf daß sie Zeugen dieses erhebenden und bedeutsamen Augenblickes würden. Nachdem der *Melammed* (Lehrer) den Ankömmlin-

gen einen herzlichen Willkomm geboten, schloß er den Helden der Feier in die Arme und stellte ihn auf einen Tisch. Darauf wurde der Knabe in eine Bank gesetzt und erst einmal mit Kuchen, Nüssen, Rosinen und Naschwerk bedacht, wovon die glückstrahlende Mutter eine Schürzevoll mitgebracht hatte. Dann ließ sich der Lehrer neben dem Burschen nieder, stellte eine Tafel mit einem Druckalphabet vor ihn hin, ergriff einen langen Zeigestab und leitete die erste Schulstunde mit einem Segensspruch auf seinen neuen Schüler ein, auf daß er zum Studium der Tora, zur Ehe und zu guten Werken erzogen werde.

Die Autobiographie des Abraham Paperna, eines hebräischen Haskala-Autors, gibt uns gleichfalls Einblick in das kulturelle Leben einer russischen Kleinstadt zur Zeit Nikolaus' I.:

Bildungsstätten im modernen Sinne des Wortes glänzten in unserer Stadt durch Abwesenheit. Kopyl besaß keine staatliche oder öffentliche Schule weltlichen Charakters. Während die christlichen Einwohner samt und sonders Analphabeten waren, unterhielt die jüdische Bevölkerung Schulen im Überfluß, allerdings von einem besonderen Typ. Da gab es zunächst einmal die *Hadarim* (Elementarschulen), etwa zwanzig an der Zahl. Kopyl zählte damals an die dreitausend Seelen, Juden, Weißrussen und Tataren. Die Juden bildeten die Minderheit. Alle jüdischen Knaben zwischen vier und dreizehn Jahren wurden im *Cheder* unterrichtet. Obgleich keine allgemeine Schulpflicht für Mädchen bestand, konnten auch sie in den meisten Fällen die Gebete und den Pentateuch in jiddischer Übersetzung lesen. Ein Jude aus Kopyl wandte alles für die Erziehung seiner Kinder auf. Nicht selten verkaufte ein Armer seinen letzten Leuchter oder sein einziges Kopfkissen, um den *Melammed* zu bezahlen ... Außer Meerke, dem Trottel, der als Heizer im Badhaus und als Wasserträger arbeitete, gab es in Kopyl keine Ignoranten. Und selbst dieser schwachsinnige Wasserträger konnte die Gebete so einigermaßen und wußte die Segenssprüche über die Tora ganz ordentlich herzusagen.

Wenn die Kultur des russischen Judentums auch religiösen Charakter trug, waren ihm die weltlichen Wissenschaften doch nicht völlig fremd. Der Gaon von Wilna betrachtete bekanntlich alle Wissenschaften als notwendige Voraussetzung für das rechte Verständnis der Tora. Doch im Gegensatz zu den *Maskilim* oder »Aufklärern« beabsichtigte er nicht, den Juden aus dem Ghettoleben und aus seiner spezifisch jüdischen Lebensweise herauszuholen. Das Studium der weltlichen Wissenssparten sollte ihn zu einem besseren Juden, nicht aber zu einem besseren Russen machen.

Die Haskala im Osten empfing von zwei Seiten bedeutende Einflüsse: von den Schriften der frühen deutschen *Maskilim* und vom Handels- und Kulturaustausch mit dem Westen. Jüdische Gelehrte aus Osteuropa reisten ins Ausland, um sich weltliches Wissen anzueignen; Berlin, der Aufenthaltsort Mendelssohns, wurde zum »Jerusalem der Aufklärung«. Mit der spürbaren Belebung des Ost-West-Handels erweiterte sich auch der Horizont des osteuropäischen Judentums. Das zwischen Preußen und Rußland eingeschobene Galizien, damals ein reges Handelszentrum, übernahm von Preußen die »Aufklärung« und gab sie an das rückständige Rußland weiter.
Der Fürst der galizischen Haskala, Nachman Krochmal, 1785 in Brody als Sohn eines wohlhabenden Kaufmanns geboren, war in Zólkiew, im Hause seines reichen Schwiegervaters, seinen Studien nachgegangen. Ohne Lehrer und systematischen Unterricht, in einer Umwelt, die weltliches Wissen in Bausch und Bogen ablehnte, erwarb er sich nicht nur eine denkbar gründliche Kenntnis der mittelalterlich-jüdischen Philosophie, sondern drang auch in die fremde Welt der deutschen Philosophie, Sprach- und Naturwissenschaft ein. Bald schon erlangte Zólkiew für Osteuropa dieselbe Bedeutung wie Berlin für die *Maskilim* des Westens. Wer Krochmal sah, hätte aus seiner äußeren Erscheinung – aus Treue zur Tradition kleidete er sich wie seine Glaubensgenossen – wohl kaum auf die revolutionären Gedanken geschlossen, die dieser unauffällige, ganz wie ein jüdischer Gelehrter wirkende Mann bei sich erwog. Obwohl er zeitlebens lehrte und schrieb, veröffentlichte er doch nichts, aus Angst, mißverstanden zu werden, wie er in einem Brief an S. David Luzzatto bekannte:

> Da ich den Herrn fürchte, zögere ich, Dinge zu lehren, die Kohlen auf dem Feuer gleichen, denn selbst unwissentlich begangener Irrtum wiegt wahrlich gleich schwer wie Bosheit ... Ich zittre vor dem Zorn der Eiferer, die arm sind an Wissen, gefangen in den Ketten böswilliger Dummheit ...

1851, elf Jahre nach Krochmals Tod, wurde der Ertrag seiner lebenslänglichen rastlosen Geistesarbeit von Leopold Zunz unter dem treffenden Titel *Führer der Verirrten dieser Zeit* veröffentlicht. In diesem Werk schildert Krochmal das Judentum als ewige geistige Kraft, die als Kollektivseele das konkrete Israel in jeder Generation neu belebt. Mit seinem Ideenreichtum und geistvollen Aufbau steht Krochmals »Führer« seinem maimonidischen Vorbild nicht nach.
In ihrer Begeisterung für die Ideen der deutschen Haskala hegten die ersten russischen *Maskilim* auch große Bewunderung für die deutsche Kultur, für deutsche Mode und deutsche Umgangsformen ebensogut wie für die wissenschaftliche und akademische Forschung der Deutschen. Und da die russische Kultur infolge ihrer Rückständigkeit keinen Anreiz zur Nachahmung bot, versuchten sie ganz bewußt, es den großen Gestalten der deutschen Aufklärung

gleichzutun. So erhielt beispielsweise der einer reichen Kaufmannsfamilie entstammende Isaak Bär Levinsohn (1788–1860) den Beinamen »der russische Mendelssohn«. Nach einer weltlichen Ausbildung in russischer Sprache in seinem podolischen Geburtsort Kremenez lebte er lange Jahre in Brody, wo er mit den führenden Gelehrten des galizischen Judentums verkehrte, eine russische Grammatik der hebräischen Sprache zusammenstellte und an einer modernen Schule Hebräischunterricht gab. In seinem 1828 in Wilna veröffentlichten Hauptwerk, *Teuda bejisrael* (ein Zeugnis in Israel), suchte er den Juden zu beweisen, daß sich die Zielsetzung der Haskala durchaus mit dem jüdischen Glauben vereinbaren lasse. Das Buch übte einen nachhaltigen Einfluß auf die jungen jüdischen Talmudisten aus, die sich vielfach in Zirkeln zum Studium des Hebräischen und Russischen zusammenschlossen. In seinem zweiten Buch, *Bet Jehuda* (Haus Juda), stellte Levinsohn für das russische Judentum ein Reformprogramm auf, das die *Maskilim* als offizielle Zielsetzung übernahmen. Der Verfasser schlug vor:

1. Für Kinder beiderlei Geschlechts moderne Schulen einzurichten und in den Städten Warschau, Wilna, Odessa und Berditschew theologische Seminare zu gründen. Außer in jüdischen Fächern sollten die Schüler auch in weltlichen Wissenssparten unterrichtet werden.
2. Einen Oberrabbiner und Rat zu ernennen, die sich um die geistlichen Belange des russischen Judentums kümmern sollten.
3. Das Volk durch fähige Prediger unterweisen zu lassen.
4. Mindestens ein Drittel der Bevölkerung für die Arbeit in der Landwirtschaft zu gewinnen.
5. Die Juden vor prahlerischem Gehabe und verschwenderischer Lebensführung zu warnen.

Wie man sieht, vertrat die russische Haskala eine ausgesprochen mittelständische Weltanschauung. Fast alle Vorkämpfer des Humanismus stammten aus reichen Kaufmannsfamilien oder gehörten dem Gelehrtenstand an (Rappoport, Josef Perl, Nachman Krochmal). Und da selbst die armen *Maskilim* in der Regel von reichen Kaufleuten gefördert wurden, teilten vielfach auch sie die mittelständischen Vorstellungen ihrer Gönner. Selbst die Forderung nach weltlicher Bildung entsprang den besonderen Lebensbedingungen und -umständen des Kaufmannsstandes. Die reichen Kaufleute, die mit gebildeten Kapitalisten des Auslandes verkehrten, kamen ohne Deutsch- oder Russischkenntnisse, ohne Geographie und andere weltliche Wissensgebiete nicht aus. Die *Maskilim* riefen die jüdischen Massen auf, mehr »Produktivität« zu entfalten, sich nützlicheren und gehobeneren Betätigungen zuzuwenden, weil sie so den Ausbau des inländischen Marktes nicht länger behinderten und außerdem bei ihren nichtjüdischen Nachbarn mehr Ansehen gewinnen würden. Verärgert über das »unproduktive«

Dasein ihrer Glaubensgenossen, gaben sich die *Maskilim* der Überzeugung hin, ihr aufklärerisches Säkularisierungsprogramm könne die meisten kulturellen, wirtschaftlichen und politischen Probleme des jüdischen Lebens lösen.

Doch die Verwirklichung der von ihnen propagierten fortschrittlichen Ideen scheiterte an der Politik Alexanders I. und Nikolaus' I. Obwohl diese Herrscher durch Aufnahme weltlicher Fächer in den Lehrplan jüdischer Schulen – eine Maßnahme, die die *Maskilim* begrüßten – die Abkapselung der jüdischen Bevölkerung zu durchbrechen und ihre wirtschaftliche Lage durch landwirtschaftliche Erschließungsprojekte zu heben versuchten, führte ihre Politik letztlich doch nur zu einer Verschärfung der herrschenden Zustände und veranlaßte so einen Großteil der Juden, sich zäher denn je an ihre religiösen Traditionen und Praktiken zu klammern. Da die weltliche Erziehung unter Alexander I. zur Stützung des christlichen Glaubens und der Staatsgewalt benutzt wurde, lehnten die Führer der Judengemeinden sie begreiflicherweise ab. Sie fürchteten zu Recht, die moderne Bildung könnte dem Juden seine Rechtsunfähigkeit zu Bewußtsein bringen, ihn mit seinem Los unzufrieden machen und ihn damit zum Glaubensabfall veranlassen. Einzig und allein die *Maskilim* begrüßten die Einrichtung staatlicher jüdischer Schulen, während die Masse des russischen Judentums ihre Begeisterung keineswegs teilte. Und als die Regierung zum Unterhalt dieser Schulen dann die sogenannte »Lichtsteuer« einführte, nahm der Widerstand noch weiter zu.

Das Schrifttum der Haskala zerfällt in mehrere Abschnitte. Am Anfang steht die hauptsächlich von Rappoport und Krochmal verkörperte »Wissenschaft des Judentums« mit der Wiederbelebung des Hebräischen und der Erforschung der jüdischen Geschichte, Literatur und Philosophie. Die zweite Phase (die in die zwanziger und dreißiger Jahre des vorigen Jahrhunderts fällt) trägt polemisch-rationalistischen Charakter; sie will die geistigen Schranken des Ansiedlungsrayons niederreißen, seinen Dogmatismus und seine Überbetonung der bis in alle Einzelheiten festgelegten Kultpraktiken abschaffen. Die galizischen *Maskilim* rufen die Juden auf, die Welt außerhalb des Ghettos zu erkunden, sich in die europäische Literatur und Naturwissenschaft zu vertiefen und eine gründliche Berufsausbildung zu betreiben. Die Prosaliteratur dieser Zeit enthält recht überzogene Satiren auf das Leben und die Typen im Ansiedlungsrayon. In den vierziger und fünfziger Jahren, dem dritten Stadium der Haskala-Literatur, verlagert sich der Akzent dann von der Verurteilung des Lebens im Rayon zur Lobeserhebung auf die Welt außerhalb. In dieser romantischen Periode verfassen Abraham Mapu und Bär Levinsohn ihre überschwenglichen Werke über die glorreiche Vergangenheit der Juden – über das ländliche Leben im alten Juda wie über das kraftvolle und großartige »Goldene Zeitalter« in Spanien.

Die Positivisten unter den *Maskilim* verlangten praktische Schritte und Reformen zur Besserung der gesellschaftlichen und wirtschaftlichen Verhältnisse.

An die Stelle der Romane, Gedichte und Satiren traten nun Zeitungen in hebräischer Sprache, Handbücher und wissenschaftliche Abhandlungen, die dringend Reformen des Bildungs- und Berufswesens forderten. Der Poeta Laureatus der russischen Haskala, Juda Leib Gordon, und sein Zeitgenosse, Moses Leib Lilienblum, redeten den Juden unermüdlich zu, sie müßten »modern« werden, sich wie Russen kleiden und benehmen, sich mit der russischen Literatur und Lebensart vertraut machen. Zugleich aber sollten sie, wenn auch nur privat, ihre jüdische Eigenart beibehalten. »Sei Mensch draußen und Jude daheim«, lautete Gordons Wahlspruch – ein Schlagwort, in dem, ähnlich wie bereits bei den deutschen *Maskilim,* Untertöne der Assimilation und des Selbsthasses mitschwingen. Doch wie wir noch sehen werden, bewahrte die meisten russischen *Maskilim* – im Gegensatz zu ihren deutschen Vorläufern – ein geschärftes Geschichtsbewußtsein vor der Annahme dieses unsinnigen Kulturprogramms. Sie kehrten schließlich dem abwegigen Ziel totaler Assimilation den Rücken und wandten sich der realistischeren und radikaleren Lösung des Zionismus zu.

Die als Gegenbewegung zum Chassidismus entstandene Haskala brachte bei den russischen Juden ein neues Konzept der nationalen Erneuerung hervor und weckte in ihnen den Wunsch nach freier Forschung und die Liebe zur Wissenschaft. Den gläubigen Juden aber half sie neu zu überdenken, was bisher bloße Tradition gewesen war. Sie führte die Menschen von der Stufe blinden und bedingungslosen Glaubens auf die des Zweifels und schärfte ihr Verlangen nach echtem Verständnis. Und obgleich sie das Hauptgewicht auf eine allgemeine Aufklärung und einen vagen Liberalismus legte, leitete sie eine spezifisch hebräische Erneuerungsbewegung ein, die in der nachfolgenden jüdischen Geschichte ungeheuren Widerhall finden sollte. Sie ebnete nicht nur der modernen hebräischen Literatur den Weg, sondern bereitete auch jenen Triumph des hebräischen Geistes in unserer Zeit vor, die *Chibbat-Zion-*(Zionsliebe-)Bewegung.

Das Vermächtnis der Gleichberechtigung

Die deutsche Aufklärungs- und Gleichberechtigungsbewegung hat späteren Generationen ein recht zweischneidiges Vermächtnis hinterlassen. Einer der vielen Aspekte ist das bereits erwähnte Dilemma des modernen Juden in der westlichen Gesellschaft. Als der erste Schimmer der Aufklärung über den Ghettomauern heraufdämmerte, gingen viele Juden in bester Absicht, doch mit erschreckender Eilfertigkeit auf das – vermeintliche oder ausdrückliche – Ansinnen ihrer

Umwelt ein, die Bindung an ihr Volk und an ihre Tradition aufzugeben. Viele kapitulierten leichtfertig, nicht bedenkend, daß sie damit in den Geruch moralischer Minderwertigkeit geraten mußten. Die innere Haltung des jüdischen Volkes hatte sich grundlegend gewandelt. Der Wall, der den Juden vor der Verachtung der Welt geschützt hatte, war gefallen. Man bot ihm die Möglichkeit der Gleichberechtigung, allerdings unter ganz bestimmten Bedingungen: Er sollte die geschichtliche Vergangenheit seines eigenen Volkes als schimpflich empfinden und erkennen, wie freundlich wohlwollend ihm jene Gesellschaft gesonnen war, die ihm zwar bisher nur Unduldsamkeit und Verachtung entgegengebracht hatte, die ihm aber nun in einer Anwandlung von Nächstenliebe und Herablassung ihre Gunst erwies. Und aus Angst, diese Gunst zu verscherzen, in kriecherischer Dankbarkeit gegenüber jenen, die sie ihm gewährten, nahm manch ein Jude widerspruchslos das Bild von seinem Volk hin, das sich die Außenwelt zurechtgezimmert hatte. Um Zugang zu dieser Welt zu erlangen, sagte er sich von der stolzen Tradition jüdischer Eigenständigkeit und Einzigartigkeit los und verschloß bewußt und willentlich die Augen vor einer ihm wohlbekannten Tatsache: daß die westliche Gesellschaft aus der lebendigen Vergangenheit seines Volkes jene Maßstäbe bezogen hatte, die sie nun plötzlich selbstgefällig liberal auch auf ihn anzuwenden geruhte. Man hatte ihm jegliche politische Autonomie genommen, ihn zum bloßen Angehörigen einer bestimmten Religionsgemeinschaft abgestempelt, einer Sekte unter anderen, noch dazu einer besonders rückständigen. Und die geistigen Führer seines Volkes hatten ihm geraten – ein schlagendes Beispiel, in welche Verblendung und in welchen Wahn sich der Mensch verrennen kann –, »daheim Jude und draußen Mensch zu sein«. Als ob es dem jüdischen Volk bis dahin je in den Sinn gekommen wäre, Jude sein könnte etwas anderes oder gar weniger heißen als Mensch sein. Im Gegenteil: Jude sein hatte für frühere Generationen bedeutet, an den edelsten Bemühungen der Menschheit teilnehmen, das Menschsein in seinem vollsten Sinn verwirklichen. Doch diese Einstellung war nun vergessen, verdrängt von dem alles beherrschenden Verlangen nach Anerkennung, von dem Wunsch, ein ganz gewöhnlicher Deutscher, Franzose oder Pole zu sein, mit einer ziemlich lockeren Bindung an einen zur bloßen »Überzeugung« abgewerteten Glauben.

Mit der Loslösung von ihrer einzigartigen Vergangenheit hatten die Juden auch die Hoffnung auf eine einzigartige und unabhängige Zukunft aufgegeben. In demütiger Verbeugung vor der westlichen Kultur, aus Angst, unloyal zu erscheinen, strichen die deutschen Reformer den Begriff Zion aus dem Gebetbuch, schafften das Hebräische als Kultsprache ab, tilgten überhaupt alle Spuren des Nationalbewußtseins aus den jüdischen Riten und Festen und verbannten jede Erinnerung an nationale Größe. In der Hoffnung, so das Vertrauen der europäischen Welt zu gewinnen und sich der Emanzipation würdig zu erweisen,

schreckten viele Juden nicht einmal vor der Taufe zurück, sondern unterzogen sich diesem christlichen Ritual, dem »Entréebillett zur europäischen Kultur«, wie Heine sich ausdrückte.
Die Geschichte erteilte den Nachfahren jener Generation, die sich so mutig über ihre Lehren hinwegzusetzen versuchte und in ihrer Unschuld das wahre Wesen der europäischen Duldung mißdeutete, eine Lektion voll tragischer Ironie. Bereits einigen Vertretern dieser Generation ging auf, daß alle Bemühungen, das Judentum den Lehren der Berliner Haskala gemäß »emporzuheben« und den Juden die Achtung Europas zu gewinnen, scheitern mußten. Die wenigen klarblickenden Geister, die die Falschheit und Zynik jener Zeit durchschauten, schlossen sich revolutionären Bewegungen aller Art an oder flüchteten sich aus der politischen Wirklichkeit in eine Traumwelt utopischer Spekulation. Doch es sollten Jahrzehnte vergehen, bis eine neue Generation die der jüdischen Einstellung zur Aufklärung zugrundeliegenden Widersprüche entdeckte und sich eingestand. Mittlerweile hatte das Judentum eine tiefe Bewußtseinskrise durchgemacht, war die Fackel echten jüdischen Empfindens von West- nach Osteuropa übergewechselt. »Solange der Jude sein Volkstum verleugnet«, erklärte damals Moses Hess, »da es ihm an Selbstverleugnung fehlt, um sich mit einem unglücklichen, verachteten und verfolgten Volk solidarisch zu erklären, muß seine Fehlhaltung mit jedem Tage unerträglicher werden.« Das Aufkommen des modernen Antisemitismus machte das Leben der Juden in Europa wahrhaft unerträglich; das Aufkommen des modernen Zionismus hingegen brachte die erste klare Einschätzung der nahezu hoffnungslosen Situation und wies erstmals den Weg zur Lösung eines keineswegs mehr unlösbaren Problems.

16. ANTISEMITISMUS UND AUSWANDERUNG

Im 19. Jahrhundert nahm der Antisemitismus eine neue Form an. Durch Rassentheorien untermauert, wurde er nun von politischen Parteien als Machtmittel eingesetzt. Gewiß, religiös begründetes Mißtrauen gegen die Juden war nichts Neues. Jahrhundertelang waren sie verfolgt worden, weil sie sich zu einer anderen Religion bekannten und von dieser nicht einmal bei Todesstrafe lassen wollten. Im Mittelalter hatte, gewissermaßen getragen vom Geist der Zeit, der religiöse Aberglaube triumphiert. Aber daß er sich noch im 19. Jahrhundert halten sollte, in einer Ära moderner Ideen, in einer Zeit des wissenschaftlichen Fortschritts, der Industrialisierung und der nationalen Befreiungsbewegungen – das war auf den ersten Blick nicht zu erwarten gewesen. Am zähesten lebte die alte Verleumdung der Blutbeschuldigung fort, derzufolge die Juden Ritualmorde begingen, um mit dem Blut der Christen ihre Passah-Matzot zu backen. Der Jude als »Blutsauger« war in das Bewußtsein der ungebildeten Bauern so tief eingegraben, daß sich das Bild durch nichts auslöschen ließ. Vor 1840 wurden in Rumänien, Polen, Rußland, Italien und Deutschland noch fünfzehn solche Anklagen gegen die Juden erhoben, und als im Februar 1840 ein hochgestellter katholischer Priester verschwand, schob man die Schuld den Juden zu.

Die unerschütterliche Beharrlichkeit, mit der die Juden ihre einzigartigen religiösen Observanzen befolgten, rief unter den Christen, die immer noch geneigt waren, in ihnen die Leugner des wahren Glaubens zu sehen, nach wie vor Angst und Mißtrauen hervor. Diese Einstellung trat klar im Fall Mortara im Jahre 1858 zutage: Ein im Alter von einem Jahr auf den Tod erkranktes jüdisches Kind aus Bologna war von seiner katholischen Amme getauft worden, damit es nicht als Heide sterbe. Sieben Jahre lang hatte die Amme die Taufe geheimgehalten, dann aber schließlich doch vom Heiligen Offizium entdeckt. Sofort ließen die päpstlichen Behörden das Kind entführen, um es im christlichen Glauben zu erziehen und ihm alle Privilegien eines christlichen Bürgers zuteil werden zu lassen. Und obwohl von den meisten ausländischen Regierungen, darunter sogar von katholischen, unter Druck gesetzt, lehnte der Papst alle Bitten, das Kind zurückzugeben, kalt ab. Das damals noch kaum organisierte amerikanische Judentum forderte, unterstützt von einem guten Teil der amerikanischen Presse und des amerikanischen Volkes, lautstark eine Intervention. Moses Montefiore begab sich persönlich nach Rom, um den Papst aufzusuchen, erhielt aber keine Audienz. So wuchs Mortara im christlichen Glauben auf, schlug schließlich sogar die kirchliche Laufbahn ein und starb im 2. Weltkrieg in Belgien als Missionspriester.

So doppelzüngig zeigte sich das 19. Jahrhundert, das dem Juden auf der anderen Seite die lang ersehnte und erstrebte Freiheit gebracht hatte und die Möglichkeit bot, Bürger zu werden, in vollem Umfang am gesellschaftlichen, politischen und wirtschaftlichen Leben seiner Umwelt teilzunehmen und sich in die nichtjüdische Gesellschaft einzugliedern, so daß er manchmal sogar versucht war, die Unterschiede und die in seiner Umgebung tiefverwurzelten Vorurteile zu vergessen, die sich im Laufe der jahrhundertelangen erzwungenen Trennung herausgebildet hatten. Mit überschäumender Energie und Begeisterung, mit angeborenem Geschick und dem festen Willen, sich zu bewähren, hatten sich die Juden auf alle ihnen nun offenstehenden Bereiche geworfen: auf den Handel, das Gewerbe, die freien oder gelehrten Berufe, den Journalismus. Innerhalb einer Generation waren sie in Deutschland und in den anderen Ländern nicht mehr Geknechtete, sondern stiegen in einflußreiche Stellungen auf. Und überall nahmen sie es mit ihrer Verantwortung und ihren Pflichten der Gesellschaft gegenüber sehr ernst.

Warum also wurden sie nicht akzeptiert? Weil die Nichtjuden ihre Anwesenheit als Stachel empfanden. Zwar fielen die Juden zahlenmäßig nicht ins Gewicht – in Frankreich stellten sie weniger als ein Prozent der Gesamtbevölkerung, in Deutschland etwas darüber und im Habsburger Reich nur geringfügig mehr –, aber in den ihnen offenstehenden Bereichen waren sie außerordentlich stark vertreten, und ihr jäher wirtschaftlicher Aufschwung weckte bitteren Neid. Durch die Industrialisierung und Mechanisierung war die Weltwirtschaft aus den Fugen geraten. Der Mittelstand, der nach oben drängte, stellte nun für die aristokratischen Grundbesitzer wirtschaftlich eine ernste Herausforderung dar. Die Juden jedoch waren dank ihrer langen Erfahrung im Handel und im Kaufmannsgewerbe der neuen Situation gewachsen. Angespornt durch die ihre Fähigkeiten herausfordernde Lage waren sie, zumal sie wenig zu verlieren hatten, ohne weiteres bereit, ein Risiko einzugehen und zu spekulieren. Der Aufstieg der Juden und der kapitalistischen Klassen aber erfüllte die vom allgemeinen Ansturm auf das Geld ausgeschlossene Unterschicht und die von der aufstrebenden Bourgeoisie immer mehr verdrängte Oberschicht mit tiefem Groll. Besonders ärgerlich vermerkten sie den allerdings bei weitem übertriebenen Reichtum der jüdischen Bankiers. Diese waren vornehmlich dadurch, daß sie die europäischen Dynastien in den Kleinkriegen des 19. Jahrhunderts finanziell unterstützt hatten, in den einzelnen Staaten schnell zu Macht und Reichtum gelangt. Nun aber hatten sie ihren Zweck erfüllt und waren offensichtlich überflüssig. Warum also hätte man sie weiterhin dulden sollen?

Als es 1873 zu einem plötzlichen Preissturz an der deutschen Effektenbörse kam, gab man den jüdischen Finanziers die Schuld, obwohl sich unter den Spekulanten nur sehr wenige Juden befunden hatten. Überhaupt legte man nun den Juden sämtliche Finanzskandale zur Last. Man sah darin Teiloperationen eines von den Rothschilds großangelegten Plans, das christliche Europa auszubeuten und in Armut zu stürzen. Und nach dem Panamaskandal, in den zu guter Letzt, als sich sowieso nichts mehr retten ließ, auch noch drei Juden verwickelt worden waren, berichtete die antisemitische Presse in ganz Europa von der angeblichen jüdischen Korruption.
Zu dieser Zeit waren die Juden auf dem Wirtschaftssektor mehr gefürchtet als ihre kapitalistischen christlichen Gegenspieler, teils wegen ihrer religiösen und nationalen Absonderung, teils auch, weil sie dem Untergang der kirchlich geprägten Feudalgesellschaft, der sie nie angehört hatten, die damals aber in vielen sehnsüchtig-sentimentale Gefühle weckte, mit Gleichmut gegenüberstanden. Mit ähnlicher Mißbilligung quittierte die Öffentlichkeit das Auftreten der Juden in der politischen Arena. Denn die Juden hatten sich, nachdem sie die Bürgerrechte endlich erlangt hatten und sich daranmachen konnten, den in einem Jahrtausend verlorenen Boden wiederzugewinnen, mit Feuereifer in die politischen Auseinandersetzungen der Zeit gestürzt und meist für die liberalen und fortschrittlichen Kräfte Partei ergriffen, von denen allein sie sich Gleichberechtigung und Toleranz erhoffen konnten. Das Aufkommen des politischen Antisemitismus in Deutschland jedoch machte mit einem Schlag alle Hoffnungen auf Freiheit und Eingliederung zunichte. Die neue wirtschaftliche Lage brachte politische Kämpfe zwischen den einzelnen Klassen mit sich. Überall brachen Konflikte aus – die sterbende Aristokratie, die aufsteigende Mittelschicht und die ausgeschlossene Unterschicht, alle kämpften um politischen Einfluß. In diesem Kampf nun galt es einen neuen Köder zu finden, mit dem man die Bevölkerung auf seine Seite ziehen konnte. Wer aber hätte sich besser dazu geeignet als die Juden – die doch offensichtlich an der neuen sozialen und wirtschaftlichen Unordnung Schuld trugen, die »liberalen säkularistischen Industriellen«, gegen die schon seit alters aus Gründen der Religion Vorurteile bestanden? Es gab keine wirksamere Möglichkeit, die neuen Gesellschaftseinrichtungen als unerwünscht zu brandmarken, als sie als »jüdisch« abzustempeln. Überdies hatte dieses Manöver noch einen anderen Vorteil: Es half, viele verschiedene Gruppen und Interessenverbände, so unterschiedlich ihre Vorwürfe gegen die Juden auch waren, zu einem Block zusammenzuschließen.
Und als schließlich die Idee des Nationalismus im 19. Jahrhundert an Boden gewann, wurden die Juden immer mehr als gesondertes, internationales, durch eine Religion, eine Sprache und einen Corpus von Schriften geprägtes und zusammengehaltenes Volk betrachtet, als ein Volk, das dem Land, in dem es wohnte, loyal ergeben zu sein behauptete, das sich aber in Wirklichkeit nach seiner

alten Heimat sehnte. So beklagten die französischen Nationalisten, daß »die Juden kein *patrie* in dem Sinne haben, den wir dem Wort geben ... Für sie ist es der Ort, der ihnen die meisten Vorteile bietet ... Die Juden suchen ihr *patrie* stets dort, wo es für sie am nützlichsten ist.« Trotz der ungeheuren Anstrengungen der europäischen Juden, sich einzugliedern, hielten weite Kreise sie der Loyalität dem Land gegenüber, in dem sie lebten, für unfähig. Daß dies offenkundig und nachweislich nicht zutraf, hielt niemanden davon ab, diese Darstellung als wahr zu betrachten und sich dementsprechend zu verhalten. Welche Gefühle diese Einstellung bei den Juden auslöste, können wir bei Theodor Herzl nachlesen:

> Wir sind ein Volk, ein Volk. Wir haben überall ehrlich versucht, in der uns umgebenden Volksgemeinschaft unterzugehen und nur den Glauben unserer Väter zu bewahren. Man läßt es nicht zu. Vergebens sind wir treue und an manchen Orten sogar überschwängliche Patrioten, vergebens bringen wir dieselben Opfer an Gut und Blut wie unsere Mitbürger, vergebens bemühen wir uns, den Ruhm unserer Vaterländer in Künsten und Wissenschaften, ihren Reichtum durch Handel und Verkehr zu erhöhen. In unseren Vaterländern, in denen wir ja auch schon seit Jahrhunderten wohnen, werden wir als Fremdlinge ausgeschrien; oft von solchen, deren Geschlechter noch nicht im Lande waren, als unsere Väter da schon seufzten ... Im jetzigen Zustande der Welt und wohl noch in unabsehbarer Zeit geht Macht vor Recht. Wir sind also vergebens überall brave Patrioten, wie es die Hugenotten waren, die man zu wandern zwang. Wenn man uns in Ruhe ließe ... Aber ich glaube, man wird uns nicht in Ruhe lassen.
>
> (Aus *Der Judenstaat*)

Deutschland

1871, nachdem der gemeinsame Feind aller Preußen – die Franzosen – entscheidend geschlagen war, gelang es Bismarck, die vielen unabhängigen preußischen Fürstentümer durch einen Appell an das »Nationalgefühl« zu vereinigen. Bismarcks »Nationalismus« zielte auf eine Staatsform ab, die seit sechzig Jahren von Philosophen wie Kant, Fichte und Hegel gepriesen worden war: Er wollte eine christliche deutsche Nation schaffen, in der der Staatswille den Vorrang haben sollte vor den Bedürfnissen des Individuums. Entschlossen, seinem neugegründeten Deutschen Reich Bestand zu verleihen, arbeitete Bismarck auf eine Unterdrückung aller separatistischen Tendenzen hin. 1873 eröffnete er im Kulturkampf erbarmungslos das Feuer gegen die Katholiken; alte und angesehene Priester wurden verfolgt und eingesperrt, nur weil sie ihrem Glauben treu blieben. Und 1879 brach in ganz Deutschland eine außerordentlich heftige Hetzkampagne gegen die nationalliberale Partei aus. Diese Hetze, in erster Linie gegen die Juden gerichtet, die weitgehend mit den Nationalliberalen gleichgesetzt wurden und deshalb in den Augen eines guten Deutschen alles Verdammenswerte verkörperten, artete bald in einen regelrechten Haßausbruch gegen die Juden aus. Bismarck brachte, wie er später angab, wohl seine Mißbilligung zum Ausdruck, unternahm aber nichts, da er diese Kampagne als höchst nützliches Mittel erachtete, die Progressiven anzugreifen. Außerdem konnten sich die Konservativen auf brillante theoretische Schriften von Männern wie Treitschke und Friedrich Nietzsche berufen, die nicht zuletzt zur Verseuchung des Klimas mit Judenverachtung beitrugen.

Österreich-Ungarn

In der österreichisch-ungarischen Monarchie versteckte sich der Antisemitismus, genau wie in Deutschland, hinter einer Abneigung gegen die städtische, mittelständische liberale Partei. Die österreichischen Juden hatten bei der Entwicklung des modernen Kapitalismus in ihrer Wahlheimat eine noch bedeutendere Rolle gespielt als ihre Glaubensbrüder in Deutschland, und in den achtziger Jahren des 19. Jahrhunderts nahm die Hetzkampagne gegen sie besonders heftige Formen an, als ein höchst streitbarer katholischer Antisemit, August Rohling, den Lehrstuhl für Theologie an der Prager Universität erhielt. Obwohl Rohling das Hebräische nur sehr mangelhaft beherrschte, zögerte er nicht, die religiösen Aussagen des Talmud zu brandmarken, die aus dem Mittelalter stammenden Verleumdungen, die Juden verwendeten bei ihren Ritualen Christenblut, wieder aufzugreifen und als wahr hinzustellen.
Bald darauf wurden allenthalben Ritualmordbeschuldigungen laut. Besonderes Aufsehen aber erregte der Fall eines 1882 in Tisza-Eszlar in Ungarn ermordeten jungen Mädchens. Mehrere Juden wurden unter der Anklage des Ritualmords verhaftet, aufgrund des unzulänglichen Beweismaterials aber freigesprochen. Während des ganzen Prozesses schlug der Antisemitismus hohe Wellen. Selbst die Sozialisten versuchten eine antisemitische Partei zu schaffen; in bestimmten Industrievorstädten streute ein Agitator unter den arbeitenden Klassen das Gerücht aus, der Freispruch der »schuldigen« Juden sei von ihren reichen kapitalistischen Glaubensbrüdern durchgesetzt worden. Dank des mu-

tigen Eingreifens des Rabbiners Dr. Joseph Bloch jedoch, der sich in den von den Sozialisten für ihre Propaganda ausgewählten Vorstädten persönlich einsetzte, schlug dieser Versuch fehl. Übrigens gelang es Dr. Bloch sogar, Rohling zum Schweigen zu bringen. Er veröffentlichte so verletzende Angriffe gegen den Theologieprofessor, daß sich dieser schließlich gezwungen sah, den Rabbi wegen Beleidigung anzuzeigen. Einen Tag vor der Schwurgerichtsverhandlung jedoch zog Rohling die Klage zurück und gab dadurch die Unhaltbarkeit seiner skandalösen Behauptungen über das Judentum zu.

Am nachhaltigsten aber wurde der moderne Antisemitismus, wie er sich in Westeuropa herausbildete, durch die Rassentheorie unterstützt, die der konservative deutsche Nationalismus im 19. Jahrhundert zu einer seiner Doktrinen erhob. Diese von europäischen Anthropologen und Historikern in pseudowissenschaftlicher Form dargelegte neue Rassentheorie, die den biologischen »Beweis« für die rassische Überlegenheit der Germanen, beziehungsweise für die rassische Unterlegenheit aller Nichtgermanen, vornehmlich der Juden, erbrachte, ging von der Annahme aus, daß die Menschen verschiedenen rassischen Gruppen angehörten, und jeder Gruppe ein besonderes Erscheinungsbild sowie eine gemeinsame Ursprache zukomme. Der deutsche Rassismus, aus diesem »arischen« Mythos erwachsen, führte die romanischen, germanischen und slawischen Sprachen auf eine gemeinsame arische Wurzel zurück und präzisierte dann das Erscheinungsbild der arischen Rasse als das des blonden, blauäugigen nordischen Menschen. Graf Joseph de Gobineau, ein französischer Diplomat, zog schließlich daraus den Schluß, daß am Anfang jeglicher Kultur die arische Rasse stehe, deren Vertreter er nun ausschließlich in Mitteleuropa ansiedelte. Daraus aber ergab sich, daß die Deutschen, die lebende Verkörperung dieser ursprünglichen rassischen Reinheit, allein aufgrund ihrer Geburt den Anspruch erheben konnten, den kleinen schwarzhaarigen, dunkeläugigen Juden überlegen zu sein.

Die Idee der rassischen Überlegenheit übte eine verheerende Wirkung auf das deutsche Volk aus. Der große Komponist Richard Wagner warnte seine Landsleute vor rassischer Degeneration: Man könne den Niedergang des deutschen Volkes durch die Tatsache erklären, daß es jetzt der jüdischen Durchdringung schutzlos ausgeliefert sei. Die Theorie beschwor also die Angst herauf, daß das deutsche Blut durch den physischen Kontakt mit den Juden verseucht werde, daß Ehen zwischen Deutschen und Juden gewissermaßen zur Zerstörung und zum Verfall der deutschen Nation führen müßten.

Das Meisterwerk des deutschen Rassismus, *Die Grundlagen des Neunzehnten Jahrhunderts*, aber stammte von einem gebürtigen Engländer, Houston Stewart Chamberlain, der die Geschichte der germanischen Rasse anhand einer eindrucksvollen Dokumentation zurückverfolgte, die selbst Jesus in einen Arier verwandelte. In den Juden sah Chamberlain eine wertlose Rasse, deren Aufgabe darin bestand, die rassische Reinheit der Germanen zu beflecken und »eine Bande pseudo-hebräischer Mestizen hervorzubringen, ein körperlich, geistig und moralisch zweifelsohne degeneriertes Volk«. Diese Ansichten, zunächst mit Vorsicht aufgegriffen und durch kulturelle Einrichtungen wie Gesetz und Ordnung in Schranken gehalten, sollten später zum Sammelruf eines ganzen sozialen Systems werden und im 20. Jahrhundert den schrecklichsten Haßausbruch in der gesamten Menschheitsgeschichte auslösen.

Frankreich

Auch in Frankreich gab es zu dieser Zeit eine starke konservative Partei, die die Republikaner mißbilligte und die Tage des *Ancien Régime* zurücksehnte. Die Konservativen waren von der Überzeugung durchdrungen, daß sich Frankreich, sollte es zu Macht gelangen, von den Liberalen, Internationalisten, Fremden und Juden befreien mußte. Die auf dieses Prinzip gegründete »Action Française« war (obgleich sie auch nichtjüdische Liberale angriff) die erste Bewegung in Westeuropa, die die Ideologie des modernen Antisemitismus in organisierte physische Gewalt umsetzte. Zu den unverhohlensten französischen Judenhassern gehörte Edouard-Adolphe Drumont, ein fähiger, aber skrupelloser, zynischer Konservativer, der in seinem Kampf gegen die Republikaner nicht davor zurückscheute, durch den Antisemitismus Anhänger zu werben. Drumont, ein verbitterter, frustrierter Mann, der sich oft aus der Wirklichkeit in religiöse Betrachtungen flüchtete, stellte in seinem Buch *La France Juive* die These auf, an der wirtschaftlichen Not und dem sozialen Elend in Frankreich seien die Juden schuld. Laut Drumont lag, obwohl die Juden nur ein Viertelprozent der französischen Bevölkerung ausmachten, über die Hälfte des Reichtums in ihrer Hand. Er befürwortete die Enteignung aller Juden, zumal sie den Besitz sowieso auf unrechtmäßige Weise erworben hätten, und ermutigte Frankreichs Arbeiterschaft, jüdische Besitzungen an sich zu bringen. Außerdem »deckte er eine internationale Verschwörung der Juden und Freimaurer auf«, die die Christenheit vernichten und die Weltherrschaft an sich reißen wollten, wobei der erste Schlag angeblich gegen Frankreich geführt werden sollte. Dies alles kleidete Drumont, fest davon überzeugt, Gott auf seiner Seite zu haben, in das Gewand religiöser Inspiration und Gerechtigkeitsliebe. Das Buch, ein regelrechter Schlager, von dem allein im ersten Erscheinungsjahr 100 000 Exemplare verkauft wurden, erlebte in zehn Jahren mehr als 140 Auflagen. Von diesem Erfolg angespornt, versäumte Drumont keine Gelegenheit, um in seinem Sprachrohr, der Zeitung *La Libre Parole*, gegen die

Juden loszuziehen. Er wurde zum Sprecher der Anti-Dreyfus-Partei und billigte nachweislich die Judenverfolgungen aller Zeiten. Um mit einem seiner Schüler zu sprechen: »Drumont forderte, was Hitler in die Tat umsetzte.«

England

In England drohte nur kurze Zeit ein Ausbruch des Antisemitismus, als Disraeli, damals Premierminister der Konservativen, die Verhandlungen über das Schicksal des Balkans vorbereitete, das schließlich auf dem Berliner Kongreß von 1878 entschieden werden sollte. Die britischen Liberalen, für gewöhnlich von den Juden unterstützt, ergriffen für Rußland gegen die Türkei Partei. Rußland jedoch war dafür bekannt, daß es das östliche Judentum besonders stark unterdrückte, während die Türkei ihre Juden nicht schlecht behandelte. Disraeli und die Juden, im Verdacht, ihre Interessen über die von England zu stellen, wurden viel geschmäht. Aber als Disraeli mit dem *fait accompli*, dem unterzeichneten Vertrag, von Berlin zurückkehrte, dorrte das Unkraut des Antisemitismus ein, ehe es zur Blüte gekommen war.

Rußland

In Rußland war das Problem anders gelagert als in den westeuropäischen Ländern. Hier lebten weit mehr Juden als sonst in einem einzelnen Land, insgesamt etwa zwei Drittel des Weltjudentums. Sie besaßen keine Bürgerrechte, sondern waren, was das Wohnrecht, die wirtschaftlichen Entfaltungsmöglichkeiten, die Eheschließung etc. anging, durch drückende Sondergesetze eingeschränkt. Da man ihnen wenig Anreiz geboten hatte, sich zu assimilieren, führten sie nach wie vor ein abgekapseltes Leben. Eine kleine Anzahl jüdischer Finanziers und Spekulanten allerdings beteiligte sich am Bau der Eisenbahn und an anderen kommerziellen Entwicklungsvorhaben, und diese wenigen erhielten auch die Erlaubnis, sich in Städten außerhalb des Ansiedlungsrayons niederzulassen; im großen und ganzen aber waren kaum Juden unter den Progressiven zu finden. Dennoch legte man ihnen die Ermordung Alexanders II. im Jahre 1881 zur Last und machte sie in den nächsten zwanzig Jahren für die Ausbreitung liberaler Ideen in Rußland verantwortlich. Das freilich war eine schreiende Verdrehung der Tatsachen, denn liberale und revolutionäre Ideen und Aktivitäten wurden in der intellektuellen Atmosphäre der Universitäten ausgebrütet, zu denen nur ein winziger Prozentsatz von Juden zugelassen war. Eine kleine Gruppe jüdischer Jugendlicher allerdings schloß sich unter der Führung Leo Trotzkis (Bronstein) der revolutionären Partei an und stieg mit den Bolschewisten 1917 zur Macht auf.

1894 folgte Nikolaus II. seinem Vater Alexander III. auf dem Zarenthron nach. Nikolaus, ein schwacher und milder Herrscher, ließ sich von seiner Umgebung einreden, seine jüdischen Untertanen seien seine größten Feinde. Diese Behauptung wurde vornehmlich mit Hilfe der *Protokolle der Weisen von Zion* propagiert, einer zur Aufklärung des Zaren hergestellten Fälschung. Die Protokolle, zwischen 1901 und 1905 im Pariser Büro der russischen Polizei hergestellt, wurden 1905 veröffentlicht und dem Zaren vorgelegt. Da dieser jedoch ihre Echtheit bezweifelte, wurden sie anscheinend vorübergehend beiseite gelegt. Erst nach 1919 kamen, vor allem in Westeuropa, viele Exemplare in Umlauf. Angeblich aus Protokollen eines Internationalen Jüdischen Kongresses zusammengestellt, sollte das Machwerk die Existenz einer weitverbreiteten internationalen jüdischen Bewegung aufzeigen, die die bestehenden christlichen Organisationen zu vernichten und durch die jüdische Weltherrschaft zu ersetzen trachtete. (Eine im wesentlichen ähnliche Verschwörung hatte Drumont in Frankreich und Hillaire Belloc in England »aufgedeckt«.) Die bolschewistische Revolution von 1917 wurde als Beweis dafür herangezogen, daß die Juden bereits begonnen hatten, ihren phantastischen Plan in die Tat umzusetzen. Waren denn nicht Trotzki und Bela Kun (der ungarische Kommunist) Juden? Die Absicht der Fälschung lag auf der Hand: »Sollte die Welt vor der feindseligen jüdischen Verschwörung bewahrt werden, so war Widerstand gegen den Liberalismus und den Sozialismus dringend geboten.«

Der Widerstand formierte sich bald. In Südrußland erschlugen aufgebrachte Antibolschewiken Tausende von schutzlosen Juden. Die ursprünglich auf russisch abgefaßten Protokolle wurden, sogar als Sitzungsbericht des ersten Zionistischen Kongresses ausgegeben, in bearbeiteter Form in die meisten westeuropäischen Sprachen, später auch ins Japanische und Arabische übersetzt. Zwar entlarvte 1921 die Londoner *Times* die Protokolle eindeutig als Fälschung, als Erfindung, die auf schreienden Lügen beruhte, aber zu diesem Zeitpunkt war es bereits zu spät; die Enthüllung blieb weitgehend wirkungslos, zu viele Leute, von den Protokollen tief beeindruckt, hatten allen Grund, sie für echt zu halten. Bis zum heutigen Tage haben sich Antisemiten in ihrem Glauben an die Protokolle nicht erschüttern lassen und sie immer wieder als Beweis für die Hinterlist und die Falschheit der Juden herangezogen. Nazis, Araber und Demagogen in allen Ländern haben sie sich zu Herzen genommen und zu den gemeinsten Hetzkampagnen benutzt. In den Vereinigten Staaten wurden sie von Henry Ford, der sie in seiner Zeitung *The Dearborn Independent* veröffentlichte, und von Pater Charles E. Coughlin in seinem *Social Justice* verbreitet. Und selbst heute noch liefern sie, ausgegeben von anerkannten Stellen in der Sowjetunion und von verschiedenen arabischen Regierungen, den Stoff zu antisemitischen Verleumdungen – ein eindrucksvolles Beispiel dafür, wie schwer die große Lüge und der im 20. Jahrhundert gefundene Ersatz für die mittelalterlichen Mythen, für die Blutbeschuldigungen und den religiösen Aberglauben selbst in moderner Zeit auszurotten sind.

Der Antisemitismus des 19. Jahrhunderts war für die europäischen Juden, die gehofft hatten, als Bürger von der Gesellschaft, in der sie lebten, ohne Vorbehalte angenommen zu werden, ein harter Schlag. Die neuen Doktrinen des nichtreligiös begründeten Antisemitismus erschütterten ihr Gleichgewicht, verwirrten sie. Einerseits warfen ihnen Männer wie Treitschke vor, angeblich die Erwartungen der Deutschen enttäuscht, das heißt, sich nicht genügend assimiliert zu haben. Andererseits wurden sie angegriffen, weil sie sich nur allzu gut assimiliert hatten und nun die deutsche Gesellschaft zu »verseuchen« drohten. Alles schien sich verschworen zu haben, die Juden immer tiefer in Verwirrung und Selbsthaß zu stürzen. Das führte schließlich zu einem fieberhaften Assimilationsstreben, aber zu guter Letzt auch zum Erwachen des jüdischen Nationalismus.

Denn kein noch so liberales Programm konnte den tiefen Abgrund überbrükken, den Jahrhunderte des Hasses und der Diskriminierung zwischen den Juden und ihren Nachbarn aufgerissen hatten. Der Antisemitismus war nun politisch eingefärbt; bald wurden die alten populären Vorurteile gegen die Juden von der einen, bald von der anderen Partei mobilisiert, um die Unterstützung der Massen zu gewinnen. An der Schwelle des 20. Jahrhunderts trennte den durch Rassismus, Wirtschaftskrisen und politische Unsicherheit verschärften modernen Antisemitismus nur noch ein Schritt von der letzten extremen Maßnahme, der physischen Vernichtung der Juden.

Die Dreyfus-Affäre

Im Dezember 1894 wurde der Jude Alfred Dreyfus, Hauptmann der französischen Armee, des Landesverrats überführt und zu lebenslänglicher Haft auf der Teufelsinsel verurteilt. An diesem Urteil entzündete sich ein Streit, der die Französische Republik in ihren Grundfesten erschüttern und die Menschen auf der ganzen Welt auf Jahre hinaus beschäftigen und erregen sollte. Auf dem Spiel stand nicht nur der Ruf und die Integrität eines einzelnen Mannes, sondern der gute Name einer ganzen Kultur.

Alfred Dreyfus wurde beschuldigt, den Deutschen militärische Geheimnisse verraten zu haben. Das *corpus delicti* war das berühmte *bordereau*, ein Brief ohne Unterschrift, den eine Putzfrau in der deutschen Botschaft aus dem Papierkorb gezogen und dem Geheimdienst übergeben hatte. Man verglich die Schrift des *bordereau* mit der Handschrift verschiedener Offiziere und erhob schließlich Anklage gegen den Artillerieoffizier Dreyfus, der von allen am ehesten in Frage zu kommen schien. Daß sich seine Schrift mit der des *bordereau* keineswegs wirklich deckte, hielten seine Ankläger für nebensächlich. Dreyfus, ein ehrgeiziger, reicher, kalter Snob und Angeber, war ein Jude, auch wenn er sich noch so sehr assimiliert hatte. Er wurde festgenommen, von jedem Kontakt mit der Außenwelt abgeschnitten, vor ein Kriegsgericht gestellt und in aller Form des Verrates angeklagt. Zur Stützung des reichlich fragwürdigen Beweisstückes, des *bordereau*, wurde bei der Verhandlung den Richtern, aber nur ihnen, ein »Geheimakt« vorgelegt, dessen Inhalt aus Gründen der Staatssicherheit nicht an die Öffentlichkeit gelangen sollte. Dreyfus beteuerte unablässig seine Unschuld, wurde aber, obwohl sich ihm auch keinerlei Motiv nachweisen ließ, degradiert und zu lebenslänglicher Deportation verurteilt.
Der Fall des »Verräters« löste in Frankreich in weiten Schichten Empörung aus. Jean Jaurès, der Sozialistenführer, bedauerte sogar, daß Dreyfus nicht erschossen worden war. Und antisemitische Journalisten wie diejenigen von *La Libre Parole*, die tatkräftig dazu beigetragen hatten, daß es zur Strafverfolgung gekommen war, betrachteten die Verurteilung eines jüdischen Offiziers als schlagkräftigen Beweis für ihre These von der subversiven Tätigkeit der Juden. Nahezu alle waren von Dreyfus' Schuld überzeugt.
Einige allerdings hegten doch Zweifel. Dreyfus' Bruder Mathieu, entschlossen, ein Wiederaufnahmeverfahren durchzusetzen, versuchte Beweismaterial beizubringen, das auf den wirklichen Verräter hindeutete. Mittlerweile hatte sich in der Besetzung des Geheimdienstes manches geändert; Sandherr, der Leiter, war in Ruhestand getreten und durch Picquart, einen Antisemiten, aber einen Mann von Ehre und Einsicht, ersetzt worden. Im März 1896 fiel dem französischen Geheimdienst in Paris ein weiteres Dokument in die Hände, ein Ortseilbrief, der in der Folge als *le petit bleu* bekannt wurde. Auch er enthielt militärische Geheimsachen; die Handschrift deckte sich mit der des *bordereau*. Dreyfus aber befand sich zu dieser Zeit bereits auf der Teufelsinsel; wer also war der Schuldige? Picquart, der den *petit bleu* abgefangen hatte, verdächtigte mit guten Gründen Major Esterhazy, einen Offizier, der im Rufe eines »ausschweifenden Lebenswandels« stand und zu dieser Zeit von Schulden fast erdrückt wurde. Diesen Verdacht teilte Picquart seinem Stellvertreter Henry mit. Nach dessen Ansicht jedoch konnte es sich das Heer unter keinen Umständen leisten, einen Fehler einzugestehen, und so machte er sich daran, neues Be-

lastungsmaterial gegen Dreyfus zu fälschen. Außerdem benachrichtigte er seine Vorgesetzten davon, daß Picquart peinliche Nachforschungen im Hinblick auf den ursprünglichen Schuldspruch anzustellen beabsichtigte. Daraufhin wurde Picquart schleunigst nach Tunis versetzt, teilte aber, ehe er abreiste, seine Entdeckung noch seinem Anwalt mit, der seinerseits Scheurer-Kestner, den liberalen Vizepräsidenten des französischen Senats, informierte. Dieser beschloß, den Kampf für die Gerechtigkeit aufzunehmen.

Die Hartnäckigkeit des kleinen Kreises von Dreyfusards erwies sich, mindestens teilweise, als erfolgreich. Immerhin wurde Esterhazy vor das Kriegsgericht gestellt, allerdings für unschuldig befunden. Diese Neuigkeit schlug wie eine Bombe ein. In der Zeitung *L'Aurore* erschien ein Offener Brief des Romanciers Émile Zola an den Präsidenten der Republik, in dem Zola Esterhazys Freispruch ein »Verbrechen gegen die Menschlichkeit« nannte und Mitglieder des Generalstabs beschuldigte, offenkundig Beweismaterial gefälscht zu haben in der Absicht, einen Unschuldigen zu vernichten und einen Schuldigen weißzuwaschen. Damit wurde Zola, wie Anatole France sagte, für einen Augenblick zum »Gewissen der Menschheit«. Der Verleumdung angeklagt, mußte er, um der Gefangennahme zu entgehen, außer Landes flüchten. Aber seine Beschimpfung verfehlte ihre Wirkung nicht. 1898 nahm sich der neue Kriegsminister Cavaignac aufgrund gewisser Esterhazy belastender Informationen, die ihm zugegangen waren, den »geheimen« Dreyfusakt vor und deckte die von Henry ungeschickt zusammengetragene Fälschung auf. Letzterer wurde verhaftet und ins Gefängnis geworfen, wo er Selbstmord beging. In den Augen der Anti-Dreyfusards starb Henry als Held, als großer Patriot, der das Heer vor Demütigung und dem drohenden Ruin hatte bewahren wollen.

Im Juni 1899 wurde Dreyfus nach Frankreich zurückgebracht, sein Verfahren wieder aufgenommen. Erst neununddreißig Jahre alt, war er bereits gebeugt, ausgemergelt, fast kahl: ein gebrochener Mann. Obwohl vieles eindeutig zu seinen Gunsten sprach – das *bordereau*, Henrys Fälschungen, neu zutage gekommene Unterlagen, die auf Esterhazys Mitschuld hindeuteten – wurde er erneut schuldig gesprochen, das Urteil allerdings wegen »mildernder Umstände« auf zehn Jahre heruntergesetzt. Dieser Urteilsspruch löste bei den Liberalen Frankreichs und ganz Westeuropas heftigen Protest aus. Der neue Präsident der Französischen Republik, Émile Loubet, selbst ein Liberaler, beeilte sich, Dreyfus zu begnadigen. 1906, zwölf Jahre nach Beginn des Falls, wurde Dreyfus völlig freigesprochen, in seinen Rang wieder eingesetzt und kurz darauf zum Ritter der Ehrenlegion ernannt.

Für das französische Militär kam die Frage, welche Rolle der Antisemitismus in der Dreyfus-Affäre gespielt hatte, erst an zweiter Stelle; der Armee ging es in erster Linie um Geheimhaltung. Dennoch wurden die Motive, die einen Juden bewogen haben mochten, eine militärische Laufbahn einzuschlagen, in

aller Öffentlichkeit als recht zweifelhaft dargestellt. Warum hatte ein Jude dem Handel und Finanzwesen den Rücken gekehrt – den Sparten also, in denen so viele seiner Glaubensbrüder tätig waren –, um in die Armee einzutreten? War das aber aus fragwürdigen Beweggründen geschehen, so erhielt auch seine potentielle Untreue größere Wahrscheinlichkeit. Wenn Dreyfus auch nicht schuldig gesprochen wurde, weil er Jude war, so wurde doch die Annahme, er sei schuldig, wegen seines Judentums leichter und bereitwilliger akzeptiert.
Trotzdem ging der antisemitische Impetus in diesem Fall weniger vom Heer als von der Presse aus, und hier wiederum in erster Linie von Edouard Drumont, dessen Zeitung *La Libre Parole* sich zum Sprachrohr der Anti-Dreyfus-Partei aufwarf. Das Volk fiel erst nach Zolas Protest wirklich über die Juden her: Riesige Massen plünderten jüdische Läden, schlugen Juden zusammen, verbrannten öffentlich Zolas Artikel und hängten den Verfasser *in effigiem* auf. In Paris zog der Mob auf die Boulevards und forderte: »Tod dem Zola! Tod den Juden!« Bei der Regierung liefen in großer Zahl Petitionen auf Austreibung der Juden ein. Der Vorschlag tauchte auf, den Juden gesetzlich das Wahlrecht abzusprechen. Die nationalistische Presse stachelte die Arbeitgeber auf, jüdische Arbeiter zu entlassen. Universitätsprofessoren, die sich für die Wiederaufnahme des Verfahrens eingesetzt hatten, wurden ausgepfiffen, ihre Vorlesungen von den Massen gesprengt, manche zeitweilig ihres Amtes enthoben, manche zum Rücktritt gezwungen. Nachdem das Volk die Lüge einmal akzeptiert hatte, spielte die Wahrheit, als sie bald darauf ans Licht kam, kaum eine Rolle. Man mußte geradezu an der Lüge festhalten. Sie verwerfen, hätte bedeutet, die Schlagkraft des Heeres, den handgreiflichen Schutz gegen Deutschland, zugunsten eines abstrakten Ideals zu verwerfen. Angesichts dieser Alternative aber entschieden sich viele Franzosen ohne zu zögern für die Lüge. Letztlich stellten die Anti-Dreyfusards, zu denen auch die Kirche zählte, die Ordnung über Gerechtigkeit und Wahrheit. Es erschien ihnen nicht legitim, die Gesellschaftsordnung und den öffentlichen Frieden zu stören und den Zusammenhalt der Nation zu gefährden, nur um einen Unschuldigen vor einer ungerechten Strafe zu bewahren. Sie vertraten die Logik des *Ancien Régime;* die Dreyfusards dagegen verfochten die Logik der Französischen Revolution, und als diese Logik schließlich die Oberhand gewann, siegten damit auch die Ideale der Revolution über Eigennutz und Vorurteil.
Für die Juden gewann der Fall Dreyfus eine besondere Bedeutung; er rückte zum Symbol für ihre Aufnahme in die europäische Gesellschaft auf. Ein schuldiger Dreyfus konnte die erst vor kurzem errungenen Bürgerrechte verwirken, ein unschuldiger Dreyfus die Ehre des jüdischen Volkes nicht nur in Frankreich, sondern auf der ganzen Welt wiederherstellen. Aber wieder einmal sollten sich die Erwartungen der Juden zerschlagen. Der Fall Dreyfus wurde nicht, wie sie hofften, zum Wendepunkt, von dem an die Welt ihnen gegenüber eine

liberale Einstellung angenommen hätte; wohl brachte er den Juden für kurze Zeit Ansehen und Achtung ein, dafür aber auch beim Volk einen antisemitischen Haßausbruch.
Unter den Auslandskorrespondenten, die Dreyfus' Degradierung beiwohnten, befand sich auch Theodor Herzl, der damals für die Wiener *Neue Freie Presse* schrieb. Er kommentierte den Vorfall später in seinen Tagebüchern:

> Zum Zionisten hat mich nämlich – der Prozeß Dreyfus gemacht. Nicht der jetzige in Rennes, sondern der ursprüngliche in Paris, dessen Zeuge ich 1894 war. Ich lebte damals in Paris als Zeitungskorrespondent und wohnte der Verhandlung des Kriegsgerichtes bei, bis sie geheim erklärt wurde. Ich sehe den Angeklagten noch in seiner dunklen, verschnürten Artilleristenuniform in den Saal kommen, ich höre ihn noch seine Generalien abgeben: *»Alfred Dreyfus, capitaine d' artillerie«*, mit näselnder, gezierter Stimme. Und auch der Wutschrei der Menge auf der Straße vor der Ecole Militaire, wo er degradiert wurde, gellt mir noch unvergeßlich in den Ohren: *»à mort! à mort les juifs!«* Tod allen Juden, weil dieser eine ein Verräter war! Aber war er wirklich ein Verräter? Ich hatte damals ein Privatgespräch mit einem in der letzten Zeit vielgenannten Militärattaché. Der Oberst wußte von der Sache nicht mehr, als in den Zeitungen gestanden; er glaubte jedoch an die Schuld des Dreyfus, weil es ihm unmöglich schien, daß sieben Offiziere einen Kameraden ohne die erdrückendsten Beweise verurteilen könnten. Ich wieder glaubte an seine Unschuld, weil ich einen jüdischen Offizier nicht für fähig hielt, einen Landesverrat zu begehen. Nicht als ob ich die Juden im allgemeinen für besser hielte als die anderen Menschen. Aber gerade unter den besonderen Umständen des Kapitäns Dreyfus, der mir persönlich nicht einmal einen sympathischen Eindruck machte, kam mir die Sache unwahrscheinlich vor. Ein Jude, der als Generalstabsoffizier eine Laufbahn der Ehre geebnet vor sich hat, kann ein solches Verbrechen nicht begehen, sagte ich dem Oberst. In einer tieferen Schicht der Gesellschaft würde ich diese Möglichkeit bei Juden ebensowenig wie bei Christen leugnen. Bei Alfred Dreyfus lag hingegen eine psychologische Unmöglichkeit vor. Ein wohlhabender Mensch, der nur aus Ehrgeiz diese Karriere gewählt hat, kann gerade das ehrloseste Verbrechen nicht begangen haben. Die Juden haben infolge der langen bürgerlichen Ehrlosigkeit eine oft krankhafte Sucht nach Ehre, und ein jüdischer Offizier ist in dieser Beziehung ein potenzierter Jude. Mein damaliges Raisonnement war wohl das aller unserer Stammesgenossen seit Beginn der Affäre. Gerade weil uns allen die psychologische Unmöglichkeit von vornherein so klar gewesen, ahnten die Juden allerwärts die Unschuld des Dreyfus, noch bevor der denkwürdige Feldzug um die Wahrheit anfing.

...Aber der Fall Dreyfus enthält mehr als einen Justizirrtum; er enthält den Wunsch der ungeheuren Mehrheit in Frankreich, einen Juden und in diesem alle Juden zu verdammen. Tod den Juden! heulte die Menge, als man dem Hauptmann seine Tressen vom Waffenrocke riß. Und seither ist das *»Nieder mit den Juden!«* ein Feldgeschrei geworden. Wo? In Frankreich! Im republikanischen, modernen, zivilisierten Frankreich, hundert Jahre nach der Erklärung der Menschenrechte...

...Und da sind wir bei unserer Sache, da sind wir bei der geschichtlichen Lehre, die ein unbefangener Betrachter aus dem Falle Dreyfus ziehen mußte. Bis dahin hatten die meisten von uns geglaubt, die Lösung der Judenfrage sei von der allmählichen Entwicklung der Menschheit zur Duldung zu erwarten. Wenn aber ein im übrigen fortschreitendes, gewiß hochzivilisiertes Volk auf solche Wege gelangen konnte, was war von anderen Völkern zu erhoffen, die noch heute nicht auf der Höhe sind, auf der die Franzosen bereits vor hundert Jahren hielten?

Auswanderung

Von der Austreibung der Juden aus Spanien, nach der sich Hunderttausende eine neue Heimat suchen mußten, bis zum 19. Jahrhundert hatte sich der jüdische Flüchtlingsstrom, hauptsächlich aus Sefardim bestehend, zum größten Teil in Richtung Levante ergossen; nur kleine Kontingente waren nach Holland und England gezogen. Amerika kam, obgleich die Entdeckung der Neuen Welt zeitlich mit der Katastrophe des spanischen Judentums zusammenfiel, erst hundertfünfzig Jahre später als Zufluchtsort in Betracht, als sich die Holländer in Brasilien und den benachbarten Gebieten niederließen. Die meisten Siedler, die in der Folge dorthin auswanderten, waren wohlhabende Kaufleute oder Fabrikanten, die auf ihren eigenen Schiffen anreisten und ihren neuen Heimatländern große Vorteile brachten.

Im 19. Jahrhundert setzte eine Massenflucht der mitteleuropäischen (vor allem der deutschen) Juden nach Amerika ein. Angebahnt hatte sich diese Entwicklung bereits Ende des 18. Jahrhunderts, als sich erwies, daß sich die Juden von den revolutionären Bewegungen keine Besserung ihres Schicksals zu erhoffen brauchten. Im 19. Jahrhundert (als auch die Deutschen scharenweise ihre Heimat verließen) nahm die Auswanderung große Ausmaße an. Bitter enttäuscht über die gebrochenen Gleichberechtigungsversprechen, beschlossen viele Juden, die Demütigungen, die ihnen vielerorts zugefügt wurden, nicht länger hinzunehmen und mit der alten Welt überhaupt zu brechen. Amerika bot Freiheit; in seiner Verfassung war ausdrücklich das Recht des einzelnen, »nach Glück zu streben«, verankert. Bereits 1783 hatte ein deutscher Jude in einem an den Präsidenten des Kongresses der Vereinigten Staaten gerichteten Brief an die junge Republik appelliert, zweitausend seiner Glaubensbrüder Asyl zu gewähren, und als Gegenleistung, wollte man den Juden nur erlauben, Untertanen der dreizehn Staaten zu werden, die Entrichtung von »doppelten Steuern« versprochen. »Glauben wir nicht an denselben Gott wie die Quäker?« schrieb er. »Kann unsere Aufnahme denn gefährlicher und bedenklicher werden als die der Quäker?« Aber allem Anschein nach befaßte sich der Kongreß nicht mit seiner Bitte.

In den dreißiger und vierziger Jahren des 19. Jahrhunderts stieg als Folge der antijüdischen Strömungen in Europa die Zahl der Auswanderer beträchtlich an. Die jüdische Führerschaft, ihrerseits von der in Amerika herrschenden Freiheit angezogen, unterstützte die Bewegung. Einrichtungen wurden geschaffen, um die Auswanderung zu erleichtern und in geregelten Bahnen abzuwickeln. Man traf Vorsorge, daß die religiösen Vorschriften erfüllt werden konnten: Koschere Nahrungsmittel wurden beschafft, Tora-Rollen für die Reise in wasserdichte Seide eingepackt, für den Gebrauch der Emigranten besonders *Sidurim* mit Gebeten für Seereisende gedruckt.

Die damals einsetzende jüdische Auswanderungsbewegung ist noch immer nicht abgeschlossen; es dürfte heute wohl kaum einen Juden geben, dessen Familie nicht in den umfassenden Entwurzelungs- und Wiederansiedlungsprozeß verwickelt war, der die jüdische Geschichte in den letzten hundertfünfzig Jahren bestimmte. Als die Auswanderung der Juden aus Mitteleuropa schließlich, nachdem sie in Deutschland und Österreich (1869) die volle Gleichberechtigung erlangt hatten, nachließ, begann der große Exodus des russischen Judentums. In den Jahren 1881–1882 kam es zu einer gewaltigen Bevölkerungsverschiebung, in der westlichen Hemisphäre entstanden neue bedeutende jüdische Zentren. Diejenigen, die nach Osten, in ihre alte Heimat, gingen, legten den Grundstein für den künftigen jüdischen Staat. Die Mehrzahl jedoch wandte sich nach Westen und ließ sich in England und den britischen Dominions (vor allem in Kanada und Südafrika), in Argentinien und in erster Linie in den Vereinigten Staaten nieder.

Die Anfänge des amerikanischen Judentums

Obwohl die Entdeckung der Neuen Welt und die Austreibung der Juden aus Spanien zeitlich zusammenfielen, blieben die neuen Länder, da Spanien und Portugal sie sofort in Besitz nahmen, den Juden verschlossen. Nur einigen Marranen war es gelungen, sich hier anzusiedeln. Aber sie wurden mit derselben Härte verfolgt wie in ihrer alten Heimat, denn die Siedler hatten die Inquisition in die Neue Welt mitgebracht. Erst als die Holländer Brasilien besetzten (und später noch einige anstoßende Gebiete), konnten die Juden in Amerika Fuß fassen. Doch die Herrschaft der Holländer in Südamerika war von kurzer Dauer, und um die Mitte des 17. Jahrhunderts befanden sich die Juden bereits wieder auf der Flucht.

Im September 1654 landeten die ersten dreiundzwanzig jüdischen Flüchtlinge aus Recife (Brasilien) in Nordamerika in der kleinen holländischen Gemeinde New Amsterdam, einem Vorposten der holländischen Westindischen Kompanie am Hudson River. Doch als sie erschöpft an Land gingen, schickte der Gouverneur Peter Stuyvesant, der bei der holländischen Westindischen Kompanie die Erlaubnis einholte, sie auszuweisen, sie wieder fort:

> ... Die Juden, die angekommen sind, würden fast alle gern hierbleiben, aber da ich erfahren habe, daß sie (aufgrund ihrer Wuchergewohnheiten und ihrer betrügerischen Handelsgeschäfte mit den Christen) den niederen Beamten wie auch dem Euch höchst ergebenen Volk sehr zuwider sind; da zudem auch das Diakonat befürchtet, daß sie uns durch ihre gegenwärtige Armut im kommenden Winter eine Last werden könnten, erschien es uns zum Wohle dieses schwachen und aufstrebenden Orts sowie des Landes überhaupt nützlich, sie freundlich zu ersuchen, wieder abzufahren: In diesem Zusammenhang bitten wir sehr eindringlich um unserer selbst, aber auch um der Gesellschaft Eurer Gnaden willen, daß dem betrügerischen Volke – solch gehässigen Feinden und Lästerern des Namens Christi – fürderhin nicht gestattet werde, diese neue Kolonie zu vergiften und zu belästigen.

Eine kühne Petition der Amsterdamer Juden und die Intervention der jüdischen Aktionäre der Westindischen Kompanie führten jedoch zur Widerrufung von Stuyvesants Anordnungen. Den Juden sollte die Aufenthaltsgenehmigung erteilt werden unter dem Vorbehalt, »daß die Armen unter ihnen der Gesellschaft oder der Gemeinde nicht zur Last fallen dürfen, sondern von ihrer eigenen Nation unterstützt werden müssen«. So entstand die erste und mit der Zeit größte jüdische Gemeinde in Nordamerika.

Jahre später, als die Briten die Holländer aus Nordamerika vertrieben, geriet die jüdische Geschichte im neuen Land in den Sog der britischen Kolonisationsgeschichte. Verhinderten die Puritaner, deren Vorstellung von Glaubensfreiheit sich auf ihren eigenen Glauben beschränkte, die Niederlassung der Juden in Massachusetts und Connecticut, so konnten sich die Juden im liberalen Maryland und in Rhode Island, wo die Gewissensfreiheit zu den unantastbaren Grundsätzen gehörte, unbehindert ansiedeln. Newport, wo 1677 ein jüdischer Friedhof eingerichtet wurde und der Vorsteher der Gemeinde, Juda Touro, zusammen mit seinem Bruder für die Erhaltung der Kolonialsynagoge sorgte, stieg bald zu einem Angelpunkt der kommerziellen Aktivität der Juden auf.

In den Südstaaten South Carolina und Georgia wurde den Juden freie Religionsausübung und Gewerbefreiheit gewährt; überdies erhielten sie in South Carolina schon am Anfang des 18. Jahrhunderts das Wahlrecht. 1776, am Vorabend des Unabhängigkeitskrieges, konnten sie sich in den dreizehn Provinzen relativ sicher fühlen. Sie besaßen Freiheit in Glaubens- und Wirtschaftsdingen sowie gewisse politische Rechte. 1718 wurden in New York zum Zeichen ihrer Gleichheit vor dem Gesetz zwei Juden als Constables gewählt. 1740 brachte das Parlament ein Gesetz durch, das Protestanten, Quäkern und Juden ermöglichte, sich nach einem siebenjährigen Aufenthalt in den englischen Kolonien naturalisieren zu lassen – ein Meilenstein in der Geschichte der jüdischen Emanzipation.

Beim Ausbruch des Unabhängigkeitskampfes kamen auf zwei Millionen Einwohner zwei- bis dreitausend Juden, das heißt, die Juden stellten etwa ein Zehntelprozent der Gesamtbevölkerung. Einige dieser jüdischen Siedler hatten in den wichtigsten Seehäfen Newport, Philadelphia, New York, Charleston und Savannah große Unternehmen aufgebaut. Sie waren vornehmlich im interkolonialen und englischen Handel tätig. Und außerdem gehörten jüdische Geschäftsleute zu den größten Reedern in Amerika. Ihre Geschäftsinteressen lagen also auf seiten von England. Die Revolution unterstützen bedeutete für sie sicheren wirtschaftlichen Ruin. Dennoch ergriffen die Juden fast geschlossen Partei für die Sache der Loslösung. Als der Krieg mit England ausbrach, waren sie unter den ersten, die sich freiwillig meldeten, und bekamen ein hervorragendes soldatisches Führungszeugnis ausgestellt. So sagte Präsident Calvin Coolidge über die Beteiligung der Juden am Unabhängigkeitskrieg:

> Die Juden ihrerseits, von denen bereits eine beträchtliche Zahl über die Kolonien verstreut lebte, waren den Lehren ihrer Propheten treu. Der jüdische Glaube ist in erster Linie ein Glaube der Freiheit. Sie stellten sich im Konflikt zwischen den Siedlern und dem Mutterland von allem Anfang an in überwältigender Mehrheit auf die Seite der aufkeimenden Revolution.

Zunächst wird die Geschichte der Juden in Amerika eher von einzelnen als von Gemeinden gemacht. Allein in Texas stoßen wir auf eine Reihe bekannter jüdischer Pioniere wie Adolphus Sterne, der am Krieg gegen Mexiko teilnahm und später Mitglied des texanischen Kongresses wurde; David S. Kaufman, der am Princeton College studierte und ebenfalls in die gesetzgebende Versammlung von Texas gewählt wurde; Moses Albert Levy, der in Sam Houstons Heer als Generalstabsarzt diente; Henry Castro, Sohn einer Marranenfamilie, der die Republik Texas als Generalkonsul in Frankreich vertrat. Bald schlossen sich auch die anderen Staaten an. Innerhalb der ersten Hälfte des 19. Jahrhunderts verschwanden in Amerika alle Spuren einer gesetzlich verankerten Diskriminierung eines Volkes im wirtschaftlichen, politischen und gesellschaftlichen Leben der Nation.

Im 19. Jahrhundert ergoß sich ein ungeheurer Strom von Auswanderern von Deutschland nach Amerika. Übervölkerung, Landhunger, Arbeitslosigkeit, neue Produktionsmethoden, die sich verheerend auf Kleinbauern und kleine Handwerker auswirkten, revolutionäre Unruhen – all diese Faktoren trieben Tausende und Abertausende von Deutschen aus ihrer Heimat. 1827–1828 landeten über 10 000 Deutsche in New York. 1847 brachen 50 000 Deutsche in die Vereinigten Staaten auf. 1910 lebten sechs Millionen Deutsche in Amerika. Tausende von enttäuschten und ernüchterten deutschen Juden, die ihre Hoffnung auf die europäische Revolution gesetzt hatten, wandten sich jetzt nach Amerika, dem Hort der Freiheit und des Fortschritts, und wurden dort mit Herablassung, aber auch mit aufmunternden Worten empfangen; eine einflußreiche Zeitung schrieb:

> Der Reichtum und Unternehmungsgeist der Juden käme den kommerziellen und industriellen, wenn schon nicht den landwirtschaftlichen Interessen der Vereinigten Staaten sehr zugute. Eine neue, in aufgeklärteren Zeiten geborene Generation, die außerdem die Wohltaten der Erziehung genossen hätte, wäre von jenen den Juden im allgemeinen zugeschriebenen Fehlern frei und erhielte dadurch, daß ihr die Segnungen der Freiheit zuteil würden, allen Anreiz, zu einem wertvollen Mitglied der Gesellschaft zu werden. Die Nachsicht und Milde, auf die sich die christliche Religion gründet, werden ihren Einfluß auf die vernachlässigten Kinder Israels nicht verfehlen. Sie finden in den Vereinigten Staaten ein ungestörtes Heim; Land, das sie ihr eigen nennen dürfen; Gesetze, die sie selber mitbestimmen; Beamte, in deren Reihen sie selbst aufsteigen können; Schutz, Freiheit, und wenn sie sich entsprechend verhalten, Achtung und Ansehen.

Der deutsch-jüdische Einwanderer, der vor der reaktionären Strömung in Europa floh, sah in Amerika die Verwirklichung seiner Träume: Gleichheit für alle Menschen ohne Ansehen der Religion oder Nationalität (die Negerfrage hatte sich in den Nordstaaten noch nicht gestellt); Rede- und Pressefreiheit und eine eingespielte Demokratie, die ihn aufnahm und mit einem glühenden Patriotismus erfüllte.

Die meisten deutschen Juden, die nach Amerika auswanderten, waren völlig mittellos und zum großen Teil auf die Wohltätigkeit ihrer Glaubensbrüder angewiesen. Viele von ihnen, die kaum mehr besaßen, als was sie auf dem Leibe trugen, wandten sich dem ihnen vertrauten Kleinhandel zu, der wohl Zähigkeit und Ausdauer, aber nicht viel Kapital erforderte. Ein Bündel auf dem Rücken oder mit einem Planenwagen voller Tand und Haushaltswaren, zogen sie in die ferne Wildnis zu den Pionieren. Sie stellten fast die einzige Verbindung zwischen den isolierten Siedlern und der großen Stadt dar, denn sie brachten nicht nur Waren, sondern auch heißbegehrte Neuigkeiten. So hing der Siedler in mancher Hinsicht von dem umherziehenden jüdischen Hausierer ab und begrüßte ihn bei seinen Besuchen warm und freundschaftlich. Als die Siedlungen wuchsen, gab der Hausierer sein Wanderleben auf und richtete ein kleines Warenlager mitten in dem sich ausdehnenden Dorf ein. Bald wurde das Dorf zur Stadt, die Stadt zur Großstadt und das kleine Warenlager zum blühenden Warenhaus in der Hauptstraße, zu einem Brennpunkt des kaufmännischen Lebens.

Diese Einwanderergeneration verwandte ihre ganze Energie auf den Handel und die Ansiedlung. Die Juden ließen sich in nahezu jeder zwischen 1820 und 1860 gegründeten Stadt nieder. In den fünfziger Jahren des 19. Jahrhunderts entstanden in Kalifornien im Zuge des Goldrausches in den Goldgräbercamps wie in den Städten jüdische Gemeinden, und in San Francisco, der größten, baute sich die jüdische Mittelschicht innerhalb weniger Jahrzehnte eine solide Position aus.

Die Einwanderung der osteuropäischen Juden nach Amerika

Nach 1870 kam das Hauptkontingent der jüdischen Einwanderer aus Osteuropa, wo die Gesellschaft zu dieser Zeit infolge der Auflösung der alten Feudalordnung einen Zersetzungsprozeß durchlebte. Landedelleute, Priester und Zünfte konnten sich nicht gegen die mächtige neue Gesellschaftsordnung und gegen die moderne Technik behaupten. Durch den Großgrundbesitz wurden nicht nur die Bauern, sondern auch die jüdischen Zwischenhändler verdrängt, durch die moderne Fabrik die Handwerker ruiniert. Die Massen in den jüdischen Dörfern des Ansiedlungsrayons mußten von Jahr zu Jahr härter um ihren Lebensunterhalt kämpfen. Pogrome, Cholera, Hungersnöte, Verfolgungen, allgemeine Wehrpflicht, Beschränkungen innerhalb des Ansiedlungsrayons – alles trug zu dem Entschluß der Juden bei, sich nach einer neuen, besseren Heimat umzuschauen. Scharenweise brachen sie nach Westeuropa, England, Südamerika, Südafrika, Palästina und vor allem in die Vereinigten Staaten auf. Hatten die Juden unter den deutschen Auswanderern nur eine Minderheit gestellt, so strömten sie nun zu Hunderttausenden aus Osteuropa fort.

Die Ankunft dieser östlichen Juden in Amerika hatte eine durchschlagende Wirkung. Überraschend geschickt paßten sie sich dem ihnen ungewohnten, Tempo und Tüchtigkeit erfordernden Lebensstil an, hielten im Gegensatz zu den deutschen Juden an den traditionellen orthodoxen Gewohnheiten fest und bürgerten so viele Aspekte des Judentums der Alten Welt in Amerika ein. Ihrer Festigkeit und Beharrlichkeit ist es zu verdanken, daß die jüdische Orthodoxie in Amerika vor dem Untergang bewahrt blieb und die amerikanische Gemeinde die bedeutendste und mächtigste in der Welt wurde und bis zur Gründung des Staates Israel blieb. Fünfundsechzig Prozent der jüdischen Einwanderer ließen sich in den Großstadtgebieten nieder. Der Rest verstreute sich im Inland, einige zogen in Kleinstädte, andere als Bauern aufs Land. Der Zug in die Städte war in Amerika Teil einer natürlichen Entwicklung, da die Industrie wie ein Magnet alle und jeden anzog.

In den Städten lebten die Einwanderer in höchst bedrängten Wohnverhältnissen in Mietskasernen, die wegen ihrer schlechten sanitären Einrichtungen geradezu stanken. Sie brachten sich als Hausierer durch, als Kleinhändler und als Lieferanten, die in Heimarbeit stückweise für Fabriken und Läden produzierten. Sie ergriffen den Schneiderberuf (um 1890 schufteten allein im Lower-East-Side-Viertel von New York über 13 000 Juden, um ein Volk zu kleiden; nach 1890 war die Konfektionsindustrie in den Vereinigten Staaten fast ausschließlich ein »jüdisches« Gewerbe, betrieben, gesteuert und geführt von östlichen Juden, die auch die Besitzer waren) und andere handwerkliche Berufe. Der amerikanische Autor Jacob Riis schreibt über sie:

> Man fahre nur einmal mit der Hochbahn in der Second Avenue eine halbe Meile in Richtung Süßwarendistrikt hinauf. Durch jedes offene Fenster in den großen Mietskasernen, die den Weg zu beiden Seiten wie eine einzige Ziegelmauer säumen, erhascht man im Vorbeifahren einen Blick auf einen Laden. Männer und Frauen, halb nackt über ihre Maschinen oder Bügelbretter gebeugt ... Die Straße gleicht einem großen Gang durch eine endlose Werkhalle, wo riesige Mengen pausenlos arbeiten. Ob am Morgen, am Nachmittag oder bei Nacht, spielt keine Rolle, die Szene bleibt sich immer gleich.

Nur wenige von den östlichen Einwanderern gingen in die Schwerindustrie, in den Bergbau oder die Landwirtschaft. Viel mehr fühlten sie sich von den Berufen angezogen, die, anders als in Europa, vor allem bestimmte Fähigkeiten, aber kaum persönliche Kontakte voraussetzten. 1905 gab es allein in New York City fünfhundert russisch-jüdische Ärzte. Manche Spezialisten stießen in ihrem Fach sogar bis an die Spitze vor, wie Louis Brandeis und Felix Frankfurter, die ins Oberste Bundesgericht der Vereinigten Staaten aufstiegen. Zwar blieben solche berühmten Fälle die Ausnahme, aber sie setzten doch den Millionen arbeitender und handeltreibender Juden ein Vorbild – ein Ziel, das in Amerika, anders als in Europa, nicht völlig unerreichbar war.

Die jüdischen Einwanderer aus Deutschland hatten in Amerika Freiheit vorgefunden, Gedanken- und Religionsfreiheit, aber auch die Freiheit, sich in dem riesigen Land mit den unbegrenzten Möglichkeiten, das sie nicht diskriminierte, nicht mit Haß verfolgte, frei zu bewegen und in freier Entscheidung Verbindungen zu schaffen, kurz, es zu erobern. Der russische Jude dagegen kam in ein Amerika, das bereits in eine fortgeschrittene Entwicklungsphase eingetreten war, wo er, um sich in der Stadt den Lebensunterhalt zu verdienen, Tag um Tag und Nacht um Nacht hart arbeiten mußte, wo die Ausbeutung einen wesentlichen Bestandteil des kapitalistischen Systems bildete. Er mußte sich mehr anstrengen, dennoch war sein Leben, durch keine Einschränkungen beengt, freier und sicherer als vorher in Osteuropa. Und diese Tatsache wirkte sich zusammen mit den ihm nun offenstehenden unbegrenzten Möglichkeiten ungemein befreiend auf ihn aus. Er war der Beengung endgültig entronnen, die ihm Jahrhunderte der Diskriminierung und des Vorurteils auferlegt hatten.

17. NATIONALISMUS, ASSIMILATION, ZIONISMUS

In der europäischen Geschichte des 19. Jahrhunderts kommt den Nationalbewegungen große Bedeutung zu. Sie führten den Zusammenschluß der deutschen Staaten zum Deutschen Reich und die Vereinigung der italienischen Fürstentümer zur Nation herbei und standen als treibende Kraft hinter den ersten Unabhängigkeitsbestrebungen auf dem Balkan, hinter Polens Versuch, sich von Rußland loszulösen und hinter Irlands Forderung nach Selbstverwaltung. Das vom Nationalismus des 19. Jahrhunderts angestrebte Hauptziel – das Recht jeder Nation auf unumschränkte Souveränität – deckte sich keineswegs immer mit der Macht- und Kolonialpolitik der großen Nationen. Starken Auftrieb erfuhren die Nationalbewegungen durch das geistige Klima jener Zeit, die unter dem Einfluß der Romantik dem Nationalerbe eines jeden Volkes besondere Aufmerksamkeit zuwandte.

Auch die jüdische Welt geriet in den Sog des Nationalismus. Als Volk ohne eigenes nationales Zentrum mußten sich die Juden sogar besonders eingehend mit diesem Problem befassen. Seit im Anschluß an die Französische Revolution und den amerikanischen Unabhängigkeitskrieg der neue egalitäre Staat die Ständegliederung der mittelalterlichen Gesellschaft abgelöst hatte, war ihre Stellung als ethnisch-kulturell geschlossene Gruppe erschüttert. In Frankreich hatte ihnen die Nationalversammlung wohl als Individuen, nicht aber als Volksgruppe volle Gleichberechtigung eingeräumt. Man legte ihnen nahe, auf ihren eigenen »Staat im Staate« zu verzichten, ihre besonderen Gesetze und Selbstverwaltungsinstanzen aufzugeben und sich die Kultur der französischen Nation zu eigen zu machen. »Sollten sie anderen Sinnes sein, so mögen sie es sagen, und wir werden sie außer Landes verweisen«, erklärte Clermont-Tonnière, einer der Abgeordneten der französischen Nationalversammlung.

Ein europäisches Land nach dem anderen gewährte den Juden Gleichberechtigung, um ihnen so die Eingliederung in die nationale Mehrheit zu erleichtern. (Manche Staaten allerdings enthielten ihnen die Gleichstellung so lange vor, bis sie gewissermaßen umdenken gelernt hatten und auf das neue Vorrecht genügend vorbereitet waren.) Eine Ideologie kam auf, die Gleichberechtigung und Assimilation als eng verwandte, ja untrennbar miteinander verknüpfte Ziele darstellte. Das Reformjudentum bildete nach Ansicht vieler seiner Anhänger das geeignetste Mittel, das Judentum der neuen, durch den Nationalismus geschaffenen Situation anzupassen. Die Hauptverfechter der jüdischen Gleichberechtigung während der großen Auseinandersetzung in Europa vor und nach 1848 standen zugleich unter dem Einfluß der Aufklärung und ihrer Gegenbewegung, der Romantik. Als aufgeklärte Rationalisten forderten sie, die Juden als Menschen einzustufen, ihnen dieselben naturgegebenen Eigenschaften und Vorrechte zuzuerkennen wie der übrigen Menschheit. Als Romantiker dagegen empfanden sie die Macht des geschichtlichen Erbes und jener vom Menschen geschaffenen oder historisch bedingten Unterschiede, die sich in den Nationalbewegungen so deutlich spiegelten. Diese Vorkämpfer der Gleichberechtigung vertraten die Ansicht, die erforderliche Assimilation der Juden lasse sich nicht durch Anpassung an ein abstraktes Ideal, sondern nur durch Übernahme dieser oder jener historischen Nationalität praktisch verwirklichen. Mit anderen Worten, die Juden sollten nicht einfach Menschen, sondern Franzosen, Engländer, Deutsche usw. werden. Viele jüdische Führer fanden sich zu diesem Schritt bereit. Aber es machte sich auch Widerstand gegen eine so vollständige Aufgabe der Eigenständigkeit bemerkbar, besonders in Ländern mit niedrigem Kulturniveau. Franzose oder Deutscher zu werden stellte immerhin etwas dar, während die litauische oder lettische Nationalität keinerlei Anreiz bot. Zusätzliche Anziehungskraft gewann der westliche Nationalismus für die Juden – zumindest in seiner heroischen Phase – durch sein glühendes messianisches Sendungsbewußtsein, durch das Wunschbild einer dem Dienst an der Menschheit geweihten Nation, wie es Mickiewicz in Polen und Mazzini in Italien entwickelten. Die messianischen Ideologien fanden in jüdischen Kreisen Zustimmung und zahlreiche Anhänger; manche allerdings glaubten, daß sich das messianische Ideal durch die von Gott dazu beauftragte jüdische Nation verwirklichen werde.

Der deutsche Nationalismus, der zeitlich mit der Befreiung der Juden aus dem Ghetto zusammenfiel, verhieß denen das Heil, die sich vorbehaltlos zum Staat bekannten. In dem Bestreben, ihre nichtjüdischen Nachbarn an Patriotismus noch zu übertreffen, erklärten viele Juden öffentlich, sie wünschten keine nationale Eigenexistenz; soweit eine solche in der Vergangenheit bestanden hätte, sei sie ihnen von ihren Feinden aufgezwungen worden. Seit der Glaube Privatangelegenheit des einzelnen geworden war, konnten sie sich in ihrem Denken und Empfinden ganz als Deutsche geben.

So zeigten sich die aufgeklärten Juden des 19. Jahrhunderts also durchaus bereit, sich der nationalen Mehrheit anzuschließen. Sie wollten alle nationalen Bestandteile ihres Glaubens aufgeben und sich als einzelne in die verschiedenen westlichen Nationen eingliedern. In Wirklichkeit kam es dann allerdings nicht so weit. Nach wie vor blieben die Juden durch eine starke Tradition und ein Gefühl der Zusammengehörigkeit miteinander verbunden; eine zusätzliche Stärkung erfuhr dieser angeborene Sinn für Solidarität durch die ständigen Judenwanderungen und durch die unumgängliche Notwendigkeit, im Ringen um Gleichberechtigung, bei interterritorialen Hilfsaktionen und beim Kampf gegen antijüdische Vorurteile Einigkeit zu zeigen. Die Juden wußten aus Erfahrung, wie sehr das Schicksal einer bestimmten Gemeinde in einem bestimmten Land von den Entwicklungen in einem anderen abhing. Außerdem brachte die blinde Identifizierung mit dem Volk ihrer Umgebung Gefahren mit sich. Nicht selten fanden sich jüdische Volksgruppen gemeinsam mit deutschen Minderheiten in den Kampf gegen polnische, tschechische oder ungarische Mehrheiten verwickelt, die für sich nationale Rechte beanspruchten.

Aus dieser internationalen und innerjüdischen Situation erwuchs ein neuer jüdischer Nationalismus. Er stellte nicht nur, wie seine Gegner behaupteten, die Antwort der Juden auf den modernen Antisemitismus dar, sondern entsprang auch einem inneren Bedürfnis und einer echten Bereitschaft. Der Zionismus bezog seine Wertbegriffe aus dem allgemeinen Milieu, in dem er entstand, wie auch seine Ziele mit denen der damaligen Zeit übereinstimmten: Freiheit für die Nation wie für den einzelnen, verbunden mit sozialem und wirtschaftlichem Fortschritt. Die ersten Zionisten, lauter Männer des 19. Jahrhunderts, sind eindeutig den Problemen ihrer Zeit verhaftet.

Daß die Juden hundert Jahre nach dem amerikanischen Unabhängigkeitskrieg und der Französischen Revolution noch immer als Fremdkörper galten, veranlaßte viele dazu, sich nach einer brauchbareren Lösung umzutun. Ehe die Zeit der Gleichberechtigung anbrach, hatte niemand an der Existenz einer jüdischen Nationalität gezweifelt, hatten die Juden allgemein als eigenständige Gruppe gegolten. Erst mit dem modernen weltlichen Nationalismus kam die Fiktion auf, die Juden stellten lediglich eine Religionsgemeinschaft dar, eine Fiktion, die – mit gewissen Einschränkungen – selbst die Ultraorthodoxen bejahten. Die besondere Situation der Juden führte zur Aufstellung einer ganzen Anzahl nationaler (und antinationaler) Programme und brachte Diasporanationalisten, Zionisten und andere Territorialisten hervor. Die Verfechter des Diasporanationalismus forderten für die Juden in allen Ländern der Welt mit genügend dichter jüdischer Bevölkerung Minderheitsrechte (Simon Dubnow, der bekannte Historiker, war der einflußreichste Befürworter dieser Richtung – Gleichberechtigung ohne Assimilation). Aber vielen Nationalisten paßte die defensive Haltung nicht, die diese Betrachtungsweise nach sich zog; sie wollten normale Verhältnisse, d. h. völlige Gleichstellung des jüdischen Nationalismus mit dem anderer Völker. Diese Haltung steht hinter den Bestrebungen, die Juden in einem bestimmten Gebiet zu konzentrieren; so plante Mordechai Manuel Noah aus New York, sämtliche Juden auf einer Insel im Niagarastrom, die er Ararat taufte, anzusiedeln. Viele europäische Juden der damaligen Zeit stimmten mit Noah insofern überein, als auch sie Amerika als das ideale Land für die jüdische Kolonisation betrachteten – ein Land, das den Juden Gleichberechtigung bewilligt und keinerlei Verfolgungen durchgeführt hatte.

Selbst in Gebieten mit dichter jüdischer Bevölkerung befanden sich die Juden in der Minderheit – eine Stellung, die nicht nur zahlenmäßige Unterlegenheit bedeutete. Deshalb wandten sich Philanthropen wie Nationalisten den weiten unerschlossenen Gebieten der Alten und der Neuen Welt zu, in der Hoffnung, hier eine Lösung für das jüdische Problem zu finden. Auch viele Nichtjuden unterstützten die Gebietsansprüche der Juden oder erklärten es für wünschenswert, das europäische Judentum in einem eigenen Land anzusiedeln. Das ehrgeizigste Projekt dieser Art nahm 1891 Baron Moritz Hirsch in Angriff, der Gründer der *Jewish Colonization Association.* Sein kühner Plan, drei Millionen Juden als Bauern in Argentinien anzusiedeln, erwies sich allerdings als Fehlschlag. 1903 boten die Briten den Juden Uganda als Siedlungsgebiet an, doch die Zeit für derartige Ersatzvaterländer war längst vorbei. Palästina, das Wunschbild, auf das sich die jahrhundertealte Sehnsucht des jüdischen Volkes richtete, schien die einzige realistische Lösung. Allein aus der tief im jüdischen Wesen verwurzelten Treue zur alten Heimat läßt sich das lebhafte Echo erklären, das Moses Hess und Juda Löb Pinsker, die Wegbereiter von Theodor Herzls politischem Zionismus, mit ihrem Aufruf zu nationalem Handeln bei den jüdischen Massen auslösten.

Die osteuropäische Diaspora um 1897

Zur Zeit der Judenaustreibung aus Spanien lebten – gleichmäßig auf die orientalischen und die europäischen Länder verteilt – rund eineinhalb Millionen Juden auf der Welt. Diese Ziffer blieb zunächst im wesentlichen konstant und ging erst im 17. Jahrhundert infolge von Pogromen und Kosakenmassakern spürbar zurück. Um die Mitte des 19. Jahrhunderts betrug die Zahl der jüdischen Weltbevölkerung rund 4 750 000, wovon auf Osteuropa 72 Prozent, auf Westeuropa 14,5 Prozent, auf Amerika etwa 1,5 Prozent und auf die orientalischen Länder lediglich 12 Prozent entfielen. Anfang des 20. Jahrhunderts war die jüdische Weltbevölkerung dann bei völlig anderer prozentualer Verteilung auf zehneinhalb Millionen angewachsen.
Im 19. Jahrhundert änderte sich die Lage der Juden besonders in Westeuropa von Grund auf. Von nun an lebten sie in enger Verbindung mit ihrer nichtjüdischen Umgebung, gelangten sehr häufig in wirtschaftliche Schlüsselpositionen und fanden Zugang zu allen wichtigen Stellungen im wirtschaftlichen, gesellschaftlichen und politischen Leben. Sozial und kulturell fortschrittlich wie keine zweite Gruppe, spielten sie in Ost- und Mitteleuropa beim Ausbau von Industrie und Handel eine noch beherrschendere Rolle als im Westen. Mit vollem Recht kann man von einer Epoche großer Leistungen sprechen.
In Polen beispielsweise lagen in der Zeit vor den Teilungen Geschäftswesen und

Handel nahezu völlig in jüdischer Hand. Und dieser Trend hielt auch später noch an; in den galizischen Provinzen Rußlands gingen die meisten Fabrikgründungen auf Juden zurück. Und in Rußland selbst waren verschiedentlich Juden durch die Errichtung von Bankhäusern und Zuckerraffinerien und durch den Bau von Eisenbahnlinien und öffentlichen Einrichtungen zu großem Ansehen gelangt. Doch ungeachtet seines bedeutenden Beitrags zum wirtschaftlichen und kulturellen Leben des Landes war das russische Judentum nicht imstande, die volle Gleichberechtigung zu erlangen.

Immerhin kam es während der Regierungszeit Alexanders II. zu einem raschen kulturellen Aufstieg. Die Zahl der jüdischen Gymnasiasten nahm beträchtlich zu, 1873 stieg der Prozentsatz jüdischer Schüler an allen höheren Knabenschulen auf 13,2 Prozent an. In Polen vollzog sich bis zum Aufstand von 1863 der Prozeß der kulturellen Anpassung sogar noch schneller als im Ansiedlungsrayon. Polnische Juden waren führend im Bankwesen, im Kommissionsgeschäft, in Exportunternehmen und freien Berufen und gaben einige der bedeutendsten Zeitungen und Zeitschriften heraus. Auch Buchhandel und Theater lagen weitgehend in ihrer Hand.

Sowie die russischen Juden aus ihrer Isolierung heraustraten, änderte sich ihre Einstellung zu den Nichtjuden grundlegend. Waren sie, solange sie im Ghetto gelebt hatten, der Außenwelt vollkommen gleichgültig gegenübergestanden, so maßen sie nun den Ansichten der Nichtjuden übertriebene Bedeutung bei. Gleichzeitig verspürten sie das dringende Bedürfnis, Bürger zu werden und aus ihrer zweideutigen Lage herauszukommen: Denn obgleich sie hochgebildet waren, verweigerte man ihnen noch immer die bürgerlichen Rechte. Ihre weltliche Bildung aber verschärfte nur noch ihr Minderwertigkeitsgefühl. In ihre alte Umgebung paßten sie nicht mehr, und die nichtjüdische Gesellschaft nahm sie nicht in ihre Reihen auf.

In den späteren Regierungsjahren Alexanders II. betrieb Rußland seine antijüdische Politik mit noch größerem Nachdruck. Als die judenfeindliche Presse wegen der großen Zahl jüdischer Schüler und Studenten an den russischen Bildungsinstitutionen Lärm schlug, wurde ein zunehmend schärferer *numerus clausus* eingeführt. Auch die öffentliche russische Meinung richtete sich, besonders nach dem polnischen Aufstand, eindeutig gegen die Juden, wie die 1871 in Odessa einsetzende Welle von Pogromen schon bald beweisen sollte.

Wie unfreundlich der Jude in Regierungskreisen allgemein beurteilt wurde, zeigte sich auch auf dem Berliner Kongreß vom Jahre 1878. Die *Alliance Israélite Universelle* hatte an die Kongreßabgeordneten die Bitte gerichtet, den Juden Serbiens, Bulgariens, Rumäniens und der Türkei Glaubensfreiheit und bürgerliche und politische Gleichberechtigung zuzugestehen. Mit Ausnahme Rußlands willigten die Vertreter sämtlicher Großmächte ein, die Juden mit der übrigen Bevölkerung der Balkanländer gleichzustellen. Der russische Delegierte,

Fürst Gortschakow, motivierte seinen Einspruch mit dem Hinweis, der Kongreß dürfe die Juden Serbiens, Rumäniens oder verschiedener russischer Provinzen nicht mit den Berliner, Pariser, Londoner oder Wiener Juden gleichsetzen. Diese, so räumte er ein, verdienten durchaus die bürgerliche und politische Gleichberechtigung, jene dagegen stellten für die einheimische Bevölkerung der genannten Länder eine ausgesprochene Plage dar.

Während die russische Regierung einerseits ihre antijüdischen Maßnahmen verschärfte, hielt sie andererseits an ihrer Politik fest, ausgewählten jüdischen Gruppen besondere Vorrechte einzuräumen. Juden wurden in den Staatsdienst aufgenommen, jüdische Ärzte fanden Anstellung beim Militär, und gelegentlich konnte ein Jude auch das Richteramt ausüben. Vereinzelt wurden sogar Stimmen laut, die Beschränkungen des Ansiedlungsrayons überhaupt aufzuheben. Kein Wunder, daß die Juden an den Hoffnungen festhielten, die die ersten Reformansätze in ihnen geweckt hatten. Und obwohl ihnen Alexander nicht zur Gleichberechtigung verhalf, betrachteten sie ihn nach wie vor als ihren Wohltäter. Doch wie in Deutschland bot sich betrüblicherweise auch in Rußland den Juden, solange sie Juden blieben, keinerlei Aussicht auf bürgerliche Gleichberechtigung. Die Annahme der *Maskilim*, die Anpassung an die russischen Verhältnisse würde als Belohnung die ersehnte Gleichberechtigung bringen, erwies sich als Trugschluß.

Im Mai 1881 kam Zar Alexander II. bei einem Bombenanschlag ums Leben. Sein Sohn und Nachfolger Alexander III. berief seinen ehemaligen Lehrer, den Oberprokurator des Heiligen Synods, Konstantin Pobedonoszew, als Ratgeber, einen ausgesprochenen Verfechter des reaktionären Nationalismus. Damit kam es in vielen Bereichen des politischen und gesellschaftlichen Lebens zu einem Rückschlag, der Adel gewann seine alten Vorrechte weitgehend zurück und warf sich aufs neue zum Herrn und Meister Rußlands auf. Mit den unter Mitwirkung der Polizei durchgeführten Pogromen vom Mai 1881 gab die neue Regierung den Auftakt zu ihrer Judenpolitik. Daß Alexander II. der Bombe eines Revolutionärs zum Opfer gefallen war und sich unter den wegen des Attentats verhafteten Personen auch eine Jüdin befand, reichte als Beweismaterial aus, um die Schuld den Juden zuzuschieben. Damit setzte eine Woge von Massakern und offiziell geduldeten Ausschreitungen ein, die Hunderttausende russischer Juden endgültig bewog, der Heimat den Rücken zu kehren und nach Amerika zu gehen.

Außerhalb des Ansiedlungsrayons machten Austreibungen den Juden das Leben zur Hölle; der härteste Schlag traf die 20 000 Moskauer Juden, die man auf die unmenschlichste Weise vertrieb. Nur etwa ein Drittel durfte bleiben, gleichfalls unter nahezu unerträglichen Lebensbedingungen. In den vom neuen Innenminister Ignatjew erlassenen berüchtigten »Maigesetzen« wurden sämtliche Neusiedlungen innerhalb und außerhalb des Ansiedlungsrayons ausdrücklich untersagt. Dorfbewohner erhielten die Erlaubnis, »lasterhafte« Juden auszutreiben, ein Vorrecht, von dem die Muschiks eifrig und nachdrücklich Gebrauch machten.

Und durch einen strikten *numerus clausus* schloß man Tausende von Schülern und Studenten vom Schul- und Universitätsbesuch aus und schraubte den Prozentsatz der freiberuflich tätigen Juden herunter. All diese Maßnahmen wurden von offizieller Seite auf die schikanöseste Weise durchgeführt, um die Juden zu demütigen. In einem Bericht an die Regierung stellte Ignatjew fest, »die Toleranzpolitik Alexanders II. habe versagt«, der neue, harte Kurs sei nötig, um dem »Volksprotest in Rußland selbst« Rechnung zu tragen.
Die russische Politik führte unter anderem zu einer nahezu vollständigen Verarmung der Juden, von denen schließlich volle vierzig Prozent auf Unterstützung angewiesen waren. An diesen Verhältnissen änderte sich im wesentlichen auch unter Nikolaus II. nichts. Innerhalb wie außerhalb des Ansiedlungsrayons standen die Juden unter verschärfter Polizeiaufsicht, und gegen Ende des Jahrhunderts kam es zu blutigen Pogromen, denen sie wehrlos ausgeliefert waren. Pobedonoszew beantwortete diesbezügliche Vorhaltungen mit folgender Prognose über die Zukunft des russischen Judentums: Ein Drittel werde aussterben, ein weiteres Drittel auswandern, und das letzte Drittel vollständig in der übrigen Bevölkerung aufgehen. Tatsächlich tat Pobedonoszew, solange er amtierte, sein möglichstes, um diesen Liquidationsplan durchzuführen, und setzte damit dem versinkenden Zeitalter der Zaren ein würdiges Denkmal.

Chibbat Zion

Die erste Reaktion von jüdischer Seite kam von einem in Odessa ansässigen Juden, Juda Löb Pinsker. In seiner 1882 veröffentlichten Schrift *Autoemanzipation* bemühte sich Pinsker um eine Synthese zwischen den beiden gängigen Ideologien – Traditionalismus und Gleichberechtigung. Bei all ihrer unbestreitbaren ethischen und humanitären Anziehungskraft barg die Gleichberechtigung nach Pinskers Meinung eine Gefahr: Scheinbar gewonnen, konnte sie doch jederzeit wieder verlorengehen. Europa hatte den Juden keinerlei Garantie gegeben, daß die neue liberale Strömung auch nur annähernd von Dauer sein würde.
Andererseits, so räumte Pinsker ein, war es auch nicht mehr möglich, ins Ghetto zurückzukehren und die Gleichberechtigung einfach als nicht existent beiseite zu schieben. Die Generation, die bereits die Freiheit geschmeckt hatte, war nicht bereit, wieder auf sie zu verzichten. Das Problem bestand also darin, eine *Form* der Gleichberechtigung zu finden, die die Juden nicht ständig anderen auf Gnade oder Ungnade auslieferte. Die Lösung lag nach Pinsker für die Juden, wie für andere unterdrückte Volksgruppen, in der Idee der nationalen Befreiung.

Als einzige von allen unterdrückten Volksgruppen saßen die Juden nicht in dem Gebiet, in dem ihre Befreiung stattfinden konnte. Zum Trost riefen sie historische Erinnerungen an politische (und religiöse) Unabhängigkeit wach. Im Jahre 1862 hatte Rabbi Zwi Hirsch Kalischer in einem Buch den Nachweis zu führen versucht, mit der messianischen Verheißung der Bibel sei tatsächlich die Wiederherstellung der jüdischen Nation auf dem angestammten Boden Israels gemeint. Und Moses Hess hatte in seinem Buch *Rom und Jerusalem* die Gründung eines auf ethische Prinzipien gestützten jüdischen Staates als radikalste und gerechteste Möglichkeit zur Behebung der jüdischen Notlage gefordert. Weder Kalischer noch Hess war es gelungen, ihre Ideen mittels einer organisierten Bewegung zu verwirklichen. Doch sie vertraten jene beiden Richtungen, die zur Entstehung des Zionismus führen sollten: den Messianismus und den sozialen Idealismus.

Der dritte Aufruf stammte von Juda Löb Pinsker, dessen Abhandlung mit dem Untertitel »Ein Mahnruf an seine Stammesgenossen von einem russischen Juden« zu den richtungweisenden Schriften des Zionismus zählt. Pinsker, einer der Begründer der *Gesellschaft für die Verbreitung von Bildung unter den russischen Juden*, betrachtete das Schicksal der Juden nach der Welle von Pogromen und der judenfeindlichen Politik der russischen Regierung in den frühen achtziger Jahren des vorigen Jahrhunderts mit anderen Augen. In seiner *Autoemanzipation* untersuchte er das jüdische Problem und empfahl die Lösung durch einen »territorialen Konzentrationspunkt«, den er später mit Palästina gleichsetzte.

Weder die intellektuellen Ausführungen eines Kalischer oder Hess noch die der führenden Haskala-Autoren hatten an der Grundhaltung jener jüdischen Führer etwas zu ändern vermocht, die die Assimilation für das jüdische Volk als schicksalhafte Notwendigkeit ansahen. Erst als der liberale Nationalismus die Erwartungen der Juden enttäuscht und rassistische Theorien einen verschärften Antisemitismus im gesellschaftlichen und wirtschaftlichen Leben herbeigeführt hatten, kamen den Juden ernstlich Zweifel an der Ideologie der Assimilation, auf die sie ihre Hoffnungen gesetzt hatten.

Um die Jahrhundertwende führten dann zwei Ereignisse einen Umschwung in der zeitgenössischen jüdischen Geschichte und im politischen Denken der Juden herbei. Im Westen gab die Dreyfus-Affäre den Anstoß zur Gründung einer neuen Bewegung, des politischen Zionismus. Im Osten führte der Ausbruch von Judenmassakern im zaristischen Rußland im Jahre 1881 zum selben Ergebnis in Form der *Chibbat-Zion*-(Zionsliebe)-Bewegung. Beide Vorgänge zusammengenommen bewirkten bei vielen eine neue Einstellung zum jüdischen Leben in der Diaspora und brachten ihnen die Notwendigkeit zu Bewußtsein, eine neue Lösung für ein jahrhundertealtes Problem zu suchen. Wieder einmal in der jüdischen Geschichte richteten die Menschen ihr Sinnen und Trachten auf den Osten, auf die alte Heimat, wo einst die Patriarchen ihre Herden gehütet hatten.

Anfänge der nationalen Erneuerung

Daß der Gedanke der nationalen Erneuerung bei den Juden des Russischen Reiches so rasch Fuß faßte, ist nicht weiter erstaunlich – sie führten trotz aller Not und Armut ein verhältnismäßig unabhängiges Dasein. Isaiah Berlin hat ihre Weltanschauung und Lebensweise lebendig geschildert:

> Die Mehrzahl lebte nach eigenen Regeln. Von der russischen Regierung im sog. Ansiedlungsrayon zusammengepfercht, von ihrem eigenen traditionellen religiösen und sozialen Gefüge zusammengehalten, stellten sie gewissermaßen ein Überbleibsel der mittelalterlichen Gesellschaft dar, in der im Gegensatz zum Mittelstand und der Oberschicht Westeuropas (zumindest seit der Renaissance) die Trennung von weltlichem und sakralem Bereich noch nicht vollzogen war. Diese große jüdische Gemeinde, die ihre eigene Sprache sprach und nur wenig Austausch mit der ringsum ansässigen Landbevölkerung pflog, mit der sie zwar wohl Handel trieb, aber gegen die sie sich hinter einem Wall gegenseitigen Mißtrauens und Argwohns in ihrer eigenen Welt abkapselte, bildete eine geographisch zusammenhängende Enklave, die naturgemäß ihre eigenen Institutionen schuf und dadurch im Laufe der Zeit mehr und mehr den Charakter einer echten, auf dem eigenen angestammten Boden angesiedelten nationalen Minderheit annahm.
>
> Zu Zeiten kann die Phantasie mehr Kraft besitzen als die sog. objektive Wirklichkeit. Das subjektive Empfinden spielt bei der Entfaltung eines Gemeinwesens eine große Rolle, und nach und nach empfanden sich die jiddisch sprechenden Juden des Russischen Reiches als zusammengehörige Volksgruppe – als eine ungewöhnliche zwar, die beispiellosen Verfolgungen ausgesetzt war und sich von der fremden Umwelt abkapselte; aber allein der Umstand, daß sie, in mancher Hinsicht einer Gruppe wie z. B. den Armeniern in der Türkei vergleichbar, auf relativ kleinem Raum in dichter Ballung zusammenlebten, verband sie zu einer deutlich abgesetzten, halbnationalen Gemeinschaft.
>
> In ihrer unfreiwilligen Abkapselung entwickelten diese Juden eine weitgehend eigenständige Weltanschauung; die Probleme, die die meisten ihrer westlichen Glaubensgenossen beschäftigten und zuweilen peinigten – insbesondere die Kernfrage nach der Stellung der Juden –, fielen für sie kaum ins Gewicht. Die Juden Deutschlands, Österreichs, Ungarns, Frankreichs, Amerikas und Englands stellten sich die Frage, ob sie nun Juden seien und falls ja, in welcher Hinsicht und mit welchen Konsequenzen; sie fragten sich, ob sich ihre Umgebung nun ein richtiges oder falsches, ein gerechtes oder ungerechtes Bild

von ihnen mache, und ob es sich, falls es verzerrt war, zurechtrücken ließe, ohne der eigenen Selbstachtung allzu großen Abbruch zu tun; und sie fragten sich auch, ob sie »Frieden schließen« und sich anpassen und damit das Risiko eines Identitätsverlusts und möglicherweise eines Schuldgefühls, wie es aus dem »Verrat« der überlieferten Werte erwächst, auf sich nehmen sollten. Oder ob es im Gegenteil besser wäre, Widerstand zu leisten, selbst auf die Gefahr hin, sich damit unbeliebt zu machen und sich unter Umständen sogar Verfolgungen zuzuziehen. All diese Probleme gingen die russischen Juden, die – moralisch wie psychologisch – verhältnismäßig gesichert in ihrem eigenen riesigen und isolierten Ghetto lebten, weit weniger an. Ihre Abriegelung brachte, so ungerecht sie auch war, so nachteilig sie sich wirtschaftlich, kulturell und sozial auch auswirkte, doch einen ungeheuren Vorteil mit sich: Die dergestalt Abgesonderten blieben geistig ungebrochen, sie waren weniger anfällig für die Versuchung, in Fehlhaltungen einen Ausweg zu suchen, als ihre sozial exponierteren und weniger gesicherten Brüder außerhalb. Die Mehrheit der russischen und polnischen Juden lebte in Elend und Unterdrükkung; aber sie empfanden sich nicht als Ausgestoßene und Entwurzelte; ihre Beziehungen zueinander und zur Außenwelt krankten nicht an einem systematisch gepflegten Zwiespalt. Sie waren, was sie waren. Und mochten sie auch ihre Lage mißbilligen, ihr zu entrinnen suchen oder gegen sie aufbegehren, sie machten weder sich noch anderen etwas vor und suchten ihre höchst charakteristischen Eigenschaften weder sich selbst noch ihren Nachbarn zu verhehlen. Sie besaßen mehr moralische und geistige Lauterkeit als ihre wohlhabenderen, kultivierteren und alles in allem vornehmeren westlichen Glaubensbrüder. Ihr Leben war eng mit ihren Glaubenspraktiken verflochten, und in ihrem Denken und Empfinden nahmen die Bilder und Symbole der jüdischen Geschichte und Religion einen Raum ein, wie ihn sich der Westeuropäer seit dem Ausgang des Mittelalters wohl schwerlich vorzustellen vermag.

Palästina um 1897

1897 unterstand Palästina, wie schon seit 1517 und wie noch bis 1917, dem Osmanenreich. Die Türkenherrschaft hatte dem Land erheblichen Schaden zugefügt. Nach einer kurzen kulturellen Erneuerung im 16. Jahrhundert hatte eine langanhaltende Periode wirtschaftlichen und politischen Niedergangs eingesetzt, verschärft durch eine Reihe von Erdbeben, Hungersnöten und Mißernten. Mit der Erschließung von Handelswegen nach Indien um das Kap der Guten Hoffnung hatte Palästina seine beherrschende Stellung als Durchgangsgebiet verloren und war zu einem stagnierenden Winkel des Mittelmeerbeckens abgesunken. Das Land lag auf weite Strecken hin verödet – teils infolge von Vernachlässigung, teils infolge von Feindeinfällen und inneren Kriegen. Obwohl in den hundert Jahren zwischen 1730 und 1830 im Zuge einer neuen Einwanderungswelle jüdische Gelehrte und Rabbiner, Geschäftsleute und Handwerker nach Palästina gekommen waren, blieb das Land doch weitgehend rückständig und menschenleer, woran die Unfähigkeit und Gleichgültigkeit der Machthaber ebenso Schuld trug wie die Apathie der Bewohner.

Wiederholt schon hatte man den Plan ins Auge gefaßt, Palästina den Juden zurückzugeben. Im 18. Jahrhundert hatte Potemkin eine Kavallerieeinheit für die Wiedereroberung des Heiligen Landes ausgebildet und Napoleon Bonaparte während seines Ägyptenfeldzugs (1799) eine Proklamation an die Juden der ganzen Welt erlassen und sie darin als rechtmäßige Erben Palästinas bezeichnet. Viele Christen betrachteten die Rückführung der Juden in ihr eigenes Land als Erfüllung der göttlichen Prophezeiung oder auch einfach als moralische Pflicht. Und im 19. Jahrhundert äußerten verschiedene Gruppen in Mitteleuropa, die sich von der reaktionären Politik und der Wirtschaftsdepression ernüchtert fühlten, Interesse an Palästina. Studentenverbindungen griffen die Wiedererrichtung eines jüdischen Staates in Palästina als Programmpunkt auf.

Die Damaskus-Affäre des Jahres 1840, in der die mittelalterliche Ritualmordbeschuldigung wieder auflebte, brachte den Juden Westeuropas und der Vereinigten Staaten die Leiden ihrer Glaubensgenossen in anderen Ländern zu Bewußtsein und ließ in ihnen den Plan heranreifen, Palästina zu kolonisieren. Sowohl Adolphe Crémieux als auch Moses Montefiore hatten Palästina als jüdisches Siedlungszentrum ins Auge gefaßt. Nun wurde dieser Gedanke in der nichtjüdischen Welt, vor allem in England, aufgegriffen. Lord Palmerston, Außenminister und später englischer Premier, sandte Viscount Ponsonby, dem britischen Botschafter in der Türkei, im August 1840 folgendes Schreiben:

> Gegenwärtig herrscht bei den über Europa verstreuten Juden die feste Meinung, der Zeitpunkt, da ihr Volk nach Palästina zurückkehren werde, sei nahe; deshalb ist auch ihr Wunsch, dorthin zu ziehen, stärker geworden, und sie beschäftigen sich gründlicher als zuvor mit der Frage, wie er sich verwirklichen lasse.

Palmerston betont die wirtschaftlichen Vorteile, die die Niederlassung einer großen Anzahl europäischer Juden für Palästina mit sich bringen würde, und fährt dann fort:

> Für den Sultan wäre es entschieden von Wichtigkeit, die Juden zu ermutigen, nach Palästina zurückzukehren und sich dort anzusiedeln.

Eine Woche später brachte die Londoner *Times* einen Artikel über Palästina, in dem sich folgende Bemerkung fand:

> Der Plan, das jüdische Volk unter dem Schutz der Großmächte im Lande seiner Ahnen anzusiedeln, gehört nicht mehr in den Bereich der Spekulation, sondern in den der ernsthaften politischen Erwägung.

Dennoch traten damals nur wenige jüdische Führer für diese Idee ein. Montefiore zählte zur kleinen Schar derer, die unbeirrt am Palästinaprojekt festhielten.

Einer der überzeugtesten Schrittmacher dieses Projektes war Sir Laurence Oliphant, Schriftsteller, Diplomat und eine Zeitlang Parlamentsmitglied. Er befürwortete die Einrichtung eines jüdischen Zentrums in Palästina unter der Schutzherrschaft Großbritanniens und entwickelte in seinem Buch *Das Land Gilead* Pläne für eine großangelegte jüdische Palästinasiedlung. Allem Anschein nach billigte Premierminister Disraeli diesen Plan und legte ihn dem damaligen Außenminister Lord Salisbury vor. Oliphant wollte von der türkischen Regierung einen Charter für eine Gesellschaft »zum Ausbau der materiellen Hilfsmittel und der Verwaltung Palästinas« erreichen. Dieser Gesellschaft sollte unter anderem auch das Recht zustehen, die Einwanderung zu beschränken – Oliphant rechnete mit einem Massenzustrom russischer Juden. Sowohl das französische als auch das englische Außenministerium traten mit dem Projekt an die türkische Regierung heran, wurden jedoch abschlägig beschieden.

Auf dem Berliner Kongreß von 1878 kam dieser Plan dann erneut aufs Tapet. Disraeli hatte bereits eine Denkschrift vorbereitet, um das ganze Problem dem Kongreß zu unterbreiten. Sein Entwurf erschien anonym unter dem Titel »Die Jüdische Frage in der Orientalischen Frage« in der Wiener Presse. In der sicheren Erwartung, daß die Kongreßverhandlungen den Niedergang des Türkischen Reiches bringen würden, schlug Disraeli vor, den Juden Palästina zu überlassen, damit sie dort unter dem Protektorat Großbritanniens einen eigenen Staat gründen könnten. (Ohne allen Zweifel hatte er bei diesem Plan vor allem Englands Vorteil im Auge.) »Besteht nicht die Wahrscheinlichkeit«, fragte der Lord Beaconsfield, »daß sich in rund fünfzig Jahren in jenem Land ein ansehnliches jüdisches Volk gebildet haben könnte, eine Million stark, mit einer gemeinsamen Sprache, beseelt vom selben Geist – dem Verlangen, Autonomie und Unabhängigkeit zu erringen?« Doch erst mußte ein Anfang gemacht werden.

1845 lebten in ganz Palästina rund 12 000 Juden, die meisten in den heiligen Städten Jerusalem, Safad, Tiberias und Hebron. Infolge ihrer Armut waren sie größtenteils auf mildtätige Unterstützung des Auslands angewiesen. 1882 war ihre Zahl auf 24 000 gestiegen, von denen nur etwa 480 in den ländlichen Gebieten lebten. Das Land galt als verarmt, ungesund, dürr oder versumpft, jedenfalls als heruntergekommen.

Aber das Jahr 1882 brachte auch einen Wendepunkt in der Geschichte Palästinas. In diesem Jahre traf die erste Gruppe von *Biluim* (bestehend aus fünfzehn Männern und einer Frau) aus Rußland ein. Sie ließen sich als erste moderne Siedler nieder und gründeten in Gedera, Rishon le-Zion, Petach Tikvah und andernorts landwirtschaftliche Kolonien. Sie gehörten der sogenannten *Bilu*-Gruppe an – eine Abkürzung aus den hebräischen Anfangsbuchstaben des Bibelverses »Kommt nun, ihr vom Hause Jakob, laßt uns wandeln im Lichte des HErrn!« (Jesaja 2,5) – und verfolgten das Ziel, den Juden durch die Rückkehr zur bäuerlichen Lebensweise und Landbestellung wieder zu einem normalen Lebensgefühl zu verhelfen. Im Verlauf von fünfzehn Jahren gründeten sie achtzehn Kolonien in den Bezirken Juda, Sharon und Galiläa; mit ungeheurer Willensanspannung und Hingabe zeigten diese Menschen einer skeptischen Welt, was ein neuer jüdischer Typ zu leisten vermochte und weckten beim Judentum in der Diaspora den Traum von Unabhängigkeit und einer sinnvollen, erdverbundenen Existenz.

Als der erste Zionistenkongreß in Basel tagte, gab es das moderne jüdische Palästina seit fünfzehn Jahren. Obwohl die erste Einwanderung nur bescheidene Erfolge aufwies, hatten die *Biluim* und ihre Anhänger doch den nach ihnen Kommenden den Weg geebnet. 1897 bestanden in Palästina achtzehn jüdische Siedlungen und eine Landwirtschaftsschule in Mikwe Israel. Von Rishon le-Zion südlich von Jaffa bis Rosh Pina in Galiläa entstanden zwischen Sümpfen und Dünen Inseln bebauten Landes, Inseln, mit grenzenloser Begeisterung und Selbstaufopferung geschaffen. Keine dieser Siedlungen bestand rechtens: Die Erlaubnis, sich in Palästina niederzulassen, Grund zu erwerben und ihn zu bebauen, war nur auf dem Wege der Bestechung oder der Rechtsbeugung zu erlangen. Ursprünglich hatten die *Bilu*-Siedler durchaus versucht, von der türkischen Regierung die Genehmigung zur legalen Ansiedlung einzuholen. Von Konstantinopel aus hatte die erste Gruppe von *Biluim* eine Erklärung abgeschickt: »Wir wünschen eine Heimstätte in unserem Vaterland – unser Gott hat es uns gegeben. Wir erbitten es vom Sultan. Können wir dies nicht erlangen, so möge uns gestattet werden, es als Staat in einem größeren Staate zu besitzen ...« Als die Genehmigung ausblieb, beschloß die Gruppe, trotzdem weiterzureisen. Über diesen Punkt kam es auf dem ersten Zionistenkongreß zu scharfen Kontroversen. Theodor Herzl forderte, die Einwanderung so lange zu stoppen, bis man einen Charter erzielt habe, der den Juden ungehinderte Einwanderung, Selbstschutz, Autonomie und planmäßige Ansiedlung zugestand. Die »praktischen« Zionisten hielten dem entgegen, ein solches Vorgehen bedeute nur den Verlust kostbarer Zeit, man solle im Gegenteil alle Bemühungen unterstützen, die die Besiedlung des Landes beschleunigten. Alle jedoch stimmten zu diesem Zeitpunkt darin überein, daß die Palästinasiedlung die einzig gangbare Lösung des schwierigen Problems, den Fortbestand des jüdischen Volkes zu sichern, darstelle. Meinungsverschiedenheiten ergaben sich lediglich bezüglich der Möglichkeiten und praktischen Durchführung eines derartigen Siedlungsprojektes. Herzl hatte den Weg gewiesen, das erste zusammenhängende Siedlungsprogramm aufgestellt, das der zionistischen Zielsetzung und der Notlage der Juden in vollem Umfang gerecht wurde.

Theodor Herzl

> »In Basel habe ich den Judenstaat gegründet. Vielleicht in fünf Jahren, jedenfalls in fünfzig wird es jeder einsehen.«
>
> HERZL Wien, 1897

Einundfünfzig Jahre nach dieser unglaublich klingenden Feststellung faßten die Vereinten Nationen den Beschluß, den Staat Israel zu gründen.
Theodor Herzl kam am 2. Mai 1860 in Budapest zur Welt. Der Vater Jakob Herzl, ein tatkräftiger und tüchtiger Kaufmann, zeitweise Direktor der Hungariabank, und die Mutter Jeannette, eine hochintelligente, geistvolle und sensible Frau von liebevollem, warmem und kameradschaftlichem Wesen, vergötterten den einzigen Sohn.
Herzls jüdische Erziehung endete mit der Bar Mizwa, und so blieben seine Kenntnisse des Hebräischen und der jüdischen Lehre zeitlebens dürftig. Das Rechtsstudium an der Wiener Universität füllte ihn nicht gänzlich aus. Seit seiner frühen Jugend hatte er sich schriftstellerisch betätigt, hatte Aufsätze, Theaterkritiken, Gedichte, Feuilletons verfaßt, verzehrt vom Ehrgeiz nach Erfolg. Mit zweiundzwanzig schrieb er verzweifelt, er habe nicht den kleinsten Erfolg aufzuweisen, nicht die mindeste Leistung, auf die er stolz sein könne. Und dabei habe er doch, weiß Gott, alles versucht.
Als sich die abschlägigen Bescheide häuften, ließ sein literarischer Eifer spürbar nach; der junge Mann begann unter Depressionen zu leiden. Während seiner Studienzeit hatte sich Herzl auch der Judenfrage zugewandt und eine Zeitlang die Assimilation für die beste Zukunftslösung gehalten. Doch die Lektüre von Eugen Dührings Buch *Die Judenfrage als Rassen-, Sitten- und Kulturfrage,* eines von unüberwindlichem Judenhaß und einer ebenso eingefleischten Judenangst getragenen Werkes, rüttelte den jungen assimilierten Juden unsanft wach und öffnete ihm die Augen für das beunruhigende Phänomen des Antisemitismus. 1883 trat er aus einer Studentenverbindung aus, weil sie judenfeindliche Tendenzen an den Tag legte und keine neuen jüdischen Mitglieder mehr aufnahm. In seiner Austrittserklärung schrieb er: »... daß ich dort nicht bleiben will ... das ist jedem anständigen Menschen klar.«

Am 30. Juli 1884 trat Herzl in Wien in die Gerichtspraxis ein, stellte aber seine juristische Tätigkeit hinter seinen literarischen Arbeiten zurück. Ein Jahr später kehrte er dem Rechtswesen den Rücken und widmete sich ganz der Schriftstellerei, getrieben von der Ungeduld, voranzukommen, infolge seines übersteigerten Ehrgeizes jedoch leicht entmutigt. Die größten Erfolge hatte er als Journalist zu verzeichnen. 1887 wurde er Feuilletonredakteur bei der *Wiener Allgemeinen Zeitung* und machte sich in kürzester Zeit einen Namen als »hervorragender Feuilletonist«. 1891 erhielt er den begehrten Posten eines Pariser Korrespondenten der *Neuen Freien Presse*, der damals führenden Wiener Tageszeitung – eine Aufgabe, die er mit der gleichen Begeisterung und Gründlichkeit in Angriff nahm wie dann später sein aufopferndes Wirken für den Zionismus.

Als Korrespondent einer großen Zeitung war Herzl in Paris bei allen wichtigen Anlässen zugegen und verkehrte in allen Gesellschaftskreisen. Und auch hier drängte sich ihm die Notlage der Juden auf, kam ihm anhand von Machwerken wie Drumonts *La France Juive* und Vorfällen wie dem Panamaskandal der herrschende Antisemitismus zu Bewußtsein. Die Judenfrage ließ ihn nicht mehr ruhen; als er schon ziemlich fest der Überzeugung zuneigte, das vollständige Untertauchen der Juden durch Taufe und Eheschließung mit Nichtjuden stelle die endgültige Lösung dar, ging ihm über der Beschäftigung mit dem Schicksal der jüdischen Marranen die Gegenstandslosigkeit solcher Tagträume auf. Mit derartigen Gedanken beschäftigt, verfaßte er 1894 ein Drama mit dem Titel *Das neue Ghetto*, mit weitem Abstand seine kühnste literarische Schöpfung, in der sich seine vollständige innere Rückkehr zu seinem Volk ankündigt. War er bis dahin trotz gefühlsmäßigen Engagements der jüdischen Frage als Beobachter und, auch wenn er sie verteidigte, als Unbeteiligter gegenübergestanden, so griff er sie nun auf, machte sie zu seinem persönlichen Anliegen, trat als ihr Wortführer auf. Hier die Schlußworte, die er dem Helden seines Stücks in den Mund legt: »Juden, meine Brüder, man wird Euch erst wieder leben lassen – wenn Ihr zu sterben wißt ... warum haltet Ihr mich – so fest? ... Ich will – hinaus! ... Hinaus – aus – dem – Ghetto!«

Die Dreyfus-Affäre versetzte Herzl einen schweren Schock; das Gebrüll des Mobs »Tod den Juden« blieb ihm unvergeßlich. Er begann sich mit neuen Plänen zu beschäftigen, und als sie Gestalt annahmen, fühlte er sich gedrängt, andere einzuweihen.

Im Juni des Jahres 1895 suchte er, ausgerüstet mit zweiundzwanzig Seiten umfassenden Notizen, in denen er seine neuen Gedanken festgehalten hatte, den bekannten jüdischen Philanthropen Baron Moritz Hirsch auf. Er trug Hirsch zwei Möglichkeiten vor – Lösung der Judenfrage mit bzw. ohne Auswanderung. Er betonte, wie sehr es auf die politische Leitung ankomme, wobei er im stillen hoffte, Hirsch werde diese Rolle übernehmen:

> Durch unsere zweitausendjährige Verstreuung sind wir ohne einheitliche Leitung unserer Politik gewesen. Das aber halte ich für unser Hauptunglück. ... Wenn wir nun eine einheitliche politische Leitung hätten ... könnten wir an die Lösung der Judenfrage herangehen. Ich schlage vor, einen Kongreß jüdischer Notablen einzuberufen, um die Auswanderung in einen souveränen jüdischen Staat zu erörtern.

Hirsch glaubte, einen Träumer vor sich zu haben und ließ Herzl nicht mehr als sechs Seiten seiner Notizen vorlesen.
Durch Hirschs reservierte Haltung keineswegs entmutigt, begann Herzl ein Tagebuch zu führen, das er *Die Jüdische Frage* nannte. Dieses Projekt nahm ihn nach eigenen Aussagen gänzlich in Anspruch. Er schreibt:

> Ich arbeite seit einiger Zeit an einem Werk, das von unendlicher Größe ist. Ich weiß heute nicht, ob ich es ausführen werde. Es sieht aus wie ein mächtiger Traum. Aber seit Tagen und Wochen füllt es mich aus bis in die Bewußtlosigkeit hinein, begleitet mich überallhin, schwebt über meinen gewöhnlichen Gesprächen, blickt mir über die Schulter bei der komischen kleinen Journalistenarbeit, stört mich und berauscht mich.

Nachdem er sein Programm ausgearbeitet und ihm den Titel *Rede an die Rothschilds* gegeben hatte, unterbreitete er es verschiedenen führenden Politikern, darunter auch Bismarck, erntete aber von allen Seiten Ablehnung. Wie ihm ein Freund deutlich zu verstehen gab: »Durch diese Sache machen Sie sich entweder lächerlich oder tragisch.« Unbeeindruckt, von der Kraft seiner Überzeugung getrieben, ging Herzl auf dem einmal eingeschlagenen Weg weiter, obwohl nicht einmal seine eigene Zeitung mit der Idee in Zusammenhang gebracht werden wollte. Die Begegnung mit Max Nordau, den er für seinen Plan gewinnen konnte, brachte dann den Wendepunkt. Von Nordaus Begeisterung angespornt, schrieb Herzl seine Abhandlung um und betitelte sie *Der Judenstaat*. Hierzu bemerkte er: »Der Gedanke, den ich in dieser Schrift ausführe, ist ein uralter. Es ist die Herstellung des Judenstaates.« Das war seine Antwort auf den Antisemitismus, auf die Forderung »Juden raus!« Herzl umriß die praktischen Aufgaben dieses Staates, ließ aber die Frage offen, welche nationalen oder kulturellen Züge er tragen sollte – wie er ihn auch nicht unbedingt mit Zion noch seine Sprache mit dem Hebräischen gleichsetzte. Ausführlich beschrieb er die zur Errichtung dieses souveränen Staatswesens notwendigen Vorbereitungsmaßnahmen: Ein Kongreß jüdischer Repräsentanten mußte einberufen werden, die als offizielle Sprecher des Weltjudentums auftreten konnten, eine jüdische Finanzgesellschaft sollte die nötigen Gelder aufbringen, Ingenieure und Techniker wurden gebraucht, um den Staat zum vorbildlichen und leistungsfähigen modernen Industriestaat auszubauen. Er schloß:

Darum glaube ich, daß ein Geschlecht wunderbarer Juden aus der Erde wachsen wird. Die Makkabäer werden wieder aufstehen.

Noch einmal sei das Wort des Anfangs wiederholt: Die Juden, die wollen, werden ihren Staat haben.

Wir sollen endlich als freie Männer auf unserer eigenen Scholle leben und in unserer eigenen Heimat ruhig sterben.

Die Welt wird durch unsere Freiheit befreit, durch unseren Reichtum bereichert und vergrößert durch unsere Größe.

Und was wir dort nur für unser eigenes Gedeihen versuchen, wirkt machtvoll und beglückend hinaus zum Wohle aller Menschen.

Dieses 1896 veröffentlichte, von glühendem Sendungsbewußtsein erfüllte Dokument schlug wie ein Blitz ein. Es wurde zwar recht unterschiedlich aufgenommen, fand aber allenthalben ein lebhaftes und lautes Echo. Die jüdische und nichtjüdische Presse Deutschlands spottete über die »entsprungenen Makkabäer« und über Herzl, den jüdischen Jules Verne, dessen phantastischer Traum ganz offensichtlich einem von Begeisterung für die jüdische Sache benebelten Kopf entstammte. Die Zionisten meldeten Bedenken gegen den unbekannten Autor an, der das Hebräische ablehnte und seine Vorgänger, besonders Hess und Pinsker, mit Stillschweigen überging. In Wirklichkeit hatte Herzl nicht die leiseste Ahnung von der Existenz dieser Männer. (Hätte er Pinskers *Autoemanzipation* gelesen, so vertraute er Jahre später Wolffsohn an, so hätte er sein Buch möglicherweise nie geschrieben.) Herzl hatte seine Vorstellungen in der Überzeugung niedergeschrieben, damit Neuland zu betreten, und gerade dieser unbekümmerten Frische verdanken sie ihre unmittelbare Wirkung. *Der Judenstaat* erregte die Gemüter. Wolffsohn schreibt, er sei nach der Lektüre ein anderer Mensch geworden. Besonders die jungen Zionisten fühlten sich angesprochen; Chaim Weizmann hat ihre Reaktion in seinen Memoiren geschildert:

Es kam wie ein Blitz aus heiterem Himmel. Wir hatten den Namen Herzl nie zuvor gehört, oder wenn er vielleicht einmal in einer unserer Zeitungen oder Zeitschriften aufgetaucht war, so war er uns unter andern Publizisten nicht aufgefallen. Grundsätzlich enthielt *Der Judenstaat* für uns keinen einzigen neuen Gedanken. Das, was die jüdische Bourgeoisie verblüffte und den Unwillen und Hohn der westlichen Rabbiner hervorrief, war seit langem Inhalt unserer zionistischen Überlieferung. Es fiel uns auch auf, daß dieser Herzl seine Vorgänger auf dem Gebiet in seinem kleinen Buch nicht erwähnte: Männer wie Moses Hess, Leon Pinsker und Nathan Birnbaum ... Offenbar wußte Herzl auch nichts von der Existenz der *Chibbat Zion;* er erwähnte auch Palästina nicht und legte kein Gewicht auf die hebräische Sprache.

Trotzdem hinterließ *Der Judenstaat* tiefen Eindruck. Nicht die darin ausgesprochenen Gedanken, aber die Persönlichkeit, die dahinter stand, sprach uns an. Hier war Wagemut, Klarheit, Energie. Die einfache Tatsache, daß ein westlicher Jude, der nicht mit unseren eigenen vorgefaßten Meinungen belastet war, zu uns stieß, bewegte uns stark ...

Unsere erste instinktive Einschätzung erwies sich als richtig: das Wesentliche an dem Buch *Der Judenstaat* war weniger der gedankliche Inhalt als die geschichtlich bedeutende Persönlichkeit, die hier hervortrat ... Das, was den Namen Herzl großgemacht hat, ist die Rolle, die er als Mann der Tat gespielt hat, als Begründer des Zionistenkongresses und als Beispiel von Wagemut und Opferfreudigkeit.

Von allen Seiten wurde Herzl aufgefordert, die Führung der Juden zu übernehmen; war er nicht der Mann, der dem tiefsten Empfinden des jüdischen Volkes klar und kraftvoll Ausdruck verliehen hatte, der es drängte, für seine endgültige Befreiung zu kämpfen? Für Herzl selbst ging es nun darum, seinen Plan zu verwirklichen – eine Aufgabe, der er seine ganze Energie widmete. Er suchte Unterstützung beim einflußreichen Adel, beim Großherzog von Baden, beim päpstlichen Nuntius, bei der türkischen Regierung. Aber obwohl er in privaten Unterredungen alle durch sein eindrucksvolles Äußeres, den dichten Bart und die durchdringenden schwarzen Augen bezauberte, gelang es ihm doch nicht, sie zu überzeugen oder für seine Idee zu gewinnen. Bezeichnend war sein Mißerfolg beim französischen Baron Edmond Rothschild, dem tatkräftigen Förderer des *Jíschuw* und der jüdischen Selbsthilfebewegung im Lande Israel. Die Weigerung des Barons, seinen Einfluß oder seine Finanzkraft zugunsten dieser Sache einzusetzen, brachte Herzl deutlich zu Bewußtsein, daß er von oben nichts zu erwarten hatte. Seine einzige Hoffnung lag bei den Massen, sie mußte er durch Propaganda mobilisieren. »Man möge die Organisation der Massen beginnen«, beschloß er. Damit hatte die Geburtsstunde des politischen Zionismus geschlagen.

In einem Punkt blieb Herzl eisern – er bestand auf der Einberufung eines jüdischen Kongresses. »Der Kongreß ist eine beschlossene Sache.« Dieser kühne Plan rief beim europäischen Judentum große Bestürzung hervor. Wollte er das Todesurteil über die Juden sprechen, sie offen als Nation in der Nation exponieren – was die Antisemiten schon immer behauptet hatten, die nur auf einen passenden Vorwand warteten, um sie zu vernichten? Doch Herzl war nicht zu bremsen. Mit eigenen Mitteln gründete er die Wochenschrift *Die Welt*, in der er seinen Plan verteidigte und propagierte. Wie einer der Teilnehmer der Vorkonferenz später berichtete: »... Herzl allein ist der Kongreß zu verdanken. Sein Geld, seine Mühe riefen ihn ins Leben.« Am 29. August 1897 trat der Zionistenkongreß in Basel zusammen. Durch seine Tatkraft hatte ein einzelner die erste offizielle weltweite Zusammenkunft der Juden seit ihrer Zerstreuung zustande gebracht. 197 Delegierte aus Ost- und Westeuropa, aus England, Amerika und Algerien, Junge und Alte, Orthodoxe und Reformanhänger, Kapitalisten und Sozialisten nahmen an der Versammlung teil. Beim Betreten des großen Sitzungssaales sprangen den Delegierten die in einiger Höhe angebrachte Beschriftung »Zionistenkongreß« und eine (von Wolffsohn entworfene) weiße Fahne mit zwei blauen Streifen und dem Davidstern ins Auge. Herzl hielt eine Fahne für unentbehrlich: »Mit einer Fahne führt man die Menschen, wohin man will, selbst ins Gelobte Land. Für eine Fahne leben und sterben sie...«

Dann erhob sich Herzl, »eine wunderbar erhabene, königliche Figur. Es ist ein aus dem Grabe erstandener königlicher Nachkomme Davids, der vor uns erscheint, in der Größe und Schönheit, mit der Phantasie und Legende ihn umwoben haben. Die ganze Welt ist ergriffen, als hätte sich ein historisches Wunder vollzogen. Und wahrlich, war es nicht ein Wunder, das hier geschah?«

Herzl trug den von ihm im *Judenstaat* entwickelten Plan vor, bekannte sich nun aber ausdrücklich zur Schaffung einer öffentlich-rechtlich gesicherten Heimstätte des jüdischen Volkes in Palästina. Die Kongreßteilnehmer riefen eine Weltzionistenvereinigung ins Leben und ernannten Herzl zu ihrem ersten Vorsitzenden, einigten sich auf eine jüdische Flagge und Nationalhymne, *Hatikwa* (die Hoffnung), gründeten ein Aktionskomitee mit Sitz in Wien und faßten Beschlüsse hinsichtlich seines Programms. Und mit dieser praktischen Maßnahme fand das historische Ereignis unter freudigen Zurufen und Treuebekundungen seinen Abschluß. Die Räder waren ins Rollen geraten. Ein ungewöhnlicher Einzelner, eine Persönlichkeit voller Schwung und Tatkraft, hatte an die verborgenen Ursprünge jüdischer Einheit gerührt, hatte die geheimen Kräfte geweckt, die die Juden als Volk verbanden, als zusammengehöriges Volk, wo immer sie auch leben mochten. Herzl selbst beeindruckte am Kongreß vor allem die Kraft, die vom russischen Judentum ausging:

> Und da tauchte vor uns ... ein russisches Judentum auf, das wir in solcher Kulturstärke nicht erwartet hatten ... An die siebzig Mann aus Rußland waren auf dem Kongreß erschienen, und wir durften mit aller Bestimmtheit sagen, daß sie die Meinungen und Gefühle der fünf Millionen Juden in Rußland repräsentieren.
>
> Und welche Beschämung für uns, die wir geglaubt hatten, ihnen überlegen zu sein. Alle diese Professoren, Ärzte, Advokaten, Ingenieure, Fabrikanten und Kaufleute haben ein Bildungsniveau, das gewiß nicht unter dem der Westeuropäer ist. Sie sprechen und schreiben im Durchschnitt zwei oder drei moderne Kultursprachen, und daß jeder in seinem Fache tüchtig sein muß, läßt sich aus der Härte des Daseinskampfes vermuten, den sie in ihrem Lande zu bestehen haben ... Sie besitzen die innere Einheit, die den meisten euro-

päischen Juden abhanden gekommen ist. Sie fühlen sich als Nationaljuden, aber ohne beschränkten und unduldsamen Nationaldünkel... Es plagt sie kein Gedanke, sich zu assimilieren, ihr Wesen ist einfach und ungebrochen... Und es sind doch Ghettojuden, die einzigen Ghettojuden, die es in unserer Zeit noch gibt. Da haben wir bei ihrem Anblick verstanden, was unseren Vätern in der schwersten Zeit die Kraft zum Ausharren gab.

Nach dem Abschluß des Kongresses macht sich Herzl voll Eifer an die Durchführung seines Programms. Er ist der einzige, der genügend Willenskraft und Schwung besitzt, um das große Werk zu unternehmen. Als erstes versucht er, von der türkischen Regierung einen Charter zur legalen, nach Ortsgruppen gegliederten Ansiedlung der Juden in Palästina zu erhalten – ein Ziel, das er durch diplomatische Fühlungnahme und Verhandlungen zu erreichen hofft. Doch seine Gesprächspartner halten ihre unbestimmten Versprechungen nicht ein. Zunächst wendet sich Herzl an Kaiser Wilhelm II. von Deutschland, den einzigen europäischen Verbündeten der Türkei. Im Oktober 1898 findet eine Unterredung statt. Obgleich die Voreingenommenheit des Kaisers und seiner Beamten gegen die Juden von allem Anfang an offen zutage tritt, begrüßt Wilhelm aus politischen Erwägungen heraus Herzls Plan, da es ihm höchst wünschenswert erscheint, »gewisse Elemente« nach Palästina abzuschieben. Er verspricht, das Projekt einer *Chartered Company*, einer jüdischen Landgesellschaft, bei passender Gelegenheit mit dem Sultan zu besprechen. Wenig später trifft Herzl in Palästina erneut mit dem Kaiser zusammen, der ihn noch einmal seiner Zustimmung versichert. Monatelang wartet Herzl in fieberhafter Spannung auf eine weitere Äußerung – vergeblich. Sein erster Palästinabesuch hatte ihn tief bewegt. Von türkischen Detektiven beschattet, hatte er Mikwe Israel, Rishon le-Zion, Ness Ziona und Rehovot besucht, bis zu Tränen gerührt über die Begeisterung der Siedler, die ihn mit hebräischen Liedern, mit *Hedad*- und »Hoch-Herzl«-Rufen empfingen. Er sah, wie dringend das ausgedörrte Land Wasser brauchte, fand den orientalischen Schmutz in Jerusalem deprimierend und äußerte den brennenden Wunsch, »ein herrliches Neu-Jerusalem« zu schaffen.
Danach versuchte er zwei Jahre lang (1899–1901), zum Sultan unmittelbar Kontakt aufzunehmen. Nachdem er geldgierige türkische Beamte mit schwindelerregenden Summen bestochen hatte, wurde ihm im Mai 1901 ein zweistündiges Interview gewährt. Herzl gab dem Türkenherrscher zu verstehen, die reichen jüdischen Bankiers in Europa würden der Türkei unter Umständen bei der Abtragung ihrer beträchtlichen Staatsschulden behilflich sein, falls ein Charter zur jüdischen Besiedlung Palästinas zustande käme. Der Sultan zeigte sich interessiert. Herzl jedoch hatte den Vorschlag ohne jeden konkreten Hintergrund gemacht. Er besaß keinerlei Zusagen von seiten europäischer Finanzleute. Nach seiner Rückkehr versuchte er mit wilder Energie, die nötigen Gelder flüssig zu

machen – ohne den geringsten Erfolg, was ihn so entmutigte, daß er der Sache fast überdrüssig wurde. Noch ehe das Jahr um war, traf er erneut mit dem Sultan zusammen und suchte ein eindeutiges Angebot auszuhandeln. Doch nun stellte der Türke Bedingungen: Die jüdische Einwanderung sollte eher über das Land verteilt als in Gruppen erfolgen. Als Vertrauensbeweis und um des Sultans Begierde zu wecken, deponierte Herzl drei Millionen Franc bei türkischen Banken. Doch wie vordem mit dem deutschen Kaiser, kam es auch mit dem Sultan zu keinem festen Abkommen. Schließlich dämmerte Herzl, daß ihn der Sultan nur ausnutzte und, um günstigere Zinsbedingungen herauszuschlagen, seinen französischen Geldgebern drohte, bei den Juden ein Darlehen aufzunehmen. Herzl war so bitter enttäuscht, daß er ernsthaft erwog, den Vorsitz niederzulegen.
1902 erschien sein Roman *Altneuland*, ein Buch, das die Zukunft Palästinas schildern, das zeigen sollte, »... wieviel Gerechtigkeit, Güte und Schönheit auf die Erde gebracht werden kann, wenn es nur ordentlich gewollt wird.« Das Buch schließt mit den Worten:

> Wenn Ihr aber nicht wollt, so ist und bleibt es ein Märchen, was ich Euch erzählt habe... Traum ist von Tat nicht so verschieden, wie mancher glaubt. Alles Tun der Menschen war vorher Traum und wird später zum Traum.

Doch trotz dieses pessimistischen Untertons überwogen Herzls Leistungen bei weitem seine Mißerfolge. Von Jahr zu Jahr stieg die Teilnehmerzahl der Zionistenkongresse, nahm das allgemeine Interesse an der Tätigkeit der Zionisten zu. Zur Zeit des Zweiten Zionistenkongresses waren der Organisation bereits 913 Gruppen angegliedert – das Dreifache des Vorjahres. Insgesamt nahmen vierhundert Delegierte und weit mehr Pressevertreter an der Veranstaltung teil – ein Beweis dafür, daß die Bewegung allmählich weltweite Anerkennung und weltumfassenden Charakter erlangte. Herzl galt allgemein als ihr geistiges Oberhaupt und ihr Führer. 1901 kam es zur Gründung des *Jewish Colonial Trust;* während er 1904 (zu Herzls großer Besorgnis, all seinen Bemühungen zum Trotz) Anteile im Wert von nur einer Million Dollar verkauft hatte, entwickelte er sich im Laufe der Zeit zur *Anglo-Palestine Company* (seit 1950 die Bank Lëumi le-Israel) – die sich maßgeblich an der Erschließung Palästinas beteiligte. Auf dem Fünften Kongreß im Jahre 1901 wurde der *Jewish National Fund* (Keren Kajemeth Lejisraël) geschaffen, der sich darauf beschränkte, den Boden Palästinas durch Grunderwerb, landwirtschaftliche Erschließung und Aufforstung in unveräußerlichen jüdischen Gemeinbesitz zu überführen. Der *Fund* ermöglichte später die genossenschaftlichen und kollektivistischen landwirtschaftlichen Versuchssiedlungen. Auf allen Zionistenkongressen wurden Herzl begeisterte Ovationen zuteil; aber die Delegierten konstatierten doch mit wachsender Ungeduld und Unzufriedenheit das Ausbleiben rascher Erfolge und greifbarer Ergebnisse. Im übrigen war sich Herzl selbst der Unstimmigkeit zwischen dem, was er wollte, und dem, was er wirklich erreichte, durchaus bewußt. Er erkannte nur zu deutlich, in welch weiter Ferne sein Ziel, der Charter für Palästina, lag. Weizmann schreibt darüber:

> Herzl sprach in großen Worten von internationaler Anerkennung, von einem Charter für Palästina und von einer großen Massenemigration. Aber die Wirkung verpuffte mit den Jahren und nichts blieb zurück als die großen Worte. Herzl hatte mit dem Sultan verhandelt, er hatte Audienz beim Kaiser gehabt, er hatte im Britischen Auswärtigen Amt vorgesprochen. Er war dauernd im Begriff, diese oder jene wichtige Persönlichkeit zu besuchen. Und das praktische Ergebnis war gleich Null. Diese nebulosen Verhandlungen mußten uns auf die Dauer skeptisch machen.

Da er keine positiven Ergebnisse zu erzielen vermochte, rückte Herzl schließlich von Palästina als einzig diskutabler Heimstätte ab. Er trug dem britischen Parlamentsmitglied Lord Nathan Rothschild seinen Plan vor, eine Siedlung in El-Arisch auf der (an Palästina angrenzenden) Sinaihalbinsel zu gründen, einem für die Juden gleichfalls mit geschichtlichen Erinnerungen verknüpften Gebiet. Rothschild, einigermaßen beeindruckt, vermittelte eine Unterredung mit Joseph Chamberlain, dem damaligen britischen Kolonialminister. Damit war der Auftakt zu vielen langen Verhandlungen mit den Briten über eine Heimstätte für die Juden gegeben. Der El-Arisch-Plan scheiterte an den Differenzen zwischen der ägyptischen und der türkischen Regierung. Herzl bemühte sich um so verzweifelter, für die Juden ein Vaterland zu finden, als im Westen Berichte über das Elend der rumänischen Juden und die antijüdischen Ausschreitungen in Kischinew, Rußland, einliefen. So legte er den Delegierten auf dem Sechsten Zionistenkongreß den von der britischen Regierung vorgeschlagenen Plan vor, eine Heimstätte in Uganda zu schaffen. Zunächst stellte das großherzige britische Angebot »alle anderen Erwägungen in den Schatten«. Wie Herzl ausführte, handelte es sich dabei nicht um einen Ersatz für Zion. »Es ist und bleibt lediglich eine Notstandsmaßregel, die der jetzigen Ratlosigkeit aller philanthropischen Unternehmungen abhelfen und dem Verluste solcher versprengter Volksteile vorbeugen soll.« Doch nach Weizmanns Ansicht war Herzl »unfähig zu verstehen, daß die russischen Juden, trotz aller Leiden, nicht imstande waren, ihre Träume und ihre Sehnsucht nach dem Land ihrer Väter auf ein anderes Land zu übertragen«. Es kam zu einer heftigen Auseinandersetzung. Als der Plan, eine »Expedition zur Erforschung des angebotenen Territoriums« nach Uganda zu entsenden, mit Mehrheitsbeschluß (298 gegen 178 Stimmen) angenommen wurde, verließen die russischen Delegierten ostentativ den Saal. Der zionistischen Bewegung drohte Zusammenbruch und Auflösung.

Doch gerade auf Einigkeit in den eigenen Reihen hatte Herzl immer größtes

Gewicht gelegt; ohne sie konnten die Juden seiner Ansicht nach nichts erreichen. Völlig verblüfft über die Reaktion der Russen meinte er: »Diese Leute haben einen Strick um den Hals, und doch weigern sie sich!« In den folgenden Tagen vertiefte sich die Kluft. Die russischen Delegierten sperrten sich gegen jede Abweichung vom ursprünglichen Baseler Programm; ihrer Ansicht nach sollte der Zionismus, unbeirrt vom Leiden der jüdischen Massen, sein Endziel – die Schaffung einer Heimstätte in Palästina – anstreben. Eine tiefe Entmutigung lastete auf allen. Herzl mußte sich das Schimpfwort »Verräter« gefallen lassen. Er bat, den Aufrührern seinen Standpunkt erläutern zu dürfen: »Das ist meine Lage. Geld gebt Ihr mir nicht. Bleibt die Diplomatie; aber in den letzten zwei Tagen sah ich ja, wie Ihr mich in meinen diplomatischen Versuchen unterstützt... Ich soll das Baseler Programm verletzt haben? Niemals!... Ich stand und stehe auf dem Boden des Baseler Programmes; aber ich brauche Euren Glauben an mich und nicht Euer Mißtrauen...« Nach einer Konferenz in Charkow richteten die russischen Führer an Herzl die Bitte, dem Kongreß keine anderen Territorien vorzuschlagen als Palästina und Syrien. Der Kampf endete erst, als Herzl eine Sitzung des Großen Aktionskomitees einberief (1904). Er war fest entschlossen, die Kluft zu überbrücken und reinen Tisch zu machen:

> Wir wollen den Aufstieg des Zionismus und wollen, daß der Zionismus die Vertretung des Volkes ist. Warum wollen wir das? Weil wir glauben, daß zur Erlangung dieses großen Zieles eine große Kraft notwendig ist und daß diese große Kraft nicht in einem Verband von Konventikeln gefunden werden kann. Solch einen Verband von Konventikeln haben Sie schon vor zwanzig Jahren gehabt, und Sie sagen mir immer, Sie seien schon vor zwanzig und fünfundzwanzig Jahren Zionisten gewesen. Dies werfen Sie mir immer vor. Aber was beweisen Sie damit? Was konnten Sie leisten, solange Sie nicht den politischen Zionismus hatten? Sie lebten in kleinen Kreisen und sammelten Geld. Gewiß, Ihre Absicht war großartig. Ihr Idealismus steht außer Frage. Sie konnten jedoch nichts leisten, weil Sie nicht den Weg zum Ziele wußten. Dieser Weg ist die Organisation des Volkes, und ihr Organ ist der Kongreß.

Diese Versöhnungskonferenz, Herzls letzte große Leistung, war menschlich gesehen eine seiner größten. Herzl selbst war dem Ende nahe. Vor der Konferenz schwer krank, hatte er nur unter Einsatz seiner ganzen Willensenergie und unter Anspannung aller Kräfte an ihr teilnehmen können. Nach Abschluß der Sitzung brachte man ihn überstürzt zu einer sechswöchigen Erholungskur nach Franzensbad. Er fühlte den Tod herannahen: »Es ist keine Zeit mehr zum Scherzen«, meinte er zu einem Bekannten, »es ist bitterer Ernst... wir haben keine Zeit zu verlieren. Die letzten Wochen oder Tage. Wir haben Eile...« Nicht einmal in diesen Wochen, in denen er unter schrecklichen Schmerzen litt und mit dem Tode rang, legte er seine Arbeit nieder. Er schrieb Briefe, führte Unterredungen.

Von Hustenanfällen geschüttelt, Blut spuckend, setzte er seinen Kampf fort. Eine Lungenentzündung kam hinzu, der er am 3. Juli im Alter von vierundvierzig Jahren erlag. Bei seiner Bestattung erwies sich, welch tiefen Eindruck er auf die jüdischen Massen gemacht hatte. Sechstausend Juden folgten dem Sarg, in Trauer um ihren Nationalhelden. Die Nachricht von Herzls Tod löste in der ganzen jüdischen Welt Bestürzung aus. Schon zu seinen Lebzeiten hatten die Massen ihre Sehnsucht in ihm verkörpert gesehen, hatten ihn als ihren Führer betrachtet, als einen Messias, der sie aus der Finsternis ins Licht, ins Gelobte Land führen würde. Achad Haam, einer seiner schärfsten Kritiker, schrieb im Vorwort zum 3. Band seiner Schriften zum Tod von Herzl:

> Herzl als lebender Mensch sprach und tat vieles, was man sehr in Frage ziehen konnte... Aber Herzl als Idealbild, wie es jetzt vor unseren Augen im Geiste des Volkes geschaffen wird – wie herrlich wird sein Anblick sein und wie mächtig sein Einfluß auf den Geist des Volkes rückwirken, um es von dem Schmutz der *Galuth* zu reinigen, um nationales Ehrgefühl in ihm zu wecken und das Streben nach einem wirklichen nationalen Leben zu stärken.

In der Phantasie des Volkes, so fuhr Haam fort, werde Herzl zur Idealgestalt wachsen, die Sehnsucht des Volkes nach Freiheit und Stolz und Größe verkörpern und ihm in ihrer fleckenlosen Reinheit zum Vorbild und Antrieb werden. Was Herzls Schöpfungen – Kongreß, Organisation, Bank und Nationalfond – bedeuteten, müsse die Zukunft zeigen.

> Aber eine Sache gab uns Herzl unbewußt, die vielleicht größer ist als alles, was er bewußt tat: Er gab uns sich selbst als »Thema« für das Epos von der Auferstehung, ein Thema, das die Phantasie ergreifen und mit allen den Eigenschaften ausschmücken kann, die nötig sind, um ihn zum jüdischen Nationalhelden zu machen, der die nationalen Bestrebungen in ihrer wahren Form verkörpert.

Herzl ist es zu verdanken, daß die Juden begannen, ihr Leben und ihre Zukunft selber zu gestalten. Indem er sich mit Leib und Seele für die Verwirklichung seiner Pläne einsetzte, gab er ihnen neue Kraft, neuen Mut und ein festes Ziel. »Was liegt daran, daß die Besten fallen?« schrieb er einmal. »Weil sie über die Kraft gingen, waren sie ja die Besten.«

1949 wurden Herzls sterbliche Überreste nach Israel überführt und auf einer Anhöhe über Jerusalem, dem heutigen Mount Herzl, beigesetzt. Der Judenstaat war aus seiner Phantasie ins Dasein getreten. Herzls schwermütige, vornehme Erscheinung verkörpert gleichsam dieses souveräne Staatswesen, das er so verzweifelt und doch mit so unerschütterlichem Glauben zu verwirklichen suchte.

18. DER ERSTE WELTKRIEG UND DIE BALFOUR-DEKLARATION

Mit dem Ersten Weltkrieg brach für die jüdische Gemeinde Osteuropas, von der bis dahin Anstoß und Kraft zur geistigen und politischen Erneuerung ausgegangen war, eine Zeit der Auflösung und Zersetzung an. Hand in Hand mit dem politischen Verfall des östlichen Zentrums ging eine schwere wirtschaftliche Krise, die zwischen 1881 und 1914 zweieinviertel Millionen Juden zur Auswanderung zwang; die meisten wandten sich nach Amerika.

Vor dem Ersten Weltkrieg lebten zehn Millionen Juden in Europa, acht Millionen davon nach wie vor in Rußland und der Österreichisch-Ungarischen Donaumonarchie. In Rußland wurden die Juden zum Militär eingezogen; außerdem benutzten die Militärbehörden den Krieg, um gegen sie loszuschlagen, da sie ohnehin nur Verräter in ihnen sahen. Zum in Kriegszeiten üblichen Elend kamen noch willkürliche Austreibungen und Internierung hinzu. Eineinhalb Millionen Juden wurden von den Evakuierungen betroffen, was ihren totalen wirtschaftlichen Ruin zur Folge hatte.

Die Situation war drastisch und ebenso drastisch die Schritte, die zu ihrer Besserung unternommen wurden. Allmählich nämlich begriffen die Juden auf der ganzen Welt, daß es an ihnen lag, Schutz für ihre Glaubensbrüder in Europa zu fordern. In Amerika wurde, noch ehe es in den Krieg eintrat, ein Kongreß gebildet, der sich für »die nationalen Rechte der Juden« einsetzen sollte, Rechte, die bald darauf auf der Pariser Friedenskonferenz international gebilligt wurden. Ähnliche Zentren entstanden in Dänemark, der Schweiz und in Holland. Diese Organisationen arbeiteten eng mit dem *American Jewish Congress* zusammen. Sie gaben Schriften heraus, um die Juden über die Vorfälle in den jüdischen Gemeinden überall auf der Welt auf dem laufenden zu halten, appellierten verschiedentlich an die Regierungen, ihre Forderungen wohlwollend aufzunehmen, hielten Konferenzen ab, organisierten Zusammentreffen und versuchten ganz allgemein, die öffentliche Meinung zugunsten der Rechte der Juden zu beeinflussen. Die von den Sozialisten der neutralen Länder Ende 1916 in Den Haag abgehaltene Konferenz sprach sich für die Autonomie der Juden wie auch der anderen nationalen Minderheiten aus.

In den vom Krieg betroffenen Ländern ruhte die nationalistische Aktivität der Juden fast gänzlich. Die jüdische Jugend war im Feld, und überdies erstickten die Regierungen alle abweichenden Bewegungen. In Rußland wurden die Juden von den zaristischen Beamten als unloyal gebrandmarkt.

Als deutsch-österreichische Truppen 1915 Polen und Litauen eroberten, hofften die Juden auf eine Besserung ihrer Lage. Aber wieder einmal wurden ihre Wünsche übergangen und keine Schritte unternommen, um ihre Rechtsunfähigkeit zu beseitigen. In Rußland änderte sich nach der Bolschewistischen Revolution (allerdings erst, nachdem Zehntausende von Juden von den Weißen Armeen unter Denikin und Wrangel und den ukrainischen Kosaken des Ataman S. V. Petlura niedergemacht worden waren) die Situation für kurze Zeit. Mit einemmal betraten Tausende von jüdischen Nationalisten die Szene. Zahllose Massenzusammenkünfte, Konferenzen, Versammlungen fanden statt. Parteien wurden neu gebildet. Über Nacht erschien eine jüdische Presse. Theoretisch waren die politischen Rechte der Juden nicht länger umstritten, da die neue Regierung versprochen hatte, alle Beschränkungen, die russische Untertanen aufgrund ihrer Religion oder Nationalität erduldet hatten, zu beseitigen. Deshalb drangen die russischen Juden nun nicht mehr auf politische Rechte, sondern auf kulturelle Autonomie. 1917 tagte ein Kongreß aller jüdischen Nationalistengruppen. Auf dem vorgesehenen Programm stand die Förderung der jüdischen Selbstverwaltung in Rußland und die Erwerbung von Rechtsgarantien für die nationale Minderheit der Juden. Das Kopenhagener Büro des *World Jewish Congress*, eine unsichere Zukunft ahnend, begrüßte in einer Proklamation die Aufhebung der zaristischen Sondergesetze, fügte aber hinzu, so erfreulich die Emanzipation der russischen Juden auch sei, sie dürfe nicht von einer Absage an die nationale Individualität der Juden abhängig gemacht werden.
Am Ende des Ersten Weltkrieges wurde die große Konzentration der Juden in Osteuropa aufgebrochen, die Fragmente dem einen oder anderen neu eingerichteten Staat eingegliedert. Der härteste Schlag aber traf die Juden, als die in Sowjetrußland lebenden durch die Regierung von jedem Kontakt mit dem Weltjudentum abgeschnitten wurden. Drei Millionen Menschen, etwa ein Drittel des europäischen Judentums, waren hinter einer undurchdringlichen Barriere abgeriegelt, in die bis heute noch keine Bresche geschlagen ist. Die übrigen fünf Millionen lebten nun in den zwischen der Sowjetunion und Westeuropa neugeschaffenen Ländern, die alle als Kriegsschauplatz viel erduldet hatten und nach Kriegsende begierig nach Möglichkeiten einer neuen nationalen Existenz und kultureller Entfaltung Ausschau hielten.

Die Pariser Friedenskonferenz

Die Pariser Friedenskonferenz von 1919 nahm die Arbeit in einer Atmosphäre freudigen Überschwangs auf; sie erhoffte sich einen Neubeginn für die Menschheit und ewigen Frieden. Zu den Hauptfriedensstiftern der siebenundzwanzig verbündeten Mächte zählten Clemenceau aus Frankreich, Lloyd George aus Großbritannien und Woodrow Wilson aus den Vereinigten Staaten. Präsident Wilson hatte seine Vorstellung von der zukünftigen Weltordnung anhand von vier Prinzipien umrissen, zu denen auch die Doktrin der »Selbstbestimmung der Völker« gehörte. In seinen ein Jahr vorher (im Januar 1918) veröffentlichten berühmten Vierzehn Punkten sah er die »vertraglich gewährleistete Bildung eines allgemeinen Verbandes der Nationen zur gegenseitigen Sicherung der politischen Unabhängigkeit und territorialen Unverletzlichkeit der großen wie der kleinen Staaten« vor. Diese Vereinigung ist später der Völkerbund geworden.

Bei der Neuaufteilung Europas gingen die Delegierten der Pariser Friedenskonferenz umsichtig zu Werk; alles in allem entstanden neun unabhängige neue Staaten (Finnland, Lettland, Estland, Litauen, Polen, die Tschechoslowakei, Jugoslawien, Österreich und Ungarn). Aber trotz aller Bemühungen, den Rechten der einzelnen Nationen Rechnung zu tragen und die neuen Grenzen in Übereinstimmung mit den ethnischen und sprachlichen Grenzen zu ziehen, ließen sich Bevölkerungsverschiebungen nicht vermeiden; viele Deutsche, Österreicher und Angehörige anderer Nationen mußten in die neu geschaffenen Länder eingegliedert werden. Die Folge war eine gärende Unzufriedenheit, die sich schließlich in der Krise von 1938/1939 Luft machte.

Präsident Wilson hatte sich klar und deutlich geäußert: Die »nationalen Bestrebungen müssen respektiert«, die »Völker dürfen nur mit ihrer Zustimmung beherrscht und regiert werden«. Auch andere Staatsoberhäupter der Entente setzten sich für das Minderheitenrecht ein; die Sieger fühlten sich verpflichtet, über die Freiheit der schwächeren Völker zu wachen. Aber das warf schwierige Probleme auf. Ganze Reiche wurden aufgelost, neue Staaten geschaffen, kleine Fürstentümer stellten Gebietsansprüche. Als einzig adäquate Lösung schien sich die nationale Autonomie anzubieten. Daß Minderheitsgruppen zu ihrem Schutz internationaler Garantien bedurften, lag auf der Hand; aber worin sollten diese Garantien bestehen?

Am beharrlichsten traten Juden für die Rechte aller Minderheiten ein. Zwar hoben die von den jüdischen Nationalorganisationen nach Paris entsandten Delegierten einerseits hervor, für das Wohlergehen und die Sicherheit der Juden sei mehr erforderlich als bürgerliche, politische und religiöse Gleichstellung. Andererseits aber war den jüdischen Nationalisten wie den Antinationalisten gleichermaßen klar, daß nur den Juden gemachte Zusicherungen die Gefahr in sich bargen, die Juden zu isolieren und Feindseligkeit zu wecken. Sie drangen auf gesetzlich verankerte allgemeine Einrichtungen zum Schutze aller Minderheiten.

Damit war ein neuer Meilenstein in der Geschichte des jüdischen Kampfes um soziale Gerechtigkeit gesetzt. Die Juden schlossen sich nicht länger größeren Gruppen an, um irgendein abstraktes Ideal zu erreichen, das, wenn es verwirklicht würde, auch ihnen zugute käme. Sie plädierten nicht nur für die Verbesserung ihres Loses, so schauderhaft es auch war. Sie kämpften vielmehr in vorderster Reihe für den Grundsatz der Freiheit. Nur wenn allen Freiheit garantiert werden könnte, würden ihre Segnungen auch den Juden zugute kommen; und indem sie sich nach außen wandten und die Verantwortung und Last auf sich nahmen, die Freiheit für alle zu erringen, demonstrierten sie der Welt ihr neugewonnenes Vertrauen zur moralischen Redlichkeit ihrer Sache.

Die jüdischen Delegierten kamen nicht unvorbereitet. Der *American Jewish Congress* hatte Resolutionen gefaßt, die bei der Pariser Konferenz als Richtlinien dienen sollten. Die Delegation, bestehend aus neun Männern, wurde von Richter Julian Mack, Rabbi Stephen S. Wise und Louis Marshall angeführt. Das französische Judentum war durch die *Alliance Israélite Universelle,* eine völlig antinationalistische Körperschaft, vertreten, die in den nationalen Forderungen der östlichen Juden eine ausgesprochene Gefährdung der jüdischen Sache sah. Die Abordnung aus Großbritannien, obwohl nicht nationalistisch eingestellt, verfocht prinzipiell die »Rechte der Minderheit« im politischen und nicht nur in einem engen religiösen Sinn.

Auch die östlichen Juden waren gut vertreten. Die Bukowina, Polen, die Ukraine und überraschenderweise selbst Ungarn (wo sich die Juden lange Zeit als Magyaren mosaischen Glaubens betrachtet hatten), alle meldeten auf der Friedenskonferenz Anspruch auf die Anerkennung der nationalen Rechte der Juden an. Manche, wie die ukrainischen Juden, forderten die Konferenz auf, eine vereinigte jüdische Nation anzuerkennen, in den Völkerbund aufzunehmen und den Juden Palästina zurückzugeben.

Im April 1919 sprachen alle Seiten offen und klar ihre verschiedenen Meinungen aus: Nachum Sokolow wünschte in erzieherischen und sprachlichen Dingen Autonomie für die östlichen Juden sowie eine proportionale Vertretung auf nationaler Basis und eine unbehinderte Abwicklung des Gemeindelebens. Claude Montefiore, Mitglied der britischen Delegation, stimmte alledem zu, schlug aber ein Parlament des Weltjudentums vor oder Mitgliedschaft der Juden im Völkerbund – Punkte, die von den extremeren jüdischen Nationalisten gefordert wurden. Solange sich jedoch die östlichen Juden standhaft weigerten, das Wort »national« zu streichen, und die westlichen, es zu akzeptieren, konnte keine Einigung erzielt werden. So kam es, daß sowohl das Komitee der jüdischen Delegationen als auch die antinationalen französischen und britischen Delegationen der Friedenskonferenz jeweils ein eigenes Memorandum vorlegten. Immerhin hatte man sich, auch wenn die Einigungsversuche gescheitert waren, abgesprochen, dort, wo alle übereinstimmten, zusammenzuarbeiten und bei den umstrittenen Fragen einander nicht in den Rücken zu fallen. Das Komitee der jüdischen Delegationen konnte also seine Forderungen nach nationalen Rechten in der Gewißheit vorlegen, daß die anderen Gruppen »Abstand nehmen würden, feindselig gegen diese Vorschläge vorzugehen«.

Das Komitee der jüdischen Delegationen bestand aus Mack als Vorsitzendem und sechs stellvertretenden Vorsitzenden, darunter Marshall und Sokolow. Leo Motzkin, der Vertreter der weltzionistischen Organisation, war Generalsekretär. Für die verschiedenen Fragen wurden Sonderausschüsse gebildet, die Delegierten in ihren Ländern jeweils nach demokratischen Prinzipien gewählt. In ihren offiziellen Memoranden verlangten sie für alle Juden in allen Staaten Garantien für das Bürgerrecht sowie nationale Minderheitsrechte für die Juden und alle anderen Minoritäten. Unter »national« verstanden sie eine ethnische und kulturelle Gemeinschaft, die dem Staat, von dem sie einen wesentlichen Bestandteil bildet, loyal zu dienen sucht. Die Führer dieser Komitees, vor allem Marshall, Mack und Sokolow, waren bestrebt, ihr Vorgehen geheimzuhalten aus Angst, ihrer Sache zu schaden, noch ehe sie vor den Völkerbundsrat gelangte. Unseligerweise aber drohte gerade diese Geheimhaltung ihr Werk um das volle Vertrauen und die uneingeschränkte Billigung der jüdischen Delegierten zu bringen.

Aber Präsident Wilsons Vorschlag, die Minderheiten anzuerkennen und darüber hinaus den »nationalen und religiösen Gruppen« eine anständige und gleiche Behandlung zu garantieren, fand Anfang 1919 wenig Anklang bei den führenden Konferenzdelegierten. Fürs erste wurde der Artikel fallengelassen. Nun versuchten die jüdischen Delegationen die Situation zu retten. Die französischen und englischen Vertreter legten der Friedenskonferenz Memoranden vor und konnten bedeutende Persönlichkeiten auf ihre Seite bringen. Im März 1919 übergaben Mack, Marshall und Wise Präsident Wilson in Amerika Denkschriften. In seinem Antwortschreiben billigte der Präsident den Anspruch der Juden auf Palästina, äußerte sich aber zu den nationalen Rechten in Osteuropa nur sehr unbestimmt; er stellte lediglich fest, er stehe »dem unbestreitbaren Prinzip, daß das jüdische Volk überall ein Recht auf Gleichstellung habe, wohlgesonnen« gegenüber.

In Paris suchte das Komitee der jüdischen Delegationen durch die Presse und durch Massenversammlungen die Sympathie der Öffentlichkeit für sein Programm zu gewinnen. Es verhandelte mit Vertretern der von den jüdischen Forderungen betroffenen kleinen Staaten. Vorschläge wurden formuliert, unterbreitet und, wenn die andere Seite sie verwarf, neu formuliert. Die Ergebnisse waren mager. Schließlich trat der Ausschuß, der sich mit den neuen Staaten und mit dem Schutz der Minderheiten befaßte, zusammen und untersuchte die Verpflichtungen Polens und der anderen neu gebildeten Staaten im Hinblick auf den Schutz der rassischen und religiösen Minoritäten.

Dieser Ausschuß faßte – und darin bestand seine bedeutendste Leistung – den polnischen Minderheitenvertrag ab, der die Billigung des Völkerbundsrates fand. Im Entwurf wurde dieser Vertrag den amerikanischen Führern der jüdischen Delegationen vorgelegt, die die Verfügungen jedoch als inadäquat zurückwiesen. Statt dessen forderten sie, den Minderheiten sollte das Recht gewährt werden, selbst an den Bund zu appellieren. Außerdem drangen sie auf die Anerkennung der polnischen Juden als einer »juristischen Person«. Aber ihre Bemühungen waren vergeblich; der Völkerbundsrat billigte den Vertrag ohne die von den jüdischen Delegierten vorgeschlagenen Modifikationen. Dennoch setzten die Juden den Kampf mit unverminderter Energie fort; die Berichte von neuerlichen antijüdischen Ausschreitungen in Osteuropa und die brutalen Massaker in Südrußland stärkten ihre Sache. Mittlerweile wurde der Vertragsentwurf auch Polen unterbreitet, das ihn heftig ablehnte und sich mit den anderen kleinen Mächten verband, um gemeinsam gegen die vorgeschlagene Garantie der Minderheitsrechte vorzugehen. Ihrer Behauptung zufolge hätte die Verfügung dieser Rechte die Souveränität ihrer Staaten angetastet und ihre nationale Einheit gefährdet. Aber Präsident Wilson blieb fest; er schlug ihnen jede Gebietserweiterung ab, solange sie sich weigerten, die Bedingungen des Vertrags zu akzeptieren. Ende Juni unterzeichnete Polen plötzlich – zur ungeheueren Erleichterung der jüdischen Delegierten. Und in einer langen Besprechung mit dem polnischen Staatsoberhaupt erklärten sich beide Parteien zur Zusammenarbeit und Verständigung bereit.

Der polnische Vertrag, der die Minderheitsrechte bestätigte, gestand den Juden das Recht zu, an den Volksschulen in ihrer eigenen Sprache zu unterrichten; außerdem wurden sie von allen Pflichten befreit, die den Sabbat verletzt hätten, mußten sich aber natürlich dem Staat gegenüber zu anderen Pflichten verpflichten wie zum Beispiel zum Militärdienst, zur Landesverteidigung und zur Aufrechterhaltung der Ordnung. Die Garantie für die Befolgung dieser Beschlüsse übernahm der Völkerbund; Klagen sollten dem Ständigen Internationalen Gerichtshof vorgetragen werden. Im großen und ganzen glichen die Verfügungen des polnischen Minderheitenvertrags den Garantiewünschen, wie sie in der Formel des Komitees der jüdischen Delegationen und in den vom *Joint Foreign Committee* und der *Alliance* im Februar 1919 vorgelegten Vorschlägen zum Ausdruck gebracht worden waren.

Nun kamen die anderen neu gebildeten Staaten auf die Tagesordnung. Rumänien und Serbien, die sich nicht durch irgendwelche Bestimmungen zum Schutz der Minderheiten verpflichten lassen wollten, weigerten sich, die »jüdischen Artikel« in ihre Verträge aufzunehmen. Wieder griffen die Juden ein, um nichts dem Zufall zu überlassen. Aber ihre Bemühungen waren nicht durchweg von Erfolg gekrönt. Aus dem Vertrag mit der Tschechoslowakei, aus dem serbo-kroatisch-slowenischen Minderheitenvertrag und aus dem rumänischen Vertrag wurden die jüdischen Klauseln gestrichen; in den letzteren wurde allerdings ein neuer Artikel eingefügt, der den Juden alle Rechte als rumänische Staatsbürger garantierte. Auch in den weitgehend dem polnischen Muster folgenden Verträgen mit den besiegten Staaten Österreich, Ungarn, Bulgarien und der Türkei wurden die »jüdischen Artikel« fallengelassen.

Obwohl ein Vertrag mit Rußland zu diesem Zeitpunkt noch nicht spruchreif war, appellierte Louis Marshall an Präsident Wilson, der Völkerbund müsse auch im Falle von Rußland auf Bestimmungen für den Schutz der Minderheitsrechte dringen.

Im Mai 1922 wurde die mit dem polnischen Vertrag fast gleichlautende Deklaration über den Schutz der Minderheiten unterzeichnet. Lettland und Estland weigerten sich, die Minderheitenverträge zu akzeptieren, gaben aber vor dem Völkerbund eine Erklärung ab, die im Grunde die Bedingungen des polnischen Vertrags einschloß. Und Albanien unterzeichnete eine ähnliche Deklaration.

So sah sich vor allem dank des Einsatzes der jüdischen Vertreter die Friedenskonferenz veranlaßt, den rassischen, religiösen und sprachlichen Minoritäten Minderheitsrechte zu garantieren, die über das akzeptierte Maß an staatsbürgerlicher, politischer und religiöser Gleichberechtigung hinausgingen. Minderheitsgruppen der neuen und vergrößerten Staaten erhielten in religiösen, sprachlichen, erzieherischen und kulturellen Belangen *Gruppenrechte*. Anstelle des vor dem Krieg herrschenden Ideals der vollständigen nationalen Uniformität trat das neue Ideal des Pluralismus und der Verschiedenartigkeit.

Die radikaleren Forderungen der osteuropäischen jüdischen Nationalisten waren damit allerdings noch nicht erfüllt. Diese hatten sich gesonderte Staaten beziehungsweise eine Föderation der verschiedenen nationalen Gruppen innerhalb eines größeren Staatswesens gewünscht. Aufgrund der Opposition der westlichen Juden aber hatten sie ihre Forderungen auf der Friedenskonferenz nicht einmal öffentlich vortragen können. Selbst manche der bescheideneren Wünsche des Komitees der jüdischen Delegationen waren nicht gänzlich verwirklicht worden. Dennoch begrüßten die Juden die Minderheitenverträge überall als großen Sieg. Marshall, Cyrus Adler und Nachum Sokolow sprachen in einem Brief an Boris Bogen, den Sachwalter der jüdischen Befreiung in Polen, die allgemeinen Gefühle der Juden aus:

> Die Klauseln (des polnischen Vertrags) sind von großer Tragweite. Ohne Unterschied der Rasse, Sprache, Nationalität oder Religion überträgt er allen staatsbürgerliche und politische Rechte. Er definiert die Staatsbürgerschaft genau, verhindert Diskriminierung, gewährleistet freie Religionsausübung, sichert den verschiedenen Minderheiten die Gleichheit vor dem Gesetz, die

freie Wahl der Sprache und das Recht auf Selbstverwaltung ihrer Schulen und anderen gemeindlichen Einrichtungen, wie er ihnen auch das Recht einräumt, teilzuhaben an den öffentlichen, für Erziehung und ähnliche Zwecke ausgeschütteten Mitteln.
Und all diese Minderheitenrechte werden in dem Vertrag zu Angelegenheiten von internationalem Belang erklärt. Das ist ein Akt von äußerster Wichtigkeit. In Wahrheit stellt der Vertrag für alle Minderheiten einen Freiheitscharter dar, da seine Wirksamkeit durch die Sanktion des Völkerbundes garantiert ist.

In Erwartung eines glücklicheren und sichereren Lebens schauten die europäischen Juden in die Zukunft – eine Zukunft, die sie selbst durch geduldige und entschlossene Arbeit für sich und alle anderen Minderheitengruppen geschaffen hatten, deren Segnungen ihnen aber nur kurze Zeit zuteil werden sollten.

Die Entrechtung der Minderheiten

Die neue europäische Ordnung verhieß den Minderheiten internationalen Schutz unter dem Völkerbund. Die Bestimmungen der »Minderheitenklauseln« garantierten ihnen nationale Privilegien, was Schulen, Wahl der Sprache, staatlich unterstützte Einrichtungen und dergleichen mehr anging. Auf diese Weise waren die nationalen Rechte der Juden in Lettland und Litauen, in Polen und in der Tschechoslowakei gesetzlich gesichert. In Lettland zum Beispiel war den Juden volle Autonomie im Erziehungswesen eingeräumt worden. Und in Rumänien, einem klassischen Land der Pogrome, garantierte die neue Verfassung der jüdischen Bevölkerung umfassende nationale und bürgerliche Rechte.
Überall fühlten sich die jüdischen Massen durch die Proklamation der gleichen Rechte von seiten der neuen Regierungen zu neuer unerhörter Aktivität angespornt. Der Glaube an die hohen Ideale der nationalen Befreiung löste eine heftige soziale und kulturelle Revolution aus, die landauf, landab zu einer Neugestaltung des Gemeindelebens und zur Einrichtung zahlreicher jiddischer und hebräischer Schulen führte.
Aber die politische Demokratie war in Europa von allem Anfang an äußerst gefährdet, und in recht kurzer Zeit enthüllte sich die formale Gleichberechtigung samt den verfassungsmäßigen Garantien, auf die sich die Regierungen geeinigt hatten, als eine konziliante Geste gegenüber den westlichen Befreiungsmächten. Nun setzte ein rückläufiger Prozeß ein; den Juden wurde das Wahlrecht entzogen, sie wurden aus der Wirtschaft hinausgedrängt und zwangsaus-

gesiedelt, und wieder einmal mußten sie, von ihrer Umgebung zur Verzweiflung getrieben, um Leib und Leben bangen.
So sah die Situation der Juden in den meisten Ländern Ost- und Mitteleuropas aus. In der polnischen Republik, wo die Juden wieder physische Angriffe gewärtigen mußten, wurden schon bald nach ihrer Gründung hohe Steuern und ein *numerus clausus* eingeführt. Die politischen Parteien stimmten fast ausnahmslos darin überein, daß in ihrem Land kein Raum für drei Millionen Juden sei, obwohl in Polen seit nahezu tausend Jahren Juden gelebt und dem Land in jeder Entwicklungsphase Pionierdienste geleistet hatten. Die wirtschaftliche Lage der Juden verschlechterte sich dergestalt, daß sie sich hektisch nach einer neuen Heimat umschauten – und das lange vor der Hitler-Ära.
In Rumänien lagen die Dinge nicht besser, vor allem in der bessarabischen und transsylvanischen Provinz, wo der von der Regierung angefachte zügellose Terror in Verfolgungen umschlug und zahlreiche Juden unter der Beschuldigung verhaftet wurden, noch zu Ungarn beziehungsweise zu Rußland, den einstigen Herren dieser Gebiete, zu halten. In Ungarn selbst führte die Unterdrückungspolitik zu einer steilen Abnahme des Prozentsatzes der jüdischen Studenten an den Universitäten von 34,6 vor auf 7,8 Prozent nach dem Krieg. Die höheren Bildungsanstalten in allen Ländern zwischen der Sowjetunion und Westeuropa, einem von fünf Millionen Juden bewohnten Gebiet, wurden zu Zentren eines ungezügelten Antisemitismus.
So wurden die Juden in fast allen Ländern Osteuropas, welche entgegen all ihren Versprechungen eine Politik fanatischen Nationalismus einschlugen, das Opfer der neuen souveränen Majoritäten. In dem um seine wirtschaftliche Existenz kämpfenden Polen herrschte die irrige Auffassung, die Vernichtung einer Wirtschaftsgruppe, nämlich der Juden, sei unvermeidbar, sollten die anderen überleben. Der Versuch, die Juden wirtschaftlich auszuschalten, nahm jedoch nicht die Form einer offenen antijüdischen Gesetzgebung an. Statt dessen griff die Regierung in den zwanziger Jahren zu einer Art Staatskapitalismus und verstaatlichte die Tabak-, Branntwein-, Salz- und Streichholzindustrie sowie alle Zweige des öffentlichen Transportwesens. Es war kein Zufall, daß es ausgerechnet diejenigen Industrien traf, in denen die Juden besonders zahlreich vertreten waren. Die jüdischen Arbeitnehmer wurden vom neuen Besitzer, vom Staat, sofort entlassen. Außerdem wurden die Juden aus allen Staatsposten und Regierungsaufträgen hinausgedrängt. Zehntausende verloren ihre Stellung, fast alle Schichten wurden betroffen. Mitte der zwanziger Jahre wurden von den 2800 jüdischen Schuhfabriken in Polen 1060 geschlossen. Ähnlich ging es in vielen anderen Gewerbezweigen zu.
In Rumänien versuchten die Behörden auf nationaler wie auf örtlicher Ebene selbst die einfachsten, die billigsten der eingegangenen Versprechen zu umgehen. In der Universitätsstadt Czernowitz zum Beispiel in der nördlichen, erst von

Österreich abgetretenen Provinz, baute ein jüdischer Geschäftsmann im Bestreben, seinen Mitbürgern seinen guten Willen zu zeigen, ein hübsches Gesellschaftszentrum für Studenten, stattete es aus und schenkte es der Universität. Als erstes jedoch verboten die Behörden den jüdischen Studenten den Zutritt.

In Ungarn lagen die Dinge für die Juden ähnlich ungünstig, wenn auch in anderer Hinsicht. Zur Zeit der Österreichisch-Ungarischen Donaumonarchie waren die Söhne der Mittelschicht und der Oberklasse mühelos im Heer oder im Staatsdienst untergekommen und hatten die Bereiche der Finanz, des Journalismus, des Handels, der Industrie und der Unterhaltung gern den Juden überlassen. Nach dem Krieg jedoch waren praktisch nur noch diese Tätigkeitsbereiche übrig. Und da die Juden mit Universitätsdiplomen im Staatsdienst eine harte Konkurrenz darstellten, entwickelte sich, vornehmlich an den Universitäten selbst, ein widerlicher, aus wirtschaftlichen Gründen erwachsender Antisemitismus. Die ungarischen Juden, emanzipierter als die meisten anderen östlichen Juden und insofern an eine offenere Gesellschaft gewöhnt, reagierten empfindlich und bitter auf diese Wendung der Dinge.

Auch die kleinen Staaten in Ost- und Südosteuropa zeigten sich begierig auf nachbarliche Territorien. Ohne Rücksicht auf die im Friedensvertrag gezogenen Grenzen nahmen sie sich mit Gewalt, was sie wollten. Örtliche Streitereien brachen aus, heftiger denn je, und häufig mußten die Juden, von den kleinen Politikern beider Seiten illoyalen Intrigierens bezichtigt, den Sündenbock abgeben.

Daß die Verträge scheiterten, war vielleicht unvermeidlich. Der Völkerbund besaß nicht die nötige Macht, sie durchzusetzen und ging auch nicht mit der für ihre ordnungsgemäße Durchführung erforderlichen unparteiischen Gerechtigkeit vor. Die Großmächte spielten ohnehin ihr eigenes politisches Spiel mit dem Bund und erstickten jeden wirklichen Fortschritt schon im Keim. Außerdem hatten die Friedensstifter die wirtschaftlichen Probleme der neugegründeten Staaten zu wenig berücksichtigt. Niemand dachte daran, die besiegten Nationen zu unterstützen, um ihnen die Rückkehr zu einer normalen wirtschaftlichen Existenz zu ermöglichen. Die Folge war, daß Armut und Hunger, Verbitterung und Haß von Tag zu Tag zunahmen. Und wie immer in solchen Situationen erwiesen sich die Juden als der geeignetste Sündenbock für alle Übel der Gesellschaft.

Die Balfour-Deklaration

Die zionistischen Hoffnungen auf die Wiedergewinnung Palästinas als Heimat der Juden wurden 1914, als die Türkei auf deutscher Seite in den Weltkrieg eintrat, greifbare politische Wirklichkeit. Die Auflösung des Osmanenreiches (seit langem der »kranke Mann am Bosporus«) war abzusehen, und schon meldeten verschiedene Parteien Ansprüche auf das palästinensische Erbe an. Als führender Bewerber galt zu diesem Zeitpunkt Frankreich, das seinen Anspruch auf das Gebiet damit begründete, daß die meisten Kreuzfahrer, die im Mittelalter ins Heilige Land gezogen waren, aus Frankreich stammten. Jahrhundertelang hatte Frankreich die Rolle des Protektors der in den türkischen Herrschaftsgebieten lebenden Christen gespielt, eine Rolle, die von der Goldenen Pforte schon 1553 anerkannt worden war. (In Wirklichkeit jedoch lag die Wahrung der religiösen Belange der Christen im Türkischen Reich in erster Linie bei der russisch-orthodoxen Kirche, der die Mehrzahl angehörte.)

1882 hatte Frankreich die Konsolidierung des britischen Machtanspruchs in Ägypten hinnehmen müssen. Um so eifriger bestand es nun darauf, seinen Einfluß in Syrien, das damals auch Palästina einschloß, zu behaupten. Und da es Großbritannien hauptsächlich um das Schicksal des Suezkanals ging, akzeptierte es bei Ausbruch des Weltkriegs zumindest implicite die französische Führungsrolle in der Entwicklung der syrischen Wirtschaft und Kultur. Ja, es bekräftigte sogar ausdrücklich, selber keinerlei politische Ambitionen zu verfolgen oder territoriale Ansprüche zu stellen. Doch diese Einstellung sollte sich schon sehr bald ändern. Als man in England zu fürchten begann, eine Großmacht so nahe am Suezkanal könnte die lebenswichtige Verbindung Großbritannien–Indien gefährden, machte man Frankreich klar, daß man seine Bestrebungen, Palästina in den umfassenderen Syrienplan einzubeziehen, nicht dulden würde.

In diesem Stadium stimmten die britischen Absichten mit den zionistischen Zielen überein. Einem jüdischen Palästina Protektion anzubieten, bedeutete für die Briten eine Möglichkeit, ihre Rolle im Nahen Osten zu rechtfertigen. So erhielten zionistische Führer des öfteren einen Wink, Großbritannien sei bereit, die Verwirklichung des zionistischen Programms, die Einrichtung einer rechtlich gesicherten Heimstätte in Palästina, in Übereinstimmung mit dem Basler Programm zu unterstützen.

Kurz vor dem Ausbruch des Ersten Weltkriegs war die Zionistische Bewegung von außen betrachtet keineswegs eindrucksvoll. 1913 zählte sie 130 000 Mitglieder in aller Welt, machte aber nur langsam Fortschritte. Zwar war sie in Wirklichkeit weitaus stärker, als man ihrer Mitgliederzahl nach vermutet hätte, aber trotzdem hielten selbst die meisten Juden die Zionisten nach wie vor für unrealistische Träumer. Politisch waren seit dem Sechsten Kongreß keine Fortschritte mehr erzielt worden. Die enge Freundschaft mit Großbritannien während der Jahre 1902–1905 (zur Zeit des Uganda-Vorschlags) bestand nicht mehr. Die Franzosen waren überzeugt, daß die Zionisten für die Deutschen arbeiteten (Herzl hatte versucht, den Kaiser für einen Charter zu gewinnen), und die Türken betrachteten die Bemühungen der Zionisten im allgemeinen voller Feindseligkeit. Wie Chaim Weizmann sagte: »Wir standen vor einer fensterlosen Mauer.« Deshalb hatten sie sich vor allem auf die in Palästina auftauchenden praktischen Probleme konzentriert, auf die Ansiedlung, die Landwirtschaft und die Entwicklung einer neuen Kultur.

Gegen Ende 1914 nahm Weizmann durch die Vermittlung seines Freundes C. P. Scott, des Herausgebers des *Manchester Guardian*, erneut Fühlung mit der britischen Regierung auf. Im Januar 1915 traf er mit Lloyd George, dem Vorsitzenden des Rüstungsausschusses, zusammen, der bei der Herstellung von Azeton auf Schwierigkeiten gestoßen war und sich um eine Lösung des Problems an den brillanten Wissenschaftler Weizmann gewandt hatte. Tatsächlich gelang es Weizmann, ein neues Herstellungsverfahren für Azeton zu entwickeln, ein Erfolg, der für die Kriegführung von großer Bedeutung war und ihm den späteren Premierminister zum Freunde gewann.

Den eigentlichen Wendepunkt in der britisch-zionistischen Beziehung aber hatte schon vor dieser Episode die Begegnung zwischen Arthur James Balfour und Chaim Weizmann (1906) gebracht. Der Anstoß dazu war von Balfour ausgegangen, der Weizmann zu überzeugen wünschte, daß die Ablehnung des britischen Uganda-Angebots falsch gewesen sei. Seltsamerweise aber kam es gerade umgekehrt. Balfour ließ sich seinerseits von Weizmann überzeugen, daß er im Unrecht sei, daß Zion und nur Zion als Heimat für die Juden in Frage käme, und wurde zu einem erklärten Zionisten, ohne dessen Unterstützung die Deklaration nie zustande gekommen wäre. Als Weizmann Balfour, der mittlerweile zum Außenminister in Lloyd Georges Kabinett aufgestiegen war, wieder traf, sagte dieser: »Ich habe über unser Gespräch [von 1906] nachgedacht und möchte glauben, daß Sie, wenn die Geschütze schweigen, Ihr Jerusalem bekommen.«

Von nun an arbeitete Weizmann fieberhaft auf sein Ziel zu. Es gelang ihm, viele führende Briten und prominente britische Juden wie Herbert Samuel, den ersten bekennenden Juden in einem britischen Kabinett, Walter Rothschild (den Sohn von Nathaniel), Harry Sacher, Israel Sieff und Simon Marks für die zionistische Sache zu gewinnen. In einem Brief an Scott umriß er seinen Plan folgendermaßen: »... daß die Juden das Land übernehmen; sie tragen auch die ganze Last der Organisation, arbeiten aber in den nächsten zehn oder fünfzehn Jahren vorläufig unter einem britischen Protektorat. Eine starke jüdische Gemeinde an der ägyptischen Flanke ist ein wirksames Bollwerk gegen jede Gefahr, die möglicherweise aus dem Norden drohen könnte.«

Die Bestrebungen der Zionisten waren in vielen Ländern von der jüdischen

Führerschaft verworfen worden, da diese in einem Charter in erster Linie eine unheilvolle Bedrohung der Rechte der Juden in der Diaspora sah. Von den Organisationen, die die philanthropischen Bemühungen der Juden in Palästina unterstützten, liefen gelegentlich die heftigsten Proteste ein. Diese Kreise hüteten sich zwar, die historischen Bande zwischen den Juden und Palästina anzutasten, waren aber doch ängstlich darauf bedacht, die Gleichberechtigung, die sie in Westeuropa erst vor kurzem um einen so hohen Preis errungen hatten, zu bewahren. In ihren Augen bedeutete die Idee, einen Judenstaat zu konzipieren, eine Aufforderung an ihre Feinde, die umstrittene Frage nach der zwiefachen Loyalität der Juden wieder aufzuwerfen.
Trotz dieser Opposition legten Weizmann und sein Komitee Ende Januar 1917 dem Außenministerium ein offizielles Memorandum über die in Palästina einzuschlagende Politik vor, den sogenannten »Entwurf eines Programms für die jüdische Rücksiedlung nach Palästina in Übereinstimmung mit den Zielen der Zionistischen Bewegung«. Die Hauptforderungen lauteten: Anerkennung der Juden in Palästina als einer Nation und Gewährung aller Freiheiten bürgerlicher, nationaler, politischer und religiöser Natur sowie des Rechtes, Land aufzukaufen und einzuwandern.
Die Antizionisten, beunruhigt über die Fortschritte der Zionisten im Jahr 1917, beschlossen, deren Bemühungen zunichte zu machen. Weizmann schreibt:

> In dem halben Jahr, das der Balfour-Deklaration voranging, entbrannte innerhalb des englischen Judentums ein merkwürdiger Kampf – ein Kampf, der wahrscheinlich in der Geschichte keine Parallele hat. Ein Volk, das über achtzehn Jahrhunderte von seinem Heimatland abgeschnitten in der Verbannung gelebt hatte, erhob nun den Anspruch, sich wieder als Volk zu konstituieren. Die Welt horchte auf, hatte Verständnis für diesen Wunsch, eine Großmacht war bereit, den Akt der Wiederaufrichtung zu vollziehen, und die anderen Mächte zeigten wohlwollendes Interesse dafür. Und eine satte, wohlhabende, selbstzufriedene Minorität, eine winzige Minorität dieses Volkes, lehnte sich gegen den Plan auf und bemühte sich mit wildem Eifer, den Akt der Wiederaufrichtung zu verhindern. Da sie selbst die Wiedergutmachung eines alten historischen Unrechts nicht nötig hatte – oder wenigstens nicht nötig zu haben glaubte –, kämpfte diese kleine Minderheit erbittert darum, die große Mehrheit all der Wohltaten zu berauben, die ihr dieser Akt des Weltgewissens bringen sollte; und es gelang ihr, diesen Akt der Gerechtigkeit, wenn auch nicht aufzuhalten, so doch wenigstens seine Anwendung bis zu einem gewissen Grad aufzuheben.

In einer Ansprache an eine außerordentliche Delegiertenversammlung aller in England bestehenden zionistischen Gesellschaften sagte Weizmann, er empfinde es als zutiefst beschämend, daß die Juden in dieser großen Stunde nicht einig zusammenstünden. »Wir wollen der Welt nicht das Schauspiel eines Bruderkriegs bieten. Aber wir warnen jene, die einen offenen Bruch erzwingen, daß ... wir keinem gestatten, die schwere Arbeit, die wir leisten, zunichte zu machen, und wir sagen allen unseren Gegnern: ›Hände weg von der Zionistischen Bewegung!‹ «

Doch die Antizionisten beachteten die Drohungen nicht. In der *Times* erschien ein langer Artikel, der den Standpunkt der Zionisten verwarf und die Regierung ermahnte, die zionistischen Forderungen nicht zu unterstützen. In einer anonymen Antwort zog die *Times* selbst gegen diese Erklärung zu Felde: »Nur eine überspannte Einbildungskraft kann auf den Gedanken verfallen, daß die Verwirklichung der territorialen Forderungen des Zionismus in der einen oder anderen Form die Christenheit veranlassen würde, zu den Juden zu sagen: ›Nun, da ihr euer eigenes Land habt, geht auch hin.‹ «

Immerhin bewirkte die Agitation der Antizionisten, daß die Balfour-Deklaration erst später abgegeben wurde und im Wortlaut nicht mehr so präzis oder so vorbehaltlos für die Juden ausfiel wie vor ihrer Einmischung. Als die Angelegenheit Palästina dem Kriegskabinett vorgelegt wurde, hielt Edwin Montague (damals Staatssekretär für Indien), ein jüdischer Antizionist, eine leidenschaftliche Rede dagegen. Erst als schließlich am 16. Oktober Präsident Wilson an die britische Regierung kabeln ließ, Amerika unterstütze die Erklärung im großen und ganzen, war der tote Punkt, den die Antizionisten heraufbeschworen hatten, überwunden. Und am 2. November 1917 gab das britische Außenministerium folgende, in Form eines an Lord Rothschild adressierten Briefes abgefaßte Erklärung ab; Rothschild, das Oberhaupt des britischen Familienzweigs, war selber kein Bankier, sondern ein Wissenschaftler und Mitglied des Oberhauses.

> Sehr geehrter Lord Rothschild,
> ich habe das Vergnügen, Ihnen im Namen der Regierung Seiner Majestät die folgende, dem Kabinett unterbreitete und von ihm gebilligte Sympathieerklärung mit den jüdisch-zionistischen Bestrebungen zu übermitteln:
> »Die Regierung Seiner Majestät steht der Errichtung einer Nationalen Jüdischen Heimstätte für das jüdische Volk in Palästina mit Wohlwollen gegenüber und will die Ausführung dieses Vorhabens nach Kräften erleichtern helfen, unter der ausdrücklichen Voraussetzung, daß nichts geschieht, was die bürgerlichen oder religiösen Rechte der bereits in Palästina bestehenden nichtjüdischen Gemeinden oder die Rechte und den politischen Status der Juden in irgendeinem anderen Land beeinträchtigt.«
> Ich wäre Ihnen dankbar, wenn Sie diese Erklärung dem Zionistischen Bund zur Kenntnis bringen wollten.
>
> Mit vorzüglicher Hochachtung
> Arthur James Balfour

Diese Erklärung gab den Auftakt zum britischen Palästinafeldzug, der einen Monat später zur Befreiung Judäas von den Türken führte. Am ersten Tag des Chanukkafestes 1917 nahm Lord Allenby Jerusalem ein. Unter seinen Truppen waren auch drei von Vladimir Jabotinsky und Josef Trumpeldor geführte jüdische Bataillone der Jüdischen Legion, die sich aus Freiwilligen aus England, den Vereinigten Staaten, Kanada und der jüdischen Bevölkerung Palästinas zusammensetzten. Die endgültige Entscheidung in der Palästinafrage fiel auf der Konferenz der Alliierten in San Remo 1920. Lloyd George verabschiedete sich von Weizmann mit folgenden Worten: »Jetzt haben Sie also Ihren Staat. Nun ist es an Ihnen, das Volk dafür zu gewinnen.« Und 1922 wurde Großbritannien das Mandat vom Völkerbund in aller Form übertragen.

Die Bedeutung der Balfour-Deklaration

Die Balfour-Deklaration ist der entscheidendste diplomatische Sieg des jüdischen Volkes in der modernen Geschichte. Wohl hat es den Anschein, als stellten die späteren politischen Siege von 1947 und 1948 Weizmanns hervorragenden Beitrag zur Israeli-Revolution in den Schatten, aber die eigentliche Wende trat 1917 ein, nicht 1948. Gewiß, die Teilung von 1948 schien in ihren Folgen revolutionärer. Aber sie ging nicht von einem rein visionären Impuls aus. Sie trug nur dem faktischen Gleichgewicht der vorhandenen Mächte Rechnung. Die jüdische Bevölkerung in Palästina war zu groß geworden, um von den Arabern beherrscht zu werden, zu selbstsicher, um unter Vormundschaft gestellt zu bleiben, und viel zu widerspenstig, um sich ihren ehrgeizigsten Plan durchkreuzen zu lassen. 1948 auf die Teilung zu dringen hieß also nicht, aus der festgefügten Wirklichkeit in die Stratosphäre des mystischen Glaubens aufzusteigen.
1914 aber wie Weizmann vorzuschlagen, das Recht des jüdischen Volkes auf »Wiedererrichtung einer nationalen Heimat in Palästina« international anzuerkennen, bedeutete, gegen das Trägheitsmoment der feststehenden Tatsachen zu rebellieren. Kein Mensch wußte, was unter einer »Nationalen Heimstätte« zu verstehen war. Das »jüdische Volk« stellte keine anerkannte juristische Person dar. Ja, es gab nicht einmal das Land »Palästina«, sondern nur den südlichen Distrikt von Syrien. Mißlich war überdies, daß das Gebiet, über dessen Schicksal Großbritannien entscheiden sollte, eigentlich der Herrschaft der osmanischen Türken unterstand, gegen die Großbritannien zu diesem Zeitpunkt einen erfolglosen Krieg führte.
Weizmanns Kraft aber lag in seiner Fähigkeit, andere zu fesseln und davon zu überzeugen, daß die in der jüdischen Geschichte liegende Notwendigkeit letztlich

über jene gewaltigen, von der Vernunft aufgetürmten Hindernisse den Sieg davontragen müßte. Er war zwar nur Dozent an der Universität Manchester und besaß nicht einmal die Vollmacht, für die kleine zionistische Bewegung jener kämpferischen Zeit zu sprechen. Aber Verheißung lag in der Luft – es galt die neuen, wunderbaren Möglichkeiten, die sich aus den Interessenkollisionen und dem wechselnden Glück der Mächte ergaben, beim Schopfe zu packen. Und Chaim Weizmann war jung und ungebunden, unbelastet durch Geschichte, Fehlschläge, Enttäuschungen oder ein öffentliches Amt. Die Hoffnung seines Volkes keimte frühlingshaft auf, und es war eine Lust, am Leben zu sein. In kurzer Zeit hatte er einige Männer um sich geschart und verfolgte sorgfältig seine Chancen, um dann bei wichtigen Anlässen mit einer solch massiven Autorität und einer solchen Sicherheit auf der politischen Bühne aufzutreten, daß es ihm gelang, der Geschichte seines Volkes eine völlig neue Richtung zu geben. In jener Zeit des siegreichen Nationalismus wurde vielen Führern der befreiten Völker ein Denkmal gesetzt. Aber Weizmann überragt sie alle, denn keiner verfolgte so hochfliegende Ziele mit so ungenügenden Mitteln.
Ein führender Historiker und Diplomat schrieb:

> Keiner wird bestreiten, daß Dr. Weizmann *der* Schöpfer der Nationalen Heimstätte war, und daß es ohne die Nationale Heimstätte heute keinen Staat Israel gäbe. Dennoch scheint mir zweifelhaft, ob dieser Teil seines großen Werkes in der zeitgenössischen Geschichte je so gewürdigt wurde, wie er es verdiente. Meines Erachtens war es die größte Leistung der diplomatischen Staatskunst im Ersten Weltkrieg. Jene Zeit hat bei den kleinen Nationen mehrere große Führer hervorgebracht, die, als sich die Welt durch den Konflikt unter den Großmächten wandelte, viel für ihr Volk erreichten. Aber meiner Ansicht nach kommt keiner von ihnen Dr. Weizmann an Format gleich, nicht einmal Masaryk und Venizelos, die beiden berühmtesten. Die Hindernisse, die sie überwinden mußten, um ihr Ziel zu erreichen, lassen sich mit jenen, denen Dr. Weizmann gegenüberstand, nicht vergleichen. Ihr Volk war in beiden Fällen bereits im Besitz seines Territoriums. Dr. Weizmann dagegen hatte keine günstige Ausgangsbasis. Das Volk, für das er sich einsetzte, war über alle fünf Kontinente verstreut. Die Heimat, die er zu schaffen versuchte, lag in einem Lande, dessen Einwohner, von der kleinen, überaus wichtigen Gruppe von Pionieren abgesehen, einem anderen Volk angehörten. Er mußte nahezu zweitausend Jahre zurückgehen, um seinen Anspruch auf dieses Gebiet zu begründen. Einen Präzedenzfall für seine Forderung gab es nicht.
>
> (Sir Charles Webster: *The Art and Practice of Diplomacy*)

Auf dem Kamm dieser Siegeswoge stieg Weizmann zum rivalenlosen Führer im jüdischen Leben auf. Auf der diplomatischen Ebene hatte er triumphiert; aber er wußte, daß das letzte Wort auf anderen Gebieten fallen würde, daß die größeren Anstrengungen noch bevorstanden. So beschwor er die mächtigen Vertreter der Judenschaft, allerdings nur teilweise mit Erfolg, sich von der Diplomatie ab- und den konkreten Kräften, die allein der Diplomatie ihren Inhalt geben, zuzuwenden. In der Balfour-Deklaration und im Palästinamandat sah er lediglich eine Möglichkeit, die keineswegs schon die Gewißheit der Erfüllung einschloß. Alles hing davon ab, ob sie durch eine konkrete geopolitische Wirklichkeit ersetzt werden konnte.

Zwischen den beiden Weltkriegen verfolgte Weizmann sein Ziel im Bewußtsein, einen Wettlauf mit der Zeit zu führen. Es war abzusehen, daß der arabische Nationalismus bald zu größerer Virulenz erwachen und die britischen Staatsmänner dann nicht lange zögern würden, den Umständen Rechnung zu tragen. Räumlich, bevölkerungsmäßig und strategisch aber hatte der Zionismus mit seinen unwägbaren Werten der arabischen Welt kaum etwas entgegenzustellen. Weizmanns Aufgabe bestand also darin, eine Vision in die Tat umzusetzen.

Seine Stellung im internationalen Leben vermittelte den Juden einen ersten Vorgeschmack auf ihre Souveränität. Staatsoberhäupter empfingen Weizmann mit Höflichkeit, Minister und hohe Beamte mit ängstlichem Respekt. Sie liefen Gefahr, sich von seinem Charme oder erschöpft von dem Ansturm seiner Gefühle gegen ihren Willen zu dem einen oder anderen Zugeständnis hinreißen zu lassen. Dennoch behandelten sie ihn, als wäre er bereits der Präsident einer souveränen Nation, der ihren gleichgestellt. Daß dies nicht ganz stimmte, wußten er wie sie; aber irgend etwas an seinem Auftreten sowie ihr eigenes geschichtliches Vorstellungsvermögen verboten ihnen, den Zauber zu brechen. Das jüdische Volk hatte einen Präsidenten hervorgebracht, noch ehe es einen eigenen Staat besaß; und dadurch erschien vielen der Anspruch auf Eigenstaatlichkeit gerechtfertigt.

Seine weitverzweigten Verbindungen zu hochgestellten Persönlichkeiten, seine Vorliebe für Eleganz und Ordnung im Alltag, seine Lebensart, sein kultureller Horizont, der von der jüdischen Volkstradition über den europäischen Humanismus bis hinein in die Atmosphäre und Disziplin der wissenschaftlichen Methode reichte, stand trennend zwischen ihm und der Masse seines Volkes. Dennoch war er, was sein ganzes Verhalten anging, vom selben Geist beseelt. Die Juden bewunderten ihn, weil er seine persönliche Auszeichnung so gelassen hinnahm. Sie wußten, daß er sich ihre Anliegen ganz zu eigen gemacht hatte, daß er seine vielseitigen Fähigkeiten nicht verzettelte, seine vielfältigen Interessen einer einzigen Sache unterordnete.

Diesen bedingungslosen Einsatz für ihre Ziele lohnten ihm seine Anhänger mit einem ehrfurchtsvollen Respekt. Sie empfanden ihn ganz als einen der ihren. Mochte er in den ausländischen Kanzlerämtern auch als geschickter Diplomat auftreten, für die jüdischen Massen blieb er der begabte Sohn eines Holzhändlers aus Pinsk, wie ja auch seine Sprache, seine Stimme, all seine Eigenheiten sein Leben lang von der reichen soliden Kultur des jüdischen Ansiedlungsrayons zeugten. Manchmal wies ihn sein Volk in der Hitze des politischen Kampfes in aller Form zurück, aber nur um es hinterher leidenschaftlich zu bereuen und Himmel und Hölle in Bewegung zu setzen, um ihn wieder für die Führung zu gewinnen. Und selbst wenn er seines Amtes enthoben war, weigerten sich die jüdischen Gemeinden, einen anderen als obersten Gesandten des Zionismus anzuerkennen.

Der Jischuw

Israels nationale Wiedergeburt war bereits von den *Biluim* eingeleitet worden. Ihrem Vorbild schloß sich in mehreren *Alijot* (Einwanderungswellen) eine ständig zunehmende Zahl von Pionieren an, die den Grundstock für den Aufbau des modernen Israel legten. Diese Menschen, getrieben von dem Ehrgeiz, die jüdische Existenz von Grund auf umzuwandeln, kamen nach Zion, obwohl es ihnen zu dieser Zeit noch freistand, nach England oder Amerika auszuwandern. Fest entschlossen, das Judentum durch eine Rückwendung zum Boden vom Odium des Ghettos zu befreien, wandten sie sich ganz bewußt der landwirtschaftlichen Siedlung und der körperlichen Arbeit zu. Wenn auch nicht alle die selbstgestellte Probe bestanden, die Besten bildeten eine Elite, unter deren Führung ein neuer Typ der jüdischen Gesellschaft Gestalt anzunehmen begann. Rückgewinnung des Bodens, persönliche Arbeit als eine Art Erlösung – so lauteten die Ideale, mit deren Hilfe vor allem die glühend überzeugten Pioniere der zweiten, 1904 einsetzenden und bis zum Kriegsausbruch anhaltenden *Alija* die »Normalisierung« des jüdischen Lebens durchführen wollten. Lebendige Wirklichkeit wurden diese Ideale in der erstmals 1909 in Degania eingeführten Kooperativsiedlung oder *K'wuza*, einem einzigartigen sozialen Experiment. Hier entstand eine Gesellschaft, die nach den utopischen Normen funktionierte, wie sie sich die großen russischen Reformer des 19. Jahrhunderts gedacht hatten; eine Lebensweise wurde entwickelt, in der jeder seinen Fähigkeiten entsprechend gab und seinen Bedürfnissen entsprechend empfing. Diese Ansätze, die später in der *Kibbuz*-Bewegung zur Entfaltung kamen, einer erfolgreichen Verkörperung des Gleichheitsideals, dienten den demokratischen Gesellschaften in aller Welt zum Vorbild.

Zunächst beschäftigte sich ausschließlich die intellektuelle Jugend der osteuropäischen Juden mit dem Gedanken einer Rückkehr nach Zion. Unter den Auswanderern, die zu dieser Zeit kamen, waren vielversprechende junge Leute, die ganz in dem Wunsch aufgingen, Palästina wiederzuerrichten. Ihr Philosoph war Aaron David Gordon, der in seinen Schriften die körperliche Arbeit als die Grundlage einer erneuerten jüdischen Existenz hinstellte. Es war eine Zeit der Experimente, der Gefahren und Schwierigkeiten, aber auch eine Zeit enger Kameradschaft und glühender Begeisterung. 1914 war erst ein kleiner Anfang gemacht; aber er genügte bereits, um den Zionisten Vertrauen in die Zukunft einzuflößen und die Sympathie vieler nichtzionistischen Juden zu gewinnen. Die Siedlungen konnten sich allmählich selbst versorgen. In den Städten gab es Zellen jüdischer Arbeiterschaft, eine neue Kultur war im Entstehen. All das zwar erst in kleinem Maßstab, aber es verlieh den Forderungen der Zionisten doch Gewicht, da es bewies, daß ihre Pläne nicht eitle Träume waren. Wenn nun jüdische Staatsmänner wie Weizmann und Sokolow auf internationalen Konferenzen auftraten, um die Rechte der jüdischen Nation zu betonen, horchte die Kulturwelt auf. Die Leistungen in Palästina machten einen größeren Eindruck als Jahrhunderte des Flehens und der Tränen.
Die Rückkehr nach Zion und der Aufbau eines neuen nationalen Lebens erforderten die Entwicklung einer neuen national eigenständigen, den geistigen Werten des Zionismus entsprechenden Kultur. Das Werkzeug zu dieser kulturellen Renaissance lieferte die von den Zionisten im Leben und in der Literatur der Nation als Kommunikationsmittel durchgesetzte hebräische Sprache. War das Hebräische in Europa schon einige Jahrzehnte früher in gewisser Hinsicht zu neuem Leben erweckt worden, so wurde es in Palästina erst mit der zionistischen Einwanderung zu einem Streitpunkt. Daß eine einzige, verbindende Sprache für die Einwanderer wünschenswert war, leuchtete jedermann ein, nicht so ganz hingegen, daß diese Sprache das Hebräische sein sollte. Zu jener Zeit sprachen und lasen die meisten Juden mit Vorliebe jiddisch. Hebräisch, die Sprache des Gebets und des Studiums, in der Synagoge und in der Schule gebräuchlich, wurde nur von wenigen gesprochen und hatte deshalb auch nicht mit der modernen Welt Schritt gehalten. Dennoch entschied man sich für das Hebräische als Nationalsprache, und Elieser Ben-Jehuda widmete sein Leben der Aufgabe, es umzuformen und dem neuen jüdischen Leben anzupassen. In dem umfassenden Wörterbuch, das er zusammentrug, finden sich Hunderte von neuen Redewendungen. Jiddisch wurde für die neuen Pioniere zum Symbol des Exils, der Demütigung. Zur Freiheit zurückzukehren bedeutete nun gleichzeitig, auf die Sprache der alten Hebräer zurückzugreifen, in stolzer Bejahung des vergangenen Ruhms ein Band zwischen Volk und Land zu schmieden.
Als erste hatten die Arbeiter in den landwirtschaftlichen Kolonien, jene frühen Siedler, die, von der Chibbat-Zion-Bewegung beseelt, eingewandert waren, das

Hebräische propagiert. Sie achteten streng darauf, daß nur hebräisch gesprochen, gelesen und geschrieben wurde. Ohne ihre Hartnäckigkeit wäre das Hebräische vielleicht nicht die vereinende Sprache der Heimat geworden, denn lange Zeit tobte deswegen ein erbitterter und heftiger Kampf. Die alte fromme Gemeinde von Palästina betrachtete das Hebräische als die dem Gebet und dem Studium vorbehaltene heilige Sprache. Viele weigerten sich, im Alltag hebräisch zu sprechen, ja waren entsetzt über diese Entweihung der geheiligten Sprache. Und all diese Hindernisse mußten überwunden werden, ehe das Hebräische als natürliches und nicht als künstlich aufgezwungenes Element im Leben und in der Kultur des Volkes Fuß fassen konnte.

1913 gab es in Palästina mehrere Schulen, an denen in Hebräisch unterrichtet wurde. Wie weit sich die Zionisten in dieser Hinsicht bereits durchgesetzt hatten, läßt sich an einem Vorfall ermessen, der sich 1913 in Haifa ereignete. Als die Technische Hochschule mit Deutsch als offizieller Sprache eröffnet wurde, streikten Studenten wie Lehrer; ihr Wahlspruch lautete: »Kein Hebräisch – keine Technische Hochschule.« Und kein Druckmittel des deutschen *Hilfsvereins*, der fördernden philanthropischen Organisation, konnte die Streikenden von ihrer neugewählten Sprache abbringen.

Das Leben der Juden in Palästina war von Anfang an in jeder Hinsicht ein nationales Leben, und zwar aufgrund der innersten Überzeugung der Siedler. Sie mühten sich, das Land wieder zu Ehren zu bringen, nicht nur um ihre eigene wirtschaftliche und politische Lage zu verbessern, sondern auch um die Sache der gesamten Nation zu fördern. Und um dieses Ziel zu erreichen, waren sie bereit, einen vollständigen Wandel in dem traditionellen Aufbau der jüdischen Gesellschaft hinzunehmen; dank ihrer aufopfernden Einsatzbereitschaft blühte das verödete Land wieder auf. Durch die Einführung des Hebräischen als Umgangssprache und die Schaffung vieler neuer kultureller Einrichtungen brach eine Ära tiefgreifender geistiger Erneuerung an. In alledem drückte sich ein neues nationales Bewußtsein aus, das in der jüdischen und nichtjüdischen Welt einen Widerhall fand, der in keinem Verhältnis zur zahlenmäßigen Stärke dieser frühen Pioniere stand. Sie besaßen weder Reichtum, noch stellten sie sonstwie eine Macht dar. Aber so beschränkt ihr Wirkungsbereich auch war, so gewaltig war ihre utopische Vision. Sie waren felsenfest davon überzeugt, daß es ihr Schicksal und ihr Auftrag sei, dem Judentum und der Menschheit einen neuen Weg zur Freiheit zu weisen.

19. PALÄSTINA ZWISCHEN DEN KRIEGEN

Die Balfour-Deklaration wurde vom Weltjudentum als eine echte Magna Charta gefeiert, deren Strahlkraft auch durch die vorsichtige, problematische Formulierung nicht verdunkelt werden konnte. Die nationale Unabhängigkeit der Juden war nicht länger nur Idee, reine Phantasie, sondern wurde in der Welt der Politik zur Realität. In manchen Teilen der jüdischen Diaspora schlug die messianische Begeisterung so hohe Wogen, daß Weizmann eine Dämpfung geboten fand.

> Ein Staat kann nicht durch einen Beschluß geschaffen werden, sondern nur im Laufe von Generationen von den Kräften eines Volkes. Selbst wenn uns alle Regierungen der Welt ein Land gäben, wäre es doch bloß ein Geschenk in Worten. Wenn aber das jüdische Volk hingeht und Palästina aufbaut, wird der jüdische Staat eine Tatsache.

Diese Wirklichkeit jedoch mußte unter ungewöhnlichen Bedingungen aufgebaut werden. Öffentliche Geldmittel waren knapp, überdies fehlte es bei den zur Bewältigung der gestellten Aufgabe anfallenden Arbeiten an Erfahrung und Ausbildung. Menschen, die jahrhundertelang nichts mit dem Land zu tun gehabt hatten, nahmen nun mit unermüdlichem Eifer den Aufbau der Landwirtschaft in Angriff. Intellektuelle, Ladenbesitzer, Kaufleute, Studenten wandten sich in einem bewußten Willensakt dem Boden zu. Nach vernünftigem Ermessen schien das Experiment von vornherein zum Scheitern verurteilt. Dennoch wuchs die jüdische Bevölkerung Palästinas von 55 000 Einwohnern nach dem Ersten Weltkrieg auf 450 000 im Jahr 1939. Jeder neue Einwanderer bereitete den Weg für den nächsten vor; als oberstes Ziel galt, Möglichkeiten für künftige Einwanderer zu schaffen.

Eingeleitet wurde die Ära der Nationalen Heimstätte mit der dritten *Alija*. Nach dem Ersten Weltkrieg wanderten Zehntausende ein, darunter auch eine Reihe einsatzbereiter Pioniere, die treibende Kraft der neuen Gesellschaft. Das Wort *Pionier* wird der Bedeutung von *Chaluciut*, der zentralen Moral im palästinensisch-jüdischen Leben, allerdings nicht völlig gerecht. Denn bei *Chaluciut* geht es um Selbstverleugnung, Strenge, praktischen Mystizismus und eine schöpferische Weigerung, sich mit unangenehmen Tatsachen abzufinden. Der Pionier setzte alle seine Kräfte für die Vision einer neuen Gesellschaft, einer neuen Nation ein. Er trachtete nicht nach persönlichen Vorteilen, sondern erfreute sich am allgemeinen Wachstum, zu dem er selbst entscheidend beigetragen hatte, dem er aber auch manchmal selbst zum Opfer fiel. Ehe man sich zivilisierteren Beschäftigungen zuwenden konnte, mußte zunächst einmal das Land selbst bewohnbar gemacht werden. Durch Trockenlegung von Sümpfen, Anpflanzung von Bäumen, durch den Bau von Straßen verlor die Landschaft nach und nach ihren unglaublich harten Charakter. Die tödliche Malaria, von Schwärmen von Moskitos übertragen, die sich über alten Morasten und Sümpfen herumtrieben, forderte viele Opfer. Unter solchen Umständen fand der jahrhundertelang unterdrückte jüdische Idealismus ein Ventil, sich heroisch zu äußern. Die Gesellschaft, die sich allmählich herausbildete, glich in keiner Weise mehr dem Bild, das man sich bis dahin vom Juden gemacht hatte. Der typische Vertreter der neuen Nation war nicht mehr der Geschäftsmann oder der asketische Gelehrte, sondern der Bauer und Arbeiter.

Kennzeichnend für diesen neuen jüdischen Stamm waren Leiden, Entbehrungen. Es fehlte an Geld, an medizinischer Betreuung, manchmal sogar am täglichen Brot. Die Bewohner der entlegenen Siedlungen waren kulturell abgeschnitten und sehr häufig auch physischer Gefahr ausgesetzt. Zuweilen verzichteten die Menschen ihrem Vieh zuliebe aufs Essen. Denn, wie ihre rührende Erklärung lautete: »Wir sind Zionisten, unsere Kühe nicht.« Kennzeichnend für die neue Gesellschaft war überdies ein tiefes moralisches Verantwortungsbewußtsein. Die Siedler quälten sich mit endlosen Debatten über den Sinn ihres Lebens, den Zweck ihres Tuns und mit der Frage, wie die Nation, für deren Aufbau sie kämpften, zu gestalten sei. In den vergesellschafteten Gemeinden, die sie gründeten, wurden die Ideale der Gerechtigkeit und Gleichheit strikt befolgt. Ein ungestümes Sendungsbewußtsein trieb sie an. Aus Versuchen und Fehlschlägen lernten sie. Vor allem aber strebten sie nach einer inneren geistig-seelischen Erneuerung, nach einer vollständigen Wiedergeburt des Nationalwillens.

Mit jeder Einwanderungswelle wurde die Gemeinschaft vielschichtiger. Die Meinungen über die letzte Bestimmung der Nationalen Heimstätte in sozialer und religiöser Hinsicht gingen vielfach auseinander. Fast stets aber konnte man sich auf naheliegende Ziele einigen. 1925 brachte die vierte *Alija* unerwartet über 30 000 Einwanderer ins Land. Die Hälfte davon war aus Polen vor den neuen Verfolgungen geflohen. Fast alle gehörten dem Mittelstand an und waren bislang in den Produktionsprozeß nicht unmittelbar eingeschaltet gewesen. Nun stießen sie auf gewaltige wirtschaftliche Schwierigkeiten und wandten sich zum großen Teil entmutigt ab. 1928 war die Krise überwunden. Neue Fabriken waren errichtet worden, die landwirtschaftlichen Betriebe vergrößerten sich, der Bedarf an Arbeitskräften stieg. Der Jordan wurde durch Staustufen in den Ruthenberg-Werken zur Elektrizitätsgewinnung genutzt, das Mineralpotential des Toten Meeres durch freiwillige Arbeiter ausgebeutet. Im jüdischen Palästinasektor entwickelte sich eine für nahöstliche Maßstäbe progressive Gesellschaft.

Ebenso schnell schritt der Gesellschaftsaufbau voran. Von allem Anfang an war der *Jischuw* entschlossen gewesen, seine inneren Angelegenheiten selbst zu regeln und sich eigene Einrichtungen zu schaffen – für die aus Osteuropa stammenden Juden eine Selbstverständlichkeit. Diese hatten sich in fast vollkommener Unabhängigkeit von den zentralen, über sie herrschenden Regierungen ihre eigene soziale Umwelt geformt. Auch hier in Palästina stand die britische Mandatsverwaltung seltsam außerhalb der eng miteinander verknüpften autonomen Strukturen, die die Juden einrichteten und unterhielten.

Auf allen Ebenen verfuhr man demokratisch. Der *Jischuw* wählte seine Vertreter, die *Assefat ha-Niwcharim*, in allgemeinen Wahlen, eine Körperschaft, die ihrerseits ein Exekutivorgan ernannte, den *Waad Lëumi* (Nationalrat). Dieser baute – und darin lag wohl eines seiner entscheidendsten Verdienste – trotz der geringen Ermutigung durch die Mandatsmacht ein nahezu die gesamte jüdische Bevölkerung umfassendes Erziehungswesen auf. So war das Bildungsniveau unter der flinken, rührigen Farmbevölkerung genauso hoch wie unter den Städtern. Die neue Nation wurde nach altem Vorbild geprägt.

Auf eine fortschrittliche geistige Entwicklung legte die nationale Führerschaft großes Gewicht. Schon in seinen frühen romantischen Jahren hatte Weizmann von einer Hebräischen Universität geträumt und darin den höchsten Ausdruck der wiedererstehenden jüdischen Kultur gesehen. Nirgends konnte sich seiner Ansicht nach der jüdische Geist besser entfalten als auf dem eigenen Boden, wo Lehrmeister und Schüler, von denselben Traditionen beseelt, durch dieselbe Sprache verbunden, eine eigenständige nationale Kultur aufbauen konnten. In seinen Augen war die Hebräische Universität eine Art Elektrizitätswerk, das das gesamte jüdische Volk mit geistlicher und intellektueller Energie versorgte.

Im Juli 1918 – die Geschütze donnerten noch immer – wurde auf dem Skopusberg der Grundstein zur Hebräischen Universität gelegt. Anwesend waren in einer Art Gründungsversammlung des neuen Israel der britische General Allenby und dessen Stab, die Vertreter der verbündeten Armeen, muslimische, christliche und jüdische Würdenträger aus Jerusalem und Vertreter des *Jischuw*. Weizmann schrieb über diesen Tag:

> Der äußere Rahmen der Feier war unvergeßlich schön. Die untergehende Sonne überflutete die Hügel von Judäa und Moab mit goldenem Licht. Es war mir, als ob diese lichtumflossenen Gipfel verwundert auf uns herabblickten. Vielleicht ahnten sie, daß nach so langer Zeit das Volk, das zu ihnen gehörte, endlich zurückkehren würde. Unter uns lag Jerusalem wie ein schimmernder Juwel.
>
> Tatsächlich aber war die nördliche Front nur in Schallweite von uns entfernt. Ich sprach kurz, stellte die Verheerungen des Krieges der schöpferischen Bedeutung des Aktes gegenüber, den wir im Begriff waren zu vollziehen; ich

erinnerte daran, daß wir erst vor einer Woche die Fasten des Neunten Aw eingehalten hätten, zur Erinnerung an den Tag, an dem der Tempel zerstört worden war und das jüdische Volk politisch als Volk aufgehört hatte zu existieren – wie es den Anschein hatte: für immer. Und nun legten wir den Samen in die Erde, aus dem ein neues jüdisches Leben erwachsen sollte...

Die Feier dauerte nicht länger als eine Stunde. Zum Schluß sangen wir die *Hatikwa* und *God save the King*. Aber keiner machte Anstalten zu gehen; wir standen schweigend, mit gesenkten Köpfen, und sahen auf die kleine Reihe von Steinen, während die Nacht leise herabsank.

1925 wurde die Universität offiziell eingeweiht. Zu den Eröffnungsfeierlichkeiten strömten von allen Ecken und Enden der Welt Gäste herbei. Als Versammlungsort diente ein von der Natur gebildetes Amphitheater, von dem aus sich ein erhabener Rundblick bot: die abfallenden Berge von Judäa, die steile Senke ins Jordantal und im Hintergrund in Richtung der Berge von Gilead und Moab ein Schimmer von den blauen Wassern des Toten Meeres.

Lord Balfour, der am Kampf des Zionismus schon früh getreulich Anteil genommen hatte, hielt die Eröffnungsansprache. In scharlachroter Cambridge-Robe und weißhaariger Würde schien er eine nichtjüdische Welt zu verkörpern, die zum erstenmal die nationale Gleichberechtigung der Juden akzeptierte.

Es ist nicht die großartige Aussicht, die sich Ihnen hier bietet. Es ist vielmehr das Bewußtsein, daß der Anlaß, zu dem wir hier zusammengekommen sind, eine bedeutende Epoche in der Geschichte jenes Volkes kennzeichnet, das dieses kleine Land Palästina zum Nährboden einer großen Religion gemacht hat, jenes Volkes, dessen geistiges und moralisches Schicksal sich unter einem nationalen Gesichtspunkt erneuert, und das auf diesen Tag, den wir heute feiern, als auf einen der großen Meilensteine in seiner zukünftigen Laufbahn zurückblicken wird.

Wie Jerusalem und der Skopusberg von der nationalen Wiedergeburt zeugten, so auch das einige hundert Fuß tiefer gelegene, sechzig Kilometer entfernte Tel Aviv am Ufer des Mittelmeers, das 1909 als Vorstadt von Jaffa für eine 10 000köpfige Bevölkerung gegründet worden war und sich schnell zu einer aktiven jüdischen Stadt, zum Nervenzentrum der Nation entwickelte. Handel und Industrie breiteten sich aus. Jeden Morgen erschienen hebräische Zeitungen; jeden Freitagabend trafen sich Scharen von Dichtern und Schriftstellern; die intellektuelle Atmosphäre der Stadt war aufgeklärt, denn in Tel Aviv lebten die Meister des modernen Hebräisch, Chajim Nachman Bialik, Saul Tschernichowski und einige Jahre lang der alternde Philosoph Achad Haam. Theater führten hebräische und ausländische Dramen auf. Hier dirigierte Arturo Toscanini Beethoven und Mendelssohn im ersten Konzert des von Bronislaw Hubermann gegründeten Palästina-Orchesters. Kurz, es zeigte sich, daß all die Entbehrungen und Opfer allmählich Frucht trugen. Menschen, die allen Hindernissen zum Trotz nach Palästina gekommen waren, forderten nun ihr kulturelles Erbe und nahmen die revolutionäre Umwandlung ihres Volkes in Angriff.

Die fünfte, 1932 einsetzende *Alija* brachte Zehntausende deutscher Juden in die Heimat. Der Terror, vor dem sie flohen, hatte zwar noch nicht seine endgültigen schrecklichen Ausmaße erreicht, aber die Gefahren und Demütigungen waren unerträglich genug. Der Gegensatz zwischen ihrer früheren Zuversicht und ihrem jetzigen Zusammenbruch hatte etwas Schmerzliches an sich. Die deutschen Juden, die dem Zionismus vielfach ferner standen als die assimiliertesten polnischen und russischen Juden, hatten dem deutschen »Vaterland« in aller Loyalität ihre ganze Kraft gegeben. Sie waren in ihren Sitten, in ihrem Geschmack, in Kleidung und Verfeinerung durch und durch europäisch. Entsprechend schwer fiel ihnen die Anpassung an das heiße, unfruchtbare Land im Nahen Osten. Sie stellten die Nationale Heimstätte auf eine harte Probe: Erfüllte sie wirklich die auf sie gesetzten Hoffnungen, war sie als Auffangbecken der jüdischen Gemeinden geeignet? Konnten diese hochkultivierten Juden eine Beziehung zu Palästina anknüpfen? Der Weg war steinig, aber sie brachten ihn mit Anstand hinter sich und nahmen schließlich als tätige Mitglieder eine angesehene Stellung in der nationalen Gesellschaft ein.

Großbritannien legte seinen Mandatsauftrag, die Einrichtung einer Nationalen Heimstätte für die Juden zu erleichtern, recht eng aus. Zwar war die britische Politik zu einer internationalen Angelegenheit geworden, als die Balfour-Deklaration ihren Niederschlag im Palästinamandat fand, das auf der Pariser Friedenskonferenz ausgearbeitet und 1922 in San Remo ratifiziert wurde. Aber die Beaufsichtigung durch den Völkerbund war etwas lax, mehr eine Formsache. Der britischen Souveränität waren im Grunde keine Grenzen gezogen. Die Hauptlast der Förderung des Aufbaus der Nationalen Heimstätte allerdings fiel der Zionistischen Organisation zu, die Instrumente der Verwaltung, Finanzierung und politischen Repräsentation schuf. Der *Keren Kajemeth* (Jüdischer Nationalfonds) war schon 1900 auf dem Fünften Zionisten-Kongreß zu dem Zweck gegründet worden, durch Grundankauf den Boden Palästinas in unverletzlichen jüdischen Gemeinbesitz zu überführen. Nun wurde der *Keren Hajessod* (Palästina-Grundfonds) geschaffen, dessen Mittel allen Zwecken zufließen sollten: der Förderung der Einwanderung, dem Erziehungs- und Gesundheitswesen, der Ansiedlung. Er sollte als Massenunternehmen aufgezogen werden. In aller Welt wurden die Juden aufgerufen, ein Zehntel ihres Einkommens in der Art des alten biblischen Zehent abzugeben. Und schließlich wurde noch für die Verwaltung des jüdischen Palästina und die Regelung seiner Beziehungen zum Weltjudentum und zur Mandatsmacht eine Dachorganisation, die *Jewish Agency*, eingesetzt.

Doch erst 1929, als sich der *Jewish Agency* auch Nichtzionisten anschlossen, begann sich das gesamte organisierte Judentum aktiv des Palästinaproblems anzunehmen. Zunächst hatten die reichen Juden auf den Appell der Zionisten nur widerstrebend reagiert. Die Bewegung wurde vorwiegend von den Massen getragen. Hätte das Weltjudentum den zionistischen Plan bereits in diesem Stadium mit seinem ganzen Gewicht unterstützt, so hätte sich weit mehr erzielen lassen. Doch aufgrund des Geldmangels mußten viele Möglichkeiten, Land anzukaufen und verfolgten Diasporagemeinden zu helfen, ungenutzt bleiben. Der *Jischuw* hing von freiwilligen Spenden und Sammlungen ab. Weizmann selbst und andere hervorragende und berühmte Juden wie Albert Einstein, Justice Louis Brandeis, Henriette Szold versuchten pausenlos, neben ihrer Diplomaten- und Verwaltungstätigkeit für den Zionismus Geld aufzutreiben.
In den zwanzig Jahren vom Ende des Ersten Weltkriegs bis zum Weißbuch von 1939 gelang es dem *Jischuw*, eine unabhängige Gemeinde aufzubauen. Er unterhielt ein ganzes Netz von Schulen, ein ausgebautes Gesundheitswesen und Arbeiterorganisationen, er hatte sogar ein eigenes Verteidigungssystem entwickelt. Der Mandatsmacht blieb keine andere Wahl, als diesen »Staat im Staat« anzuerkennen. Eines aber fehlte dieser Gesellschaft noch zu einer wirklich politischen Gesellschaft: die nationale Unabhängigkeit. Doch damit eilte es den Zionisten nicht. Die verfassungsmäßig gegebene Situation erschien ihnen so lange tragbar, als sie den praktischen Aufgaben nicht im Weg stand und die soziale Expansion und die freie Einwanderung weiterliefen. Unbedingt verhindert werden mußte dagegen, daß das Land unter ein Regime geriet, das den nationalen Hoffnungen der Juden noch reservierter gegenüberstand als das Mandatsregime. Der im zweiten und dritten Jahrzehnt nach der Balfour-Erklärung zunehmend erstarkende, immer fanatischere arabische Nationalismus erfüllte die zionistischen Führer mit großen Befürchtungen.

Die Anfänge des arabischen Nationalismus

Das entstehende Israel lag in einer Region, in der der politische Nationalismus im 20. Jahrhundert ungewöhnliche Fortschritte zu verzeichnen hat. Fünfzig Jahre vorher lebten alle Araber, ja fast sämtliche Muslims entweder unter dem Zepter des Osmanenreiches oder unter der Herrschaft der Kolonialmächte. Nirgends bildeten die großen Traditionen der muslimisch-arabischen Kultur noch den Mittelpunkt eines politisch und wirtschaftlich unabhängigen Lebens. Doch im Verlauf eines halben Jahrhunderts sollten sich die Dinge von Grund auf ändern. Heute gibt es vierzehn souveräne arabische Staaten, die ein Gebiet von gut sechs Millionen Quadratkilometer umfassen und über alle aufgrund ihrer früheren Verbindung mit der arabischen und muslimischen Tradition berühmten Städte herrschen. Kairo, Bagdad und Damaskus, einst Schauplatz und Mittelpunkt des Kalifats, Mekka und Medina, die heiligen Städte Arabiens, Quell und Ursprung des muslimischen Glaubens – alle sind heute Zentren der unabhängigen arabischen Staaten. Daß die politische Entwicklung eine solch unglaublich günstige Wendung nahm, war weniger das Ergebnis der Opfer und Bemühungen der arabischen Völker als die Folge des internationalen Einflusses in zwei Weltkriegen und der später überall in der Welt neuaufkeimenden Sympathie für nationale Befreiung.

Im Vergleich zum jüdischen Volk erreichten die arabischen Nationen bei weit geringerem Einsatz in äußerst kurzer Zeit sehr viel. Allerdings hatten die westlichen Kolonialmächte die Interessen und den Stolz der Araber in den voraufgehenden vier Jahrhunderten auch schwer verletzt. Die arabisch sprechende Welt, einst die Wiege der Kultur und Künste, war im politischen Bereich und auf dem Gebiet des technologischen Fortschritts ziemlich ins Hintertreffen geraten. Die Französische Revolution war gewissermaßen unbemerkt von der arabischen Welt abgerollt. Die Doktrin der politischen Gleichheit und sozialen Gerechtigkeit, die sich in ganz Europa und später auch jenseits des Atlantik ausbreitete, hatte auf das dunkle Hinterland Arabiens, wo der Gesellschaftsaufbau nach wie vor von den feudalistischen mittelalterlichen Vorstellungen bestimmt war, keinerlei Eindruck gemacht. Ähnlich spurlos ging die Industrielle Revolution am Nahen Osten vorüber. Trotz aller umwälzenden technologischen Entwicklungen und Fortschritte lebten auf dem Subkontinent im östlichen Mittelmeerraum bis zum Persischen Golf Millionen von Menschen nach wie vor in Schmutz und Elend. Hätte man Ende des 19. Jahrhunderts die Bilanz gezogen, so hätte sich gezeigt, daß die grollende, verletzte Haltung der arabischen Welt dem Westen gegenüber durchaus gerechtfertigt war.

In dem Jahrzehnt vor dem Ersten Weltkrieg, als das Osmanenreich in voller Auflösung begriffen war, forderten erstmals Gruppen arabischer Nationalisten das Geburtsrecht für ihre Nation. Träger dieser in allen arabisch-sprachigen Ländern aufkommenden, zahlenmäßig nicht sehr starken Bewegung war eine rührend begeisterte, zu mancherlei Opfern bereite geistige Elite. Wie die Zionisten sahen auch die arabischen Nationalisten eine Zeit der britischen Vorherrschaft im Nahen Osten heraufziehen und versuchten durch ihre Vertreter gewisse, nach Kriegsende einzulösende Versprechen für ihre nationale Freiheit herauszuschlagen. 1921 wurde im Irak ein arabischer König eingesetzt: Faisal; sein Bruder, der Emir Abdullah, hatte Transjordanien erhalten, und im Hochland von Hedschas mit den heiligen Städten war das Königreich Saudi-Arabien entstanden.

Schon vor dem Ersten Weltkrieg hatte eine gewisse, wenn auch nicht sehr enge Verbindung zwischen Großbritannien und den Arabern bestanden. Husein, der

Scherif von Mekka, war an England um eine bescheidene Unterstützung beim geplanten Araberaufstand gegen die Türken herangetreten; aber Großbritannien hatte gezögert, sich bindend zu verpflichten. Als England nach Kriegsausbruch seinerseits die Araber zur Revolte gegen die Türken antreiben wollte, zögerte Husein. In den Verhandlungen mit dem britischen Oberkommissar in Ägypten, Sir Henry McMahon, forderte der Scherif die arabische Souveränität über ein großes Gebiet. Schließlich wurde eine Einigung erzielt. Aber entgegen allen späteren Behauptungen von arabischer Seite war Palästina aus den Husein-McMahon-Verhandlungen ausdrücklich ausgenommen. McMahon selbst bestritt später alle gegenteiligen Angaben, so unerschütterlich die arabischen Politiker der Nachkriegszeit auch daran festhielten und »das von Großbritannien gebrochene Palästinaversprechen« verurteilten.

Die Forderungen der Araber nach einem unabhängigen Staat *in Palästina* entbehrten eines historischen Präzedenzfalles. Bis zum Jahre 70 n. Z. galt Palästina – wie seit über tausend Jahren – allgemein als »das Land der Juden«. Erst nach Bar Kochbas Niederlage gaben die Juden den Versuch auf, ihre Souveränität aufrechtzuerhalten. An die Araber fiel Palästina 634 und blieb rund vierhundert Jahre unter der Herrschaft der Kalifen, ehe es von den Kreuzfahrern und im 16. Jahrhundert von den osmanischen Türken erobert wurde. Vom 16. Jahrhundert an hatte das Land also unter nichtarabischer Herrschaft gelebt.

Daß sich die geschichtlichen Beziehungen der Araber zu Palästina von denen zu den übrigen Gebieten des Nahen Ostens unterschieden, gaben die arabischen Führer nach dem Ersten Weltkrieg durch ihre vorsichtige Haltung indirekt selbst zu. Sie zögerten, Ansprüche auf Palästina geltend zu machen. Während sie in Syrien und im Irak auf vollständige Unabhängigkeit drangen, waren ihre Führer, was Palästina anbetraf, zu einem Kompromiß bereit. Noch auf der Pariser Friedenskonferenz maßen sie der Palästinafrage nur zweitrangige Bedeutung bei. In erster Linie kam es ihnen darauf an, die Unabhängigkeit in jenen Territorien sicherzustellen, deren arabischer Charakter nicht umstritten war. Der Vertreter der arabischen Sache auf der Friedenskonferenz, Emir Faisal, der im Namen seines Vaters, des Scherif von Mekka, sprach, forderte für die arabischen Länder kompromißlos Unabhängigkeit; bei Palästina dagegen zeigte er sich aufgeschlossen für die historischen Kräfte, die das Land geformt hatten.

1918 trat Chaim Weizmann an Emir Faisal heran, um mit dem Führer der Araber eine Einigung zu erzielen. Bei dem Treffen in Akaba kam es zur ersten und bis heute einzigen Verständigung zwischen den Führern der beiden nationalen Bewegungen.

Im November 1918 gratulierte die Weltorganisation des Zionismus Faisal zur Krönung zum König von Syrien. Und nach einer Zusammenkunft mit jüdischen Führern in London gab Faisal eine Erklärung ab, die am 12. Dezember 1918 in der *Times* veröffentlicht wurde:

Die beiden Hauptzweige der semitischen Familie, die Araber und die Juden, verstehen einander, und ich hoffe, daß beide Nationen infolge des Ideenaustausches bei der Friedenskonferenz, die unter dem Zeichen der Ideale der Selbstbestimmung und Nationalität stehen wird, einen entscheidenden Fortschritt auf die Verwirklichung ihrer Bestrebungen hin erzielen. Die Araber sind auf die zionistischen Juden nicht eifersüchtig und werden sich ihnen gegenüber fair verhalten, so, wie die zionistischen Juden den nationalen Arabern versicherten, ihrerseits darauf hinarbeiten zu wollen, daß auch sie in ihren Gebieten nicht behindert würden. Durch die türkische Intrige sind in Palästina Eifersüchteleien zwischen den jüdischen Siedlern und den ortsansässigen Bauern aufgekommen, aber durch das gegenseitige Verständnis der Araber für die Ziele der Juden und umgekehrt wird die letzte Spur der früheren Bitterkeit, die dank der Arbeit des geheimen arabischen Revolutionskomitees schon vor dem Kriege praktisch fast verschwunden war, auf der Stelle überwunden sei...

Diese Vorstellung – Arabien den Arabern, Judäa den Juden – spricht noch deutlicher aus den von Faisal zur Zeit der Friedenskonferenz unterzeichneten Briefen, die von seiner Verständigung mit Weizmann handeln. 1936 drückte eine königlich-britische Kommission diese historische Tatsache kurz und bündig so aus: »König Husein und Emir Faisal wollten, wenn sie ihren großen arabischen Staat gesichert hätten, den Juden das kleine Palästina abtreten.«
Doch die Gunst der Stunde war bald vertan. Die Araber konnten »ihren großen arabischen Staat nicht sichern« und weigerten sich deshalb auch, »den Juden das kleine Palästina abzutreten«. Über den Irak herrschte Großbritannien, und Frankreich vertrieb Faisal aus Damaskus. Der arabischen Nationalbewegung bemächtigte sich wilde Enttäuschung. Faisals sowieso nicht sehr starke Position war erschüttert. Nun forderte der arabische Nationalismus die Befreiung von ganz Syrien, seine Vereinigung mit Palästina und die vollständige Ablehnung der Nationalen Heimstätte der Juden.
In Palästina selbst war der arabische Nationalismus nach oligarchischem Vorbild organisiert. An der Spitze standen Großgrundbesitzer, heilige Muslim sowie wohlhabende Mitglieder der freien Berufe. Wer unter der Türkenherrschaft in der arabischen Gemeinschaft eine dominierende Rolle gespielt hatte, konnte seine Stellung nun noch weiter ausbauen. Die ungleiche Vertretung der Klassen in den nationalistischen Organisationen der Araber aber fand ihren Niederschlag in Sympathien und Bestrebungen, die die Bewegung in Einklang mit der Politik und den Zielen eines Mussolini und Hitler brachten.
In den Mittelpunkt rückte Mohammed Emin el-Huseini, Groß-Mufti von Jerusalem und Vorsitzender des Obersten Islamischen Rates, einer Vereinigung, die sich eigentlich ausschließlich mit den religiösen Belangen der Muslims beschäf-

tigen sollte. Aber in einem Punkt waren sich alle führenden arabischen Familien einig: Alle forderten die Abschaffung der Nationalen Heimstatt der Juden sowie der Balfour-Deklaration und statt dessen die Errichtung eines unabhängigen arabischen Staates. Ihrer Ansicht nach stand den Arabern überall, den Juden nirgends Souveränität zu. In ihrer Propaganda eiferten sie gegen den Verkauf von Land an die Juden, da dadurch, wie sie fälschlicherweise behaupteten, die Landbevölkerung vom Boden vertrieben werde – was jedoch die nationalen Führer der Araber nicht abhielt, den Juden selbst große Flächen zu verkaufen!
Zu dieser Zeit boten die Araber den nationalen Forderungen der Juden einen harten, aber keineswegs unüberwindlichen Widerstand. Die Mandatsregierung jedoch machte keinerlei Versuch, die ideologischen Grundsätze, die ihrem Auftrag zugrunde lagen, klarzustellen: Freie und unbehinderte Entfaltung des arabischen Nationalismus in einem großen Raum des Nahen Ostens und nationale Selbstbestimmung für das jüdische Volk in dem »kleinen Palästina«, der Wiege und dem Ursprungsland seiner nationalen Eigenständigkeit und Tradition. 1920 bis 1930 hätte eine eindeutige Unterstützung dieser Entscheidung von seiten der internationalen Gemeinschaft den heraufziehenden Konflikt noch verhindern können. Aber man tat nichts, um Faisals Vision zu retten, und so verbissen sich der arabische Nationalismus und der Zionismus in einem tödlichen Kampf.

Die jüdisch-britischen Beziehungen (1920–1939)

Die arabische Opposition war nicht die einzige Herausforderung, gegen die die Zionisten in der Nachkriegszeit einen aufreibenden Kampf führten. Die Beziehungen zur britischen Mandatsmacht verschlechterten sich empfindlich. Die Balfour-Deklaration und der Verwaltungsauftrag traten für die britischen Behörden in Palästina in den Hintergrund. Sie standen dem Fortgang der jüdischen Sache obstruktiv, später sogar repressiv gegenüber.
Unverdrossen verfolgten die jüdischen Führer in Palästina und die Leiter der Zionistischen Bewegung der Mandatsmacht gegenüber eine Politik des Entgegenkommens. Immer noch hofften sie, Großbritannien könnte sich unter dem Druck der Weltmeinung seinen Verpflichtungen nicht entziehen. Die zionistischen Führer waren davon überzeugt, daß die Bande zu Großbritannien im Augenblick die beste Garantie für den Aufbau der Nationalen Heimstätte der Juden darstellten. Doch diese Überzeugung wurde stetig untergraben, die Beziehungen zwischen England und den Zionisten immer gespannter, bis mit der Veröffentlichung des Weißbuchs 1939 praktisch der Zerreißpunkt erreicht war. Durch eine drastische Beschränkung der Einwanderung und Landbesiedlung sollte der

Weiteraufbau der Nationalen Heimstätte der Juden gebremst und die jüdische Gemeinde nach zehnjährigem Bestand der arabischen Regierung auf Gnade oder Ungnade ausgeliefert werden.

Doch all das lag noch in ferner Zukunft, als im Juli 1920 Sir Herbert Samuel, der erste Oberkommissar, in Palästina eintraf und die britische Zivilverwaltung einrichtete. Die Ernennung eines Juden zum Gouverneur von Jerusalem war in Palästina und in aller Welt von den Juden begeistert begrüßt worden. Messianische Hoffnungen klangen an. Aber die überspanntesten Erwartungen enttäuschte Samuel schon bald, als er bei einer seiner ersten Amtshandlungen eine Generalamnestie für alle Araber erließ, die sich 1920 an den Aufständen in Jerusalem beteiligt hatten. Bald darauf folgte eine weitere versöhnliche Geste den Arabern gegenüber; die Anführer der Aufständischen wurden begnadigt, darunter auch Emin el-Huseini, der später, nachdem ihn Sir Herbert zum Groß-Mufti von Jerusalem ernannt hatte, der *spiritus rector* der Quertreiber und im Zweiten Weltkrieg ein unerschütterlicher Anhänger der Nazi-Sache wurde.

Den größten Schock aber löste Herbert Samuel aus, als er nach den Maiaufständen von 1921 auf der Versammlung der arabischen Würdenträger in Ramla erklärte, die jüdische Einwanderung solle unterbrochen werden. Wie Henriette Szold bemerkte: »Die Entscheidung, aber auch die Form ihrer Ankündigung traf die Juden der ganzen Welt als schwerer Schlag. Einwanderer, die palästinensische Küste schon vor Augen, durften nicht landen.« Diese Verfügung führte zum ersten offenen Konflikt zwischen der britischen Verwaltung und den palästinensischen Juden. Die Zionistische Kommission, von zionistischen Führern gebildet, die 1918 in beratender Funktion nach Palästina gekommen waren und später durch die Exekutive der *Jewish Agency* ersetzt wurden, trat aus Protest zurück; ebenso das Exekutivorgan, der *Waad Lëumi*. Erst nach der Versicherung des Kolonialministers Winston Churchill, die Einwanderungsgenehmigung solle erneuert werden, nahmen sie ihre Tätigkeit wieder auf.

Zweifelsohne handelte Herbert Samuel aus der aufrichtigen Überzeugung heraus, den Interessen der Mandatsmacht sei durch eine vorsichtige, entgegenkommende Politik den Arabern gegenüber am besten gedient. Vor seiner Ernennung zum Oberkommissar hatte Sir Herbert die Auffassung der meisten britischen Staatsmänner dieser Zeit vertreten und die Errichtung eines jüdischen Staates als letztes Ziel der Balfour-Deklaration betrachtet. Durch seinen mutigen Einsatz für die zionistische Politik im Kabinett hatte er sogar entscheidend zur Annahme der Balfour-Deklaration beigetragen – wie er sich auch später stets für die zentralen Interessen des jüdischen Volkes verwandte. Aber er war doch auch und vor allem der erste Vertreter der britischen Regierung, der den Schwerpunkt der britischen Politik verlagerte. Von nun an trat das Ziel, die Errichtung der jüdischen Nationalen Heimstätte zu fördern, hinter der Aufgabe zurück, die Ruhe in der arabischen Gemeinde aufrechtzuerhalten.

Doch die britische Regierung beschränkte sich nicht darauf, strengere Bestimmungen gegen die Einwanderung und den Bodenankauf der Juden zu erlassen; sie zeigte sich darüber hinaus bereit, den arabischen Forderungen durch Zugeständnisse im konstitutionellen Bereich entgegenzukommen. Sie förderte Unabhängigkeitsvorschläge, die die vorhandene arabische Mehrheit voll in Rechnung stellten, die jüdischen Einwanderer, die potentiellen Bürger der Nationalen Heimstätte, aber kaum oder überhaupt nicht berücksichtigten. Und mit dem im Juni 1922 erschienenen Churchill-Weißbuch begann die Beschneidung der Mandatspositionen: In diesem Dokument verfügte die britische Regierung den Ausschluß Transjordaniens von jenen Mandatsbestimmungen, die sich auf die Errichtung der Nationalen Heimstätte der Juden bezogen, und setzte mit dem Haschemitischen Königreich von Transjordanien eine arabische Regierung ein. Von nun an war es den Juden verboten, sich in Transjordanien niederzulassen; außerdem beschränkte das Weißbuch die jüdische Einwanderung auch im westlichen Teil Palästinas.

Durch diese einseitige Maßnahme verstieß die britische Regierung ernstlich gegen ihren Mandatsauftrag. Dennoch akzeptierte die Zionistische Organisation das Weißbuch, erkannte einige der objektiven Gründe an, die hinter der neuen Politik standen. Großbritannien war in Mesopotamien und in anderen Teilen des Nahen Ostens auf Schwierigkeiten gestoßen und gezwungen, die ständig extremer werdenden Forderungen der Araber zu berücksichtigen. Auf der anderen Seite hatten die idealistischen Hoffnungen, wie sie nach dem Ersten Weltkrieg aufgeblüht waren, nach und nach ihren Glanz verloren. Man machte sich keine allzu großen Illusionen mehr über die Möglichkeiten internationaler Zusammenarbeit. Das Ansehen des Völkerbundes nahm ständig ab. Und so hofften die Zionisten, daß sie, wenn sie schon aus dem östlichen Teil des Mandatsgebietes ausgeschlossen waren, ihrer Tatkraft und ihrem Eifer dafür wenigstens im westlichen Teil halbwegs freien Lauf lassen dürften.

Das Weißbuch wurde in der Zionistischen Organisation sogar von Wladimir Jabotinsky akzeptiert, damals Mitglied der Exekutive, der seinen Entschluß später bereute und eine politische Partei gründete, die Union der Zionisten-Revisionisten, die sich für die Errichtung des Judenstaates auf beiden Seiten des Jordan einsetzte. Weizmann und seine Kollegen nahmen das Weißbuch in der Überzeugung an, damit das »kleinere Übel« zu wählen. Solange die Einwanderung, die Anlage von Kapital und der Ankauf von Land möglich blieben, konnten die Juden das Land aufbauen und entwickeln und dadurch die Chance der Konsolidierung einer nationalen Gesellschaft erhöhen. Die zionistische Strategie lautete: Im Land selbst zunächst möglichst fest Fuß fassen und die Frage der Konstitution auf später verschieben. Seltsamerweise aber scheiterte der Vorschlag, eine gesetzgebende Körperschaft mit arabischer Majorität zu bilden, dann am Widerstand der arabischen Führung, und so blieb die Herrschaft der britischen Verwaltung nach wie vor unangetastet. Die Möglichkeiten, die den Zionisten offenstanden, waren zu klein, um Anlaß zur Zufriedenheit zu bieten, aber zu groß, um Grund zur Verzweiflung zu geben.

Als Herbert Samuel 1925 nach England zurückkehrte, waren die Beziehungen zwischen der britischen Verwaltung und der Zionistischen Bewegung noch korrekt. 1925 erreichte die Einwanderung eine Rekordhöhe: Fast 34 000 Juden ließen sich in Palästina nieder. Die Hebräische Universität wurde eröffnet. Der *Jischuw* blühte. Die Juden verabschiedeten Herbert Samuel freundlich, und die Zionistische Exekutive dankte ihm in einem offiziellen Schreiben für die ganze Art und Weise, wie er seine historische Aufgabe erfüllt hatte.

Herbert Samuel wurde von Lord Plumer abgelöst, einem erfahrenen General, der zur Erleichterung der jüdischen Führer mit unnachgiebiger Härte gegen Aufstände und Einschüchterung der Bürger durchgriff. Erfolgreich unterdrückten die britischen und französischen Behörden die arabischen Revolten in Ägypten und Syrien. Die jüdische Einwanderung ging während der Wirtschaftskrise von selbst zurück. Unter diesen Umständen lockerten sich die zwischen Arabern und Juden bestehenden Spannungen. Aber das grundlegende Problem, die nationalen Forderungen der beiden Völker miteinander in Einklang zu bringen, blieb ungelöst, auch unter dem dritten Oberkommissar, Sir John Chancellor, dessen Verwaltung sich durch nichts besonders hervortat.

1929 erschütterten Araberaufstände den Frieden; hundertdreiunddreißig Juden kamen ums Leben, mehrere hundert wurden verletzt, jüdische Besitzungen in großem Ausmaß zerstört. Der Schock war um so größer, als sich die britische Verwaltung nach Dr. Weizmanns Worten »gleichgültig, unfähig und feindselig gezeigt und so den arabischen Führern Vorschub geleistet hatte«. Ein Untersuchungsausschuß, die Shaw-Kommission, wurde eingesetzt, um die Ursachen der Araberaufstände zu ergründen. In ihrem Report bestätigte die Kommission, daß die Araber als erste angegriffen hatten. Das Verhalten der Palästina-Verwaltung überging sie mit diskretem Schweigen, äußerte jedoch die groteske Ansicht, das Land sei nun überbesiedelt, und die nichtjüdischen Behörden sollten über eine angeblich aus wirtschaftlichen Gründen erforderliche Drosselung der weiteren Einwanderung zu Rate gezogen werden. Wie lächerlich diese Unterschätzung des Fassungsvermögens des Landes war, zeigte die spätere Entwicklung.

Dies blieb nicht der einzige politische Rückschlag, den die Juden erlitten. Im Oktober 1930 wurde zusammen mit dem nach dem damaligen Kolonialminister Lord Passfield benannten Weißbuch der Simpson Report über das Problem der Landbesiedlung veröffentlicht. Dieses Dokument stellte eindeutig einen Verstoß gegen das Mandat und die Balfour-Deklaration dar. Der Vorschlag der ersten Labour-Regierung lief praktisch darauf hinaus, die Nationale Heimstätte der Juden letztlich der Aufsicht einer arabischen Mehrheit zu unterstellen. Weizmann faßte den Hauptvorstoß des Weißbuchs folgendermaßen zusammen:

Die Einwanderung sollte nicht länger durch die wirtschaftliche Aufnahmefähigkeit des Landes bestimmt werden, sondern durch völlig wirtschaftsfremde Erwägungen wie das unter der Bevölkerung weitverbreitete Mißtrauen. Während sich die Regierung mit den Lippen zu der Notwendigkeit bekannte, die jüdische Ansiedlung zu fördern, beabsichtigte sie in Wirklichkeit nur, die Araber zu beschwichtigen.

Aus Protest gegen das Passfield-Weißbuch legte Weizmann den Vorsitz der *Jewish Agency* nieder. Lord Melchett und Felix Warburg reichten ebenfalls ihren Rücktritt ein. Die Juden der ganzen Welt, selbst britische Staatsmänner und Parlamentarier, erhoben leidenschaftlich und empört Einspruch. Die britische Regierung, überrascht über so viel Widerstand, nahm mit Dr. Weizmann und der *Jewish Agency* Verhandlungen auf, die schließlich zur Aufhebung der im Weißbuch dargelegten Politik führten. In einem an Dr. Weizmann adressierten Brief bezog der Premierminister Ramsey MacDonald einen neuen Standpunkt und widerrief die gegen die Einwanderung und Landbesiedlung der Juden gerichteten Bestimmungen des Weißbuchs weitgehend. Der Konflikt hinterließ seine Narben; aber die Zionisten hatten wieder Spielraum gewonnen.
Durch MacDonalds Brief war eine Art Waffenstillstand eingetreten; die britische Politik und die zionistischen Ziele konnten in einer Atmosphäre koexistieren, die weder harmonisch freundlich noch feindselig gespannt war. Zu dieser Zeit erlebte das Land einen schnellen wirtschaftlichen Aufschwung. 1935 erreichte die Einwanderungsziffer aufgrund der Verschärfung der antijüdischen Maßnahmen in Hitlerdeutschland die noch nie dagewesene Höhe von 62 000. Die Beziehungen zwischen der *Jewish Agency* und dem neuen Oberkommissar Sir Arthur Wauchope gestalteten sich herzlich. Sir Arthur, der die Empfindungen der Juden mit taktvollem Feingefühl erfaßte, zeigte sich auch praktisch an der Förderung der Nationalen Jüdischen Heimstätte interessiert. Dennoch drang auch er 1935 auf die Bildung einer gesetzgebenden Ratsversammlung mit arabischer Mehrheit. Dieser Rat sollte sich aus Arabern, Juden und britischen Beamten zusammensetzen, alle Entscheidungen über die Einwanderung aber dem Oberkommissar allein vorbehalten bleiben. Die Juden jedoch fürchteten, die Araber könnten, sobald sie einmal die Mehrheit gewonnen hatten, das Stimmrecht mit der Zeit auch auf das Einwanderungsproblem ausdehnen wollen. Das aber hätte, zumal von der kühlen britischen Beamtenschaft in Palästina keinerlei Unterstützung zu erhoffen war, zu einem Einwanderungsstopp und zur Stagnierung im Aufbau der Nationalen Jüdischen Heimstätte geführt. So wurden die britischen Vorschläge von den Juden abgelehnt, weil sie ihnen zu wenig boten, und von den Arabern, weil sie den Juden zu viel boten. Unter der Führung des Groß-Mufti hatte der arabische Nationalismus nämlich eine Alles-oder-nichts-Philosophie entwickelt, die sich in den folgenden Jahren als verderblich erweisen sollte.

17 *Die Frankfurter Judengasse um das Jahr 1870.*

18 Die alte Wormser Synagoge, 1034 gegründet, ging in der Kristallnacht (9. 11. 1938) in Flammen auf, wurde nach dem Kriege mit staatlichen Mitteln wiederaufgebaut und am 3. 12. 1961 neu geweiht. Unser Bild entstand vor der Zerstörung.

19 (rechts) Liste aus dem Mainzer Stadtregister mit den Namen der Schutzjuden (18. Jahrhundert).

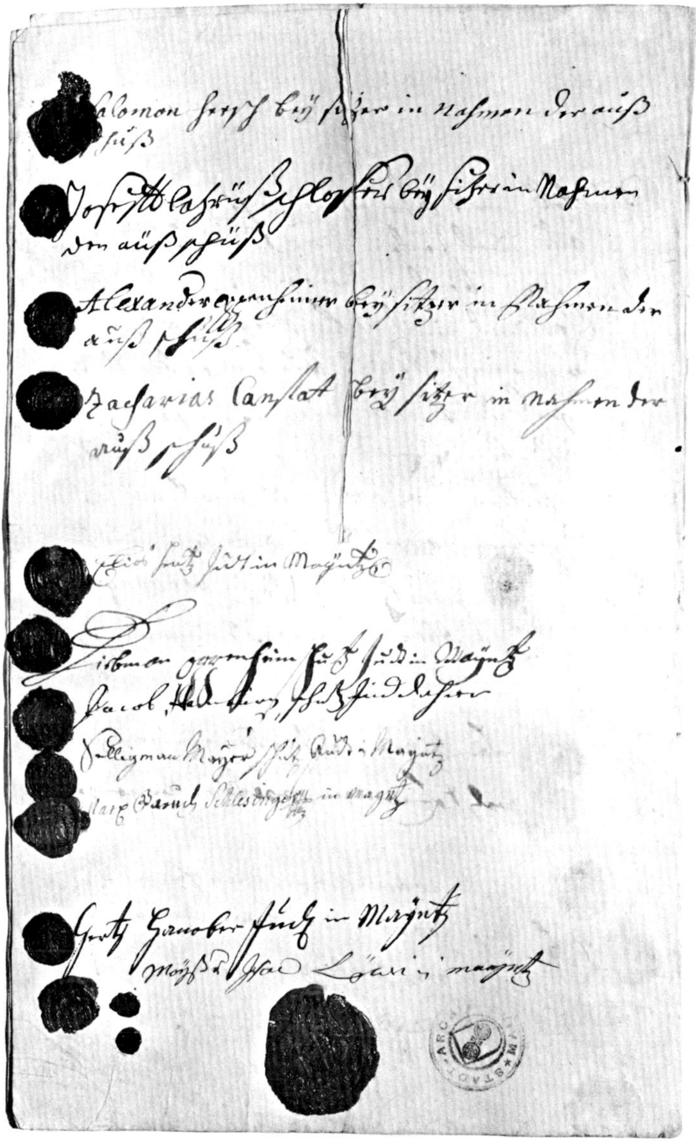
Salomon Hertz beÿsitzer in Nahmen der aüß schüß

Joseph Abraham Schlosser beÿsitzer in Nahmen der aüß schüß

Alexander Oppenheimer beÿsitzer in Nahmen der aüß schüß

Zacharias Canstat beÿ sitzer in Nahmen der aüß schüß

Elias Hertz Jud in Maÿntz

Liebman Oppenheim Schutz Jud in Maÿntz

Jacob Hamburg Schutzjud daselbst

Selligman Maÿer Schutz Jud in Maÿntz

Marx Baruch Schlesinger in Maÿntz

Hertz Hanower Jud in Maÿntz

Moÿses Isaac Löw in Maÿntz

Cinq Centimes

L'AURORE

Littéraire, Artistique, Sociale

J'Accuse.

…E AU PRÉSIDENT DE LA …

Par ÉMILE ZO…

…FAURE

…publique

lieu, des papiers disparaissaient, comme il en disparait aujourd'hui encore; et l'auteur du bordereau était recherché, lorsqu'un *a priori* se fit peu à peu que cet auteur ne pouvait être qu'un officier de l'état-major, et un officier d'artillerie : double erreur manifeste, qui montre avec quel esprit superficiel on avait étudié ce bordereau, car un examen raisonné démontre qu'il ne pouvait s'agir que d'un officier de troupe. On cherchait donc dans la maison, on examinait les écritures, c'était comme une affaire de famille, un traître à surprendre dans les bureaux mêmes, pour l'en expulser. Et, sans que je veuille refaire ici une histoire connue en partie, le commandant du Paty de Clam entre en scène, dès qu'un premier soupçon tombe sur Dreyfus. A partir de ce moment, c'est lui qui a inventé Dreyfus, l'affaire devient son affaire, il se fait fort de confondre le traître, de l'amener à des aveux complets. Il y a bien … de la guerre, le général … intelligence semble …

Est-ce donc vrai, les choses indicibles, les choses dangereuses, capables de mettre l'Europe en flammes, qu'on a dû enterrer soigneusement derrière ce huis clos? Non! il n'y a eu, derrière, que les imaginations romanesques et démentes du commandant du Paty de Clam. Tout cela n'a été fait que pour cacher le plus saugrenu des romans-feuilletons. Et il suffit, pour s'en assurer, d'étudier attentivement l'acte d'accusation lu devant le conseil de guerre.

Ah! le néant de cet acte d'accusation! Qu'un homme ait pu être condamné sur cet acte, c'est un prodige d'iniquité. Je défie les honnêtes gens de le lire, sans que leur cœur bondisse d'indignation et crie leur révolte, en pensant à l'expiation démesurée, là-bas, à l'île du Diable. Dreyfus sait plusieurs langues, crime; on n'a trouvé chez lui aucun papier compromettant, crime; il va parfois dans son pays d'origine, crime; il est laborieux, il a le souci de tout savoir, crime; il ne se trouble pas, crime; il se trouble, crime. Et les naïvetés de rédaction, les formelles assertions dans le vide! … avait parlé de quatorze chefs … n'en trouvons … celle …

profondément, s'inquiètent, cherchent, finissent par se convaincre de l'innocence de Dreyfus.

Je ne ferai pas l'historique des doutes, puis de la conviction de M. Scheurer-Kestner. Mais, pendant qu'il fouillait de son côté, il se passait des faits graves à l'état-major même. Le colonel Sandherr était mort, et le lieutenant-colonel Picquart lui avait succédé comme chef du bureau des renseignements. Et c'est à ce titre, qu… dans l'exercice de ses fonctions, que ce dernier eut un jour entre les mains une lettre-télégramme, adressée au commandant Esterhazy, par un agent d'une puissance étrangère. Son devoir strict était d'ouvrir une enquête. La certitude est qu'il n'a jamais agi en dehors de la volonté de ses supérieurs. Il soumit donc ses soupçons à ses supérieurs hiérarchiques, le général Gonse, puis le général de Boisdeffre, puis le général Billot, qui avait succédé au général Mercier comme ministre de la guerre. Le fameux dossier Picquart, dont il a été tant parlé, n'a jamais été que le dossier Billot, j'entends le dossier fait par un subordonné pour son ministre, le dossier qui doit exister encore au ministère … Les recherches durèrent …

20 *Auf der Titelseite ihrer Ausgabe vom Donnerstag, 13. Januar 1898, druckte die Pariser Tageszeitung* L'Aurore *Émile Zolas* J'Accuse *ab, einen Offenen Brief an den Präsidenten der Republik, Felix Faure, in dem er gegen den manipulierten Dreyfus-Prozeß protestiert.*

21 *(rechts) Im traditionellen Cheder, der klassischen Elementarschule, lernen jüdische Kinder unter dem wachsamen Blick und hilfreichen Fingerzeig des orthodoxen Melammed ihr Aleph-Bet.*

22 Jüdischer Gottesdienst in einer Synagoge in Harlem, das eine große jüdische Kultusgemeinde besitzt. Man beachte die Neger im Priestergewand.

23 (rechts) Theodor Herzl, jene »wunderbar königliche Figur . . . Ein aus dem Grabe erstandener königlicher Nachkomme Davids, der vor uns erscheint, in der Größe und Schönheit, mit der Phantasie und Legende ihn umwoben haben«.

Der Distriktschef von Krakau

ANORDNUNG

Kennzeichnung der Juden im Distrikt Krakau

Ich ordne an, dass alle Juden im Alter von über 12 Jahren im Distrikt Krakau mit Wirkung vom 1. 12. 1939 ausserhalb ihrer eigenen Wohnung ein sichtbares Kennzeichen zu tragen haben. Dieser Anordnung unterliegen auch nur vorübergehend im Distriktsbereich anwesende Juden für die Dauer ihres Aufenthaltes.

Als Jude im Sinne dieser Anordnung gilt:

1. wer der mosaischen Glaubensgemeinschaft angehört oder angehört hat,

2. jeder, dessen Vater oder Mutter der mosaischen Glaubensgemeinschaft angehört oder angehört hat.

Als Kennzeichen ist am rechten Oberarm der Kleidung und der Überkleidung eine Armbinde zu tragen, die auf weissem Grunde an der Aussenseite einen blauen Zionstern zeigt. Der weisse Grund muss eine Breite von mindestens 10 cm. haben, der Zionstern muss so gross sein, dass dessen gegenüberliegende Spitzen mindestens 8 cm. entfernt sind. Der Balken muss 1 cm. breit sein.

Juden, die dieser Verpflichtung nicht nachkommen, haben strenge Bestrafung zu gewärtigen.

Für die Ausführung dieser Anordnung, insbesondere die Versorgung der Juden mit Kennzeichen, sind die Ältestenräte verantwortlich.

Krakau, den 18. 11. 1939.

gez. *Wächter*
Gouverneur

Szef dystryktu krakowskiego

ROZPORZĄDZENIE

Znamionowanie żydów w okręgu Krakowa

Zarządzam z ważnością od dnia 1. XII. 1939, iż wszyscy żydzi w wieku ponad 12 lat winni nosić widoczne znamiona. Rozporządzeniu temu podlegają także na czas ich pobytu przejściowo w obrębie okręgu przebywający żydzi.

Żydem w myśl tego rozporządzenia jest:

1) ten, który jest lub był wyznania mojżeszowego,

2) każdy, którego ojciec, lub matka są lub byli wyznania mojżeszowego.

Znamieniem jest biała przepaska noszona na prawym rękawie ubrania lub odzienia wierzchniego z niebieską gwiazdą sjonistyczną. Przepaska winna mieć szerokość conajmniej 10 cm, a gwiazda średnicę 8 cm. Wstążka, z której sporządzono gwiazdę, winna mieć szerokość conajmniej 1 cm.

Niestosujący się do tego zarządzenia zostaną surowo ukarani.

Za wykonanie niniejszego zarządzenia, zwłaszcza za dostarczenie opasek czynię odpowiedzialną Radę starszych.

Kraków, dnia 18. XI. 1939.

(–) *Wächter*
Gubernator

25 Judenverfolgung 1941 in Polen: Einem alten Juden wird zur Belustigung von SS-Leuten der Bart abgeschnitten – für einen orthodoxen Juden eine der schlimmsten Demütigungen.

24 (links) Anordnung zur Kennzeichnung der Juden im Distrikt Krakau vom 18. 11. 1939 in deutscher und polnischer Sprache.

28 Bergen-Belsen, eines der grauenvollsten deutschen Vernichtungslager. Als die britischen Truppen es bei Kriegsende einnahmen, zwangen sie einen der maßgeblichen Nazischergen, Dr. Klein, sich vor einem Wagen mit jüdischen Opfern fotografieren zu lassen, um der Welt sein Werk vor Augen zu führen.

26 (links oben) Das Bild, kurz vor dem Warschauer Ghettoaufstand (19. 4.–16. 5. 1944) aufgenommen, zeigt dem Verhungern nahe jüdische Kinder.

27 (links) Nazitrupps treiben die überlebenden jüdischen Einwohner des brennenden Warschauer Ghettos zum Abtransport in die Konzentrationslager zusammen.

HNABEL
II1881·21.X1884·17.I
*LUCIE1.IV1899·15.XII1942*HER
EF18.II1860·30.X1942 RŮŽENA18.X1873
REL24.VI1866 RŮŽENA
*DAVID11.XI1921·10.VIII1942*JOSEF4.I
NDŘICH13.IX1879·30.IV1885·11.III
MOŘIC1.XII1879·30.IV1942*OTTO
79*MOŘIC1.XII*WOLF1.IV1874·26.
3.II1877·8.IX1942*BERTA5.XI187
.VIII1866·21.X1943*KVĚTOSLAVA4.X1901·15.I
XII1890·17.II1942*RŮŽENA28.VI1901·15.II
851·26.VII1942*RŮŽENA28.VII1943*SCHNE
RMINA30.V1866·14.VIII1943 MOŘIC29.XII
1942*SCHNUERDREHER MOŘIC29.XII1894
KÁR26.VII1886 VALERIE9.I1891·17.III1887
89·6.IX1943*SCHÖN BARUCH28.I1887
THJANA12.III1942·4.X1944*GUSTAV5.XI
·29.IX1944 ERNA1.XI1890·19.X1944*JUL
OTA14.II1907·18.XII1943*PAVEL17.XI189
3*VALTR11.X1902·18.XII1943*ADELA28.
CE24.IX1927 EVA3.XII1930·25.IV1942*HE
ALERIE10.IX1909·31.X1941*ŽOFIE30.IV
1885·28.X1942*RUDOLF23.III1877·28.X1
R HANUŠ 21.II1899 GERTRUDA5.VI1905
1942*SCHÖNBURG MOR. ISR.18.X1903
1942 BEDŘICH3.III1942*ŠIMON13.VII
II1942 BEDŘICH3.III1898 LÍZA30.I1901·2
NHOLD20.X1885·11.III1942*OLGA17.III1893·9.V
NA6.X1912·18.XI1942*OLGA17.III1860·21.X194
861·26.X1942 AUGUSTA21.III1860·21.X19
A26.X1888·18.V1944*ŽOFIE18.V
1920·28.IV1942*ROMAN26.
68·14.IX1942*SCHÖN
*MARKETA
K23.II

30 Auf dieser Sanddüne, auf der sich im Frühjahr 1909 die Gründer und Erbauer Tel Avivs versammelten, steht heute das Museum von Tel Aviv; hier wurde 1948 der Staat Israel offiziell proklamiert.

29 (links) Eingemeißelt in die Wände der Prager Pinkassynagoge, die nach dem Zweiten Weltkrieg in eine jüdische Gedächtnisstätte umgewandelt wurde, finden sich die Namen der in den KZ ermordeten 77 297 böhmischen und mährischen Juden.

31 David Ben Gurion, Israels erster Premierminister, verliest am 14. 5. 1948 in Tel Aviv die Proklamation des neuen Staates Israel. Über Ben Gurion das Bild Theodor Herzls.

32 Jerusalem liegt auf einem Felsplateau, 765 Meter über dem Meeresspiegel. Die Stadt blickt auf das Tal Kidron (Vordergrund) und das Tal Hinnom hinab. Die Mauer in der Mitte des Bildes umgibt den Platz, an dem sich Salomons Tempel befand. Unmittelbar hinter dem mohammedanischen Felsendom (Mitte rechts) liegt die Kirche des

Heiligen Grabes mit ihren zwei Kuppeln. Hinter der blau-weißen Moschee el-Aksa (Mitte links) ist die Klagemauer der Juden. Ganz links im Hintergrund befinden sich, der Überlieferung nach, das Grab des Königs David und der Ort, an dem Jesus das Abendmahl hielt. Unser Bild wurde in der Nähe des Ölbergs aufgenommen.

33 *Nach der Befreiung: Israelische Soldaten nach dem Sieg 1949 vor der Klagemauer, der alten westlichen Umfassungsmauer des Tempels in Jerusalem.*

Die Unruhen, die im April 1936 ausbrachen, wuchsen sich zu einer regelrechten arabischen Revolte aus. Waren sie zunächst nur sporadisch aufgetreten, so breiteten sie sich unter der Hetzpropaganda der arabischen Führerschaft bald im ganzen Land aus. Ein arabisches Oberkomitee, eigens zur Organisation der Unruhen gebildet, rief einen allgemeinen Streik aus, der fortgesetzt werden sollte, bis die britische Verwaltung die Forderungen der Araber erfüllt und die Einwanderung der Juden gestoppt hätte. Des weiteren verlangte das Komitee, den Verkauf von arabischem Grund und Boden an Juden sowie die Errichtung einer nationalen Regierung zu verbieten. Die britischen Behörden, zu einer Politik der Versöhnung bereit, erboten sich, ihre Vorschläge über den gesetzgebenden Rat noch einmal zu überprüfen, um den arabischen Forderungen noch weiter entgegenzukommen. Die Unruhen dauerten an mit Anschlägen auf die jüdischen Siedlungen und später auch auf die britischen Mannschaften. Schließlich forderte die Mandatsregierung Truppenverstärkung an und verteilte auch unter den Juden Waffen zu ihrer Selbstverteidigung. Ein britischer Offizier, Oberst Orde Wingate, arbeitete mit den jüdischen Siedlern zusammen; Truppen wurden aufgestellt, um die arabischen Terroristenbanden bei Nacht abzuwehren und aufzureiben. Die Lage verschärfte sich so, daß die Regierung dem arabischen Hauptkomitee ein scharfes Ultimatum stellte; falls die Unruhen nicht aufhörten, sollten drastische militärische Schritte unternommen werden. Im Oktober 1936 sagte das arabische Hauptkomitee den Streik ab.
Nun trat das Palästinaproblem in eine neue entscheidende Phase ein. Unter der Führung von Lord Peel kam eine königliche Kommission nach Palästina, um Nachforschungen über die Ursachen der Zwischenfälle anzustellen und Maßnahmen zur Sicherung des Friedens vorzuschlagen. Am 7. Juli 1937 veröffentlichte die Kommission ihren Report zusammen mit einem Regierungsweißbuch. In dem Report empfahl sie, Palästina aufzuteilen: den arabischen Teil des Landes zu einem arabischen Staat und ein kleineres, weniger als dreitausend Quadratkilometer umfassendes Gebiet, also nicht einmal ein Fünftel vom westlichen Palästina, zu einem jüdischen Staat zu machen. Auf dem Zionistenkongreß im August 1937 in Zürich verwies Dr. Weizmann auf die historische Bedeutung der Empfehlung, einen jüdischen Staat einzurichten, wenn er auch den Vorschlag als engherzig beanstandete. Die *Jewish Agency* wurde bevollmächtigt, Verhandlungen mit der britischen Regierung aufzunehmen und auf eine Verbesserung des Teilungsvorschlags hinzuarbeiten. Die Araber dagegen lehnten die Idee einer Teilung vollständig ab. Dennoch sollte die dieser Idee innewohnende Logik das Palästinaproblem für die nächsten entscheidenden Jahre beherrschen. Die Peel-Kommission hatte den springenden Punkt begriffen: Juden und Araber verfolgten in Palästina nicht die gleichen Ziele. Daraus ergab sich die Alternative, entweder die einen den anderen unterzuordnen oder für beide die Voraussetzung der Selbständigkeit und Souveränität zu schaffen.

Doch wieder gab Großbritannien der Opposition der Araber nach. Die Woodhead-Kommission wurde nach Palästina entsandt, angeblich um die praktischen Folgerungen aus dem Teilungsplan zu ziehen; in Wirklichkeit aber, um Mittel und Wege zu finden, ihn zu umgehen. Die Kommission erklärte den Peel-Teilungsplan für undurchführbar, schlug ihrerseits einige noch undurchführbarere Pläne vor und ließ das Projekt fallen. Erst ein Jahrzehnt später sollte die Idee wieder aufgegriffen werden.

Auch 1937 und 1938 kam es erneut zu heftigen Unruhen. Als sich am Horizont der Weltkrieg abzuzeichnen begann, machte die britische Regierung einen drastischen Versuch, die unnachgiebigen Araber zu beschwichtigen. Alle zum Schutze der jüdischen Interessen erlassenen Verbote wurden aufgehoben, ein im Mai 1939 erschienenes Weißbuch sprach praktisch das Todesurteil über die Nationale Heimstätte: In den nächsten fünf Jahren sollten maximal 70 000 Juden die Einwanderungserlaubnis erhalten; überdies sollte in weiteren fünf Jahren die britische Mandatsverwaltung von einer unabhängigen palästinensischen Regierung mit einer arabischen Mehrheit abgelöst werden. Die *Jewish Agency* geißelte das Weißbuch als »Vertrauensbruch und Kapitulation vor dem arabischen Terrorismus« und richtete einen wohldurchdachten Protest an die Ständige Mandatskommission des Völkerbundes, die zu dem Schluß kam, daß »die im Weißbuch eingeschlagene Politik nicht in Einklang steht mit der Auslegung des Palästina-Mandats, wie es die Mandatsmacht und der Rat des Völkerbundes in Übereinstimmung festgelegt hatten«. Doch der Sieg der Zionisten, ein Scheinsieg, blieb wirkungslos. Als das palästinensische Judentum in den Zweiten Weltkrieg eintrat, war sein Schicksal noch immer nicht entschieden, sein Überleben immer bedroht.

Selbstschutz

Zwischen den beiden Weltkriegen hatte die Nationale Heimstätte eine Schutzwehr aufgebaut, von der ihr Leben und Schicksal abhing. Ein nicht provozierter Überfall der Araber auf Tel Chai im März 1920; der Angriff auf den jüdischen Teil Jerusalems im April desselben Jahres; der Aufruhr in Jaffa 1921 – alles zeigte deutlich, wie nötig es war, die jüdische Selbstverteidigung zu organisieren. Seit der zweiten *Alija* gab es eine kleine Verteidigungsorganisation, die 1907 unter dem Namen *Bar Giora* gegründet und später in *Haschomer* umbenannt worden war. Diese frühe Miliz setzte sich aus Farmern zusammen. Sie leisteten Pionierarbeit in landwirtschaftlichen Siedlungen und bewachten abgelegene, von einer feindlichen arabischen Bevölkerung umgebene Außenposten. Die *Schomrim* faßten ihre Arbeit als einen an sie persönlich ergangenen Auftrag auf, den sie zum Wohle der ganzen Nation ausführten. Ihr Vorbild sollte dem *Jischuw* Mut und Selbstvertrauen einflößen, was sich später angesichts der heftigen Angriffe der Araber als lebenswichtig erwies.

In den zwanziger Jahren forderte die durch den Weltkrieg verbrauchte und dezimierte *Haschomer*-Bewegung eine Verstärkung der Kräfte im *Jischuw*. Unter den Generälen Bols und Storrs hatte sich die britische Besatzungsmacht gegenüber den Anstiftern der arabischen Aufstände übertrieben nachsichtig gezeigt. Es war klar, daß kein ausländischer Bevollmächtigter daran dachte, das Blut seiner Soldaten für das Leben der Juden zu vergießen. Deshalb mußten für alle Fälle Vorkehrungen und Vorsorge für die Rüstungsbeschaffung und die Ausbildung einer Verteidigungsstreitkraft getroffen werden. Angesichts der drohenden Feindseligkeit der Araber und der gut organisierten politischen Angriffe mußte das Sicherheitsproblem neu aufgerollt werden. Es genügte nicht mehr, wie es die *Haschomer* getan hatte, die landwirtschaftlichen Kolonien bewachen zu lassen. Auch die Städte brauchten Schutz. Der ganze *Jischuw* mußte zusehen, wie er sich schützte.

1920 wurde auf einer Konferenz der *Achduth Haawoda*, jener Partei, die auch die Arbeiterbewegung den neuen Bedürfnissen entsprechend reorganisierte, die *Haganah* (Verteidigung) gegründet. Das Problem der Verteidigung fiel nun genau wie die wirtschaftliche, politische und kulturelle Entwicklung dem *Jischuw* zu. Die *Haganah* unterstand direkt der von der *Jewish Agency* eingesetzten Zivilbehörde.

Diese neue Einrichtung, hervorgegangen aus einer Handvoll von Wächtern, die nachts die Felder bewachten, entwickelte sich bei der Gestaltung des politischen Schicksals von Palästina zu einem wichtigen Werkzeug. Ohne sie wären die großen Aufgaben – Ansiedlung, Einwanderung und Verteidigung – nicht durchführbar gewesen. Und später ging sie in der israelischen Armee auf, die ihrerseits nationale und regionale Geschichte machte.

Von allem Anfang an bildete die *Haganah* ein aktives Element in jeder neuen Siedlung. Zwischen 1936 und 1939 jedoch, als der *Jischuw* die Araberaufstände mit Selbstbeherrschung *(Hawlagah)* beantwortete, fiel ihr eine besonders schwere Aufgabe zu. Die neuen, oft abgeschnittenen, in unentwickelten Regionen gelegenen Siedlungen stellten, zumal sie häufig nicht einmal ein Steinhaus zu ihrem Schutz besaßen, einen verletzlichen Punkt dar. Nun wurde ein System entwickelt, Siedlungen, die sich gut verteidigen ließen, in kürzester Zeit, vorzugsweise in der Spanne eines einzigen Tages, zu errichten. Bei Anbruch der Nacht mußten die Schutzvorrichtungen der neuen Siedlung, zumindest eine Mauer, ein Stacheldraht und ein Wachtturm, vorhanden sein. Deshalb wurden die notwendigen Bestandteile vorfabriziert und in der Nacht, ehe man von dem Land Besitz ergriff, in das nächste Dorf geschafft. Bei Morgengrauen brachen die

Mitglieder der neuen Siedlung zusammen mit freiwilligen Helfern auf Lastwagen zu dem vorgesehenen Ort auf. Bei Sonnenaufgang stand der Turm; am Mittag die äußere Mauer; und am frühen Nachmittag konnte das ganze Lager in Betrieb genommen werden, weder Hühner noch Kühe fehlten. Manchmal bewilligte die Regierung zwei Gewehre zur Verteidigung. Die erste dieser Siedlungen, die in Israels Geschichte unter dem legendären Namen »Mauer und Turm« *(Choma Umigdal)* einging, war Tel Amal am Fuße des Gilboaberges. Ihr sollten noch viele andere folgen von Hanita bis Dan, von Tirat Zwi bis Schaar Ha-Golan.

Auf diese Weise wurden in den unruhigen Jahren von 1937 bis 1939 mehr neue Gemeinden gegründet als je zuvor. Ansiedlung, Erschließung des Landes und Selbstverteidigung – damit antwortete das palästinensische Judentum auf die Feindseligkeit der Araber und die Unentschlossenheit der Briten. Mitbestimmt wurde diese Antwort von dem Bewußtsein des angeborenen Rechts der Völker auf Selbstverteidigung und von einem Glauben an die unveräußerliche Würde des menschlichen Lebens – ein Grundsatz, von dem auch das jüdische Leben nicht ausgenommen werden sollte, der aber in den Jahren 1939 bis 1945 auf dem blutbefleckten europäischen Kontinent zusammenbrach.

Am Vorabend des Zweiten Weltkriegs

In den zwei Jahrzehnten zwischen den beiden Weltkriegen hatte das jüdische Volk seine Möglichkeiten weder vergeudet noch voll ausgeschöpft. 1939 hatte die Nationale Heimstätte mit ihren 450 000 Einwohnern wirtschaftlich und technologisch einen für nahöstliche Begriffe spektakulären Stand erreicht, wenn sie sich auch bei weitem nicht mit dem besten europäischen Durchschnitt messen konnte. Dennoch erfüllte diese Entwicklung – für die Welt ein faszinierendes und unvergleichliches Schauspiel – das jüdische Volk mit Stolz. Hier und nur hier wurde wirklich jüdische Geschichte gemacht. Hier waren die Juden nicht nur eine Randerscheinung anderer Gesellschaften. Sie besaßen in zunehmender Vollständigkeit alle Eigenschaften einer Nation, wenn auch erst im Miniaturmaßstab. Der hervorstechende Zug dieser Gesellschaft war ihr hebräischer Charakter. Die alte Sprache, erneuert und weiter ausgebaut, war nicht nur die Landes- und Muttersprache der neuen jüdischen Generation, sie war auch Träger einer eindrucksvollen literarischen Bewegung. Mehr als alles andere gab sie der entstehenden Gemeinschaft ihre individuelle Form und Farbe. Außerdem stellte sie eine Verbindung mit einer geliebten und allgemein hochgeschätzten Vergangenheit her. Um sie selbst zu sein, mußte die nationale Gesellschaft der Juden anders sein als alles andere. Als die treibende Kraft stand das Streben nach Identität dahinter. Eine starke Solidarität beseelte ihr Judentum. Die beherrschenden Ideale waren kollektiver, nicht individueller Art, die Gemeinschaft ging vor. Der Dienst des einzelnen an der wachsenden Nation zählte, nicht sein tapferer Einsatz für die eigene Karriere. Das palästinensische Judentum, für Fragen der Moral sehr empfänglich, hatte eine idealistische Betrachtungsweise. Seine Einstellung zum Leben war ernst, unsentimental, verantwortungsbewußt und zupakkend, aber auch aufbrausend und etwas irrational; in den Augen eines Fremden war sie etwas zu gewichtig und selbstbewußt. Jeder erste neugepflanzte Baum, jeder Weg, jede Straße, Siedlung, Schule, Bibliothek, jedes Orchester, jede Universität wurden begeistert begrüßt. Das jüdische Volk erlebte die schöpferische Kraft auf eine einzigartige Weise.

Beim Aufbau der Gesellschaft verfolgte das palästinensische Judentum eigenwillige Ziele. *Kibbuz* (Kollektivsiedlung) und *Moschaw* (Kooperativsiedlung) schlugen den nationalen Ton an. Eine sozialistische Ethik herrschte vor. Die *Histadrut* (Allgemeine Arbeiterorganisation), ihrem Wesen nach zwar eine Gewerkschaft, organisierte dennoch zahllose Unternehmen industrieller, landwirtschaftlicher, sozialer und anderer Art auf kooperativer Basis. Den stärksten Rückhalt fand der *Jischuw,* abgesehen vom Weltjudentum, bei sozialdemokratischen Regierungen und internationalen Institutionen. In der ungemein freiheitlichen Atmosphäre blühte eine stark ideologisch gebundene Politik. Die Hegemonie lag bei der Arbeiterbewegung. Aber auch das orthodoxe Judentum hatte mit der *Misrachi*-Organisation, die seine Interessen politisch vertrat, in der kommunalen Hierarchie festen Fuß gefaßt. *Kibbuz*-Bewegung und *Histadrut* trennten verschiedene Grade von Linksorientierung.

Die Domäne, in der die nationalen Ziele empirisch, ohne dogmatische Bindung verfolgt wurden, war der allgemeine Zionismus. Am äußersten Ende der politischen Skala stand Jabotinskys Revisionisten-Bewegung, streitbar, lärmend und mehr mit dem Symbolismus und den Gebräuchen des Nationalismus beschäftigt als mit den anscheinend prosaischen und doch eigentlich so poetischen Aufgaben des Siedlungswerkes und der Wegbereitung. Alles in allem hätte in den dreißiger Jahren ein Besucher im jüdischen Teil von Palästina ein kulturelles Klima vorgefunden, das, wenn es auch nicht rein europäisch anmutete, doch eher von europäischer Energie geprägt war als von der im Nahen Osten üblichen Ruhe, von morgenländischem Fatalismus.

Die bei weitem größte Leistung des *Jischuw* lag in seiner genialen Fähigkeit, sich selbst zu regieren. Er stellte, wenn auch nur im kleinen, eine voll ausgebildete Gesellschaft dar. Theoretisch galt er – aber das war eher eine Fiktion – als Gemeinschaft innerhalb eines Schutzgebietes. Seine Beziehungen zur britischen Mandatsverwaltung waren steif und wenig herzlich, die zu den Arabern wohl reger, was den Handel betraf, aber auch konfliktgeladener. Das palästinensische

Judentum verfolgte weder die Absicht noch bot sich ihm die Aussicht, sich der arabischen Umwelt anzupassen. Es hatte zum Schutz gegen Feindseligkeiten von außen und Zerstörung von innen einen Wall um sich errichtet und bildete nahezu einen Nationalstaat *en miniature*. Es verwaltete die Landwirtschaft, die Industrie, das Schulwesen und die Sozialfürsorge weitgehend selbst, besaß eigene Arbeiterorganisationen, sprach seine eigene Sprache. Gewöhnlich stellen Verteidigung und Außenpolitik die Ressorts dar, in denen ein nach Souveränität strebendes Gemeinwesen zuletzt Selbständigkeit erlangt. Doch sogar in diesen Bereichen konnte sich der *Jischuw* zusehends unabhängiger bewegen. Er verfügte über eine Bürgerarmee; und seine führenden Repräsentanten, Weizmann, Ben Gurion und Mosche Scharett, genossen in internationalen Diplomatenkreisen Achtung und Bewunderung als Vertreter eines Gemeinschaftsgefüges, das alle Merkmale eines Staates aufwies, auch wenn es nicht als solcher bezeichnet wurde. Die Peel-Kommission hatte – trotz ihrer enttäuschenden Landaufteilungs-Empfehlung – den Begriff des jüdischen Staates im politischen Denken neu verankert.

In normalen Zeiten hätten diese Errungenschaften wohl sicher und vermutlich sogar rasch zum Erfolg geführt. Doch schwere Wolken zogen am Horizont herauf. Der arabische Nationalismus wagte sich immer weiter vor, gewann immer mehr an Boden. Großbritannien hatte seine ursprüngliche Auffassung von seinem Mandat über Bord geworfen. Bald sollte über das jüdische Volk der wütendste und zerstörerischste Sturm des Hasses hereinbrechen, der je eine Menschengruppe heimsuchte.

20. DIE MASSENVERNICHTUNG

Als der Nazismus wie eine Pest über Europa hereinbrach, existierten im europäischen Raum mehrere blühende Kulturen nebeneinander. Klammert man die Sowjetunion aus, so war das jüdische Element im Gefüge Europas durch acht Millionen Juden vertreten, von denen sich ein Teil weitgehend assimiliert hatte, während ein anderer, dem alten Glauben mit seinen Riten treu, als fremde, abseits stehende Gruppe am Rande der europäischen Gesellschaft lebte. Europa schien weitherzig genug, die Assimilierten aufzunehmen und den Separatisten Freiheit zuzugestehen. Schließlich hatte es seit über hundert Jahren einen zwar nicht durchgängigen, aber doch deutlich wahrnehmbaren Fortschritt an Aufgeklärtheit, Liberalismus, wissenschaftlichem Rationalismus und religiöser Toleranz zu verzeichnen, hatte die europäische Wissenschaft, Literatur und Kunst eine Reihe glänzender jüdischer Namen aufzuweisen. Wenn sich auch hier und da noch Nachwirkungen des im 19. Jahrhundert gepflegten Antisemitismus bemerkbar machten, deutete doch nichts auf einen bevorstehenden Sturm von solcher Heftigkeit hin.

Dann erschienen die Nazis auf dem Plan, erfüllten alles mit dem schrillen Mißton ihres Hasses, spürten mit unheimlich sicherem Instinkt die dunklen Seiten deutschen Wesens auf und spannten sie für ihre Zwecke ein. Am 30. Januar 1933 wurde Adolf Hitler zum deutschen Reichskanzler ernannt. Aus der unnatürlichen Verbindung von Machtgier und einer perversen, allen religiösen Einsichten und wissenschaftlichen Erkenntnissen Hohn sprechenden Ideologie ging die nazistische Verschwörung hervor.

Im Rückblick erscheint es nach wie vor unfaßlich, in welch kurzer Spanne diese Tyrannei das Leben einer ganzen Generation zerstörte. Ein zeitgenössischer Historiker schreibt:

> Sie währte zwölf Jahre und vier Monate, doch in diesem kurzen Zeitraum führte sie einen Ausbruch herbei, wie ihn diese Welt heftiger und zerstörerischer bis dahin nicht erlebt hatte. Sie trug das deutsche Volk zu Höhen der Macht empor, wie sie ihm über ein Jahrtausend lang nicht beschieden gewesen waren und machte die Deutschen zum Herrn Europas vom Atlantik bis zur Wolga und vom Nordkap bis zum Mittelmeer, um sie anschließend in den tiefsten Abgrund der Zerstörung und des Elends hinabzustürzen nach einem Weltkrieg, den ihr Volk kaltblütig anzettelte und in dessen Verlauf

es eine Schreckensherrschaft über die eroberten Völker ausübte, die mit ihrer geplanten Vernichtung menschlichen Lebens und der Auslöschung menschlichen Geistes alle Unterdrückungen und Greuel vergangener Zeiten übertraf.

Die Judenverfolgungen unter den Nazis vollzogen sich in drei deutlich voneinander abgesetzten Phasen. Die erste reicht von Hitlers Machtergreifung im Jahre 1933 bis zum Kriegsausbruch im Jahre 1939; die zweite von 1939 bis 1941, dem Jahr, in dem die »Endlösung« beschlossen wurde; die dritte, in der die Deutschen in allen besetzten Gebieten darangingen, die Juden physisch auszurotten, umfaßt die Jahre 1941–1945.

Gemessen an den ungeheuerlichen Vorgängen der dritten Phase erscheint die erste nahezu belanglos. Und doch kam es bereits in diesen frühen Jahren in bestimmten Zeitabständen zur Anwendung physischer Gewalt. Die Zeitungen brachten häufig Fotos, auf denen junge Nazis mit brutalem und leerem Grinsen bärtige Juden, denen man Plakate mit Selbstbeschuldigungen umgehängt hatte, zum Müllabräumen und Straßenreinigen kommandierten. Doch im großen und ganzen wurden die Juden zu dieser Zeit »nur« willkürlich aufgegriffen und festgenommen, gesellschaftlich geächtet und fortgesetzt gedemütigt. Gummiknüppel und andere Mißhandlungen blieben auf die verhältnismäßig kleine Zahl der in die Konzentrationslager Verschleppten beschränkt, von denen manche körperlich und seelisch gebrochen, aber immerhin lebendig wieder auftauchten.

An die erste Phase, die der Nazismus ungestraft überdauerte, schlossen sich folgerichtig die beiden nächsten an. In den vergleichsweise unblutigen Jahren vor dem Krieg wurde das deutsche Volk innerlich auf Handlungen vorbereitet, zu denen sich ohne tiefgreifende ideologische Beeinflussung wohl niemand bereitfinden würde.

Die Menschen sind von Natur aus nicht gleich, lautete der Kernsatz der neuen Ideologie. »Was wir heute an menschlicher Kultur, an Ergebnissen von Kunst, Wissenschaft und Technik vor uns sehen, ist nahezu ausschließlich schöpferisches Produkt des Ariers«, erklärte Hitler. Dieser Auffassung zufolge ist der Arier eine bestimmte biologische Spezies mit charakteristischer Schädelform, Hautfarbe und besonderen Arteigenschaften. Der nichtnordische Mensch gehört schon eher zu den Tieren als zur menschlichen Gattung. Seine Unterdrückung und Ausrottung stellt eine höhere Notwendigkeit dar, die mit Disziplin und Opfermut zu Ende geführt werden muß.

Diese unmenschliche Lehre, wenig später das offizielle Glaubensbekenntnis des deutschen Volkes, kann man noch in den Stapeln vergilbender Zeitungen und Bücher aus den dreißiger Jahren nachlesen, diesem ganzen Schrifttum, das eine krankhafte Sexualität mit starken sado-masochistischen Obertönen widerspiegelt. Überraschend und erschreckend daran war, daß sich Professoren und Wissenschaftler dazu hergaben, diesen Irrsinn zu unterstützen. Ein namhafter Physiker übernahm in aller Form den Auftrag, die Wissenschaft von der »jüdisch-Einsteinschen Korruption« zu säubern. In Wirklichkeit, so erklärte der Heidelberger Professor Lenard, sei »alles, was Menschen hervorbringen, rassisch, blutmäßig bedingt«. Vom Beifall der Akademiker ermutigt und gedeckt, veranstaltete Goebbels eine öffentliche Verbrennung der Werke Heines, Thomas Manns, Einsteins, Zolas und Freuds. Er verkündete lautstark:

> ... Das Zeitalter eines überspitzten jüdischen Intellektualismus ist nun zu Ende, und der Durchbruch der deutschen Revolution hat auch dem deutschen Wesen wieder die Gasse freigegeben. Ihr tut gut daran, um diese mitternächtliche Stunde den Ungeist der Vergangenheit den Flammen anzuvertrauen. Es ist eine starke, große und symbolische Handlung, eine Handlung, die vor aller Welt dokumentieren soll: hier sinkt die geistige Grundlage der Novemberrepublik zu Boden. Aber aus diesen Trümmern wird sich siegreich erheben der Phönix eines neuen Geistes. Das Alte liegt in Flammen. Das Neue wird aus der Flamme unseres eigenen Herzens wieder emporsteigen ...

Als das Dritte Reich immer entschiedener auf den Krieg zusteuerte, nahm die Verfolgung der deutschen und österreichischen Juden zusehends schärfere Formen an. Der Kampf gegen die Juden beschränkte sich nicht auf moderne Bereiche wie Politik, Wirtschaft und Kultur; er erstreckte sich auch auf die Glaubenssphäre. Ein nazistisch-christliches Institut suchte die nichtjüdische Abstammung Jesu nachzuweisen. Eine Gruppe von Juristen, Psychologen und Theologen ging daran, alle Spuren jüdischen Einflusses aus der religiösen Überlieferung zu tilgen. Doch Alfred Rosenbergs Institut zur Erforschung der Judenfrage, die Hauptstelle für die nazistische Lehre und weltanschauliche Erziehung, stellte all diese Bemühungen in den Schatten. Dieses Institut führte zum Ruhme der »arischen Rasse« einen Propagandafeldzug gegen die entarteten Demokratien.

Im März 1933 kam es zum ersten physischen Gewaltakt gegen die deutschen Juden: Nazibanden griffen im Breslauer Gericht jüdische Rechtsanwälte und Richter an. In den darauffolgenden Wochen wurden fünfunddreißig Juden, in der Mehrzahl assimilierte Ärzte und Juristen, ermordet. Im April desselben Jahres verhängte die Partei einen eintägigen Boykott über jüdische Betriebe: Wachen der SS und SA bezogen vor jüdischen Geschäften und Anwaltskanzleien Posten und verwehrten arischen Klienten den Zutritt. Unmittelbar nach dem Boykott wurde eine Reihe von Gesetzen verabschiedet, die die Juden in Deutschland noch vor Jahresende praktisch von allen Beamtenstellungen und freien Berufen ausschlossen.

Die von Goebbels veranstaltete Bücherverbrennung sollte den jüdischen Einfluß in der Literatur ausschalten. Doch der primitive Eifer der Nazis beschränkte sich nicht auf dieses Ziel. In den folgenden Monaten erfaßte die neue Richtung alle Sphären des kulturellen Lebens, griffen die Säuberungsaktionen auf Musik, Theater, Presse, Funk und Film über. Die Bilder »entarteter« Künstler wie Picasso, Matisse, Cézanne und Kokoschka verschwanden aus deutschen Museen, Universitäten und wissenschaftliche Institute wurden »judenrein« gemacht. Hervorragende Gelehrte wie Einstein und später auch Sigmund Freud, die glänzendsten Vertreter der einst so hochentwickelten deutsch-jüdischen Kultur, schlossen sich dem Strom namhafter Emigranten an.

Die Nürnberger Gesetze vom September 1935 erkannten die Juden nicht länger als »Reichsbürger« an und beraubten sie so mit einem gezielten Schlag ihrer Stellung als Deutsche. Die neuen Gesetze schnitten den Juden von jedem physischen Kontakt mit der Herrenrasse ab. Hitler hatte den Begriff »Jude« neu definiert: Juden waren alle Personen mit drei jüdischen Urgroßeltern. Er führte auch die Kategorien Dreiviertel-, Halb- und Vierteljude ein, je nach der Zahl der jüdischen Großeltern.

Gegen Ende 1935 hatten achttausend deutsche Juden Selbstmord begangen, fünfundsiebzigtausend die Emigration gewählt. Zahllose weitere bestürmten die ausländischen Konsulate um Ausreisevisen nach irgendeinem Ort unter der Sonne, der bereit war, ihnen Asyl zu gewähren. Doch kein Land der Welt hatte in seinen Einwanderungsgesetzen eine solche Notlage berücksichtigt. Und Palästina durfte jeweils nur eine bestimmte Zahl von Auswanderern aufnehmen. Bald gingen die Namen fremdländischer, kaum bekannter Städte, Länder und Inseln in den jahrhundertealten Katalog jüdischer Zufluchtsstätten ein.

Wie seit jeher unter schwierigen Umweltbedingungen bemühten sich die Juden zielstrebig um geistige Selbsterhaltung. Die erzwungene Absonderung weckte schlagartig ein neues Interesse für die jüdische Geschichte und die hebräische Sprache; das dringende Bedürfnis nach Selbstverständnis äußerte sich in der Veröffentlichung zahlreicher jüdischer Nachschlagewerke, Geschichtsbücher und hebräischer Grammatiken, die reißenden Absatz fanden. Doch während sich das Geistesleben immer kräftiger regte, drohten der physischen Existenz immer größere Gefahren. In der gesamten zivilisierten Welt stieß das Leiden der deutschen Juden auf unheimliches Schweigen. Zu ihrer maßlosen Verwirrung mußten die Juden feststellen, daß die Ausschreitungen der Nazis keineswegs allgemeine Mißbilligung hervorriefen. In Wirklichkeit vertraten viele demokratische Staatsmänner in bester Absicht die Meinung, laute Proteste würden die Lage des deutschen Judentums nur noch erschweren – ein Trugschluß, zu dem sich angesichts der Not des sowjetischen Judentums selbst heute noch manche unbesonnen verleiten lassen. Diese Staatsführer lehnten eine antinazistische Propaganda ab und mißbilligten den mangelhaft organisierten Boykott gegen Deutschland. Die Warnungen der Zionistenführer, die Judenverfolgungen in Deutschland stellten lediglich den Auftakt zu einem umfassenden Angriff der Nazis auf die menschliche Freiheit dar, wurden als »Kriegshetze« abgetan. Weizmann hatte Lord Halifax, dem britischen Außenminister, prophezeit: »Heute zünden sie die Synagogen an, morgen die britischen Kathedralen.«

So mußten die Juden während der ersten Phase der Verfolgung erleben, wie die großen Demokratien der Welt einen Rückzieher nach dem anderen machten. Eine im Sommer 1938 in Evian einberufene internationale Konferenz zur Lösung des Flüchtlingsproblems verkannte die Dringlichkeit der Stunde und faßte halbherzige Beschlüsse, mit denen im Grunde niemandem gedient war. Die in Deutschland am 9. November 1938 (nach der Ermordung vom Raths) einsetzenden schweren Angriffe riefen eine Notlage hervor, der die auf der Konferenz getroffenen Vorkehrungen in keiner Weise gerecht wurden. Nur die Dominikanische Republik hatte den Flüchtlingen mehr als eine symbolische Geste zu bieten. Als Schiffe mit jüdischen Flüchtlingen an Bord von einem Hafen zum anderen abgeschoben und die Juden von der Menschheit wie lästige Insekten verscheucht wurden, schlug der Welt dann doch das humanitäre Gewissen: Ein paar hundert oder ein paar tausend erhielten die Erlaubnis, in westliche Länder einzuwandern.

Gemäß der Philosophie von *Mein Kampf* zählte nach nazistischer Auffassung weder Liebe noch Erbarmen noch Gerechtigkeit zu den Kardinaltugenden. Aber daß diese Tugenden plötzlich auch bei der restlichen Menschheit in Vergessenheit geraten schienen, war weniger zu erwarten gewesen. Die Nachrichten von den im nazistischen Deutschland verübten Greueln stießen auf Unglauben und Gleichgültigkeit. Der Rückfall in die tiefste Barbarei mitten im 20. Jahrhundert ging über das menschliche Vorstellungsvermögen. Erst als die Welt schließlich erkannte, daß die Freiheit aller auf dem Spiel stand, griff sie zu den Waffen. Doch zu diesem Zeitpunkt war den Opfern nicht mehr zu helfen.

Am 12. März 1938 marschierten die deutschen Truppen über die österreichische Grenze. Das mit dem Reich vereinigte Österreich übernahm die gesamte antijüdische Gesetzgebung. Über die 400 000 Juden Österreichs brachen in kürzester Zeit dieselben Beschränkungen, Demütigungen und Verfolgungen herein wie über ihre Glaubensgenossen in Deutschland.

Bei Kriegsausbruch lebte in den Gebieten unter unmittelbarer deutscher Gewalt noch eine halbe Million Juden. Binnen kurzem sollte sich das ganze besetzte Europa in ein einziges blutiges Feld der Zerstörung und Agonie verwandeln.

Der Nazismus in Osteuropa

In Osteuropa mit seinen alteingewurzelten antisemitischen Traditionen wurde Hitlers Machtergreifung freudig begrüßt. Polen, Litauen, Lettland und Rumänien leiteten 1934 antijüdische Maßnahmen ein, Ungarn schloß sich 1935 an. Antisemitische Parteien entstanden, deren Programme nach und nach Aufnahme in die offizielle Regierungspolitik fanden. Wie schon im 19. Jahrhundert diente der Antisemitismus als Sammelbecken für verschiedene, in ihren sonstigen Ansichten keineswegs übereinstimmende Gruppen.

In den Vorkriegsjahren herrschte in Polen drohende Pogromstimmung. Die Ausschreitungen gegen jüdische Kaufleute, die schon unmittelbar nach dem Ersten Weltkrieg eingesetzt hatten, häuften sich. Jüdische Geschäfte wurden besetzt, christlichen Kunden der Zugang verwehrt. 1934 erklärte der polnische Premierminister Skladowski diese Besetzungen für legal, sofern Gewaltakte unterblieben. Eine nachdrückliche Hetze gegen jüdische Akademiker setzte ein. Die Zahl der jüdischen Universitätsstudenten ging schlagartig zurück. Oberst Beck, der polnische Außenminister, ließ verlauten, in Polen gebe es eine Million Juden zuviel.

In Rumänien führte der Ende 1937 an die Macht gelangte Goga-Cuza eine strenge Judengesetzgebung ein. Wirtschaftliche Schranken wurden errichtet, jüdische Arbeitnehmer aus den Fabriken entlassen, das Schächten verboten, die Juden am Sabbat zur Arbeit gezwungen. In Ungarn begann die planmäßige Verdrängung der Juden aus dem Wirtschaftsleben offiziell im Jahre 1939.

Abgesehen von den polnischen Juden setzten die verschiedenen Judengemeinden der physischen Verfolgung und wirtschaftlichen Ausschaltung praktisch keinen aktiven Widerstand entgegen. In Deutschland, wo die Juden nicht länger in den politischen Institutionen vertreten waren, kam Widerstand ohnehin nicht in Frage. In den anderen Ländern übten faschistische Regierungen eine strenge Kontrolle über die Parlamente aus oder beraubten diese Körperschaften ihrer Handlungsfreiheit. In Polen organisierten die hauptsächlich vom *Bund* und der *Poale Zion* ins Leben gerufenen Selbstschutzorganisationen einen gewissen Widerstand; in Warschau beantworteten diese Gruppen antisemitische Angriffe häufig mit Gewalt. Doch im ganzen erweckte das Judentum den Eindruck tragischer Schwäche, es erwies sich als schutzlose Minderheit inmitten einer mörderischen Übermacht. Daran vermochten auch die von einigen wenigen sozialistischen oder liberalen Nichtjuden erhobenen Proteste gegen die Behandlung der Juden nichts zu ändern. Die Außenwelt zeigte sich gleichgültig.

Als sich die Krise zuspitzte, verringerten sich die Auswanderungschancen, schwanden die Aussichten, ein Visum zu erhalten. In dem verzweifelten Versuch, ihr Leben zu retten, ergriffen viele Juden dennoch die Flucht. Oft wurden sie als »illegale« Einwanderer von Hafen zu Hafen abgeschoben. Schiffe gingen unter;

viele Juden wurden nach Europa zwangsrepatriiert.* Am 25. November 1936 sprach Chaim Weizmann, der nach Jerusalem gekommen war, um vor der Peel-Kommission seine Aussagen zu machen, von

> ... sechs Millionen Juden, die an Orten zusammengepfercht leben, wo sie unerwünscht sind, und für welche die Welt in Orte zerfällt, wo sie nicht leben können, und in solche, wohin sie nicht dürfen. Sechs Millionen!

Im Laufe von acht Jahren war das Problem gelöst: 1945 waren diese sechs Millionen tot.

Eroberungen und Deportationen

Als am 1. September 1939 der Zweite Weltkrieg ausbrach, erstreckte sich die Herrschaft der Nazis schon über einen Großteil Europas. Nun trat die Judenverfolgung in eine neue Phase ein, eine Phase, deren Greuel über jedwede Vorstellungskraft hinausgehen. Fast während des ganzen Zweiten Weltkrieges befand sich der europäische Kontinent mit Ausnahme der Sowjetunion weitgehend in deutscher Gewalt. Die Deutschen rissen Polen an sich, Dänemark und Norwegen, Holland, Belgien, Luxemburg und Frankreich. Dann folgten sämtliche Balkanländer. Nach Beendigung der Feldzüge ging die deutsche Besatzungsmacht daran, den besiegten Völkern die nazistische Ideologie und Herrschaft aufzuzwingen. Mit nicht nachlassender Energie leiteten die Deutschen die erbarmungslose Verfolgung aller Juden ein, die in den eroberten Ländern lebten.

Bei dieser Aktion arbeiteten der gesamte Wehrmachtsapparat, die Partei und der Staat zusammen. Jede deutsche Botschaft beschäftigte einen Sonderbeauftragten für jüdische Fragen, jedes Propagandamedium wurde eingesetzt, um bei der einheimischen Bevölkerung den Antisemitismus zu schüren. An den Propagandaaktionen beteiligten sich sogar die Botschaften in den nicht in den Krieg verwickelten Ländern, wie die in Ankara, Madrid, Lissabon und Stockholm.

Reichsminister Alfred Rosenberg führte als Leiter des von ihm zusammengestellten »Einsatzstabs Rosenberg« in allen besetzten Gebieten eine planmäßige Plünderung der Museen, Bibliotheken und anderer Einrichtungen durch. Die

*Gegen Ende Oktober 1934 kreuzte ein Schiff mit 318 polnischen und tschechoslowakischen Juden an Bord ziellos im Schwarzen Meer. Es konnte nicht landen, da die Passagiere keine Visa besaßen. Im März 1939 wurden 68 deutsch-jüdische Flüchtlinge aus Buenos Aires repatriiert, weil ihre Aufenthaltsgenehmigung abgelaufen war. Im gleichen Monat sank die »Capo« mit 750 jüdischen Flüchtlingen an Bord. Im Juni 1939 segelten 900 jüdische Flüchtlinge drei Wochen lang an der Küste der Vereinigten Staaten entlang. Kein amerikanischer Staat wollte sie aufnehmen, das Schiff »St. Louis« kehrte schließlich nach Europa zurück.

Gestapo baute unterdessen unter der Oberaufsicht Adolf Eichmanns und seiner unmittelbaren Vorgesetzten Heydrich und Himmler die Vernichtungsmaschinerie für die »Endlösung der Judenfrage« auf.
Für die Juden gab es keine Freiheit mehr. An ihre Stelle waren Ausgehverbote, Judenstern, wirtschaftliche und geistige Isolierung, Ausschluß aus der Gesellschaft getreten. Im Osten faßte man sie zunächst in besonderen Stadtbezirken zusammen, um sie zu Sklavenarbeiten heranzuziehen. Juden aus den besetzten westlichen Ländern – aus Frankreich, Belgien und den Niederlanden, wurden zu diesem Zeitpunkt in den Osten deportiert.
In Frankreich trug die Vichy-Regierung durch ihre Zusammenarbeit mit den Deutschen entscheidend zum Gelingen ihres Planes bei. Das Vichy-Regime sorgte für die Isolierung der Juden von der übrigen Bevölkerung und nahm den Besatzern Polizeiaktionen ab. Sie wurden in der freien wie in der besetzten Zone von der französischen Polizei durchgeführt. Wie im Osten trat eine strenge Judengesetzgebung in Kraft, doch unterließ man es, in Paris ein Ghetto zu errichten. Im übrigen rettete die französische Bevölkerung vielen französischen Juden das Leben: Durch tatkräftige Hilfe ermöglichte sie ihnen, der ungeheuren Menschenjagd zu entgehen.
Größere Gefahr drohte den Juden in dem infolge seiner Kleinheit leicht überwachbaren Belgien. Und noch schlimmer entwickelten sich die Verhältnisse in den Niederlanden, wo im Mai 1941 die Nürnberger Gesetze eingeführt und die holländischen Juden in drei Amsterdamer Stadtbezirken in Ghettos zusammengefaßt wurden.
Ungarns 800 000 Juden lebten bis zum Frühjahr 1944 trotz Unterdrückung und Verfolgung relativ sicher. Kaum aber hatten die Deutschen das Land besetzt, zahlte Eichmann es ihnen grausam heim, daß sie sich seinem Zugriff so lange hatten entziehen können. Als für die Deportationen keine Transportmittel mehr zur Verfügung standen, zwang man 30 000 Juden, den Weg von Budapest nach Wien zu Fuß zurückzulegen.
Zu den schlimmsten Greueln zählt die Deportation der griechischen Juden. Nach zehntägiger Anfahrt kamen sie so geschwächt in den Lagern an, daß sie sofort nach Eintreffen ohne die übliche Auslese der Massenvernichtung zum Opfer fielen. Mehrere hundert Juden von der Insel Rhodos pferchte man auf alten Schiffen zusammen und versenkte sie in der Ägäis.
Die Italiener gewährten den Juden in den von ihnen kontrollierten Gebieten Asyl. Wenn sie in anderen Bereichen auch die Gesetzgebung der Nazis übernahmen und mit den Deutschen zusammenarbeiteten, zur Mitwirkung am Massenmord konnten sie sich nicht entschließen. Auch in Nizza und den französischen Alpen fanden Flüchtlinge Aufnahme. Bald strömten Juden aus anderen Gegenden zu Tausenden herbei, um sich unter italienischen Schutz zu stellen. Solange die Deutschen das Land nicht übernahmen, konnte Italien – auch wenn Ribbentrop bei

Mussolini heftigen Protest einlegte – die Zusammenarbeit verweigern. Schließlich aber rissen die Nazis auch die »unbesetzte« Zone an sich.
Schwache Punkte im Deportationssystem ermöglichten dank der Hilfsbereitschaft der französischen, holländischen und belgischen Bevölkerung vielen Juden die Flucht. Manchen gelang es unterzutauchen, sich mit Hilfe gefälschter Papiere zu »arisieren« oder ins unbesetzte Frankreich zu entkommen. In Frankreich ging die Zahl der *Camouflés*, in den Niederlanden die der *Onderduikers* in die Zehntausende. Ganz allmählich riefen Juden und Nichtjuden in diesen Ländern eine Reihe von Untergrundorganisationen ins Leben, die sich das Ziel setzten, den untergetauchten Juden zu helfen. In den Großstädten verlegten sich ganze Betriebe auf die Herstellung gefälschter Papiere, Widerstandsbewegungen nahmen die Judenhilfe als zusätzlichen Punkt in ihr Aktionsprogramm auf. Über Alpen und Pyrenäen wurden Tausende von holländischen, belgischen und französischen Juden auf schwer begehbaren Wegen in die Schweiz und nach Spanien eingeschleust. Tragischerweise jedoch wurden die Flüchtlinge oft zu ihren Feinden zurückgeschickt.
Nur die skandinavischen Länder standen mit aller Festigkeit und Bestimmtheit zu ihren Juden. Besonders nachdrücklich erklärten sich die Dänen mit den Juden solidarisch; König Christian drohte sogar, er werde als erster den Judenstern tragen, falls dieser in Dänemark eingeführt werde. Rechtzeitig über die Absichten der Deutschen unterrichtet, tauchten die meisten der 7500 dänischen Juden unter; die Mehrzahl setzte sich nach Schweden ab. Auch Finnland widersetzte sich trotz seines Bündnisses mit Deutschland der Deportation seiner jüdischen Bürger.
Im Juli 1939 hatte Göring angeordnet, einen umfassenden Plan für die »Endlösung« der Judenfrage auszuarbeiten. Dieser Plan wurde am 20. Januar 1942 auf der Wannsee-Konferenz angenommen:

> ... Unter entsprechender Leitung sollen im Zuge der Endlösung die Juden in geeigneter Weise im Osten zum Arbeitseinsatz kommen. In großen Arbeitskolonnen, unter Trennung der Geschlechter, werden die arbeitsfreudigen Juden straßenbauend in diese Gebiete geführt, wobei zweifellos ein Großteil durch natürliche Verminderung ausfallen wird.
> Der allfällig endlich verbleibende Restbestand wird, da es sich bei diesem zweifellos um den widerstandsfähigsten Teil handelt, entsprechend behandelt werden müssen (die sog. Sonderbehandlung), da dieser, eine natürliche Auslese darstellend, bei Freilassung als Keimzelle eines neuen jüdischen Aufbaues anzusprechen ist. (Siehe die Erfahrung der Geschichte.)
> Im Zuge der praktischen Durchführung der Endlösung wird Europa von Westen nach Osten durchgekämmt...
> Die evakuierten Juden werden zunächst Zug um Zug in sogenannte Durch-

> gangsghettos verbracht, um von dort aus weiter nach dem Osten transportiert zu werden ... In den von uns besetzten und beeinflußten europäischen Gebieten wurde vorgeschlagen, daß die in Betracht kommenden Sachbearbeiter des Auswärtigen Amtes sich mit den zuständigen Referenten der Sicherheitspolizei und des SD besprechen ...

Die Judenvernichtung im Osten

Der Blitzkrieg in Polen dauerte knapp einen Monat. Mit dem Einmarsch der deutschen Truppen setzten Pogrome und Plünderungen ein, wurden kollektive Geldstrafen verhängt und Synagogen zerstört. Doch das war nur der Anfang. Ein Jahr später wurden alle polnischen Juden in Ghettos zusammengefaßt, wo sie, von der Außenwelt völlig abgeschnitten, ihres Unterhalts beraubt, mehr tot als lebendig dahinvegetierten. Allein in Warschau pferchte man auf einem Raum, auf dem zuvor 35 000 Menschen gelebt hatten, 500 000 unter unvorstellbaren Bedingungen zusammen. Bei der schmalen Tagesration an Brot, Kartoffeln und Fettersatz, deren Nährwert insgesamt nicht mehr als achthundert Kalorien betrug, nahm der Hunger lebensbedrohende Ausmaße an. Seuchen grassierten im Ghetto. Seine Zugänge wurden von deutschen und polnischen Posten bewacht, die jeden Juden, der sich zu nah heranwagte, erschossen. Die Verbindung zur Außenwelt riß völlig ab.

Ehe die »Endlösung« anlief, zwang man den polnischen Juden das Ghettodasein als Lebensform auf. Die Zusammenfassung in Ghettos bildete das wirksamste Machtmittel der Deutschen, ließ sich aber nur im Osten durchführen, wo die Juden als festumrissene Volksgruppe in dichter Ballung lebten. Nach ihrer Einweisung ins Ghetto wurden die Juden als Arbeitssklaven in Werkstätten und Fabriken ausgebeutet, die Arbeitsunfähigen deportiert. Die tragische Ironie dieser wirtschaftlichen »Zusammenarbeit« lag darin, daß die Juden, um ihr Leben zu erhalten, ihre Seele verkaufen mußten; es gab keine andere Wahl außer dem Tod. In seinem Tagebuch aus dem Warschauer Ghetto, das nach dem Krieg gefunden wurde, hat Emmanuel Ringelblum die Lage folgendermaßen zusammengefaßt:

> Die Geschichte des Menschen kennt keine ähnliche Tragödie. Ein Volk, das die Deutschen aus ganzer Seele haßt, kann sich nur dadurch vom Tode loskaufen, daß es zum Sieg des Feindes beiträgt – einem Sieg, der seine vollständige Ausrottung in Europa und vielleicht auf der ganzen Welt bedeutet.

Unter solchen Bedingungen kämpften die Juden verbissen ums nackte Dasein. Jede Hausgemeinschaft stellte ein paar Leute auf, die sich um die ärmsten Mieter kümmerten. Jugendorganisationen versuchten den wachsenden Hunger einzudämmen; sie bebauten jedes Stück Erde auf Ruinengrundstücken, Balkonen und Dächern. Ein paar mutige junge Leute meldeten sich sogar freiwillig, Felder außerhalb des Ghettos zu bestellen. Doch all diese Bemühungen halfen wenig. Immer häufiger sah man Bettler auf den Ghettostraßen.

So hart die Daseinsbedingungen im Ghetto auch waren, das kulturelle Leben florierte; je mehr die physischen Kräfte der Bewohner schwanden, desto reger betätigten sie sich auf künstlerischem und geistigem Gebiet. Die Theater gaben bis zum Schluß Vorstellungen, und auch der verbotene Unterrichtsbetrieb ging heimlich und intensiv auf allen Stufen weiter. Eine Ärztegruppe führte sogar eine Reihe von Studien über die bei Verhungernden auftretenden pathologischen Erscheinungen durch. Nach dem Krieg hat man die Ergebnisse ihrer Untersuchungen entdeckt und veröffentlicht. Mit grenzenlosem Eifer lasen die Menschen Geschichtsbücher und Werke der Literatur.

Der stärkste Rückhalt aber erwuchs den Juden aus ihrer inneren Einstellung, aus ihrer Vitalität und ihrem starken Optimismus. Sie legten dieselbe Zuversicht an den Tag, mit der ihre Vorfahren in vergangenen Jahrhunderten allen Bedrohungen getrotzt und Elend und Verfolgung überstanden hatten. Selbstmord begingen im Ghetto fast nur hochassimilierte deutsche Juden, denen die in der Tradition wurzelnden Kräfte ihrer polnischen Glaubensbrüder verlorengegangen waren. Der Naziterror hatte sie völlig unerwartet als vernichtender Schlag getroffen. Für die polnischen Juden dagegen besaßen die neuen Verhältnisse im Licht früherer Erfahrungen immerhin eine gewisse Logik, und so fiel ihnen der Widerstand leichter. Schließlich hatte die polnische Gemeinde seit geraumer Zeit auf kommunalem und politischem Gebiet Formen der Zusammenarbeit entwickelt, die sich verhältnismäßig leicht den augenblicklichen Bedürfnissen anpassen ließen.

Im Juni 1941 brach Hitler den Nichtangriffspakt mit Stalin und marschierte in Rußland ein. Unmittelbar darauf begannen besondere SS-Einsatzgruppen die jüdische Bevölkerung in den besetzten Gebieten systematisch auszurotten. Die Juden wurden zusammengetrieben, auf der Stelle erschossen und in Massengräber geworfen. Überall tauchten die Vernichtungskommandos auf, die die einheimische Bevölkerung zu Pogromen und »spontanen Massakern« aufstachelten. Man zwang die Juden, ihre Glaubensgenossen zusammenzurufen, beförderte sie auf Lkw und Pferdekarren zu einem Hohlweg oder Graben vor der Stadt, nahm ihnen Wertgegenstände und sogar die Kleider ab und erschoß unterschiedslos Männer, Frauen und Kinder. Das Blut unzähliger Namenloser tränkte die Erde, die ganze Gegend verwandelte sich in einen einzigen riesigen Friedhof. Manchmal wurde, wie im Fall von Babi Jar bei Kiew, der Ort einer solchen

Massenexekution erst Jahre später entdeckt. Daneben kamen noch andere Hinrichtungsarten wie Massenertränkung, Verbrennung und Vergasung in fahrbaren, gewöhnlich als Lastwagen getarnten Gaskammern zur Anwendung.
Als sich der Krieg in die Länge zog, gingen die Deutschen davon ab, die Juden sofort auszurotten und nutzten in vielen Fällen vor der Exekution noch das jüdische Arbeitspotential. Um dem Mangel an Arbeitskräften im Kriegsdeutschland abzuhelfen, baute die ss ein Wirtschaftsimperium auf Sklavenarbeit auf. Die Juden wurden entweder der staatlichen oder der Privatindustrie zur Verfügung gestellt oder in ss-eigenen Betrieben beschäftigt. Daneben zog man sie zur Straßenreinigung, zum Schutträumen, zur Anlegung von Gräben usw. heran. In der Sowjetunion schossen Hunderte von Arbeitslagern wie Pilze aus dem Boden. In diesen Lagern arbeiten bedeutete den sicheren Tod – Tod infolge von Schlägen, Mißhandlungen, Hunger oder Mord.
Die letzte Ausplünderungsaktion aber fand in den Konzentrationslagern statt, wo den Juden vor und nach der Tötung systematisch aller Besitz abgenommen wurde, nicht nur bewegliche Habe, sondern auch Haare, Goldzähne, künstliche Gliedmaßen. Selbst ihre Knochen verarbeitete man zu Phosphat und das Fett zu Seife. Die Menschen ließen ihren dämonischsten Instinkten freien Lauf, rissen in der wahnsinnigen Sucht nach Selbsterhöhung alle Schranken nieder. Hunderttausenden von Deutschen brachte das geraubte Gut Reichtum. Um mit Himmler zu sprechen: »Dies ist ein niemals geschriebenes und niemals zu schreibendes Ruhmesblatt unserer Geschichte ... Die Reichtümer, die sie hatten, haben wir ihnen abgenommen.«
Mitte 1942 begann der Abtransport in die Todeslager Auschwitz, Maidanek, Treblinka und viele andere. Schwindelerregend sind allein schon die Zahlen der in diesen Lagern Vernichteten. So sagte Höß, der Lagerkommandant von Auschwitz, nach dem Krieg vor Gericht aus:

> Ich leitete Auschwitz bis zum 1. Dezember 1943. Meiner Schätzung nach wurden in diesem Jahr mindestens 2 500 000 Opfer durch Vergasung und Verbrennung exekutiert und ausgerottet. Wenigstens eine weitere halbe Million kam durch Hunger und Krankheit um. Insgesamt dürfte sich die Zahl der Toten auf rund 3 000 000 belaufen. Abgesehen von 20 000 von der Wehrmacht eingelieferten russischen Kriegsgefangenen handelte es sich bei den Opfern um Juden aus Holland, Belgien, Frankreich, Polen, Ungarn, der Tschechoslowakei, Griechenland und anderen Ländern. Im Sommer 1944 exekutierten wir allein in Auschwitz rund 400 000 ungarische Juden.

In welchem Tempo die Massenvernichtung vor sich ging, richtete sich einzig und allein nach technischen Faktoren – danach, wie viele Männer Eichmann dafür abkommandieren konnte und ob Transportmittel zur Verfügung standen.

Das Todeslager Auschwitz

Auschwitz lag in einer dünnbesiedelten, ungesunden und sumpfigen Gegend. Da durch das Lager menschliche Arbeitskräfte in beliebiger Zahl zur Verfügung standen, siedelten sich in der Umgebung Industriebetriebe an; die von ihnen regelmäßig durchgeführten Selektionen stellten die einzige Verbindung zwischen dem Auschwitz der Krematorien, dem eigentlichen jüdischen Auschwitz, und dem internationalen Sklavenmarkt Auschwitz her. Zu Tausenden arbeiteten jüdische und nichtjüdische Häftlinge in den Fabriken der IG-Farben, die Kunstkautschuk und synthetisches Benzin produzierten, und in anderen Betrieben. Bei der gewöhnlich nach Ankunft jedes neuen Transportes stattfindenden Selektion wählte man die Arbeitstauglichen aus, während man die »nicht Ausgewählten« unverzüglich in die Todesanlagen schickte. Die als Zivilpersonen eingestuften Überlebenden wurden mit einer Nummer tätowiert und der Schar der Sklavenarbeiter zugeteilt. Ihre Lebensspanne betrug durchschnittlich drei Monate. Die Selektionen wurden rasch und oberflächlich vorgenommen. Außer den Hauptselektionen bei der Ankunft wurden laufend Teilselektionen durchgeführt, um alle Personen mit ungenügender Arbeitsleistung auszuschalten. Die Strenge der Selektionen richtete sich nach dem jeweiligen Bedarf an Arbeitskräften.

Die Arbeitsuntauglichen brachte man unter dem Vorwand, sie sollten eine Dusche nehmen, in die Gaskammern. Sie wurden aufgefordert, sich zu entkleiden, und erhielten ein Stück Seife. An der Decke der Gaskammern befanden sich Brausesieb-Imitationen. Durch kleine Öffnungen in der Decke wurde kristallisiertes »Zyklon B« (das man im Lager zur Ungeziefer- und Wanzenvertilgung verwendete) eingestreut. Der Erstickungsprozeß dauerte zwischen drei und zehn Minuten. Eine halbe Stunde später holte das sogenannte *Sonderkommando* (Juden, die die Anlagen säubern, die Toten aus den Gaskammern entfernen, nach Wertgegenständen durchsuchen, vergraben oder verbrennen mußten) die Leichen heraus, nahm ihnen ab, was noch abzunehmen war und schaffte sie in die Krematorien. Nach der Verbrennung wurde die Asche in Gräben gekippt oder auf Lastwagen verladen. Die Mitglieder des streng isolierten *Sonderkommandos* erhielten bessere Verpflegung und waren infolgedessen weniger geschwächt als die Angehörigen der übrigen Arbeitstrupps. Bezeichnenderweise wurde der einzige aus Auschwitz bekannte Aufstand vom *Sonderkommando* unternommen. Auch diese Juden tötete man in regelmäßigen Zeitabständen.

Die Lagerbewachungsmannschaften, die sogenannten *Totenkopfverbände* der SS, waren seit 1933 in der planmäßigen Mißhandlung von »Untermenschen« und Reichsfeinden geschult worden. Sie unterdrückten den geringsten Widerstand der Häftlinge und umgaben ihr blutiges Handwerk mit einer Aura des Geheimnisses und Schreckens.

Die Nazis begingen ihre Verbrechen nicht planlos. Die Versklavung von Millionen, die Deportationen nach Deutschland, die Ermordung und Mißhandlung von Kriegsgefangenen, die Massenexekution von Zivilisten, die Erschießung von Geiseln und die Verwirklichung der »Endlösung« der Judenfrage – all das war von langer Hand vorbereitet. Das geht unmißverständlich aus dem von den Deutschen selbst zusammengetragenen Material hervor, aus den sorgfältig aufbewahrten, gesammelten und geordneten Akten, statistischen Erhebungen, Inventaren, Befehlen und anderen Dokumenten, die als Teil des Vermächtnisses der Nazi-Ära auf uns gekommen sind. Wer diese Dokumente sichtet, sieht sich einem Denkmal des bürokratischen Geistes gegenüber. Wer sie liest, tritt in eine schwindelerregende Welt des Grauens ein.

Rettungsaktionen

Im Vergleich zu den von den Nazis ausgearbeiteten Massenvernichtungsplänen erscheinen die von den jüdischen Organisationen, vor allem der *Jewish Agency* und dem *Joint Distribution Committee* unternommenen Rettungsaktionen von verschwindend geringer Wirksamkeit. Und doch arbeiteten diese Organisationen unter unsäglichen Mühen, Ängsten und Entbehrungen; von den wenigen noch neutralen Ländern Europas aus führten sie einen nichtendenwollenden Kampf gegen Heimatlosigkeit, Hunger und Angst, suchten das Schicksal von ein paar tausend Männern, Frauen und Kindern zu erleichtern, denen der Weg in die Freiheit geglückt war.

Im Osten begegnete die breite Bevölkerung den Juden mit Feindseligkeit und Gleichgültigkeit. Nur die kleinen Demokratien des Westens standen einmütig und entschlossen zu den Bedrängten. Die Kirche bezog den Verfolgungen gegenüber keinen eindeutigen Standpunkt. Ihre Reaktion reichte von lautstarken Protesten über geheime Hilfsaktionen bis hin zur schweigenden Duldung. In Frankreich und den Niederlanden hielt eine Anzahl von Prälaten öffentliche Gebete für die Juden ab und ließ Flugblätter verteilen, um die Bevölkerung über die Vorgänge aufzuklären. Der Papst seinerseits unterstützte Juden und steuerte sogar fünfzehn Kilo bei, als die jüdischen Einwohner Roms den Nazis eine horrende Goldmenge abliefern mußten. Aber im allgemeinen ging er bei seinen humanitären Aktionen recht vorsichtig zu Werke. Da das Papsttum seine Beziehungen zu Deutschland nicht zu verschlechtern wünschte, verzichtete es darauf, seine große moralische Autorität geltend zu machen. Der niedere Klerus und die Orden dagegen, besonders in Frankreich, überboten einander an Tatkraft und Mut, wenn es darum ging, Juden zu beschützen und zu verstecken.

Die Alliierten sahen dem Schicksal der Juden untätig zu. Erst 1943 setzte die Regierung der Vereinigten Staaten einen Ausschuß für die Verfolgten ein – ein Schritt, der zu spät kam. Trotz aller Bemühungen konnten nur einige wenige gerettet werden.
Als ein Sprecher des ungarischen Judentums in Kairo eintraf, um mit den Briten über die Befreiung der Juden zu verhandeln, ließen ihn die britischen Behörden festnehmen. Bereits früher, im Februar 1941, hatte der neue Kolonialminister, Lord Moyne, Weizmanns leidenschaftliche Bitte »um großzügige Zuteilung von Einwanderungspapieren, die den rumänischen Juden sofort ausgestellt werden müssen«, abgelehnt. »Rumänien«, schrieb Lord Moyne, »gilt als vom Feind besetztes Gebiet. Wir besitzen keinerlei Handhabe mehr, die Antragsteller ... zu überprüfen.«
Rastlos bemühten sich Weizmann und seine zionistischen Kollegen, das Schweigen der Öffentlichkeit über die Massenvernichtung in Europa zu brechen. Am 1. März 1943 richtete er im New Yorker Madison Square Garden einen eindringlichen, von tiefer Besorgnis getragenen Appell an die Öffentlichkeit:

> Wenn der Historiker der Zukunft die finstere Bilanz unserer Zeit zieht, wird er zweierlei unglaublich finden: erstens das Verbrechen selbst; und zweitens die Reaktion der Welt auf dieses Verbrechen. Er wird das Beweismaterial wiederholt sorgfältig prüfen, ehe er der Tatsache Glauben schenken kann, daß eine große und kultivierte Nation mitten im 20. Jahrhundert christlicher Zeitrechnung die Macht einer Mörderbande übertrug, die den Mord vom heimlich begangenen Verbrechen zur öffentlich eingestandenen Regierungspolitik erhob und ihn von Staats wegen durchführte. Er wird auf die gräßliche Geschichte der menschlichen Schlachthäuser stoßen, der Todeskammern, der abgedichteten Gaswagen, die den Glauben auf eine sehr harte Probe stellen.
>
> Doch wenn dieser Historiker, vom tragischen Beweismaterial überwältigt, das Urteil der Zukunft über diese in den Annalen der Menschheit einzig dastehende Barbarei fällt, wird ihm noch ein anderer Umstand Kopfzerbrechen bereiten. Er wird daran herumrätseln, warum die zivilisierte Welt diesem ungeheuren, systematischen Gemetzel so gleichgültig gegenüberstand, begangen an Menschen, deren einzige Schuld in ihrer Zugehörigkeit zu jenem Volk lag, das einst der Menschheit die Gebote des Sittengesetzes schenkte. Er wird nicht begreifen können, wieso das Gewissen der Welt erst aufgerüttelt, warum das Mitleid erst geweckt werden mußte. Vor allem aber wird er nicht begreifen, warum die freien Nationen, die der aufrührerischen, organisierten Barbarei gerüstet gegenüberstanden, erst der Aufforderung bedurften, um dem Hauptopfer dieser Barbarei Asyl zu gewähren.
>
> Zwei Millionen Juden sind bereits ausgerottet. Die Welt kann nicht länger

> vorschützen, die entsetzlichen Fakten seien unbekannt oder nicht erwiesen ... Sympathieerklärungen ohne entsprechende Hilfsaktionen müssen zum jetzigen Zeitpunkt in den Ohren der Sterbenden wie Hohn klingen.
> Die Demokratien stehen vor einer klar umrissenen Aufgabe. Sie sollen über die Vermittlung der neutralen Länder mit Deutschland verhandeln. Sie sollen in den weiten Territorien der Vereinten Nationen Zufluchtsstätten für die vor dem drohenden Mord Flüchtenden bestimmen. Man öffne die Pforten Palästinas allen, denen es gelingt, die Gestade des jüdischen Vaterlandes zu erreichen. Die jüdische Gemeinde Palästinas wird alle aus der Hand der Nazis Befreiten mit Dank und Freude aufnehmen.

Jüdische Rettungs- und Hilfsaktionen setzten an verschiedenen Stellen ein. In den Jahren 1939 und 1940 schickte Rußland 350 000 polnische Juden, die ihm seit der Teilung von 1939 unterstanden, ins rauhe asiatisch-persische Grenzgebiet. Die Mehrzahl starb an Kälte und Hunger. Die Überlebenden sammelten sich in kleinen Städten an der persischen Grenze, wo sie unter unsäglichen Mühen eigene Gemeinden aufbauten. 1942 kam die Rettung – ein Vertreter des *Joint Distribution Committee* richtete für diese hungernden Juden ein Hilfswerk ein. Nach dem Krieg machten sich die meisten Flüchtlinge entweder über Persien oder über Polen und die DP-Lager auf den Weg ins Land ihres Ursprungs, nach Palästina.
In Lissabon, einem der wichtigsten Durchgangshäfen für die aus Europa geflüchteten Juden, bestand die Haupttätigkeit des *Joint* darin, Schiffe nach Kuba und den USA zu chartern und Linienschiffe auszubuchen. Von Berlin, Wien und Prag verkehrten regelmäßig Züge nach Lissabon. Der *Joint*, der mit den *Jewish Immigrant Aid Committees* in verschiedenen Ländern und sogar mit deutschen Reisebüros zusammenarbeitete, stellte den Fahrplan dieser Züge auf, nahm die Ankömmlinge in Lissabon in Empfang und versorgte sie bis zum Abgang der gecharterten Schiffe.
In Frankreich ließ der *Joint* allen Gruppen, die sich um die Rettung jüdischen Lebens bemühten, finanzielle Unterstützung zukommen. Auf einem von Marseille über die Demarkationslinie verlaufenden Kurierweg konnte Geld nach Paris gebracht werden. Juden und Nichtjuden meldeten sich freiwillig zu dem gefährlichen Botengang. Kinder wurden im wesentlichen auf Kosten des *Joint* in die Schweiz geschmuggelt. Über diese Kurierwege unterhielt der *Joint* im besetzten Frankreich Kantinen für diejenigen, die nicht einmal gefälschte Lebensmittelkarten besaßen.
Im Vichy-Frankreich stand der *Joint* vor einer dreifachen Aufgabe: Juden hinauszuschmuggeln, für die Häftlinge und die in den Konzentrationslagern Internierten zu sorgen und all die vielen zu verstecken, die sich noch auf freiem Fuß befanden und Aussicht hatten, zu entkommen. Im unbesetzten Frankreich

wirkte der *Joint* während seiner zweieinhalbjährigen Tätigkeit an der Befreiung von 10 000 französischen Juden über Lissabon und von 1200 über Casablanca mit.
Die Insassen der Vichy-Konzentrationslager versorgte der *Joint* mit Lebensmitteln, Kleidung und Medikamenten, deren Beschaffung mit hohen Kosten verbunden war. Die Juden in diesen Lagern konnten sich am Leben halten, bis der gefürchtete Augenblick der Deportation kam. Als die Deutschen schließlich die Demarkationslinie überschritten, ging der *Joint* in den Untergrund, wo er während der ganzen Besatzungszeit seine Tätigkeit fortsetzte.

Der jüdische Widerstand

Mag der jüdische Widerstand gegen die nazistische Gewalt auch viele Fragen aufwerfen – daß es ihn gegeben hat, steht außer Zweifel. Er wurde auf verschiedene Weise geübt: Durch Kriegsdienst in sämtlichen gegen Hitler kämpfenden Armeen, durch Aufstände in den Ghettos, durch Partisanentätigkeit in den Wäldern und selbst noch durch die heimliche Abfassung von Tagebüchern, die in Kellerverstecken und auf Dachböden geführt wurden. In alledem kam die zähe Entschlossenheit der Juden zum Ausdruck, sich gegen die schweren Prüfungen der Nazizeit zur Wehr zu setzen.
Die jüdische Widerstandsbewegung unterschied sich von der allgemeinen Widerstandsbewegung in mehreren wesentlichen Punkten. So vollzog sich der Kampf der jüdischen Bewegung z. B. unter schwierigeren Bedingungen: Sie wurde von keiner Seite unterstützt und fand in manchen Ländern keinerlei Hilfestellung von seiten der einheimischen Bevölkerung. In Sowjetrußland gehörten die jüdischen Widerstandskämpfer natürlich der sowjetischen Partisanenbewegung an; ähnlich lagen die Dinge auch in einigen westlichen Ländern wie Frankreich, Belgien und Holland, wo der jüdische Widerstand mit der Bevölkerung eng zusammenarbeitete. In der Ukraine dagegen sahen sich jüdische Widerstandskämpfer oft zwei Feinden gegenüber: der Bevölkerung und den Deutschen. Und auch in Polen stellte die jüdische Partisanenbewegung eine Unternehmung für sich dar. In diesen Ländern führten die Nazis auch die grausamsten Judenvernichtungen durch.
Von Anbeginn an war die jüdische Widerstandsbewegung mehr als nur ein Unternehmen einiger beherzter Einzelpersonen oder Gruppen; als Massenbewegung bildete sie einen wesentlichen Teil des Kampfes, den das jüdische Volk gegen die Nazis führte. Auch wenn dieser Kampf scheitern mußte, spielte doch die Idee der Befreiung des Volkes und der nationalen Wiedergeburt mit herein.

Viele Kämpfer stammten aus den Reihen der Zionisten; sie glaubten an einen jüdischen Staat oder an eine freie sozialistische Welt oder an eine Synthese beider Möglichkeiten. Und wie andere Freiheitskämpfer ihre Partisaneneinheiten nach ihren Revolutionshelden tauften (Garibaldi in Italien, Kosciusko in Polen, Alexander Newskij in Rußland), so trugen jüdische Partisaneneinheiten Namen wie Bar Kochba und Juda Makkabi.

Die jüdischen Widerstandsbewegungen entfalteten ihre Tätigkeit in den Ghettos, in Lagern und Wäldern. Einzelne Gruppen führten in den Zentren der Naziherrschaft Sabotageakte durch. Eine Gruppe deutscher Juden hielt sich 1944 in Berlin auf; andere kämpften im französischen Untergrund in Paris. In allen Ländern, in denen sich ihnen die Möglichkeit dazu bot, schlossen sie sich Untergrundbewegungen an.

Die jüdischen Widerstandskämpfer mühten sich unablässig um die geistige und wirtschaftliche Erhaltung ihres Volkes. Wir besitzen eindrucksvolle Berichte, wie sich die Juden im Ghetto gegenseitig unterstützten, wie sie in Lagern und Ghettos im Schatten des Todes Zeitungen herausbrachten, wie sie Torarollen aus den Trümmern zerstörter Synagogen bargen – alles Formen des Widerstandes gegen den Feind. Die aufrührerische Haltung in den Ghettos steht in engem Zusammenhang mit der allgemeinen Geisteshaltung der damaligen jüdischen Führungsschicht. Im nazistischen Europa zogen junge Zionisten zusammen, teilten jeden Tropfen Wasser und jeden Bissen Brot. Sie kümmerten sich um die übrigen Insassen des übervölkerten Ghettos, arbeiteten als Lehrer, Kindergärtnerinnen und Schmuggler, schafften Waffen herein und übten sich in ihrem Gebrauch. Und das alles, während sie unter denselben harten Bedingungen lebten wie ihre jüdischen Mitbürger.

Von allen Widerstandsversuchen war der Aufstand im Warschauer Ghetto der beachtlichste. Von Anfang an hatten die jugendlichen Mitglieder des Warschauer *Kibbuz* alles unternommen, um zusammenzubleiben und ihren Zusammenhalt als Gruppe nicht zu verlieren. Mit diesen Bemühungen standen sie nicht allein da. Auch die Mitglieder des jüdischen *Bundes* und anderer politischer Organisationen brachten heimlich Zeitungen heraus und planten bewaffneten Widerstand. Als die Deportationen anliefen, koordinierten die verschiedenen Gruppen ihre Tätigkeit und nahmen, um Waffen und Munition zu bekommen, Kontakt zum polnischen Widerstand auf. Der polnische Untergrund unterstützte sie jedoch nur zögernd; nichtendenwollende Hindernisse mußten überwunden werden, um auch nur eine einzige Waffe in das von Spitzeln wimmelnde Ghetto zu schmuggeln. Ein paar hundert jüdische Kämpfer übten heimlich in Unterständen (sie hatten tief unter der Erde ein Netz gut getarnter Verstecke angelegt). Binnen kurzem entwickelte sich die jüdische Kampfgruppe zu einer mächtigen und angesehenen Vereinigung.

Im Juli 1942 begannen die Nazis mit der Auflösung des Ghettos. Im Verlauf

eines einzigen Monats wurden fast 100 000 Juden abtransportiert, angeblich in Arbeitslager, in Wirklichkeit ins Vernichtungslager Treblinka. Am Versöhnungstag des Jahres 1942 waren von der ursprünglich eine halbe Million zählenden Ghettobevölkerung nur noch 60 000 Juden übrig.
Als die Deutschen das Ghetto endgültig räumen wollten, stießen sie auf den erbitterten Widerstand der kleinen Kampfgruppe. Zweimal wurden sie zurückgeschlagen. Als sie daraufhin mit Artillerie und Flammenwerfern gegen die jüdischen Kämpfer vorgingen, zogen sich die Verteidiger in die Kanalisationsanlagen zurück, wo sie sich trotz unerträglicher Enge und Luftmangel weiterhin wütend zur Wehr setzten. Nur langsam konnte der organisierte jüdische Widerstand gebrochen werden, und schließlich wurde die Gefechtstätigkeit vorübergehend eingestellt. In Wirklichkeit handelte es sich nur um eine Atempause. Die Juden nutzten jede Minute zur Beschaffung und Herstellung von Waffen. Keiner ihrer Führer machte sich Illusionen über den Ausgang der Aktion. Für sie gab es die Hoffnungen nicht, die andere Widerstandskämpfer beseelten – weder Träume von Sieg noch die Chance, das eigene Leben zu retten. Der klare Entschluß, ihre Würde zu wahren, kämpfend zu sterben, die Ehre der Juden zu retten, bestimmte allein ihr Handeln.
Diese ersten Widerstandshandlungen verblüfften die Nazis. Himmler hatte den Befehl erteilt, das Ghetto zu zerstören. Nun wählten sie den 19. April 1943, den Vorabend des Passahfestes, um es in einem letzten Sturm zu nehmen. Das Ghetto wurde umzingelt und unter schweren Beschuß gesetzt. Die Truppen rückten mit Panzern vor, von denen die Juden viele mit selbstgebastelten Handgranaten zurückschlugen. Ein verzweifelter Kampf von Straße zu Straße und von Haus zu Haus begann. Wohnblöcke wurden angezündet, um die Juden aus ihren Verstecken zu treiben, Nebelkerzen in die Bunker geworfen, schließlich sprengten die Deutschen die Kanalisationsanlagen und Erdunterstände in die Luft. Der Befehlshaber der deutschen Truppen, ss-Brigadeführer Stroop, berichtete an das Hauptquartier:

> Der von den Juden und Banditen geleistete Widerstand konnte nur durch energischen unermüdlichen Tag- und Nachteinsatz der Stoßtrupps gebrochen werden ...

Achtundzwanzig Tage später fand der Kampf mit der Sprengung der Ghettosynagoge sein Ende. Der deutsche Einsatzleiter meldete über den Abschluß der Aktion: »Gesamtzahl der erfaßten und nachweislich vernichteten Juden beträgt 56 065. Dieser Zahl hinzuzusetzen sind noch die Juden, die durch Sprengungen, Brände usw. ums Leben gekommen sind, aber zahlenmäßig nicht erfaßt werden konnten ...« Was Generalmajor Stroop nicht wußte, war, daß an die hundert

Widerstandskämpfer durch die Kanalisationsanlagen entkommen waren, um der Welt von diesem heroischen Kapitel der jüdischen Geschichte zu berichten.

Als Nachrichten über die Vernichtungslager durchsickerten, bildeten sich in anderen Ghettos ähnliche Widerstandsgruppen wie in Warschau. Einige dieser Gruppen wurden zerschlagen, bevor sie sich verteidigen konnten, wie die des Wilnaer Ghettos, deren Existenz verraten und deren Führer exekutiert wurde. In Krakau beging eine Gruppe junger Zionisten durch Bombenanschläge und Attentate Terrorakte. In Bialystock leisteten die Ghettobewohner geschlossen Widerstand. Sie verteidigten das Ghetto bis zum letzten; als es fiel, konnten sich einige in die Wälder der Umgebung durchschlagen, wo sie sich Partisanen anschlossen. In den Wäldern kämpften verschiedene jüdische Partisanengruppen erfolgreich gegen die Nazis, wie die Rächer von Wilna und die weiter südlich in der Gegend von Lida operierende Tobias-Belski-Division. Gegen Kriegsende entstand in den Wäldern Weißrußlands eine freie jüdische Stadt, in der geflüchtete Juden Obdach fanden. Diese von den einheimischen Bauern »Jerusalem« genannte Stadt hielt sich bis zum Einmarsch der Roten Armee.

Am Tage der »Schlußaktion« setzten die Juden von Tukzin ihr Ghetto eigenhändig in Brand; sie wollten lieber in den Flammen umkommen als den Deutschen in die Hände fallen. Und ebenso handelten die Juden im lettischen Dvinsk. Darüber hinaus existieren erstaunliche Berichte über Heldentaten einzelner; versteckte Anspielungen weisen auf »getarnte« Juden hin, die sich in die deutsche Verwaltung und sogar ins Heer einschmuggelten, um zu spionieren und zu sabotieren, bis sie schließlich denunziert wurden. In Lettland begingen die Juden nach dem Einmarsch der deutschen Truppen zahlreiche Sabotageakte und Brandstiftungen. In Rußland selbst beteiligten sie sich an den Partisanenkämpfen – wie sie auch in Holland, Belgien und Italien eine wichtige, manchmal sogar die Hauptrolle in den Widerstandsbewegungen spielten.

In Frankreich belief sich die Zahl der in den Widerstandsgruppen organisierten Juden auf fünfzehn bis zwanzig Prozent. Unter den vielen jüdischen Helden verdient einer besondere Erwähnung: José Aboulker, ein algerischer Medizinstudent. Der Zweiundzwanzigjährige organisierte den Widerstand in Algier und ermöglichte damit die Landung der Amerikaner. In Paris führten jüdische Guerillas und Partisanen verschiedene Anschläge durch, darunter einige der wichtigsten der ganzen Résistance.

All diese Organisationen suchten Fluchtwege zu finden, widmeten sich der Agententätigkeit, stellten gefälschte Papiere aus, um Juden die Flucht zu ermöglichen – womit sie gleichfalls Widerstand gegen die Nazis übten. Und schließlich kam es auch im jüdischen Palästina zur Aufstellung einer nationaljüdischen Widerstandsgruppe. Ihre wohl unvergeßlichste Heldentat war der 1944 durchgeführte Fallschirmabsprung einer Handvoll junger Palästinenser in Ungarn und Rumänien, wo sie Kontakt zur jüdischen Untergrundbewegung aufnehmen

und dem europäischen Judentum in seinem letzten Todeskampf beistehen sollten. Viele dieser jungen Leute wurden von den Deutschen gefangengenommen und exekutiert, darunter auch die Dichterin Hannah Senesch und Enzo Sereni.
Nun könnte man einwenden, die Bemühungen dieser jungen Leute seien – wie die so vieler anderer ihresgleichen – von Anbeginn an zum Scheitern verurteilt gewesen. Das ist in gewisser Hinsicht richtig. Und doch war ihr Opfer nicht vergeblich. Gerade wegen seiner offenkundigen Sinnlosigkeit ist der jüdische Widerstand gegen die Nazis so rühmlich. Denn selbst in der finstersten Stunde, inmitten einer dem Wahnsinn und der Verrohung anheimgefallenen Welt, beugten sich die Juden nicht, verteidigten sie die Würde des menschlichen Lebens.

Beispiele für die Massenvernichtung

Wir müssen uns, so erschreckend es auch ist, vor Augen halten, daß der Judenmord für Tausende von Deutschen in allen besetzten Gebieten eine ganz normale Beschäftigung darstellte. Wie normal, zeigt sich mit beängstigender Deutlichkeit in der Geschäftswelt. Unter den sichergestellten deutschen Dokumenten finden sich sachlich-knappe Geschäftsbriefe von Firmen, wie das folgende Schreiben des Heizanlagen-Herstellers I. A. Topf & Söhne:

> 12. Februar 1943
>
> An die Zentralverwaltung der ss und Polizei, Auschwitz
>
> Betr.: Krematorien für das zweite und dritte Gefangenenlager.
>
> Wir bestätigen nochmals den Empfang Ihres Auftrages für fünf dreiteilige Verbrennungsöfen einschließlich zwei elektrischer Aufzüge für die Beförderung von Leichen und einen zweiteiligen Aufzug für Leichen. Eine brauchbare Einrichtung für die Beheizung mit Kohle und eine Vorrichtung für die Entfernung der Asche sind ebenfalls in Auftrag gegeben.

William Shirer zitiert in seinem *Aufstieg und Fall des Dritten Reiches* das devote Empfehlungsschreiben einer gewissen Firma C. H. Kori, die das Belgrader Geschäft mit dem Hinweis an sich zu bringen suchte, ihre Einrichtungen in Dachau und Lublin hätten sich »in der Praxis bestens bewährt«:

> Im Verfolg der mit Ihnen gehabten mündlichen Rücksprache wegen der Beschaffung einer Einäscherungsanlage in einfacher Ausführung bringen wir Ihnen unsere Reform-Einäscherungsöfen mit Kohlenfeuerung in Vorschlag, die sich bisher in der Praxis bestens bewährt haben.

Wir bringen für das in Aussicht genommene Bauvorhaben zwei Einäscherungsöfen in Vorschlag, empfehlen aber, durch Rückfrage nochmals festzustellen, ob diese beiden Öfen für den Bedarf ausreichend sind.

Wir garantieren für die Leistungsfähigkeit und Haltbarkeit der Einäscherungsöfen, für die Verwendung besten Materials und einwandfreie Arbeit.

... Ihrer weiteren Nachrichten gern gewärtig, empfehlen wir uns Ihnen bestens mit

Heil Hitler!

H. Kori GmbH

Vor den Massenvernichtungen der Nazizeit bestand die naive Annahme, keinen, und wäre er noch so heruntergekommen, lasse die Arglosigkeit und Schwäche von Kindern unberührt. Nicht einmal diesen tröstlichen Gedanken kann sich die Menschheit länger vorgaukeln. Hier die Schilderung des Generalstaatsanwalts beim Eichmann-Prozeß in Jerusalem:

Wir werden Ihnen nun die Instruktionen bezüglich der Kindertransporte vorlegen. Die Kinder wurden auf die nach Auschwitz abgehenden Transporte verteilt. Kinder ab vierzehn wurden beim Transport in die Vernichtungslager bereits als Erwachsene behandelt. Es läßt sich nicht sagen, wer das schrecklichere Los erlitt – diejenigen, die starben, oder diejenigen, die sich in jedem erdenklichen Unterschlupf verbargen, die in ständiger Angst lebten, daraus hervorgejagt zu werden, die von christlichen Nachbarn aus Barmherzigkeit versteckt und so am Leben erhalten wurden. Soundso oft kamen Kinder von der Schule oder den von der Gemeinde unterhaltenen Heimen nach Hause und fanden statt ihrer Eltern, die man durch irgendeine Sonderaktion in den Tod geschickt hatte, fremde Menschen in der Wohnung vor. Sie werden Zeugenaussagen hören, wie Mütter ihre Kleinkinder in den Gaskammern an sich drückten und so vor dem sofortigen Erstickungstod bewahrten, bis die Henker kamen und sie lebendig in die Heizöfen warfen.

Bei der Schilderung, wie die Kinder auf Eichmanns Befehl vom französischen Drancy nach Auschwitz geschafft wurden, herrschte im Jerusalemer Gerichtssaal spannungsgeladene Stille:

Die Kinder trafen in überfüllten, von Polizisten bewachten Bussen im Lager Drancy ein. Man setzte sie auf dem stacheldrahtumzogenen, von einem Trupp französischer Gendarmen bewachten Lagergelände ab. Polizisten wie Gendarmen, harte, alles andere als rührselige Männer, konnten ihr Mitgefühl und ihren Abscheu vor der Aufgabe, die man ihnen zumutete, nicht verbergen. Bei Ankunft der Busse halfen sie den Kindern heraus und führten sie gruppenweise zu den Lagergebäuden. Hierbei hielten die älteren Kinder die kleineren bei der Hand oder trugen sie auf dem Arm. Die Kinder weinten nicht. Sie gingen, ein Häufchen Elend, verängstigt, aber gehorsam mit, fügsam wie eine Schafherde, bestrebt, einander behilflich zu sein.

Am Tage der Deportation weckte man sie um fünf Uhr morgens. Quengelig, unausgeschlafen, wollten die meisten nicht aufstehen. Die freiwilligen Helferinnen hatten die traurige Aufgabe, sie sanft und geduldig immer wieder dazu anzuhalten und den älteren Kindern klarzumachen, sie müßten den Befehlen gehorchen und die Lagergebäude räumen. Aber oft half alles Bitten nichts. Die Kinder weinten und wollten nicht aufstehen. Dann kamen die Gendarmen herein und nahmen die vor Angst kreischenden, zappelnden, sich aneinander festklammernden Kinder auf den Arm. In den Lagergebäuden ging es zu wie in einem Tollhaus. Nicht einmal die härtesten Männer konnten das entsetzliche Schauspiel ertragen.

Im Hof wurden die Kinder einzeln aufgerufen, ihr Name auf einer Liste abgehakt; dann brachte man sie zu den Bussen. Sowie ein Bus besetzt war, fuhr er mit seiner Fracht ab. Da viele Kinder nicht identifiziert werden konnten und andere sich beim Aufruf ihres wirklichen oder mutmaßlichen Namens nicht meldeten, schickte man sie einfach so mit, um die Zahl vollzumachen.

Jeder Transportzug setzte sich aus ca. fünfhundert Kindern und fünfhundert erwachsenen Lagerhäftlingen zusammen. In rund drei Wochen, in der Zeit von der zweiten Augusthälfte bis zur ersten Septemberwoche des Jahres 1943, wurden viertausend Kinder, denen man die Eltern genommen hatte, in der geschilderten Weise abtransportiert und zusammen mit fremden Erwachsenen vernichtet.

Man muß sich das Ausmaß dieser Aktionen vergegenwärtigen, um zu erkennen, welch tiefe Geistesverwirrung das deutsche Volk erfaßt hatte. Ein Heer von Beamten war zur Durchführung dieser Maßnahmen erforderlich, die sich nur mit stillschweigender Duldung eines Großteils der Gesellschaft verwirklichen ließen. Der Judenhaß, der im Laufe der Geschichte immer wieder aufgeflackert war, manchmal als winziger Funke, manchmal als riesige Flamme, hatte dem menschlichen Geist seine glühende Spur eingebrannt.
Auf Generationen hinaus wird die traumatische Erinnerung an die Massenvernichtung das Bewußtsein und die Geschichte der Juden beherrschen. Kein zweites Volk hat Erfahrungen von solcher Gewaltsamkeit und Tiefe durchlebt. Israels besessenes Streben nach äußerer Sicherheit, die scharfe Reaktion der Juden auf Diskriminierungstendenzen und Vorurteile, das rauschhafte Daseinsgefühl, das

das Leben nicht als etwas Selbstverständliches nimmt, sondern als Gut, das mit immer wachem Eifer gehegt und gepflegt werden muß, ein Rest an Mißtrauen gegen die nichtjüdische Welt, der mystische Glaube an die unsterblichen Kräfte der jüdischen Geschichte, die das Überleben ermöglichen, wenn alles verloren scheint – all das gehört zusammen mit der persönlichen Vertrautheit mit Schmerz und Qual zu dem Vermächtnis, das die Massenvernichtung der in ihrem Schatten aufgewachsenen Generation von Juden hinterlassen hat.

Auswirkung des Kriegs auf Palästina

Die Alliierten waren sich der großen strategischen Bedeutung des Nahen Ostens und Palästinas im Zweiten Weltkrieg durchaus bewußt. Im Juli 1942 umriß C. L. Sulzberger in *Foreign Affairs* die Stellung des Gebiets folgendermaßen:

> Das geographische Dreieck zwischen Mittelmeer, Schwarzem Meer und Indischem Ozean, etwas vage als Naher Osten bezeichnet, bildet das wichtigste Bindeglied zwischen den bedeutendsten Mitgliedern der Vereinten Nationen: den USA, Großbritannien und seinem zentralasiatischen Empire, China und der UDSSR. Der Suezkanal und die westlich durch das Mittelmeer, östlich nach Indien und südlich um das Kap verlaufenden Schiffahrtsstraßen bringen pulsierendes Leben in dieses Gebiet mit den reichsten Erdölvorkommen der alten Welt, dem größten Straßen- und Luftverkehrsnetz zwischen Ost und West, mit Landstrichen, die nicht nur strategisch, sondern auch wegen ihrer Baumwoll-, Getreide- und Obsterzeugung, ihrer Gold- und Chromgewinnung von Bedeutung sind. Und schließlich bildet der Nahe Osten nicht nur die Schranke zwischen den in Europa und Asien ständig weiter vorgeschobenen Vorposten der Achsenmächte – er stellt über den Balkan die Pforte zu Europa, über die Dardanellen und den Kaukasus die Hintertür zur Sowjetunion und über den Iran und Belutschistan den Zugang nach Indien dar...

Die Araber brachten den Alliierten während des Krieges, zumindest solange ihr Sieg noch nicht endgültig feststand, wenig Sympathie entgegen, bezogen eine Haltung, die von offener Feindseligkeit bis zu widerstrebender Neutralität reichte. Die Juden des *Jischuw* dagegen brannten von Anfang an darauf, am Kampf gegen das nazistische Deutschland teilzunehmen. Jüdische Freiwillige meldeten sich in solchen Scharen zum britischen Heer, daß die britischen Behörden, darauf bedacht, nicht mehr Juden als Araber in ihre Truppen aufzunehmen,

in Verlegenheit gerieten. Den jüdisch-palästinensischen Einheiten kommt ein rühmlicher Anteil am Sieg im Nahen Osten zu – wie auch die jüdisch-palästinensische Industrie und Facharbeiterschaft einen äußerst wichtigen Beitrag zur Kriegsrüstung leistete. Die Briten erkannten diese Tatsache zwar an, wichen aber, was die Nationale Heimstätte der Juden betraf, von ihrem Standpunkt nicht ab.
Als Großbritannien Deutschland am 3. September 1939 den Krieg erklärte, veröffentlichte der Präsident der *Jewish Agency* in Jerusalem folgende Stellungnahme:

> Die Regierung Seiner Majestät hat heute Hitlerdeutschland den Krieg erklärt.
>
> In diesem schicksalsschweren Augenblick liegt der jüdischen Gemeinde dreierlei besonders am Herzen: der Schutz der jüdischen Heimat, das Wohl des jüdischen Volkes und der Sieg des britischen Empire.
>
> Das Weißbuch vom Mai 1939 bedeutete für uns einen schweren Schlag. Wir werden das Recht des jüdischen Volkes auf seine Nationale Heimstätte auch weiterhin mit allen uns zu Gebote stehenden Mitteln verfechten. Unser Widerstand gegen das Weißbuch hat sich jedoch nie gegen Großbritannien oder das britische Empire gerichtet.
>
> Der Krieg, zu dem sich Großbritannien jetzt durch das nazistische Deutschland gezwungen sieht, ist unser Krieg. Wir werden dem britischen Heer und dem britischen Volk vorbehaltlos jedwede Unterstützung zuteil werden lassen, die wir leisten können und leisten dürfen.

Doch trotz seiner aufrichtigen Bereitschaft, Seite an Seite mit den Alliierten zu kämpfen, mußte der *Jischuw* die Mandatsmacht unablässig drängen, die Juden am Krieg gegen Nazideutschland teilnehmen zu lassen. Die Briten befürchteten offensichtlich, ein solcher Beitrag der Juden könnte die Araber zu der Annahme verleiten, der Krieg werde zugunsten der Juden oder um den damals noch fernab vom Kriegsschauplatz liegenden Nahen Osten geführt und sie womöglich gar dem Feind in die Arme treiben. Sie unternahmen also alles, um den *Jischuw* von seinem Beistandsanerbieten abzubringen.
Den jüdischen Rekruten wurden verschiedene Hindernisse in den Weg gelegt: Sie erhielten weniger Sold, keine Familienzulagen und konnten als »Ausländer« nur unter Schwierigkeiten in die höheren Dienstränge aufsteigen. Die britischen Behörden machten sogar verschiedenen Juden wegen unerlaubten Waffenbesitzes den Prozeß. Unter anderem wurde gegen dreiundvierzig Mitglieder der *Palmach* verhandelt, die zu Orde Wingates »Night Squads« gehörte und vom britischen Heer zum Sondereinsatz gegen arabische Marodeure ausgebildet worden war. Doch ungeachtet dieser beleidigenden Maßnahmen pochten die Juden weiter-

hin auf ihr Recht, in der Armee zu dienen. Die *Jewish Agency* verlangte die Aufstellung jüdischer Sondereinheiten zur Verteidigung des von den Achsenmächten bedrohten Palästina. Die britische Zivilverwaltung äußerte ihre Mißbilligung unverhohlen; sie fürchtete, dieser Schritt werde die Position der Juden stärken und die Feindschaft der Araber provozieren. Im Dezember 1939 unterbreitete Dr. Weizmann den Briten offiziell den Vorschlag, jüdische Jungoffiziere für eine künftige jüdische Militäreinheit auszubilden; die Militärbehörden in England nahmen das Projekt günstig auf, aber es fiel der Umständlichkeit der Bürokratie zum Opfer.

Als Italien im Juli 1940 in den Krieg eintrat, befürwortete Weizmann erneut eine jüdische Kampftruppe, und als sein Drängen auf taube Ohren stieß, schrieb er im August 1940 einen Brief an Winston Churchill. In ihm hob er die britischen Interessen hervor, betonte den glühenden Wunsch des *Jischuw*, gegen den gemeinsamen Feind zu kämpfen, und fuhr dann fort:

> Das palästinensische Judentum kann eine Streitmacht von 50 000 Mann aufstellen, alle in der Blüte ihrer Jahre, eine Streitmacht, die, richtig ausgebildet, bewaffnet und geführt, nicht zu verachten ist. Sollte es zur Invasion Palästinas und mangels der nötigen Vorkehrungen zur Selbstverteidigung zur Zerstörung der jüdischen Gemeinde kommen, so trifft die britische Regierung, die diese Vorkehrungen vereitelte, eine schwere Schuld.

Weizmanns Brief wirkte. Im Oktober 1940 machte die britische Regierung ein Teilzugeständnis: Sie billigte die Eingliederung jüdischer Sondereinheiten in die britische Armee. Aus nationalem und moralischem Pflichtgefühl erklärten sich die Juden mit dieser doppeldeutigen Lösung einverstanden. Während sich die Aufstellung einer eigenen jüdischen Division bis zum Herbst 1944 hinauszögerte, nahmen jüdisch-palästinensische Einheiten unter der Führung jüdischer Offiziere am Krieg teil. Mittlerweile war die Anwerbung palästinensischer Freiwilliger zur dringenden Notwendigkeit geworden. Rommels Truppen rückten in Nordafrika und Ägypten vor, und neue Soldaten wurden benötigt. Juden dienten in vielen Chargen und nahmen an den Entscheidungsschlachten der Achten Armee unter Montgomery teil, die Rommel von El Alamein zurückschlug.

Im August 1943 gehörten den britischen Streitkräften 22 000 in Sondereinheiten organisierte Juden an, Hilfspolizeitruppen und Luftschutz nicht mit eingerechnet. Als Mosche Scharett im September 1944 schließlich die Aufstellung der Jüdischen Brigade durchsetzte, stieg die Zahl der jüdischen Soldaten auf 35 000 an. Das britische Kriegsministerium meldete die Bildung der Brigade: »Die Regierung Seiner Majestät hat beschlossen, dem Gesuch des Präsidenten der *Jewish Agency for Palestine* stattzugeben und eine jüdische Brigadegruppe aufzustellen, die an den aktiven Kampfhandlungen teilnehmen wird.«

Am 31. Oktober konnte die *Jewish Agency* bekanntgeben, man habe sich über Fahne und Abzeichen der Jüdischen Brigade geeinigt – blaue Querstreifen auf weißem Grund mit blauem Davidschild in der Mitte, blauweißes Schulterstück mit goldenem Davidschild. Die Brigade kämpfte tapfer in Italien und rückte über Österreich und Deutschland schließlich bis nach Belgien und Holland vor. Jeder jüdisch-palästinensische Offizier und Soldat gehörte gleichzeitig der jüdischen Selbstverteidigungsorganisation, der *Haganah*, an.

Die jüdisch-britischen Beziehungen

Als Großbritannien nur dreieinhalb Monate nach der Veröffentlichung des Weißbuches Deutschland den Krieg erklärte, hoffte man, England werde mit der gesamten Befriedungspolitik des Kabinetts Chamberlain auch das Weißbuch fallenlassen. Britische Parlamentarierkreise hatten es scharf kritisiert, die ständige Mandatskommission hatte erklärt, es stimme mit den Grundsätzen des Mandats nicht überein.

Doch diese Hoffnungen erwiesen sich als trügerisch. Während des ganzen Krieges hielt sich Großbritannien strikt an seine im Weißbuch von 1939 formulierte Palästinapolitik. Nun mag die englische Haltung zu Beginn des Krieges noch verständlich erscheinen; damals drohte die Gefahr, der Nahe Osten könnte an die Truppen der Achsenmächte fallen, und die Briten erwogen sogar den Abzug ihrer Streitkräfte aus Palästina. Weniger verständlich ist, daß sie die im Weißbuch enthaltenen Verfügungen über die Einwanderung von Juden nach Palästina auch dann noch mit aller Härte durchdrückten, als sich das Kriegsglück schon gewendet hatte. In jener Stunde, in der das Unheil über das europäische Judentum hereinbrach und durch die jegliche Kooperation ablehnende Politik selbst noch die kleinste Judengemeinde in den tödlichen Kampf mit der Besatzungsmacht verstrickt wurde, war der *Jischuw* machtlos. Wenn er einen so zähen Kampf gegen die Mandatsmacht führte, dann nicht wegen der Sicherheit und des wirtschaftlichen Fortschritts der 600 000 palästinensischen Juden, sondern weil er das Recht erwirken wollte, den Millionen Juden, die in dem vom Krieg geschlagenen Europa gefangen saßen, zu helfen.

Das Weißbuch von 1939 hatte die Einwanderung fast gänzlich lahmgelegt und die Pforten des Landes ausgerechnet in dem Augenblick geschlossen, als das europäische Judentum in den Abgrund der Massenvernichtungen stürzte. Die Briten ließen nicht einmal die Flüchtlinge nach Palästina einwandern, die sich aus dem Nazi-Inferno retten konnten. Zu keinem Zeitpunkt lockerten sie die Einwanderungsbeschränkungen. Manchmal stoppten sie die Einwanderung gänzlich –

wenn nach Darstellung der Regierung die festgelegte Einwandererzahl durch die sogenannte »illegale« Immigration erreicht war. Nur Ende 1943, als sich herausstellte, daß die im Weißbuch genehmigte Zahl von 75 000 Immigranten nicht erreicht würde, machte die britische Verwaltung eine »großzügige« Geste: Sie gab bekannt, auch nach dem 1. April 1944, dem festgesetzten Stichtag, dürften noch Juden nach Palästina einwandern, bis die Zahl von 75 000 erreicht sei.

Da das Weißbuch nur eine verschwindend geringe Zahl von Einwanderern (1500 pro Monat) zuließ, blieb als einziger Ausweg die illegale Einwanderung. Schließlich mußte etwas geschehen, um die Juden vor dem sicheren Untergang zu retten. Schon seit mehreren Jahren hatte die *Haganah* den Einwanderungsbeschränkungen zuwidergehandelt und heimlich Einwanderer ins Land geschmuggelt. Anfangs wurden sie vom Libanon oder von Syrien aus über die Grenze geschleust. An diesen Aktionen beteiligten sich auch viele arabische Schmuggler, die sich ihre Menschenfracht pro Kopf bezahlen ließen. Der Grenzübertritt erfolgte bei Kefar Giladi, einem Kibbuz an der libanesischen Grenze. Von 1934 an trafen illegale Einwanderer auch auf dem Seeweg ein – aufgrund der größeren Zahl von Beteiligten nicht nur ein weitaus gefährlicheres, sondern auch ein kostspieligeres Unterfangen: Schiffe mußten beschafft und entsprechend ausgerüstet werden, welche die Briten, falls sie diese abfingen, konfiszierten. Als erstes illegales Einwandererschiff landete 1934 die »Velos« mit polnischen *Chaluzim* an Bord an der palästinensischen Küste.

Nach Chamberlains Kapitulation auf der Münchner Konferenz, als sich der Krieg immer drohender ankündigte, zeigten sich – ein gespenstisches Bild der Verzweiflung – auf allen Weltmeeren jüdische Flüchtlingsschiffe. Sie tauchten vor dem fernen Kuba und Ekuador, vor Schanghai und Mauritius auf. Um zu verhindern, daß die Passagiere eines solchen Schiffes heimlich an Land gingen, stellte man die einige hundert Kilometer lange Küstenlinie Palästinas unter scharfe Bewachung. Im März 1939 wurde die »Sando«, die mit 239 jüdischen Flüchtlingen an Bord von einem rumänischen Hafen ausgelaufen war, an der palästinensischen Küste von den Schüssen der Küstenwache empfangen. Ohne Wasser und Treibstoff mußte sie wieder in See stechen. Solche Zwischenfälle ereigneten sich laufend; doch die Empörung der Weltöffentlichkeit stieß in Whitehall auf taube Ohren.

Als die Nazis ein Land nach dem anderen eroberten, versuchten die Juden um jeden Preis nach Palästina zu gelangen. Die meisten kamen auf dem Seeweg, häufig auf seeuntüchtigen Schiffen; manche nahmen den Landweg, legten große Strecken zu Fuß zurück und brauchten viele Monate für ihre Reise. Schiffe mit illegalen Einwanderern segelten wochenlang an der Küste Palästinas entlang und hielten nach einer Landemöglichkeit Ausschau. Aus Angst, deportiert zu werden, vernichteten viele Einwanderer ihre Ausweispapiere. Die britische Regierung griff zu einer brutalen Maßnahme: Sie schob diese Einwanderer auf eine

Insel unter britischer Kontrolle ab. So wurden die 1600 Passagiere der »Atlantic« auf die Mauritiusinsel im Indischen Ozean deportiert, wo sie während der ganzen Kriegszeit unter den primitivsten Bedingungen lebten.
Die schlimmste Tragödie ereilte die »Struma«. Dieses umgebaute Segelschiff von etwa zweihundert Registertonnen hatte 769 Juden an Bord, darunter zehn- bis sechzehnjährige Kinder. Das kleine, bei weitem überbelegte Schiff lief Mitte Dezember 1941 Istanbul an. Und damit begann das Unglück. Die türkischen Behörden verweigerten den Einwanderern den Aufenthalt in der Türkei, die Briten ließen sie nicht nach Palästina. Nach langwierigen Verhandlungen erklärte sich England bereit, den Kindern die Einreise nach Palästina zu gestatten. Doch die Türken erzwangen die Ausfahrt des Schiffes ins Schwarze Meer. Am 24. Februar traf die Meldung ein, die »Struma« sei, vermutlich von einem deutschen U-Boot torpediert, untergegangen. Alle Passagiere bis auf einen hatten den Tod gefunden.
Dieser Vorfall löste in Palästina und in der ganzen freien Welt heftige Proteste aus. Großbritannien gebrauchte Ausflüchte und äußerte Bedauern über das Schicksal der Flüchtlinge. Doch es unternahm nichts, um die Einwanderungsbeschränkungen zu lockern. Oliver Stanley, der damalige Kolonialminister, brachte das Beileid seiner Regierung zum Ausdruck: »Die Regierung Seiner Majestät hofft ernstlich, daß sich keine solche Tragödie mehr ereignet. Es liegt jedoch nicht in ihrer Macht, inmitten der Gefahren und Unsicherheiten des Krieges irgendwelche Garantien zu geben, wie sie sich in Anbetracht der weitergesteckten Ziele auch nicht zu Maßnahmen verstehen kann, die die derzeitige Politik im Hinblick auf die illegale Palästina-Einwanderung untergraben könnten.«
Zu den ständigen Spannungen zwischen Juden und Engländern trug auch die Anwendung der *Land Transfer Regulations* von 1940 bei. Im Weißbuch von 1939 hatte es geheißen: »In manchen Gegenden verbieten sich weitere Überschreibungen arabischen Grundbesitzes von selbst, während in anderen solche Landverkäufe eingeschränkt werden müssen, da sonst die arabischen Bauern ihren derzeitigen Lebensstandard nicht halten können und eine beträchtlich große arabische Bevölkerungsgruppe ohne Grundbesitz entsteht.« Die Verbotszone umfaßte rund zehntausend Quadratkilometer, das heißt: ungefähr dreiundsechzig Prozent der Fläche Palästinas. Gemäß den *Land Transfer Regulations* konnten die Juden nur 2,6 Prozent des vorhandenen Bodens von den Arabern frei erwerben. Die Bekanntgabe dieser Verordnungen löste auf jüdischer Seite turbulente Demonstrationen gegen die Mandatsregierung aus. Während der ersten Märzwochen kam es in Jerusalem, Haifa, Tel Aviv und Petach Tikvah täglich zu Demonstrationen. Britische Polizisten und Soldaten wurden mit Steinen beworfen. Die Regierung mußte mit Gewalt einschreiten und eine Ausgangssperre verhängen. Das Parlament übte scharfe Kritik am Vorgehen der Regierung und

vertrat den Standpunkt, die *Land Transfer Regulations* ließen sich mit dem Mandat nicht vereinbaren; trotzdem wurden die Bestimmungen nicht zurückgezogen.

Der *Jischuw* führte seinen Kampf gegen das Weißbuch zu einer Zeit, in der er sich nach Kräften Seite an Seite mit den Alliierten an dem Kampf gegen Hitler beteiligte. Welche Einstellung der *Jischuw* in diesen Jahren bezog, kommt am deutlichsten in David Ben Gurions Bemerkung zum Ausdruck: »Wir werden im Krieg mitkämpfen, als gäbe es kein Weißbuch, und wir werden das Weißbuch bekämpfen, als gäbe es keinen Krieg.« Doch zu dem Unrecht, das durch die starre Anwendung des Weißbuchs verursacht worden war, kam noch eine tiefere, anhaltendere Kränkung: Die Juden konnten den Briten nicht vergessen, daß sie sie – ihre Verbündeten – in der finstersten Stunde ihrer Geschichte im Stich gelassen hatten. Der *Jischuw* fühlte sich verraten.

Das jüdische Problem und die Weltpolitik

Im ersten Halbjahr des Jahres 1943 stiegen die Siegeschancen der Alliierten; Palästina war nicht länger von einer Invasion bedroht. Nun hieß die vordringlichste Aufgabe, für das Abkommen nach dem Krieg ein günstiges Klima zu schaffen. Eine entscheidende Rolle bei der Regelung würde offensichtlich den Vereinigten Staaten zufallen, wo sich die Sache der Juden in der Öffentlichkeit und im Kapitol einer spontanen Unterstützung erfreute, von der jedoch in den Gängen des *State Department* nichts zu spüren war. Geduldig bemühte sich Weizmann, von Mosche Scharett und Nachum Goldmann tatkräftig unterstützt, die amerikanischen Spitzendiplomaten, darunter Sumner Welles, und die Führer der Nahost-Abteilung durch konzentrierte Ausführungen über das jüdische Problem und seine Lösung zu unterrichten.

Als Weizmann am 7. Mai 1943 mit Lord Halifax, dem damaligen britischen Botschafter in Washington, zusammentraf, brachte er das Gespräch darauf, daß der Stichtag nun bald bevorstehe, daß ab April 1944 dem Weißbuch zufolge die Einwanderung der Juden nach Palästina völlig gestoppt werden solle. »Glauben Sie wirklich, Lord Halifax, daß Sie diese Position halten können? Bis jetzt haben Sie stets durchblicken lassen, eine Revolution werde ausbrechen, wenn ein Jude außer der Reihe Palästina beträte. Soweit ich sehe, wird es eine Revolution geben. Aber die Juden haben nichts zu verlieren. Falls Sie die Dinge weiter treiben lassen, wird es zu einem Unglück kommen.« Dieselbe Warnung sprach er am 12. Juni Präsident Roosevelt gegenüber aus. Der Präsident lächelte freundlich, aber unverbindlich dazu. Er schlug eine jüdisch-arabische Konferenz vor, an der möglicherweise Mr. Churchill und er selbst teilnehmen wollten. »Haben Sie Churchill hier in Washington getroffen?« fragte er. Worauf Dr. Weizmann antwortete: »Nein. Mr. Churchill ist nicht daran interessiert, mich zu treffen, weil er mir sehr wenig zu sagen hat.«

Im Oktober kehrte Weizmann nach London zurück, um seinen Angriff auf die Downing Street zu erneuern. Am 25. Oktober war er zu einem Lunch mit Churchill, Clement Attlee, dem Stellvertreter des Premierministers, und dem General der Luftwaffe, Lord Portal, eingeladen. Churchill stellte ihn den anderen Gästen mit warmen Worten vor und machte hinsichtlich der jüdischen Zukunft feste Versprechungen. »Wenn wir Hitler vernichtet haben«, sagte er mit sonorer, nachdrücklicher Stimme, »müssen wir den Juden die ihnen zustehende Stellung verschaffen. Balfour hat mir ein Erbe hinterlassen, und ich werde es antreten. Aber dunkle Kräfte sind gegen uns am Werk, Dr. Weizmann; Sie haben einige sehr gute Freunde; zum Beispiel sind Mr. Attlee und die Labour Party Ihrer Sache verpflichtet.« Dazu Mr. Attlee: »Was mich angeht, so stimmt das.« »Ich kenne die schreckliche Lage der Juden«, fuhr Churchill fort. »Sie werden eine Entschädigung erhalten und die Verbrecher richten dürfen. Gott verfährt mit den Völkern wie sie mit den Juden...«

Im Mai 1944 kam ein ungarischer Jude, Joel Brand, nach Istanbul, um mit den Abgesandten der *Jewish Agency* Kontakt aufzunehmen. Er erzählte eine phantastische Geschichte. Adolf Eichmann, der mit der Ausrottung der Juden beauftragte Nazioffizier, hatte die Liquidation des ungarischen Judentums in Angriff genommen. Zu einem großen Teil war die grausige Arbeit bereits getan, aber immer noch waren Hunderttausende von Juden am Leben. Von allen Seiten drangen die Truppen der Alliierten nach Deutschland vor, der Untergang des Nazismus und seiner Führer war abzusehen. Eichmann hatte Brand in Anwesenheit des Vertreters des jüdischen Hilfskomitees, Dr. Kastner, erklärt, der Abtransport der Juden ins Auschwitzer Todeslager solle eingestellt werden, falls Himmler dafür zehntausend Lastwagen erhielte. Und wie Brand beteuerte, würden die »Todesmühlen aufhören zu mahlen«, wenn er mit der Antwort nach Budapest zurückkehren könne, das Angebot werde ernsthaft in Betracht gezogen. Die Vertreter der Juden plädierten dringend dafür, das makabre Angebot trotz aller angebrachten Zweifel ernstzunehmen. Immerhin bestand die Möglichkeit, daß sich Himmler bei den vorrückenden Alliierten durch eine verspätete, jüdisches Leben rettende Aktion einschmeicheln wollte.

Am 6. Juli trugen Weizmann und Scharett ihr Anliegen dem Außenminister Anthony Eden vor; doch dieser zögerte zu ihrer Verzweiflung mit der Begründung: »Es darf keine Verhandlungen mit dem Feind geben.« Weizmann räumte ein, daß »hinter dem Angebot der Gestapo völlig andere Motive stehen mögen. Es ist jedoch nicht ausgeschlossen, daß sie in der irrigen Hoffnung, ihre Ziele zu erreichen, bereit wären, eine bestimmte größere oder kleinere Zahl von Juden freizulassen. Womöglich läuft das Ganze auf eine Geldfrage hinaus, und das Lösegeld sollte gezahlt werden.«

Am nächsten Tag empfahl Weizmann dem Außenministerium, der königlichen Luftwaffe den Vorschlag zu machen, die Todeslager in Auschwitz zu bombardieren. Zwar würde die Ausrottung dadurch vermutlich nur hinausgeschoben, dafür aber »dürfte die Bombardierung eine weitreichende moralische Wirkung haben. Die Alliierten brächten dadurch zum Ausdruck, daß sie die Ausrottung der Opfer der Naziunterdrückung direkt bekämpften. Und zweitens«, fügte er nach einer schrecklichen, bedeutsamen Pause hinzu, »würden dadurch auch die immer wieder auftauchenden Behauptungen der Nazisprecher Lügen gestraft, die Alliierten seien letztlich mit der Säuberung Europas von den Juden durch die Nazis gar nicht so unzufrieden.«

Aber das Außenministerium lebte moralisch in einem luftleeren Raum, wie das Weißbuch, teils Ursache, teils Wirkung, gezeigt hatte. Man ließ zu, daß Brands Mission scheiterte, obwohl Eden Weizmann versicherte, Brands Rückkehr nach Europa stünde nichts im Wege. Und am 1. September teilte das Außenministerium Weizmann mit, die königliche Luftwaffe habe seinen Vorschlag, die Todeslager zu bombardieren, »aus technischen Gründen« abgelehnt. Wieder einmal erwies sich am Prüfstein der Verwaltungspraxis, daß die britischen Politiker nicht daran dachten, sich an die offiziell verlautbarten Ziele zu halten.

Die jüdische Welt 1945

Das Judentum ging völlig verwaist aus dem Krieg hervor. Sechs Millionen seiner Angehörigen – über ein Drittel der Vorkriegszahl – waren umgekommen. Ausgelöscht waren Hunderte von Judengemeinden, einst Sammelpunkte eines schöpferischen Nationalbewußtseins und Fundament seines kulturellen und geistigen Lebens. Das osteuropäische Judentum war das Herz des jüdischen Volkes gewesen, der Quell seiner Lebenskraft. Jahrhundertelang hatten fast alle geistigen Führer des Judentums entweder im Osten gelebt oder waren aus dem Osten gekommen. Aus Osteuropa stammten die Großen der Biblischen Lehre, in Osteuropa befanden sich die bedeutenden Talmud-Akademien. Viele der Urheber des zionistischen Gedankens, viele, die zum Aufbau der Zionistischen Bewegung beigetragen hatten, *Chaluzim*, Schriftsteller und Denker, waren in Osteuropa beheimatet.

Polen hatte sich in einen jüdischen Friedhof verwandelt. Vor dem Krieg hatten allein in diesem Land in rund zweitausend Städten und Dörfern große und starke Judengemeinden existiert. Bei einer im August 1945 durchgeführten

Volkszählung stellte sich heraus, daß nur noch in 224 Orten Juden lebten. Nahezu neunzig Prozent der Gemeinden waren von der Landkarte verschwunden. Und die noch vorhandenen waren in ihrer Hinfälligkeit und Schwäche nur noch ein blasser Abglanz früherer Größe.

Vor dem Krieg belief sich die jüdische Gesamtbevölkerung in den später vom nazistischen Deutschland besetzten europäischen Ländern auf 9 800 000. Von diesen fielen mindestens sechs Millionen der Vernichtung zum Opfer. Von den 3 300 000 polnischen Juden waren 1945 keine 74 000 mehr übrig, von den 356 000 tschechischen nur noch 14 000, von den 156 000 holländischen weniger als 20 000.

Die Deutschen hatten nicht nur Millionen Menschen umgebracht; sie hatten zahllose Gemeinden zerstört, die Keimzellen neuen jüdischen Lebens, die Träger der Werte und der Gelehrsamkeit. Die Überlebenden waren mit knapper Not dem Tode entronnen, hatten Schläge, Hunger, Durst, menschenunwürdige Arbeit, Erniedrigung erduldet, hatten ihre Angehörigen verloren und in der ständigen Angst gelebt, als nächste an der Reihe zu sein. Bei Kriegsende im Mai 1945 herrschte in Europa politisch, wirtschaftlich, moralisch und geistig ein Chaos. Überall lebten die Juden noch immer in ungesicherten Verhältnissen, nicht nur physisch, auch psychisch. Nie zuvor war ihnen so deutlich vor Augen geführt worden, wie schutzlos sie der Willkür und der Bösartigkeit ihrer Mitmenschen preisgegeben waren. Der erlittene Schock vertiefte sich, als das Blutbad geendet hatte und sie Zeit fanden, das Geschehene zu überdenken und zu verarbeiten.

Mit tiefer Bestürzung nahmen sie das Wiedererstarken des Antisemitismus wahr, der, nach dem Krieg keineswegs erloschen, sich mit noch größerer Heftigkeit äußerte. Neue Pogrome brachen aus, gegen jene gerichtet, die die Vermessenheit besessen hatten, dem Tod entrinnen zu wollen.

Ein verzweifelter Drang erfaßte diese Überlebenden, Europa, dem verfluchten, blutdürstigen Kontinent, den Rücken zu kehren. Aber noch immer boten sich keine nennenswerten Einwanderungsmöglichkeiten. Kein Land, nicht einmal Amerika, wollte um dieser Menschen willen seinen Frieden aufs Spiel setzen. Es bedurfte einer sorgfältigen Auslese, um zu entscheiden, wer einwandern durfte und wer nicht. Und Palästina, für die meisten Überlebenden *das Ziel,* blieb den Juden verschlossen. So brachten sie ihre Zeit notgedrungen in Internierungslagern und Behelfsheimen zu, in der ständigen Befürchtung, vom übrigen Judentum erneut abgeschnitten zu werden. Die meisten der rund 300 000 überlebenden Juden, eine durcheinandergewürfelte, heimatlose Menschengruppe, waren nach dem Krieg in DP-Lagern zusammengefaßt worden. Die Wunden der Erniedrigung waren noch nicht vernarbt, alptraumhafte Erinnerungen bedrängten sie bei Tag und Nacht. Sie konnten sie nicht abschütteln, solange sie sich noch unter den Völkern aufhielten, die solche Greueltaten an ihnen begangen hatten.

Sie hatten Angst. Angst vor den Deutschen, vor denen sie sich durch den ums

Lager gezogenen Stacheldraht schützten. Eine krankhafte Angst davor, bleiben zu müssen, wo sie waren, im Lande des Volkes, das ihre Angehörigen ermordet hatte, Angst vor den überall immer deutlicher werdenden Anzeichen des Antisemitismus – eines durch den Nazismus zu tief eingewurzelten, zu eingefleischten Antisemitismus, als daß er sich in ein paar Jahren hätte überwinden lassen. Sie hatten Angst, den Amerikanern, den Briten oder einer anderen europäischen Nation Vertrauen zu schenken, die ihnen Hilfe anbot oder die Erlaubnis erteilte, in ihr Land einzuwandern. Sie konnten den Menschen ringsum nicht mehr trauen. Sie mißtrauten der ganzen Welt; sie mißtrauten der Menschheit und ihren Versprechungen.

Sie bekundeten weder den Willen noch unternahmen sie praktische Schritte, die Lebensverhältnisse in den Lagern zu verbessern. Hier gab es für sie keine Zukunft. Die Räume zu reinigen, Vorhänge aufzuhängen, zu arbeiten – all das hätte bedeutet, daß sie sich ins Elend des Augenblicks fügten. Die Flüchtlinge wollten sich nicht fügen. In dem ebenso erschütternden wie zähen Entschluß, zu überleben, nahmen sie jeden weiteren Tag in Deutschland, als wäre es der letzte, jener Tag, an dem man das Essen hastig hinunterstürzt, an dem das Gepäck schon bereitsteht für die Reise aus dem Land der Sklaverei in das Gelobte Land.

Ein glühendes Verlangen überkam diese heimatlosen Überlebenden, nach Palästina, dem Land der Juden, auszuwandern. Hitler hatte sie zu Nationalisten gemacht. Nur weil sie kein eigenes Land besaßen, so sagten sie sich, waren sechs Millionen der Ihren unmenschlich ermordet worden. Und obgleich sie wußten, daß die Juden in manchen Ländern ein glückliches Dasein führten, hatten sie zu viel gelitten, um noch einmal ein solches Risiko auf sich zu nehmen. Das Ziel ihrer Wanderschaft hieß Palästina. Sie waren zu müde, um ein neues Leben an einem Ort zu beginnen, wo eines Tages jemand »Juden raus!« schreien könnte. Für sie spielte es keine Rolle, daß das Leben in Palästina gefährlich und ungesichert war. Was auch immer kommen mochte, sie wollten lieber in Palästina sterben als in Polen oder Deutschland weiterleben. Hatte nicht Hitler sie gelehrt, daß sie keine Polen oder Deutsche waren, sondern nur Angehörige des jüdischen Volkes, vom »zivilisierten Europa« verachtet und ausgestoßen? Im fernen Palästina wartete die »Nationale Heimstätte« auf sie; sie bot ihnen die Chance, ihr Leben neu aufzubauen, nicht als Fremde, sondern als Juden in ihrem eigenen Land. Betrachtete man die Verhältnisse in Europa nüchternen Blicks, so war ihre einzige Hoffnung Palästina.

21. ISRAELS WIEDERGEBURT

Nach dem Zweiten Weltkrieg hob sich der Vorhang über den verbrannten und verstümmelten Leichen von sechs Millionen Juden, darunter einer Million Kinder. Das jüdische Volk war der fürchterlichsten Todesqual zum Opfer gefallen, die je ein Volk oder eine Gruppe von Menschen erlebt hat. Ein ganzer Kontinent war getränkt von seinem Blut und verfolgt und gepeinigt von seinem ungesühnten Opfer. Dennoch hätte die Welt, als sie sich nach dem Zweiten Weltkrieg wieder aus den Trümmern erhob, beinahe eine Ungerechtigkeit begangen, abscheulicher noch als alle, die durch den Sieg der Alliierten ausgeräumt worden waren. Schrecklich und drohend zeichnete sich die Möglichkeit ab, daß allen Völkern, die unter der Tyrannei gelitten hatten, Unabhängigkeit garantiert würde, nur dem Volk nicht, das am meisten betroffen war. Alle Opfer der Tyrannei sollten Souveränität erhalten, nur das nicht, das am härtesten verfolgt und am schlimmsten getroffen worden war. Hätte man die Weltordnung auf dieser Diskriminierung aufgerichtet, man hätte ein unerträgliches Maß an Schuld auf sich geladen.

Spät und vielleicht ein bißchen zu widerstrebend, aber dann doch entschieden trat die Völkergemeinschaft dieser Gefahr entgegen; sie ordnete die Gründung des Staates Israel an und bestätigte sie später auch. Aber es dauerte lange und bedurfte harter Arbeit, bis der menschlichen Familie das Gewissen schlug, bis sie den Anspruch der Juden auf gleiche Behandlung anerkannte und befriedigte; dabei ging es nicht ohne Leid und Anfälle von Verzweiflung auf der einen und nicht ohne Zögern, Hinausschieben und regelrechte Täuschungsmanöver auf der anderen Seite ab. Daß schließlich die Gerechtigkeit siegte, ehrt die im tiefsten Innern doch ethischen Bestrebungen der internationalen Gesellschaft und den unbeugsamen Willen eines Volkes, wiedererstanden von dem schrecklichsten Aderlaß, den die Welt je erlebt hat.

Von der Labour-Regierung im Stich gelassen

Die Lage der Juden in Palästina, aber auch in den anderen Ländern, erschien Chaim Weizmann nach Kriegsende hoffnungslos. 1945 schrieb er Churchill, kurz vor dessen Wahlniederlage:

> Die Situation der Juden in den befreiten Ländern ist verzweifelt. Die politische Lage in Palästina wird unhaltbar, ebenso meine Stellung als Präsident der *Jewish Agency*. Nun ist die Stunde gekommen, das Weißbuch aus dem Weg zu schaffen, die Tore nach Palästina aufzumachen und den Jüdischen Staat auszurufen.

Auf Churchills kurze, wenig hilfreiche Antwort vom 9. Juni 1945 stieg die Verzweiflung noch:

> Mein lieber Dr. Weizmann,
> ich habe Ihren Brief vom 22. Mai und die im Namen der *Jewish Agency for Palestine* beigelegte Denkschrift erhalten. Mir scheint jedoch, solange die siegreichen Alliierten nicht definitiv zu Friedensverhandlungen am Tisch sitzen, gibt es keine Möglichkeit, sich mit der Frage wirksam zu befassen.

Weizmann hatte seine ganze Hoffnung auf Churchill und Roosevelt gesetzt und keine Mühe gescheut, die Beziehungen zu ihnen zu pflegen. Im Sommer 1945 war Roosevelt tot und Churchill abgewählt. Beide hätten unbestreitbar die Macht besessen, der Sache der Juden eine tröstliche Wendung zu geben, sie ins rechte Gleis zu bringen. Aber sie hatten die Gelegenheit nicht wahrgenommen. Als sie von der Bühne, die sie sechs Jahre lang beherrscht hatten, abtraten, hatte das Glück der Juden seinen Tiefstand erreicht – von Angst überwältigt, übergangen, abgewiesen, blickte das jüdische Volk ohne jeden Hoffnungsschimmer in die Zukunft.

Die neue Labour-Regierung war an ein prozionistisches Programm gebunden. Vor ein paar Monaten erst hatte Hugh Dalton ihre Politik voller Herausforderung dargelegt: »Eine Nationale Jüdische Heimstätte ist offensichtlich so lange sinn- und bedeutungslos, als wir uns nicht bereitfinden, den Juden, falls sie es wünschen, die Einwanderungsgenehmigung für so viele zu erteilen, daß sie in dem winzigen Land die Mehrheit erlangen. Bestand dazu schon vor dem Krieg nicht wenig Anlaß, so haben wir jetzt nach den unbeschreiblichen Greueln des kalt und wohlüberlegten Plans der deutschen Nazis, die Juden in Europa auszurotten, allen Grund dazu ...« Daran schloß sich der Vorschlag eines freiwilligen Bevölkerungsaustausches an: »Die Araber sollten in dem Maße, in dem die Juden einwandern, zur Auswanderung ermutigt werden.« Aber zum Außenminister wurde Ernest Bevin ernannt, der sich dem nationalen Fortbestand der Juden gegenüber als feindlich erwies.

Als Weizmann am 10. Oktober 1945 zum erstenmal mit dem neuen Außenminister zusammentraf, machte dieser aus seinem Ärger über Präsident Trumans Vorschlag, 100 000 Juden, »verschleppten Personen« aus Europa, die Einwanderungsgenehmigung zu erteilen, kein Hehl. Diesen Vorschlag hatte der Präsident dem Premierminister Attlee im August unterbreitet, ausgehend von einem

Bericht seines Sonderbotschafters Earl G. Harrison, der die Konzentrationslager besucht hatte, wo die überlebenden Juden in dumpfer Verzweiflung dahinvegetierten. »Sie möchten jetzt evakuiert werden«, berichtete Harrison. »In erster Linie und vornehmlich nach Palästina... Nur in Palästina werden sie willkommen sein und Ruhe und Frieden und eine Möglichkeit, zu leben und zu arbeiten, finden.«

Aber Bevin begnügte sich nicht damit, Trumans Anregungen zu verwerfen. In einer Erklärung weigerte er sich außerdem, das Weißbuch zu annullieren, fegte die Grundsatzerklärung des Labour-Parteitags vom Dezember 1944 mit der Bemerkung vom Tisch, »wir können uns der Meinung nicht anschließen, daß die Juden aus Europa vertrieben werden sollten«, und kündigte die Einsetzung eines anglo-amerikanischen Untersuchungsausschusses an, der die Stellung der Juden in Europa klären und den beiden Regierungen einen Lösungsvorschlag machen sollte. Auf Bevins gefühllose, hartherzige Ausführung hin brach der Damm der jüdischen Selbstbeherrschung. Fast täglich kam es nun in Palästina da und dort zu Zusammenstößen zwischen den britischen Truppen und den jüdischen Widerstandsgruppen. Die Zionisten setzten ihre ganze Hoffnung auf eine amerikanische Intervention.

Der anglo-amerikanische Ausschuß veröffentlichte einen Report, in dem er sich für die Abschaffung des Weißbuches, die sofortige Erteilung der Einwanderungsgenehmigung für 100 000 Menschen, die Aufhebung der Grunderwerbsbeschränkungen und die allmähliche Überführung Palästinas in eine Treuhänderschaft ohne jüdische oder arabische Eigenstaatlichkeit einsetzte. Zwar wurde in dem Bericht die langfristige Planung eines souveränen jüdischen Staates verworfen, aber mit dem großen Zustrom jüdischer Einwanderer und einer Verbreiterung der territorialen Basis schienen vielen Beobachtern die Aussichten auf die Errichtung eines jüdischen Staates zu wachsen. Doch weit davon entfernt, diesen einstimmig gebilligten Vorschlag des Ausschusses anzunehmen, wies Bevin ihn mit der Begründung zurück, seine Durchführung erfordere die militärische Unterstützung Amerikas. Darüber hinaus bestand er auf der Entwaffnung der jüdischen Bevölkerung. So machte die Labour-Regierung mit kaltem Zynismus die Hoffnungen auf Errettung zunichte, die der anglo-amerikanische Report in den Herzen von Zehntausenden von jüdischen Flüchtlingen geweckt hatte.

Für eine kurze, aber entscheidende Zeit geriet die Zionistische Bewegung in heftigen Gegensatz zu Großbritannien. Die Delegierten des letzten von Weizmann besuchten Zionistenkongresses im Dezember 1946 in Basel waren hin- und hergerissen zwischen einer tiefen Verehrung für Weizmanns Person und der Überzeugung, daß er eine Politik symbolisiere, die weder sie noch er länger vertraten, mit der ihn aber eine beharrliche Mythologie hartnäckig verknüpfte. In Wirklichkeit übertraf sein Groll gegen Großbritannien den ihren bei weitem.

Kamen sie sich politisch frustriert vor, so fühlte er sich persönlich und als Vertreter seines Volkes verraten. Aber ein Staatsmann wird zum Symbol für eine Haltung, auch wenn diese längst der Vergangenheit angehört.
Dennoch beherrschte Weizmanns Anwesenheit den Kongreß. Bei der Eröffnungsansprache warf er einen forschenden Blick über die Versammlung, als wollte er fragen, wo das deutsche, polnische, ungarische, holländische und belgische Judentum geblieben sei. Seine Stimme klang erstickt, seine Augen schauten angestrengt, schmerzlich bewegt hinter den dunklen Gläsern hervor. »Als sich die größte Bosheit in den Annalen der Unmenschlichkeit gegen uns kehrte, fand sie unser Volk ohne Hoffnung auf Verteidigung vor ... Das europäische Judentum ist von einer Woge der Gezeiten verschlungen worden. Die Zentren seines Lebens und seiner Kultur sind verwüstet, seine Wohnstätten verheert.« Über das Weißbuch sagte er: »Nur wenige Dokumente haben sich in der Geschichte für schlimmere Folgen zu verantworten.« Dann kam er auf die Versprechungen der britischen Minister, an die er geglaubt hatte: »Es schien ausgeschlossen, daß, als wir so zerschlagen und erschöpft waren, irgend jemand mit uns Schindluder treiben sollte.« Die starke antibritische Strömung im jüdischen Volk bestritt er nicht: »Wenn feindselige Gefühle gegen die britische Regierung aufgekommen sind, so nur, weil Großbritannien die ihm Anvertrauten im Stich gelassen hat.« Auch über die arabische Feindschaft sprach er sich deutlich aus: »Wie kann man die Araber bescheiden nennen, wenn sie sieben Staaten fordern, und uns extrem, wenn wir einen wollen? Mitleid gebührt jenen, die gelitten haben. Wiedergutmachung steht denen zu, die in Not sind. Was aber Leiden und Not angeht, kann sich das arabische Volk mit uns nicht messen.«
Nach Weizmanns Rücktritt wurden zu Beginn des nächsten Jahres noch einmal Verhandlungen mit den Briten aufgenommen, ein letzter Versuch gemacht, eine Einigung zu erzielen – diesmal auf der Basis der Teilung. Aber keinen Augenblick lang ließ Bevin eine versöhnliche Stimmung aufkommen. Zur Diskussion standen der Teilungsvorschlag, zu dessen Durchführung sich Bevin nicht berechtigt fühlte, sowie mehrere Föderationsprojekte auf der Grundlage des Morrison-Plans, den Bevin zum Schaden der Juden stark verändert hatte. Obwohl er selbst ständig versicherte, es wäre falsch, 300 000 Araber unter jüdische »Herrschaft« zu stellen, weigerte er sich zu erklären, warum es dann nach seinem Vorschlag richtig sei, 700 000 Juden der Herrschaft der Araber zu unterstellen. Am 18. Februar 1947 erschien folgende öffentliche Erklärung:

> Die Regierung Seiner Majestät besitzt unter den Mandatsbedingungen von sich aus nicht die Vollmacht, das Land den Arabern oder den Juden zuzuerkennen oder es unter sie aufzuteilen ... Deshalb sind wir zu dem Schluß gekommen, den uns einzig offenstehenden Weg zu beschreiten und das Problem dem Urteil der Vereinten Nationen zu unterbreiten.

Der Jischuw: 1946 und 1947

1946 war die Atmosphäre in Palästina zum Zerreißen gespannt. Die kleine jüdische Nation hatte sich unverzagt abgemüht, um die versprochene Heimat urbar zu machen. Sie hatte alle geistigen und körperlichen Kräfte in den Wiederaufbau ihres Landes gesteckt. Nun konnte sie sich nicht mit dem Gedanken abfinden, diese Heimat, ihre letzte Zufluchtstätte in der Geschichte, wieder abtreten zu sollen.

Einmütig stellte sich der *Jischuw* hinter die gemeinsame Sache. In der *Histadrut*, der *Haganah*, der *Jewish Agency* wie in den bescheidensten Siedlungen träumten alle denselben Traum von der Heimat. Ein gemeinsames Band hielt den *Jischuw* zusammen und verknüpfte ihn unauflöslich mit den Juden der Diaspora, vor allem aber mit den Überlebenden des Zweiten Weltkriegs. Die britischen Behörden hatten über ganz Europa Leute vom Geheimdienst verteilt, um die Auslaufzeiten von Flüchtlingsschiffen festzustellen und sie bei ihrer Ankunft in Palästina abzufangen. Sie griffen zu diplomatischen Druckmitteln, um den Ankauf, die Treibstoffversorgung und die Abfahrt der Schiffe zu erschweren oder wenn möglich ganz zu vereiteln, und machten quer durch Europa Jagd auf die Organisatoren der *Mossad* (Organisation der illegalen Einwanderung). So mußten die Aktionszentren häufig von einem Hafengebiet ins andere, von Griechenland nach Albanien und von dort weiter nach Italien und Frankreich verlegt werden. Dennoch hatte die *B'richah*-(Flucht-)Bewegung die DP-Lager in weniger als drei Jahren geräumt, alle transportfähigen Juden aus den Ländern des Ostens gerettet und nach Palästina gebracht.

In der Zwischenzeit arbeitete die britische Regierung in Palästina Pläne aus, um den jüdischen Widerstand zu brechen. Durch eine konzentrierte »Säuberung« der Siedlungen, durch Massenverhaftungen, durch die Entwaffnung der *Haganah*, die Inhaftierung von Mitgliedern der Exekutive der *Jewish Agency* und umfassende militärische Operationen hoffte Großbritannien, den *Jischuw* ins Mark zu treffen und das ganze Gefüge bis zum Zusammenbruch zu erschüttern. Aber England hatte die Stärke, die Zielstrebigkeit und Entschlossenheit des *Jischuw* unterschätzt. Auf der einen Seite standen die extremistischen »Dissidenten«, die eine von Gewalttaten des einzelnen bis zum Guerillakrieg reichende Strategie verfochten; auf der anderen der pazifistische Flügel, der gegen Gewaltanwendung sowie für politische Schritte und nichtautorisierte Einwanderung eintrat; und zwischen den beiden Extremen die Masse, mutlos und zögernd angesichts der Auseinandersetzung der »Aktivisten« und der »Antiaktivisten«, der Extremisten und der Gemäßigten, derer, die die Gewalt verteidigten, und derer, die nur zur Verteidigung der Einwanderung und des Siedlungswerks bereit waren, sich auf den Kampf einzulassen.

Die Zusammenstöße mit der Amtsgewalt wurden zusehends drastischer. Am 18. Juni 1946 sprengte die *Haganah* acht Brücken an der palästinensischen Grenze und legte die Verbindung zu Nachbargebieten lahm. Damit fand der organisierte Kampf gegen die Weißbuch-Verwaltung in Palästina seine Krönung. Zehn Tage später lief die Aktion der britischen Behörden gegen den *Jischuw* an. Eine strikte Ausgangssperre wurde verhängt, vielerorts wurden militärische Maßnahmen gegen den *Jischuw*, die *Jewish Agency* und die *Haganah* eingeleitet, die man beschuldigte, Gewalttaten gegen die Regierung zu organisieren und durchzuführen. Panzerwagen kreuzten auf den verlassenen Hauptverkehrsstraßen. Britische Infanterie überwachte die Bürgersteige, während ab und an ein Warnschuß abgegeben wurde, um der Bevölkerung die Ausgangssperre einzuschärfen. Mitglieder der Exekutive der *Jewish Agency* wurden festgenommen – Mosche Scharett, David Remez, Itzchak Gruenbaum, Dov Joseph, Rabbi Fishman – und alle Verhafteten ins Internierungslager Latrun gebracht.

Die Spannung im *Jischuw* stieg; aber er war machtlos, in die Häuser eingeschlossen, nur durch Telefon und Funk mit der Außenwelt verbunden. Er beschloß, sich mit den Internierten politisch solidarisch zu erklären und keine neue offizielle Führung einzusetzen, da dies fälschlicherweise als Kapitulation hätte ausgelegt werden können. Durch einen Geheimkode trat er mit den in Latrun internierten Führern in Verbindung. Täglich wurde ihnen Bericht erstattet; ihre auf demselben Weg übermittelten Antworten enthielten Anweisungen, Vorschläge, Eindrücke und Neuigkeiten aus dem Lager. Auf diese Art und Weise wurde der Kontakt bis zu ihrer Freilassung aufrechterhalten, während alle Beziehungen zur Mandatsregierung abgebrochen waren. In Übersee wurde Verbindung mit David Ben Gurion und Eliezer Kaplan aufgenommen. Mosche Sneh sowie einige andere Führer der *Haganah* gingen in den Untergrund. Landauf, landab waren Verhaftungen, Hausdurchsuchungen und ausgedehnte militärische Operationen an der Tagesordnung. Absperrketten wurden um Siedlungen gezogen, alle Ecken und Winkel peinlich genau nach versteckten Waffen durchforscht, Hunderte von jungen Männern festgenommen und in die Konzentrationslager nach Rafa, Atlit, Latrun und Eritrea eingeliefert. Große Waffen- und Munitionslager wurden entdeckt und beschlagnahmt, so zum Beispiel in Jagur, wo britische Truppen nach einer besonders eingehenden Suchaktion ein umfangreiches Arsenal mit Granatwerfern, Maschinengewehren und anderen Waffen aushoben. Der *Jischuw* wußte, daß seine ganze Hoffnung mit dem Besitz von Waffen stand und fiel: daß seine Verteidigungskraft durch eine Entwaffnung zerschlagen würde.

Der *Jischuw* empfand die britische Politik als willkürlich und grausam. Nach seiner Auffassung entbehrte sie jeder moralischen oder gesetzlichen Grundlage und wurde einem gequälten Volk im kritischsten Augenblick seiner Geschichte mit Gewalt aufgezwungen. Die Lage war unhaltbar. Wiederholt ließen die

Briten durchblicken, die Juden sollten in Palästina einer arabischen Regierung als Minderheit unterstellt werden – eine Andeutung, die der *Jischuw* als Todesurteil auffaßte. Zu oft schon hatten jüdische Minderheiten in anderen Ländern ein denkbar schreckliches Schicksal erlebt.

Die Widerstandsgruppen setzten ihre Tätigkeit fort; am 22. Juli 1946 wurde ein Teil des King-David-Hotels in Jerusalem, wo die Zivil- und Militärverwaltung der Mandatsregierung ihr Hauptquartier aufgeschlagen hatte, in die Luft gesprengt. Auf diese Tat, die bei den meisten palästinensischen Juden Zorn hervorrief – wie schon andere Aktionen der »Dissidenten«, die unmenschliche Ermordung vieler Juden, Araber und Briten zum Beispiel –, folgten Tage der Unzufriedenheit und Hilflosigkeit, Tage der Besorgnis, der Verwirrung und einer bedrückenden Angst. Ihren Höhepunkt erreichte die Krise im August, als die britischen Behörden mit der Abschiebung der Flüchtlinge von Palästina nach Zypern begannen. Anfangs waren die illegalen Neuankömmlinge in eigenen Lagern in Palästina interniert worden, bis mit dem monatlich erlaubten Einwandererkontingent die Reihe der Entlassung auch an sie kam. Aber diese Regelung stellte die Behörden offensichtlich nicht länger zufrieden. Gerüchte sickerten durch, daß auf der Insel Zypern Internierungslager eingerichtet werden sollten. Zu diesem Zweck waren große Einheiten der Marine, der Infanterie und der Luftwaffe zusammengezogen worden. Die erste Abschiebung jüdischer Flüchtlinge nach Zypern wurde unter Ausgangssperre hinter Stacheldraht und unter militärischer Bedeckung durchgeführt. Später kam es anläßlich weiterer Ausweisungen zu einer Reihe von Zusammenstößen zwischen dem Heer, der Polizei und den Streitkräften des *Jischuw*, der *Haganah* und den Flüchtlingen selbst. Froschmänner der *Haganah* machten wiederholt den Versuch, die für die Expatriierung der Flüchtlinge eingesetzten Schiffe zu sprengen

Vier Monate nach ihrer Verhaftung wurden die internierten Führer der *Jewish Agency* auf ein Sondertreffen zwischen jüdischen Vertretern und der britischen Regierung hin freigelassen. Der bewaffnete Widerstand verschärfte sich, ebenso die Vergeltungsmaßnahmen der Briten. Die Situation spitzte sich bedrohlich zu. Da traf den niedergeschlagenen *Jischuw* ein weiterer Schlag. Ein Einwandererschiff sank auf hoher See, die Rettung bereitete große Schwierigkeiten. Als das sinkende Schiff unterging, krochen die Passagiere in der bitteren Winterkälte auf einer öden, einsamen Insel in griechischen Gewässern an Land, ohne etwas zum Essen oder zum Anziehen zu haben. Dieser Unglücksfall erregte die Gemüter im Lande noch mehr, Niedergeschlagenheit und Angst, was die Zukunft noch bringen mochte, breiteten sich aus. Die Beziehungen zur Regierung waren gespannt, heikel. Obwohl sich die Briten in diesem Fall human und hilfreich gezeigt hatten, sahen die Juden in der ganzen Affäre nur eine Auswirkung der mörderischen britischen Politik.

Vor den Vereinten Nationen

Solange der Völkerbund existierte, hatten sich die Juden mit ihren diplomatischen Bemühungen um Palästina an die Ständige Mandatskommission gewandt. Aber die Mandatskommission hatte innerhalb des Bundes einen schwachen Stand und übte deshalb praktisch keinen Einfluß auf die Mandatspolitik aus. Und mit dem Ausbruch des Zweiten Weltkrieges verlor der Völkerbund den Rest seiner Macht.

Am 2. April 1947 stellte die britische Regierung den Antrag, die Palästinafrage auf die Tagesordnung der Vereinten Nationen zu setzen; sie erklärte sich für nicht in der Lage, einen konkreten Vorschlag zu machen, und übertrug die Angelegenheit der Generalversammlung. Diese Wendung löste unter den gegebenen Umständen bei manchen Zionisten Freude, bei anderen Schrecken aus.

Schon ehe die Sondersitzung der Vereinten Nationen einberufen wurde, fühlte sich die demokratische Öffentlichkeit unbehaglich bei dem Gedanken, daß das Palästinaproblem vor einem Forum diskutiert werden sollte, in dem das jüdische Volk nicht vertreten war. Dieses Unbehagen griff auf führende Männer der Vereinten Nationen über. Als die Versammlung am 28. April zur Sondersitzung zusammentrat, wurde ihr als erstes das Gesuch der *Jewish Agency for Palestine*, der die Juden unter dem Mandat repräsentierenden Körperschaft, vorgelegt, sie zu den Verhandlungen hinzuzuziehen. In ihrer Note wies die *Jewish Agency* darauf hin, daß die Verhandlungen dieser Sitzung für sie von besonderer Wichtigkeit seien, und daß es nicht mehr als recht und billig sei, sie daran teilnehmen zu lassen. Unterstützt wurde diese Bitte der *Jewish Agency* durch ähnliche Forderungen anderer jüdischer und nichtjüdischer Organisationen.

Unabhängig von der *Jewish Agency* brachten auch andere Delegierte ein Gesuch um Zulassung einer Vertretung des jüdischen Volkes zur Beratung mit den Vereinten Nationen ein. Für den polnischen Delegierten Wineiewicz stellte sich die Sachlage folgendermaßen dar:

> Die Schwierigkeit ergibt sich daraus, daß der ägyptische Vorschlag und andere aufs entschiedenste die Beendigung des Palästinamandats fordern, obwohl wir die Meinung der am stärksten betroffenen Partei, des jüdischen Volkes, für das das Mandat in Palästina Sonderrechte vorsah, noch nicht gehört haben. Deshalb können wir nicht für die Abhandlung dieses zusätzlichen Punktes auf dieser Sondersitzung der Generalversammlung der Vereinten Nationen stimmen. Statt dessen dringen wir darauf, daß sich das Komitee baldmöglichst mit der Frage der Zulassung einer die Juden vertretenden Körperschaft zur Beratung mit der Versammlung befaßt.

Ebenfalls sehr klar umriß der Vertreter Indiens, Asaf Ali, das Problem:

> ... heute, wie schon gestern, spielen wir *Hamlet* ohne den Prinzen von Dänemark. Wo ist hier Palästina? Wo sind die großen Vertreter des jüdischen Volkes, die dieses Problem ja auch angeht?

Aber das Problem war nicht so leicht zu lösen. Die Generalversammlung hatte noch nie eine nichtstaatliche Körperschaft zu politischen Diskussionen zugelassen; für die Petitionen und den Verkehr mit solchen Organisationen waren besondere Unterausschüsse zuständig. Nun mußte sich die Versammlung der Ungerechtigkeit gegenüber der *Jewish Agency* beschuldigen lassen, die keine Gelegenheit erhalten hatte, zu Wort zu kommen, während die Araber durch ihre Mitgliedstaaten schon in die Vorverhandlungen aktiv eingegriffen hatten. Dieses Vorgehen verstieß gegen den Gerechtigkeitssinn der führenden Mächte, denen die Frage der Zulassung nichtstaatlicher Organisationen zur Generalversammlung mit einem Mal in einem neuen Licht erschien. Nach langen Beratungen wurde von einer überwältigenden Mehrheit die Resolution gefaßt, der *Jewish Agency* Gehör zu schenken. Sofort ernannte die *Jewish Agency* ihre Vertreter: David Ben Gurion, Dr. Abba Hillel Silver, Mosche Scharett, Chajim Greenberg, Mrs. Rose Halprin, Nachum Goldmann, Dr. Emanuel Neumann. Diese Repräsentanten durften ihre Meinung lediglich zu dem gerade von der Generalversammlung debattierten Thema äußern, nämlich zur Bildung und Instruierung eines Sonderausschusses für die Palästinafrage.
Als Folge dieser Hearings richtete die Generalversammlung den Sonderausschuß für Palästina ein, den UNSCOP. Und dieser beschloß trotz aller Einwände der Araber, sich zusätzlich zu seinen Untersuchungen eingehend mit der Lage der verschleppten Personen zu beschäftigen. Ehe der Sonderausschuß zu seiner Untersuchungsreise aufbrach, wurde auf einer Sitzung noch die Frage der arabisch-jüdischen Kooperation abgehandelt. Ben Gurion vertrat den jüdischen Standpunkt:

> Eine auf Gleichheit und gegenseitige Unterstützung gegründete jüdisch-arabische Partnerschaft wird zu einer Regeneration des gesamten Nahen Ostens beitragen. Wir Juden haben vollstes Verständnis für den sehnlichen Wunsch des arabischen Volkes nach Einheit, Unabhängigkeit und Fortschritt, wie unsere arabischen Nachbarn, hoffe ich, ihrerseits begreifen werden, daß die Juden in ihrer geschichtlichen Heimat unter keinen Umständen eine untergeordnete, abhängige Minderheit bleiben können wie in allen anderen Ländern der Diaspora. In seinem eigenen Land muß das jüdische Volk einen freien, unabhängigen Staat aufbauen und Mitglied der Vereinten Nationen werden können. Es ist bestrebt, in Zusammenarbeit mit seinen freien arabi-

schen Nachbarn die wirtschaftliche Entwicklung, den sozialen Fortschritt und die wirkliche Unabhängigkeit aller semitischen Länder im Nahen Osten zu fördern.

Herr Vorsitzender, als wirklichkeitsnahe, gerechte und Dauer versprechende Lösung des Ihnen vorliegenden Problems schlage ich Ihrem Ausschuß einen jüdischen Staat und eine jüdisch-arabische Allianz vor.

Außerdem drangen die Vertreter der *Jewish Agency* in den Sonderausschuß, sich auf seiner Palästinareise auch mit den wirklichen, den Unruhen zugrundeliegenden Ursachen zu befassen: mit der von der Mandatsregierung eingeführten ungerechten und tragischen Einwanderungsbeschränkung, mit den ungerechten und strikten Siedlungsbeschränkungen für Juden und den diskriminierenden Rassengesetzen.
Die arabischen Sprecher dagegen wiesen darauf hin, daß die Lage in Palästina den Frieden und die Sicherheit im Nahen Osten und in anderen Teilen der Welt stark gefährde. Aus diesem Grund sollte dem Wunsch der Juden nach einer Nationalen Heimstätte nicht stattgegeben werden. Erhielten die Juden Palästina, so mußte es ihrer Meinung nach unweigerlich zum Krieg kommen.
Die jüdische Sache wurde von nur drei Sprechern (Dr. Silver, Ben Gurion und Mosche Scharett) vor dem Sonderausschuß vertreten. Da ihnen beim Vortrag Beschränkungen auferlegt waren, mußten sie sich mit einer kurzen, gedrängten Darlegung begnügen. Sie fanden kaum Gelegenheit, ausführlicher auf die zahlreichen antijüdischen Argumente einzugehen und sie zu widerlegen. Sie betonten lediglich die Legalität der auf die Balfour-Deklaration und das Palästinamandat gegründeten jüdischen Sache. Deshalb konnten auch, wie Dr. Silver hervorhob, die internationalen Verpflichtungen, die aus der Anerkennung der geschichtlichen Rechte und der gegenwärtigen Bedürfnisse erwachsen seien, und auf die vertrauend das jüdische Volk in Palästina bereits so viel aufgebaut habe, nun nicht einfach für null und nichtig erklärt werden. Nachdrücklich wiesen Dr. Silver und Scharett darauf hin, Zweck und Ziel der Balfour-Deklaration und des Mandats sei die Errichtung eines Judenstaats. Dr. Silver zitierte Lloyd Georges Ausspruch vor der Königlichen Palästinakommission aus dem Jahre 1937:

Es besteht kein Zweifel, was dem Kabinett damals vorschwebte. Es dachte wohl nicht daran, daß der Friedensvertrag unmittelbar zur Errichtung eines jüdischen Staates führen sollte... Andererseits aber wurde durchaus in Betracht gezogen, Palästina – wenn die Zeit gekommen war, staatliche Institutionen zu schaffen – zu einem jüdischen Staat zu machen, vorausgesetzt, die Juden hätten die ihnen gebotene Gelegenheit genutzt... und bildeten eine klare Mehrheit der Bevölkerung.

Die arabischen Sprecher griffen vor allem die legale Grundlage der jüdischen Sache an. Aber sie bestritten nicht nur die Legalität, sondern auch die moralische, menschliche und politische Berechtigung des Mandats, das sie nie anerkannt hatten. Während die *Jewish Agency* nachzuweisen suchte, daß die Juden zu Recht Anspruch auf Palästina erhoben, ging es den Arabern weniger um die Rechtfertigung ihrer eigenen Sache als um die Disqualifizierung der jüdischen Ansprüche.

Die meisten Regierungen gaben nicht zu erkennen, mit welcher der beiden unmittelbar in die Palästinafrage verwickelten Parteien sie sympathisierten. Aber während eine Gruppe tatkräftig jeden Schachzug zugunsten des arabischen Oberkomitees unterstützte, fand die jüdische Sache keine so massive Förderung. Immerhin brachten einige Staaten, vor allem aus dem slawischen und südamerikanischen Lager, ihre Sympathie für die Juden zum Ausdruck und wiesen immer wieder auf deren Leiden, vornehmlich unter der Nazibesetzung, hin. Manche, wie Norwegen und Südafrika, gingen noch einen Schritt weiter und betonten den Zusammenhang zwischen dem ungesicherten Schicksal der Juden und der Palästinafrage. Polen, die Tschechoslowakei und – mit Einschränkungen – auch die Sowjetunion und China drückten ihre Sympathie und ihr Verständnis für die nationalen Bestrebungen der Juden aus. Die Sowjetunion deutete sogar, entgegen einer langen antizionistischen Tradition, die Möglichkeit an, sie werde einen unabhängigen jüdischen Staat unterstützen.

Bei seiner Ankunft in Palästina wurde der UNSCOP vom *Jischuw* begeistert empfangen. Während seines Aufenthalts ereignete sich ein dramatischer Vorfall, der einen Schatten über die Beratungen warf und die den Zusammenbruch des Mandats begleitende Tragödie in einem neuen Licht erscheinen ließ. Das größte der Flüchtlingsschiffe, »Exodus 1947«, wurde von den britischen Behörden nach einem erbitterten Kampf bei Haifa gewaltsam nach Europa zurückgeschickt. Als die unglücklichen Immigranten in einem kleinen französischen Hafen jämmerlich dahinvegetierten, ohne doch die Schiffe verlassen zu wollen, die sie später in die Hamburger DP-Lager zurückbrachten, begaben sich die Mitglieder des UNSCOP mit Bergen von Akten, Zeugenaussagen und Theorien nach Genf.

Einige von ihnen waren bei dem schmutzigen Schauspiel in Haifa dabeigewesen und hatten mit eigenen Augen gesehen, wie die britischen Truppen die jüdischen Flüchtlinge gewaltsam zur »Exodus« zurückgetrieben hatten. So war es nicht überraschend, daß der Ausschuß nach seiner Rückkehr nach Genf als erstes die Auflösung des Mandats empfahl. Im Grunde hatten schon Churchill, Smuts und Weizmann, die diese Regelung einst ins Leben gerufen hatten, den Tod des Mandats gefordert. Blieb nur die Frage, was an seine Stelle treten sollte. Die Mehrheit setzte sich für eine Teilung ein, bei der dem jüdischen Staat der Negev zugesprochen wurde. Am 1. September 1947, um Mitternacht, wurde der Report mit dem Teilungsvorschlag den Repräsentanten der *Jewish Agency*, Abba Eban und David Horowitz, im *Palais des Nations* in Genf übergeben. Dies war ein echter Wendepunkt, wenn er auch noch nicht wirklich den Ausschlag gab. Hätte der Ausschuß die Sache der Juden verworfen, die Vereinten Nationen hätten nie eine günstige Entscheidung getroffen. Nachdem das Komitee aber die jüdische Eigenstaatlichkeit befürwortete, bestand immerhin eine gewisse Chance. Ein glänzender Lichtstrahl der Freundschaft hatte die jüdische Einsamkeit erhellt. Nun verlagerte sich der Kriegsschauplatz ins Hauptquartier der Vereinten Nationen, wo der entscheidendste politische Kampf in der modernen jüdischen Geschichte begann. Alles hing davon ab, die Amerikaner und Russen für eine Befürwortung des Teilungsplanes zu gewinnen. Mitte Oktober stand fest, daß die Juden auf die amerikanische und sowjetische Unterstützung zählen konnten. Aber selbst damit war die Zwei-Drittel-Mehrheit noch nicht automatisch gesichert. Große Anstrengungen wurden gemacht, die schwankenden Delegierten zu überzeugen, die von den Arabern ebenfalls unter starken Druck gesetzt wurden. Da gelang dem alternden Weizmann ein großer Coup: die Bestätigung des ursprünglichen Planes der Vereinten Nationen, das heißt, die Eingliederung des Negev in den jüdischen Staat, und die aufsehenerregende Anerkennung Israels durch die Vereinigten Staaten. Er hatte sich vom Krankenbett erhoben, um Präsident Truman in einem Gespräch zu überzeugen, daß der südliche Teil des Negev nicht, wie zu diesem Zeitpunkt ernstlich erwogen wurde, vom jüdischen Staat abgetrennt werden dürfe. Zur Unterstützung seiner Sache legte Weizmann folgendes Memorandum vor:

> Akaba, das am südlichen Ende des Negev und des Roten Meeres liegt, ist für den jüdischen Staat der einzige Durchgang zum Indischen Ozean, nach Indien, zum Fernen Osten, nach Australien und Neuseeland. Dieser Durchgang wird für den jüdischen Staat einer der wichtigsten Wege zur Erschließung von Handelsbeziehungen mit jenem Teil der Welt werden. Um die aus Europa einströmenden Flüchtlinge absorbieren zu können, wird der jüdische Staat alles daransetzen müssen, seine industrielle und kommerzielle Kapazität auszubauen, und in diesem Zusammenhang bedeutet Akaba weit mehr als nur ein Stückchen Land am Roten Meer ... In den Händen der Araber aber könnte Akaba zu einer ständigen Drohung im Rücken des jüdischen Staates werden. Die arabischen Staaten haben Zugang zum Roten Meer und zum Golf von Akaba über Transjordanien, Ägypten und Saudi-Arabien.

Truman war überzeugt. Der Kampf um den Negev endete mit einem Sieg. Nun stand der letzten Entscheidung nichts mehr im Wege. Verzweifelt stürzte sich die jüdische Delegation an jenem unvergeßlichen Wochenende vom 27.–29. November in einen heißen Kampf um die Stimmen der noch schwankenden Delegierten. Als durch Frankreichs Stimmenthaltung die westeuropäische Front aufgespalten zu werden drohte, kabelte Weizmann an Léon Blum, um den sozialistischen Staatsmann zum Äußersten anzustacheln: »Ist es wahrhaftig Frankreichs Wunsch, in einem Augenblick nicht dabeizusein, der sich dem menschlichen Gedächtnis unauslöschlich einprägen wird?« Am 29. November stimmte Frankreich für die Teilung. Und so sah sich noch manch andere Regierung, getrieben von einem geschärften Verantwortungsbewußtsein, in einen Kampf zwischen Gewissen und Interesse verwickelt.

Auftakt zum Krieg

Am 29. November 1947 stimmte die Generalversammlung der Vereinten Nationen auf einer Sitzung in Flushing Meadows über die Teilung Palästinas ab und befürwortete sie mit dreiunddreißig gegen dreizehn Stimmen bei zehn Enthaltungen; die erforderliche Zwei-Drittel-Mehrheit war also noch übertroffen worden. Für die Juden eingetreten waren die Vereinigten Staaten, die Sowjetunion, viele europäische Staaten, die meisten lateinamerikanischen Länder und Mitgliedstaaten des britischen Commonwealth. England selbst, auf dessen Betreiben die Palästinafrage vor die UN gekommen war, hatte sich der Stimme enthalten.

Die Mehrheit war von den ein Jahrzehnt vorher von der Peel-Kommission entwickelten grundsätzlichen Ideen ausgegangen. Es gab zwei Möglichkeiten; entweder konnte man das palästinensische Judentum der arabischen Herrschaft unterstellen oder man mußte die Voraussetzungen für seine unabhängige Entwicklung schaffen. Entschied man sich für die erste Lösung, so erklärte man sich gleichzeitig damit einverstanden, daß den Arabern die Oberherrschaft überall zustand, wo sie auch waren – den Juden aber nirgends. Eine arabische Minderheit unter jüdischer Herrschaft dagegen schränkte die nationale Selbständigkeit der Araber als solche nicht ein, da diese bereits sieben (bald dreizehn) souveräne Staaten besaßen. Wurde jedoch das palästinensische Judentum zur Minderheit erklärt, so war es um den jüdischen Staat für immer geschehen. Die internationale Versammlung entschied sich also für die kleinere Ungerechtigkeit. Außerdem war ihr Urteil mitbestimmt von einem Schuldgefühl gegenüber dem Volk, das die Vereinten Nationen nicht vor einem schrecklichen Schicksal hatten bewahren können. Und schließlich sollten viele Gemeinwesen in die Vereinten Nationen aufgenommen werden, deren nationalstaatliche Eigenschaften nicht hervorstechender waren als die des palästinensischen Judentums. Der *Jischuw* war bereits de facto ein Staat, aber nicht de jure. Einige Delegierte hatten aus einer Stimmung historischer Rührung heraus über den erhebenden

Augenblick von Israels Rückkehr in die Völkerfamilie gesprochen. Andere erwarteten gespannt den jüdischen Beitrag zu der sich herauskristallisierenden Weltgesellschaft. Wieder andere bezogen einen pragmatischen Standpunkt; ihrer Meinung nach war der *Jischuw* einfach schon zu groß, um von den Arabern geschluckt und viel zu eigenwillig, um einer internationalen Herrschaft unterstellt zu werden. Und viele waren beeindruckt von einer Sache, die die Vereinigten Staaten und die Sowjetunion zu einer gemeinsamen Meinung bewegt hatte.

Die auf breiter internationaler Bühne vor dem Blick der Welt abrollende Diskussion war auf einen vornehmen Ton abgestimmt. Es war ein großer Augenblick für das jüdische Volk, aber auch für die Vereinten Nationen, die noch nie so im Mittelpunkt des Interesses gestanden hatten. Das palästinensische Judentum, unlängst noch ein unbeachteter Rebell, wurde über Nacht zu einer Nation kurz vor der Anerkennung der Eigenstaatlichkeit. Der Teilungsplan war komplex und verwickelt, die Grenzen glichen sich windenden Schlangen. Jerusalem sollte zur internationalen Enklave erklärt und der neue jüdische Staat mit den arabischen Staaten zu einer Wirtschaftsgemeinschaft zusammengeschlossen werden. Das zentrale Thema der Resolution von 1947 aber war die Erneuerung der jüdischen Souveränität. Alles andere konnte sich noch ändern; diese Vorstellung aber hatte im Bewußtsein der Völker mittlerweile zu tief Wurzeln geschlagen.

Als die Neuigkeit den *Jischuw* erreichte, brach ein wahrer Freudentaumel aus. Die Menschen tanzten auf den Straßen von Tel Aviv, Jerusalem und Haifa. Aber es blieb wenig Zeit zum Feiern. In der Dämmerung fielen die ersten Schüsse, gab es die ersten Opfer. Das arabische Oberkomitee rief einen allgemeinen Streik aus; der arabische Mob zog plündernd und Feuer legend durch Jerusalem. Der Weg zum jüdischen Staat war noch lang und voller Blut und Tränen.

Nach den Angaben der Mandatsregierung setzte sich die palästinensische Bevölkerung 1947 aus 1 200 000 Arabern, 650 000 Juden und 150 000 »anderen« zusammen. Die Zahl der Araber mag übertrieben gewesen sein, die der Juden jedoch lag sicher höher, da manche »illegalen« Einwanderer, denen es gelungen war, sich nach Palästina einzuschmuggeln, in den Registern der Palästinaregierung nicht erfaßt waren. Die militärische Stärke der palästinensischen Araber bei Ausbruch der Feindseligkeiten läßt sich schwer schätzen. Sie hatten weder ein stehendes Heer noch ein Oberkommando über ihre verschiedenen militärischen und paramilitärischen Organisationen. Andererseits aber verfügten sie über beträchtliches Menschenmaterial und ein ansehnliches Waffenpotential.

Die palästinensischen Araber glaubten, die Resolution der UN durch Terror rückgängig machen zu können. Außerdem setzten sie große Hoffnungen auf die Unterstützung der umliegenden arabischen Länder, von denen sie sich Waffen, Geld und Truppen versprachen.

Die politisch, wirtschaftlich und sozial gespaltenen arabischen Staaten aber stellten sich recht unterschiedlich zur Palästinafrage. Syrien, das nicht vergessen konnte, daß Palästina unter der Osmanenherrschaft zu seinem Territorium gehört hatte, wollte wenigstens den »Finger des östlichen Galiläa« annektieren und so die Jordanquelle unter seine Kontrolle bringen. Für Ägypten war das Palästinaproblem von zweitrangiger Bedeutung. Ihm ging es vornehmlich um die Räumung der britischen Stützpunkte in der Suezkanalzone und um die Annexion des Sudan. Der Libanon nahm seine Einbeziehung in den arabischen Krieg nicht ernst; aufgrund seiner wirtschaftlich schwachen Position dachte er in erster Linie an Selbstverteidigung. Saudi-Arabien, das keine gemeinsamen Grenzen mit Palästina hatte, war an einem militärischen Eingreifen nicht interessiert. Am unmittelbarsten betroffen fühlte sich Transjordanien, denn König Abdallah betrachtete den jordanischen Thron als Sprungbrett für ein großes, Palästina einschließendes Haschemitisches Königreich. Er setzte seine Hoffnung auf die Arabische Legion, eine starke, gut ausgebildete, von Großbritannien ausgerüstete und mit Offizieren versehene Streitmacht unter dem Kommando von Glubb Pascha. Und dem Irak war es, obwohl er keine gemeinsamen Grenzen mit Palästina besaß, um den Zugang zum Mittelmeer über Haifa zu tun, wo die Mossul-Pipeline endete.

In einem aber waren sich die arabischen Staaten trotz ihrer verschiedenen Ausgangspunkte einig: Die Teilung mußte verhindert werden. Im Oktober 1947 trat die Arabische Liga zu einer Sitzung zusammen und beschloß, die palästinensischen Araber in ihrem Kampf durch militärische Maßnahmen an den Grenzen Palästinas zu unterstützen. Noch wichtiger aber war die im Zusammenhang mit den verschiedenen militärischen Vorbereitungen gefaßte Resolution, die im Falle militärischer Operationen möglicherweise aus Palästina evakuierte arabische Bevölkerung aufzunehmen.

Die Streitkräfte des *Jischuw* waren zum größten Teil in der *Haganah* organisiert. Dazu kamen die beiden Untergrundgruppen der Dissidenten, die *Irgun Zewai Leumi* – die Nationale Militärische Organisation – und die Stern-Gruppe *Lochame Cheruth Israel*, die Kämpfer für die Freiheit Israels. Die Mitgliederzahl dieser beiden Gruppen war begrenzt, ihre Rolle im totalen Krieg, dem sich der *Jischuw* nun gegenübersah, relativ unbedeutend. Die Hauptaufgabe der *Haganah* bestand in der Verteidigung. Die gefährlicheren Operationen, wie Überfälle auf die Stützpunkte, Hauptquartiere und Nachschublinien des Feindes, führte die *Palmach* (Stoßtruppen) durch, eine Spezialeinheit aus 2100 Männern und Frauen und 1000 aktiven Reservemitgliedern.

Die Ausrüstung der *Haganah* war verglichen mit der der arabischen Streitkräfte völlig unzureichend. Sie verfügte über ein buntes Gemisch von im Ausland zusammengekauften und heimlich eingeschmuggelten Waffen. Außerdem stellten im Untergrund ein paar Werkstätten eine kleine Anzahl von Granaten, Sten-

Gewehren und Granatwerfern her. Aber die Größe des israelischen Waffenlagers war von untergeordneter Bedeutung. Ausschlaggebend war der Wille zu überleben. Und dieser Geist beseelte die *Haganah* und die *Palmach*, die sich den Streitkräften des Feindes überlegen erwiesen. Er diktierte die Improvisationen, die Augenblicksentscheidungen; aus ihm erwuchs jenes Gefühl der Verbundenheit, der Einheit, aufgrund dessen die Israelis nicht nur auf dem Schlachtfeld, sondern auch in jedem Gemeinwesen, in jeder Siedlung, in jedem Heim im Vorteil waren.

1947 gingen die Araber, wie schon 1921 und 1936, in der Hoffnung, ihre politischen Ziele mit Gewalt durchzusetzen, zu offener Feindseligkeit über. Der inoffizielle Krieg, die arabischen Überfälle auf jüdische Siedlungen, die Angriffe auf die Nachschublinien, dauerte vom 29. November 1947 bis zum 15. Mai 1948. Während dieser Zeit gehörten Unruhen zum täglichen Leben in Palästina. Die *Haganah* gab nicht die abgeschnittensten Siedlungen auf; sie versorgte sie mit Nahrungsmitteln und Waffen, damit sie den Angriffen standhalten konnten. Auf diese Konvois, die Nahrungsmittel und Verstärkung in die abgelegenen Dörfer brachten, konzentrierten die Araber ihre Überfälle. Dabei erzielten sie manche Erfolge, so daß die Transporte und das Versorgungsnetz in den von den Juden gehaltenen Gebieten schließlich ernsthaft bedroht waren. In einer einzigen Woche wurde ein Geleitzug auf seinem Weg zu der abgelegenen Siedlung Jechiam im westlichen Teil Galiläas aus dem Hinterhalt überfallen, wobei vierzig seiner Verteidiger den Tod fanden; ein anderer Konvoi auf dem Rückweg von Kefar Ezjon vor den Toren Jerusalems angegriffen; zwei weitere in der Nähe der Stadt aus dem Hinterhalt beschossen und schwer beschädigt. So verlor die *Haganah* in einer einzigen Woche viele ihrer Panzerwagen. Noch heute erinnern Wracks an der Straße nach Jerusalem an die Schlacht um Chulda und Ezjon, um Jerusalem und Jechiam.

Als dies geschah, war noch Großbritannien für die Aufrechterhaltung von Gesetz und Ordnung verantwortlich, wie es auch verpflichtet gewesen wäre, die Nachschublinien zu verteidigen. In Wirklichkeit aber folgte es einer scheinbar unparteiischen Politik, die meist zugunsten der Araber ausfiel. Trotz der Hinterhalte an den Straßen wurden die jüdischen Konvois nach Waffen durchsucht, viele Mitglieder der *Haganah* verhaftet und weiterhin Jagd auf illegale Einwanderer gemacht, während täglich Hunderte von bewaffneten Arabern die Grenzen nach Palästina überschritten. Außerdem war die arabische Bevölkerung aufgrund ihrer Wirtschaftsstruktur weniger von den Straßenverbindungen abhängig. Und während die von den Briten eingeschlagene »wohlwollende Neutralität« den Arabern erlaubte, in aller Ruhe vorzugehen, behinderte sie die Juden, wo sie nur konnte.

Die erste Runde endete mit einem beträchtlichen Erfolg für die Araber. Sie hatten zwar keine jüdischen Siedlungen einnehmen können, aber die jüdischen

Verbindungswege waren über weite Strecken unterbrochen, manche Teile des *Jischuw* fast gänzlich vom Zentrum abgeschnitten. Überdies sprachen gewisse Anzeichen dafür, daß die Araber ihr politisches Ziel bald erreicht und die Resolution der Vereinten Nationen durch den Beweis zu Fall gebracht haben würden, daß eine Teilung nur mit Gewalt durchzuführen sei. Jedenfalls sah es im März 1948 ganz danach aus, als die Vereinigten Staaten plötzlich den Teilungsplan fallenließen.

Die Araber intensivierten den Kampf. Unter den Augen der Engländer drangen im Jahre 1948 arabische Freiwillige über die Grenze nach Palästina ein. Dem ersten arabischen Bataillon aus Transjordanien schlossen sich bald weitere an. Unter dem Kommando von Fawzi-el Kawakji startete die »arabische Befreiungsarmee« einen Angriff auf die jüdischen Siedlungen im Norden.

Trotz aller Niederlagen bereitete sich die *Haganah* auf den Tag vor, an dem sie die Initiative ergreifen und die militärische Lage zu ihrem Vorteil wenden konnte. Die Waffenkäufe in Europa, vor allem in der Tschechoslowakei, wurden angekurbelt. Seit Kriegsbeginn waren nahezu 1200 Juden umgekommen, die Hälfte davon Zivilisten. Im März rüstete das Oberkommando der *Haganah* zu einem umfassenden Gegenschlag: Zweck des gleichzeitig einfachen und revolutionären »Plan Dalet« war, »das dem jüdischen Staat zugeteilte Gebiet in die Hand zu bekommen und seine Grenzen und die der jüdischen Gruppensiedlungen zu verteidigen sowie die jüdische Bevölkerung außerhalb dieser Grenzen wie auch innerhalb des jüdischen Staates zu schützen«.

Der April 1948 verging zum größten Teil mit der *Nachshon-Operation,* dem Kampf um die Straße nach Jerusalem. Der Erfolg dieses schwierigen und blutigen Unternehmens brachte zusammen mit der ebenfalls erfolgreichen Verteidigung der *Kibbuzim* Mishmar ha-Emek und Ramat Jochanan den Wendepunkt im Krieg. Noch im selben Monat leitete die *Haganah* militärische Operationen großen Stils ein. Tiberias, Haifa und Ober-Galiläa wurden befreit. Andererseits fielen am 13. Mai nach einem tapferen Kampf den Panzern der Arabischen Legion Ezjon-Siedlungen in die Hand. Die Verbindung mit den abgeschnittenen Siedlungen im Negev wurde durch Improvisation aufrechterhalten.

In den Wochen vor dem 15. Mai hatte die *Haganah* ihren Bestand an Handfeuerwaffen vergrößern können. Ein erstes Schiff mit tschechischen Waffen hatte angelegt und war entladen worden. Und schleunigst wurden weitere Waffenkäufe angebahnt.

Dennoch mußte die militärische Lage am 14. Mai 1948 einen Beobachter mit ernster Besorgnis um die Zukunft erfüllen. Ob die jüdischen Streitkräfte den vier regulären arabischen Armeen – der ägyptischen, jordanischen, syrischen und libanesischen – Widerstand leisten konnten, erschien höchst fraglich. Die arabischen Berufssoldaten waren ausgeruht, nach dem Vorbild regulärer Truppen gut organisiert und außerdem gut ausgerüstet. Alle arabischen Länder besaßen Feldartillerieregimenter, zwei von den Ländern sogar Panzereinheiten, drei von ihnen eine Luftwaffe mit Jagdstaffeln und Ägypten eine Bomberstaffel. Mit dieser eindrucksvollen Überlegenheit der arabischen Rüstung konnte es die *Haganah* nicht aufnehmen. Sie verfügte alles in allem über vier Feldgeschütze, einen einzigen Panzer und, abgesehen von einigen Privatflugzeugen, über ein einziges Kampfflugzeug. Dementsprechend katastrophal war auch der erste Zusammenstoß mit einer regulären Truppe der Araber, der Kampf um die Ezjon-Siedlungen, ausgegangen.

In der Zwischenzeit machte die Räumung der Briten zusehends Fortschritte. Am 1. Mai hatten die Organe der Mandatsregierung ihre Funktion niedergelegt. Beamte, deren Dienste bei der Abwicklung der Verwaltungs- und Finanzprobleme noch gebraucht wurden, waren nach Zypern gebracht worden, andere nach Großbritannien zurückgekehrt. Die Verwaltungsvollmacht war nicht übertragen worden. Ein Vakuum entstand – eben jenes Chaos, das die britischen Beamten seit der Teilungsresolution ständig vorhergesagt hatten. Züge verkehrten nicht mehr, Palästina gehörte nicht länger dem Weltpostverein an. Die Polizei war aufgelöst, Gerichtsverfahren waren ausgesetzt. Jigael Jadin, Generalstabschef der *Haganah*, beschrieb die militärische Lage am 21. Mai 1948:

> Wir wollen nicht über das Problem diskutieren, ob es nun zu einer Invasion kommt oder nicht. Alle unsere Pläne gehen von der Annahme aus, daß eine Invasion stattfinden wird. Nach unseren Informationen ist sie mit Sicherheit zu erwarten. Für diesen Fall sind unsere Pläne einfach: Alle unsere Truppen und alle unsere Waffen – ausnahmslos alle – müssen an jenen Stellen zusammengezogen werden, die in der ersten Phase des Krieges voraussichtlich Kampfschauplatz sein werden.
>
> Momentan sind uns die regulären Truppen der Nachbarländer – mit ihrer Ausrüstung und Bewaffnung – überlegen. Aber wir müssen alle Möglichkeiten in Betracht ziehen und dürfen nicht nur Waffen gegen Waffen und Einheiten gegen Einheiten setzen, zumal wir diese Waffen oder diese Panzertruppen gar nicht haben. Es fragt sich, wieweit sind unsere Männer dank ihrem Kampfgeist, dank unserer Planung und Taktik imstande, die feindlichen Streitkräfte zu überwältigen. In manchen Fällen hat sich erwiesen, daß der Ausgang eines Kampfes nicht von Zahlen und Formationen abhängt. Objektiv betrachtet ist uns der Feind allerdings momentan weit überlegen.
>
> Unsere Luftwaffe kann sich mit seiner nicht vergleichen. Wir haben keine. Die Flugzeuge sind noch nicht eingetroffen. Möglich, daß sie bis zum Tag der Entscheidung noch kommen, aber ich kann mich nicht darauf verlassen. Und selbst dann wird, wenn die arabischen Nachbarstaaten ihre Luftwaffe aktivieren, der Vergleich neiderregend ausfallen. Ihre Luftwaffe ist hundert-

fünfzigmal so groß wie unsere. Augenblicklich operieren unsere Flugzeuge entgegen allen Regeln des Luftkampfes.

Andere Piloten würden nicht wagen, in Flugzeugen wie den unseren aufzusteigen. Die Maschinen sind veraltet und im Grunde ausrangiert, einige waren Aufklärer oder Schulflugzeuge; selbst bei diesen Maschinen haben wir schwere Verluste gehabt, so daß wir jetzt in einer betrüblichen Lage sind und es besser wäre, diese Maschinen erst gar nicht als militärischen Faktor einzubeziehen.

Alles in allem würde ich sagen, daß sich die Aussichten momentan in etwa die Waage halten. Oder – um ehrlicher zu sein – daß sie uns, wenn sie wirklich ihre ganzen Truppen gegen uns ins Feld führen, bei weitem überlegen sind.

Israels Wiedergeburt

Die Erfolge der *Haganah* in den ersten Maiwochen verwirrten die Araber. Doch trotz der Siege der Juden änderte sich nichts an der politischen Lage; die Araber waren nach wie vor im Vorteil. Von allen Seiten strömten arabische »Befreiungstruppen« herein, um den Aufstand der palästinensischen Araber gegen die Resolution der Vereinten Nationen zu unterstützen. Und die offiziell für Gesetz und Ordnung verantwortliche britische Verwaltung hielt den eindringenden Arabern mit einer Hand die Tür auf, während sie mit der anderen weiterhin die verzweifelten Verteidigungsbemühungen der Juden behinderte. Als deutlich wurde, daß sich die Araber nicht friedlich in die Teilung fügen würden, begannen viele Mitgliedstaaten der UN, die sich für den Plan eingesetzt hatten, die Dinge mit etwas anderen Augen zu betrachten. Das *State Department* in Washington bereute seine Teilungspolitik noch am selben Tag, an dem sie akzeptiert wurde. Die Auswirkung auf die Juden, die beklemmende Unsicherheit, die sich im Winter 1947/48 über das jüdische Leben legte, läßt sich nur schwer beschreiben. Die Gemeinde in Palästina, von den arabischen Eindringlingen heftig angegriffen, erhielt von den britischen Behörden weder Schutz, wozu diese eigentlich gesetzlich verpflichtet gewesen wären, noch auch, wie die sittliche Pflicht befohlen hätte, freie Hand in der Selbstverteidigung. Und die zur Durchführung des Teilungsplanes eingesetzte Kommission sah ohnmächtig von New York aus zu. Der politische Zusammenbruch und die militärische Niederlage schienen unabwendbar. Der 19. März ging als »Schwarzer Freitag« in die Geschichte der jüdischen Diplomatie ein. Warren Austin, der amerikanische Gesandte bei den UN, brachte einen sensationellen Antrag beim Sicherheitsrat ein. Alle Bemühungen,

die Teilung durchzuführen, sollten ausgesetzt und die Generalversammlung zu einer Sondersitzung einberufen werden, um den Plan für eine zeitweilige Treuhänderschaft auszuarbeiten. Damit fiel der Traum von der jüdischen Eigenstaatlichkeit, der den vergangenen Winter erhellt hatte, in sich zusammen.
Bei den Arabern löste die Distanzierung der Amerikaner vom Teilungsplan die Meinung aus, nun könnten sie sich mit militärischen Entscheidungen Zeit lassen. Außerdem hatten sie mittlerweile das jüdische Kriegspotential respektieren gelernt. So schlug die militärische Führung der Araber vor, die Invasion noch aufzuschieben. Die Politiker der Arabischen Liga dagegen drangen darauf, sie auf die Zeit unmittelbar nach Ablauf des Mandats am 15. Mai anzuberaumen. Ein militärischer Plan für einen Blitzkrieg wurde ausgearbeitet, denn für einen längeren Krieg hätte es den Arabern an Munition und Verstärkungstruppen gefehlt. Die jüdischen Siedlungen im Landesinnern sollten von der Küste und damit von der einzigen Nachschubbasis abgeschnitten werden.
Aber aufgrund der inneren Uneinigkeit der arabischen Staaten wurde dieser militärische »Meisterplan« nicht in die Tat umgesetzt. König Abdallah billigte ihn nicht, aus Angst, er könnte sein Königreich hinterher gegen seine arabischen Feinde, vor allem den Mufti, verteidigen müssen; und was hätten ihm in diesem Fall alle Eroberungen seiner Arabischen Legion geholfen? Im Oktober 1947 hatte sich Abdallah in Geheimverhandlungen mit der *Jewish Agency* einverstanden gezeigt, den arabischen Teil Palästinas kampflos zu annektieren. Anfang Mai 1948 beschloß die Exekutive der *Jewish Agency*, mit dem König auf dieser Basis ein Abkommen zu schließen. Als Araberin verkleidet traf Golda Myerson (heute Golda Meïr) mit König Abdallah im Hause eines Freundes in Amman zusammen. Aber Abdallah, der sein früheres Versprechen zwar nicht bestritt, wies auf die veränderten Verhältnisse hin. »Damals war ich allein. Heute bin ich einer von fünf.« Falls die Juden jedoch darauf verzichten wollten, die Errichtung eines Staates zu verkünden, falls sie die Einwanderung stoppten und sich damit einverstanden erklärten, daß er ganz Palästina annektiere, wolle er versuchen, den »Gemäßigten« unter den arabischen Führern zu empfehlen, von einem Krieg Abstand zu nehmen. Sein Vorschlag wurde abgelehnt.
Der letzte Oberkommissar bereitete das Ende des Mandats in Palästina vor. Eisern weigerte er sich, eine ordnungsgemäße Übertragung der Amtsgewalt zuzulassen. Die britische Politik vermied alles, was nach Zusammenarbeit im Sinn der Resolution der UN hätte aussehen können. Bis zum letzten Augenblick lehnten die Engländer es ab, die Errichtung des jüdischen Staates in irgendeiner Weise zu unterstützen. Die Züge verkehrten nicht mehr; die Post wurde nicht mehr befördert; Akten wurden verbrannt, das Regierungseigentum nach England überführt, versteigert oder den Arabern übergeben. Trotz des beträchtlichen Überschusses aus früherer Zeit blieb kein Pfennig für die nachfolgende Regierung in der Staatskasse.

Die Führer der Juden planten den Verwaltungsaufbau für die Zeit der Unabhängigkeit sorgfältig voraus. Für verschiedene Verwaltungszweige wurden Ausschüsse gebildet, provisorische Briefmarken und Banknoten gedruckt und eine vollständige provisorische Verwaltung eingerichtet. Anfang April wurde aus der Mitte der in Palästina ansässigen Mitglieder der Weltzionistenbewegung, der geschäftsführenden Beamten des *Waad Leümi* und anderer öffentlicher Körperschaften der Nationalrat mit siebenunddreißig Mitgliedern gewählt. Der Rat ernannte seinerseits eine sich selbst verantwortliche Nationalverwaltung. Eine Staatsanleihe wurde bewilligt; eine Nachschuborganisation eingesetzt und eine Einigung zwischen der *Haganah* und den abgespaltenen Organisationen erzielt, bei militärischen Operationen unter allen Umständen zusammenzuarbeiten.
Am 14. Mai 1948 verließ der Oberkommissar Sir Alan Cunningham mit dem Rest seines Stabes den palästinensischen Boden. Von einem Kreuzer außerhalb der Hoheitsgewässer signalisierte er das Ende der Mandatsära. Anfangs begeistert begrüßt, endete sie nun in Chaos und Mißkredit. In einer kurzen Zeremonie im Museum von Tel Aviv wurde an jenem Tag um vier Uhr nachmittags der Staat Israel geboren. Vor zweihundertvierzig Menschen verlas David Ben Gurion die Unabhängigkeitserklärung und schlug damit in der jüdischen Geschichte eine neue Seite auf.

Im Lande Israel entstand das jüdische Volk. Hier prägte sich sein geistiges, religiöses und politisches Wesen. Hier lebte es frei und unabhängig. Hier schuf es eine nationale und universelle Kultur und schenkte der Welt das ewige Buch der Bücher.

Durch Gewalt vertrieben, blieb das jüdische Volk auch in der Verbannung seiner Heimat in Treue verbunden. Nie wich seine Hoffnung, nie verstummte sein Gebet um Heimkehr und Freiheit.

Beseelt von der Kraft der Geschichte und Überlieferung, suchten Juden jeder Generation, in ihrem alten Lande wieder Fuß zu fassen. Im Laufe der letzten Jahrzehnte kamen sie in großen Scharen. Arbeiter und Wegbereiter, Verteidiger des schon Geschaffenen erweckten gemeinsam mit den der Blockade trotzenden Neueinwanderern *[Maapilim]* Einöden zur Blüte, belebten aufs neue die hebräische Sprache, bauten Dörfer und Städte und errichteten eine stets wachsende Gemeinschaft mit eigener Wirtschaft und Kultur, die nach Frieden strebte, sich aber auch zu verteidigen wußte, die allen im Lande die Segnungen des Fortschritts brachte und sich vollkommene Unabhängigkeit zum Ziel setzte.

Im Jahre 5657 [1897] trat der erste Zionistenkongreß zusammen, der dem Rufe Dr. Theodor Herzls, des Sehers des jüdischen Staates, gefolgt war, und verkündete das Recht des jüdischen Volkes auf nationale Erneuerung in seinem Lande. Dieses Recht wurde am 2. November 1917 in der Balfour-Deklaration anerkannt und durch das Völkerbundmandat bestätigt, das der historischen Verbindung des jüdischen Volkes mit dem Lande Israel und seinem Anspruch auf die Wiedererrichtung seiner Nationalen Heimstätte internationale Geltung verlieh.

Die Katastrophe, die in unseren Tagen über das jüdische Volk hereinbrach und Millionen von Juden in Europa vernichtete, bewies unwiderleglich aufs neue, daß das Problem der jüdischen Heimatlosigkeit durch die Wiederherstellung des jüdischen Staates im Lande Israel gelöst werden muß, eines Staates, dessen Pforten jedem Juden offenstehen und der dem jüdischen Volk den Rang einer gleichberechtigten Nation in der Völkerfamilie sichert.

Die Überlebenden des fürchterlichen Nazigemetzels in Europa sowie Juden anderer Länder scheuten keine Schwierigkeiten, Hindernisse und Gefahren, um nach dem Lande Israel aufzubrechen und ihr Recht auf ein Dasein in Würde und Freiheit und ein Leben redlicher Arbeit im Heimatland durchzusetzen.

Im Zweiten Weltkrieg leistete die jüdische Gemeinschaft im Lande Israel ihren vollen Beitrag zum Kampfe der Frieden und Freiheit liebenden Nationen gegen die verbrecherischen Nazimächte. Mit dem Blute ihrer Soldaten und ihrem Einsatz für den Sieg erwarb sie das Recht auf Mitwirkung bei der Gründung der Vereinten Nationen.

Am 29. November 1947 faßte die Vollversammlung der Vereinten Nationen einen Beschluß, der die Errichtung eines jüdischen Staates im Lande Israel forderte. Sie rief die Bewohner des Landes auf, alle ihrerseits zur Durchführung dieses Beschlusses nötigen Maßnahmen zu ergreifen. Diese von den Vereinten Nationen ausgesprochene Anerkennung der Berechtigung des jüdischen Volkes, seinen Staat zu gründen, ist unwiderruflich.

Gleich allen anderen Völkern ist es das natürliche Recht des jüdischen Volkes, seine Geschicke unter eigener Hoheit selbst zu bestimmen.

Demzufolge haben wir, die Mitglieder des Volksrates, als Vertreter der jüdischen Bevölkerung und der Zionistischen Organisation, heute, am letzten Tage des britischen Mandats über Palästina, uns hier eingefunden und verkünden hiermit kraft unseres natürlichen und historischen Rechtes und aufgrund des Beschlusses der UNO-Vollversammlung die Errichtung eines jüdischen Staates im Lande Israel – des Staates Israel.

Wir beschließen, daß vom Augenblick der Beendigung des Mandats, heute um Mitternacht, dem sechsten Tag im Monat Ijar des Jahres 5708, dem 15. Mai 1948, bis zur Amtsübernahme durch verfassungsgemäß zu bestimmende Staatsbehörden, doch nicht später als bis 1. Oktober 1948, der Volksrat als vorläufiger Staatsrat und dessen ausführendes Organ, die Volksverwaltung, als zeitweilige Regierung des jüdischen Staates wirken sollen. Der Name des Staates lautet Israel.

Der Staat Israel wird der jüdischen Einwanderung und der Sammlung der Juden im Exil offenstehen. Er wird sich der Entwicklung des Landes zum Wohle aller seiner Bewohner widmen. Er wird auf Freiheit, Gerechtigkeit und Frieden im Sinne der Visionen der Propheten Israels gestützt sein. Er wird allen seinen Bürgern ohne Unterschied der Religion, der Rasse oder des Geschlechtes soziale und politische Gleichberechtigung verbürgen. Er wird Glaubens- und Gewissensfreiheit, Freiheit der Sprache, Erziehung und Kultur gewährleisten, die heiligen Stätten unter seinen Schutz nehmen und den Grundsätzen der Charta der Vereinten Nationen treu bleiben.

Der Staat Israel wird bereit sein, mit den Organen und Vertretern der Vereinten Nationen bei der Durchführung des Beschlusses vom 29. November 1947 zusammenzuwirken und sich um die Herstellung der gesamtpalästinensischen Wirtschaftseinheit zu bemühen.

Wir wenden uns an die Vereinten Nationen mit der Bitte, dem jüdischen Volke beim Aufbau seines Staates Hilfe zu leisten und den Staat Israel in die Völkerfamilie aufzunehmen.

Wir wenden uns – selbst inmitten der mörderischen Angriffe, denen wir seit Monaten ausgesetzt sind – an die in Israel lebenden Araber mit dem Aufrufe, den Frieden zu wahren und sich aufgrund voller bürgerlicher Gleichberechtigung und entsprechender Vertretung in allen provisorischen und permanenten Organen des Staates an seinem Aufbau zu beteiligen.

Wir bieten allen unseren Nachbarstaaten und ihren Völkern die Hand zum Frieden und guter Nachbarschaft und rufen sie zur Zusammenarbeit und gegenseitigen Hilfe mit dem selbständigen jüdischen Volke in seiner Heimat auf. Der Staat Israel ist bereit, seinen Beitrag bei gemeinsamen Bemühungen um den Fortschritt des gesamten Nahen Ostens zu leisten.

Unser Ruf ergeht an das jüdische Volk in allen Ländern der Diaspora, uns auf dem Gebiete der Einwanderung und des Aufbaus zu helfen und uns im Streben nach der Erfüllung des Traumes von Generationen – der Erlösung Israels – beizustehen.

Mit Zuversicht auf den Fels Israels setzen wir unsere Namen zum Zeugnis unter diese Erklärung, gegeben in der Sitzung des zeitweiligen Staatsrates auf dem Boden unserer Heimat in der Stadt Tel Aviv, heute, am Vorabend des Sabbath, den fünften Ijar 5708, 14. Mai 1948.

David Ben Gurion

Daniel Auster
Mordekhai Bentov
Yitzchak Ben Zvi
Eliyahu Berligne
Fritz Bernstein
Rabbi Wolf Gold
Meir Grabovsky
Yitzchak Gruenbaum
Dr. Abraham Granovsky
Eliyahu Dobkin
Meir Wilner-Kovner
Zerach Wahrhaftig
Herzl Vardi
Rachel Cohen
Rabbi Kalman Kahana
Saadia Kobashi
Rabbi Yitzchak Meir Levin
Meir David Loewenstein
Zvi Luria
Golda Myerson
Nachum Nir
Zvi Segal
Rabbi Yehuda Leib
Hacohen Fishman
David Zvi Pinkas
Aharon Zisling
Moshe Kolodny
Eliezer Kaplan
Abraham Katznelson
Felix Rosenblueth
David Remez
Berl Repetur
Mordekhai Shattner
Ben Zion Sternberg
Bekhor Shitreet
Moshe Shapira
Moshe Shertok

Nachdem die Proklamation verlesen worden war, trat einer nach dem anderen vor, um sie durch seine Unterschrift zu bestätigen. Darauf wurde der hebräische Segensspruch gesprochen: »Gesegnet seiest Du, O Herr unser Gott, König des Weltalls, der Du uns am Leben erhalten und bewahrt und gewährt hast, diesen Tag zu erleben.« Dann schritten die zweihundertvierzig in Reih und Glied auf die in der Sonne brütende Straße hinaus. Die Luftschutzsirenen heulten.
In New York platzte Dr. Silver in die Debatte des Ausschusses der Vereinten Nationen hinein, um die Gründung des Staates Israel zu verkünden. Im Weißen Haus beriet Präsident Truman mit Marshall und Lovett, dem Außen- und dem Verteidigungsminister, über einen Brief von Dr. Weizmann, in dem er um die Anerkennung des jüdischen Staates bat. Um 17.16 Uhr billigte der Präsident die Anerkennung Israels durch die Vereinigten Staaten. Damit hatte die amerikanische Diplomatie Mut und Weitblick bewiesen.
Die Nachricht von Präsident Trumans Entschluß schlug wie ein Blitz in der

Generalversammlung der UN ein. Sie überraschte selbst die amerikanischen Vertreter. Als nächster Staat gab die Sowjetunion ihre Anerkennung Israels bekannt. Aber schon am nächsten Morgen fand sich der junge Staat Israel in einen Krieg verwickelt. Als ägyptische Flugzeuge das Gebiet um Tel Aviv bombardierten, legte das erste Einwandererschiff mit zurückgehaltenen »Illegalen« an der Küste des nun freien Landes an. Innerhalb von vierundzwanzig Stunden war ein Mandat abgelaufen, ein Staat ausgerufen und anerkannt worden und eine bewaffnete Invasion angelaufen. Es war der ereignisreichste Tag in der modernen jüdischen Geschichte.

Die Belagerung Jerusalems

Ende März 1948 wurde Jerusalem belagert und von der Küste abgeschnitten. Die Verbindung zur Außenwelt hielt lediglich ein einmotoriges Schulflugzeug aufrecht, das auf einem Behelfsflugplatz landete.

Was der Stadt an Kriegsmaterial, Nahrungsmitteln und Wasser fehlte, machte sie durch moralischen Mut wett. Panik und die Kraft, die Härten täglicher Bombardierung, Hunger und Wassermangel zu ertragen, liegen bei der Zivilbevölkerung nahe beieinander. Jerusalems Bewohner aber fanden den Mittelweg. Und in den dunkelsten Augenblicken des Kriegs schlug der Stadt die Stunde der Befreiung.

Die Prüfungen, die das jüdische Jerusalem zu bestehen hatte, übertrafen die schlimmsten Befürchtungen. Im April, als die Stadt noch unter dem Schutz der Mandatsmacht stand, wurde ein Sanitätskonvoi mit Professoren und Studenten auf dem Weg zum Hadassah-Hospital und zur Jüdischen Universität auf dem Scopus-Berg angegriffen; fast alle kamen ums Leben. Und am 28. Mai fiel das Judenviertel in der Altstadt den Truppen der Arabischen Legion in die Hände.

In der Neustadt hatte das Jerusalemer Notkomitee sämtliche Obliegenheiten der städtischen und staatlichen Körperschaften übernommen. Dieses Komitee sorgte im Winter 1947/48 dafür, daß das öffentliche Leben nicht zusammenbrach; es unterhielt Behelfsschulen und eine Sendestation und kümmerte sich um die Post- und Wasserverteilung. Regelmäßig, auch wenn die Ausgaben manchmal mit dem Vervielfältigungsapparat hergestellt werden mußten, erschien die englischsprachige Zeitung *The Palestine Post*. Außerdem brachte der Jerusalemer Stab der größeren hebräischen Zeitungen ein hebräisches Blatt *Jediot Jerushalajim* (Jerusalemer Nachrichten) heraus. Eine Funkstation wurde improvisiert, die den ganzen Krieg über in Betrieb blieb; die Sendungen konnten allerdings nur mit Transistorgeräten empfangen werden. Die Stromversorgung war unregelmäßig. Beim Kochen halfen sich die Jerusalemer mit Pfadfindermethoden. Nur den wichtigsten Betrieben konnte Strom zugeteilt werden. Transformatoren und Stromnetze wurden unter großer Gefahr in Betrieb gehalten. Eine Leitung wurde in einer einzigen Nacht zwölfmal durchgeschnitten und ebensooft wieder repariert. Am schlimmsten jedoch war der Mangel an Nahrungsmitteln, Wasser und Treibstoff: Man befürchtete eine Hungersnot.

In den Wasserleitungen floß kein Wasser mehr. Lastwagen fuhren es in Tanks aus. Anfangs betrug die tägliche Wasserration siebeneinhalb Liter (davon lediglich zwei Liter Trinkwasser), schließlich nicht einmal mehr sechs Liter pro Tag.

Als der letzte Geleitzug der *Nachshon-Operation*, die den Zugang nach Jerusalem offenhielt, die Stadt am 20. April mit Nachschub versorgte, verfügte sie über einen Vorrat für schätzungsweise vier Wochen. Doch die Rationen wurden gekürzt und auf volle acht Wochen verteilt. Dennoch mußte unbedingt, als die Arabische Legion die Straße nach Jerusalem bei Latrun abriegelte, eine andere Verbindung zur Küste hergestellt werden.

Diese Straße wurde noch während der Belagerung Jerusalems in aller Heimlichkeit geplant und aus den Felsen des judäischen Berglandes gehauen. Nächtelang arbeiteten Ingenieure, Erdbagger und Steinhauer unermüdlich, um einen Weg durch die Berge zu legen. Schließlich war die ganze Strecke befahrbar bis auf ein etwa zwei Kilometer langes, steil abfallendes und mit Geröll übersätes Stück. Aber es war keine Zeit zu verlieren. Man ersann einen Ausweg: Von Jerusalem kamen leere Lastwagen zu dem Steilhang, wo Hunderte von Männern, jeder seinen Vordermann beim Hemdzipfel haltend, in der Dunkelheit von den am südlichen Straßenende abgestellten Nachschublastwagen Mehlsäcke von fünfundvierzig Pfund über den Hügel hinunterschleppten. Der Treibstoff wurde von den oben stehenden Fahrzeugen durch provisorisch verlegte Rohre in die unten auf der Straße nach Jerusalem wartenden geleitet.

Im Lauf der Zeit verbesserte man die Straße noch. Als der erste Waffenstillstand geschlossen wurde, war die Belagerung Jerusalems durch Israels Marcus Road gebrochen, wie man die Straße nach dem amerikanischen Oberst David Marcus nannte, der den Jerusalemsektor kommandiert hatte.

Der Befreiungskrieg

Innerhalb von acht Stunden nach Israels Unabhängigkeitserklärung war die Invasion der arabischen Armeen angelaufen. Vom Norden fielen die libanesischen, vom Nordosten die syrischen Truppen ein; die Arabische Legion und die irakischen Streitkräfte griffen die Mitte an, und vom Süden drang, gedeckt durch

Bomber, das ägyptische Heer vor. In einem raschen Vormarsch stießen die Ägypter unter Umgehung der wenigen isolierten Siedlungen im Negev bis zu einer nur rund dreiunddreißig Kilometer südlich von Tel Aviv gelegenen Stadt vor. Die Siedler dieser Vorposten im Negev fügten der Geschichte des Israeli-Widerstands einige eindrucksvolle Kapitel an. Negba, Nirim, Bet Eshel, Revivim, Sa'ad, Be'erot Jizchak verteidigten sich mit Gewehren und Granatwerfern gegen die Angriffe der Infanterie, der Artillerie, der Panzer und der Luftwaffe und ergaben sich nicht, selbst wenn der Feind nur noch ein paar Meter von ihren Gemeinden entfernt stand.

Im Norden trat der Kampf mit einem schweren Panzerangriff auf die Siedlungen im Jordantal südlich des Sees Genezareth in eine entscheidende Phase ein. Die Syrer hatten in den Außenbezirken von Degania eine Polizeiwache genommen und standen im Begriff, das Jordantal zu erobern. Die Siedler von Degania wandten sich an den Premierminister David Ben Gurion um Artillerie. Und als die Syrer zum Sturm ansetzten, trafen zwei 65-mm-Geschütze und einige Granaten im *Kibbuz* ein. Fünf Panzer waren bereits in den näheren Umkreis der Siedlung eingedrungen. Der erste wurde von einem Siedler zerstört, der aus dem Verteidigungsgraben sprang, einen Molotowcocktail in den Turm warf und die Besatzung tötete, ein anderer durch einen Flammenwerfer außer Gefecht gesetzt und die drei restlichen ebenfalls kampfunfähig gemacht. Diese entschiedene Haltung der Verteidigung brachte den Angriff der Syrer ins Stocken; schlagartig zogen sie sich zurück. Das war am 20. Mai. Damit war im Befreiungskrieg eine Wende eingetreten. Anscheinend hatten die arabischen Truppen geglaubt, Palästina einfach überrollen zu können. Als sie dann auf Widerstand stießen, waren sie überrascht und verwirrt.

Das nächste Kapitel des Krieges wurde in der politischen Arena geschrieben. Während die arabischen Truppen in Palästina einfielen, trat der Sicherheitsrat zusammen, um zu prüfen, ob es sich, wie die Amerikaner behaupteten, um einen Friedensbruch handle. Die Vereinigten Staaten forderten Sanktionen und Feuereinstellung; Großbritannien opponierte; und die arabischen Delegierten versprachen Frieden, falls Israels Unabhängigkeit wieder rückgängig gemacht würde. Die Antwort der Israelis lautete kurz und bündig: »Wenn die arabischen Staaten Frieden haben wollen, können sie ihn haben. Wenn sie Krieg haben wollen, können sie ihn auch haben. Aber was sie auch haben wollen, Krieg oder Frieden, sie können es nur mit dem Staat Israel haben.« Am 24. Mai erklärte sich die provisorische Regierung Israels ihrerseits bereit, das Feuer einzustellen. Die Araber stimmten erst dreizehn Tage später zu, als ihre Truppen vor dem Zusammenbruch standen. Am 11. Juni 1948 trat der Waffenstillstand schließlich in Kraft; Graf Bernadotte, der Vermittler der Vereinten Nationen, schlug sein Hauptquartier auf der Insel Rhodos auf.

Die arabischen Truppen hatten keines der gesteckten Ziele erreicht. Aber das

Bild, das sich auf israelischer Seite bot, war ebenfalls alles andere als ermutigend. Die Invasionsarmeen hielten noch immer mehr als ein Drittel des dem jüdischen Staat von den Vereinten Nationen zugeteilten Territoriums. Im Norden hatten sich die Syrer am Westufer des Jordan verschanzt; in der Mitte standen die Iraker an einer Stelle nur noch fünfzehn Kilometer vom Mittelmeer entfernt; und Jerusalem war ohne Waffen. Die israelische Verteidigungsarmee – *Zwa Haganah LeIsrael* –, die in aller Form aufgestellt worden war, mußte dringend neu organisiert werden.

Der Vorschlag des UN-Vermittlers zu einer dauerhaften Lösung rief sowohl in Israel als auch in den arabischen Staaten großen Ärger hervor, nur in Transjordanien nicht, dem Bernadotte den Negev und Jerusalem in Aussicht stellte. (Abdallahs Arabische Legion hatte die Jerusalemer Neustadt in einem einmonatigen harten Sturm nicht nehmen können, und der Negev war in den Händen der Ägypter.) Außerdem schlug Bernadotte die Bildung eines israelisch-transjordanischen Doppelstaates mit einer gemeinsamen Finanz-, Außen- und Verteidigungspolitik vor. Für diesen Plan gewann er die Unterstützung der Briten und binnen kurzem auch die der Amerikaner. Aber Israel und die arabischen Staaten lehnten ihn ab, wenn auch aus verschiedenen Gründen. Der Plan baute auf einem Trugschluß auf; den Parteien konnte von außen keine Lösung aufgezwungen werden. Und so scheiterte Graf Bernadottes Mission. Außerdem wiesen die Araber seine Vorschläge, den Waffenstillstand zu verlängern, von sich, und am 8. Juli, achtundzwanzig Stunden vor Ablauf der Waffenruhe, beschlossen die Ägypter, den Krieg wieder zu eröffnen.

Doch mittlerweile hatte sich die militärische Lage gewandelt. Israel hatte die Zahl seiner Kämpfer vergrößern können – nahezu 2500 Freiwillige und Rekruten aus dem Ausland waren dazugestoßen. Aber auch die arabischen Truppen waren beträchtlich verstärkt worden. Noch augenfälliger jedoch war der Wandel in der Rüstungslage. Die Ägypter hatten ihre Munitionsbestände aus den britischen Lagern in der Kanalzone aufgefüllt. Doch auch die Rüstung der Israelis ließ sich in keiner Weise mehr mit der vor einem Monat vergleichen. Sie besaßen nun einige Panzer, etwas Artillerie und genügend Handfeuerwaffen. Und in dem zehntägigen Kampf vor dem zweiten Waffenstillstand gelang es ihnen, an der Nord- und der Mittelfront bedeutende Siege zu erringen. Diesmal hatten es die britischen Vertreter bei den Vereinten Nationen eilig, einen Zeitpunkt für die Feuereinstellung festzusetzen. Die Araber mußten schleunigst vor weiteren Niederlagen bewahrt werden.

Als der zweite Waffenstillstand in Kraft trat, hatten die beiden Parteien insgesamt achtunddreißig Tage gekämpft; die Israelis vierzehn arabische Städte und 201 von 219 arabischen Dörfern auf dem Territorium des jüdischen Staates eingenommen; die Araber vierzehn jüdische Stellungen erobert, darunter das Judenviertel in der Jerusalemer Altstadt. Nur eine einzige der von den Arabern eingenommenen Siedlungen, Mishmar Ha-Jarden, lag auf dem Boden des jüdischen Staates.

Der zweite Waffenstillstand brachte ebensowenig Frieden wie der erste. Die Ägypter, die den Süden besetzt hielten, weigerten sich, Versorgungskonvois, wie in den Waffenstillstandsbedingungen vorgesehen, zu den Siedlungen im Negev passieren zu lassen. Alle Eingaben an den UN-Vermittler blieben ohne Ergebnis. Ziel der ägyptischen Strategie war, den Negev vom Hauptgebiet des Staates Israel abzuschneiden. Am 15. Oktober wurde am Grenzübergang ein nach Süden fahrender Geleitzug unter Beschuß genommen. Das war für die Israelis das Signal, durchzubrechen und den abgeriegelten *Kibbuzim* Hilfe zu bringen. Bei den anschließenden Kämpfen stießen die israelischen Truppen weit vor. Diese Gelegenheit nutzte Kawakjis Befreiungsarmee, um im Norden anzugreifen. Aber innerhalb von sechzig Stunden wurde sie in den Libanon zurückgeschlagen. Nun war ganz Westgaliläa in Israels Hand.

Die letzte Operation im Negev fand im Dezember statt. Diesmal überquerten Israeli-Truppen die internationale Grenze nach Ägypten und drangen hinter den nach allen Seiten zurückweichenden Ägyptern bis in Reichweite des größten ägyptischen Heeresstützpunktes bei El Arish vor. Da erhielten die Ägypter aus unerwarteter Richtung Hilfe. Großbritannien nahm ihre bedrohliche Situation zum Anlaß, um, gestützt auf den 1936 geschlossenen anglo-ägyptischen Freundschaftsvertrag, Israel, bald nachdem seine Streitkräfte die Grenze überschritten hatten, ein Ultimatum zu stellen. Darin forderte England den sofortigen Rückzug aus ägyptischem Territorium. Gezwungenermaßen sammelten sich die Israelis zum Abzug, drohten aber, auf dem Rückweg El Arish zu nehmen und damit einen Keil zwischen Ägypten und den Gaza-Streifen zu treiben. Eilig willigten daraufhin die Ägypter in Waffenstillstandsverhandlungen ein, und am 7. Januar 1949 wurde der Kampf zwischen Israel und Ägypten eingestellt.

Am 13. Januar begannen auf der Insel Rhodos die Waffenstillstandsverhandlungen zwischen Ägypten und Israel. Am Morgen ihrer Ankunft trafen die Delegierten der beiden Regierungen an einem Tisch zusammen; den Vorsitz führte, durch Wahl dazu bestimmt, der UN-Vermittler Dr. Bunche, Nachfolger des Grafen Bernadotte, der in Jerusalem von Terroristen ermordet worden war. Auf diese brutale Gewalttat hin hatte die Israeli-Regierung die jüdischen Dissidentenorganisationen kurzentschlossen aufgelöst. Nun war Dr. Bunche an Bernadottes Stelle getreten und übte seine Mission mit dem gleichen Mut, aber größerem Geschick aus. Nach der Beendigung der ägyptisch-israelischen Gespräche lud er Vertreter der anderen arabischen Länder ein, sich Ägyptens Beispiel anzuschließen und ebenfalls Waffenstillstandsverhandlungen aufzunehmen. Und zwanzig Monate nach dem ersten Angriff der Araber waren die Invasionsheere geschlagen, der Krieg beendet.

Israels Sieg verblüffte die Welt, ja er erstaunte sogar Israel selbst. Er hatte viertausend Soldaten und zweitausend Zivilisten das Leben gekostet – also praktisch eine ganze Generation der jüngsten und vitalsten Mitglieder des neuen Staates gefordert. Aber Israel war keine andere Wahl geblieben, und seine Bürger hatten auf die Drohung mit dem vollen Maß ihrer Hingabe geantwortet. »Wollten wir die verschiedenen Faktoren, die uns zum Sieg verholfen haben, und ihrer waren es viele, auf einen Nenner bringen«, sagte General Jigael Jadin, »so würde ich nicht zögern, den Sieg den außerordentlichen Qualitäten gutzuschreiben, die die Jugend Israels im Unabhängigkeitskrieg bewiesen hat. Es scheint, als hätte diese Jugend Israels ganze, in all den Jahrtausenden des Exils aufgestaute Sehnsucht, auf seinen Boden zurückzukehren und in Freiheit und Unabhängigkeit darauf zu leben, in sich aufgenommen, die nun wie eine lang niedergehaltene, zusammengepreßte Riesenfeder, wenn man sie plötzlich losläßt, Befreiung schaffte.«

22. DAS AMERIKANISCHE JUDENTUM IM 20. JAHRHUNDERT

Ende des 19. Jahrhunderts hatten sich deutsche Juden als Unternehmer, Klein- und Großhändler, Privatbankiers, Fabrikanten und Geistesarbeiter in der amerikanischen Wirtschaft fest etabliert und genossen ein ihrem Stand entsprechendes Ansehen. Die Ankunft großer Einwandererscharen aus Osteuropa störte sie aus ihrer Ruhe auf. Sie zeigten sich zwar willens, den Neuankömmlingen durch Gründung von Wohltätigkeitsorganisationen eine Hilfestellung zu geben, unternahmen aber den – allerdings vergeblichen – Versuch, den Einwandererstrom einzudämmen oder die Immigranten wenigstens zu veranlassen, ins Innere des amerikanischen Kontinents zu ziehen und sich der Landwirtschaft zuzuwenden.

Die Einwanderer aus Osteuropa hatten mit größeren Schwierigkeiten zu kämpfen als ihre deutschen Glaubensgenossen, die um die Jahrhundertmitte ins Land gekommen waren. Die Anpassung fiel ihnen schwer. Nur wenige konnten in den Ghettos von New York, Philadelphia, Chicago und Boston ihrer früheren Tätigkeit als Hausierer oder Pfandleiher nachgehen. Den meisten Immigranten blieb nichts anderes übrig, als als ungelernte Arbeiter in Ausbeuterbetriebe, sogenannte *sweatshops,* einzutreten und sich den unmenschlichen Arbeitsbedingungen zu fügen, die die amerikanische Industrie in den achtziger Jahren des vorigen Jahrhunderts kennzeichneten. Ihre Lage besserte sich erst mit der Ankunft jüdischer Arbeiter und Intellektueller, die sich in ihrer alten Heimat aktiv an organisierten Arbeiterbewegungen beteiligt hatten.

Die kapitalistische Ausbeutung stieß in Amerika, das als Land der unbegrenzten Möglichkeiten galt, auf mancherlei Widerstand. Die Juden als Ausländer jedoch konnte man ausbeuten, ohne damit den traditionellen Sinn der Amerikaner für soziale Gerechtigkeit zu verletzen. Doch den Juden erwuchsen Führer aus den eigenen Reihen, die sich für eine Verbesserung der Arbeitsverhältnisse einsetzten. Ihre Bemühungen stießen allerdings auf Widerstand. Daß die Juden einen so bedeutenden Beitrag zur Gewerkschaftsbewegung leisteten und hervorragende sozialistische Denker aufzuweisen hatten, brachte sie in den Geruch des Radikalismus und Anarchismus. So angesehen sie in der Arbeiterbewegung der dreißiger Jahre unseres Jahrhunderts auch waren, Ende des 19. Jahrhunderts begegnete man ihnen mit feindseliger Ablehnung.

Doch trotz aller durch die neue Umgebung verursachten Schwierigkeiten lag der Lebensstandard des jüdischen Einwanderers in keinem Fall niedriger als in seiner alten Heimat. Zwar herrschte in den Ausbeuterbetrieben ein eiserner Zwang und in den Mietwohnungen ein beklemmendes Elend, zwar fühlten sich die Einwanderer in dem fremden Land ungesichert und kamen innerlich nicht zur Ruhe. Aber sie konnten doch immerhin hoffen, genug Geld zu sparen, um ihren Kindern eine gute Ausbildung zukommen zu lassen und ihnen damit ein freieres Dasein zu ermöglichen. Die meisten Immigranten übten ihre Tätigkeit in der festen Überzeugung aus, ihre augenblickliche Lage stelle nur eine Übergangslösung dar – was auch tatsächlich zutraf. Die Söhne und Enkel dieser Arbeiter stiegen bereits als Unternehmer in den Mittelstand auf. Die Einwanderer legten jeden Pfennig zurück, um mit dem ersparten Kapital einen kleinen Laden aufzumachen oder ein Lager anzulegen und sich als Zwischenhändler und Lieferanten ihr Brot zu verdienen. Sie schickten ihre Kinder auf die Oberschule und die Universität und nutzten alle Möglichkeiten des kostenlosen Bildungsweges, um ihren Nachkommen eine aussichtsreichere Karriere zu sichern.

Die in der Bekleidungsindustrie tätigen Juden suchten durch Gründung von Gewerkschaften die Arbeitsbedingungen in den Ausbeuterbetrieben zu verbessern. Mit der Sprache ihrer neuen Heimat noch nicht vertraut, wickelten sie den Geschäftsverkehr in ihren Gewerkschaften auf jiddisch ab. Sie verfolgten einfache Ziele: Achtstundentag, anständige Löhne, Abschaffung der kapitalistischen Ausbeutung und der Kinderarbeit. Vom Textilgewerbe griff die Arbeiterbewegung auf andere Gewerbezweige über. Der 1888 gegründeten *United Hebrew Trades* gehörten unter anderem Bäcker, Metzger, Kellner, Drucker, Fuhrleute, Musiker und Schauspieler an. Doch die beiden größten gewerkschaftlichen Organisationen setzten sich aus den in der Bekleidungsindustrie beschäftigten Werktätigen zusammen: die *International Ladies' Garment Workers' Union* und die *Amalgamated Clothing Workers of America*. Ihr Kampf gegen das Ausbeutersystem kam nicht nur jüdischen, sondern auch andersgläubigen amerikanischen Arbeitern zugute. Im Ringen um bessere Arbeitsbedingungen organisierten die Gewerkschaften Streiks, die die Arbeiterschaft zum Teil in großes Elend stürzten. Der bekannteste Ausstand, die »great revolt«, begann im Juli 1910 und dauerte zwei Monate. Er fand mit dem von Schiedsrichter Louis Dembitz Brandeis geschlossenen »Protocol of Peace« seinen Abschluß. Für Brandeis, der später als erster jüdischer Richter am Obersten Bundesgerichtshof wirkte, bedeutete diese Schlichtung einen Wendepunkt. Die Erfahrungen, die er hierbei sammelte, weckten sein Interesse für jüdische Angelegenheiten und veranlaßten ihn, sich aktiv für die Sache der Juden einzusetzen.

Die jüdischen Gewerkschaften, die Hilfsorganisationen für ihre Mitglieder einrichteten, wirkten bahnbrechend für die gesamte Arbeiterbewegung. Sie hielten Fortbildungskurse ab, schufen eine Arbeitnehmerversicherung, richteten Erholungsheime ein und bauten billige Miethäuser. Aber wenn die damaligen jüdischen Arbeiter vom wirtschaftlichen Standpunkt aus gesehen auch dem Proletariat angehörten, besaßen sie doch nicht die Mentalität von Proletariern. Sie sahen ihre Lage keineswegs als endgültig an. Der jüdische Arbeiter fügte sich innerlich nicht in den Proletarierstand. Er besaß weder Klassenbewußtsein noch wollte er, daß seine Kinder wiederum in den Ausbeuterbetrieben arbeiteten. Er nahm die erstbeste Gelegenheit wahr, um ins selbständige Unternehmertum überzuwechseln.

Als immer mehr Juden aus dem Proletariat abwanderten, verloren die radikalen und sozialistischen Ideen ihre nachdrücklichsten Verfechter. Um 1914 befanden sich die jüdischen Immigranten auf dem besten Weg zu einer gesicherten Mittelstandsexistenz. Der jüdische Einwanderer aus Osteuropa stammte weder von einem Proletarier ab noch setzte er selber Proletarier in die Welt. Dennoch weckten die Anstrengungen dieser Einwanderer beim amerikanischen Proletariat das Bewußtsein der eigenen Stärke und den Willen, ein menschenwürdiges Dasein in einer freien Gesellschaft für sich zu beanspruchen.

Sozialer und kultureller Aufbau des jüdischen Lebens

Seit Anbeginn seiner nationalen Existenz war Amerika für die Gleichheit seiner Bürger eingetreten und hatte sie im Gesetz verankert. Trotz gelegentlicher gesellschaftlicher Diskriminierung standen den Juden alle Arbeits- und Fortbildungsmöglichkeiten offen, genossen sie sämtliche Bürgerrechte. Lediglich in wirtschaftlichen Krisenzeiten machte sich in Amerika ein stärkerer Antisemitismus bemerkbar. Doch der verantwortlichen amerikanischen Führungsschicht und den jüdischen Schutzorganisationen ist es noch jedesmal gelungen, diese Bedrohung abzuwenden. So stellte der Antisemitismus bei all seiner Gefährlichkeit für das amerikanische Judentum immer nur ein Problem von untergeordneter Bedeutung dar.

Die meisten neuen Bürger empfanden den glühenden Wunsch, sich möglichst rasch in die amerikanischen Verhältnisse einzufügen. Der Einwanderergeneration bis zum Ersten Weltkrieg fiel es noch schwer, die Ketten der Tradition zu zerbrechen. Sie fühlte sich hin und her gerissen zwischen dem Bedürfnis, die amerikanische Lebensart zu übernehmen und dem Wunsch, die menschlichen und jüdischen Werte zu bewahren, die sie aus der alten Welt mitgebracht hatte.

Die drei Millionen Juden, die zwischen 1881 und 1924 in die Vereinigten Staaten einwanderten, sprachen als Muttersprache Jiddisch. Über fünf Jahrhunderte lang hatten Millionen polnischer und russischer Juden ihre Gedanken, Gefühle und Träume in diese Sprache gefaßt. In den letzten Jahrzehnten des 19. Jahrhunderts erlebte das Jiddische durch die Werke bedeutender Meister wie Mendele Mocher Sefarim, Scholem Aleíchem und I. L. Peretz eine literarische und kulturelle Wiedergeburt. So verpflanzte der jüdische Einwanderer das kulturelle Leben seines Herkunftslandes in die New Yorker East Side. Mit dem Einwandererstrom kamen Tausende von Lehrern und Schriftstellern, von Journalisten und Rabbinern, die in Amerika ihren alten Beruf unverzüglich wieder aufnehmen konnten. Ihr Leserkreis, ihre Gemeinde, ihr Publikum waren mit ihnen eingewandert. Das jiddische Theater, die jiddische Presse, Dichtung und Literatur traten in eine neue, amerikanische Phase ein.

Wie die Deutschen, Polen, Italiener, Schweden und Iren neigten auch die jüdischen Einwanderer dazu, unter sich zu bleiben. Die Neuankömmlinge zogen in den »Ghettobezirken« der Stadt zusammen. Wie in den Zwangsghettos Europas fanden sie hier alles, was sie brauchten: Einen *Cheder* für die Kinder, einen koscheren Metzger und eine Synagoge gleich um die Ecke. So nahm der jüdische Einwanderer mitten in der Großstadt das Leben wieder auf, das er in seiner Kleinstadt im russischen Ansiedlungsrayon oder in seinem polnischen Dorf geführt hatte. Zentren des gemeinschaftlichen Lebens bildeten die Synagoge und die Landsmannschaften – Organisationen, die, ursprünglich zur gegenseitigen Unterstützung gegründet, nun den Rahmen des gesellschaftlichen Daseins abgaben. Diese Landsmannschaften, in denen das Gesellschaftsgefüge der europäischen Heimatstadt fortlebte, schufen Wohltätigkeitsorganisationen, bauten Krankenhäuser und kümmerten sich um die Alten und die Waisen. Damit führten sie die Tradition jüdischer Philanthropie weiter, deren lange Geschichte in den Vereinigten Staaten mit Peter Stuyvesants Forderung begann, die dreiundzwanzig Flüchtlinge aus Recife sollten »unter der Bedingung aufgenommen werden, daß sie für ihre Armen selber sorgen«.

Amerika hätte die auf es gesetzten Erwartungen enttäuscht, hätten die Kinder dieser Einwanderer das Los ihrer Eltern teilen müssen. Was Eltern in aller Welt für ihre Kinder erhoffen, bot sich ihnen im Land der scheinbar unbegrenzten Möglichkeiten. Allen stand eine kostenlose Ausbildung offen, die ihnen den Weg in die höheren Berufe ebnete. Die Nachkommen der Einwanderer, die alles daransetzten, so rasch wie möglich Amerikaner zu werden, machten sich von den Wertbegriffen der alten Welt frei. Häufig saßen in den gleichen Schulen, in denen tagsüber die Kinder unterrichtet wurden, am Abend die Angehörigen der älteren Generation, um sich in Abendkursen fortzubilden und sich so der kapitalistischen Ausbeutung zu entziehen.

Die jiddische Presse und Bühne boten reiche kulturelle Anregung. Viele Schriftsteller, die in der Alten Welt zu Ruhm gelangt waren, folgten ihrem Volk in die Neue Welt. Und so erreichten die jüdische Literatur, das Drama und der Journalismus einen höheren Stand als das Schaffen anderer Einwanderergruppen.

Doch das Interesse am Jiddischen blieb nur so lange lebendig, als die erste

Generation jiddisch sprechender Einwanderer zahlenmäßig überlegen war. Bereits mit der zweiten Generation ließ die starke Bindung an die jiddische Kultur nach, und heute denkt die dritte und vierte Generation mit Heimweh und Bewunderung an sie zurück.
Die Juden bildeten in den Vereinigten Staaten zwei getrennte Gruppen. Der osteuropäische Einwanderer setzte sich deutlich vom »deutschen« Juden ab, der früher ins Land gekommen und zu der Zeit, als die Opfer der Maigesetze und der Kischinewer Pogrome ankamen, bereits amerikanisiert war. Jede der beiden Gruppen lebte in einer Welt für sich. Doch aus den beiden Hälften der Gemeinde ging eine Führungsschicht hervor, die sich bereit fand, die gemeinsamen Probleme gemeinsam anzugehen. Auch wenn die zwei Lager noch nicht zusammengewachsen waren, lernten sie doch zusammenzuarbeiten.

Die Gemeindeorganisation

Mit dem Zustrom osteuropäischer Einwanderer gerieten Amerikas deutsche Juden bald in die Minderzahl. Trotzdem behielten sie ihre beherrschende Rolle in der amerikanischen Judengemeinde im wesentlichen bei. Diese wirtschaftlich mittlerweile gesicherte Gruppe übernahm es sogar, für die »Greenhorns« zu sorgen. Tatkräftig rief die alteingesessene Gemeinde philanthropische Einrichtungen ins Leben, die auf die in der Folge gegründeten jüdischen Kulturorganisationen und Vereinigungen einen maßgeblichen Einfluß ausübten.
Unter den europäischen Einwanderern, die ein starkes religiöses Band zusammenhielt, bildeten sich drei Hauptglaubensrichtungen heraus: das Reformjudentum – lange Zeit die Domäne der »deutschen« Juden – sowie ein konservativer und ein orthodoxer Flügel. Bis zum Ende des 19. Jahrhunderts hatte der neue Kontinent die Leistungen der Wissenschaft aus dem Ausland »importiert«. Doch mit der Zeit setzten alle drei Richtungen des amerikanischen Judentums Bildung und Gelehrsamkeit auf ihr Programm. Rabbinerseminare und Hochschulen für die Wissenschaft des Judentums entstanden. 1875 gründete Isaac Mayer Wise das *Hebrew Union College* in Cincinnati, das erste jüdische Rabbinerseminar Amerikas; 1922 folgte das von Stephen S. Wise ins Leben gerufene liberale *Jewish Institute of Religion* (beide Schulen schlossen sich 1950 zusammen). Um dieselbe Zeit wurden an einer Reihe amerikanischer Universitäten jüdisch-theologische Fakultäten errichtet. Der wichtigste Vertreter des konservativen Judentums, Salomon Schechter, wirkte von 1901 an am *Jewish Theological Seminary* in New York. Mordechai M. Kaplan, Leiter der Lehrerbildungsanstalt des *Seminary* und späterer Begründer der »Reconstructionist-

Bewegung«, bildete Generationen von Rabbinern heran und übte einen starken Einfluß auf das Leben in den amerikanischen Synagogen aus. Die 1886 vom orthodoxen Flügel des Judentums gegründete *Jeshiva University*, zunächst Rabbinerseminar und -hochschule, entwickelte sich zur bedeutenden Universität, die neben einer jüdisch-theologischen Fakultät auch Institute für Medizin, Sozialwissenschaften und Pädagogik umfaßt.

Zu den wichtigsten Veröffentlichungen in englischer Sprache, die die jüdischen Gelehrten bis zum Ende des Ersten Weltkriegs herausbrachten, zählt das gewaltige Sammelwerk *The Jewish Encyclopedia* und eine von der *Jewish Publication Society* besorgte Neuübersetzung der hebräischen Bibel. Die meisten bis dahin vorliegenden englischen Bibelübersetzungen stammten von christlichen Wissenschaftlern, deren Wiedergabe nach jüdischem Empfinden stark vom ursprünglichen Charakter der Schrift abwich.

Lange Zeit blieb die jiddische Presse ein wichtiges Bildungsinstrument. Sie machte die Einwanderermassen in der einzigen Sprache, die sie verstanden, mit der Geschichte und den Institutionen ihrer neuen Heimat bekannt, führte sie in die amerikanische Demokratie ein und erleichterte ihnen damit die Einbürgerung. Sie verzögerte also keineswegs ihre Eingliederung ins amerikanische Leben, sondern förderte sie sogar ausgesprochen.

Die verschiedenen Gruppen innerhalb des amerikanischen Judentums verband nicht zuletzt die gemeinsame Sorge um das Schicksal der Juden im Ausland. Seit langem schon setzten sich die amerikanischen Juden für den Schutz der jüdischen Rechte auf der ganzen Welt ein. Sie hatten verschiedentlich gegen die Verletzung dieser Rechte Einspruch erhoben und die Regierung der Vereinigten Staaten mehrfach veranlaßt, für die Verfolgten einzutreten. In den vierziger Jahren des vorigen Jahrhunderts hatte die Damaskus-Affäre mit ihrer Ritualmordbeschuldigung, 1858 der Fall Mortara in Italien, später diskriminierende Schweizer Erlasse und reaktionäre Verordnungen in Rumänien heftige Kritik ausgelöst. Die Dreyfus-Affäre bewog die amerikanischen Juden dann zum Handeln. Als es in Rußland, Rumänien, Marokko und Österreich zu einer Reihe von Pogromen und Diskriminierungsmaßnahmen kam, ließen sie den Opfern politische, moralische und finanzielle Unterstützung zukommen. Da all diese Aktionen von eigens zu diesem Zweck gebildeten Gruppen durchgeführt wurden, vermißte man schon bald eine gesamtjüdische Zentralorganisation, ganz besonders nach den Kischinewer Massakern des Jahres 1905. Man faßte den Beschluß, eine Körperschaft ins Leben zu rufen, die für das gesamte amerikanische Judentum auftreten konnte, und gründete 1906 das *American Jewish Committee*.

Doch die Bemühungen, die jüdischen Bürger auf breiterer Basis zusammenzuschließen, scheiterten. 1909 unternahm man den Versuch, die eineinhalb Millionen Juden New Yorks, die Hälfte des gesamten amerikanischen Judentums, nach dem Vorbild des alten europäischen *Kahal* zu einer Gemeinde zusammenzufassen. Andere Gemeinden schlossen sich diesem Vorbild an und setzten so der Anarchie des jüdischen Lebens ein Ende. In New York traten zweihundert Einzelorganisationen der neuen Körperschaft bei, die sich selbst als *Kehilla* bezeichnete. Sie stellte ein weitgespanntes und ehrgeiziges Programm auf, mußte jedoch ihre Aktivität schon nach rund zehn Jahren wieder einstellen. Damit endete der Einigungsversuch. Offenbar gab es im amerikanischen Judentum mehr trennende als verbindende Elemente.

In einem Punkt jedoch waren sich Amerikas Juden einig: Sie fühlten sich verpflichtet, ihren Glaubensgenossen in anderen Teilen der Welt in Notzeiten beizustehen. Im Ersten Weltkrieg stellte das Elend der osteuropäischen Juden das Weltjudentum vor die Notwendigkeit, Hilfsaktionen von noch nie dagewesenem Ausmaß durchzuführen. Die amerikanischen Juden nahmen die Aufgabe unverzüglich in Angriff. Bereits im November 1914 wurde das *American Jewish Joint Distribution Committee* gegründet, ein Hoffnungsstrahl für Judengemeinden in vielen Teilen der Welt, die inmitten der Not und Zerstörung des Krieges dringend Hilfe und Rückhalt brauchten. Die Mission des *Joint* war bei Kriegsende keineswegs abgeschlossen. Gerade nach dem Krieg stand er vor den schwierigsten und wichtigsten Aufgaben. Seine Tätigkeit stieß auf vielerlei Probleme. So galt es, Sonderorganisationen, ein weitverzweigtes Hilfswerk in Europa und einen ganzen Apparat zur Aufbringung von Geldern zu schaffen. Die Juden Amerikas gewöhnten sich an freiwillige Vermögensabgaben, wie sie in dieser Höhe noch keine Gruppe geleistet hatte.

Die amerikanischen Juden und der Zionismus (1897–1919)

In den beiden Jahrzehnten nach dem Ersten Basler Zionistenkongreß spielte der Zionismus im amerikanisch-jüdischen Leben keine hervorstechende Rolle. Das amerikanische Judentum beteiligte sich nicht in dem seiner Stärke und seinem Einfluß entsprechenden Ausmaß an der Bewegung. Trotzdem führte das Thema Zionismus größte Spannungen in der Gemeinde herbei. Deutsche Juden, die zu Reichtum und Einfluß gelangt waren, lehnten die Idee einer Wiederherstellung der jüdischen Nation ab. Ihrer Ansicht nach mußte ein jüdischer Staat die Stellung jener Juden untergraben, die sich als Bürger in ihre neue Heimat eingegliedert hatten. Noch härter und schärfer verurteilte die »Linke« den Zionismus. Sozialistisch orientierte Arbeiterführer sahen in ihm eine Abweichung vom Pfad weltweiten Fortschritts und stempelten ihn als bürgerliche, cliquenhafte und engstirnige Bewegung ab; in diesem Punkt stimmten sie mit der »Rechten«

überein, die der »reaktionären Bedrohung« gleichfalls feindselig gegenüberstand.

Natürlich gab es auf der Rechten wie auf der Linken Ausnahmen. Und auch die »Mitte« unterstützte keineswegs geschlossen die Bestrebungen der Zionistischen Bewegung. Zwar bildete das *Jewish Theological Seminary* in New York eine geistige Bastion des Zionismus, aber doch hauptsächlich, weil sich sein Präsident Salomon Schechter, der im Zionismus eine Wiederbelebung des Judentums sah, so begeistert für die Bewegung einsetzte. Schechter gab seine Überzeugungen an seine Studenten weiter, die sie ihrerseits in die rasch wachsenden konservativen Gemeinden im ganzen Land hinaustrugen.

Den größten Anklang fand der Zionismus bei den armen Einwanderern aus Osteuropa, die seit ihrer Kindheit von der Wiederherstellung einer Nationalen Heimstätte träumten und an dieser Idee mit religiöser Inbrunst festhielten. Sie hingen der Bewegung aus Gefühlsgründen an, verfolgten mit wachsender Begeisterung ihre Erfolge und bekannten sich vorbehaltlos zu ihren Zielen.

Zu Anfang unseres Jahrhunderts begann sich der politische Zionismus spürbar auf das Leben der amerikanischen Juden auszuwirken. Auf der Linken wie auf der Rechten entstanden Parteien, die von der *Poale Zion* bis zur *Misrachi* und der *Zionist Organization of America* (ZOA) alle Meinungsschattierungen und Überzeugungen vertraten. Bis zum Ausbruch des Ersten Weltkrieges im Jahre 1914 trug die *Zionist Federation*, die Vorläuferin der ZOA, ausgesprochenen East-Side-Charakter. Doch ihre hervorragendsten Führer stammten nicht aus der East Side. Als erster Präsident fungierte Richard Gottheil, Professor für Orientalistik an der Columbia-Universität, als erster Sekretär Rabbi Stephen S. Wise, der sein Amt als Rabbiner der Temple-Emanu-El-Gemeinde in New York City niedergelegt hatte, da sich die Gläubigen gegen zionistische Predigten verwahrten. Eine weitere hervorragende Persönlichkeit in der Frühzeit des Zionismus war Louis Lipsky aus Rochester im Staat New York. Von den Vertretern, die das Ausland zur Unterstützung der amerikanischen Zionistenführer in die USA entsandte, hatten Nachum Sokolow und Schemarjaku Levin die größten Erfolge. Es gelang ihnen, einige der führenden jüdischen Philanthropen als aktive Mitglieder für den Zionismus zu gewinnen.

Den zionistischen Organisationen wurden Hilfsorganisationen angegliedert, so die 1912 gegründete Frauenorganisation *Hadassa*, die größte amerikanische und zionistische Einzelbewegung.

Während am Ersten Zionistenkongreß in Basel im Jahre 1897 nur ein einziger Delegierter aus den Vereinigten Staaten teilgenommen hatte, stellte Amerika beim Elften Zionistenkongreß 1913 in Wien bereits vierzig der fünfhundert Delegierten. Diese beachtliche Abordnung, zu der noch zwölf Abgesandte aus Kanada kamen, bewies, welch große Fortschritte die Bewegung in der Neuen Welt mittlerweile gemacht hatte.

Die amerikanischen Zionisten und das *Joint Distribution Committee* reagierten mit als erste auf die dringenden Hilferufe des palästinensischen *Jischuw* bei Ausbruch des Ersten Weltkrieges. Die Bevölkerung des *Jischuw*, um diese Zeit auf 85 000 angewachsen, war größtenteils noch immer auf Unterstützung durch kleine Spenden ausländischer Gemeinden angewiesen. Die Zahl der Pioniere, die sich in landwirtschaftlichen Siedlungen niedergelassen hatten, belief sich mittlerweile auf annähernd 12 000. Die Existenz all dieser Männer und Frauen war ernstlich bedroht. Seit dem Ausbruch des Krieges blieben die Geldzuwendungen aus, die einstigen Empfänger hatten schwer gegen den Hunger anzukämpfen. Dabei waren die kriegsbedingten Wirtschaftsschwierigkeiten nicht der einzige Grund zu Beunruhigung. Die türkische Regierung, die die Loyalität der Juden bezweifelte, ließ viele festnehmen und verwies die Führer des *Jischuw* des Landes. Auf diese Weise vertrieb man Tausende, die man als russische Untertanen und damit als »Feinde« der Türkei einstufte. Außerdem hatte der Krieg die Aktivität der Weltzionistenbewegung lahmgelegt und damit dem *Jischuw* seinen wichtigsten wirtschaftlichen und politischen Rückhalt geraubt.

Die zionistischen Organisationen Amerikas suchten einen Ausgleich zu schaffen. Ein Notfonds wurde errichtet, um dringend benötigte Gelder nach Palästina zu überweisen. Louis Brandeis, der die Führung des amerikanischen Zionismus übernahm, erklärte: »Um gute Amerikaner zu sein, müssen wir bessere Juden sein, und um bessere Juden zu sein, müssen wir Zionisten werden.« Brandeis scharte eine Gruppe einflußreicher und führender Persönlichkeiten um sich, die sich aktiv für den Zionismus einsetzten, darunter Felix Frankfurter, der 1939 als sein Nachfolger ans Oberste Bundesgericht berufen wurde; den Philanthropen Nathan Straus; Mary Fels aus Philadelphia; Julian W. Mack, Richter am *United States Circuit Court*, und viele andere prominente Juden. Das *Provisional Executive Committee* unterstützte die bestehenden zionistischen Organisationen und schickte Hilfe nach Palästina und in andere Teile des Nahen Ostens.

Die bereits vor dem Krieg gegründete *Hadassa* entsandte Sanitätseinheiten mit Ärzten, Krankenschwestern und Fürsorgern. Ihre Tätigkeit in Palästina ist vor allem mit dem Namen von Henriette Szold verknüpft; welche Beliebtheit sie überall genoß, zeigt ihr Beiname »Mutter des *Jischuw*«.

Die Führer der amerikanischen Zionistenbewegung spielten eine bedeutende Rolle bei den Verhandlungen über die am 2. November 1917 veröffentlichte Balfour-Deklaration. Die Deklaration ging trotz des Widerstandes einflußreicher Londoner Kreise über die Runden, als dem britischen Premierminister hinterbracht wurde, Präsident Wilson billige das Projekt. In Amerika wurde die Deklaration mit Jubel aufgenommen. Sogar das *American Jewish Committee*, das sich nie mit dem Zionismus identifiziert hatte, begrüßte sie in einer vorsichtigen Verlautbarung.

In Zionistenkreisen wurde die Forderung laut, entscheidende Fragen in Zukunft nicht nur dem *American Jewish Committee*, sondern einem demokratisch gewählten *Jewish Congress* vorzulegen. Nach jahrelangen Verhandlungen einigten sich die gegnerischen Parteien. Bei Kriegsende, am 15. Dezember 1918, trat der *Congress* dann in Philadelphia zusammen. Er traf drei wichtige Entscheidungen. Erstens entsandte er eine Delegation nach Europa, die in Zusammenarbeit mit den jüdischen Vertretern anderer Länder bei der Pariser Friedenskonferenz für die Anerkennung jüdischer Rechte eintreten sollte. Zweitens erteilte er der Delegation die Weisung, gemeinsam mit der Weltzionistenorganisation darauf hinzuwirken, daß »die Friedenskonferenz die (in der Balfour-Deklaration niedergelegten) Erwartungen und historisch begründeten Ansprüche des jüdischen Volkes in bezug auf Palästina anerkennt«. Des weiteren sollten die Delegierten die Konferenz veranlassen, in Palästina Verhältnisse zu schaffen, die seine Entwicklung »zu einem jüdischen Gemeinwesen« gewährleisteten. Und drittens sollte über die Rechte verhandelt werden, die den Juden in den von der Friedenskonferenz »neu geschaffenen oder vergrößerten Staaten« zustünden.

Zwischen den beiden Weltkriegen

Anfang der zwanziger Jahre trat in der amerikanischen Wirtschaft eine Phase der Konsolidierung ein. Auf dem Arbeitsmarkt hielten sich Angebot und Nachfrage das Gleichgewicht. Die Vereinigten Staaten erließen Verfügungen, die die freie Einwanderung beschränkten (*Johnson Act*, 1924). Mit dieser Entwicklung, die sich für die Millionen polnischer und russischer Juden verheerend auswirkte, war das Schicksal großer Judengemeinden in Rußland und später auch in den von den Nazis besetzten Gebieten besiegelt.
Die neue Einwanderungspolitik traf jedoch nicht die bereits im Lande Ansässigen. Diesen Juden boten sich nach wie vor weitgespannte wirtschaftliche Möglichkeiten. Durch die steigende Produktivität und den wachsenden Wohlstand bildeten sich zahllose neue Erwerbszweige heraus. In den aufstrebenden geistigen Berufen fand jeder mit höherer Schulbildung eine Anstellung. Die Unterhaltungsmedien, Film und Funk florierten. Durch den kontinuierlichen Ausbau des Bildungswesens wurden allmählich Stellen für Lehrer und Wissenschaftler verfügbar. Im Nachkriegsjahrzehnt vollzog sich der Aufstieg eines neuen, hauptsächlich aus Geistesarbeitern zusammengesetzten jüdischen Mittelstandes.
Doch nicht in allen Wirtschaftszweigen nahmen die Juden führende Stellungen ein. In der Erdöl- und Schwerindustrie, den öffentlichen Versorgungsbetrieben,

im Versicherungswesen und der Automobilindustrie waren sie kaum vertreten. Man erschwerte ihnen unter der Hand den Zugang zu diesen Berufszweigen. In manchen Sparten beschränkten Berufsverbände die Aufnahme von Juden sogar auf einen bestimmten Prozentsatz. Derartige Beschränkungen existierten an nahezu allen größeren Universitäten. Auf dem Wohnungsmarkt wurden die Juden benachteiligt, ganze Stadtviertel für Bewohner »jüdischer Abstammung« gesperrt.

Wie die übrige Bevölkerung hatten auch die Juden unter der 1929 einsetzenden Weltwirtschaftskrise schwer zu leiden. Dennoch konnten sie einen Beitrag zur Sanierung der amerikanischen Wirtschaft leisten. Unter den Planern und Verwaltungsbeamten des *New Deal* befanden sich zahlreiche jüdische Beamte, Wirtschaftler und Juristen.

Zur Zeit der Wirtschaftskrise und des *New Deal* erlebte das amerikanische Judentum den heftigsten Ausbruch des Antisemitismus in der amerikanischen Geschichte. Man warf den Juden vor, Amerikas Niedergang verschuldet zu haben. Die antisemitische Strömung ging von den Landgebieten des Südens aus, deren Bewohner sich von den Städten, besonders von New York, wirtschaftlich unterjocht fühlten. Da die Juden in den Städten und hier wiederum im Finanzwesen eine besondere Rolle spielten, gaben sie einen willkommenen Sündenbock ab. Man schob ihnen die Schuld an dem wirtschaftlichen Unglück zu, das die Städte angeblich über die ländlichen Gebiete gebracht hatten.

Die zunehmende Verbreitung von rassischen Vorurteilen trug ebenfalls zum Aufkeimen des Antisemitismus bei. Die Argumente, die die weißen Südstaatler seit langem gegen die Neger ins Treffen geführt hatten, ließen sich ohne weiteres auch auf andere Gruppen anwenden. Nicht gewillt, die wahren Gründe des Wandels in den veralteten Landwirtschaftsstrukturen zu suchen, begannen die Südstaatler alle Mißstände den zugewanderten Angehörigen »minderwertiger« Rassen in die Schuhe zu schieben. Sie forderten, die Einwanderung zu beschränken und alle genau unter die Lupe zu nehmen, die an die Pforten der Neuen Welt pochten. Zu den unerwünschten Immigranten zählten unter anderem auch die Juden, in denen die höheren Gesellschaftsschichten damals eine unliebsame Konkurrenz sahen. Sie rächten sich vielfach dadurch, daß sie bestimmte Urlaubsorte für Juden sperrten und ihnen die Aufnahme in Clubs und Vereine erschwerten. Manchmal wurden diese gesellschaftlichen Schranken auch auf andere Bereiche ausgedehnt; so kamen für einige Stellungen Juden überhaupt nicht in Betracht.

Ein Großteil der Amerikaner nahm diese Diskriminierung schweigend, wenn auch mit Unbehagen, hin. Seit dem Ersten Weltkrieg war Amerika in einen chauvinistischen Isolationismus zurückgefallen. Es wimmelte von »patriotischen« Vereinen. Am skrupellosesten gebärdete sich der Ku-Klux-Klan, der 1925 eine Mitgliederzahl von vier Millionen aufwies und seine giftige Gehässigkeit gegen Neger, Katholiken und Juden richtete.

Die Judenhetze verschärfte sich in wirtschaftlichen Krisenzeiten, in denen das Märchen in Umlauf gesetzt wurde, die Juden gängelten das amerikanische Finanzwesen. Untersuchungen bewiesen die Haltlosigkeit dieser Beschuldigungen, konnten aber das Gerücht nicht zum Verstummen bringen. Der Aufstieg des Nazismus in Europa war Wasser auf die Mühle der judenfeindlichen amerikanischen Faschisten. Jüdische Schutzorganisationen führten, von überkonfessionellen Bewegungen unterstützt, einen zähen Kampf gegen den verschärften Antisemitismus. Doch das stärkste Gegengewicht gegen die Ausbreitung antisemitischer Tendenzen bildeten die liberalen Traditionen des amerikanischen Volkes. Fast ausnahmslos distanzierten sich die führenden Politiker von den antijüdischen Demagogen und sagten ihnen den Kampf an.

Die in den dreißiger Jahren in Amerika herrschende antisemitische Strömung ging nicht zuletzt auf den katholischen Priester Charles Edward Coughlin zurück. Den Argumenten des Paters zufolge drohte die Krise, die das Wirtschaftsgefüge erschüttert und die Sparer um ihre Rücklagen gebracht hatte, Bolschewismus und Anarchie zu entfesseln. Der Bolschewismus aber, so behauptete er, sei ein von den Juden erfundenes System. Als Hitlerdeutschland mit der Judenverfolgung begann, fand Pater Coughlin mit seiner Propaganda noch mehr Gehör.

Der gehässige Antisemitismus dieser Jahre erwies sich als besonders aufschlußreich: Er zeigte, daß die Juden potentiell gefährdeter waren als jede andere Gruppe in Amerika, daß man sie für alle erdenklichen Übel verantwortlich machte. Doch dann bewährten sich die vom *New Deal* eingeleiteten Maßnahmen und retteten das Land vor dem Zusammenbruch. So wurde der Antisemitismus in Amerika bereits in den Anfängen erstickt. Die Lektion aber lag auf der Hand: Die Stellung der Juden in einer Gesellschaft ist nur so weit gesichert, wie diese Gesellschaft selbst.

Abkehr und Rückbesinnung

Noch vor zwei oder drei Generationen stellte das amerikanische Judentum eine Enklave dar, deren nach Amerika verpflanzte Institutionen und Ideologien mit dem amerikanischen Leben nur wenig zu tun hatten. Heute ist es politisch gesichert, wirtschaftlich gut situiert und ins kulturelle Leben eingegliedert. Es nimmt größeren Einfluß auf die Gesamtgesellschaft, als sein zahlenmäßiger Anteil vermuten ließe. Obwohl die Juden keine drei Prozent der Bevölkerung ausmachen, haben sie doch einen bleibenden Beitrag zum wirtschaftlichen, kulturellen und geistigen Leben Amerikas geleistet und in allen Bereichen der amerikanischen Kultur in den vergangenen fünfzig Jahren richtungweisende Bewegungen eingeleitet. Jüdische Bühnenschriftsteller, Komponisten, Schauspieler und Regisseure haben dem Broadway und Hollywood zu ihrer beherrschenden Stellung im amerikanischen Leben verholfen. Unter den hervorragendsten Philosophen, Romanciers und Künstlern des Landes findet man zahlreiche berühmte und angesehene Juden. In weniger als hundert Jahren hat sich die Masse armer Einwanderer in die amerikanische Wirtschaft eingeschaltet, ist in führende Positionen und hohe Einkommensgruppen aufgestiegen und hat sich zum bedeutenden Faktor im Geistesleben entwickelt. Allerdings löste dieser Prozeß bei den Juden so manchen Zweifel an der eigenen Rolle aus, stellte sie vor die verwirrende Frage, wieweit sie an ihrer Eigenart festhalten sollten. Die Einwanderergeneration, die das amerikanisch-jüdische Leben bis zum Ersten Weltkrieg prägte, wurzelte noch tief im jüdischen Wesen. Die Generation zwischen den beiden Weltkriegen jedoch lehnte die jüdischen Werte mehr oder weniger betont ab und suchte ihr Judentum möglichst rasch abzulegen. Diese zweite Generation, die jede Gelegenheit wahrnahm, sich amerikanisch zu geben, kehrte dem sichtbaren Ghetto ihrer Eltern zwar den Rücken, umgab sich dafür aber durch eigenartige Sitten und Werte mit einem unsichtbaren Ghetto. Viele litten unter Unsicherheit und Minderwertigkeitsgefühlen. »Meine deutlichste Kindheitserinnerung«, schreibt Meyer Levin, »ist die Angst und Scham, Jude zu sein.«

Doch diese Abkehr vom Judentum blieb weitgehend auf die zweite Generation beschränkt. Die umwälzenden Ereignisse der dreißiger und vierziger Jahre bauten diese Verhaltensweise ab, weckten bei den Juden erneut die Treue zu den alten Werten. Hitlers Aufstieg, die Not des europäischen Judentums, Israels Ringen um Unabhängigkeit führten beim amerikanischen Judentum einen radikalen Gesinnungswandel herbei.

Als die Nazis in Deutschland an die Macht gelangten, suchten amerikanisch-jüdische Organisationen die Öffentlichkeit vor dem herannahenden Unheil zu warnen. Massendemonstrationen fanden statt, deutsche Waren wurden boykottiert. Während des Krieges verlagerte sich der Brennpunkt der Zionistischen Bewegung nach Amerika. Das amerikanische Judentum nahm immer stärkeren Anteil an den Bestrebungen des *Jischuw*. Und als Großbritannien die Palästinafrage vor die Vereinten Nationen brachte und dadurch das Land mit der größten Judengemeinde, gleichzeitig durch eine glückliche Fügung auch der Hauptsitz der Vereinten Nationen, zum politischen Schauplatz wurde, mußten die Zionisten ihren Kampf nicht mehr alleine führen. Nahezu die gesamte jüdische Gemeinde bemühte sich, für die Unternehmungen der Juden in Palästina die moralische und politische Unterstützung des amerikanischen Volkes und seiner Regierung zu gewinnen.

Der Zionistischen Bewegung erwuchs in Rabbi Abba Hillel Silver aus Cleveland

ein überzeugender und kraftvoller Wortführer. Der Reformrabbiner Silver, ein würdiger Nachfolger von Louis Brandeis, dem Vorkämpfer der Balfour-Deklaration, und von Stephen S. Wise, dem leidenschaftlichen Verfechter der zionistischen Idee in den anschließenden Jahren, führte als Vorsitzender des amerikanischen Büros der *Jewish Agency* zusammen mit Mosche Scharett, dem Sprecher des palästinensischen Judentums, einen zähen Kampf bei den entscheidenden UN-Verhandlungen. Im November 1947 beriet die Generalversammlung über den Teilungsvorschlag des UNSCOP. Zur Annahme des Plans bedurfte es der Zweidrittelmehrheit. Die Russen hatten sich bereit erklärt, dafür zu stimmen, doch die Vereinigten Staaten zeigten sich in Anbetracht des von den Arabern ausgeübten Drucks und ihrer eigenen Erdölinteressen noch schwankend. Die jüdischen Gruppen setzten nun ihren ganzen Einfluß und all ihre Geschicklichkeit ein, um die amerikanische Delegation für den Plan zu gewinnen.
Nach dem, ja bereits im Zweiten Weltkrieg wurde die amerikanische Regierung mehr und mehr in die Politik des Nahen Ostens verwickelt. Trotz der politischen Lage im Nahen Osten und trotz ihres Interesses an den dortigen Erdölvorkommen unterstützten die USA den Zionismus und Israel. Dabei ging es ihnen keineswegs einfach darum, den Wünschen der Juden entgegenzukommen. Nicht selten wurden politische Erwägungen von humanitären Impulsen in den Hintergrund gedrängt. Zur Zeit der Balfour-Deklaration hatte Präsident Wilson trotz des Protestes der Beamten vom *State Department* die Deklaration gebilligt. Wilson, seiner Herkunft und seinem Temperament nach Calvinist, betrachtete sich gern als Arm der Vorsehung. Wie Stephen S. Wise bemerkte: »Von Zeit zu Zeit fiel es Wilson zu, in außerordentlich schwerwiegenden jüdischen Angelegenheiten Entscheidungen zu treffen. Dabei ging er nie von Zweckmäßigkeitserwägungen oder eigennützigen Motiven aus. Er gab weder dem Druck von außen nach noch erhoffte er sich Vorteile. In all den vielen Besprechungen über jüdische Fragen, die er im Verlauf von fast zehn Jahren führte, erweckte er nie auch nur im entferntesten den Eindruck, als wolle er lediglich seinen jüdischen Mitbürgern zu Gefallen sein, obwohl es ihn meines Erachtens freute, ihnen einen Dienst erweisen und den Gang des jüdischen Schicksals mitbestimmen zu können. Selber Christ im Lincolnschen Sinne, achtete er Juden, die Selbstachtung besaßen; mit unverhohlenem Vergnügen beobachtete ich, wie schnell er mit jenen Juden die Geduld verlor, die sich für ihre Geburt entschuldigen zu müssen glaubten.«
Dieselben Beweggründe mögen Präsident Truman 1948 veranlaßt haben, den jungen Staat Israel gleich nach seiner Gründung anzuerkennen. Die amerikanische Öffentlichkeit hatte an der Not der DP's und am Kampf des *Jischuw* gegen eine überwältigende Übermacht lebhaft Anteil genommen. Ein starker Gerechtigkeitssinn drängte alle anderen Erwägungen in den Hintergrund. Amerika empfand eine tiefe Sympathie für jenes Volk, das in seiner Heimat um Unabhängigkeit kämpfte. All das führte notwendig zur offiziellen Aner-

kennung des jüdischen Staates. Und so konnte Israel sich bei lebenswichtigen Entscheidungen fast immer auf die Hilfe der Vereinigten Staaten verlassen.
In der Krise war die immer noch lebendige Treue der amerikanisch-jüdischen Gemeinde zum jüdischen Volk wieder offenbar geworden. Sie sollte sich auch in späteren Schicksalsprüfungen bewähren. Die zwingende Notwendigkeit zu handeln hatte alle Uneinigkeit aus dem Weg geräumt. Das amerikanische Judentum setzte seine ganze Macht ein, um die Wiederansiedlung der Überlebenden der Massenvernichtung zu erleichtern und Israel moralisch und politisch zu unterstützen – ein Verhalten, das beiden Seiten zugute kam. Ein Gefühl der Würde, der Sicherheit und des Stolzes auf die gemeinsame Leistung – das war der Lohn, den Amerikas Judentum für die enge Zusammenarbeit mit Israel erntete.

Die Zukunft des amerikanischen Judentums

Der wachsende Einfluß des amerikanischen Judentums zählt, zusammen mit der Gründung des Staates Israel, zu den entscheidendsten Vorgängen in der jüdischen Geschichte des 20. Jahrhunderts. Nie zuvor hat eine jüdische Gemeinde zahlenmäßig über eine solche Stärke verfügt oder die Macht und Freiheit besessen, in die für das Judentum schicksalhaften Ereignisse so bestimmend einzugreifen. Obwohl sie immer mehr Freiheit und Toleranz genossen, hielten die amerikanischen Juden an den eigenständigen Ausdrucksformen des jüdischen Lebens sowie der jüdischen Kultur unerschütterlich fest. Die amerikanische Gesellschaft respektierte den engen Zusammenhalt des amerikanischen Judentums, sein Interesse für die Belange der Juden im In- und Ausland. Im pluralistischen amerikanischen Lebensgefüge nahm sich die Orientierung der amerikanischen Juden nach zwei Seiten nicht allzu ungewöhnlich aus.
Nach dem Zweiten Weltkrieg erlebte das amerikanische Judentum eine Zeit höchster Entfaltung. Es leistete einen beachtlichen Beitrag zu Amerikas Vorstoß zur Vorherrschaft, beteiligte sich aber auch als geschätzter Partner am Abenteuer der israelischen Pioniere. Seit den Anfängen der Diaspora hat wohl noch keine jüdische Gemeinde ein so breites Betätigungsfeld für ihre Vitalität und ihren Unternehmungsgeist gefunden. Das amerikanische Judentum, in seiner Einstellung zupackend und zuversichtlich, hat weit mehr Erfolge als Enttäuschungen zu verbuchen.
Und doch wirft dieses hoffnungsvolle Bild verschiedene Fragen auf. Wird es den Juden gelingen, trotz der assimilierenden Einflüsse der amerikanischen Toleranz ihre Eigenständigkeit zu bewahren? Und wird eine neue Generation, die weder um das Trauma der Massenvernichtung noch um das Hochgefühl von Israels

Wiedergeburt weiß, Anlaß sehen, sich in ihrem Denken und Tun für die Erhaltung des Judentums einzusetzen? Die Antwort auf diese Fragen wird sich auf das Los der Juden nicht weniger bestimmend auswirken als Israels nationales Schicksal. Es gibt keinen Anhaltspunkt dafür, daß die amerikanischen Juden durch Assimilierung an ihre Umgebung ihre Eigenart einbüßen oder in ihrer Besorgnis um die Erhaltung des Judentums nachlassen werden. Zugegeben, am Rande der Gemeinde macht sich eine gewisse Abbröckelung durch Mischehen und geistige Entfremdung bemerkbar. Doch die meisten Juden scheinen entschlossen, die Treue zur amerikanischen Nation mit den besonderen Erfahrungen in Einklang zu bringen, die den Juden in unverbrüchlicher Treue an sein eigenes Volk binden. Einst veranlaßten Unsicherheit und Enttäuschung die Juden, an ihren Träumen festzuhalten und in Solidarität zueinanderzustehen. Heute scheint derselbe verbindende Geist aus den positiven Impulsen der Zuversicht und des Stolzes zu erwachsen. Der starke jüdische Einfluß in jenem Land, das an militärischer und wirtschaftlicher Stärke alle Reiche der Geschichte übertrifft, mag arabische Nationalisten und andere erbittern. Doch er bildet einen wesentlichen Aspekt der heutigen Situation der Menschheit. Er mag die einen erfreuen und die anderen irritieren – beiseite schieben jedenfalls läßt er sich nicht.

23. DIE JÜDISCHE WELT VON HEUTE

Die Situation der Juden in den anderen freien Ländern gleicht – von der Größe der Gemeinden abgesehen – im großen und ganzen der des amerikanischen Judentums. Die 500 000 Juden Großbritanniens stellen eine geschlossenere, stärker zentralisierte Gruppe dar. Ihre Organisation spiegelt das soziale Zusammengehörigkeitsgefühl der Briten wider, wie sich umgekehrt beim amerikanischen Judentum die für ein lockeres, föderalistisches Staatsgefüge kennzeichnende Vielfalt und Abneigung gegen straffe Organisation äußern. In England funktioniert die Abwicklung des jüdischen Lebens reibungsloser. In geistlichen, kommunalen und zionistischen Belangen herrscht ein anerkanntes, hierarchisches Autoritätsgefüge. Auf britischer Seite trägt die Erinnerung an den Kampf gegen Hitler, aber auch ehrliches Bedauern über den übersteigerten Antizionismus der Bevin-Ära zur Sympathie für die Juden bei. Britische Parteiführer aller Schattierungen weisen heute mit Vorliebe auf ein so großzügiges und kühnes Unterfangen wie die Balfour-Deklaration hin. Außerdem wird die Achtung der Briten vor der jüdischen Eigenart durch die Verwurzelung ihrer eigenen Kultur in biblischen Traditionen untermauert. So dürfte das britische Judentum von gelegentlich auftauchenden Vorurteilen nicht allzu schwer betroffen werden. In England gibt es im Parlament wie im Establishment mehr prominente Juden als in den Vereinigten Staaten. Und auch zu den Neuerungsbestrebungen im kulturellen Leben tragen die britischen Juden wesentlich bei. Mit Israel sind die einzelnen wie die ganze Gemeinde durch einen regen Austausch verbunden.

Jenseits des Kanals gibt das durch die Zuwanderung algerischer und marokkanischer Juden auf 600 000 angewachsene französische Judentum seine Abkapselung und seine konservativen Traditionen mehr und mehr auf und schließt sich enger an das Weltjudentum an. Die Überlegungen zur jüdischen Geschichte, die Staatspräsident de Gaulle in seiner Ansprache vom November 1967 vortrug, lösten eine hitzige Debatte über die Stellung der Juden in der französischen Gesellschaft aus. Sicher war es überspitzt, de Gaulle des »Antisemitismus« zu bezichtigen; doch seine Bemerkung, die Juden hätten ihre Leiden in gewisser Weise selber »provoziert«, löste in jüdischen Kreisen Unruhe und Verstörung aus. In seinem Buch *Der General und die Juden* schildert Raymond Aron anschaulich die aufrüttelnde Wirkung der Ansprache; er zeigt, wie bei den französischen Juden, die sich ihrer engen Bindung an das jüdische Volk zuvor gar nicht bewußt gewesen waren, mit einem Mal der Stolz auf ihr Judentum erwachte.

Auch in Kanada, Südafrika und Lateinamerika existieren freie und blühende Judengemeinden, die sich ihrer nationalen Umgebung ebenso verpflichtet fühlen wie ihren Glaubensgenossen in aller Welt. Darüber hinaus haben sich da und dort noch kleinere, recht fremdländische, allmählich aussterbende jüdische Enklaven gehalten.

Besonders eng stehen die Juden in aller Welt zusammen, wenn es um Israel, den Brennpunkt ihres Interesses, geht. Wie die 1968 in Jerusalem abgehaltenen jüdischen Wirtschafts- und Kulturkonferenzen bewiesen, wirkt das Weltjudentum aktiv an Israels Festigung mit. Wohl unterstützen sich die einzelnen Gemeinden auch untereinander. Doch die Festigkeit und das Ausmaß an Einsatzbereitschaft und Verantwortung, mit der sie sich für Israels Sicherheit und Fortschritt einsetzen, steht einzigartig da.

Die nahezu drei Millionen Juden in der Sowjetunion sind nach wie vor vom Hauptstrom jüdischen Lebens und von der Verbindung mit ihren Glaubensgenossen abgeschnitten. In jüngster Zeit ist die fortschrittliche Welt auf ihre mißliche Lage und ihr Leiden aufmerksam geworden, und so sind sie nach Jahren der Vergessenheit immerhin im internationalen Gespräch. Verschiedene Anzeichen deuten darauf hin, daß ihre Treue zum Judentum nicht erloschen ist. Konkret gesehen liegt die Aussicht auf ihre Wiedereingliederung in die jüdische Geschichte in weiter Ferne; doch der Traum ist noch immer lebendig und wird glühend gehegt. Die erzwungene Trennung dieser großen Gemeinde von den übrigen Teilen des jüdischen Volkes war historisch durch den geschlossenen Charakter der Sowjetgesellschaft bedingt. Der Abbau der Spannungen zwischen den Großmächten, der zunehmend freiere Austausch zwischen West- und Osteuropa mag auch eine liberalere Einstellung der Sowjets zu den Juden herbeiführen. Ohne Änderung ihrer Judenpolitik wird die Sowjetunion das Bild, das sich der liberale Westen von ihr macht, wohl kaum grundlegend verbessern können.

Sämtliche jüdische Diaspora-Gruppen in den westlichen Demokratien wie im Ostblock sind in eine nichtjüdische Gesellschaft eingegliedert. Damit stellt sich den Juden ständig das Problem, ihr Leben in einer nichtjüdischen Umwelt mit ihrer Treue zum Judentum in Einklang zu bringen. Doch obwohl sie, von Israel abgesehen, in den verschiedenen Ländern jeweils nur eine Minderheit darstellen, deutet doch nichts auf eine tiefer gehende Aushöhlung der jüdischen Eigenständigkeit hin. Je höher die Gesellschaftsstufe, je größer die technische Macht, die die europäischen und amerikanischen Juden erreichen, desto mehr Verständnis entwickeln sie für das Erbe ihrer Vergangenheit. Es besteht wenig Wahrscheinlichkeit, daß gerade diejenigen die jüdische Eigenart aufgeben sollten, die die Freiheit und Möglichkeit besitzen, sie zu bewahren.

Ende 1967 betrug die Zahl der Juden in aller Welt schätzungsweise 13 600 000, die sich wie folgt verteilten: Nordamerika 6 100 000, davon 5 800 000 in den Vereinigten Staaten, 270 000 in Kanada, die übrigen 30 000 in Mexiko; Europa (einschließlich der asiatischen Gebiete der UDSSR und der Türkei) 4 054 000, davon die Mehrzahl, nämlich 2 568 000, in der UDSSR, die nächstgrößte Gruppe von 535 000 in Frankreich, 450 000 in Großbritannien und der Rest von 501 000 in den übrigen Ländern; Mittel- und Südamerika samt Westindien 712 700, davon die Mehrzahl, das heißt 450 000, in Argentinien, 140 000 in Brasilien und der Rest von 122 700 in anderen Ländern. Bei weitem den größten Prozentsatz der in Asien lebenden Juden bildeten natürlich die 2 365 000 Israelis. Die jüdische Bevölkerung Afrikas belief sich auf rund 200 200 Personen, von denen 114 800 in der Südafrikanischen Union und 50 000 in Marokko lebten. Die jüdische Bevölkerung Australiens und Neuseelands betrug rund 74 500.

Der Staat Israel in den ersten zwanzig Jahren seines Bestehens

Israels Aufstieg in den vergangenen zwanzig Jahren vollzog sich trotz ständiger Kriege in raschem Tempo und mit großer Energie. Seit seiner Gründung hat der Staat mit der unversöhnlichen Feindschaft seiner Nachbarn zu rechnen. Außerstande, die Angriffslust der Araber zu bremsen, hat Israel wenigstens Mittel und Wege gefunden, ihr zu widerstehen.

Die ersten zwanzig Jahre israelischer Geschichte sind die Geschichte dieses Widerstandes mit all seinen Strapazen und Gefahren, aber auch mit seinen Siegen. Die tagtägliche Gefahr schärfte den Willen zur Einigung. Den Historikern dürfte es nicht leichtfallen zu unterscheiden, was die feindliche Umwelt für Israel letztlich bedeutete – Hemmschuh oder Stimulans.

Besonders auffallend ist Israels rasches Wachstum. 1968, zwanzig Jahre nach seiner Gründung, war seine Bevölkerung von 650 000 Bürgern auf 2 700 000 angewachsen. Keinem anderen Staat in der Geschichte ist es gelungen, seine Einwohnerzahl in zwanzig Jahren auf mehr als das Dreifache zu erhöhen. Der Aufnahme jüdischer Einwanderer wurde der Vorrang eingeräumt. Sie bildete den übergeordneten Gesichtspunkt bei allen Planungen.

Zunächst galt es diejenigen zu retten, die die Massenvernichtung in Europa überlebt hatten. In den ersten stürmischen Monaten wurden Flüchtlingslager in Deutschland, auf Zypern und Mauritius aufgelöst. Auf Israels Unabhängigkeitserklärung am 14. Mai 1948 folgte binnen Stundenfrist eine Gesetzgebung, die die Einwanderungsbeschränkungen der Mandatsära aufhob und jedem jüdischen Einwanderer ohne jede Formalität die Staatsbürgerschaft zuerkannte. Jude sein bedeutete nun Anspruch auf das Bürgerrecht in einem souveränen Staat haben und nicht mehr ein Geduldeter oder Ausgestoßener sein. Am 18. Mai wies ein israelischer UN-Vertreter die anderen Regierungen darauf hin, die Einwanderungsquote nach Israel gehöre nicht in ihren Kompetenzbereich, sondern zu den innenpolitischen Angelegenheiten des souveränen Staates. Israel war ins Leben gerufen worden, um die Einwanderung zu ermöglichen. Die Souveränität bildete das Mittel zum Zweck.

Daß Israel den Rest des europäischen Judentums aufnehmen würde, stand zu erwarten. Weit erstaunlicher war der riesige Zustrom von Juden aus den Muslimländern. Ihr Beweggrund lag nicht einfach in dem drückenden Elend und der Diskriminierung; schließlich bestanden diese Verhältnisse schon seit Jahrhunderten und waren geduldig hingenommen worden. Neu war, daß sich erstmals eine Alternative zur gefügigen Ergebung ins Schicksal bot. Die abgekapseltste aller Judengemeinden, die sich seit der Zeit der jüdischen Königreiche im Jemen gehalten hatte, machte sich geschlossen auf und zog »auf Adlers Fittichen« ins Gelobte Land. Juden aus dem Irak, deren Vorfahren sich hier nach der babylonischen Zerstreuung niedergelassen hatten, schlossen sich an und entzogen sich so der Rachsucht der Bagdader Regierung, die bei der Verfolgung ihrer Juden mehr Mut an den Tag legte als bei den kriegerischen Auseinandersetzungen mit Israel. Aus Bulgarien, der Tschechoslowakei, Jugoslawien, Polen, Rumänien und Ungarn zogen Juden aus, die der alptraumhaften Erinnerung an die unter der Nazibesatzung erduldeten Qualen zu entrinnen suchten. Hinzu kamen Auswanderer aus dem Iran, der Türkei, Marokko, Tunis und Libyen. 1949 strömten 240 000 Einwanderer in ein Land, dessen 650 000 Bewohner soeben einen Krieg auf Leben und Tod überstanden hatten. In den beiden nächsten Jahren folgten weitere 350 000. Im Verlauf von vierzig Monaten hatte sich Israels Bevölkerungszahl infolge der Einwanderung verdoppelt.

Um diesen gewaltigen Zustrom aufzunehmen, bedurfte es allerdings des verantwortungsbewußten Einsatzes des ganzen jüdischen Volkes. Für Israel bedeuteten diese Jahre der Masseneinwanderung eine Zeit des Großmuts und der Selbstaufopferung. Häuser, Schulen, Einwandererlager *(Ma'abarot)*, Dörfer, Sozialeinrichtungen wurden in größter Eile improvisiert. Die Geschichte kennt nur einen vergleichbaren Vorgang: die Einwanderungslawine, die in den Vereinigten Staaten im ausgehenden 19. und frühen 20. Jahrhundert zu einem sprunghaften Ansteigen der Bevölkerung führte. Nach Israel strömten im Verhältnis noch mehr Einwanderer, die überdies viel unterschiedlichere kulturelle Erfahrungen und Anschauungen mitbrachten.

Das Verdienst an der Eingliederung der Einwanderer kommt nicht nur dem israelischen Judentum zu. Auch die Gemeinden der Diaspora trugen zu dem Unternehmen bei. Die *United Jewish Appeal* und *Israel Bond Organization* in den Vereinigten Staaten sowie parallel gelagerte Organisationen in anderen Ländern unterstützten Israel bei der Aufnahme der Zugewanderten. Die Palästinaeinwanderung rührte tiefe Saiten jüdischen Bewußtseins an. Die jüdische Geschichte wußte von vielen Verbannungen und Vertreibungen zu berichten; nun hatte sich das Blatt gewendet.

Eine Gesellschaft, die sich aus Einwanderern zusammensetzt, kann sich nicht konservativ verhalten. Für sie liegt das Entscheidende nicht in der Leistung von heute, sondern in den Aussichten, die sich dank der Erfahrung von heute der Expansion von morgen bieten. Beim Aufbau einer neuen Gemeinschaft entfalten die Menschen ihre höchsten schöpferischen Fähigkeiten. Die Herausforderungen, Improvisationen, Notwendigkeiten und Zusammenstöße, mit denen Israels Gesellschaft während des stärksten Immigrantenzustroms fertig werden mußte, prägten seinen Nationalcharakter. Nun konnten sich die autonomen Institutionen entfalten, konnte sich der Pioniergeist frei äußern, den Palästinas Juden während der Mandatsära entwickelt hatten. Auch heute noch bildet die Einwanderung die treibende Kraft im Leben Israels, spielen die bereits eingewanderten wie die sehnsüchtig erwarteten Immigranten eine entscheidende Rolle. Alles ist im Werden, ist ursprünglich, öffnet neue Perspektiven gesellschaftlicher Expansion.

Wohl gibt es in Israel unzählige Menschen, deren Charakter und Geistesstruktur ihre Prägung außerhalb des Landes empfingen. Und doch bietet das Land nach zwanzig Jahren alles in allem den Eindruck des Zusammenhalts, nicht der Anarchie. Die Kräfte des Zusammenschlusses, die eine Gesellschaft zusammenschweißen und sie für ein und dieselbe Sache begeistern, haben sehr rasch die Oberhand gewonnen. Dafür gibt es verschiedene Gründe. Erstens einmal die Tatsache, daß all diese Einwanderer das gleiche Ziel anstrebten. In der Theorie mag es so aussehen, als könnten ein Kupferschmied aus dem Jemen, ein Arzt aus Johannesburg, ein polnischer Professor, ein marokkanischer Ladenbesitzer, ein argentinischer Student, ein kurdischer Lastträger und ein New Yorker Industrieller wenig oder keine Gemeinsamkeiten besitzen. In Wirklichkeit aber ist ihnen allen das gleiche, spezifisch jüdische Denken eigen, das sie, ungeachtet ihrer sonstigen Motive oder ihres Standes, nach Israel trieb und nirgendwohin sonst. Sodann wird diese Gesellschaft durch die gemeinsame Gefahr zusammengekittet. Dazu kommt noch der ausgleichende Einfluß, den die israelische Armee und Schule auf die jungen, mittlerweile herangewachsenen Einwanderer ausüben. Nach zwanzigjährigem Bestand hat Israel den Charakter einer Einwanderergesellschaft weitgehend verloren. Über vierzig Prozent seiner Einwohner sind im Land geboren. Über die Hälfte haben ihre Ausbildung an israelischen Schulen und Universitäten erhalten. Und die übrigen sind meist vor so langer Zeit eingewandert, daß sie mit Israels Landschaft und Kultur besser vertraut sind als mit der ihrer früheren Umgebung, die ihrem Gedächtnis zusehends entschwindet. 1948 war ein Staat gegründet worden, 1968 existierte eine Nation von deutlich ausgeprägter Eigenart. Israel war etwas anderes als die Summe der Einflüsse, die zu seiner Entstehung beigetragen hatten.

Die Umgestaltung des Landes

Mit der Umwandlung eines Volkes ging eine revolutionäre Umgestaltung des Landes Hand in Hand. Wohl kein zweites Gebiet hat sich in seinem Erscheinungsbild in so kurzer Zeit so radikal verändert. Sandiges Ödland ist für den Ackerbau erschlossen worden, Pflug und Bewässerungsanlage haben die Wüste zurückgedrängt, Städte von imponierend neuzeitlichem Charakter prägen das Gesicht des modernen Israel.

Die natürlichen Reichtümer des Landes sind der Boden, das sonnige Klima und gelegentliche Wasservorkommen. Daß die Landwirtschaft in den ersten zwanzig Jahren solche Fortschritte erzielte, lag nicht ausschließlich an den wirtschaftlichen Bedürfnissen. Der Zionismus pflegte seit jeher eine Mystik des Bodens und Ackerbaus. Dabei ging es ihm nicht nur um die Fruchtbarmachung des Landes, sondern ebensosehr um den Aufbau eines bestimmten Nationaltypus. Das Gefühl, in einem ursprünglichen Sinn schöpferisch tätig zu sein, ein erdverbundenes Leben fern von den zerrüttenden Einflüssen der Stadt zu führen, sollte nun den typischen Vertreter der jüdischen Nation kennzeichnen. Die frühe jüdische Dichtung der zionistischen Periode schildert immer wieder die enge Naturverbundenheit, zu der die Juden zurückgefunden haben. Die Bewohner von *Kibbuz* und *Moschaw* entfalteten außer den in landwirtschaftlichen Genossenschaftssiedlungen üblichen Tugenden einen kollektiven Idealismus.

Ohne allen Zweifel hat das israelische Unternehmen seine größten Erfolge in der Landwirtschaft erzielt. Es brachte eine bodenständige, körperlich und geistig robuste Israeligeneration hervor, die Vorhut des Fortschritts der Nation. Die Kibbuzbevölkerung bildet nur einen kleinen Bruchteil der Gesellschaft, und doch stellt sie einen unverhältnismäßig hohen Prozentsatz der Offiziere, Piloten und Entwicklungshelfer, die Israel nach Afrika und Asien entsendet. Heute spielt sie in der Wirtschaft nur noch eine untergeordnete Rolle. Doch in der Skala der Werte, wenn es zu entscheiden gilt, was bewunderns- und nachahmenswert ist, was man pflegen und anstreben soll, steht sie noch immer obenan. Die Elite der Nation stammt vom Land.

Der Ausbau der Wirtschaft

Auch in der Wirtschaftsentwicklung drehte sich zunächst alles um Landwirtschaft und Landerschließung. In den Jahren nach 1948 führte Israel einen zähen Kampf ums Dasein. Die Masseneinwanderung überforderte die noch wenig produktive Landwirtschaft. Zeitweilig machte die Lebensmittelknappheit eine strenge Rationierung erforderlich. Die Zahlungsbilanz war bedenklich unausgeglichen. Mitte der fünfziger Jahre hatte die Produktion dann nicht nur mit dem Bevölkerungszuwachs Schritt gehalten, sondern ihn so weit überrundet, daß ein Überschuß erzielt werden konnte. Mit Ausnahme von Getreide, Fett und einem Teil des Fleischkonsums konnte Israel seinen Bedarf selber decken. Die überreiche landwirtschaftliche Produktion mußte unter strikte Kontrolle gebracht werden, um einen Preissturz zu verhindern. 1968 war der Prozentsatz an landwirtschaftlichen Arbeitern zurückgegangen, der Ertrag dagegen weiter sprunghaft angestiegen. Die Erinnerung an die schlechte Zeit lag in weiter Ferne. Auf einer Fläche von rund 216 600 Hektar erzeugte Israel genug, um über achtzig Prozent seiner Bevölkerung gut zu ernähren und zusätzlich landwirtschaftliche Produkte im Wert von 130 Millionen Dollar auf den Weltmarkt zu bringen. Seine florierende Landwirtschaft gab anderen Entwicklungsländern Mut und Zuversicht. Hunderte von israelischen Boden- und Bewässerungsexperten arbeiteten im Ausland; zu Tausenden kamen Landwirte aus anderen Erdteilen nach Israel, um sich über Fragen der Bodenerschließung zu informieren. In einer Welt, deren Schicksal weitgehend von der Relation zwischen der steil ansteigenden Bevölkerungskurve und dem langsameren Güterzuwachs abhängt, stellt Israels Leistung ein studierens- und nachahmenswertes Beispiel dar. Diese Leistung wurde hauptsächlich durch neue Bewässerungsmethoden erzielt. Wasser vom See Genezareth und dem Jarkon mußte in den nördlichen Negev geleitet werden. Durch die staatliche Fernleitung, die 1964 mit tatkräftiger internationaler Unterstützung vollendet wurde, kann Israels Landwirtschaft den größtmöglichen Ertrag erzielen.

Doch es lag auf der Hand, daß eine landwirtschaftlich ausgerichtete Wirtschaft, so fortschrittlich sie auch sein mochte, nicht die nötigen Voraussetzungen bot, um einer auf engem Raum lebenden, ständig zunehmenden Bevölkerung ein erträgliches materielles und wissenschaftliches Niveau zu gewährleisten. Der Ausbau von Industrie, Technik und Verkehrswesen ist weitgehend die Leistung des souveränen Staates Israel. Auf diesen Gebieten waren wesentlich schlechtere Startbedingungen vorhanden als in der Landwirtschaft.

Der Aufstieg der israelischen Industrie brachte viel Kritik, Experimente, Zweifel und theoretische Kontroversen mit sich. Doch die Ergebnisse sprechen für sich. Im ersten Jahr der Unabhängigkeit exportierte Israel Güter im Wert von weniger als dreißig Millionen Dollar – elf Prozent seines Imports. Zwanzig Jahre später überstieg sein Export fünfhundert Millionen Dollar, das heißt, er machte siebzig Prozent des Imports aus. Erhebliche Summen aus Privatkapital, Anleihen und deutschen Reparationszahlungen standen für Investitionen zur Verfügung. Nach zwölf Jahren zahlte Israel stolz internationale Darlehen zurück, die man ihm in den schlechten Zeiten mit nachsichtiger Skepsis bewilligt hatte. Das Handelsdefizit, in absoluten Ziffern immer noch beunruhigend groß, war relativ von 214 Dollar pro Kopf auf achtzig Dollar zurückgegangen. Die nationale Fluggesellschaft *Israel National Airlines* und die Flotte trugen die israelische Flagge in alle fünf Erdteile. 1968 strömten jährlich 450 000 Touristen ins Land. Mit dem Ausbau der Industrie waren von Ober-Galiläa bis zur Küste des Roten Meeres neue Städte entstanden. Beersheba hatte sich von einem schmutzigen Dorf mit 4000 Bewohnern in eine heiße, lärmende, staubige, doch seltsam aufregende Stadt von 70 000 Einwohnern verwandelt. In Ashdod war ein neuer Handelshafen aus dem Nichts entstanden. Mittels einer Pipeline wurde Erdöl von Eilat am Roten Meer bis zur Mittelmeerküste geleitet. Die Stromerzeugung hatte sich vervielfacht, in den Atomreaktoren von Dimona und Nahal Sorek bereiteten sich israelische Ingenieure und Techniker auf das Kernzeitalter vor. Wer Israel seit dem ersten Jahr seines Bestehens nicht mehr sah, hätte es im zwanzigsten wohl schwerlich wiedererkannt.

Vor allem aber hatte der rasche Ausbau von Industrie und Technik die Gleichung Land–Raum–Bevölkerung außer Kraft gesetzt. Die Frage »wie viele Menschen kann Israel ernähren« hing nun nicht mehr von seiner Bodenfläche, sondern von der Leistungsfähigkeit seines Handels und seiner Wirtschaft ab. Musterbeispiele auf diesem Gebiet, kleine Länder wie Belgien, Holland, Dänemark und die Schweiz beweisen, daß sich trotz beschränkten Raums und noch größerer Bevölkerungsdichte ein hohes kulturelles Niveau und ein anspruchsvoller Lebensstandard halten lassen. Welche Einwohnerzahl Israel eingliedern konnte, richtete sich nicht mehr primär nach seiner Größe.

Die israelische Kultur

Gezwungen, aus beschränkten Möglichkeiten den größtmöglichen Effekt herauszuholen, stützte sich Israel von Anfang an auf Wissenschaft und Technik. Gegen Ende des zweiten Jahrzehnts hatten ihm seine Forscher, Techniker und Ingenieure einen angesehenen Platz in der internationalen Wissenschaft gesichert. Staunend schaute die Welt auf den kleinen Staat am Westrand Asiens, auf seine Kernreaktoren, Beschleuniger, Computer, Laboratorien, Krankenhäuser und

Kliniken, Flugzeugreparaturwerkstätten, elektronischen Datenverarbeitungsanlagen und seine anderen sichtbaren Ergebnisse wissenschaftlichen Fortschritts. Welche Bedeutung all diese Einrichtungen für Israel haben, läßt sich am wirtschaftlichen Standard oder an der Sicherheit allein nicht ablesen. Was die wissenschaftliche Forschung hereinbrachte – die intellektuelle Atmosphäre, das rationale Denken, die objektiven Maßstäbe, das Streben nach Vernunft und Ordnung, den konstruktiven Skeptizismus und die enge Zusammenarbeit –, hat sich auf das gesamte israelische Lebensgefüge bestimmend ausgewirkt. Es ist ein grundlegender Unterschied, ob eine Gesellschaft über eine Gruppe von Wissenschaftlern verfügt, die sich an der Erforschung der Natur beteiligt oder ob ihr eine solche Gruppe fehlt. Als Chaim Weizmann das nach ihm benannte Institut für Wissenschaft in Rehovot gründete, ging es ihm ebensosehr um Israels geistiges Niveau wie um den praktischen wissenschaftlichen Fortschritt. Durch seine Leistungen auf dem Gebiet der Forschung baute Israel seine Stellung in der Welt aus. Gegen Ende der sechziger Jahre galt es den Entwicklungsländern als idealer Schnittpunkt zweier Welten – der Welt der nationalen Freiheit und der des wissenschaftlichen Fortschritts. Denn Israel ist nicht nur geographisch, sondern auch geistig nach mehreren Seiten orientiert. Als einer der neuen Staaten in der Völkergemeinschaft nimmt es zugleich als vollwertiger Partner am weltumspannenden Abenteuer der Wissenschaft teil. Wie kein anderer Staat ist es mit den die zweite Hälfte unseres Jahrhunderts beherrschenden Vorgängen – den nationalen Befreiungsbewegungen und dem Vorstoß der Technik – vertraut.

Doch diese naturwissenschaftliche Orientierung ist nur ein Teil im kulturellen Leben des Landes. Für viele Schriftsteller und Denker verkörpert Israel das moderne Element im Nahen Osten; sie sehen in ihm das Land, das den Fortschritt durch wissenschaftlichen Rationalismus anstrebt. Einen nicht minder mächtigen Einfluß auf das Leben der Nation aber übt Israels Verbundenheit mit seiner Vergangenheit aus. Die Wiedereinführung des Hebräischen als Umgangssprache, seine erstaunliche Zunahme an begrifflicher Präzision, die aufsehenerregenden archäologischen Funde, die zentrale Stellung der Bibel in der weltlichen und religiösen Erziehung, die Neigung, moralische Probleme von der traditionellen jüdischen Ethik her anzugehen – all das deutet auf ein tiefes Bedürfnis nach Kontinuität hin. Bezeichnend das glühende Interesse für die Archäologie. Israel ist keine künstlich geschaffene Nation, es ist historisch gesehen kein unbeschriebenes Blatt. Es ist der einzige Staat der Welt, dessen Bürger dieselbe Sprache sprechen, am selben Glauben festhalten und das gleiche Land bewohnen wie vor dreitausend Jahren. Die rechtmäßige Bindung dieses Volkes an sein Land bildet den strittigsten Punkt in Israels Dialog mit seinen arabischen Nachbarn und der Außenwelt. Daher wird heute jeder neue Beweis für die geschichtliche Kontinuität mit spürbarer Genugtuung aufgenommen: die südlich von Jerusalem freigelegten Festungen judäischer Könige; ein israelitischer Tempel im inneren Negev; hebräische Schriftrollen, die die Überlieferung vom letzten Aufstand der jüdischen Zeloten bestätigen; in Massada aufgefundene Briefe Bar Kochbas an seine Truppen und andere Zeugnisse für das jüdische Leben zur Zeit des Aufstandes gegen Rom im Jahre 135 n. Z.; die Skelette jener heldenhaften Männer der alten Zeit, die ihre Angehörigen und sich selbst töteten, um der demütigenden Kapitulation zu entgehen. All diese geschichtlichen Funde begeistern die Phantasie der israelischen Jugend. Ein Wettbewerb, in dem die Bibelkenntnisse getestet werden, wird in Israel mit der gleichen inneren Beteiligung und Spannung verfolgt wie in den meisten anderen Ländern wichtige Sportveranstaltungen.

Bei allen nationalistischen Bestrebungen berufen sich die Juden in erster Linie auf das alte jüdische Denken. Aber Israel bewahrt auch die Schätze des mittelalterlichen und modernen jüdischen Schrifttums, des europäischen Humanismus und der Wissenschaft des 20. Jahrhunderts. Abgesehen von der Literatur trägt seine Gegenwartskultur europäische und mediterrane Züge mit vereinzelten orientalischen Akzenten. In der Musik und den bildenden Künsten entfaltet es eine lebenssprühende Experimentierfreude. Das Einzigartige an dieser Kultur ist ihre Breitenwirkung: Nach dem Grundsatz der Gleichheit haben Stadt und Land zu ihr Zugang, beurteilen sie mit demselben regen Interesse. Immer erfährt die ganze Nation, was gedacht, geschrieben, komponiert, gemalt, aufgeführt, gebildhauert oder postuliert wird.

Israels Bevölkerung vor der Staatsgründung stellte in vielerlei Hinsicht eine Elitegesellschaft dar. Sie war aus Idealismus ins Land gekommen und hatte Anteil am kulturgeschichtlichen Erbe Europas. Durch die Massenzuwanderung aus Ländern mit niedrigerer Kultur schien das geistige Niveau der Nation bedroht. Mochten sich die mannigfaltigen und ausgeprägten Eigenheiten, die die Einwanderer mitbrachten, auf die Dauer auch belebend auswirken, zunächst stellten sie die Nation vor die Zerreißprobe. In den sechziger Jahren rückte Israel den Grundsatz gleicher Bildungschancen für alle in den Mittelpunkt seiner Bildungspolitik. Das Ergebnis – ein ausgebautes Schulwesen, in dem an Volks- und höheren Schulen über 700 000 Schüler unterrichtet wurden – zählt zu den glänzendsten Leistungen des neuen Staates. Die Einwohnerzahl war auf das Dreifache angewachsen, das Schulwesen um das Sechsfache erweitert worden. Die Frage war nun, inwieweit das aus den Muslimländern zugewanderte Bevölkerungsdrittel zum bildungsmäßig rückständigen Proletariat absinken würde. Diese Immigranten waren seit langem von der intellektuellen Tradition des Judentums abgeschnitten, wenn sie auch aufgrund ihrer tiefen Frömmigkeit fest in der jüdischen Lehre wurzelten. Sollte die Oberschul- und Universitätsbildung in Israel den europäischen Einwanderern und ihren Nachkommen vorbehalten, dem »orientalischen« Teil der Bevölkerung aber die höhere Bildung versagt bleiben? In diesem Fall hätten sich Israel geringe Aus-

sichten auf geistigen und sozialen Zusammenschluß geboten. Ehe man an ehrgeizige Hochschulprojekte gehen konnte, mußten in der Bildungspolitik alle Kräfte auf die Lösung dieses sozialen Dilemmas gerichtet werden. Israel tat sein möglichstes, um immer mehr junge Leute aus den armen, hauptsächlich aus Asien und Afrika eingewanderten Familien zum Oberschul- und Universitätsbesuch zu ermuntern. Der Erfolg stellte sich nicht so rasch ein, wie viele hofften, ließ aber auch nicht so lange auf sich warten, wie viele befürchteten. Jedenfalls rückt der Tag näher, an dem sich Israelis aller Schichten aufgrund des gleichen Bildungsniveaus auch dieselben gesellschaftlichen Möglichkeiten bieten werden. Der zunächst herrschende unterschiedliche Bildungsstand ist gelegentlich übertrieben und zu einer verleumderischen Demagogie mißbraucht worden. Doch Zeit und verantwortungsbewußte Arbeit haben die Kluft überbrückt. Israel erweiterte sein Hochschulnetz; zu den bereits bestehenden Universitäten in Jerusalem, Haifa und Rehovot kamen die Universitäten von Tel Aviv und die Bar-Ilan-Universität in Ramat Gan hinzu. Das breiter ausgebaute Bildungswesen bot allen Einwanderergemeinden Zugang. In der zweiten Generation sollten sich die Bildungsgegensätze bereits weitgehend verwischen.
Es besteht keinerlei Zweifel, daß dieser Trend immer weiter fortschreiten wird. Verschiedene Autoren, die die Aussöhnung eines »westlich orientierten« und betont jüdischen Israel mit den Arabern für ausgeschlossen halten, trösten sich mit zwei trügerischen Prognosen: Erstens, so meinen sie, werde sich Israel zunehmend »orientalisieren« und so jene Eigenschaften ablegen, die trennend zwischen ihm und dem Nahen Osten stehen; und zweitens werde die starke Verbundenheit zu den Juden in anderen Teilen der Welt nachlassen und Israel mithin kein »zionistischer« Staat mehr sein. Mit anderen Worten, Israel würde nicht mehr Israel sein, sondern ohne viel Aufhebens in der übrigen Levante aufgehen.
Die Frage, ob eine solche Lösung des arabisch-israelischen Konfliktes wünschenswert wäre oder nicht, entbehrt des Realismus. Es besteht nicht die geringste Aussicht, daß es dahin kommen wird. Israel wird weiterhin in Sprache, Denken und Mentalität betont nicht-arabisch bleiben. Es wird sich dem Judentum stärker verbunden fühlen als seiner arabischen Umwelt. Daß es 1967 überlebte, verdankte es seinem echten Verhältnis zur Wissenschaft und Technik, seinem sozialen Zusammenhalt und seiner demokratischen Ethik – lauter Züge, durch die es sich von seinen Nachbarn unterscheidet. Gerade jene Eigenschaften also, die es nicht mit ihnen gemein hat, ermöglichten ihm, ihrem Angriff zu widerstehen. Israels Zugehörigkeit zur Mittelmeerwelt und zum jüdischen Geist wird sich stets als stärker erweisen als die zum arabischen Hinterland. Eher wird sich die arabische Welt dem Westen mit seiner modernen Technik und Demokratie anpassen, als daß Israel zu dem wird, was manche Europäer herablassend »auch nur ein Staat des Nahen Ostens« nennen. Israel wurzelt genauso in der geographischen Umwelt des Nahen Ostens wie die Araber, nur, daß seine Ursprünge weiter

zurückreichen. Doch es wird niemals irgendein »auch nur ...« sein. Es wird sich selber treu bleiben und seine unverwechselbare Eigenart bewahren. In ihm spiegelt sich die naturgegebene Vielfalt, nicht die Scheingleichheit der nahöstlichen Welt. Es fragt sich, ob der Nahe Osten zu jener umfassenderen Betrachtungsweise zurückfindet, für die Judentum, Christentum, Islam, Hellenismus und römische Zivilisation gleichermaßen Teile seines reichen Erbes darstellen. Denn »nahöstlich« bedeutet nicht notwendig »arabisch« oder »muslimisch«. Es verstößt nicht gegen die Tradition des Nahen Ostens, wenn ein nichtarabischer, nichtmuslimischer souveräner Staat in der alten geschichtlichen und geistigen Heimat der Juden lebt und gedeiht. Die Frage lautet nicht, ob Israel seine Eigenart ablegen, sondern ob die arabische Welt mit Israel, wie es nun einmal ist, zu einer Einigung gelangen wird.

Zwei kriegerische Jahrzehnte

In den ersten zwanzig Jahren nach der Gründung des Staates Israel sah es nicht danach aus, als sollte die Antwort positiv ausfallen. Die arabischen Regierungen betrachteten Israels Entstehung nach wie vor als Unglück, mit dem sie früher oder später fertig werden würden. In den schließlich 1949 zwischen Israel und Ägypten, Jordanien, Syrien und dem Libanon geschlossenen Waffenstillstandsverträgen verpflichteten sich alle Unterzeichnerstaaten, auf kriegerische Handlungen endgültig zu verzichten und die im Abkommen vereinbarten Grenzlinien zu respektieren, bis diese durch dauerhafte, in einem Friedensvertrag festgelegte Grenzen ersetzt werden könnten. Diese Vereinbarungen sollten, wenn sie sich einmal eingespielt hatten, als Grundlage für einen offiziellen Frieden dienen. Doch nachdem sich die Regierungen der arabischen Staaten vom Schock über ihre Niederlage im Jahre 1948 erholt hatten, versuchten sie erneut, Israel von der Bildfläche zu fegen. Sie bezogen ihm gegenüber eine Haltung, die in ihrer radikalen, auf alle Bereiche ausgedehnten Feindseligkeit in der modernen Weltgeschichte beispiellos dasteht. Ein von arabischer Seite organisierter weltweiter Wirtschaftsboykott sollte Israel den Zugang zu den Weltmärkten sperren und es von seinen Einfuhrquellen abschneiden. In der internationalen Diplomatie griffen die arabischen Regierungen Israels Status als souveräner Staat an. Sie sprachen ihm das Recht ab, die Chuleh-Tiefebene trockenzulegen oder den Jordan zu nutzen, der rund hundert Kilometer seines Territoriums durchfließt, versuchten andere Regierungen davon abzuhalten, Beziehungen zu ihm aufzunehmen, widersetzten sich seinem Beitritt in internationale Organisationen und pochten auf das Recht arabischer Flüchtlinge, ohne Rücksicht auf

Israels Zustimmung oder Sicherheit in sein Staatsgebiet »zurückzukehren«. Außerdem versuchten sie Israels Waffenkäufe zu unterbinden und führten eine nicht abreißende Schmäh- und Beleidigungskampagne. In Literatur und Karikatur wurde Israel als krummnasiges gemeines Ungeheuer abkonterfeit, das man nur ausrotten konnte. Kein Bild, kein Schlagwort, kein Adjektiv des Nazivokabulars, das die von Kairo aus gesteuerte arabische Propaganda nicht übernommen und im politischen Kampf gegen Israel ausgespielt hätte. Die gefälschten Protokolle der Weisen von Zion wurden von Nasser offiziell als echt hingestellt, die Ermordung von sechs Millionen Juden durch die Nazis abwechselnd dementiert und gutgeheißen. Die politische Opposition gegen Israel weitete sich zur umfassenden antijüdischen Ideologie aus. Judengemeinden in arabischen Ländern wurden entweder verfolgt oder vertrieben. Die Ritualmordbeschuldigungen nehmen im nationalistischen arabischen Schrifttum einen breiteren Raum ein als je in der antisemitischen Literatur Europas. Arabische Autoren und Politiker stellten Israels bloße Existenz als ein Verbrechen hin, für das es nur eine Sühne gab: Israel mußte wieder verschwinden.

Zeitweise hatte es den Anschein, als ließe sich dieser wütende Haß in Grenzen halten, ohne in einen größeren Krieg auszuarten. Israel hätte es bevorzugt, mit seinen Nachbarn in Frieden zu leben. Doch es ging auch anders. Durch starke militärische Verteidigung abgeschirmt, mit großer Wachsamkeit alle Vorgänge an den Grenzen zum feindlichen Gebiet verfolgend, fuhr es mit seinen Aufbauarbeiten fort. Die Zerstörungsandrohungen der Araber schienen zeitweise eher einem rhetorischen Bedürfnis als einer ernstgemeinten Absicht zu entspringen. Dennoch entlud sich der latente Kriegszustand zweimal in einem Zusammenstoß.

Beide Male wirkte die vom ägyptischen Staatspräsidenten Nasser betriebene Hetze als auslösender Faktor. Der 1953 an die Macht gelangte Nasser benutzte die Feindschaft gegen Israel als Bindemittel, um die arabische Welt um sein Banner zu scharen. Nasser, der für sein Land lautstark die Führungsrolle beanspruchte – er betrachtete alle Staaten des Nahen Ostens und einen Großteil Afrikas als Vasallen Kairos –, erhob den Haß gegen Israel zur vereinenden Parole. Manchmal allerdings war er von seiner eigenen Propaganda selbst nicht ganz überzeugt. Zeitweise betrieb Kairo seine Hetze recht lax, dann wieder überschüttete es Israel mit einem Schwall von Gehässigkeit. Für Nasser bedeutete die doktrinäre Judenfeindlichkeit ein Mittel zum Zweck, sie war ihm nicht Selbstzweck. Doch er formulierte und äußerte sie mit solcher Beharrlichkeit, daß es in den einzelnen Regionen selten zu einer länger anhaltenden Stabilisierung kam.

In den Jahren zwischen 1953 und 1956 griffen die Araber zu einer neuen Taktik: Sie bildeten organisierte Terrorgruppen *(El Fatah)* aus, die nach Israel eindringen und Morde und Sabotageakte begehen sollten. 1956 häuften sich die

Überfälle. Gleichzeitig spitzte sich die Lage durch massive ägyptische Aufrüstung und Ausschaltung der internationalen Interessen am Suezkanal gefährlich zu. Bündnisse zwischen Syrien, Jordanien und Ägypten weckten in Israel den Eindruck, eingekreist zu sein. Die Stärke des Feindes nahm zu, er übte von allen Seiten Druck aus, schob die internationalen und regionalen Gegenkräfte beiseite oder setzte sich einfach über sie hinweg. Israel mußte um die elementare Sicherheit für Leib und Leben bangen. Ende Oktober 1956 brach es aus der Einkesselung aus. Es stand bei seinem Kampf nicht allein. Frankreichs Beziehungen zu Kairo hatten sich dadurch abgekühlt, daß die Ägypter seine Stellung in Algerien unterminiert hatten. Großbritannien unter Anthony Eden wehrte sich gegen die Sperrung des Suezkanals, durch die seine Wirtschaft und seine wichtigsten Handelsverbindungen in feindliche Hand zu geraten drohten. Die Notwendigkeit, eine Vorherrschaft Nassers über den Nahen Osten zu verhüten, bildete ein ständiges Thema in den Verhandlungen zwischen Jerusalem und Paris und später zwischen Paris und London. Was sich in der Folge abspielte, war kein zufälliges Zusammentreffen. Als General Mosche Dajan mit seinen Truppen die Halbinsel Sinai besetzte, um die Blockade im Golf von Akaba zu brechen und die ägyptische Armee aus dem Gaza-Streifen zu vertreiben, besetzten französische und britische Truppen die Suezkanal-Zone. Beide Regierungen rechtfertigten ihr Vorgehen mit dem Vorwand, kriegerischen Handlungen im Suezgebiet vorbeugen zu wollen.

Nassers Macht drohte zu zerbrechen. Eine zielstrebige internationale Politik hätte die Spannung möglicherweise zu dem ernsthaften Versuch nutzen können, einen dauerhaften Frieden zu erzielen. Doch die Gelegenheit wurde vertan. Die Vereinigten Staaten, über die von den Briten, Franzosen und Israelis auf eigene Faust durchgeführten Aktionen verärgert, wandten im Bund mit der Sowjetunion Druckmittel gegen ihre Freunde und Verbündeten an. Großbritannien und Frankreich zogen ihre Truppen vom Suezkanal ab, der wieder unter einseitige ägyptische Kontrolle geriet. Das bedeutete den endgültigen Verlust ihres unabhängigen Einflußbereiches im Nahen Osten und zeitigte in beiden Ländern spürbare innenpolitische Folgen. Israel erwies sich als zäher. Es wollte seine Streitkräfte nur unter der Bedingung zurückziehen, daß eine UN-Truppe die freie Schiffahrt am Golf von Akaba sicherte und der Gaza-Streifen, das Sprungbrett für Terroristenangriffe, unter internationale Kontrolle gestellt wurde. Daraufhin erhielt es, besonders von den Vereinigten Staaten und Frankreich, die Garantie, daß diese Abmachungen in Kraft bleiben sollten, bis keine kriegerischen Handlungen zu Land und zur See mehr zu erwarten stünden. Daß Israels Widerstand zeitlich mit einer militärischen Unternehmung der Briten und Franzosen zusammenfiel, schadete zunächst seinem politischen Ansehen. Als dann aber die Gründe für sein Vorgehen, abgelöst von den Motiven seiner Partner, ans Tageslicht kamen, erwies sich, daß von allen drei Nationen, die gegen Nasser vorgegangen waren, einzig und allein Israel um seine Existenz und den Frieden gekämpft hatte.

Israel hatte mit seinem Widerstand mehr erreicht als ruhige Verhältnisse auf der Sinai-Halbinsel und im Gaza-Streifen und eine Seebrücke zur östlichen Welt. Es hatte Nassers hegemonistischen Ansprüchen eine empfindliche Schlappe beigebracht, sein internationales Prestige ausgebaut und vor allem Zutrauen zur eigenen Kraft gefaßt. Das Jahrzehnt zwischen 1957 und 1967 war das fruchtbarste in der modernen jüdischen Geschichte. Israels Bevölkerung wuchs, das Land gewann an wirtschaftlicher Stärke, technischer Macht und internationalem Ansehen. Es unterhielt ein Netz politischer und wirtschaftlicher Beziehungen zu den jungen afrikanischen und asiatischen Nationen. Über 10 000 zukünftige Führer aus Entwicklungsländern absolvierten ihre Ausbildung in Israel, 3000 israelische Wissenschaftler, Ingenieure, Ärzte, Agronomen und Wirtschaftsplaner trugen als angesehene Experten zur immer rascher fortschreitenden Entwicklung in den afrikanischen, asiatischen und lateinamerikanischen Staaten bei. Trotz arabischer Drohungen konnte 1964 die staatliche Wasserfernleitung in Betrieb genommen werden. Anfang 1967 schien Israel den Versuch seiner Gegner, es zu isolieren, zunichte gemacht zu haben. Die arabische Drohung, es zu zerstören, verlor an Glaubwürdigkeit.

Der unerwartete Angriff Ägyptens und Syriens im Jahre 1967 mag von dem Gefühl des »jetzt oder nie« ausgelöst worden sein. Israel hatte sich als solidarisches und allgemein anerkanntes Staatswesen bereits beträchtlich lang behauptet. Sollte seine endgültige Festigung verhütet werden, so war rasches Durchgreifen vonnöten. Diesmal schlug das revolutionäre syrische Baath-Regime als erstes los – in blindem Vertrauen auf sowjetischen Beistand. Während an der ägyptischen und libanesischen Grenze Ruhe herrschte und Jordanien Interesse für eine endgültige Beilegung der Zwistigkeiten zeigte, bildete Syrien Terroristenbanden zur Infiltration nach Israel aus. Auf den Golan-Höhen stationierte syrische Streitkräfte verübten ständige Überfälle auf die Siedlungen in Ober-Galiläa. Der israelische Widerstand fügte Damaskus schwere Verluste zu, besonders der syrischen Luftwaffe, deren Maschinen, kaum tauchte ein israelisches Kampfflugzeug auf, auch schon über dem See Genezareth oder anderswo abstürzten. Syrien wandte sich um Hilfe an Moskau. Die Sowjetunion, die ein Eingreifen der Amerikaner verhindern wollte, wälzte die Verpflichtung auf Kairo ab. Im Mai 1967 veranlaßten falsche Informationen von sowjetischer Seite über angebliche israelische Truppenkonzentrationen an den syrischen Grenzen Kairo, Syrien zu Hilfe zu kommen.

Der Sechs-Tage-Krieg

Anfang Mai 1967 rechnete man in Israel wie im Westen damit, daß sich die seit einem Jahrzehnt beobachtete »labile Stabilität« auf unbestimmte Zeit fortsetzen werde. An drei Waffenstillstandslinien herrschten relativ friedliche Zustände. Und die von Syrien aus gesteuerten Terroristenüberfälle konnten durch wachsame Verteidigung, in schwereren Fällen auch durch kleinere Vergeltungsmaßnahmen in Grenzen gehalten werden. Nasser, so glaubte man, würde keinen Krieg beginnen, den er mit einiger Sicherheit verlieren mußte. Syrien führte zwar einen erbitterten Propagandakrieg, hatte sich aber bisher nie durch übertriebene Tapferkeit vor dem Feind ausgezeichnet. Und von den Großmächten konnte ebenfalls keine ernstlich an einem schwereren Konflikt interessiert sein, der sie gezwungen hätte, ihren Verpflichtungen nachzukommen und Farbe zu bekennen. Zweierlei schien demnach im höchsten Grade unwahrscheinlich: Frieden – und Krieg.

Im Laufe von drei außergewöhnlichen Wochen änderte sich die Lage von Grund auf. Rücksichtslos, mit wachsender Unbesonnenheit, steuerte Nasser dem Abgrund entgegen. Er zog ein 80 000 Mann starkes Heer auf der Halbinsel Sinai zusammen, streute die Falschmeldung aus, Israel habe Truppen für einen umfassenden Angriff auf Syrien konzentriert, tat die gegenteiligen Feststellungen der UN-Beobachter als unzutreffend ab und zwang die UN-Truppe zum Rückzug von der Sinai-Halbinsel, dem Gaza-Streifen und dem Zugang zum Golf von Akaba. Am 22. Mai kündigte er die Verhängung einer Blockade im Golf an. Diesen kriegerischen Akt erläuterte er in einer bemerkenswerten Ansprache, die ein für allemal klarstellte, wen die Schuld am Krieg von 1967 trifft:

> Wir warteten den geeigneten Zeitpunkt ab, bis wir hinlänglich gerüstet waren und Zuversicht hegen konnten, bei einer kriegerischen Auseinandersetzung mit Israel einen durchschlagenden Erfolg zu erzielen. Ich sage das mit voller Absicht ... Vor kurzem nun fühlten wir uns stark genug, bei einem Zusammenstoß mit Israel mit Gottes Hilfe zu siegen. Ich sagte einmal, wir könnten der UN-Truppe nahelegen, in einer halben Stunde das Land zu räumen. Sowie wir voll gerüstet waren, konnten wir die UN-Truppe ersuchen, abzuziehen. Das ist nun geschehen.
>
> Die Einnahme von Sharmel-Sheikh bedeutet den Zusammenstoß mit Israel. *Eine derartige Aktion bedeutet, daß wir zum Krieg gegen Israel bereit sind. Es handelt sich dabei um keine Sonderoperation.*
>
> Das Hauptziel, das wir in dem bevorstehenden umfassenden Krieg verfolgen, ist die Zerstörung Israels. Noch vor fünf oder selbst vor drei Jahren hätte ich wohl schwerlich so sprechen können. Heute, rund elf Jahre nach 1956,

äußere ich diese Gedanken, weil ich zuversichtlich bin. Ich weiß, wie wir hier in Ägypten stehen und wie Syrien steht. Ich weiß auch, daß andere Staaten – etwa der Irak – ihre Truppen nach Syrien geschickt haben. Algerien wird Truppen entsenden. Kuwait auch. Sie werden Panzerinfanterieeinheiten schicken. So sieht arabische Macht aus.

Während sich Israel zur Verteidigung rüstete, zeigten sich die Westmächte bewußt unentschlossen und enthielten sich jeder Intervention. Die Ankündigung des ägyptischen Vertreters, sein Land werde zu Israel in »offenen Kriegszustand« treten, quittierte der Sicherheitsrat der Vereinten Nationen mit unrühmlichem Schweigen. Er unternahm und sagte nichts und gab damit dem triumphierenden Angreifer in aller Form das Startzeichen. Aber Israel wird es den Vereinten Nationen nicht so rasch vergessen, daß sie sich um ihre Verpflichtung drückten, seine in der Charta verankerten Rechte zu schützen. Am 30. Mai schlossen Ägypten und Jordanien einen Pakt gegen Israel, das damit nahezu völlig eingekreist war. Am 4. Juni schloß sich der Irak durch ein ähnliches Abkommen der Treibjagd an. Wie die Meute, die das Wild hetzt, um es zu zerfleischen, rückten aus Algerien, Marokko, Kuwait und Saudi-Arabien Truppenverbände gegen Israel an.

Ein von amerikanischer Seite vorgebrachter Plan, die ägyptische Blockade durch eine internationale Flotte zu brechen, fand weder im eigenen Land noch bei der Weltöffentlichkeit die nötige Unterstützung. Ägyptische Flugzeuge flogen ungehindert nach Israel ein und erkundeten sorgfältig die Ziele für den bevorstehenden Angriff. Durch den plötzlichen Abzug der UN-Truppe war Israels Südgrenze nur schwach bemannt. Volksmengen in Kairo und anderen arabischen Hauptstädten hängten Israel in effigie und ließen ihrem Rachedurst freien Lauf.

Diese Tage zählen zu den dramatischsten der jüdischen Geschichte. Israels Außenminister hat einige Wochen später der UN-Generalversammlung die bis zum Zerreißen gespannte Atmosphäre geschildert:

Niemand, der jene Tage in Israel erlebte, wird je vergessen, welches Verhängnis sich damals über unserem Land zusammenzubrauen schien. Israel, von kampfbereiten feindlichen Armeen eingeschlossen, durch einen niederträchtigen kriegerischen Akt beleidigt und bedrängt, Tag und Nacht mit Vorhersagen über seine bevorstehende Auslöschung bombardiert, zur Totalmobilmachung seines Menschenpotentials gezwungen, sah sich, da seine Wirtschaft und sein Handel weitgehend lahmgelegt und seine Hauptzufuhr an lebenswichtigem Treibstoff durch einen kriegerischen Akt gedrosselt war, vor der größten Gefährdung seiner Existenz seit seiner Gründung. Von allen Seiten drohte Gefahr. Und es geriet in immer stärkere Isolierung. Eine erdrückende Belagerung brach über uns herein. Zahllose Menschen in aller Welt bangten um Israel. An dem schicksalsschweren Morgen des 5. Juni war für unser Land die Entscheidung gefallen. Sie lautete: Leben oder Untergang; entweder wir verteidigten unsere nationale Existenz oder sie war ein für allemal verwirkt.

Das Gefühl, daß über das Land eine finstere Stunde hereingebrochen war, der Eindruck drohender Gefahr kennzeichneten im Frühsommer 1967 die Stimmung in Israel. Die Nation durchlebte eine neue Erfahrung, an die sie viele Jahre zurückdenken, die sie noch lange analysieren wird, wie auch von jenen sechs Tagen Widerstand die Rede sein wird, solange die Erinnerung an die Vergangenheit fortlebt. In einer einzigen Woche hatte sich das zornige Israel vom Würgegriff um seine Kehle befreit. In einem glänzend geführten Feldzug, vom Mut der Verzweiflung getrieben, erzwangen sich Israels Truppen unter dem Oberkommando von Generalstabschef Rabin den Zugang zum Suezkanal, zum gesamten Jordanlauf und den Golan-Höhen. Jerusalem wurde wieder vereinigt, die Klagemauer, jener Überrest von Israels einstigem Glanz, dem jüdischen Volk zurückgegeben, nachdem ihm zwanzig Jahre lang, seit dem Einmarsch jordanischer Truppen im Jahre 1948, der Zugang zu dieser geheiligten Stätte verwehrt geblieben war. In der Geschichte der Nation hatte sich ein scharfer Ruck nach vorn vollzogen: Im einen Augenblick schien noch alles verzweiflungsvoll verletzlich, ungesichert und schwach. Eine Woche später lag Freude über die Rettung in der Luft.

Die politischen Folgen

Der Sieg befreite Israel keineswegs endgültig aus seiner gefährlichen Lage. Die Sowjetunion und die arabischen Staaten leiteten eine ebenso scharfe wie gehässige politische Kampagne ein, um ihm seine Eroberungen wieder zu entreißen. Israel sollte ohne Friedensschluß hinter die alten Waffenstillstandslinien zurückgezwungen werden. Das aber hätte ein Weiterbestehen der undurchsichtigen Rechtslage und die fortgesetzte Gefährdung seines Territoriums bedeutet, die beinahe seinen Untergang heraufbeschworen hätten. Unter Berufung auf die traditionellen Grundsätze des Völkerrechts wies Israel das Ansinnen zurück. Es kündigte an, die Waffenstillstandslinien so lange zu halten, bis sie durch anerkannte, in einem Friedensvertrag festgelegte Grenzen ersetzt werden würden. Die arabischen Regierungen hatten die alten Waffenstillstandslinien nie als endgültige Grenzen anerkannt und sich ausdrücklich das Recht vorbehalten, bei einer Friedensregelung Änderungen vorzuschlagen. Nun forderte Israel für sich das gleiche Recht. Jahre des Hasses und der Gewalt hatten die Waffenstillstandsregelungen untergraben. Vor allem hatten die arabischen Staaten durch Kriegserklärungen und kriegerische Handlungen im Mai und Juni 1967 gegen diese Regelungen verstoßen. Israel versuchte nun, die Verhältnisse neu zu ordnen und das Waffenstillstandsabkommen und die provisorischen Demarkationslinien durch einen vertraglich garantierten Frieden mit sicheren und dauerhaften Grenzen zu ersetzen. Vor allem war Israel entschlossen, sich unter keinen Umständen noch einmal an den Rand des Abgrunds drängen zu lassen.

Sein Entschluß fand kräftige internationale Unterstützung. In Sitzungen des Sicherheitsrats und der Generalversammlung der Vereinten Nationen im Sommer und Herbst 1967 wurden die sowjetischen und arabischen Vorschläge, die Vorkriegssituation wiederherzustellen, mit überwältigender Mehrheit abgelehnt. Die Weltöffentlichkeit, die in hilfloser Beklommenheit mitverfolgt hatte, wie Israel auf seinen Untergang zutrieb, schlug sich nun mit glühendem Eifer auf seine Seite. Am 19. Juni erklärte der Präsident der Vereinigten Staaten, Lyndon B. Johnson, der seit den Vorkriegswochen eine besondere Sympathie und ein geschärftes Verantwortungsgefühl für Israel empfand, es wäre falsch, den alten Zustand wiederherzustellen. Er hielte ein derartiges Vorgehen für das »sicherste Rezept, die Feindseligkeiten erneut zu wecken«. Statt dessen sollten durch ein Abkommen zwischen den souveränen Staaten des Nahen Ostens friedliche Beziehungen geschaffen werden. Am 15. November 1967 erläuterte Botschafter Arthur J. Goldberg die grundsätzliche Einstellung der Vereinigten Staaten zur territorialen Frage. Wie er ausführte, kamen weder die alten noch die durch Israels Sieg geschaffenen neuen Waffenstillstandslinien als endgültige Grenze in Frage; über diese müsse man sich erst im Laufe von Friedensverhandlungen einigen. Staaten aus allen fünf Erdteilen unterstützten den amerikanischen Standpunkt. Die maßgebenden Vertreter der internationalen Politik stimmten für den Versuch einer Neuregelung. Die Vergangenheit mit ihrem Erbe an Kriegen und Konflikten sollte vergessen sein, Israel die besetzten Gebiete erst dann räumen, wenn sichere und anerkannte Grenzen geschaffen waren. Nicht »zurück zum Krieg«, sondern »vorwärts zum Frieden« lautete die Parole.

Am 22. November 1967 faßte der Sicherheitsrat auf Betreiben Großbritanniens mit amerikanischer Unterstützung diese Vorstellungen in einer Resolution zusammen, die einstimmig angenommen wurde. Für die alteingefahrene Politik der Araber bedeutete dieser Beschluß eine empfindliche Schlappe. Die Herbeiführung friedlicher Zustände, vollständiger Verzicht auf kriegerische Handlungen und die Errichtung sicherer und anerkannter Grenzen wurde zur Bedingung für den Rückzug der Israelis aus den besetzten Gebieten gemacht. Ein UN-Vertreter, der schwedische Botschafter in Moskau, Dr. Gunnar Jarring, wurde mit der Aufgabe betraut, »die Verständigung« über eine friedliche Regelung »voranzutreiben«.

Für Israel war die politische Auseinandersetzung des Jahres 1967 zufriedenstellend ausgegangen. Alle Versuche, seinen Widerstand zu verurteilen, ihn als einen Akt der Aggression hinzustellen und seinen Rückzug ohne Friedensschluß zu erzwingen, waren gescheitert.

Israels militärischer und politischer Erfolg stürzte die arabische Politik in ein peinliches Dilemma. Die durch den Krieg herbeigeführte Situation ließ sich nur durch einen Friedensschluß ändern. Der Friede aber setzte den vollständigen Verzicht auf die Vorstellungen, Schlagworte und Träume voraus, die die arabischen Führer seit der Gründung Israels gehegt und gepflegt hatten. Das alte Wunschdenken, das Israels Existenz einfach abstritt, war durch die neue Sachlage im Nahen Osten in den Augen der Welt ad absurdum geführt. Eine Friedensregelung würde Israel aller Voraussicht nach Grenzen bringen, enger gezogen als die Waffenstillstandslinien, aber weiter und gesicherter als die Demarkationslinien vom Juni 1967. Nahmen die arabischen Regierungen jedoch von ihrer kriegerischen Haltung keinen Abstand, verweigerten sie Israel weiterhin ihre Anerkennung, so würde es die bei Einstellung der Kampfhandlungen besetzten Gebiete nicht räumen. Verhielten sich die arabischen Staaten Israel gegenüber, als befände man sich im Krieg, so würde sich Israel ihnen gegenüber nicht so verhalten, als herrschte Frieden. Kam eine wirkliche Friedensregelung zustande, so wollte Israel nicht auf der Besetzung des ganzen Gebietes bestehen, sondern sich gemeinsam mit den arabischen Staaten um eine allseits anerkannte Lösung der territorialen Frage bemühen.

Damit war eine völlig neue Situation geschaffen. Die arabische Politik war an einem toten Punkt angelangt, der sich nur durch eine scharfe Kursänderung überwinden ließ. Dr. Jarrings Untersuchungen im Jahre 1968 sollten klären, ob ein solcher Kurswechsel zu erwarten war. Würde Ägypten einer endgültigen Friedensregelung zustimmen? Würde sich Jordanien mit den Gebietsverlusten abfinden, die ihm der unglaublich unbesonnene Angriff auf Israel am 5. Juni 1967 eingebracht hatte? Und vor allem: Würden die arabischen Regierungen endlich den wahren Charakter des Nahen Ostens erkennen – ihn als Region begreifen, die sich niemals allein vom arabischen Blickwinkel her verstehen läßt? Würden sie einsehen, daß der Nahe Osten für ein Nebeneinander der Staaten, nicht aber für ein arabisches Monopol geschaffen war, und daß die Anerkennung von Israels Souveränität und Sicherheit die oberste Bedingung für den Frieden des ganzen Gebietes darstellte?

Ende 1968 deutete nichts darauf hin, daß die arabischen Regierungen ihre alte, unbewegliche Politik aufzugeben gedachten. Auf einer Konferenz in Karthum hatten sie erklärt, sie würden einer politischen Regelung nur unter drei Bedingungen zustimmen: keine Verhandlungen mit Israel; keine Anerkennung Israels; kein Frieden mit Israel. Damit standen die Chancen für den Frieden nicht eben günstig. Im März 1968 lehnte die VAR Dr. Jarrings Vorschlag ab, unter seinem

Vorsitz gemeinsam mit Israel über alle in der Resolution des Sicherheitsrates vorgesehenen Punkte zu verhandeln. Am 23. Juli gab Staatspräsident Nasser erneut seinen grundsätzlichen Widerstand gegen einen Frieden mit Israel oder seine staatliche Anerkennung zu verstehen. Zu einer »politischen Regelung« erklärte er sich nur dann bereit, wenn sie mit den in Karthum formulierten Grundsätzen übereinstimmte, und fügte die nicht eben verheißungsvolle Bemerkung an, eine solche Regelung sei als Zwischenlösung notwendig, bis die Araber, mit sowjetischen Waffen wieder aufgerüstet, den Kampf von neuem beginnen könnten. Mittlerweile fuhren die Terroristenorganisationen fort, israelische Bürger zu ermorden und israelische Bauten jenseits der Waffenstillstandslinien in die Luft zu sprengen. So unangenehm dies für Israel auch war, seine Sicherheit war dadurch kaum gefährdet. Weder diese Organisationen noch Nassers Drohungen konnten es dazu bewegen, auf seine neu gewonnene Sicherheit wieder zu verzichten – es sei denn, zugunsten der verheißungsvolleren Aussicht auf echten Frieden. Der jordanische Monarch und die palästinensisch-arabischen Führer zeigten sich eher geneigt, die Bedingungen für eine friedliche Regelung in Erfahrung zu bringen. Trotz gelegentlicher Spannungen herrschten seit dem Junikrieg in ganz Westpalästina normale Beziehungen zwischen Juden und Arabern. Der gewöhnliche Alltagsverkehr milderte den durch Jahre feindseliger Propaganda wachgehaltenen Groll. Wenn sich die arabischen Regierungen auch nicht zu Friedensverhandlungen entschließen konnten, so stand es doch immerhin Israel und der palästinensischen Arabergemeinschaft frei, ein vernünftiges Verhältnis zueinander herzustellen. Damit allerdings blieb das vordringliche Problem einer Normalisierung der Beziehungen zwischen den souveränen nahöstlichen Staaten ungelöst – eine ständige Herausforderung für die Phantasie und Diplomatie der nahöstlichen Führer.

Was die Zukunft auch bringen mag, durch die Ereignisse vom Juni 1967 bieten sich Israel hoffnungsvollere Aussichten als je zuvor. Ist der Friede auch noch nicht in Reichweite, so kann das Land sich doch wenigstens ohne ihn behelfen und ihn in größerer Sicherheit abwarten.

Nachtrag zum Krieg von 1967

Den unmittelbaren Umständen, die zum Sechs-Tage-Krieg führten, haftet etwas Zufälliges an. Manche Historiker werden die Sperrung der Straße von Tiran als wichtigste »Ursache« anführen, andere auf den Beschluß der syrischen Regierung hinweisen, den fast eingeschlafenen Konflikt durch Terroristeninfiltration zu aktivieren. Die einen wie die anderen werden dem Vorgehen der Sowjetunion große Bedeutung beimessen, das Ägypten veranlaßte, seine Streitkräfte zu mobilisieren und von Süden her auf Israel Druck auszuüben. In Wirklichkeit handelte es sich bei all diesen Vorgängen nur um die Funken, die den Brand entfachten. Die Ursachen historischer Ereignisse reichen über die Augenblickskonstellationen hinaus, die zu ihrer Entladung führen. Der Krieg von 1967 muß, wie schon die beiden voraufgegangenen Zusammenstöße, vor dem Hintergrund der absolut feindseligen und ablehnenden arabischen Politik Israel gegenüber gesehen werden. Solange diese aufgestaute Feindschaft, dieses Pulverfaß noch existiert, bleibt die explosionsauslösende Ursache eine Frage des Zufalls und der Zeit. Die beiden Weltkriege wurden nicht durch Sarajewo und Danzig »verursacht«, sie waren Folge von internationalen Konstellationen und Emotionen. Ganz ähnlich mußte im arabisch-israelischen Verhältnis die kriegerische Stimmung, die Feindseligkeit und die Nichtanerkennung früher oder später zum Krieg führen. Von solchen Erwägungen ausgehend, faßte Israel den Beschluß, sich ohne Frieden auf nichts einzulassen. Erst mußte aller Zündstoff systematisch ausgeräumt werden.

Israel in der Weltgemeinschaft

Zu Beginn des dritten Jahrzehnts seines Bestehens hatte Israel in der Völkergemeinschaft festen Fuß gefaßt. In den ersten Jahren war seine Stellung in der Welt unbedeutend und wenig gefestigt gewesen. Die Vereinten Nationen hatten wohl seiner Entstehung zugestimmt, aber nichts unternommen, um es am Leben zu erhalten. Viele Monate lang unterhielten nur einige wenige Regierungen diplomatische Beziehungen zu Israel. Mit seiner Aufnahme in die UN im Mai 1949 rückte es endgültig zur »juristischen Person« auf und konnte damit auch anderen internationalen Organisationen beitreten. Juristisch gesehen kam diesem Akt größere Bedeutung zu als der unbeachtet gebliebenen Empfehlung von 1947. Doch bis zum Jahre 1960 wagte es nur ein einziger Premierminister (der Burmane U Nu), die Mißbilligung der Araber durch einen Staatsbesuch in Israel herauszufordern. Dabei hätten kein Volk und kaum eine Regierung Israel ihr spontanes Vertrauen und Wohlwollen versagt, hätte nicht sein erbitterter arabischer Widersacher Feindseligkeit gegenüber Israel zur Bedingung für seine Freundschaft gemacht. Keine verantwortungsbewußte Regierung konnte diesen Preis voll bezahlen. Doch allein schon die Notwendigkeit, sich auf einen solchen vom Haß diktierten Handel einzulassen, vergiftete Israels Beziehungen zur Welt.
Zu seinen ersten Freunden zählten die stärksten Nationen. Die Vereinigten Staaten unterstützten Israel im großen und ganzen mit gleichbleibender Festig-

keit – mit einer einzigen drastischen Ausnahme: dem Konflikt von 1956. Keine andere Beziehung hat Israel im Verlauf von zwei Jahrzehnten so viel Nutzen und Sicherheit gebracht. Erinnerungen an die Einwanderung und die Pionierzeit, an die Anfänge der Demokratie und die Geistesverwandtschaft bestimmten Amerika, die Beschützerrolle zu übernehmen. Die Feuerprobe bestand das amerikanisch-israelische Verhältnis nach dem Sechs-Tage-Krieg. Wäre Israel unterlegen, so hätte das amerikanische Engagement überall auf der Welt seine Glaubwürdigkeit verloren und eine heftige Bewußtseinskrise das amerikanische Leben erschüttert. Nach dem Krieg setzten die Vereinigten Staaten alles daran, Israel beim Aufbau einer gesicherten Zukunft zu helfen. In alledem war ihre Haltung weniger schwankend, weniger von innenpolitischem Druck abhängig, als man auf arabischer Seite wahrhaben wollte.

Die Sowjetunion begann, nachdem sie drei oder vier Jahre lang zu Israel gehalten hatte, Anfang der fünfziger Jahre kritiklos die Araber zu unterstützen – ein Vorgehen, das die mögliche Aussöhnung zwischen Arabern und Israelis stärker behinderte als alle sonstigen Faktoren. Die UDSSR entschloß sich zu diesem Verhalten, weil sie sich davon die größten Erfolgschancen im Kalten Krieg versprach. Bei den arabischen Staaten konnte sie weit eher auf eine feindliche Einstellung zum Westen zählen als beim demokratischen Israel. Mitte der sechziger Jahre versuchte Israel seine Beziehungen zu Osteuropa auszubauen. Als seine Anstrengungen, vor allem in Rumänien, erste Früchte trugen, führte der Sechs-Tage-Krieg zum Bruch mit sämtlichen kommunistischen Hauptstädten außer Bukarest und Havanna. Doch Moskaus israelfeindliche Politik bewirkte in der kommunistischen Welt, namentlich in der Tschechoslowakei, eine gründliche Überprüfung der bisherigen Haltung und heftige Meinungsverschiedenheiten. Damals lag es durchaus im Bereich der Möglichkeiten, daß die UDSSR unter dem Druck der im Ostblock herrschenden öffentlichen Meinung zu einer realistischeren Einstellung einem Staat gegenüber zurückfinden würde, der sich offensichtlich aus der nahöstlichen Wirklichkeit nicht mehr wegdenken ließ. Doch zwei starke Gegenströmungen vereitelten diese Möglichkeit. In den Augen der Sowjets, die bei ihrer Politik vom Zahlenverhältnis ausgingen, fielen vierzehn arabische Staaten im Konkurrenzkampf der Großmächte unvergleichlich stärker ins Gewicht als das eine Israel. Und außerdem war das Bild, das man sich auf sowjetischer Seite von den jüdischen Eigenschaften und Werten machte, nach wie vor von Vorurteilen verzerrt.

Großbritannien gab mit typisch englischer Nüchternheit seine anfängliche Feindschaft gegenüber Israel zugunsten einer Freundschaft auf, für die viele historische und emotionale Gründe sprachen. Beide Länder waren trotz zeitweiliger Entfremdung durch Geschäftsbeziehungen, aber auch durch Übereinstimmungen im politischen und gesellschaftlichen Gefüge eng miteinander verbunden. Israels parlamentarische und juridische Institutionen spiegelten britische Tradition und Erfahrung wider, mit denen die Juden seit der Mandatsära vertraut waren. Als sich Großbritannien aus der arabischen Welt zurückzog, begann es seine Beziehungen zu Israel gesondert, nicht mehr als Funktion oder Folge seiner Politik gegenüber den arabischen Staaten zu betrachten.

Frankreich war über ein volles Jahrzehnt lang Israels wichtigste Stütze. In beiden Ländern weckte das französisch-israelische Verhältnis bei der Öffentlichkeit starke, geradezu mystische Emotionen. Die überwiegend französische Bewaffnung des israelischen Heeres bewirkte bei der israelischen Jugend eine enge Gefühlsbindung an Frankreich. Durch seine kraftvolle Konzeption der nationalen Eigenständigkeit schien Charles de Gaulle auch Israels Sache zu unterstützen. Beide Länder stellten ihre Freundschaft mit entsprechender rhetorischer Übersteigerung als Tatsache hin, an der sich nicht rütteln ließ. Um so schmerzlicher traf es Israel, als ihm Frankreich in der gefährlichen Situation des Sechs-Tage-Krieges plötzlich seine Unterstützung entzog. Die unfreundlichen Bemerkungen General de Gaulles auf seiner Pressekonferenz im November 1967 rissen die Wunde noch weiter auf. Trotzdem hielten beide Seiten mit Zähigkeit und Zuversicht die Erinnerung an bessere Zeiten wach, wie auch bei der französischen Öffentlichkeit die Sympathie für Israel nie erloschen ist.

Bei seinen Bemühungen, seine Stellung in Europa zu festigen, sah sich Israel auch vor die beklemmende Notwendigkeit gestellt, seine Beziehungen zur Bundesrepublik Deutschland zu normalisieren. Den ersten Wendepunkt im deutsch-israelischen Verhältnis brachte der September 1952, als Bundeskanzler Konrad Adenauer und Außenminister Mosche Scharett ein Wiedergutmachungsabkommen unterzeichneten, demzufolge Israels Wirtschaft in den folgenden fünfzehn Jahren 850 Millionen Dollar zufließen sollten. Über eine Milliarde Dollar zahlte die Bundesrepublik als persönliche Wiedergutmachung an die Opfer der nationalsozialistischen Verfolgung, von denen viele in Israel lebten. Diese Aktionen waren moralisch begründet. Zwar gab es für das, was das jüdische Volk verloren und erduldet hatte, weder Ersatz noch Trost; aber man konnte immerhin durch die Stärkung Israels zur Erhaltung des Judentums beitragen. Der Ernst und die Pünktlichkeit, mit der sich Westdeutschland an die Verträge hielt, machte auf die Juden wie auf die Weltöffentlichkeit starken Eindruck. Die Aufnahme diplomatischer Beziehungen durch Bundeskanzler Erhard im Jahre 1965 trug dann weiter zur Normalisierung des deutsch-jüdischen Verhältnisses bei. Daß Israel diese Schritte trotz scharfen Protestes billigte, zeugt vom politischen Mut des Kabinetts Ben Gurion, Scharett, Eschkol. Ende 1968 erkannte die gesamte jüdische Welt die würdige Form und den konstruktiven Charakter der Beziehungen zwischen Bonn und Jerusalem an. Sie lieferten Israel die Grundlage für den Ausbau seines Verhältnisses zur europäischen Gemeinschaft.

Das aufsehenerregendste Kapitel in Israels Auslandsbeziehungen aber stellt sein Verhältnis zu den Entwicklungsländern dar. Ende 1968 unterhielt es dreißig diplomatische Vertretungen in Afrika und hatte zwanzig Hilfsabkommen unterzeichnet. In Lateinamerika, wo Israel seit den frühen Jahren seines einsamen Kampfes herzliche Sympathie genoß, arbeiteten gleichfalls israelische Experten. Auch die Staaten Südostasiens, der Karibischen See und des Mittelmeerbeckens wußten bei ihren Entwicklungsprojekten »die Anwesenheit der Israelis« zu schätzen. Kein zweites Land von Israels Größe hat sich so tatkräftig dafür eingesetzt, die Kluft zwischen den fortgeschrittenen Nationen und den Entwicklungsländern zu überbrücken. Abgesehen von der rein menschlichen Seite zeitigte dieses Unternehmen auch gewichtige politische Folgen. Stillschweigend, doch mit Nachdruck wies die antikolonialistische Welt die Behauptung zurück, Israel sei ein künstlich ins Leben gerufener »kolonialistischer« Eindringling. Die Araber mit ihrer feindseligen Haltung wurden gerade in jenen Kontinenten isoliert, in denen sie sich das stärkste Echo auf ihren nachdrücklich propagierten Nationalismus versprochen hatten. Für Israel bedeutete die Möglichkeit, sich an einem menschlichen und sozialen Unterfangen jenseits der eigenen Grenzen zu beteiligen, einen besonderen Ansporn; sie vermittelte ihm das Gefühl, zur Hilfe für die Welt berufen zu sein und bewahrte es vor Provinzialismus und Abkapselung.

So war also die Bemühung, Israel aus der Völkergemeinschaft auszuschließen, ebenso fehlgeschlagen wie der Versuch, es durch Krieg zu zerstören. Das Land, dessen Flagge über Botschaften und Konsulaten in rund hundert Ländern wehte, das durch Abkommen mit regionalen Organisationen in Europa, Amerika und Asien verbunden war, das internationalen Organisationen als aktives Mitglied angehörte und bei den Beratungen der Vereinten Nationen ein gewichtiges Wort mitzureden hatte – dieses Land stellte eine unanfechtbare politische Realität dar. Unter den Mitgliedstaaten der Vereinten Nationen befanden sich über dreißig mit geringerer Bevölkerungszahl, über fünfzig, die die Unabhängigkeit später errungen hatten, und über achtzig, in denen der Durchschnittsverdienst pro Kopf niedriger lag. All diese Fortschritte hatte Israel trotz ständiger, lautstarker Angriffe erzielt. Mit am deutlichsten erwies sich die paradoxe Wirkung der arabischen Feindschaft an der zunehmenden Festigung seiner diplomatischen Stellung. Wäre Israel nicht ständig bedroht und angegriffen worden, es hätte sich möglicherweise nicht genötigt gefühlt, ein so weitgespanntes Netz internationaler Beziehungen aufzubauen. Und in noch manch anderer Hinsicht wirkten seine Gegner am Aufbau seiner neuen Stärke mit. Bei ihrem Bestreben, Israel zu zerstören, konnten die arabischen Staaten nicht auf die Völkergemeinschaft zählen. Wollten sie dieses Ziel erreichen, so mußten sie es selber verwirklichen, innerhalb der unerbittlichen Grenzen, die ihrer eigenen Macht und Leistungsfähigkeit gezogen waren.

Doch bei all seiner lebhaften internationalen Tätigkeit hat Israel einen entscheidenden Vorbehalt nie aufgegeben. Teils aufgrund seines eigenen Unabhängigkeitsstrebens, weitgehend aber infolge der vorsichtigen Zurückhaltung der anderen Staaten ist es keine verbindlichen Sicherheitsbündnisse eingegangen. Die autonome Nation übernahm selbst die Verantwortung für den äußeren Schutz des Staates. Israel legte großen Wert auf die Freundschaft der anderen Völker. Doch alle aus sicherer Entfernung vorgebrachten guten Ratschläge, wie es die eigene Sicherheit schützen könne, ohne den Angriffen der Araber Widerstand entgegenzusetzen, nahm es mit gesunder Skepsis auf. Populär zu sein war wichtig; wichtiger aber noch war, am Leben zu bleiben. Ein geschwächtes, verwundbares Israel weckte mehr Zuneigung als ein starkes, zum Widerstand entschlossenes Land. Die Schwierigkeit für Israels Diplomatie lag in den beiden gegensätzlichen Zielen – der nationalen Sicherheit, die im Alleingang verwirklicht werden mußte, und dem ständigen Bemühen um internationale Unterstützung. Im direkten und konkreten Gespräch mit Völkern und Regierungen hatte Israel mehr Glück als in den Debatten mit den arabischen Staaten über Grenzzusammenstöße. Von seiner unmittelbaren Umgebung abgesehen, konnte es auf weltweites Interesse zählen.

Die Gründe für die von Israel ausgehende Faszination sind vielschichtig und in manchem widersprüchlich. In den meisten Wohlstandsländern kennt man die mystische Ekstase des Kampfes nicht mehr; es herrscht das matte Gefühl, alles sei bereits erreicht, es gebe nichts Großes mehr zu tun. Das Leben hat seine Poesie verloren. Israel mit seiner Atmosphäre ständiger Unruhe erinnerte die alten Gesellschaften an ihre eigene Jugend. Die Entwicklungsländer wiederum trösteten sich mit seinem raschen Wachstum und seinem Angehen gegen das Wissenschaftsmonopol der Großmächte. So bewunderten die einen Israel seiner Erfolge, die anderen seiner Zukunft wegen. Israel war ungewöhnlich – nicht nur wegen der feindseligen Atmosphäre, die es umgab, sondern auch wegen der tiefen und weitgespannten Zuneigung, die es weckte.

Führung und Institutionen: Die neue Generation

Einundzwanzig Jahre nach seiner Entstehung war Israel der Pionierära entwachsen. Die Fackel wurde weitergereicht. Binnen kurzem werden jene in der Mehrzahl sein, die nichts mehr von den frühen Jahren wissen, da alles noch mühselig und unsicher war. Die Führer des Unabhängigkeitskrieges treten von der Bühne ab.

Gekennzeichnet wurde der Übergang durch den überraschenden Rücktritt des ersten Premierministers, David Ben Gurion, im Jahr 1963. Wie Herzl und Weizmann in den früheren zionistischen Epochen hatte auch Ben Gurion die zeitgenössischen jüdischen Politiker überragt und in den Schatten gestellt. Aber während es Herzl um eine visionäre Idee zu tun war und Weizmann um einen komplexen, langsam seiner Vollendung entgegenreifenden vorstaatlichen Organismus, richtete Ben Gurion seine mächtige geschichtliche Vorstellungskraft auf die praktischen Fragen des Staatsaufbaus. Nach dem Zweiten Weltkrieg sah er die Möglichkeit einer Neuordnung und griff sie mit aller Kraft auf. Seit der Zeit des Peel-Reports war er ein glühender Anhänger der Teilung gewesen. Nun schien ihm angesichts mancher neuer Umstände die Zeit reif, die Verwirklichung der Idee vom eigenen Staat entschlossen in Angriff zu nehmen. Die schwerwiegende moralische Auswirkung der Agonie der Juden, der Niedergang der britischen Macht, der Aufstieg Amerikas zur Vorherrschaft und die autonome Verwaltung des palästinensischen Judentums – all das mußte einen günstigen Einfluß ausüben. Mit dieser Ansicht stand Ben Gurion nicht allein da. Ein jüdischer Staat in einem Teil Palästinas, der Wunsch aller Zionisten, fand in der politischen Welt eine beträchtliche Unterstützung, nicht zuletzt in Großbritannien selbst. Aber um den Plan gegen den Widerstand der Araber und gegen die internationale Trägheit durchzusetzen, mußte eine mitreißende Kämpfernatur kommen und ihn formulieren, vorlegen und organisieren. Ben Gurion war von der Natur nicht für das Parkett der internationalen Diplomatie bestimmt, wo seine temperamentvollen, zermürbenden Auftritte eher Verwirrung stifteten als beeindruckten. Sein besonderes Genie lag mehr in der Fähigkeit, den Willen des Volkes anzustacheln und in Israel feste, unantastbare Tatsachen zu schaffen, über die sich die Welt nicht ohne weiteres hinwegsetzen konnte. Er glich einer ungeheuren Kraftquelle, von der Energieströme nach allen Richtungen ausgingen.

Die größte Leistung Ben Gurions aber bestand darin, daß er eine Verteidigungsstreitmacht aus dem Boden stampfte und ausrüstete, eine Truppe, aus der später die siegreiche israelische Armee hervorging. Als Premierminister war er stets überzeugt von seiner Bedeutung; er verfuhr in allen Dingen selbstherrlich, von der Verteidigungspolitik bis zu Fragen der Wissenschaft, der Erziehung, der hebräischen Syntax und der Biblischen Geschichte, auf die er sich mangels einer besonderen Begabung mit leidenschaftlichem Eifer warf. Er nahm im Bewußtsein seines Volkes einen größeren Raum ein, als es seine Funktion eigentlich erfordert hätte; und seine kurze, gedrungene, derbe Gestalt, sein explosiver Charakter schienen in einer Epoche, die keine Zeit für Ausflüchte kannte und in der der Schnellste das Rennen machte, ein Symbol für die neuen Eigenschaften der Israelis zu sein. Ben Gurion erfreute sich des allgemeinen Vertrauens des Volkes, vor allem bei der Jugend; und doch hütete sich die Wählerschaft bei aller Verehrung, einer Partei, die er führte, die absolute Mehrheit zu geben. Er erweckte den Eindruck, er werde die ihm übertragene Macht ohnehin bis zum äußersten ausschöpfen und dürfe deshalb nicht zu viel erhalten. Als Außenpolitiker bewies er eine faszinierende Wendigkeit. Er nahm sich nur für solche Projekte Zeit, die schnell zu einem greifbaren Erfolg zu führen verhießen. Das zähe arabische Problem löste er dadurch, daß er es ignorierte; statt dessen konzentrierte er seine ganze Aufmerksamkeit auf jene Kräfte in der Welt, die sich zumindest theoretisch für Israels Stärkung einsetzen ließen.

Doch so stachelig er sich nach außen auch verhielt, so herausfordernd seine Reden auch klangen, in Wirklichkeit beurteilte Ben Gurion Israels Möglichkeiten vorsichtig und realistisch. 1949 ordnete er lieber den Rückzug von der Sinai-Halbinsel an, als das Risiko eines bewaffneten britischen Widerstandes und die Ungnade der Amerikaner in Kauf zu nehmen. 1956 ließ er sich auf den Sinaifeldzug erst nach langem Zögern ein, als er sicher sein konnte, Unterstützung gegen Luftangriffe auf Israels Städte zu finden. Zwei Tage, nachdem er verkündet hatte, Israel dächte nicht daran, das besetzte Gebiet je wieder abzutreten oder fremde Truppen einmarschieren zu lassen, räumte er es den Truppen der Vereinten Nationen. So beugte er sich der von den Vereinigten Staaten und der Sowjetunion erhobenen Forderung, weil er keinen anderen Weg sah. Irgendwie gelang es ihm sogar, diesen klugen Rückzieher als mutigen Schritt hinzustellen. Sein Volk vergab ihm seine Unberechenbarkeit; es begriff, daß sich in den internationalen Beziehungen manches nicht vermeiden ließ. Durch diese gewaltige Autorität im eigenen Lande hatte er einen breiten Handlungsspielraum nach außen. Nach den aufsehenerregenden Ereignissen im Jahr 1956 waren ähnlich großartige Gelegenheiten in nächster Zeit offensichtlich nicht zu erwarten. Gerade solch aufregende, weitreichende Entscheidungen jedoch fehlten ihm; sein sonst so scharfes Urteilsvermögen ließ nach, er machte keinen Unterschied mehr zwischen Wichtigem und Bedeutungslosem und neigte dazu, persönliche Animositäten und Parteienstreit über Gebühr hochzuspielen. Eine friedliche Lösung der inländischen und persönlichen Probleme mochte er anscheinend nur dann ins Auge fassen, wenn sich keine andere Möglichkeit bot. Als aber die Israeli-Gesellschaft im Laufe der Jahre dem Zustand patriotischer Unschuld entwuchs und aufgeklärter wurde, machte sich der Wunsch, sich der patriarchalischen Kontrolle zu entziehen, immer deutlicher bemerkbar. Das Volk war Ben Gurion dankbar, daß er es so heldenmütig geführt hatte; aber es wollte auch wissen, wie es ist, wenn man selbst Luft holt. 1962 erklärte er zu aller Überraschung, Israels sittliche Zukunft hänge davon ab, ob ein Verstoß gegen die Sicherheit aus dem Jahr 1954 von einem vom Kabinett ernannten Gerichtsausschuß oder von einem Kabinettsausschuß mit Rechtsbeistand untersucht werde. Es gab manches Für und Wider, das oft und viel zu breit ausgewalzt wurde. Das aber konnten die meisten nicht hinnehmen oder gänzlich vergeben, daß ihr Führer eine Angelegenheit von zweitrangiger Bedeutung, über die die Meinung der Sachverständigen weit auseinanderging, so wichtig nahm.

Doch hinter dieser belanglosen Affäre verbarg sich mehr. Ben Gurion hatte sich seinen Altersgenossen in der Spitze der Arbeiterpartei entfremdet. Er war aus Ungeduld des Parlaments so überdrüssig, daß er die parlamentarische Arbeitsweise praktisch boykottierte, und auch der Kabinettsbetrieb schien ihn nur selten tiefer zu berühren. Er wandte sich der Vergangenheit zu und schrieb, fast von einer Art Heimweh getrieben, lange Kapitel über die moderne israelische Geschichte, deren Mittelpunkt stets er selbst bildete. Abschiedsstimmung umgab ihn. Im April 1963, als Ägypten, Syrien und der Irak wieder einmal eines ihrer papierenen »Bündnisse« schlossen, reagierte Ben Gurion entgegen seiner gewohnten Zuversicht in Hunderten von Briefen an die verschiedenen Regierungen mit apokalyptischen Befürchtungen. Er äußerte nun offen Zweifel, ob der Staat nach seinem Abgang Bestand haben werde. Wer außer ihm war befähigt, ihn zu lenken? Eines Morgens im Juni 1963 trat er unvermittelt zurück. Als Nachfolger empfahl er seinen Finanzminister Levi Eschkol, den er anschließend aufs unversöhnlichste und heftigste befehdete. Eschkol vermied das übertrieben charismatische Gebaren seines Vorgängers, verstand es aber, Streitigkeiten in der unter seiner Mithilfe wieder vereinten Arbeiterbewegung und in dem unter ihm vergrößerten Kabinett auszuräumen. Den Sicherheitsapparat wußte er geschickt fest in die Hand zu bekommen und auf die zukünftigen Prüfungen vorzubereiten. Und später erwies er sich durch den rechtzeitigen Einsatz des militärischen Widerstands, aber auch durch seinen zähen Kampf, den Sieg in Sicherheit und Frieden umzuwandeln, als fähiger Führer. Sein Humanismus war geprägt von der Tradition des russischen Zionismus und von israelischem Pioniergeist.

Ben Gurion hatte gezögert, in den Sechs-Tage-Krieg einzutreten, denn er glaubte nicht, daß ihn die Regierung, zu der er kein Zutrauen besaß, gewinnen konnte. Nach dem Krieg aber bewies er seinen alten Realismus wieder, als er klarer als die meisten darauf hinwies, daß echter Frieden wichtiger sei als eine endlose Gebietserweiterung. Wohl trübte ihm sein glühender, streitlustiger Geist manchmal den Blick für die innerisraelischen Vorgänge und seine Landsleute, aber nie für das Weltgeschehen.

Eine ganze Anzahl menschlicher Tragödien ist selbstverschuldet. So auch die Art von Ben Gurions Abschied von Israels Staatssteuer. Dennoch wird das Volk seines temperamentvollen Führers, wie es ihn aus dem größten Teil der ersten fünfzehn Jahre der israelischen Geschichte in Erinnerung hat, noch dankbar gedenken, wenn die Tage des Streits längst in Vergessenheit geraten sind. Denn niemand stellt die heroische Größe dieses Mannes in Zweifel.

Von 1963 an erschütterten Israel scharfe innere Auseinandersetzungen. Der Sechs-Tage-Krieg gehörte zu Israels erhebendsten Stunden, die Tage davor allerdings zu den politisch am wenigsten rühmlichen. Im Mai 1967 wurden ein paar in ihrer Härte beunruhigende Versuche unternommen, den Ärger und das Mißtrauen der Israelis statt auf Nasser auf Eschkol und Gleichgesinnte zu lenken. Nach einigen recht zweifelhaften und auch nicht eben taktvollen Manövern wurden durch Bildung einer breiten Koalition sämtliche Zionistenparteien in die Regierung gebracht und die Opposition ihrer Kraft beraubt. Das Ergebnis freilich war weit weniger schlecht und verwerflich als das vorausgehende Ränkespiel. Denn nun konnte sich Israel, gestützt auf eine überwältigende nationale Einigkeit, den großen Entscheidungen zuwenden.

Die Streitigkeiten, die um das Problem der Führung ausbrachen, gehörten zu den Symptomen eines in fast allen Bereichen feststellbaren Mangels an Zusammenhalt, dessen Ursachen letztlich darin zu suchen waren, daß die alten Werte allmählich verblaßten. Die karge Einfachheit des *Kibbuz* wurde immer mehr von den hedonistischen Kompromissen der verstädterten Gesellschaft in den Schatten gestellt, die Idee der Gleichheit durch die sich ständig vergrößernden Unterschiede im Lebensstandard ausgehöhlt, und das Streben des einzelnen nach persönlichem Glück galt nicht mehr als verwerflich. Selbst *Kibbuz* und *Moschaw* betrachteten, was gestern noch als Luxus galt, heute als selbstverständliche Notwendigkeit. Die Orthodoxie der Gesellschaft wurde angekratzt, das Zusammengehörigkeitsgefühl der Zionisten ungeduldig abgetan. Die jungen Israelis fühlten sich nicht mehr ohne weiteres als Juden und darum auch nicht besonders mit der Diaspora verbunden. Aber da der Zionismus, der Sozialismus, die Ideale des Friedens, der Gleichheit und der Nächstenliebe sowie ein zu Entbehrungen bereiter Pioniergeist typisch für die Israelis gewesen waren, mußte ihr teilweiser oder vollständiger Verfall ein geistiges Vakuum hinterlassen. Die Idealvorstellung von Israel als einem »besonderen«, zu einem düsteren, aber erhabenen Schicksal bestimmten Volk löste nun eher Verlegenheit aus. Viele junge Schriftsteller und Denker setzten sich für ein weniger hochgespanntes, normaleres Bild ein. Ihnen erschien es erstrebenswert, zu sein wie die anderen Völker, frei von der besonderen Gnade und Last des von Gott auserwählten. Im politischen Kampf traten die menschlichen Schwächen ebenso deutlich zutage wie in den anderen Bereichen, und die kraß chauvinistischen Zeitungen und Massenblätter zeigten das Volk von seiner weniger anziehenden Seite. Erzieher und Gesellschaftsanalytiker stritten sich, wie weit der Verlust des Zusammengehörigkeitsgefühls schon fortgeschritten war. Handelte es sich um eine anhaltende Strömung oder nur um eine vorübergehende Reaktion auf die Einkreisung und die Gefahr? Hörte Israel allmählich auf, eine jüdische Nation, ein zionistischer Staat zu sein?

Mitten in diese ängstlichen Debatten fuhr der Sechs-Tage-Krieg wie ein heftiger Wind, der alle Befürchtungen zerstreute. In der Stunde der Gefahr hatten sich die alten Leitbilder von neuem bewährt und schnell Einigkeit geschaffen. Eine mächtige Woge der Solidarität erfaßte die jüdische Welt. Die Israelis und die Juden der Diaspora fanden wieder zu sich und zueinander und freuten sich über die gegenseitige Entdeckung. Die Krise der Werte war offensichtlich weniger schlimm, weniger tiefgehend gewesen, als es den Anschein gehabt hatte. Nun zeigte sich, daß das moderne Israel immer noch auf seine Gründerväter zurückschaute, daß ihm ihre Ideale, ihre Träume immer noch am meisten am Herzen lagen. Nach außen hin wollte Israel ein Land wie alle anderen sein – ein Land der Städte, der Automobile, der großen Hotels, der Computer, des Fernsehens, der erbitterten Wahlkämpfe und des technokratischen Realismus. Zeitweilig schien sich das israelische Denken überwiegend mit militärischen Fragen zu beschäftigen und die frühere geistig-intellektuelle Ausrichtung weit von sich zu weisen. Ja, eine Strömung brach sich Bahn, die das Ideal des Friedens und der regionalen Harmonie in aller Öffentlichkeit als verächtlich hinstellte. Aber diese gefährlichen Erscheinungen fanden in Israel selbst ein Gegengewicht in der schöpferischen Unruhe, die sie auslösten. So besteht große Hoffnung, daß dieses Volk, sobald es einmal von der bloßen Existenzangst befreit ist, darauf dringen wird, im Zeichen derselben menschlichen Werte weiter vertreten und geführt zu werden, die über seiner Geburt standen. Denn so viele Probleme und Schwierigkeiten auch auf es einstürmen, die innerstaatliche Ordnung bleibt ihm doch zentrales Anliegen. In welchem Maße diese zu erreichen ist, hängt davon ab, wie weit sich Israels Zukunft mit seiner Vergangenheit in Einklang bringen läßt. Es ist schließlich nicht ganz einfach, Erbe des jüdischen Vermächtnisses zu sein, ohne an dessen tiefere Leitbilder zu glauben. Das gefährlichste für Israel aber wäre, wenn es vorzöge, lieber in seinen engen geographischen Grenzen als in den weiteren Bereichen seiner Geschichte und Kultur zu leben. Zwischen den beiden Polen des jüdischen Universalismus und des nationalen Partikularismus wird es einen Ausgleich, eine Aussöhnung finden müssen.

Ende 1968 war die israelische Regierung schließlich fest entschlossen, die durch die Feuereinstellung geschaffene Lage bis zum Friedensschluß aufrechtzuerhalten und nicht zuzulassen, daß der Frieden durch einseitige, unwiderrufliche Zugeständnisse an spartanisch-kriegerische Vorstellungen und durch rücksichtslose Gebietsaneignungen gefährdet werde. Aber letztlich geht es weniger um praktisch-weltliche als um moralische Fragen, darum, ob eine jüdische Lösung gesucht werden soll oder nicht – eine Lösung also, in der sich Prinzipientreue und ein Instinkt für Effizienz verbinden. Gelingt es, Entscheidungen zu treffen, die beidem gerecht werden, und geduldig daran festzuhalten, so liegt vor Israel eine Zukunft, die länger ist als seine Vergangenheit, die getragen wird von einem neuen, umfassenden Leitbild – eine Hoffnung, die sich auf immer neue Erfolge gründet.

Gedanken zum Schicksal der Juden

Im 20. Jahrhundert sieht sich das Judentum denselben Spannungen gegenüber wie zu Beginn seiner Geschichte: zwischen Allgemeinem und Besonderem, zwischen Irdischem und Geistigem, zwischen Quantität und Qualität. Der Einfluß des Judentums auf Leben und Denken der Menschheit hängt nicht von der Zahl seiner Anhänger oder von deren weltlicher Macht in irgendeinem Bereich ab. Vielmehr ist es berufen, ein reges Geistesleben zu entfalten und zu bewahren. Die verschiedenen jüdischen Geistesströmungen haben die Religion, die Philosophie, die Literatur, die Wissenschaft, die Politik und die Ethik zutiefst und in aller Welt beeinflußt. Dies ist um so erstaunlicher, als wenig getan wurde, sie anderen Völkern aufzudrängen. Nie ist das Judentum von siegreichen Potentaten, die die »Ungläubigen« zu ihrer Vorstellung von der Wahrheit bekehren wollten, über Meere und Kontinente ausgebreitet worden. Es war der Glaube eines kleinen, fest zusammenhaltenden Volkes, das sich damit zufriedengab, seine Werte nicht durch aktiven Bekehrungseifer, sondern durch sein Beispiel zu propagieren. Erst mußte sich das jüdische Denken im Leben des Volkes, das es hervorgebracht hatte, bewähren und Gestalt annehmen. Dann wurde es der Menschheit angeboten, nicht aufgezwungen. Nicht durch Theoretisieren, sondern durch das anschauliche Beispiel der Geschichte eines Volkes wurde das jüdische Vermächtnis weitergegeben. Zu Recht spricht man von einer jüdischen Geisteshaltung. Natürlich fällt es leichter, Jesaja, Maimonides, Juda Halevi, Saadia, den Gaon zu Sura, und Bialek als Juden zu sehen als Spinoza, Freud, Marx und Einstein etwa. Und doch verrät sich der jüdisch-hebräische Geist zu allen Zeiten durch die Konzentration auf die grundlegenden Fragen nach Sinn und Ordnung der Natur und des menschlichen Lebens. Das Übergewicht der Juden in den politischen liberalen Bewegungen und in der Wissenschaft hängt mit ihrem Streben nach persönlicher Entfaltung zusammen, mit ihrem Drang, Erklärungen zu finden, die die natürliche und die menschliche Ordnung zusammenschließen.

Manche Autoren sehen einen Widerspruch zwischen der gleichzeitigen Hinwendung des Judentums zur Welt und zu sich selbst. Dogmatisch erklärt Arnold Toynbee: »Es ist unmöglich, eine universelle Mission zu erfüllen, solange man innerhalb einer sich abschließenden Familie sein eigenes Ethos pflegt.« Damit möchte er nichts anderes sagen, als daß das Judentum erst dann zu einer Weltreligion werden kann, wenn die Juden die Nation als Form ihrer Existenz um der »universellen Mission« willen aufgeben. Das jüdische Volk aber hat das »Unmögliche« möglich gemacht, es zum Hauptthema seiner Existenz erhoben. Eine historische Situation kann einzig in ihrer Art sein, ohne deshalb doch unnatürlich sein zu müssen. Der stark ausgeprägte Sinn für seine Eigenart hat dieses Volk nicht daran gehindert, seine Lebensimpulse über den weiten Ozean der Weltgeschichte auszustrahlen. Je hartnäckiger das geschichtliche Israel es selber war, desto mehr wirkte es in die Breite. Die Sektion der Geschichte liegt auf der Hand: Es gibt für den Juden kein Heil und keine andere Aufgabe, als nach Hohem zu streben und den eigenen Werten unerschütterlich die Treue zu halten. Ernest Renan hat das Wesen des jüdischen Volkes getroffen, als er Nationalität folgendermaßen definierte:

> Ein Volk ist die Seele, das geistige Prinzip. Ein Volk sein bedeutet, gemeinsamen Ruhm in der Vergangenheit und einen gemeinsamen Willen in der Zukunft haben. Es heißt, Großes miteinander vollbracht haben und noch vollbringen wollen – das sind die Voraussetzungen für die Existenz eines Volkes.

Israel zur Zeit König Davids (um 1000 v. Z.)

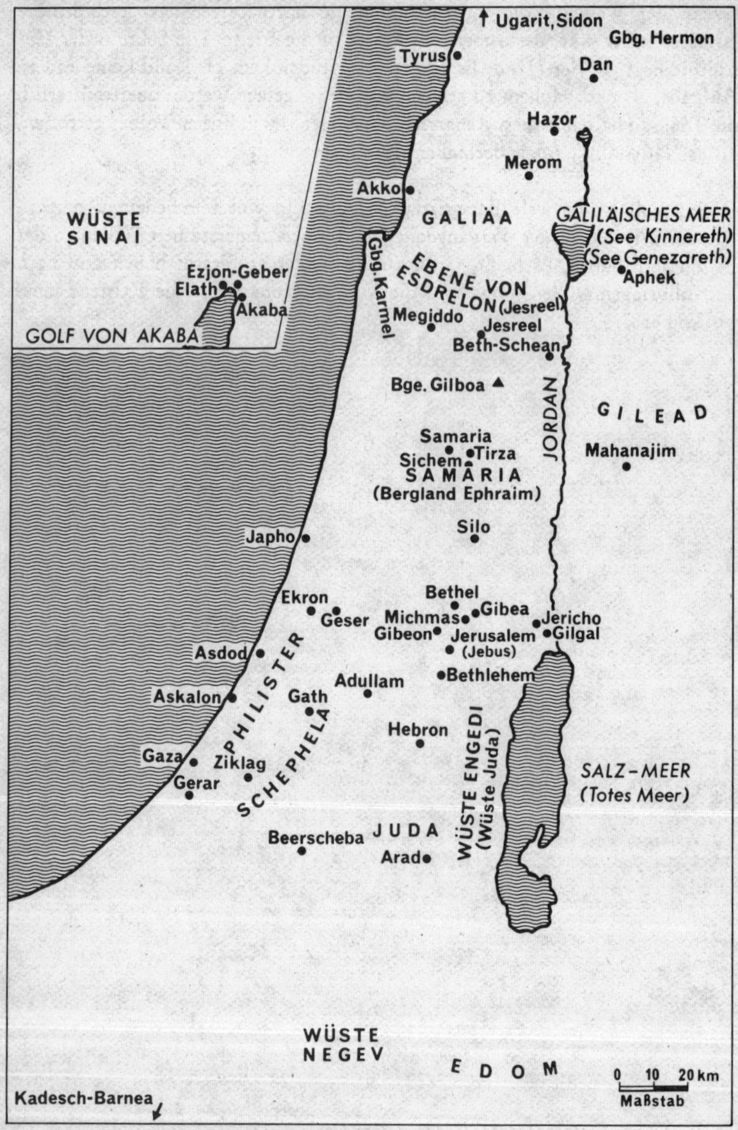

Israel: Staatsgründung 14. 5. 48

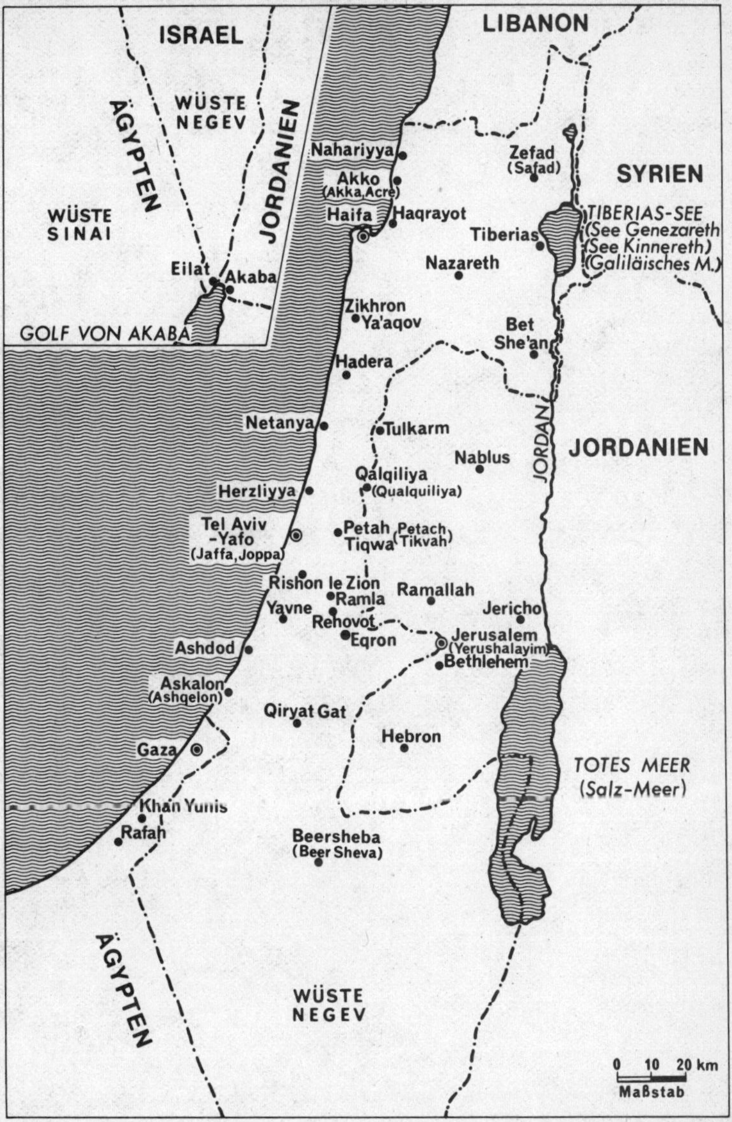

BILDNACHWEIS

(Die Ziffern verweisen auf Abbildungs-Nummern)

B. Arthaud, Grenoble 3
Bibliothèque Nationale, Paris 8, 12
Bildarchiv Foto Marburg, Marburg/Lahn 11
The British Museum, London 5
Centre de Documentation Juive Contemporaine, Paris 27
H. S. Dash, Nahariya, Israel 15, 16
Ministry of Education and Culture, Department of Antiquities and Museums, Jerusalem 9
Photographie Giraudon, Paris 4
Prime Ministers Office, Government Press Office Photo Department, Jerusalem 2, 7, 10, 23, 33
Historisches Museum, Frankfurt/Main 18
Israel Museum, Jerusalem 6
Keystone, München 22, 24, 26, 29
Kulturinstitute Worms 17
Laenderpress Düsseldorf/Magnum Foto, Paris 21
Ministry for Foreign Affairs, Jerusalem 1, 31, 32
Rheinisches Bildarchiv, Kölnisches Stadtmuseum, Köln 19
Süddeutscher Verlag, Bilderdienst, München 14, 25
Ullstein Bilderdienst, Berlin 28
Verlagsarchiv Droemer Knaur 13, 20, 30

[illegible]

[illegible]

Ministry of Education and Culture [illegible]

[illegible]

REGISTER

(Die *kursiv* gedruckten Stichworte beziehen sich auf die im Text erwähnten Quellen)